# 無錫文庫

第二輯

無錫市政籌備實録（二）

鳳凰出版傳媒集團
鳳凰出版社

目録

# 無錫市政籌備實録（二）

無錫市政籌備處 編輯

# 無錫市政 第三號

民國十八年十二月一日發行

## 插圖



## 言論



## 計劃



## 預算

## 法規



## 公牘

## 會議記録



## 調查統計

無錫市

# 無錫市政籌備處職員（一）

祕書沈維棟

總務科長江祖岷

# 無錫市政籌備處職員（二）

工務科長朱士圭

財政科長聶文杰

社會科長李冠傑

# 無錫名勝古蹟（一）

泰伯廟前

泰伯廟享堂

泰伯墓

（許卓人攝）

# 無錫名勝古蹟（二）

錫山

碧山吟社潤碧池

忍草菴貫華閣

（許卓人攝）

# 無錫名勝古蹟（三）

雪浪山全景

雪浪山蔣子閣

雪浪山蔣子手植之楓樹

（許卓人攝）

# 無錫名勝古蹟（四）

黿頭渚全景

黿頭渚包孕吳越

黿頭渚涵虛亭

（許卓人攝）

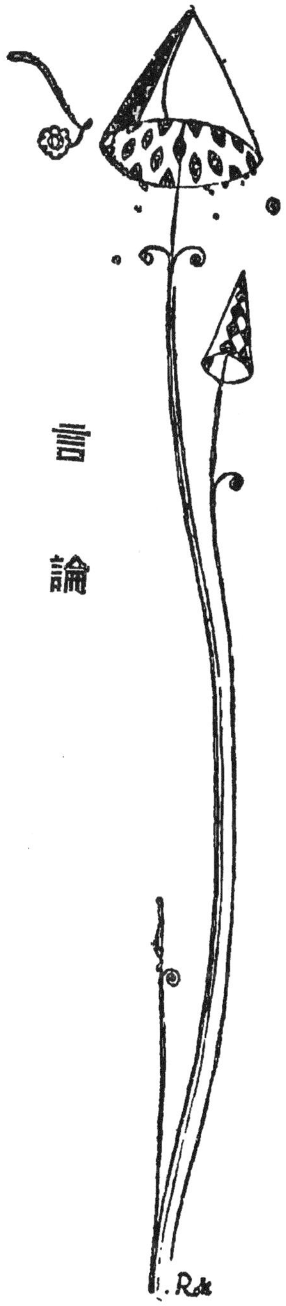

## 言論

# 我對於無錫建市的感想和希望

江蘇省民政廳技正　嚴恩柞

民國成立以來，連年戰禍，草木皆兵，弄來各地精疲力盡，都呈一種破產之象。　惟有無錫，雖在這狂風暴雨的時期中，仍不稍自餒，努力向實業方面發展，慘淡經營，迄今不過二十年，現在已經工廠林立，成了一個工業市的雛形。　這種建設的功績，實要歸之於無錫的民衆。　或者也可說，無錫的民衆富有建設精神。　他們已經看到振興工業是我國極爲需要，於是不避艱辛，竭力向那條路上做去。　這種精神實在令人佩服。　語云『哀莫大於心死，而身死次之。』　假使爲建設奮鬥的心不死，那末，外面的環境，無論如何惡劣，終能得到最後的勝利。　在已往所做的成績中，可以證明無錫的民衆，對於建設的心，始終沒有死，非特沒有死，而且越奮鬥，越起勁了。　長此以往，無錫的希望眞是無窮。

雖然，在過去的發展中，有一點應該注意。　這就是民衆和政府不合作。　政府向來不過是一個例行公事敷衍民衆的機關，對於地方上積極的建設，因爲缺乏經濟和人材的緣故，始終抱一種不問不聞的政策。　民衆對待政府也沒有十分感情，以爲民衆是民衆，政府是政府，一年之中，除付了些逃不掉的捐稅之外，各走各的路，但希望政府能夠不干預他們的自由就好了。　結果，地方上的一切建設，都任憑個人自由做去，以致東零西散，雜亂無章。　這種混亂的景象，可說是無錫的病態，是阻止無錫得到盡量發展的障礙。

在政府方面，現在已經察出這個病態，覺得原有的政治機關已經不能適合時勢的要求，於是設立了市政籌備處，預備將來組織一個市政府。　所以現在的市政籌備處是一個過渡時代的政治組織，這個組織的責任是在設法解決市政府成立以前的種種先決問題。將來的市政府，我們可以承認，一定負責的；牠要替無錫的民衆謀利益，將一切有關公衆的事業，統盤籌劃後，切實付諸實行，務使全市得到一個整個的發展。但是負責的政府，牠的工作既多，用費也一定很大。所以，將來市政府的預算要比原有政府的預算一定大幾倍，幾十倍，或者竟要幾百倍。這些錢都取諸於市民。那末，假使以後的民衆仍舊不能與政府合作，仍舊抱着各走各的路的態度，則糟了。因此，負責籌備市政者，第一步，須設法聯絡民衆，使民衆有一種心理革命，將從前不合作的老觀念完全打消，從此以後，個個人情願犧牲一己的利益，擁護政府，爲地方謀進步。

無錫的民衆本來是富有建設精神的，他們已在工業的發展途徑中表現出來。所以，我們十二分的信任，將來他們明白了解了市政府的意義和目的之後，一定能夠出他們全部的力量，幫助政府，建設一個光明燦爛的新無錫，做我國各市的模範。

## 中國百噸以上之輪船總數表

| 種類 | 只數 | 噸數 |
|---|---|---|
| 由一〇〇—五〇〇 | 三〇一 | 七〇，〇〇〇 |
| 由五〇一—一，〇〇〇 | 七三 | 五一，〇〇〇 |
| 由一，〇〇一—五，〇〇〇 | 一五五 | 二九〇，〇〇〇 |
| 由五，〇〇一噸以上 | 二 | 一二，〇〇〇 |
| 總共 | 五一三 | 四二三，〇〇〇 |

# 我對於無錫建市之感想

（王伯秋先生講於縣政府）

金婉範紀錄

（前略）某自來無錫以後，曾經到過縣政府，市政籌備處，及各地方去參觀過，覺得人才濟濟，都富有建設新事業的精神，無錫人向來開通，從前到現在，江蘇的學界政界實業界以及一切學者及革新的人物，無論男女，總以無錫人得風氣之先，幷且占比較的多數，如今更結合各方面的力量，共同來建設一個新無錫市，其前途的光明燦爛，可以預卜的了。

凡是建設一種新事業，總有種種方面的阻力，無錫現在初辦市政，當然也不能出此例外，祇要我們有應乎時代需要的計畫，本着大公無私的精神，努力前進，不激不隨，終有達到理想境界的一日。所以現在開始建設最要緊的問題，就是先要有一個完善的都市計畫，將來的成績好不好，就看這個計畫的完善不完善，譬如一張白紙，畫山畫水，悉憑理想，布局取勢，全在事前，稍爲不慎，一經着手，便會鑄成不易糾正的大錯誤了。

講到無錫這個地方，大家都知道他是一個工業發達的都市，近代式的工場，完全由無錫人集資興辦的，大小各種，不下一百六七十所，從事於工場勞動的男女工人，不下十萬人，大家看了這種新興的氣象，所以給他一個小上海的徽號，前幾天孫縣長引導我到縣立圖書館的鐘樓頂上縱覽全市形勢，祇見湖光山色，照映遠近，工場烟突，包圍四方，我當時忽發遐想，笑謂孫先生曰，貴市豈僅是小上海，依着這樣的趨勢，只要市民不斷的努力，改造環境，不多幾年工夫，簡直要變成小倫敦了。

無錫市的地位，介於京滬路線的中間，他的左右近鄰，一個是鎮江，不但爲江蘇全省政治上的中心，而且是交通江北各縣的要道，又負有金焦及長江的形勝，一個是蘇州，不但爲江蘇人文發達，山水明媚的名郡，而且是富於歷史藝術的勝蹟，這一條路線的兩頭，還有兩個蓬蓬勃勃方興未艾的大都會，一個就是濱江臨海，吞吐百貨的國際商場，號稱東方大港的上海，一個就是號令全國協和萬邦的首都，號稱遠東新興的安戈拉；更有一條建造快要成功的錫澄路，縮短無錫和江陰的距離，把迢迢千里的長江，變成無錫的門前水了，倘若再把錫武錫常錫宜各路打通，各縣的農產原料，如潮湧似的集散於無錫，各地的天然風景，藉着電車汽車的縮地術，好像變成了無錫的郊外公園一樣，諸君試想，無錫到了那個時候，是怎樣的一個地位，無錫人，能不歡欣鼓舞，趕快起來應付這種新環境麼？

我們現在試再就京滬路的全部觀察，說明現代都市的趨勢，和無錫市的將來，拿美國來做一個例，證愛爾德曾經說過，現在美國的各大都市，聚成了幾個都市的中心點，譬如現在的紐約與波士頓中間，新生的都市，逐漸加多，有聯成一線的趨勢，紐約與華盛頓中間的都市，逐漸加多，也有聯成一線的趨勢，數年之後，從華盛頓到波士頓，五百英里之間，可以聯成一綫，成一個大都市，這樣的大都市，內中可以有兩千萬以上的居民。照這樣的先例推論起來，我的預言就是將來無錫與上海的中間，新興的都市也必逐漸加多，有聯成一線的趨勢，無錫與南京中間的都市也必逐漸加多，有聯成一線的趨勢。無錫與南京中間的都市也必逐漸加多，有聯成一線的趨勢，祇要政治上了軌道，建設日趨發達，京滬路綫改成雙軌，沿路各縣大小市鎮道路，完成行駛電車汽車，疏濬河湖，發展水運，益以航空運輸之穩速與進步，可以逆料不出二十年的工夫，從南京到上海一百九十三英哩之間，也必聯成一線，成為一個工商繁盛，人口膨脹的大都市，內中居民，不說有兩千萬人，至少當亦在一千萬人內外。無錫在這一個地帶的中間，當然是居於中堅的地位，左顧右盼，應接不暇，到了那個時候，這樣一個封建式的小小無錫城，就是不拆去，也會要脹破了，廢縣為市，還成一個什麼問題呢？

如上所述，無錫既有這樣一個優美的新環境，為時勢所造成，可算是天之驕子，縱然一時未能改革，環境也一定不斷的逼迫着他，非改革不可，那末無錫既不能不改革，并且現在已經準備着改革，入手的第一步，就希望本市先做一次精密的社會調查，與土地測量，將調查和測量所得的材料，編成一部很完全的報告書，聘請有都市計劃學識經驗並富的專門人才，根據報告，實地觀察，再參酌地方各界人士的意見，細心研究，通盤打算，製定一個科學化，藝術化，民衆化的都市計劃，幾翻討論，幾翻修正，然後決定方案，斟酌地方財力，權衡事情緩急，使各種工作不均為有系統，有規則的發展，好比打仗一樣，司令官有了參謀部的作戰計劃，自然不會東馳西突，誤入歧途了。

自前清光緒末年，到民國初年的時候，有一個極流行的口號，曰自闢商埠，意在對抗租界，抵制外人，可惜當時沒有什麼深通市政的專家為之規劃一切，他們共通的錯誤觀念，就是這幾條經緯線的馬路，設幾個有制服的警察，或者辦一個半明半暗的電燈廠，以爲就算是辦了市政，全然不知道近代式的都市計畫，是什麽，沒有遠大的眼光，沒有整個的打算，沒有科學的，和藝術的思想，更沒有把羣衆的樂利放在心目當中，所以濟南遠不如青島，吳淞遠不如上海，至於下關浦口，荒蕪淩亂，自鄶以下，更不足譏了。

外國人在中國施行侵略，强佔租界，固可憤恨，然論起經營市政的成績來，要算青島和大連了。青島原來是在膠州灣口的一個漁村，只有一百六十方里大小，後來經德國市政專家及工程專家定了一個整個的市政計劃，竭力經營，不過十餘年，而其市政之完美竟爲亞洲之冠，幷且他們在財政學上，發明土地差增稅的新理論，首先在青島試驗，結果甚圓滿，以是財政上多所收入，各種建設，得以發達，歐戰時，日本人奪取青島，不但能保持原狀，而且略有更張，待至收歸我國，隸屬山東以後，馬路上就長出青草來了，警察也吸起香烟來了，氣象台也很少專家去負責了，海濱炮台公園也漸歸於荒廢了，把一個近代式的嶄新青島市政，在高唱收回租界的口號中，萬目睽睽的看着他退入衰落的途徑去了。日本人趁此機會，修理市政，發展交通，拚命擴張大連的碼頭，吸收青島的船隻，貨物集散，興衰易地，所以後來的青島，已非復昔日的青島了，難怪外國人譏笑我們。像青島這樣完好的規模，尚且不能保持固有，還能創造出什麽新事業來呢？欲雪此恥，惟有望於今之青島特別市政府諸公，及全中國辦理市政的諸公了。

我在這裏還有一句關謬的話要說，就是辦市政不要學上海，我國以前辦商埠和辦內地市政的人，往往抱着一種淺薄的見解，無論建屋造路，動輒說上海，如何如何，幾乎把上海租界當作歐美市政的模範，不知現今的上海，還是十八世紀歐洲人的古董頭腦，所造成的，拿近代文化都市的眼光去觀察，發見有許多的弊害，許多的錯誤，給後人很多不容易改正的困難，按照最新都市計劃，一市應該有一個市中心，工廠堆棧，貿易學校，及住宅，均應該分區設置，不應該彼此混雜，試觀今日上海的租界，中心在那裏？貿易區內有工廠，又有弄堂式的住宅，人烟稠密，往來繁劇的地方，沒有一塊草地調劑交通上的擁擠，南京路號稱大馬路，每至早中晚，行人最多的時候，車水馬龍，甚囂塵上。若五馬路，海寧路，東新橋一帶，更屬湫隘已極，人車時時相撞，市內的學校，和兒童遊戲運動場，絕無僅有，寥落可數的幾個公園，相隔的距離又甚遠，非有汽車代步的資本家，幾於不能享受這種權利，市立中央醫院，設在灰塵最多聲響最雜的蘇州河岸，外國墳山散布在貿易區和住宅區內，死鬼幾要與生人爭地盤了，像這種淩亂無序，沒有計劃的租界市政，可以爲我們的模範麽？難怪後來的外國人，他們自己也在那裏咒詛了。此外缺點甚多，幾於舉不勝舉，現在不過隨意提出幾個例來，證明當日經營上海租界的外國人，眼光短淺，學識鄙陋，在我們大好的一片乾淨土上，鑄成一個百年難治的大錯。語云：「覆轍不遠，可爲殷鑒」，我想素來富於創造精神的無錫人，對於無錫市的將來，自有一個盡善盡美適應環境的新都市計劃出現，決不會肯取法於衰老的上海租界，也不會肯苟且於其他的新興都市，更不會蹈從前辦商埠的覆轍。無錫人深謀遠慮，協力同心，市政前途，幸福無量！



## 上海市政府令禁蓄髮辮

上海特別市政府昨日訓令市公安局云案准內政部咨開案查本部前訂禁蓄髮辮及禁止纏足各條例業經通行限期禁絕在案惟各處熱心勸導確實查禁者固不乏人而視為具文奉行不力者亦所在多有際茲訓政時期亟應徹底禁絕以除惡習除分行外相應咨請貴政府督飭所屬按照前頒條例認真辦理並將辦理情形隨時咨復等因准此合行令仰該局遵照前頒各條例飭屬認真辦理並將辦理情形具報以憑轉復 此令

# 近代都市計畫之意義及其方法

多馬士亞丹原著　王伯秋譯

本篇爲西人多馬士亞丹之作，亞丹氏曾於一九〇一年參與名人華德氏之田園都市計畫，嗣爲英國地方政務院都市計畫監察官，坎拿大聯邦政府都市計畫顧問，及美國麻省工科大學都市計畫教授，經驗學識，並爲世所推重。本篇原著曾由美國國民市政雜誌刊行，篇中大抵以美國及坎拿大所得之經驗爲基礎，敘述都市計畫概要，玆因無錫市政徵文距殺青期僅一日，匆促無以應，適篋中攜有此篇，取其大意譯之，讀者幸勿以詞害意可也。

## 第一　緒論

### 一、現今之方法

吾人欲建住宅、或工塲，必須先有設計，然則吾人所住的都市，漫無計畫，任其自然發達，豈非不合理之甚麼？

都市不是自然成長的，大抵皆出於人類的計畫，但是有許多專爲地主打算利害的，測量技師、或者僅爲股東及運輸部長忠實服務的，鐵道技師，或者僅爲建築人便利着想的，設計者及建築公司由他們斷絕的各自分別計畫，沒有一個統籌全局利害的打算，其結果遂至於土地交通機關及建築物等，種種計畫，都是成爲雜湊起來的事物了。當然，無論什麼都市，爲其自身的安全保健及便利計，對於彼等各別的計畫，多少總有統制的權能，不能說全然無視都市的利益，但是所謂統制的力量，自有限度，故與都市相互有關係的各部分，及各問題，好似相互無關係無聯絡的樣子、各自任意處理，由於這些原因所生出來的種種弊害，除非採用包括的都市計畫案，到底沒有絕滅的希望了。

### 二、實際的方法之必要

吾人依都市計畫所欲達到的理想，在使人人能爲更幸福圓滿的生活，因此可採的方法，無論如何不可不爲實際的，所謂遠見多近視。其間本來沒有什麼矛盾，不過二者的本末輕重，不可顛倒，終極的理想，固然可以希望甚高，但是想要建設超於現在所有的材料可以完成，而且得以有效使用的程度以上的事物就不對了，譬如一個人僅有彀起茅屋的資本和材料，他貿貿然去建築高樓大廈，縱使結局，他能得到所需要的經費和材料，也不是一個好辦法，所以我們先僅儘其所必要的去計畫，建設今日所施設的，即爲明日所欲完成的一部分。

所以我們改良都市的目的，在使成爲以健全市民而組織的有機的社會，且使成爲能率甚高的產業機關，爲欲完成此等目的，是不可以無計畫，斷不能聽其放任於自然了。

第一必要在使明瞭可得實行的計畫是什麼，決不可以偏於一方面，譬如甲派說設置連物塲，乙派說設置市中心及一般都市的美化，丙派說爲維持地價確定地域制，丁派說交通問題，戊派說住宅問題，各以其所主張爲當今之急務。這樣說起來，都市計畫對於各部分以彼此熱心主張者，多欲於其間保持適當的權衡，視爲一個兼容並包的事業，常有不少的困難發生，何以說建立包括的計畫常有困難發生呢？這是由於大家不能真實理解都市發達上各種要素相互關係的緣故。

## 三、計畫失於過遲麼？

「計畫已遲」，此語不應有，都市本是日在發達進行中，假如都市於其內容及實質或者市民的數與質均已停止發達的時候，那麼就算已死的都市了。苟其成長發達，仍在繼續不斷，那麼計畫就爲必要。又無論何人想要很正確的豫測都市的發達，是爲不可能的事，所以有人說：「無論建立何種計畫，苟無正確的豫測，即爲不完全。」此說亦是一種謬論，要知正確的豫測都市的發達，因而建立一個計畫，斷非人力之所能，所能做到的，單不過拿既得的知識和技術應用到事實的問題上去，但能依此計畫　至少可以免去過失的反復，可以洞察都市問題，又可以指示怎樣避免因無計畫的發達而生的損失，汽車於都市的發達上，加了許多新問題，因爲此故，現今的都市計畫，及市區改正的事業，更爲緊要了。

## 四、都市計畫基本的要素，及都市的公共職務計畫都市，并且爲其發達，計有如左之三大問題：

(甲)經濟的狀態與土地發達的管理

實行土地的區劃，(評定地價及設定空地或農業用地等，亦包括在內)，其取締方法，關係於都市的發達，市民的保健，及繁榮等諸問題甚大，假使希望都市經濟的發達，欲使其產業狀態及住宅狀態均爲衛生的，那麼必須在廣大的面積上施行都市計畫，在未建築以前，先行預定土地的使用方法。

(乙)適當的對產業施設

此中包括土地開發上之便利，爲工場最適用的空地之保留，擴張將來之餘地，工場與住宅的遠近，及能率的公共職務等問題。

(丙)優良的住宅狀態

都市計畫，對於住宅維持快適的環境，對於種類不同的住宅，限制其區域，獎勵，自有的住宅並爲保健及慰安上必須的設施等，均爲必要。

## 五、都市的公共職務

欲使產業繁盛。家庭健康，我們所要求的公共職務如下：(一)良好的衛生設備（上下水道）；(二)鐵道（鐵道綫路及停車場包括在內）及水運的便利；(三)動力及燈火；(四)由於道路的交通（主要街路計畫，對於電車及諸車交通之適當的設備均包在內）；(五)地域制度，即爲制限土地用途，人口密度及建築物高度等地域之設定。(六)都市表彰市民精神的碑，像，及紀念建築物，(七)爲滿足社會需要的公園遊樂地之建設，及教會的配置與類集等。以上七項，皆爲都市的能率，及經濟上必要而不可缺之物，無論怎樣的都市計畫，均不可以忽視。例如產業能率，不僅是因於良好的鐵道系統，街路系統，或適當的工業地域與居住地域的關係，或對於被傭者及其子女的慰安設備，就可以增進起來的，其實要由於權衡得宜的都市計畫，使此等設備，有相互適當的聯絡及關係，才能有效的，到火車站的大路，與火車站的位置，有重大的關係，又如規定道路的寬度，必須考慮，則行人及建築的高度與密度並車馬通行的數量等，就如道路的性質，倘不研究，其適當於工業地域，或住宅地域與否。便不能斷然決定了。

## 六、適於計畫的地域

適於都市計畫地理的單位列舉如次：

(一)大地域　一個共通的特質或有共通之中心點的都會地域，又廣大的工業或礦業地域，而爲數個的都市的區域，或因其一部而成的地域皆是。

(二)市　自治團體的市行政區域。

(三)鎮　通常稱鎮爲小自治團體的行政區域，美國亦有認邑內的自治村落爲鎮的省分。

(四)邑或自治村落　爲郡的一個區劃，有時亦包括村鎮。

(五)村　人口稀少尚未到鎮的狀態。

所謂都市計畫，就是說對於此等地域之一，而施行的計畫，大地域的研究，尤爲重要，因爲要適當的理解，產業的分布，都市和村落間的共存關係，非研究他不可，都市計畫，現在到處施行，郡計畫亦大概施行，但是現今最爲必要的，還是務包括於大地域的市郡，共通的計畫。

在發達的過程中的小村鎮，及此等小村鎮，存在的大地域內行都市計畫，對於做事上，實與以十分的活動範圍，和絕好的機會。

在美國「都市計畫」一語，使人聯想到投用鉅額的經費去改造有建築物的土地，所以他們很厭忌的不甚歡迎。

都市計畫的主要目的，本是對於將來欲發達的地域而施行的，但是從來都誤認，以爲祇限於改造事業，要知向已充滿建築物的地域，上施以外科手術，不但施工困難，而且耗費不貲，例如拓寬有許多壯麗高大的事務所所在的街路，或者拆毀許多的住宅，開鑿斜角線的新道路，在經費的關係上，殆爲不可能的事，但是對於現在發展的過程中，或者爲未建有房屋的地區內，預先作爲這樣的準備投用，與前記同額的經費，是爲最便宜而最有效的計畫方法，加之在郊外地實行適當的都市計畫，間接可以緩和人口的密集，又可以減輕接連繁盛中心地域改造的困難。

——未完——



## 上海特別市財政局佈告房捐負擔辦法

上海特別市政府財政局月前發出布告文云爲布告事查本局訂定徵收房捐規則住戶房捐主客各半繳納原爲平均市民負担起見房東捐款由房客代繳即以捐條抵付房租迭經布告週知在案乃近月以來房客因業主不允抵租紛紛請求救濟並有房東藉口訂定租約一切捐稅歸房客自理房客根據現行規則與之交涉即指爲違背契約甚至以起訴法庭恫嚇房客種種情事實屬違背法令阻碍稅收亟應從嚴取締合再剴切布告須知市稅收入均爲市政設施之用凡我市民既享市政設備之利益自當各盡繳納之義務倘再有藉口契約意存違抗本局惟有執法以繩决不寬貸其各凜遵勿違切切此佈

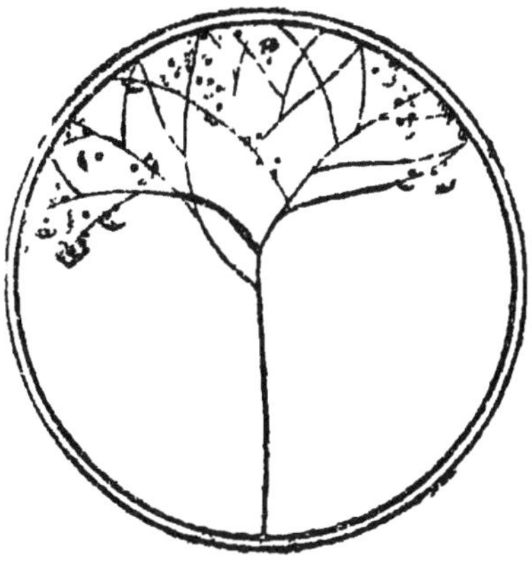

# 改良市政急應注意的幾點

李文民

講到「市政」的問題，我從沒有討論過，差不多簡直是一個門外漢。因此我爲着這個問題，自然不敢志高氣揚，高談闊論。可是到了現在無論何處對于「改良」二字的聲浪，已高唱入雲，尤其是關于改良市政一方面的事件爲最，所以改良市政的歌聲東也有唱，西也有唱，唱到此時我也不得不來和他們和一和了。

雖然我對于市政少研究，可是我平日在各個龐大囂雜的都市當中，已領略到一點見識，就是，我以爲市政的良好與否，全是以一般小民所感到牠的利益，才能算爲眞正的改良市政。在當局者方面，他們自然不能完全覺到其中的弊害，這是當局者祇看到這個都市表面上五光十色，爛燦輝煌，就以爲改良到怎樣的完美，怎樣的完善。殊不知他們所謂完美和完善，也不過是由他們心目中的觀察，而稱這個都市愜意舒適。在我想來還是虛僞的市政改良。爲什麽呢？固然在當局者們已下了許多苦心孤詣的工夫，以爲天天從事改良，那有不天天進步之理。反過來說，其實不然，他們雖然天天從事改良，但也要常細細地去觀察，同時也要問問那般小民感覺在這個都市中究竟住得愉快不愉快，各方能使民衆有沒有滿足？這樣一來，方才可以打破當局者的不昧，而得旁觀者的稱完稱善。

衣，食，住，行四大要素，誰也曉得是人們生活的命脈。所以四者缺一，馬上就如魚之失水，不能生活，那是當然之理。尤其是人們同聚一個都市中居住，要注意這四種生活的要素。因爲一個都市商務咸集，人烟稠密，五方雜處，應有盡有。所以在這個都市中如果沒有人去注意民衆的生活，那團體生活必定日趨危險的境地，如因不注意民衆衛生之道，而至人民生殖率的減低，死亡率的加高現象，即其好例。至於其外物質上和精神上不滿足的地方，而使人民生命危險者，更多到不敢喻言！現在我不揣淺陋，將我對于改良市政急應注意的幾點列舉如下，以給諸賢哲的商榷和教正。

（一）衛生方面　衛生方面的事件，其應注意整頓者，就是，（一）垃圾問題，（二）大小便的問題。我以為垃圾的處置，還比較容易，因為堆放垃圾的地方，市府可隨時增設各處，以備消防，限令人民倒入指定的地點之內，否則加之處罰。對于大小便一事，則不同了，在南方各省人民在各處隨意大小便的很少看到，最多不過的就是我們江浙一帶了。這種風氣，既成了一種惡習和慣例，所以無論何處都可以碰見，雖然上面明掛着禁止便溺的牌子，他也是一值不顧，還是一氣呵成。所以倘使一踏到了馬路上，就可以嗅到種種不堪的氣味，這種因果是誰造成，這就是沒有多設立公廁的所致！例如上海華租二界相比，對於污穢和清潔，我們已可想見一斑。各處既有了公廁給民衆排洩，那時他們還是仍邊玩衛生條例，以後將此一般嚴徵不貸，也莫不言之成理，以養成一個良善的團體，這才是從小處下手解決衛生方面的根本辦法。從這小問題着手以後，則從事各項公共售賣的場所，如小菜市，以及各種專賣的場所規定。市府方面則極力增設衛生機關，如檢驗處，詢查所，以及病院……等等，建設完備以後，這個都市的市民，方有身體健全的保障。

（二）藝術方面　市政的改良，要先有一定的標準，是市民的加減，及地方經濟能力，同時對於街衢應多少長大，和後來怎樣的開展，以此種種必要先有計劃，以免臨時倉促。如馬路要寬展，店鋪要整齊，使往來的車馬，不碍行人的利益，那就再好沒有。故改良者方面理想絕不好大高，對建築方面，祇求其質料堅固，彼此排列依照次序；路上除要寬展外，還要使牠不致塵土飛揚，這在市民心中亦必感到同情的滿足。至若抱負太高，一起就想改良到巴黎紐約街市一樣完善，那是現在絕對難辦的事。其他如應當使人民注意的地方，多多帶點藝術化，也無不可。又如廣告牌等要有一定的招貼，方才不致錯雜不齊，滿山黄葉樣的凌亂。

（三）知識方面　都市中最給人民有利益的，那莫如供給民衆知識的公共機關了。其最顯著而且收效最大的就是市立圖書館。因為圖書館是一切知識的泉源，為學術文化的寶庫，是人類社會的樂園，乃人之終身的良友；同時又是「保存國故」，「介紹學術」的媒介，這固為吾人之所共知。所以人民要想得到這些寶庫，當然是很渴望的事，一個都市設立圖書館最初也不好希望太高，祇求搜集民衆化的書籍，切實的指導民衆從剩餘的時間來做求知的工作，使圖書館變如為百貨公司一樣，使人人歡喜進去交易。其次凡是稠人廣衆之中，要設立公共閱覽處、如揭示報紙處，以及種種出版品書報黏貼處，俾使人民瞭解各項情形，增加他們的學識和經驗，以備將來養成個個是良好的公民。

（四）娛樂方面　娛樂的地方，除了商人經營的以外，市府應宜注意的，就是要設立公共體育場，因爲通都大邑，人各有其業，當他們工作完畢以後，精神已困頓異常，非有這公共體育場給他們運動，他們必定死氣沉沉，致生不健全的身體。同時有了公共體育場以後，也可以減少民衆不良的慾望，如嫖，賭……等的惡習。其次要設立公園，以備民衆暇時遊覽，給他種種樂趣，以促其精神生活愉快。此外若有關於民衆有利益者，也無妨多多的設立，這樣一來，人民精神的生活也必定安穩了。

從以上四點看來，我的解決市政問題的中點，就是如本誌上期金禹範先生的文中從「小處下手大處着眼」的主張一樣。因爲一個人的生活，不是有了很豐富的食品來食，很美麗的衣裳來穿，就覺得快愉。同時也還要注意到地方上各種—精神的，物質的—環境，對於人們究有沒有利益和損害。假如一個人他自己有很舒適的家庭，但是在這個都市上各種現象都不能令人滿意，然後你跑到街市去，同樣感着處處齷齪不堪，這種污穢齷齪的東西，有礙於人們的健全，誰也不能避免的。故我以爲有了個人的快愉還不算什麼，乃是爲大多數人的利益才爲上着，換言之，即是爲着人們公共福利於通盤的大前提呢！

說到這裏還有二句，也要附帶的說一說。總之，我所希望的，是凡改良市政的人除了天天考量改良的計劃外，時時也要實地到市場中去經歷，凝神地去觀察，明瞭其中的利弊，以達到「改良」二字的眞義，那才不致失掉改良市政所抱負的偉大的精神。

一九二九，十一，十八。於上海中公社會學院圖書館。

## 東京之人口

月中日本大阪每日新聞報載東京市都市計劃于十月一日發表最近東京市人口調查如左．

「戶口數」五十萬六千七百

「人口」二百廿九萬四千六百人（男一百廿六萬五千五百人，女一百另二萬九千一百人，）每戶佔人口四個半，其人口密度每一萬坪占有九百四十四人。在大正十二年十一月十五日地震後之調查爲七十六萬七千百十一萬人，比較增加至二倍有餘，與第二次國勢調查「廿八萬九千。卅三人」此實爲十九倍有餘，如此將有還復震災前之狀態矣。

備註　大阪市去年之十月調查，有人口二百卅三萬三千八百人。

# 市民對於市公債應有的了解

郭輿熊

市債是財政問題重要之一，然而一般市民，對于市債發生許多疑問，以為倘是個人的債務過多，容易破產，城市發行市債，要市民來担負債務—長期的債務，還是他們絕對所不承認的，不過以上的現像，完全是由于市民對于市債發行的原則，用途，以及辦法，無澈底的了解，如果他有十二分的研究，他們對於市債，不但不生疑問，並且一定能有充分的信仰，來担負這種市債。

在述說發行市債原則，用途，以及辦法以前，也不妨把市債簡畧的定義，加以解釋，市債是市公債的簡稱，所謂市公債者，是「都市依着起債行為，對于經濟社會所負的債務」，定義既明，再將以下的幾點，加以討論。

## 發行市公債的則原：

理財的極良方法，莫如把收入整理，來支配用途，但是這「收支適相吻合」的論調，在事實上，總做不到，即算能做到這一步，然而對於應興辦的事業多，所須的經費大，一時也未必能達到良好市政的目的，所以一時經費不着的時候，在這種特別情形之下，要興辦事業，不得不有特別的辦法，募集一種經費。要籌到這項收入，最好的方法，莫若發行市公債。

不過以前曾提到市民反對城市公債，所持的理由，是怕破產，但是城市若是因長久性質的工程負債，那末不但不應該反對，就是每年加多，也是沒有不可以的，因為可以要市民依工程的長久期限，均分担負，長久性質的工程費，這好比以後的市民，也應當担負，現在建築大工程的費用，其次若是城市因生利的公用事業而借債，那末既有生產力，何能因債破產，不是因債生利麼？所以發行市公債，實在是一舉兩得的政策，何以呢，在城市方面發行公債，最後目的是不外乎要借這筆的經費，辦市營事業—

市工程，關乎市民全體切身利益的，在市民方面，可說是他們分期擔負市債，不致於過重，而他們在事業興辦完竣以後，能食家其利，這豈不是一舉兩得麼？

## 公債的用途

募集公債的先決問題，就是要確定具體的用途，這些用途，無非是舉辦市營事業，例如電氣事業，自來水等等，——還有市工程——如築路建橋，或是賑災及其他善後的費用，有時也充作政費用，概括言之，可說種種用途，都與市民生活四大要素有關的，公債對於市民的關係，既是如此，只要發行的辦法適當，經營有方，公債在財政上實在是一種彌補。

## 債的　還本利辦法

市公債的發行，須發給一種債券為憑，這種債券，係認券不認人，所以可以買賣自由，至於說到還本利辦法，可以分為兩種，第一種，是積金還本利法（Sinking Fund Bond），這是規定，每年提若干款，作為公積金，交積金保管委員會保管，到公債期時，可以歸還本利，第二種，是按期還本利法（Serial Bond），這就是按定期歸還本利，這兩種券期有定為五年的，十年的，二十年的，或卅年的，不等，還本利法，在比較上，按期還本利法為好，因為積金還本利法有許多弊病，而在按期還本利法倒有許多利益。

以上所述，因限於篇幅，是簡乎其簡，不過作者的希望是：（一）能引起關心市政的諸公，鼓吹發行公債的輿論，（二）希望無錫的市民，對於公債有適當的研究，將來努力購買債券，先把財庫充裕，然後再談設施，使燦爛的無錫早日實現。

十八、十一、九。草於無錫

# 現代都市救濟事業之一斑

金禹範

## 緒言

在此產業制度之下，貧民的產生，當然是不會不有的事，尤其在工業發達的國家，表面上似乎十二分的興盛，好像個黃金世界，實際上，每因經濟競爭之激烈，分配不得平均，因之富者益富，貧者益貧，據英國最近之調查，有五分之一之人民不能維持其最低限度之安適生活，德法等國更有過之，據美國之調查，有百分之五之人民至百分之二十不等，這都是很好的證例。可是，貧民產生的原因，雖然也有因為個人的關係，實際上大般還是社會制度之不良而造就，所以在上層的階級，理應負起這個責任來，想法安置他們，并且，貧民的增加，與社會之安寧，國家之健康，有莫大之關係，不想法安置，也是在上層階級，多一分危險，尤其在工商業集中的都市裏面，常常會被這一班貧民造成了許多亂子，所以要保什他們的性存，維持地方的安寧，世界各國對於這班貧民，都有一種救濟的設施，給他們暫時的安康，緩和此人生的艱苦，這就是現代救濟事業的骨髓了，也就是救濟事業的定義。現在所要講的都市的救濟事業，當然也逃不出這個定義，不過，就是上面寫的，各種惡禍根，潛伏於都市的較田園為多，所以都市的救濟事業，較宏大而設備周到些。現在就將現代幾個國家中救濟事業設備較著的都市來研究研究：

## 現代都市救濟事業之大勢

救濟事業本可為兩種，一為公共的，一為私人的，現代都市中所講的救濟事業多半是公共的，然而西班牙，葡萄牙，瑞士，荷蘭，丹麥，腦威，奧大利亞等國，都是私人去經營。日本都市雖有大規模之設備，而以數而論，私人經營的實佔多數，就是拿我中國來講，向來對於此種事業，由各個人出款設立。

現在各國各大都市的救濟事業之已施行的，大別可分四種：第一，爲貧者救濟；第二，爲病者救濟；第三，爲不具者救濟，第四爲改善救濟；更可細分之爲：

(一)貧者救濟

甲、收容所
- 救貧所
- 孤兒所
- 養老所
- 托兒所

乙、錢物補助
- 普通救濟
- 貸金
- 給與物品

丙、廉價膳宿
- 平民宿舍
- 給食所

丁、職業介紹

(二)病者救濟

甲、普通病院

乙、染傳病院

丙、醫藥救助

(三)不具者救濟

甲、盲者

乙、聾者

丙、駭蹇

丁、癲者

戊、跛者

己、酗酒者

庚、不治者

辛、瀕死者

(四)改善救濟

甲、感化院

乙、出獄人保護

對於貧者救濟，最完善的爲德國，其辦法：普通由市政府之吏員一人，負責管理，以市議員數人幫助辦理，在此等職員外，更有由市民選出的「地方委員」數人，直接向市內負責調查，訪問各區貧民數目和其貧乏情形，隨時報告市政府。這種委員爲義務職，不受俸給。在普魯士法定，不論籍貫，不問宗教和致貧之原因，凡爲貧民都有被救助之資格，所以每年對於此種事業用費，非常之大，就柏林一市計算，每年平均總支出，要千數百萬馬克，逐年增加，要在數百萬馬克之上。到不久的將來，一定更有可觀。柏林市的救濟組織，分爲三百零三個救貧區，每區各設十個左右之地方委員，他們的任務，是每天按照指定地點，在街頭巷尾，詳細調查，如過調查到的窮民，分別情形，按法救濟。德國之職業介紹所，平民宿舍，和給食所，三種事業，最爲完備，職業介紹所多係市營，對於私人設立的仍然給與補助，經費充足的，有一萬多馬克，至少也不下五千的。平民宿舍，在柏林市內分爲兩種。第一種是爲有家族者的使用，其二爲佔供獨身者的投宿，建築內部，劃分四所，一爲家族合宿所，一爲獨身者泊宿所，一爲洗濯所，一爲消毒所，（消毒所不單供給投宿者們使用），家族合宿所，有樓四層，能收容四百多人，應於家族的必要，可泊宿到幾個星期，獨身者寄宿所，係平房式，能容五十多人的寢室，共四十間，收容人數在二千之多，收容時間自下午四時起，到午前二時止，凡泊宿者，每若干人作一隊，先到脫衣所脫衣，送到消毒所代他們消毒，消毒後，再叫他們到浴室裏去洗澡，然後穿着所中製備的單衣，纔去使室，飲肉汁一器，方才就眠，寢室中有適當的溫度，泊宿人每名每個月不准到五回以上，家族合宿所，每人還有廉價的食品。還有給食所，僅柏林一市設有幾十處，先由「地方委員」散發食券，凡無食者，可持券領取食物，每天平均受食者，在三四千人以上，并且這種辦法不限於大人，凡貧苦之學生，只要校長聲明，都免費給食，這種小兒給食所，大該都是私人辦理，每年由市府酌助現金。

其次比利時，也算得救貧事業中之完備之一，他由市議會選出特別委員數人，專門經營此項事業，經費一部分由個人捐款補助，一部分則將租稅充當。意大利同比利時差不多類似，不過此項委員雖由市議會選出，然而，羅馬和米蘭二市之委員完全獨立，市議會不能加以干涉。

法蘭西管理此項事業的，有慈善局，該局以市長或市內之行政官一人充任局長，其餘委員以市議會議員數人，及州知事遴選人組織之。經費之大部分除以其本來的基金之利息支付外，由市府給與相當之補助金額。巴黎市內，如像英美兩國，由私行或個人的團體來經營這事的，很不多見。巴黎每年對於此項經費，總數不下數千萬佛郎。

英國通全國中，一致實行一定之救貧法，由都市經營的，幾乎沒有。

美國對於救貧事業的設施和各國不同，公共的經營和個人的經營，對等的林立於各都市內，尤其在大都市內個人和團體所經營格外多，因爲這樣，一般狡猾貧民，都爭先恐後的，擁向各塲所要求救濟，以致那些慈善團體，簡直弄了窮於應付，所以各團體就聯合起來，組織了一個救濟同盟會，防止此種職業式的乞食尖惡習慣。大蓋美國人口在二萬五千以上的都市，其金數歸市府去經營，人口十萬以上的市，如芝加哥阿瑪哈，印第安那：市，都由市府委諸私人去經營。

對於病者救濟，要算法國居第一位，奥國，瑞士，丹麥，那威，和瑞典等國相同。比意等國，與法國差不多。

法比意三國的辦法，與他國不同的，使在維持及管理。其管理權由特選委員執掌，其選出手續與普通之救貧委員適用的方法相同，比利時是依據市會選舉法選舉的，法國是州知事遴任者和市會選舉者協仝組織的，由市長兼任委員長。巴黎算法國都市中對於病者救濟最爲完善，牠的施醫院在醫學上，博得很大的信用，院內有完全研究室和圖書館，并且常常派遣醫員們到別國研究，最新的醫術，回國後對於醫術上的新貢獻着實不少。意大利市立施療病院，其管理不設置特別委員，祇普通的救貧委員們管理。

英國都市對於是項事業的設置很爲簡單，就設立了關於窒夫斯猩紅熱天花霍亂等傳染病院，其餘對於普通的施藥院，市辦的，是沒有的，就是有幾個私人經營的幾個而已，不過在該國殖民地澳州印度則有公共的設置。

美國比英國要好些，紐約市在三十年前就有了施診的病院八



所，可收容病人三千多人，并且除市立的外，對於私立的仍然給與補助。

對於不具者的救濟在法國之克剌可果市辦了最爲完備，尤其在酗酒者方面，市內設有試驗的大酒徒收容所，此院可收容酗酒男子三千多人，女子二千多人。一九〇一年起，開始辦理，其規則大要如左：

一、限於該市市民。

一、凡大酒徒，斷定其治癒後能够自活，方准出院。

一、治愈者出院後，給與優先權。

一、業醜婦與罹傳染病者不收容。

關於改善救濟，各國對於是項事業至今仍實少數，至於其方法大般用宗教的力量來着手；最近法國有用音樂到各牢獄中感化犯罪者，這是算世界各國最新的方法，其結果據稱甚佳。

## 結論

參看以上各段，現代各國都市救濟事業，其大概情形，略可知曉。本來救濟事業乃是一種不澈底的補救辦法，如欲除掉人生一切病苦，非將社會組織改革不可，然而這事決非朝夕所能做到的事，况且將現制度澈底改革之後，是否沒有貧民，這還是一個疑問。然而貧民的出生，是不可避免的事，所以救濟事業在現時

是不可不有而不可不研究的事，尤其在都市裏，爲市政者，更宜加意注意。不過，救濟事業大半是都市中已成的事業，所需研究者，是在組織和管理的方法。最近我們無錫有組織救濟院的動議，其辦法與內政部所頒布之「救濟事業計劃書」相同，這是一件很好的事，不過我們無錫是中國工商發達之區，并且參看無錫縣社會調查處的統計，女工和童工比男工多出好幾倍，所以在這點上無錫救濟院的進行中，應該格外注意這一點，這是我在這篇文章最後附帶要說的話。

## ◻上海取締奇裝異服

上海特別市政府月前奉內政部訓令云查國民服飾所以表現社會精神昭示國家體制關係至爲重要民國變亂相仍諸事廢弛服裝一項尤形龐雜好奇之徒往往變本加厲奇異服裝炫耀一時風行所趨舉國若狂推原其極不惟有傷風化亦且貽笑友邦本部有鑒及此曾經制定服制條例呈准國府頒行在案惟各地人民狃於故習視爲具文非嚴加取締不足以除惡習而端風紀仰轉飭所屬各機關按照前頒條例確實遵行遇有奇裝異服立予取締以期納人民於軌物肅中外之觀瞻是爲至要云云聞市府奉令已飭各局明令布告嚴予取締矣

# 日本人創立帝國風景院

## 國際的風景團體

昭和二年七月，大阪每日新聞及東京日日新聞兩報發表日本八景二十五勝及一百景。日本國民之風景運動，自此而起，舉國靡然響應。至於最近朝野名士，特發起帝國風景院，聘請顧問伊籐博邦等十八人風景審查員，學者，經驗家共八十九人，專門研究保存表彰開發該國之風景及風景地為目的，其應行之事業如左：

（一）關於風景及風景地，各種之研究調查，（二）風景地內（溫泉及其他保養地亦包在內）設施經營之考究調查；（三）關於設置破壞風景，或觀賞享用上之不便，對於地主或關係者之要求及計劃；（四）矯正風景觀賞享用上之弊害，幷研究公德心向上之方法。（五）宣傳愛護風景思想，幷開屬於風景之研究會及講演會；（六）連絡其他目的相同之團體；（七）其他認為必要之事業。該院已於本年十一月四日，在東京會館開成立大會，推舉職員，到會者：有小橋文處大臣，江木鐵道部大臣，及其他知名學者數十人，是為日本國家風景團體創立之始。

# 建築環城馬路計劃書

工務科

查無錫市之現狀，以城爲中心，沿城北東南三面，皆有運河，因交通之便利，工商業日臻發達，而城北一帶尤以對外商業名，東南隅工廠林立，進展之速，大有一日千里之勢，城西有惠山太湖之勝景，住戶均趨向之，故十年前之曠地田野，今漸成爲廠址新市村矣。回溯十年前無錫市，人口不過十萬，今已增加一倍，如再逾十年二十年，而至六十年後，人口將逾百萬以上，其聚居之趨向，必仍以交通便利之運河附近地點，及風景優美之西區爲最有希望。然考其大勢，則圍繞現在之城垣，逐漸發展而已。人口增加，交通愈繁，南北與東西之交通，均須經過城區，方爲便利，而已定之南北及東西幹路，在經濟上不能立時拓寬，不得不求救濟之策，以應需要，故須先闢築環城馬路，以貫通之。大城垣乃封建遺物，其阻礙交通及工商業之發展，並失防禦之效，盡人皆知，急應拆除，無待豫疑。且拆除以後，能得大宗舊料，堪充築路經費，所有城基，亦足供闢路車道之用，故就工程方面言，較之拓寬南北或東西幹路爲易辦，而效易著也，茲經審察情形，實地丈量，決定分段拆除，改築環城馬路如下：

第一段，自光復門至西成門止，共長一千四百八十公尺。

第二段，自西成門至西水關止，共長六百六十公尺。

第三段，自西水關至南門止，共長一千四百二十公尺。

第四段，自南門至東門止，共長一千四百五十公尺。

第五段，自東門至光復門止，共長六百三十公尺。

第一段，自光復門至西成門止，爲西北隅，即商市繁盛之處，且與鐵路運河相近，故擬先行拆除改築新式道路，以利交通，現城牆基礎，寬約六呎，加以城外現有街道，約十呎，城內護城泥幾呎，合共二十餘尺。尚不足路之寬度，故擬定酌中辦法，依據城牆外城脚爲馬路中心，線內外各讓至七公尺半，（即二十五呎）總計十五公尺，並分人行道兩邊各一、七五公尺，車道十一公尺半，以備同時駛行汽車四輛而有餘，則堪稱適用矣，茲更將城牆現狀，及築路計劃工程預算，分述於後：

## （一）城牆現況

甲、城牆之磚石現狀　城牆之橫斷面大小高低，雖稍有出入，茲以其平均址算之橫斷面圖計算之，如附圖，計每呎磚石料如下：（城磚最大者每塊約14″×7″×4″）

每尺城牆　城磚 $\frac{5'\times 11.2'\times 144''\times 12''}{14''\times 7''\times 4''}=246$塊

城泥 $\frac{1.2'\times 4.2'\times 144''\times 12''}{14''\times 7''\times 4''}\times 2.5=17$塊　共計263塊

石料6.5′×7.2′=47立方尺

乙、城牆之長及泥土　光復門至北門長約四百九十公尺，城內所有泥土，已大部為靠牆居民挖去，建造住屋，靠足城牆，故所餘無幾矣。自北門至西成門長約九百九十公尺，其泥土則城牆每尺有半方而已。此次泥土擬即填塞內城河之一部，以增加餘地，而利植樹，開闢路傍小公園用。

丙、城外現有道路及本段城垣平面圖，城外現有道路及本段城垣平面圖，已由工務科測量製成，圖樣其約略如左：

光復門至吉祥橋　寬平均約二十呎

吉祥橋至北門　寬平均約九呎

北門至西成門　寬平均約十呎

丁、城內情形　城內堆土原至裏城河為止，惟本段則概被居民佔有，所有城根餘土，幾全被挖去建屋居住，故城牆內至裏城河止，所有七八十尺之地，俱為市民僭佔矣。

附城垣現狀圖一紙

## （二）拆用城牆辦法

甲、拆除城牆　先將第一段共長一千四百八十公尺之城牆，分三段登申錫各報投標拆除，以免壟斷，限一個月竣事，其工程說明書估價單另訂之，其價目大約拆除城牆一英尺須洋一元五角，挑去泥土半方約須洋六角。

乙、磚石之利用城牆，每英尺約有石料四十七立方尺，每立方尺以洋七分計，可得大洋三元二角九分，計自光復門起至西成門止，一段計全長四千八百六十英尺，共計可售洋一萬五千餘元。

查拆下之城磚，計每塊長約十三吋半。寬七吋，厚三吋半，較現在市上所售之每五塊厚七吋半之新仿，（長八吋寬四吋）約大七倍，目下新仿每塊售洋七厘（即每萬售洋七十元，）則

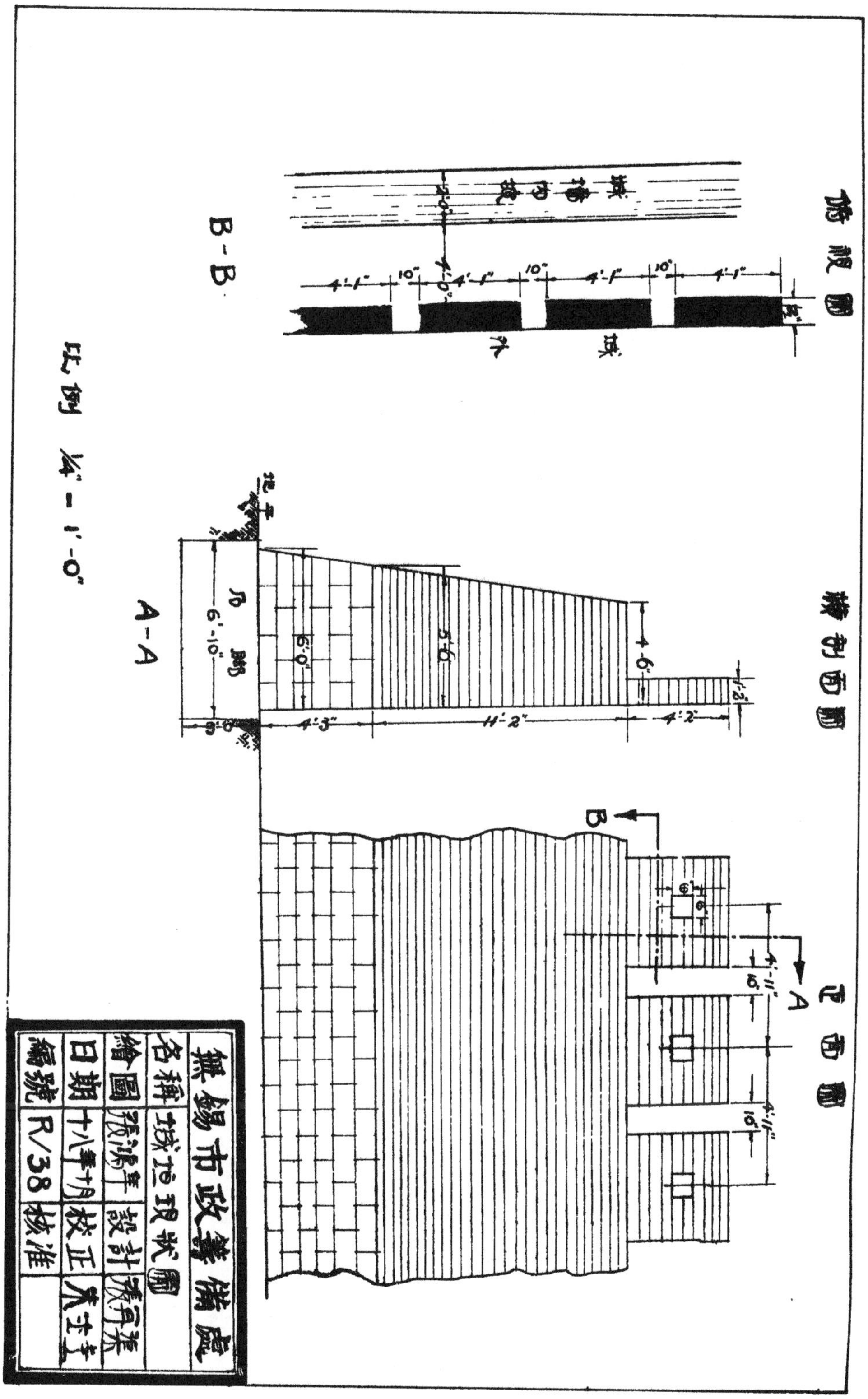
正面圖
橫剖面圖
A-A
B-B
比例 1/4" = 1'-0"
無錫市政籌備處
名稱
繪圖
設計
日期
十八年十月
校正
編號
R/38
核准

每塊城磚應值洋五分，故擬定每塊最低價，售洋三分，查城牆每一英尺長，除石料外，約有磚二百六十三塊，共計可得一百廿七萬塊，即以每塊，値洋三分計，則可得洋三萬八千餘元，如該項城磚出售，價格太廉，不能合本處預算時，則可移築人行道，及側石平石之用，其做法如下圖：

丙、拆讓房屋　環城路寬十五公尺，約依城牆外城脚爲中心線，向左右各讓七公尺半，在拆城時，同時通知各業主租戶，照中心線各自拆讓至七公尺半，由市處給與官價外，並給與免費改造門面建築執照，以便該段市民翻造新式市房，藉整市容，如遲延不自拆讓者，由處雇工代爲改除之，但不另給官價矣。

丁、內城河之利用　查本處所擬環城馬路，寬度爲十五公尺，(約合五十英尺)，故城垣拆除後，將外城河加以整理而便市民使用外，內城河距外城河甚近，無存在之必要，可將城基泥土填塞之則除路寬外，尚有寬曠餘地，該項餘地，可按照市價出賣，並可於路旁每隔相當距離，設立公共廁所，垃圾箱小公園，及停車場等，于市容觀瞻，大有俾益也。

## (三)建造環城路(即第一環形路)

甲、路中心及寬度之擇定

第一環形路係拆除城垣，利用城基而改造者。查無錫城全部，城外原有街道可以環繞通行，城內沿城牆有泥土輔助，以利防禦，晚近雖爲市民漸漸僭佔，而失其原形，然既指定拆城改築道路，則此路之格式，當仍照城垣形狀，略加整理，路中心線應在城基內。(即以外城脚之邊緣)根據造路原理而作有規則之曲線也。

寬度本定爲十二公尺，因本民建二廳指令以十五公尺爲最小限度，故較原定加增三公尺，人行道每邊寬一、七五公尺。車道寬十一、五公尺全寬爲十五公尺。

乙、辦理拆城築路工程程序表

拆城築路，較單純之築路工程手續爲多，蓋須兼理拆除城垣，出賣城磚石料，拆讓房屋，給價收用民地，及套城一帶之整理等事宜，非僅測繪路線，填土築路，所能了事，茲將辦理程序列表如下：　(附表)

## 辦理拆城築路工程程序表

甲、計劃

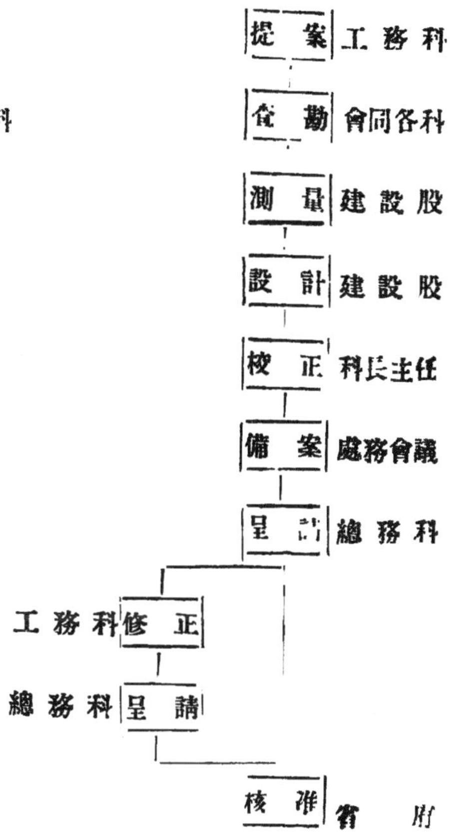
提案 工務科
查勘 會同各科
測量 建設股
設計 建設股
校正 科長主任
備案 處務會議
呈請 總務科
工務科 修正
總務科 呈請
核准 省府

乙、施工

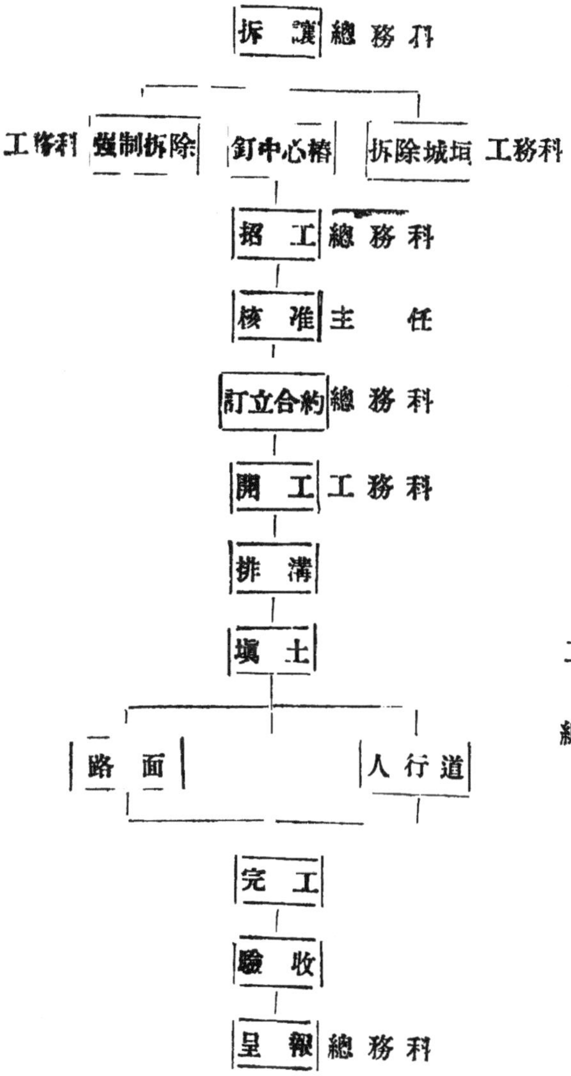
拆讓 總務科
工務科 強制拆除
釘中心樁
拆除城垣 工務科
招工 總務科
核准 主任
訂立合約 總務科
開工 工務科
排溝
填土
路面
人行道
完工
驗收
呈報 總務科

丙、拆用民房面積估價概算

査城基原有範圍，自外城河起至裏城河爲止，但後生齒日繁，基地之需要漸大，故城牆兩傍之餘地，乃亦供人民之建築，數百年來，附郭幾無隙地，錫地尤甚，如北城脚一帶，屋宇毘連，嚴如街巷，故自城牆拆除外，不能不將民房拆除，方能至規定寬度。玆由本科派員按段詳細調査，列表於下，凡每段之應拆房屋，分樓屋平屋草屋三種，樓屋每十平方公尺，平均給拆屋遷移費洋十元，平屋照樓房折半計算，草屋不給價，基地之收用方法，除按照本處拓寬原有街道辦法第三條辦理外，視地段之情形，分別等級，估定價格，核算發給之。

計拆屋遷移費第一段，七千二百六十二元。

第二段，一千四百五十元。

共計大洋八千七百十二元正。

——附表二紙——

## 環城馬路第一段拆屋面積估價概算表

自光復門至西成門共計長一千四百公尺

| 地點 | 路長 | 縮讓平均尺數 | 應拆樓屋 | 應拆平屋 | 面積總計 | 價格總計 | 備註 |
|---|---|---|---|---|---|---|---|
| 光復門至吉祥橋 | 二百五十公尺 | 平均約二公尺 | 二百五十公尺 | 無 | 五百方公尺 | 五百元 | 公安第二分局局址拆進一公尺半 |
| 仝上城內 | 仝上 | 平均約四公尺 | 七十公尺 | 一百八十公尺 | 一千方公尺 | 六百四十元 | 光復門警衛所院址拆讓過半 |
| 吉祥橋至北門 | 二百三十公尺 | 平均約四公尺 | 一百十公尺 | 一百二十公尺 | 九百二十方公尺 | 六百八十元 | |
| 仝上城內 | 二百三十五公尺 | 平均約五公尺 | 二百公尺 | 三十五公尺 | 一千一百七十五方公尺 | 一千另八十七元 | |
| 北門至西成門 | 九百公尺 | 平均約五公尺半 | 七十五公尺 | 八百二十五公尺 | 四千九百五十方公尺 | 二千六百八十元 | |
| 仝上城內 | 九百公尺 | 平均約五公尺 | 二百公尺 | 二百七十公尺 | 二千三百五十方公尺 | 一千六百七十五元 | 電話公司拆讓共二百五十方公尺內城基空地約四百三十公尺楊氏小學空地平屋共二百五十方公尺 |
| 總計 | 二千七百六十五公尺 | | 九百另五公尺 | 一千四百三十公尺 | 一萬另八百九十五方公尺 | 七千二百六十二元 | 共合一六・三四三畝按照內政部頒布市尺制核算 |

## 環城馬路第二段拆屋面積估價概算表

自西成門至西水關止共計長六百六十公尺

| 屋別 | 縮讓平均尺數 | 長度 | 面積 | 估價 | 備註 |
|---|---|---|---|---|---|
| 樓屋 | 一公尺半 | 一百八十公尺 | 二百七十方公尺 | 二百七十元 | 城內（城外無樓屋） |
| 平屋 | 二公尺 | 五十公尺 | 一百方公尺 | 一百元 | 城內 |
| 平屋 | 八公尺 | 二百七十公尺 | 二千一百六十方公尺 | 一千另八十元 | 全拆者一千四百方公尺（城外）電壓所一處拆讓共二十八方公尺 |
| 草屋 | 七公尺 | 一百五十公尺 | 一千另五十方公尺 | 不給價 | 城外草屋全拆 |
| 總計 | 路線長六百六十公尺 | 拆屋長六百五十公尺 | 三千六百五十方公尺合五、四八畝 | 一千四百五十元 | 按照內政部頒布市尺制核算 |

丁、投標章程工程說明書，已刊入第二期無錫市政，工程計劃中各段工程估價單，暫不能公布，以便招工投標者之估計，茲僅將本處拆除城牆工程說明書附後：

### 無錫市政籌備處拆除城牆工程說明書

第一條　本工程自光復門公安分駐所起，至西成門西邊止，計分三段如下

(一)自光復門至老北門止，計長四百九十一公尺。

(二)自老北門至楊氏小學球場北面，計長四百六十三公尺。

(三)自楊氏小學球場，北面至西成門止，計長五百三十七公尺。

第二條　本工程由承包人按段分別投標，一段或幾段，均聽承包人自擇，惟得標後，均須依限繳費開工，不得托故推諉。

第三條　本工程不論晴雨，每段限三十天竣工，逾期每日罰洋五元。

第四條　城垣拆下之城磚石料，由承包人照實估價收買之，如不欲收買，而但承包拆卸工程者，須經本處同意，得准許給標。

第五條　本工程拆卸範圍，指各該段地面以上之城磚石料，及泥土，及地面以下深四尺止之城腳，其他均由本處收用之

，承包人不得托故私自收用或藏匿。

第六條　城內外舊道路之磚石料，均不能任意拆卸，有則責令修復之。

第七條　磚石泥土須隨掘隨運，不得堆積街面，阻碍交通。

第八條　磚石料除承包即時運往外，其安置地位，均由本處指定之，其有堆積於不准堆積之處，得責令於一日內遷去。

第九條　本工程內拆卸及掘取之磚石，由承包人收買者，除拆工運土工費外，承包人應繳本處城磚石料洋若干元，分三期繳納。

(一)動工前繳納全數三分之一。　(二)城牆拆卸至一半時，繳納全數三分之一。　(三)城牆拆平開始掘取基礎時，繳納定數三分之一。

第十條　工程進行中不准故意損壞道路及建築物。

第十一條　工程進行中不得斷絕交通。

第十二條　承包人應有殷實舖戶二家具結擔保

第十三條　本工程進行中承包人中途停工，或其他不能履行工程說明書所規定時，應由擔保人代負一切責任完成之。

第十四條　本說明書，如有未盡之處，在工程合約中，酌定之。

## (四)實施測量報告

甲、第一段測量報告：

附廓基地居民濟佔甚多，屋與城垣毘連者有之、屋築於城垣上者亦有之，此次測量，係由城外及城垣上用經緯儀度方位角，支距及長度均用公尺直量之，而測閉塞圈由光復門至西門，全線共長約三千餘公尺，城垣狹仄，僅可容足，施測困難，測是時期約二星期，城垣橫斷面，石磚高低稍有參差，僅測斷面概況，以為標準。

乙、第二段測量報告：

自西成門至西水關為環城馬路第二段，全長計六百六十公尺，此段沿城基地居民，侵佔甚少，且無車輛通行，施測較第一段為便利，自西成門吊橋，舊有樁點上，賡續測量沿河，繞至城垣上，回至吊橋，作閉塞圈，所有地形均用經緯儀視矩Stedia method，而改正其傾斜差，閉塞差為一千五百分之一，沿城泥土高約十二呎，寬約廿四呎至十五呎，約計二千八百土方，內城河沿城，共長一千一百呎，深度自七呎至十呎，寬約廿呎至廿六呎，約需填土二千五百方，即以沿城土方填入城河云。

丙、路線圖　第一段第二段環形路路綫圖已測製如附圖：

丁、橫斷面圖　指示本路之結構方法如附圖：

## 上海特別市政府十八年度預算

市政府十八年度收支預算核定全年爲五百〇五萬元根據量入爲出之原則規定用途支配各局經費計公安費年支一百二十萬元教育費一百萬元工程費七十餘萬元已佔全數五分之三其他用以支配各局及各項公益機關補助費市庫直接支出等僅可免強敷衍而臨時費尚須另籌又各局經費多有增加因之職員多已晉級加薪巡警餉銀亦按各增加三元財政局方面祕書進晉二級科長各晉一級其他職員亦有晉級加薪之議

圖表三二：此處原爲《環城馬路平面圖》，見書後。

圖表三三：此處原爲《環城馬路平面圖》，見書後。

圖表三四：此處原爲《環城馬路横剖面圖》，見書後。

圖表三五：此處原爲《利用城磚築造環城路》，見書後。

# 取締建築計劃

工務科

## 緒言

建築物之淩亂無章，不但物質上受莫大之損失，且足引起社會上複雜之問題，本處自成立以來，對于市內公私各項建築，已定有取締建築章程，及拓寬街道辦法，（已刋入第一期無錫市政）公佈在案，俾全區市民遵照辦理，乃近有少數市民，仍未能週知，以致時時發生錯誤，其發生最多者，莫如未經呈報領照，擅自動工，致有碍路政；或租戶未得業主之許可，而自行建造，致發生種種糾葛，或建築中途變更計劃，未經來處聲明，聽候辦理，而自行動工者，爲特編製『請領建築執照手續說明。』『業主須知』『租戶須知』『營造人須知，』等各一種，擬再分別頒發，以便完全明瞭，而免再起糾葛。

## 請領建築執照手續說明

凡市民欲領建築執照者，應於開工十日前先至工務科領取『呈請查勘建築執照報告單』按項詳細填註：（一）建築物之地址坐落門牌號數及方向，（二）業主姓名及通訊處，（三）營造人姓名及通訊處；（四）開工日期及完工日期；（五）工程概况：（甲）建築物之種類如樓房平房圍牆駁岸籬墻等（乙）特建築物之用途如住宅商店戲院茶館等；（丙）建築物之面積長短如房屋間數及圍牆駁岸等之尺數；（六）計開（如建築物係公共建築，章程上須繳圖樣者，應附繳圖樣二份）（七）具呈營造人姓名均須詳細填明，俾本處丈簽員稽查員可以按址調查。本處收到此項報告單後，除登記外，當即填具查勘單，交丈簽員前往營造地點查勘，按照本處規定之路寬等級，訂立標簽，示以建築線與路之界限，訂立標簽，後將丈簽員之報名，（或有圖樣須更改者，由總務科通知，更改之或有須檢驗契據後，再行復勘者，亦由總務科通知呈驗契據）呈科長主任核准，然後填照蓋印，由業主備具照費，交營造人到處領照，如延不來領，當再由總務科通知催領。營造人領照動工後，當由本科再派稽查員復查路界，如不遵標簽建造，任意僭佔者，或建造不合有碍定章者，所用建築材料薄弱有礙公衆安寧者，當即由總務科吊銷執照，或通知拆除，或重建，如鋼骨水泥等建築）復由本科派技術員前往復查，以昭鄭重。工程完竣後，由營造人將照繳還本處，其有因故不能如期完工者，則營造人當人先期來處聲明，請求展期，聽候辦理。

附本科辦理建築執照程序表，呈請查勘建築報告單

## 辦理建築執照程序表

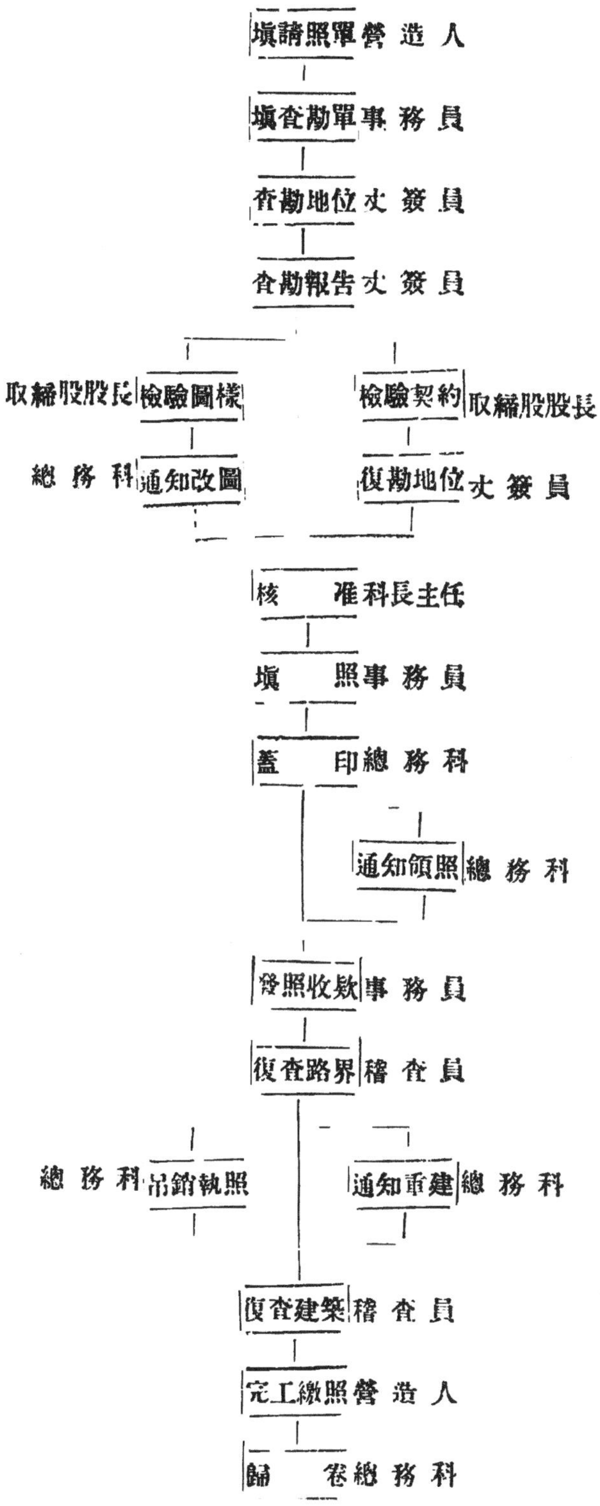

## 呈請查勘建築報告單

地點坐落　　　　門牌坐　　　朝

業主及通信址

營造人及通信址

開工完工　　自　　　日開工　　　月　　日　　工

工程概狀

計開

營造人　　　　謹呈

無錫市政籌備處

中華民國　　年　　月　　日　　建築　　號

## 業主須知

一、呈報、　凡在本市區內起造改造增築修理拆卸公私建築物等，均須責令已登記之營造人，於開工前十日向工務科呈報領得建築執照後，方得動工。

二、丈發、　凡起造改造及增築者，於呈報後須聽候工務科派員丈量，發立木質標簽，示以建築與道路之界限，不得私自移動。

三、執照、所領建築執照中之文字，須詳細填明，應繳照費，書明照費項中照額十足收取，交營造人懸掛工場，以備本處稽查員之查考，一俟竣工期屆，應于七日內交營造人將該照繳回本科。

四、查勘、本處稽查員至各處建築場查勘工程者、均備有本處徽章，如有冒名朦混者，交由本處懲辦。

五、變更、領照後如有中途變更建築計劃者，或須增添建築者，或因事遲誤未能如預定之竣工日期竣工者，及遺失標簽無所依據者，均須立即責令營造人報明工務科聽候辦理，不得擅自進行，致干定章。

六、違章、不得聽信任何人之，言語，擅自變更規定尺度，而自招技節，又不能任租戶任意裝修，致違反章程而遭損失。

七、營造地、如營造地糾葛未了，或其他違章情事發生，則所領建築執照由本處自行吊銷，因本處不能處理土地人事及其他之糾葛也。

八、翻造　本處規定路寬在十二公尺起以上之沿街房屋，祇可翻造不能修理。

九、罰則　本處定有取締建築章程，及拓寬街道辦法，均應遵守，如違反以上情事，均有罰則，幸各注意。

十、凡對於本處章程有懷疑之處，或本科人員在外有瀆職情事發生，可直接向本處詢問，或向主任或本科科長告發，（該告發人姓名本處當守祕密）一俟查明確實，決嚴懲不貸。

## 乙、租戶須知

一、租戶向業主租賃房屋者，該房屋之主權仍屬業主，不能私自將房屋改造，以致發生一種糾葛。

二、租戶如欲將所租房屋改造或修理，當須先得業主同意，請業主雇定已登記之營造人，向工務科詳細呈報。

三、租戶如已得業主之許可，呈准工務科改造或修理房屋時，所領建築執照內之文字，須詳細明瞭後，方可動工，並如欲變更計劃，須得業主同意，不能擅自進行，而自招糾葛。

四、租戶如未得業主同意，萬不能冒名業主向工務科呈報，任何修理或改造，因本處不能處理租戶業主間之糾葛也。

五、租戶如有違反以上情事，均有科罰，幸各注意。

## 丙、營造人須知

一、登記　凡在無錫市區內以營造廠建築公司及水木作等營業者，均須先向工務科呈請登記，領有登記證後，方能營業。

二、章程　營造人均須熟悉本處建築章程，及拓寬原有街道辦法。

三、呈報　呈報請領建築執照，凡在本市區內起造改造增築修理拆卸公私建築物等，均須於十日前向工務科呈報領取「呈請查勘建築執照」及「報告單」，按項詳細塡註，不能錯誤，對于地點坐落一項，尤須注意，因此單為呈報憑證，如有錯誤，責任者在營造人故也。

四、丈簽　凡起造改造及增築於呈報後，須靜候工務科派員丈量，簽立木標，遵界限建築，不准私自移動，如有遺失，須立即報明工務科補簽。（每次納補簽手續費大洋三角正）

五、執照　領得建築執照，須將照上文字看過，交與業主蓋章。

六、開工　開工時須先將建築執照懸掛作場，以備本處稽查員之查考。

七、稽查、建築中須聽候備本處徽章之稽查員查勘，不得藉故推諉，希圖取巧。

八、變更、如因業主之要求，中途有變更建築計劃者，或因事遲延超過規定日期而未能竣工者，須先期呈明工務科聽候核奪，違者以匿報論。

九、繳照、建築完工後，須于七日內應將建築執照向本處繳銷。

十、罰則、如有違反以上之事體者，一經查悉，按章處罰之。

## 丁、營造業登記須知

(一)塡寫本表格，須用墨筆正楷，不得任意塗改。

(二)本表格塡就後，連同登記費一元，送交本處工務科掣給收據。

(三)本處通知，准予登記後，應於兩星期內持該項收據來本處工務科換取登記執照，隨繳印花費半元。

(四)營業現狀一項須詳細塡註

(五)如有不明瞭登記手續及章程者，應親自來本處工務科或用書面詢問，切勿轉託他人，免滋流弊。

(六)保證人中至少須一人住居本市區內，如登記人有違反本處定章，因而發生事故者，由保證人負責。

## 戊、丈簽須知

(一)不能丈簽者

一、曠地內無可依據者。

二、二面以上有路未經詳細問明有無糾葛或陳說者。

三、界石不符者。

四、路中心不確實者。

五、圍牆內距路中心無真確尺寸者。

六、舊有房屋未拆除不能丈量者。

七、業主強有主張者。

八、有糾葛者。

九、不易丈簽者可請技術員指導之。

十、近本處規定路綫而尚未立中心樁者。

(二)不必丈簽者。

一、除公園道及甲等幹路上之修理工事。

二、開窗戶等及不動下部三尺者。

三、內造距路中心已足規定尺度者。

四、路寬超過規定者照原址。

五、大建築之內部與路政無碍者。

六、本處指定拆讓者另派專員丈簽者。

（三）丈簽後

一、標簽號數日期。

二、距標準物之距離或門前路之全寬。

三、標簽須指示與業主或營造人負責。

四、三日內來處領照方能動工。

五、已動工者須報明。



## 首都市政區域預定地點

京市行政區域已由工務局設計地點在鼓樓北大鐘亭中山路子午綫交會點擬居中建築市府四週分配各局以外為附屬機關及宿舍

# 改進坑廁之計劃

吾錫坑廁問題，紛擾多年，迄未有相當之解決者，蓋有以下數因：

一、尿糞為市民收入之一種，居戶設置糞缸一只，月積可換錢數千。普通糞廁一所，租與農民，每月可收租銀六七元。出糞多者可收二十元以上。最高之廁所，可以贍養數家。是以邑人皆視坑廁為美產。

一、建築公廁之不易，本邑人民衆多，排洩物自然不少，取締私廁之後，必須建築公廁，既須有鉅款，又須有相當之基地，查本邑屋宇比密，地價飛漲，更值百端待舉之時，欲籌鉅款，覓基地，以建廁所，確是不易。

況市民之智識，高者固多，而缺少衞生常識與公德心者，亦屬不少，公廁建築之後，是否能保持清潔，猶為疑問，邇者吾邑種種事業，進步甚速，衞生與市容，斷不可畏難而置諸不問，爰察看現狀，酌量財力，擬建築公廁，改良及取締私廁，二者同時並舉，並擬劃全市為若干區域，次第施行，期以二年，則坑廁問題，或可有相當之解決，茲分別說明如下：

一曰分區建築公廁，欲改良私廁，非有相當公廁以倡導之不為功，況私廁之不合衞生，有礙觀瞻者，必在取締之列，取締之後，又須有公廁替代，否則無以容市民之排洩物，但市款竭蹶，欲全市同時建築公廁，事實上有所未能，擬按照開闢菜市場辦法，先劃市內一部份地方，作為實施改良坑廁之區域，建築小便池若干處，大小便所若干處，遠水之處，更鑿水井若干只，設夫卒若干人，專負清除之責，務使市民無所指摘，而有贊美之心，所出糞便，招人承包，其收入，除維持費外，專作改進全市坑廁之用，一區辦有成効，然後視本區財力之大小，及地方需要之緩急，再劃市內其他部份改良之，次第推行，用力較易，信用易孚，阻力自少矣，至於坑廁建築之式樣，貴在因地制宜，約須分下列數種；

一、小便所：——分以下數種：

（甲）一面靠牆者

(乙)兩面靠牆者

(丙)四面凌空者，分以下兩種；

(一)普通者——設於路旁，及人民稀少之處，

(二)特別者——設於公園內，或風景道旁，

二、大小便所——分以下數種；

(甲)一面靠牆者，

(乙)兩面靠牆者，

(丙)四面凌空者，分下列二種：

(一)普通者——設於路旁，及人民稀少之處，

(二)特別者——設於公園內或風景道旁，（設夫卒看守並清除之。就廁者須繳銅圓一枚。）

(丁)男女大小便所——設於公園內，或風景道旁，及因地基過仄不能分設男女大小便所等處，（女廁與男廁隔開，分門出入，雇年老者看守並清除之，內設洗手盆，上懸水箱，可以隨用隨閉，就廁者應繳銅圓一枚。）

(戊)女廁所——照上列甲乙丙三種設於相當處所，

市民就廁時，有喜蹲而不喜坐者，所以各種廁所內，皆須設馬桶及蹲登之坑兩種，否則難於保持清潔。

建築小便所，每所約需銀五十元至百元，大小便所，每所約需銀百元至三百元，男女大小便所，每所約需銀三百元至四百元，地價不在內：



一曰改良私廁，本處改良坑廁之目的，不在糞便之收入，而在增進市容與公衆之健康，是以私有廁所，苟不礙觀瞻與衞生者，仍得存在，一則因公廁之設立，既限於經費與基地，而不能普遍，正可藉私廁以補不足，但爲整頓起見，其建築之圖樣，須經本處核定，或逕由本處發給，即已成之坑廁，亦須改建合式，其平日灑掃事務，應責成各廁業主雇用夫卒遵照本處清除廁所規則專司其事，一面由本處監督視察，以期達清潔之目的。

一曰取締私廁，凡建築私廁，未經本處核定，或經本處責令改建，而不遵行致礙觀瞻或衞生者，本處須取締之，至於露天糞缸及尿桶，概不准設立。

以上所稱私廁，指在戶外者而言，其在戶內者 業主亦須遵照本處清除廁所規則清除之，不得沿牆挖洞，招攬路人便溺，如爲便利出糞起見，亦應加蓋鐵門，否則應勒令砌沒。

改進坑廁之計劃，既如上述，竊思改進本邑坑廁問題之重要，不亞於拆除城垣，其困難亦相若，但一般人之心理，往往重視城垣，而藐視坑廁，是在有識者，予以相當之同情，熱烈之贊助，一方面，盼望有坑廁者，能爲公犧牲，本處亦務必寬籌經費，以利進行，庶幾市容與衞生，有整飭之望乎？

茲擬從光復門外第五衞生區範圍內，着手先辦，因其人口衆多，旅館林立，各處來錫參觀者，咸寓於斯，於衞生，於觀瞻，皆有先行舉辦之必要也，是否有當，尚希公決。

# 無錫市政籌備處民國十八年八月一日至十九年一月底止六個月預算案

江蘇省政府委員會第二三一次會議議決照辦

## 收入經常門

| 類別 | 款別 | 項別 | 六個月預算數 | 每月預算數 | 說明 |
| --- | --- | --- | --- | --- | --- |
| 市產收入 | | | 九八二二、〇一一 | 一六三七、一一一 | |
| | 第一款 房租 | | 七二〇〇、〇〇〇 | 一二〇〇、〇〇〇 | |
| | | 第一款 房租 | 七二〇〇、〇〇〇 | 一二〇〇、〇〇〇 | 市有房屋共六十八所每月租金約計可收一千二百元 |
| | 第二款 田地租 | | 九九六、〇〇〇 | 一六六、〇〇〇 | |
| | | 第一項 田租 | 三九六、〇〇〇 | 六六、〇〇〇 | 市有田產每年收租米麥租共二百二十餘担折計八百元弱每月平均可收六十六元 |
| | | 第二項 地租 | 六〇〇、〇〇〇 | 一〇〇、〇〇〇 | 市有基地共三十六處每月約收一百元 |
| | 第三款 雜項市產收入 | | 一六二六、〇〇〇 | 二七一、〇〇〇 | |

| | | | | | |
|---|---|---|---|---|---|
| | | 第一項碼頭租 | 七八、〇〇〇 | 一三、〇〇〇 | 市有碼頭計兩處每月可收十三元 |
| | | 第二項公園場租 | 四八〇、〇〇〇 | 八〇、〇〇〇 | 公園草地及房屋四所租於商人作茶社之用每月約收八十元 |
| | | 第三項柴場房租 | 七二〇、〇〇〇 | 一二〇、〇〇〇 | 市有柴場六處每月收柴攤柴担租費約一百二十元 |
| | | 第四項自流井售水 | 二四〇、〇〇〇 | 四〇、〇〇〇 | 市有自流井三座每担水售銅元一枚每月約收水錢四十元 |
| | | 第五項池租 | 六〇、〇〇〇 | 一〇、〇〇〇 | 市有河池一處每月約收租銀十元 |
| | | 第六項厠租 | 四八、〇〇〇 | 八、〇〇〇 | 市有厠所四處每月約收租銀八元 |
| 捐稅 | | | 五二一八三、〇〇〇 | 八五二三、〇〇〇 | |
| | 第一欵交通捐 | | 一五二五〇、〇〇〇 | 二五二五、〇〇〇 | |
| | | 第一項街車捐 | 九六〇〇、〇〇〇 | 一六〇〇、〇〇〇 | 營業人力車計有一千六百輛每月每輛收捐銀一元合計如上數 |
| | | 第二項包車捐 | 九〇〇、〇〇〇 | 一五〇、〇〇〇 | 自用人力車計有三百輛每月每輛收捐銀五角合計如上數 |
| | | 第三項自由車捐 | 六〇〇、〇〇〇 | 一〇〇、〇〇〇 | 自由車計有三百輛每季每輛收捐銀一元合計如上數 |
| | | 第四項汽車捐 | 四二〇、〇〇〇 | 七〇、〇〇〇 | 汽車計有二十輛每月每輛收捐銀三元五角合計如上數 |
| | | 第五項馬捐 | 三六、〇〇〇 | 六、〇〇〇 | 營業馬計有六匹每月每匹收捐銀一元合計如上數 |
| | | 第六項清道捐 | 二四〇〇、〇〇〇 | 四〇〇、〇〇〇 | 人力車汽車每月每輛附征清道捐二角自由車每季每輛附征二角平均每月約收四百元 |
| | | 第七項汽船捐 | 一二〇、〇〇〇 | 二〇、〇〇〇 | 汽船每隻年捐十元約收二百四十元每月折計如上數 |
| | | 第八項輪船捐 | 一五〇、〇〇〇 | 二五、〇〇〇 | 輪船公司認捐每年約收三百元每月折合如上數 |
| | | 第九項航船捐 | 七二〇、〇〇〇 | 一二〇、〇〇〇 | 航船約分三等上等每年收六元中等四元下等二元每年約收一千四百餘元以六個月計算合計如上數 |
| | | 第十項渡船捐 | 一四四、〇〇〇 | 二四、〇〇〇 | 渡船計分三等上等八元中等六元下等四元每年約收二百八十餘元以六個月計算合計如上數 |

| | | | | | |
|---|---|---|---|---|---|
| | | 第十一項 快船捐 | 六○、○○○ | 一○、○○○ | 快船約十隻每艘月收捐一元計如上數 |
| | 第二款 房捐 | | 三一二○○、○○○ | 五二○○、○○○ | |
| | | 第一項 房捐 | 三一二○○、○○○ | 五二○○、○○○ | 房捐按照鋪戶租金百分之十征收每月約計如上數 |
| | 第三款 營業捐 | | 四七八八、○○○ | 七九八、○○○ | |
| | | 第一項 旅棧捐 | 六六○、○○○ | 一一○、○○○ | 旅棧捐向例由本市區內各旅館客棧認定月捐每月約計如上數 |
| | | 第二項 茶館捐 | 六○○、○○○ | 一○○、○○○ | 茶捐每棹按月捐七分每月約計如上數 |
| | | 第三項 戲館捐 | 二四○、○○○ | 四○、○○○ | 戲館二家每月各收捐二十元月計如上數 |
| | | 第四項 公園茶捐 | 一二○○、○○○ | 二○○、○○○ | 城中公園茶資每壺一百四十文以四十文充園內經常費約計如上數 |
| | | 第五項 廣告捐 | 六○○、○○○ | 一○○、○○○ | 此項稅收招商承包每月包額如上數 |
| | | 第六項 菜場捐 | 九○○、○○○ | 一五○、○○○ | 菜場六座攤担等每月納捐一角至二角不等每月所收捐額約計如上數 |
| | | 第七項 轎行捐 | 一二○、○○○ | 二○、○○○ | 本市區各轎行認定年捐每月平均計如上數 |
| | | 第八項 雜項營業捐 | 四六八、○○○ | 七八、○○○ | 滯頭行宰牛行堆棧業鹽棧業哺坊治坊均認定年捐平均每月收入計如上數 |
| 雜項收入 | | | 三九七二、○○○ | 六六二、○○○ | |
| | 第一款 特捐 | | 一五○○、○○○ | 二五○、○○○ | |
| | | 第一項 路燈貼費 | 一五○○、○○○ | 二五○、○○○ | 本市區內公共路燈約計二千盞悉由本處維持惟各戶委托本處代裝者每季每盞收洋一元平均每日收入如上數 |
| | 第二款 牌照費 | | 二四七二、○○○ | 四一二、○○○ | |
| | | 第一項 公園攤照 | 七二、○○○ | 一二、○○○ | 公園內臨時攤担照費平均每月收入如上數 |
| | | 第二項 建築執照 | 二四○○、○○○ | 四○○、○○○ | 市區內建築執照費每月約計如上數 |

| 經常收入合計 | 六四九三二、〇〇〇 | 一〇八三二、〇〇〇 |
|---|---|---|

## 收入臨時門

| 類別 | 款別 | 項別 | 六個月預算數 | 每月預算數 | 說明 |
|---|---|---|---|---|---|
| 捐稅 | | | 二七六〇〇、〇〇〇 | 四六、〇〇〇 | |
| | 第一款 房捐 | | 一八〇〇〇、〇〇〇 | 三〇〇〇、〇〇〇 | |
| | | 第一項 住房捐 | 一八〇〇〇、〇〇〇 | 三〇〇〇、〇〇〇 | 住房捐擬自呈准後舉辦指定作築路經費自十月份起每月增收約四千五百元四個月合計一萬八千元勻攤六個月每個月折合如上數 |
| | 第二款 營業捐 | | 九六〇〇、〇〇〇 | 一六〇〇、〇〇〇 | |
| | | 第二項 筵席捐 | 九六〇〇、〇〇〇 | 一六〇〇、〇〇〇 | 筵席捐擬自呈准後舉辦指定作衛生經費及補助市區教育費自十月份起每月增收約二千四百元四個月合計約九千六百元勻攤六個月每月折計如上數 |
| 臨時收入合計 | | | 二七六〇〇、〇〇〇 | 四六〇〇、〇〇〇 | |

## 支出經常門

| 類別 | 款別 | 項別 | 六個月預算數 | 每月預算數 | 說明 |
|---|---|---|---|---|---|
| 行政經費 | | | 一六〇〇八、〇〇〇 | 二六六八、〇〇〇 | |
| | 第一款 薪俸工資 | | 一二一一四、〇〇〇 | 二〇二四、〇〇〇 | |
| | | 第一項 參事薪俸 | 九〇〇、〇〇〇 | 一五〇、〇〇〇 | 參事一人月支一百五十元 |
| | | 第二項 秘書科長俸 | 三六〇〇、〇〇〇 | 六〇〇、〇〇〇 | 秘書一人科長四人月各支一百二十元合計如上數 |
| | | 第三項 科員薪俸 | 二六四〇、〇〇〇 | 四四〇、〇〇〇 | 科員八人月支六十元者四人月支五十元者四人合計如上數 |

| | | | | | |
|---|---|---|---|---|---|
| | | 第四項 工程技術員 | 一九二〇、〇〇〇 | 三二〇、〇〇〇 | 工程技術員四人月各支八十元合計如上數 |
| | | 第五項 事務員俸 | 一五六〇、〇〇〇 | 二六〇、〇〇〇 | 事務員八人月支三十五元者四人月支三十元者四人合計如上數 |
| | | 第六項 書記薪俸 | 六〇〇、〇〇〇 | 一〇〇、〇〇〇 | 書記員四人月各支二十五元合計如上數 |
| | | 第七項 勤務工食 | 九二四、〇〇〇 | 一五四、〇〇〇 | 勤務十二人門警二人月各支十一元合計如上數 |
| | 第二款 辦公費 | | 一八〇〇、〇〇〇 | 三〇〇、〇〇〇 | |
| | | 第一項 印刷紙張文具 | 六〇〇、〇〇〇 | 一〇〇、〇〇〇 | 處用紙張文具及執照捐票等紙張印刷費每月開列如上數 |
| | | 第二項 郵電 | 四八〇、〇〇〇 | 八〇、〇〇〇 | 電燈電話郵票電報等費每月開列如上數 |
| | | 第三項 書報 | 一二〇、〇〇〇 | 二〇、〇〇〇 | 新聞紙及書籍雜誌每月開列如上數 |
| | | 第四項 雜支 | 六〇〇、〇〇〇 | 一〇〇、〇〇〇 | 車旅購置裝修及一切雜支每月開列如上數 |
| | 第三款 徵收費 | | 二〇六四、〇〇〇 | 三四四、〇〇〇 | |
| | | 第一項 收捐員薪俸 | 一五六〇、〇〇〇 | 二六〇、〇〇〇 | 收捐員八人月各支三十五元者四人月各支三十元者四人合計如上數 |
| | | 第二項 收捐車膳費 | 二四〇、〇〇〇 | 四〇、〇〇〇 | 收捐員八人月各支車膳貼費五元合計如上數 |
| | | 第三項 跟收勤務工食 | 二六四、〇〇〇 | 四四、〇〇〇 | 跟收勤務四人月各支工食十一元合計如上數 |
| 事業經費 | | | 四八九二四、〇〇〇 | 八一五四、〇〇〇 | |
| | 第一款 公安費 | | 三三〇〇、〇〇〇 | 五五〇、〇〇〇 | |
| | | 第一項 警餉 | 三三〇〇、〇〇〇 | 五五〇、〇〇〇 | 補助公安局警餉每月計如上數 |
| | 第二款 工程費 | | 一八〇〇、〇〇〇 | 三〇〇、〇〇〇 | |
| | | 第一項 道路橋梁修理費 | 一八〇〇、〇〇〇 | 三〇〇、〇〇〇 | 市區道路橋梁修理費每月開列計如上數 |

| | | | | |
|---|---|---|---|---|
| 第三款衛生費 | | 四五一二、〇〇〇 | 七五二、〇〇〇 | |
| | 第一項清道夫工食 | 四〇八〇、〇〇〇 | 六八〇、〇〇〇 | 清道夫八十名月各支八元半合計如上數 |
| | 第二項垃圾船租金 | 四三二、〇〇〇 | 七二、〇〇〇 | 垃圾船十二隻每隻租金六元合計如上數 |
| 第四款公用費 | | 五四六〇、〇〇〇 | 九一〇、〇〇〇 | |
| | 第一項公園經常費 | 一二〇〇、〇〇〇 | 二〇〇、〇〇〇 | 公園修理及房屋建築費月支九十六元園丁二名月各支十二元更夫一名月支八元電燈電話月支四十五元雜支五元合計如上數 |
| | 第二項自流井保管及修理費 | 六〇〇、〇〇〇 | 一〇〇、〇〇〇 | 自流井三座機匠三人月各支十五元及電費每座月支十七元及修理費四元合計如上數 |
| | 第三項菜場房屋租金及修理費 | 六〇〇、〇〇〇 | 一〇〇、〇〇〇 | 菜場六處共支修理費及打掃費每月七十元又第四及第六菜場每月租金三十元合計如上數 |
| | 第四項廣告牌修理費 | 六〇、〇〇〇 | 一〇、〇〇〇 | 廣告牌共一百三十處每月修理費開列如上數 |
| | 第五項路燈貼費 | 一九二〇、〇〇〇 | 三二〇、〇〇〇 | 市區路燈除各戶委託代裝外餘均由本處撥支每月計如上數 |
| | 第六項出版費 | 一〇八〇、〇〇〇 | 一八〇、〇〇〇 | 市政月報經費月支一百元市政旬刊經費月支八十元合計如上數 |
| 第五款市產保管費 | | 一四一六、〇〇〇 | 二三六、〇〇〇 | |
| | 第一項市產房屋修理費 | 六〇〇、〇〇〇 | 一〇〇、〇〇〇 | 市產房屋六十八處每月修理費開列如上數 |
| | 第二項市房房捐保險費及房地租稅 | 八一六、〇〇〇 | 一三六、〇〇〇 | 方房房捐保險費及房地租稅合計如上數 |
| 第六款補助費及合辦事業費 | | 二七三六、〇〇〇 | 四五六、〇〇〇 | |
| | 第一項勞工醫院補助費 | 六〇〇、〇〇〇 | 一〇〇、〇〇〇 | |
| | 第二項各區黨部補助費 | 一三八〇、〇〇〇 | 二三〇、〇〇〇 | |
| | 第三項國民導報補助費 | 三〇〇、〇〇〇 | 五、〇〇〇 | |

| | | |
|---|---|---|
| 第四項中區救火會補助費 | 一八、〇〇〇 | 三、〇〇〇 |
| 第五項南區坎官救息會補助費 | 一八、〇〇〇 | 三、〇〇〇 |
| 第六項慈善補助費 | 二五八、〇〇〇 | 四三、〇〇〇 |
| 經常支出合計 | 六四九三二、〇〇〇 | 一〇八三、〇〇〇 |

## 支出臨時門

| 類別 | 欵別 | 項別 | 六個月預算數 | 每月預算數 | 説明 |
|---|---|---|---|---|---|
| 事業費 | | | 二七六〇〇、〇〇〇 | 四六〇〇、〇〇〇 | |
| | 第一欵工程費 | | 二一〇〇〇、〇〇〇 | 三五〇〇、〇〇〇 | |
| | | 第一項測繪費 | 三〇〇〇、〇〇〇 | 五〇〇、〇〇〇 | 購置測繪器具及測量用費開列如上數 |
| | | 第二項道路建築費 | 一八〇〇〇、〇〇〇 | 三〇〇〇、〇〇〇 | 開闢新路及拓寬街道建築費開列如上數 |
| | 第二欵衛生費 | | 四八〇〇、〇〇〇 | 八〇〇、〇〇〇 | |
| | | 第一項衛生指導員 | 七五〇、〇〇〇 | 一二五、〇〇〇 | 衛生指導員五人月各支二十五元合計如上數 |
| | | 第二項擴充衛生事業費 | | | |
| | | 第三項添僱清道夫役及號衣籮畚等類 | 二二五〇、〇〇〇 | 三七五、〇〇〇 | |
| | 第三欵補助費 | | 一八〇〇、〇〇〇 | 三〇〇、〇〇〇 | |
| | | 第一項補助市校教育費 | 一八〇〇、〇〇〇 | 三〇〇、〇〇〇 | |
| 臨時支出合計 | | | 二七六〇〇、〇〇〇 | 四六〇〇、〇〇〇 | |

## 上海醫院登記衛生局再催

滬市衛生局長胡鴻基以此次醫院登記業於一月三十一日截止迄今尚有未呈請註冊者計南京保產醫院等各處呈送聲請書來局飭其注意改正各點尚未塡明呈局者計濟生醫院等十處醫院各稱尚未改正者共十四處昨特分別訓令各該醫院務於十五日內辦理完竣免受相當處分

# 無錫市政籌備處人民報告市有土地獎勵辦法

第一條 凡在本市區內市有土地及無主土地爲人佔用或無人管業爲本處未經查出者市民得向本處報告

第二條 報告人須本人姓名年歲籍貫職業住址及該地詳細四至取具舖保備文呈報

第三條 該地如爲人佔用報告人應開列佔用人姓名籍貫職業住址

第四條 報告人應陳明該地爲市有公地或爲無主土地及該佔用人來歷依據以便分別依法辦理

第五條 凡報告市有公地及無主土地可歸市有者經本處調查屬實後給予該地估價之十分之一爲奬金以示鼓勵但如查係挾嫌誣報者亦當予以懲罰

第六條 本辦法自公布之日施行

## 無錫市政籌備處人民報告市有土地表

| | |
|---|---|
| 基地種類 | |
| 面積 | |
| 坐落 | |
| 四至 | |
| 佔用人 | |
| 該地來歷 | |
| 備考 | |

## 無錫市政籌備處市有土地調查表

| | |
|---|---|
| 基地種類 | |
| 面積 | |
| 坐落 | |
| 四至 | |
| 執業憑單 | |
| 納稅數目 | |
| 用途 | |
| 取得保管原因 | |
| 取得保管年月 | |
| 備考 | |

## 無錫市政籌備處工務科測量簡則

本科爲實施工程起見舉行各種測量任野外工作自應派員主持（Incharge）以專責守爰訂簡則如下

第一條　凡本處每種測量均由工務科指派出勤技術人員一人指揮全部工作及一切事宜其他員役助理之

第二條　實施測量期間內如未得本科科長許可不得涉及其他工作

第三條　測量時間每日自上午八時起至下午五時止

第四條　凡助理員役未能盡職時得由指定負責人面請科長更換之

第五條　每種測量以製成平剖面圖後爲任務終了

第六條　各種測量實施方法須由建設股股長分別商訂但負責人員得申明理由因地制宜斟酌變更之

第七條　出勤人員車資實支午膳費每人以五角爲限測丁不支車資午膳費每人以二角爲度

第八條　本簡則由處務會議議決施行

## 無錫市政籌備處工務科管理工程隊簡則

第一條　本處爲整理街道及溝洫起見特組織工程隊按日分段修理之

第二條　本處雇用看工一人砌街匠二人陰溝匠一人小工四人均須按日至指定地點從事工作

第三條　看工負有指揮工人保管材料預定每日工作地點及製作報告書之責任

第四條　工匠須依照看工所指定之地點每日上午自八時至十二時下午自一時至五時往該處工作

第五條　小工須每日運輸器具及材料至工作地點并須幫同工匠從事工作

第六條　各工人工資按月計算每日工作除天雨及節假外其他無故擅自停工作者每一日扣發一日工資

第七條　材料由處購置存儲每日八時前由小工運至指定地點散工時仍將所有餘料運回不得堆積路旁阻碍交通

第八條　工具由處置備各工人使用時應當加意愛護如有遺失或無故損壞時須照原價賠償

第九條　本簡則由處務會議通過後公布施行

## 無錫市政籌備處營造業登記章程

第一條　凡無錫市區內營造廠建築公司及水木作等營業者均應遵照章程向本處請求登記

第二條　凡請求登記者應先至本處工務科填具登記表格二份並須經同業二人之保證隨繳登記費一元貳角審查不准者發還

第三條　經本處審查准予登記之營造廠等應繳印花費牛元領取登記執照

第四條　凡未經登記之營造廠等在本市區內概不得承包各項工程

第五條　凡登記人有左列事項之一者本處得酌量情形暫予註銷其登記時期以三個月至一年為限

(甲)以登記號數或所領執照私自冒充頂替者

(乙)不遵照本處核准圖樣營造者

(丙)偷工減料因此發生危險者

(丁)違犯本處定章屢經通知仍不遵照者

第六條　登記人應每年呈驗執照一次由本處工務科蓋章發還

第七條　登記人自行停止業務者應繳銷登記証如有變更地址時應以書面通知本處工務科

第八條　登記人如遺失執照應即登報聲明並呈請本處補給新照隨納手續費一元及印花費半元

第九條　凡未經登記之營造人等冒頂他人名義混領建築執照希圖承包各項工程者一經查出定予懲辦

第十條　凡營造人在取銷其登記資格之時期內仍私自冒充頂替營業者一經查出定予懲辦

第十一條　本章程自公佈之日施行

附登記須知

(一)填寫本表格須用墨筆正楷不得任意塗改

(二)本表格填就後連同登記費一元送交本處工務科掣給收據

(三)本處通知准予登記後應於兩星期內持該項收據來本處工務科換取登記執照隨繳印花費半元

(四)營業現狀一項須詳細填註

(五)如有不明瞭登記手續及章程者應親自來本處工務科或用書面詢問切勿轉託他人免滋流弊

(六)保證人中至少須一人住居本市區內如登記人有違反本處定章因而發生事故者由保證人負責

## 無錫市政籌備處市民請求修理街道橋樑陰溝等工程規則

第一條　凡市民請求修理街道橋樑陰溝等工程者須呈請本處遵照本規則辦理之

第二條 呈請修理工程如由本處查明確係急須修理且其工程較小者當由本處指派工人修理之

第三條 呈請修理之工程較大本處工人不能修理或比較認爲不急須修理者由本處與呈請人及該段住戶共同負責辦理其辦法由本處估計工程費用函知呈請人向該段住戶募集該費用金額四分之三開單送交本處查核其不足四分之一由本處補助之但呈請人須有確實鋪保經本處審查許可後方准募集

第四條 凡市民請求修理者須將請求書於每月十五日以前呈處由本處於二十五日以前決定所有准給款項得列入下月預算

第五條 該項應給款項須於工竣時由負責人備具正式收據簽名蓋章經本處審核後始得發給

第六條 該項工程經本處核准通知後須于半個月內動工逾期不給補助費

第七條 該項工程進行時須受本處之監督

第八條 本規則自公布之日施行

## 無錫市政籌備處管理及取締汽車章程

第一條 凡在市區內營業自用汽車均須遵照本章程辦理

第二條 無論營業汽車或自用汽車均應呈報本處工務科檢驗登記發給執照號牌及繳納捐費領取捐照方准行駛

第三條 登記事項開列如左

(一)車主或車行主之姓名籍貫職業住址及車行主之開張執照

(二)司機人之姓名年齡籍貫住址及經歷

(三)車輛之製造廠及其所在地

(四)汽缸隻數

(五)車內發動機之號數及其所在地

(六)車棚之種類及其顏色

(七)車輛座位之數目(車夫座位在內)

(八)車輛種類

(九)車身重量

(十)車身寬度

第四條　車輛由車主按照第三條之規定來本處工務科登記當即隨繳登記費一元

第五條　未經本處登記之車輛私自在外行駛者處以二十元以上五十元以下之罰金由公安局協助本處工務科執行之

第六條　所領之執照號牌只准在指定之本號車上使用不得頂替更換

第七條　領照之車如在有效期內變更其下列各部份時應於五日內報告本處工務科重受檢驗

(一)原動機(二)容納汽油或有爆發與可燃性燃料之管或箱(三)車架(四)制動機變速機或換向機(五)電氣裝置(六)車身及車輪其油漆之顏色

第八條　領照之車如在有效期內廢止其使用時應于五日內呈報本務工務科繳回執照號牌不得私自毀棄

第九條　車主住址有變更或該車轉他人時應於五日內呈報本處工務科司機人有變更時亦同

第十條　車主如接本處工務科傳詢通知時應于三日內來科不得延遲

第十一條　凡過轉角交叉口及繁盛區域不准快行以免危險

第十二條　乘客如有遺留物件應即送交附近崗警保存待領不得私自收沒

第十三條　乘客如有形跡可疑或携帶違禁物品者應隨時報告崗警

第十四條　如遇檢驗車輛人員或巡警索驗執照時須隨時呈驗

第十五條　凡違犯本章程第六條者處以五元以上十元以下之罰金由公安局協助本處工務科執行之

第十六條　本章程於公佈之日施行

# 無錫市政籌備處管理及取締脚踏車章程

第一條　凡在本市行駛之脚踏車無論自用或營業均須遵照本章程辦理

第二條　凡置備脚踏車者均須先向本處財政科繳捐領照其以此項車輛設行出租者並應向財政科呈領開張執照

第三條　呈報時應將車主或行主姓名籍貫職業住址或車行之名稱地址詳細開列以備查攷

第四條　車輛之機件務須完備方准行駛本處工務科得隨時隨地取締之

第五條　車上應安置規定警鈴

第六條　晚間行車必須燃燈

第七條　一車不准兩人共乘

第八條　轉灣及交叉路口以及繁盛街市均須緩行並鳴警鈴

第九條　途中有停車必要時應服從崗警指揮不得違抗

第十條　所領之號牌祇准在指定之本號車上使用不得頂替更換

第十一條　車輛全部更換時應於五日內報告本處工務科

第十二條　領照之車如在有效期內停止使用或在有效期滿後不復繼續使用時均應於五日內報告本處工務科

第十三條　車主住址如有變更或將該車讓與他人時均應於五日內報告本處工務科

第十四條　對於本處交通上一切章程應切實遵守並隨時受本處工務科檢驗不得違抗

第十五條　車主接得本處傳訊通知時應於三日內來處不得遲延

第十六條　如遇檢驗車輛人員或巡警索驗證照時須隨時呈驗

第十七條　凡違犯本章程第二、三、六、七、九、十各條者處以一元以上三元以下之罰金違犯第四、五、八、各條者處以一元以上五元以下之罰金由公安局協助本處工務科執行之

第十八條　本章程自公布之日施行

# 無錫市政籌備處竹木行登記規則

第一條　本處爲保障無錫市竹木行營業權利並考査其發展狀況特制定本規則

第二條　本市竹木行呈請登記時應呈繳左列各件

（一）聲請書（格式另附）

（二）登記表（格式另附）

（三）附屬文件（章程，合同，議據，股東名簿，股票式樣，及其他應行登記文件均應分別繕呈抄送）

第三條　自公佈之日起凡在本市區內營業之竹木行須于兩星期內向本處社會科領取空白聲請書及登記表依照本條例塡請登記

第四條　登記核准後由本處發給登記證

第五條　本市區內竹木行非經登記核准不得開張營業

第六條　業經登記各竹木行如有變更章程或遷移改租轉讓承頂者應隨時聲請重行登記

第七條　業經登記各竹木行如遇有停歇時應即聲請註銷並將登記證繳銷

第八條　在本規則公布後新開之竹木行應于開業前依照本規則聲請登記

第九條　呈請登記時應繳手續費銀二元

第十條　本規則自公布之日施行

附『無錫市竹木行登記聲請書』及『無錫市竹木行登記表』

## 無錫市竹木行登記聲請書

竊　於　地方開設

理合備具登記表及附屬文件暨登記費銀貳圓聲請登記仰祈

核准實爲公便謹呈

無錫市政籌備處

計附登記表二紙附屬文件　件登記費銀貳元正

印花一角　聲請人　簽名蓋章

中華民國　年　月　日

## 無錫市竹木行登記表

| | |
|---|---|
| 牌號 | |
| 地點 | |
| 營業種類 | |
| 開設年月 | |
| 資本銀數 | |
| 性質 | 獨資　合股　公司 |
| 電話號數 | |
| 營業總額 | |
| 曾在何處註冊 | |
| 姓名 字 年 歲 籍貫 是否黨員 住址 | |

| 行主 | |
|---|---|
| 經理 | |

| | 人數 | 待遇最高額 | 待遇最低額 |
|---|---|---|---|
| 職員 | | | |
| 工役 | | | |

| 學徒 | 人數 | 學習年限 |
|---|---|---|
| | | |

| 堆棧面積 | |
|---|---|
| 有無竹木牌 | |

| 分行 | 牌號 | 地點 | 分設年月 |
|---|---|---|---|
| | | | |

| 印鑑 | |
|---|---|
| 備註 | |



# 無錫市政籌備處保護名勝古蹟古物章程

第一條　本章程遵照　內政部頒布之名勝古蹟古物保存條例第六條之規定訂定之

第二條　本章程所稱名勝古蹟古物分類如左

（甲）名勝古蹟

（一）湖山類　如名山名湖及一切山林池沼有關地方風景之屬

(二)建築類　如古代名城關塞堤堰橋樑壇廟祠宇宮室園囿學校寺觀名人遺宅樓台亭閣古塔及一切古代建築之屬

(三)遺蹟類　如古代陵墓壁壘岩洞磯石井泉及一切古代勝蹟之屬

(乙)古物

(一)碑碣類　如碑碣坊表摩崖造像及一切古代石刻板片之屬

(二)金石類　如鐘鼎泉刀寶玉印璽及一切古代金石之屬

(三)陶器類　如陶磁各器及磚瓦土模之屬

(四)植物類　如秦松漢柏及一切古代植物之屬

(五)文玩類　如書帖圖畫及一切古代文玩之屬

(六)武裝類　如刀劍戈矛鍪鎧及一切古代武裝之屬

(七)服飾類　如鏡奩簪環冠裳錦繡及一切古裝飾品之屬

(八)雕刻類　如佛像雕物及一切鏤刻之屬

(九)禮器類　如古代禮器樂器之屬

(十)雜物類　如農工用具及一切不屬於各類之物

第三條　凡本市駐境內所有名勝古蹟古物應分別情形依照左列方法妥為保護

(甲)屬於公有者應責成所在地適當團體或個人認眞保護不得任意毀壞如有須修理有應等宜隨時修葺或漸就湮沒遺蹟僅存者宜按碑記以備查攷凡可拓印者無論完全殘缺一律拓二分以備查考

(乙)屬於私有者　凡私人所有之古物願送交歷史博物館陳列者當妥為保管物權仍屬私有其不願歸公保存者聽但須將古物攝影或繪具圖說送交古物保存所陳列其有關地方掌故者並須呈請登記

第四條　名勝古蹟之保管人無故不得有藉名募捐情事

第五條　名勝古蹟所有之建設物本處得隨時派員視察如無人管理時本處得派員保管之

第六條　籌設歷史博物館及組織名勝古蹟古物保存委員會隸屬於本處專負保護名勝古蹟古物之責其細則另定之

第七條　名勝古蹟古物之主管人如有不遵照本章程各條之規定者本處得隨時取締

第八條　對於名勝古蹟古物有毀損盜竊詐欺或侵占等行爲者該主管人得報由本處依法懲辦

第九條　本章程自公布之日施行並呈請主管官廳備案

# 無錫市政籌備處管理熱水店營業暫行規則

第一條　凡在本市區內開設熱水店（俗名老虎灶）以出售熱水暨沸水爲主業或兼以賣茶及附設浴室爲副業者應一律遵守本規則

第二條　凡開熱水店者應一律將左列事項詳細載明向本處呈請登記未經核准設立者不得在本市區內營業

（一）呈請人姓名年歲籍貫及住址

（二）店屋間數及其面積

（三）設立地點

（四）新舊店距離（附圖說明）

（五）牌號及資本

（六）兼營何種副業

第三條　本處據呈請人之呈報派員前往檢查核准後始得繳費登記領照營業新設者應同時向本處工務科請領建築執照

第四條　凡呈請登記者須納執照費銀二元由本處財政科主管之

第五條　凡熱水店除用自流井水外應用清潔之河水其售充飲料之沸水熱度須達沸點以上

第六條　爐灶四周貯水用具及地下洩水溝等務須常保清潔不得停積灰沙及污水

第七條　熱水店如有附設浴室及賣茶爲副業者須遵守茶館及浴室清潔規則

第八條　熱水店爲便利交易起見得發行竹製水籌代替銅錢但水籌上須一律火烙各該店牌號之硬印

第九條　售水價格得由該業公同議定但應呈請本處核准備案

第十條　水杓容量暫以滿平二十五兩爲標準得由該業公同監製令各熱水店備價購用不得私用自製或他製之水杓及任意增減售出之水量

第十一條　違背本規則第二條第四條之規定而擅自營業者經本處查明時得令停業一面仍飭向本處補行呈請核准手續

第十二條　違背本規則其他各條者得處二角以上二元以下之罰金

第十三條　本規則公布前設立之熱水店應於本規則公布後一月內遵章辦理

第十四條　凡熱水店出盤召頂應呈報本處備案歇業者應繳銷執照

第十五條　本規則自公布之日施行

## 無錫市政籌備處特設產婆訓練班招考簡章

一、宗旨　本處爲慎重婦孺生育起見特設產婆訓練班招收舊式產婆予以產科上之新智識及合法手術之訓練

二、所址　設於城中公園池上草堂

三、學額　暫定一百名

四、資格　合有下列各條者

(一)身體健全年在二十五歲以上五十五歲以下者

(二)曾執業三年以上者

五、考驗　(一)體格檢查　(二)口試

六、納費　入班時繳納雜費二元膳宿自理

七、訓練　1訓練期間—定八星期授課時間另定之

2學科—產科解剖學，產科生理，消毒滅菌法，正常產手術，產婦調養法，嬰兒保養法，產前產後病理學，小產早產及不正常孕妊

3實習—在訓練期內凡城中有生產者由教員指導一人接產（接產費由產婆自取）同時派產婆二人從旁觀實習

八、考驗日期　自登報日起至開學前一日止隨到隨考

九、開課日期　十一月十五日起

十、報名地點　無錫市政籌備處社會科

# 無錫市政籌備處特設產婆訓練班組織辦法

一、本處為謀產婦及產兒之安全起見特設產婆訓練班授以產科醫學常識以期養成了解合法助產術之助產人為宗旨

二、本訓練班特設於城中公園池上草堂

三、本訓練班一切經費均由市政籌備處支出

四、本班設主任一人助教一人事務員一人均由本處聘任

五、本班設講堂一所內設各種圖本模型器械及接生時一切應用品以資教授

六、本班以八星期為一學期每日上課二小時學生經過實驗考試合格後分別給以證書及執照無證書及執照者不准在本市區內執行業務

七、本班學費一律免收

# 無錫市政籌備處規定街車價目表

自廣勤路至（華盛頓飯店門口）

| | | | | | |
|---|---|---|---|---|---|
| 火車站 | 銅元一〇枚 | 青祁橋 | 銅元十八枚 | 崇安寺 | 銅元二十八枚 |
| 南門 | 銅元三十八枚 | 大河池 | 銅元二十枚 | 西門 | 銅元三十四枚 |
| 斜橋 | 銅元二十枚 | 大洋橋 | 銅元十二枚 | 東門 | 銅元二十二枚 |

西成門 銅元二十四枚
清明橋 銅元五十四枚
迎龍橋 銅元二十六枚
惠農橋 銅元十二枚
南門黃泥橋 銅元四十枚
梨花莊 銅元十八枚

## 自崇安寺至

火車站 銅元二十四枚
東門 銅元十四枚
亭子橋 二十枚
迎龍橋 銅元二十三枚
廣勤路 銅元二十八枚
大洋橋 銅元二十枚
斜橋 銅元一〇枚
書院弄 銅元十二枚
大河池 銅元二十枚
南門黃泥橋 銅元三十枚
惠農橋 銅元二十枚
南門 銅元二十枚
吉祥橋 銅元十六枚
西成門 銅元十六枚
清明橋 銅元四十五枚
梨花莊 銅元二十五枚

## 自火車站至

大洋橋 銅元十枚
大河池 銅元二十枚
西水關 銅元四十枚
書院弄 銅元二十二枚
斜橋 銅元三十枚
西成門 銅元二十四枚
清明橋 銅元五十二枚
梨花莊 銅元三十六枚
吉祥橋 銅元十六枚
惠山 銅元五十枚
東門 銅元二十枚
東亭 銅元七十枚
南市橋 銅元三十五枚
迎龍橋 銅元三十二枚
廣勤路 銅元十枚
崇安寺 銅元二十四枚
梅園 銅元一百枚
吳橋 銅元三十五枚
南城門 銅元三十八枚
新縣前 銅元二十二
南門黃泥橋 銅元四十五枚
惠農橋 銅元二十枚

## 自大洋橋至

火車站 銅元十枚
書院弄 銅元十八枚
東門 銅元十八枚

吉祥橋　銅元十二枚　斜　橋　銅元二十四枚　西　門　銅元二十枚
崇安寺　銅元二十枚　南市橋　銅元二十枚　迎龍橋　銅元三十枚
南門黃泥橋　銅元四十二枚　清明橋　銅元五十枚　廣勤路　銅元十二枚
惠農橋　銅元十六枚　梨花莊　銅元二十枚　大河池　銅元十六枚

## 自大河池至

火車站　銅元二十枚　吉祥橋　銅元十六枚　大洋橋　銅元十六枚
惠　山　銅元四十枚　西　門　銅元三十枚　迎龍橋　銅元三十四枚
東　亭　銅元七十枚　廣勤路　銅元二十枚　書院弄　銅元十八枚
崇安寺　銅元二十枚　梅　園　銅元一百枚　東　門　銅元二十四枚
斜　橋　銅元二十四枚　南　門　銅元三十二枚　吳　橋　銅元二十二枚
西成門　銅元二十三枚　南門黃泥橋　銅元四十枚　清明橋　銅元五十枚
惠農橋　銅元十六枚　梨花莊　銅元二十枚

## 自斜橋至

火車站　銅元三十枚　南　門　銅元十四枚　西　門　銅元十八枚
東　門　銅元十六枚　廣勤路　銅元三十枚　崇安寺　銅元十枚
大河池　銅元二十四枚　吉祥橋　銅元二十枚　大洋橋　銅元二十四枚
西成門　銅元十七枚　迎龍橋　銅元二十四枚　南門黃泥橋　銅元十九枚
清明橋　銅元二十八枚　惠農橋　銅元二十二枚　梨花莊　銅元二十六枚

## 自吉祥橋至

崇安寺　銅元十六枚
東門　銅元十八枚
南門　銅元二十四枚
西成門　銅元十六枚
清明橋　銅元四十二枚
梨花莊　銅元二十八枚
斜橋　銅元二十枚
西門　銅元十六枚
大洋橋　銅元十二枚
迎龍橋　銅元二十五枚
廣勤路　銅元十八枚
書院弄　銅元十四枚
大河池　銅元十六枚
火車站　銅元十六枚
南門黃泥橋　銅元三十枚
惠農橋　銅元二十二枚

自南城門至

火車站　銅元三十八枚
吉祥橋　銅元二十四枚
崇安寺　銅元二十枚
惠山　銅元五十枚
清明橋　銅元二十五枚
梨花莊　銅元四十五枚
西門　銅元二十枚
東門　銅元二十四枚
書院弄　銅元二十二枚
迎龍橋　銅元三十八枚
廣勤路　銅元三十八枚
斜橋　銅元十四枚
大洋橋　銅元三十枚
大河池　銅元三十二枚
南門黃泥橋　銅元十枚
惠農橋　銅元三十八枚

自書院弄至

崇安寺　銅元十二枚
火車站　銅元二十二枚
大河池　銅元十八枚
南門黃泥橋　銅元二十八枚
梨花莊　銅元三十枚
西門　銅元十八枚
吉祥橋　銅元十四枚
東門　銅元二十枚
清明橋　銅元四十枚
廣勤路　銅元二十二枚
南門　銅元二十二枚
迎龍橋　銅元二十八枚
惠農橋　銅元二十五枚

自東城門至

火車站　銅元二十枚
廣勤路　銅元二十二枚
崇安寺　銅元十四枚
大洋橋　銅元十八枚
吉祥橋　銅元十八枚
書院弄　銅元二十枚
大河池　銅元二十四枚
斜　橋　銅元十六枚
南　門　銅元二十四枚
西成門　銅元二十五枚
迎龍橋　銅元四十枚
南門黃泥橋　銅元枚三十六枚
清明橋　銅元四十四枚
惠農橋　銅元十八枚
梨花莊　銅元二十四枚

自西城門至

火車站　銅元二十四枚
大洋橋　銅元二十二枚
吉祥橋　銅元十六枚
南　門　銅元二十枚
大河池　銅元三十枚
斜　橋　銅元十七枚
廣勤路　銅元三十四枚
書院弄　銅元十八枚
西棉花巷　銅元十二枚
迎龍橋　銅元十四枚
南門黃泥橋　銅元二十五枚
清明橋　銅元四十九枚
惠農橋　銅元二十二枚
梨花莊　銅元三十八枚
崇安寺　銅元十六枚

自迎龍橋至

火車站　銅元三十二枚
大洋橋　銅元三十枚
吉祥橋　銅元二十五枚
南城門　銅元三十八枚
大河池　銅元三十四枚
斜　橋　銅元二十四枚
廣勤路　銅元三十六枚
崇安寺　銅元二十三枚
書院弄　銅元二十八枚
東　門　銅元四十枚
西　門　銅元十四枚

自南門黃泥橋至

| | | | | | |
|---|---|---|---|---|---|
| 火車站 | 銅元四十五枚 | 大洋橋 | 銅元四十二枚 | 吉祥橋 | 銅元二十八枚 |
| 南城門 | 銅元十枚 | 大河池 | 銅元三十八枚 | 斜橋 | 銅元十九枚 |
| 廣勤路 | 銅元四十枚 | 崇安寺 | 銅元三十枚 | 書院弄 | 銅元二十八枚 |
| 東門 | 銅元三十六枚 | 西門 | 銅元二十五枚 | | |

自清明橋至

| | | | | | |
|---|---|---|---|---|---|
| 火車站 | 銅元五十二枚 | 大洋橋 | 銅元五十枚 | 吉祥橋 | 銅元四十四枚 |
| 南城門 | 銅元二十五枚 | 大河池 | 銅元五十枚 | 斜橋 | 銅元二十八枚 |
| 廣勤路 | 銅元五十四枚 | 崇安寺 | 銅元四十五枚 | 書院弄 | 銅元四十枚 |
| 東門 | 銅元五十枚 | 西門 | 銅元四十九枚 | | |

自惠農橋至

| | | | | | |
|---|---|---|---|---|---|
| 火車站 | 銅元二十枚 | 大洋橋 | 銅元十六枚 | 吉祥橋 | 銅元二十二枚 |
| 南城門 | 銅元三十八枚 | 大河池 | 銅元十六枚 | 斜橋 | 銅元二十二枚 |
| 廣勤路 | 銅元十二枚 | 崇安寺 | 銅元二十枚 | 書院弄 | 銅元二十五枚 |
| 東門 | 銅元十八枚 | 西門 | 銅元三十二枚 | | |

自梨花莊至

| | | | | | |
|---|---|---|---|---|---|
| 火車站 | 銅元三十六枚 | 大洋橋 | 銅元三十枚 | 吉祥橋 | 銅元二十八枚 |
| 南門 | 銅元四十五枚 | 大河池 | 銅元二十枚 | 斜橋 | 銅元二十六枚 |
| 廣勤路 | 銅元十八枚 | 崇安寺 | 銅元二十五枚 | 書院弄 | 銅元三十枚 |
| 東門 | 銅元二十四枚 | 西門 | 銅元三十八枚 | | |

# 無錫市政籌備處取締私厠規則

第一條　凡在本市區内之私厠均須遵守本規則之規定

第二條　凡在本市區内各私厠業主應將姓名籍貫住址及厠所建築式様所佔面積呈報本處備查如新設者應呈請核准

第三條　各私厠所在地不得在交通大道及熱鬧街市之兩旁及轉角等處

第四條　各私厠均須切實遵守左列各事項

（一）坑厠地面須用水門汀或磚石砌造

（二）坑厠周圍須闢一公尺以上之空地或通路

（三）坑厠糞窖深度須在六英尺以上

（四）坑厠上面須蓋瓦屋或白鐵三面砌築牆壁椤角綫脚均須圓形并須開設窗戶換氣筒使光綫充足能通風透氣

（五）厠内牆壁每經三個月須用石灰水粉刷一次

（六）厠所門口須安置二尺五寸高之彈弓門或於當門設置磚砌或木製之屏風並須用柏油塗抹彈弓門或屏風如有損壞破爛不適用時均須隨時修理

第五條　各私厠於每日傍晚時須一律點燈

第六條　各私厠於每日早晨應將厠内洗掃一次其厠外附近地面亦應逐日掃除清潔

第七條　糞窖内糞便不得積儲過多

第八條　糞便挑運時間應在上午六時以前

第九條　坑厠内如並置小便池尿缸尿桶者應逐日出清并隨時用水冲洗

第十條　坑厠内不得汚損牆壁便溺地上及抛棄垃圾瓦礫汚泥或死傷禽畜等情事

第十一條　本市區内居民鋪戶應於屋内設置大小便所容納糞溺不得在屋外任意放置露天糞缸尿桶等物

第十二條　凡違犯本規則第三條及第十一條之規定者由本處通知各業主或居民鋪戶限期遷移填塞凡違犯本規則第四條各款及其他各條

者通知各業主限期改建或處以一元以上十元下之罰金

第十三條　各業主及居民舖戶屢犯不悛或抗不遵行者得會同公安局飭令塡塞遷移幷科以三日以上十日以下之拘留

第十四條　本規則自公布之日施行

## 無錫市政籌備處醫院註册規則

第一條　凡在本市區內以治療爲目的設置病床收容病人之醫院無論公立私立均應遵照本規則呈請本處註册非經核准領有執照者不得設立

第二條　醫院呈請註册須遵照衛生部頒布管理醫院規則各條之規定

第三條　醫院註册執照應繳納照費十元

第四條　醫院註册執照每年換領一次並照前條之規定繳納執照費其在期內因遷移換照者須補繳手續費一元

第五條　各醫院應將執照懸掛以便衆覽

第六條　執照如有遺失得呈請補發但應照繳各費幷登報聲明作廢

第七條　本規則自公佈之日施行

## 衛生部頒布管理醫院規則

第一條　凡以治療爲目的設置病床收容病人者爲醫院依本規則之規定管理之

第二條　經營醫院者須將左列事項呈經該轄官署核准後方得開業

一、經營者姓名年齡籍貫住所

經營者如係法人則其法人之名稱事務所所代表者之姓名年齡籍貫住所

二、醫院之名稱位置
三、醫院各項規章
四、建築物略圖
五、病室間數及每間所占面積
六、病室區別及病床數目
七、火災及其他非常設備

第三條　前條所列各款如有變更須隨時呈報該管官署查核

第四條　醫院應將所用之醫師及其助手與看護士之姓名年齡籍貫資格證書呈報該管官署查核其人員有變更時亦同

第五條　各醫院至少須置合格之醫師二人藥師或藥劑生一人在非診察時間亦須以醫員一人當值

第六條　該管官署對於醫院之建築物認有預防危險或適合衛生之必要得命其修繕或停止使用及為其他之必要處分

第七條　醫院如有遷移或休業情事應隨時呈報該管官署

第八條　醫院所用之掛號簿入院簿須將病人之姓名性別年齡職業住所詳細記入

第九條　醫院不得以其療法及經歷為虛偽誇張之廣告其從事治療之醫員除學位稱號專門科名外亦不得有其他之廣告

第十條　各醫院非設有隔離之傳染病室不得收容急性傳染病人非同一病名之人並不得收容於同一傳染病室

第十一條　傳染病室須預備傳染病人專用之什器臥具便器及醫藥器具

第十二條　傳染病人使用之什器臥具及排洩物殘餘飲食物并其他污染病毒或有污染嫌疑之物品須施行適當之消毒方法

第十三條　傳染病室內之物品除因施行消毒搬出非經適當之消毒後不得移置他處

第十四條　傳染病室之污水及排洩物等非經適當之消毒後不得搬置或排出於他處

第十五條　傳染病人退出病室以後其室中須施行適當之消毒方法

第十六條　醫院收容傳染病人其病名診定之四十八小時以內須將病人姓名年齡住所病名發病地点年月日及入病診定年月日詳悉呈報該

管官署及檢疫委員但鼠疫霍亂雖僅在疑似尚未診定病名以前亦應呈報

前項之病人死亡或治愈及其他事故退院時須將姓名事由及年月日時速報該管官署及檢疫委員

第十七條 各醫院治療病人人數每年須分上下兩期上期於七月十五日以前下期於翌年一月十五日以前依左列表式呈報該官署

某醫院治療病人表 （一月一日起至六月三十日止）（七月一日起至十二月三十一日止）

| 事項＼性別 | 入院 | | 退院 | | | 現在院治療中 | 門診 | |
|---|---|---|---|---|---|---|---|---|
| | 前期繼續 | 本期入院 | 全愈 | 死亡 | 事故退院 | | 前期繼續 | 本期掛號 |
| 男 | | | | | | | | |
| 女 | | | | | | | | |
| 合計 | | | | | | | | |
| 備考 | | | | | | | | |

中華民國　年　月　日　某省某市某地

某醫院院長某具

第十八條 醫院於治療上需用大手術時須取得病人及關係人之同意發立字據後始得施用但未成年之病人已失知覺時得不取病人之同意病人並無關係人時得不取關係人之同意

第十九條 醫院解剖屍體須依解剖屍體規則之所定

第二十條 該管官署得隨時派員檢查各醫院

第二十一條 醫院經管轄官署之核准得附設助產士及看護士學校

第二十二條 醫院得受政府之委託協助辦理關於公共衛生事宜

第二十三條 違反第二條第十條第十八條第十九條之規定者處罰三百元以下之罰鍰不遵第六條之命令者亦同

第二十四條　違反第九條第十一條至第十五條第十六條第二項第十七條之規定者處二十元以下罰鍰

第二十五條　醫院經營者之代理人雇人或其他從業者關於其業務上觸犯本規則之行爲由經營者負其責經營業者係法人時以法人之代表者負其責

第二十六條　本規則施行前已成立之醫院須於三個月內依本規則第二條之規定補行呈報逾期不呈報者由該管官署勒令停止營業

第二十七條　本規則自公布之日施行

## 京市府嚴禁鴉片

南京特別市政府月前令公安局限十月十日以前嚴查供入吸鴉片之處或販運鴉片之敗類私家吸戶無論其人地位高下一併搜索一月之後將抄得之各違禁品當衆焚燬以肅烟禁而爲全國革新表率

# 公牘

## 呈文

### 呈民政廳爲請辦住戶房捐及筵席捐擬具章程請察核由

呈爲請辦住戶房捐及筵席捐擬具章程仰祈鑒賜核准事竊屬處遵奉鈞令於八月一日組織成立迄將一月在此籌備期間百端待理尤以計劃建設及開拓財源爲最急之務查屬處接收前無錫市行政局所有各項捐稅如店戶房捐車輛牲力捐娛樂捐茶捐船捐碼頭捐以及市產租息合計每月收入約共一萬一千元而支出方面除市公安經費五千五百元各項補助八百餘元公團經費三百餘元市有房產修理費百餘元及處用約三千元外每月所餘僅一千元以之辦理全市公益衛生公用建設等事宜實屬杯水車薪曷濟於事即欲維持現狀尚覺支絀而一切規模較大之建設均感無出實施之苦最近屬處鑒於時疫發生蔓延堪虞特設臨時時疫醫院賴地方各界概助經費集貲四千餘元而屬處除自任一千元外並墊用一千數百元款尚虛懸此其一也市區衛生行政業由公安局移交屬處辦理查此項事業向無的欵現在屬處對於公共衛生積極改進如增加清道夫清河夫設衛生指導專員增築自流井添設垃圾箱建築公共厠所等或正在計劃或已見諸實行而經費尚無所出此其二也屬市道路系統業已大致規劃就緒就中計劃建築者爲工業運輸大道風景大道公園大道環城馬路城內十字形幹路城外放射形幹路等亟待修理或改築爲通惠路及城內外幹支路十餘處修築費用至爲浩大斷非每月數百元之經費所克濟事此其三也值此欵絀萬分之時職思惟有設法開源方足以資應付而謀策進其開源之法則擬請辦市區住戶房捐及筵席捐兩項查職市住戶房捐估計每月收入可三千元左右擬指定爲築路經費筵席捐估計每月收入可一千餘元擬指定爲衛生經費其捐率及徵收方法另具章程送

請
察核復查住戶房捐及筵席捐本省各縣市已多數實行著有成效屬市事同一律自可援例舉辦在市民方面即使略加負担究亦甚微而市政發展市民所得利益豈止倍蓰況取之於民者仍用之於民事屬公允應尤爲民衆所樂從理合將請辦住戶房捐及筵席捐各緣由檢同章程呈請
鈞府俯賜鑒核指令祇遵實爲公便謹呈
江蘇省民政廳廳長繆
附呈繳收住戶房捐章程征收筵席捐章程各一份
兼任無錫市政籌備處主任孫祖基

## 呈江蘇省民政廳爲呈送擬訂職市各項整理管理規章共十種仰祈鑒核備案由

呈爲擬訂職市各項整理管理規章共十種具文呈報仰祈鑒核備案事竊職處自成立後鑒於整頓市政首須訂立專章俾共遵守用將關於公益公用方面亟待整理之事如河道街衢車輛菜場飲料及娛樂場所等分別擬訂管理規章共凡十種理合具文呈送
鈞廳伏乞
鈞長鑒核備案實爲公便謹呈
江蘇省民政廳廳長繆
計呈無錫市政籌備處整理河道章程一份
整理人行道暫行規則一份
管理及取締人力車章程一份
檢驗車輛章程一份（附車商須知及表三紙）
管理菜市塲暫行規則一份
管理自流井一份
管理熟水店營業暫行規則一份

管理牛乳營業暫行規則一份

管理公共娛樂場所規則一份

公共娛樂場所營業登記條例一份（附書表各一紙）

兼任無錫市政籌備處主任孫祖基

## 呈省政府為市民王傳鍔等陳錫藩等先後呈訴職處計劃開拓公園路損害產權影響生計一案謹將實情陳明仰祈鑒核備考由

呈為市民王傳鍔等陳錫藩等先後呈訴職處計劃開拓公園路損害產權影響生計一案謹將實情陳明仰祈鑒核備考事竊職處案准無錫縣政府第六六三號公函內開案奉

江蘇省政府第六一五〇號令開案據該縣王傳鍔等呈稱竊民有祖遺住宅一所係在無錫城中對新市橋自前清康熙迄今已歷二百餘年三房四戶聚族而居男女大小共有五十餘口中間鰥夫寡婦全賴此屋生存邇來無錫市政籌備處擬就開拓公園路線草圖由公園路經過大雄寶殿向西北斜行直達新市橋民屋圈在路線之內幾致全部被拆族中男女得此消息驚駭萬狀勢必食住無着流離失所竊維

先總理素重民生主義不意當此黨治昌明青天白日旗幟之下竟有此種專制現象出于民等意料之外而孫縣長籌劃公園路線因為不肯轉灣以致將民宅圈入既仍是斜線不能結直單獨犧牲民等一家以致民等數百年之舊宅由此而毀生計頓絕揆諸情理殊欠平允民等心有未甘難安緘默為此聯名環求鈞長飭令無錫市政籌備處召集討論委員會再行籌議仍照原路規劃由崇安寺轉灣過寺後門至新市橋將兩傍門面拆讓以維民宅一族生計則感戴鴻恩實無旣極等情除批示外合行令仰該縣長查核具復此令等因奉此相應函請查照並希見復為荷等由正核復間又准

無錫縣政府第七一二二號公函內開案奉

江蘇省政府訓令第六五〇二號開據縣民陳錫藩等呈稱無錫市政籌備處開拓公園路損害產權影響生計請迅賜令飭緩辦或變更路線等情查此案前據該縣王傳鍔等呈訴到府業經令飭查核具報在案茲據前情除批示外合行抄錄原呈令仰該縣長併案核辦具復察奪此令計抄發原呈一件等因奉此相應函送查照希即分別查案見復以便轉呈等由先後准此查職處所擬開拓公園路線城中一段擬自崇安寺起直達興隆道巷而至西成門止現此路尚在計劃之中該王姓在測量時見其基地釘有木樁以為築路在即住宅有礙以生計頓絕為詞遽向

鈞府請求令飭變更擬定路線以維一族生計陳錫藩等亦以開拓公園路損害產權影響生計懇請

鈞府分飭緩辦或變更路線等語上陳
鈞聽殊不知職處一切建設之進行及開闢路綫之經過均須呈經
鈞府暨
江蘇省建設廳民政廳核准後方始動工今該民等房屋職處並未通知拆讓何必庸人自擾准函前由除函復縣政府外理合將職處計劃開拓公園路實在
情形具文呈請
鈞府鑒核備考實爲公便謹呈
江蘇省政府主席鈕

兼任無錫市政籌備處主任孫祖基

## 呈民政廳爲依據內政部頒發之名勝古蹟古物條例擬訂職處保護名勝古蹟古物章程呈請　鑒核備案由

呈爲依據內政部頒布之名勝古蹟古物保存條例擬訂職處保護名勝古蹟古物章程呈請
鑒核備案事竊無錫市範圍內所有名勝古蹟各項古物及足資歷史考證碑碣表坊等遺蹟不勝枚舉前經兵燹間有損毀散失潛移默化亟應分別
資察整理以資保守而重文物茲由職處遵照
國民政府內政部頒布之名勝古蹟古物保存條例第六條之規定擬訂保護名勝古蹟古物章程理合繕具章程備文呈請
鈞廳鑒核備案實爲公便謹呈
江蘇省民政廳廳長繆

計呈無錫市政籌備處擬訂保護名勝古蹟古物章程一份

兼任無錫市政籌備處主任孫祖基

## 呈江蘇省政府爲職處舉辦住戶筵席二捐充作各項建設及衛生教育經費請迅賜飭給徵收辦法俾便遵行而利建設由

呈爲呈請事竊職處於八月一日組織成立至翌年一月底止六個月間所有收入支出經臨各門遵令分別造具預算草案呈請

江蘇省民政廳轉呈
鈞府鑒核在案業奉
江蘇省民政廳第七二八五號訓令內開為令遵事案查前據該處擬具預算草案呈請核轉到廳當經指令暨轉呈省政府核示在案茲奉
指令第八二六四號內開呈及預算均悉經提出本府委員會第二百二十一次會議議決照辦等因除分行財政廳外仰即知照此令等因奉此合行
令仰該主任知照此令等因奉此查職處各項建設事宜亟應從事進行惟經費無着籌備匪易故不得不思開源之道仿照各縣市先例舉辦住戶筵
席二捐列入臨時收入項下此項收入原擬完全充作各項建設及衛生教育經費既蒙
鈞府核議議決照辦在案職處自當遵令着手舉辦以裕稅收所有徵收該二項捐款辦法懇請
迅賜頒發俾便遵行而利建設除分呈
民政廳暨財政廳外理合具文呈請
鈞府鑒核實為公便謹呈
江蘇省政府主席鈕

兼任無錫市政籌備處主任孫祖基

## 呈建設廳為呈復職處增放人力車規定築路經費銀均依數繳納登記核給牌照並無逾額濫放情事謹祈鑒核備案由

呈為呈復職處開闢路線便利交通增放人力車輛規定築路經費謹祈鑒核備案事案奉
鈞廳第二二二八號訓令內開為令遵事案據無錫車業協會常務委員蔣汝江呈稱案查無錫市政籌備處添放人力車辦法第一條本處為開闢路線及適應需要便利交通起見在本市區內添放營業人力車三百輛具見該籌備處依照無錫全市區域內原有之人力車一千一百八十輛又開原鄉通車一百五十輛共計一千三百三十輛以外添放三百輛已屬明白規定其前後統計無錫市區內總放之車輛儘額當以一千六百三十輛為限今市內之人力車其所領牌照號數有已領至一千八百數十輛者並據各車商領有一千六百三十輛以上之逾額車照者來會報稱迭經敝會查明屬實惟查江蘇各縣市區管理人力車輛均有一定數目以示限制無錫市自應與各縣一例決不能有所獨異今該籌備處竟漫無限制擅於規定添

放三百輛之外逾額濫放已發現者有二百餘輛之多此種情弊是否出於該籌備處工務財務兩科之故意違反成案阻礙車商與車夫之生計抑或有人從中通同作弊應請鈞廳派委飭查訓令無錫縣市政籌備處按照公佈原案迅予吊銷逾額車輛以昭市府信用而杜非法流弊等情據此查關于工程建築及公用事項均須先行呈奉本廳核准方得舉辦業經另令飭遵在案添放人力車輛事屬公用範圍究竟有無逾額濫放情事應由該主任嚴密查察據實聲復以憑核辦內關于公用方面所定一切章則辦法並應各檢一份呈廳備案切勿延違併仰知照此令等因奉此查職處爲開闢路綫及適應需要便利交通計擬具辦法在本市境內添放營業人力車三百輛節經臨時處務會議議決通過規定每輛須繳納築路捐銀六十元牌照費銀一元自九月一日起至九月二十日止無論任何公司或個人方面准許請領牌照繳納捐銀以維車商車夫之生計而免車業協會之壟斷即將添放人力車辦法公佈施行並先後佈告承領各戶照章登記備車檢驗至限期日止綜計登記四百二十九輛旋據該車業協會呈請任馬路未曾添設街道尚未拓寬以前依照成案限制年期暫緩開放等情前來據此查職處增放車照係審度社會情形揆諸現時潮流變遷較速未便援照光復以前成案辦理復經第十二次處務會議議決因人力車夫紛紛請求除原放數額外續放一百輛爰查前市行政局車照數額至一三二零號止純係車公司承領此次增添車照係分放與市民及車夫營業均經照章繳費登記核給牌照自第一四零一號起至一八三八號止合計四百二十九輛惟事前未經協會轉請登記以省手續而免繳納會捐之負擔尤以築路工程經費支絀即以此項收入車捐撥充第一期第一二三段建設經費事屬兩有裨益並無逾額濫放情事除關於公用方面一切章則另文呈報備案外謹將添放人力車輛數目理合具文據實呈復謹祈

鈞廳鑒核備案謹呈

江蘇省建設廳廳長王

計呈無錫市政籌備處添放人力車輛號數表一紙

兼任無錫市政籌備處主任孫祖基

## 呈民政廳爲無錫市民陳錫藩等呈訴職處計劃開拓公園路產權損害生計影響一案謹將現在情形據實陳明謹祈鑒核由

呈爲無錫市民陳錫藩等呈訴職處計劃開拓公園路產權損害生計影響一案謹將現在情形據實陳明謹祈鑒核事案奉

鈞廳第七二四七號訓令內開爲令遵事案奉
省政府訓令第六五七七號開案據建設廳呈稱案據無錫公民陳錫藩韓鑌煒等以無錫市政籌備處開拓公園路車非急需路線錯誤產權將被損害生計感受影響迫請迅賜制止令飭從緩舉辦或予變更原定路綫以節公帑而維民生等情具呈到廳伏查該市政籌備處之設立所有建築工務等計劃將來市政之發展民衆之利益均有絕大關係自應援照蘇州市政府成例凡一切工程及公用事業於舉辦之先須將其計劃預算呈候建設廳核准方得興工以昭愼重而免踰越據呈前情除批示並令飭無錫市政籌備處遵照辦理外理合具文呈請鑒核示遵等情除指令照辦外合行令仰該廳轉飭該籌備處遵照等因奉此合行令仰該主任遵照此令等因奉此查職處成立後所擬各項工程計劃中如開拓公園路綫城中一段擬自崇安寺起經眞興道巷而至西成門止現此路尚未至實施時期該陳姓見其基上釘有測量木樁以爲施工在即有礙住宅生計感受影響逕向
建設廳轉呈
省政府請求令飭緩辦或予變更原定路綫等語未免稍有誤會之處殊不知職處對於各項建設之進行及開闢縱橫剖面路線之經過屬於交通及民產有關係者均須逐項呈請
鈞廳暨
江蘇省政府建設廳中央核准後方始動工現在職處並未通知陳姓等房屋妨礙交通立即拆讓何必庸人自擾奉令前因除分呈
省政府暨建設廳外理合將職處計劃開拓公園路實在情形具文呈請
鈞廳鑒核實爲公便謹呈
江蘇省民政廳廳長繆

兼任無錫市政籌備處主任孫祖基

## 呈民政廳爲遵令將職處秘書暨各科科長到差日期具文呈報謹祈鑒核備考

呈爲遵令將職處秘書暨各科科長到差日期具文呈報謹祈
鑒核備考事案奉

鈞廳指令第二四七四八號內開呈一件呈為遴選職處秘書暨各科科長檢附履歷請核委由呈及履歷均悉准予照委委令隨發仰即分別轉給祇領仍將各該員等到差日期具報備考此令履歷存等因計檢發委令五件下處奉此除將委令分發外所有職處秘書暨各科科長等均於八月一日到差理合具文呈報謹祈

鈞廳鑒核備考謹呈

江蘇省民政廳廳長繆

兼任無錫市政籌備處主任孫祖基

十一月九日

## 呈建設廳為職處訂立各種單行規章具文呈報謹祈鑒核備案由

呈為職處訂立各種單行規章具文呈報謹祈

鑒核備案事竊職處自成立以來為整頓市政起見分別審察現時地方之情形先後訂立各種單行規章俾資遵守除將所訂拓寬原有街道辦法附規定道路等級一覽表暫行車輛牲力捐章程漏捐車輛牲力處罰規則業經呈奉民政廳核准又徵收車船各捐均依舊有捐稅業經列入預算呈准

江蘇省政府委員會議決照辦並添放人力車辦法業經呈請

鈞廳備案在案外茲遵照職處暫行組織大綱第九條之規定理合檢同關於工程暨公用方面之各種規章呈請

鈞廳鑒核准予備案施行實為公便謹呈

江蘇省建設廳廳長王

計開呈送各種規章如下

1. 拓寬原有街道辦法（附規定道路等級一覽表）
2. 取締建築章程
3. 營造業登記章程
4. 工務科管理工程隊簡則

5.市民請求修理街道橋梁陰溝等工程規則
6.暫行車輛牲力捐章程
7漏捐車輛牲力處罰規則
8.管理及取締人力車章程
9.檢驗車輛章程
10管理及取締汽車章程
11管理及取締脚踏車章程
12整理人行道暫行規則
13整理河道章程
14徵收船捐章程
15管理自流井規則
16管理菜市場暫行規則
17取締私厠規則
18市有房屋租賃程章
19市有基地租賃程章

兼任無錫市政籌備處主任孫祖基　十一月十五日

## 公函

**函無錫郵務局爲**函請於決定添設郵筒地點外就市區繁盛之地尙須酌量添設以資便利相應單開地點請查照辦理**由**

逕啓者查本市郵筒爲數極少寄信往來頗費時間現在郵件發達亟應增設郵筒 添派信差以利交通業經敝處函請無錫縣政府轉函本邑郵局暨
首都郵務管理局添設在案兹准無錫縣政府函開案准江蘇郵務管理局函開案准貴縣政 府第六六九號公函略開關於無錫地方添設郵筒添派
信差以利交通等因准此正核辦間又據無錫郵局呈送到貴縣政府致該局公函 一件案同前由除即令飭無錫郵局長注意辦理妥加籌畫呈候核
奪外相應先行函復即希查照轉行等由准此案前准貴處函以本邑郵件發達亟 添設郵筒信差之必要業經轉函首都郵務管理局暨無錫郵務局
從速添設在案准函前由相應函達即希查照爲荷等由准此即經敝處派員前往
貴局接洽除經
貴局決定添設地點外查市區繁盛之地尚須酌量添設郵筒以資便利相應單開地點函請
貴局查照辦理爲荷此致
無錫郵務局

計附添設郵筒地點單一紙

附還無錫一等郵務局派信差投遞路界暨本城信筒及代售郵票處位置全圖一紙

兼任無錫市政籌備處主任孫祖基

## 函無錫車業協會爲函請轉知各車業戶凡未經本處檢驗及格之車輛不准通行並停止給照由

逕啓者查營業或自用人力車輛等行駛本市境内均須由本處檢驗及格後方准通行業經本處出示佈告並函請
貴會轉知各車業戶依限來處登記聽候指定日期逐一檢驗逾限即行取締各在案兹查各車業戶在限期内均未遵行殊屬玩忽應請貴會轉知各
車業戶凡未經檢驗及格之車輛不准通行並請
貴會將十一月份執照停止發放相應函達
查照辦理並希
見復爲荷此致
無錫車業協會

無錫市政籌備處啟

## 函公安局爲

函請飭傳未登記及冒名營造人之水作羅阿和處以七日以上之拘禁以儆效尤

逕啟者查本處定章凡水木作在市內營業均須先行登記如有冒名頂替侵害他人權利者送縣法辦在案茲查未登記之水作羅阿和冒名營造人金阿二在新新湯團店違章築造磚灶一具殊屬可惡惟查其家境貧苦堪憫且所承造工程爲數甚微故擬從輕處以七日以上之拘禁以儆效尤此種減輕處分斷不能准其易金如有金可以易罪則縣政府先例須科罰百元以上也相應函請

貴局查照辦理並祈

見復爲荷此致

無錫縣公安局

局長　邱

兼任無錫市政籌備處主任孫祖基

## 函縣政府爲

函復住戶房捐業已指定作建設經費未便移作他用　由

逕復者案准

貴政府公函第六七四號內開案據公安局局長邱銘九呈稱呈爲市鄉紛請添設分局行將溢出預算數額應請開源以應需要仰祈鑒核事竊查本邑新預算本年度原定添設分局僅四處自第十至十三分局現已成立者爲北上鄉之第十分局泰伯市之第十一分局而開原鄉添設錢橋分駐所及南延市擴充鴻聲里派出所爲分駐所均爲預算以外之添設以兩分駐所抵一分局事實上不啻已開辦三處分局按預算規定未成立者僅祇一個分局然現在其他各市鄉之紛紛請添分局者何止三五處但經濟上實屬無欵可撥而核地方之治安關係殊有亟須開辦之必要無米爲炊人所難能方今社會地方亦莫不然但地方安危政府實負其責者因經濟之不裕乃置人民安危於不顧又非政府所忍出籌維經費不充與其節流不若開源查無錫地方房捐向以撥充警費且錫地房捐向祇徵收街市店面而不及住戶房屋殊欠公允茲擬擴充範圍而推及於住戶一律徵收房捐一面於街市店面固有房捐外加徵店舖捐其對於住戶房捐方稱公允而以所有城鄉店舖捐固有房捐住戶房捐之收入一併撥歸職局擴充警察之

用以期推廣警察保衛治安庶幾集腋成裘衆擎易擧而於地方公安裨益實多理合具文呈請是否有當伏乞縣長鑒核指令祇遵等情據此相應函請貴處查照並希惠復爲荷等由准此查住戶房捐業經敝處指定作建設經費並呈報省廳在案未便移作他用至於城區公安經費短缺甚多應請貴政府另籌辦法茲准前由相應函復即希查照爲荷此致

無錫縣縣長孫

兼任無錫市政籌備處主任孫祖基

十月三十日

## 函北門外周師弄內譚述謨西醫爲該西醫收買廟產在本處未曾查明以前不准成交由

爲通知事頃據市民江應炳報告查惠山白衣殿係惠麓名勝之寺自前老主持春泉老和尚物化後即由其徒阿根和尚繼承主持乃奸邪諸事無惡不作均有邑報可證詎近年竟異想天開因鑒革命軍定都後深恐日後對於淫寺有所不存早爲預防計將以前老僧遺下廟產均至區書處改換花戶且近鑒吳橋附近將成新商場該僧於吳橋堍下有田一畝七分深恐被市政籌備處查悉有所不便出售乃私售於西醫譚述謨計洋二千六百元改名范仁壽定于本月初五日交銀立契民因思該田既係寺有之產不得私自改名出售以遏僧人淫慾爲特謹請貴局迅速制止該僧人出售以便日後於吳橋堍下設一公共機關以利市政等情據此查寺產係地方公有豈容私自化名出售本處除派員前往詳密調查外合亟通知該西醫譚述謨在本處未曾查明以前不准收買是項土地特此通知十一月四日

## 函縣政府爲本處已準備擧辦土地登記以資整理市區內無主土地請轉飭縣財務局制止請求升科由

逕啟者案查土地爲建設之根本敝處依據省頒無錫市政籌備處暫行組織條例第四條第二項之規定對於市區內土地正擬着手整理惟查近來市內居民常有串通區書霸佔無主土地擅向縣財政局請求升科或以遺失單據爲詞希圖冒領情事查無主土地均屬市有產業該奸民等希圖朦蔽化公爲私情殊可惡倘不加以制止則市產損失何可勝計現敝處已準備擧辦土地登記以資澈底整理在此項辦法未實行以前應請貴政府轉飭財務局對於無錫市區內之無主土地凡請求升科者概不准許以杜流弊而保市產相應函達查照並請轉知爲荷此致

無錫縣政府

兼任無錫市政籌備處主任孫祖基　十月三十日

## 函縣政府財務局為朱瑚梁擅自升科冒領龍船浜官荒請即查照由

逕啟者頃據朱瑚梁呈稱為龍船廢浜承糧執業築壩養魚懇求迅即派員閱看壩基並給發建築執照以利興工事緣民於上年遵照財政部頒承領官產章程繳價領得坐落本市一三圖及五八四圖交界之龍船浜廢浜為築壩養魚之用查該廢浜之由來則以每年端午競尚荒蕩游戲之龍船為歷史而以國有之該浜為通年沉浸船身之所在此即龍船浜之起點也第晚近以來已不知有若干年歲之荒廢並無龍船之一物今則此等荒淫無度之動作例應為當代所摒除而廢物利用應當以開闢土地征收銀漕為要着是為民繳價承領該浜之原由亦不在受任何制限之範圍以內現在遵照原案興工築壩以備養魚除壩基外於該浜原狀並無變遷即於附近人民灌溉需要依然如舊為此事關建築理合具呈請求鈞鑒俯念擇日興工未便延擱迅賜即日派員閱看壩基並飭發建築執照以利工作實深感戴等情據此查一三圖及五八四圖交界之龍船浜係屬市產詳載官荒清冊該具呈人未經來處聲請擅自升科冒領殊屬不合除批示所請發給建築執照一節應毋庸議外相應將該具呈人擅自升科冒領官荒情形函達

貴府/局希即　查照為荷此致

無錫縣縣長孫

無錫縣財務局局長陳

兼任無錫市政籌備處主任孫祖基　十一月六日

## 公函縣公安局為函復清潔飲料辦法業經分別訂定規章公佈施行相應檢送清潔道路規則管理自流井規則及整理河道章程請查照由

逕復者案准

貴局第二七三號公函內開案據敝屬第一分局三等巡士鄒森呈報近見城中河水淺乾穢物浮起汚濁不堪難充飲料而城中各水灶茶館茶肆等漠不關心依然汲用實與公衆衛生大有妨害巡士目擊其情不敢緘默為轉據實報告並臚陳管理運水條例一併呈請鈞長鑒核施行等情據此查飲水不潔最碍衛生據呈前情不為無見惟條陳辦法未盡妥善事關公衆衛生相應函請貴處查照訂定清潔飲料辦法公佈施行至紉公誼等由准

此查清潔飲料辦法業經敝處分別訂定規章公佈施行在案准函前由相應檢同敝處暫行清潔道路規則管理自流井規則及整理河道章程函
復
貴局查照爲荷此致
無錫縣公安局
邱局長
計附無錫市政籌備處暫行清潔道路規則管理自流井規則及整理河道章程各一份
兼任無錫市政籌備處主任孫祖基
十一月一日

## 函縣政府　奉令調查整頓十項市政細目及調查表格業已填就逕行呈報備考復請查照

逕復者案准
貴政府第六五八號公函內開案准
江蘇省民政廳第六六三四號令開查整頓十項要政一案前爲便於統計及覈實考查起見經奉廳令發調查細目及表格仰查填報核並分別嚴限
遵辦在案迄今已逾一個月之限期除僅據蘇州市填報表格外餘均未見呈報殊屬非是合亟令催仰該縣長迅即遵照前令尅日辦理報考毋再違
延切切此令等因奉此查此案前奉令發細目暨各種調查表並限期表當經函送在案奉令前因相應函請貴處查照尅日辦理希即見復以憑轉報
等由准此敝處於十月五日亦奉到此項催令所有關於整頓市政之細目及各種市政調查表格業經依式填就逕行呈報
民政廳備考茲准函前由相應函復即希
貴政府查照爲荷此致
無錫縣政府
兼任無錫市政籌備處主任孫祖基

## 函公安分局　函請派警取締水大繭棧附近此次焚燬草蓬一律毋許再行搭蓋以杜後患　由

逕啓者案據永大蔴棧呈稱敝棧開設於周山浜北新橋堍緊靠右隣有江北草蓬十餘忽於日前晚間失愼悉遭焚如當火燄盛時幾致延及敝棧尙幸各段救火會盡力灌救拖護得慶無恙事後檢點僅焚焦窗檻數個設非救火會救護得法其貽禍當有不堪設想者竊按江北草蓬其外觀爲引火工具其內容則藏垢納汚本爲市政之蠹早在取締之例方今市政籌備伊始而敝地又位置實業中心觀瞻所繫豈容留此汚點冬令將屆貽害更不堪言爲此具呈鈞處請求尅日轉令公安第六分局迅即派警前往切實取締勿任再事蓋搭以杜火警而整市容等情到來據此查搭蓋草蓬每易發生火患早經本處取締在案據呈前情除批示外相應函請

貴分局派警嚴加取締所有該廠附近此次失火焚燬草蓬一律毋任再行搭蓋以杜後患至紉公誼此致

無錫縣公安局第六分局

段　局　長

無錫市政籌備處啓

十一月九日

## 函公安局第四分局爲

函請派警飭知惠山浜下岸沿河及寶善橋西北堍各草蓬戶依限拆除移址改建冷攤瓦屋

逕啟者茲查惠山浜沿河茂新市二粉廠附近街道中搭蓋草蓬數家及寶善橋西北堍草屋二三間均係妨碍工程進行亟應移址改建轉行函請

貴局派警轉知該蓬戶等限於七日內拆除移建冷攤瓦屋以便整理下岸路政幸勿在其延宕是爲至要此致

無錫縣公安局第四分局

丁　局　長

無錫市政籌備處啟

十一月十五日

## 公函縣政府

准第二區區公所函知編釘門牌如於界址有疑惑之點須雙方派員會同查明以釋羣疑函請將劃區圖送處以憑核辦由

逕啟者頃准無錫縣第二區區公所函開茲據敝區黃巷鄉鄉長黃根榮天一鄉鄉副謝鳳巖等面稱略謂各該鄉村里近日發現編釘門牌調查單聞係貴處派員所張貼者鄉民無知莫識所以以致羣情駭異咸相責問云云查敝區境界依據前景雲市原址頗爲淸楚業已繪圖造册呈報縣政府備案並蒙幹委各鄉鎭長剋尅日成立鄉鎭公所各在案近日貴處編釘門牌或於交界之處容有未明貫相今後關於界址有疑惑之點務經雙方派員

會同查明以釋羣疑而資施行茲據前情相應函達即希𨯂察爲荷等由准此相應函請
貴政府將劃區圖函送敝處以憑核辦深級公誼此致
無錫縣政府

兼任無錫市政籌備處主任孫祖基

## 函車業協會爲所有未檢驗及已驗尚未合格之各業戶由本處訂定日期分別檢驗茲特檢附日期表請分送各車業戶遵照辦理

逕啟者查未經檢驗及格之原有人力車輛業經本處通知自十二月份起不准通行在案茲將未檢驗及已檢驗尚未合格之各戶業由本處訂定日期分別檢驗用特檢附檢驗舊有人力車輛日期表七十二份送請察收並祈分送各車業戶遵照將車送處受驗幸勿稽延爲要此致
無錫車業協會

附檢驗舊有人力車輛日期表七十二份

無錫市政籌備處啟

十一月十一日

## 函公安局函請轉飭各分局分駐所調查境內各產婆勸令即日來處報名聽候訓練由

逕啓者案查敝處爲謀產婦產兒安全起見特設產婆訓練班業經函聘主任勘定地点並定於本月十五日開課在案茲已登報招生多日迄今來處報名者甚屬寥寥而開課之日期已届應請
貴局轉飭各分局分駐所調查境内各產婆勸令即日來處報告聽候訓練俾得營業事關公益即希盡力協助爲荷此致
無錫縣公安局
邱局長

無錫市政籌備處啟

十一月十四日

## 公函縣政府奉省政府頒發本處暫行組織大綱印送飭屬查照

逕啓者本處暫行組織大綱業奉
江蘇省政府第二三二次會議修正通過頒發到處奉此相應檢附組織大綱送請
貴政府轉屬查照爲荷此致
無錫縣政府

計附無錫市政府籌備處暫行組織大綱一份

兼任無錫市政籌備處主任孫祖基

十四日十一月

## 函戚墅堰電廠 請從速飭匠修理路燈由

逕啟者頃准縣公安局函開銘九於十月三十一日夜間九時許由城外返局路經光復門崇安寺新市橋等處見街中路燈自光復門內起經公園崇安寺北大街等處全部息滅所幸各店家門首之燈尚明否則此條大道將變爲黑暗世界迨返局查詢始知自二十九日夜間起即不明亮乃電告戚墅堰電燈廠辦事處請其從速修理據電話中人回稱夜間工人不能工作倘與之理辯假使全部電燈息滅亦可諉諸夜間工人不能工作乎乃電話中人回話又稱我們係建設委員會所辦者也不能如此隨意迫欲與之理論而電話即掛置諸不理等情查路燈乃便利民衆之事況此項通衢大道往來行人車輛極多設使宵小乘此黑暗之中攔路劫物責任究歸誰屬且日來反動份子又在錫地施其種種反動詭計此次路燈既有如此大段不明是否有反動份子暗中作祟有意破壞與否不得而知而該電燈廠竟漠然視之置諸不理更藉口建設委員會所辦事業而託詞拒絕是否建設委員會所辦之此等公用事業可以不顧公衆便利而任意推諉卸責爲此函請貴處嚴重質問該電廠究竟應修與否再查各都市之路燈均設有專員管理本市各處路燈是否由貴處派員專管抑或逕由電燈廠管理不得而知惟路燈本爲便利之事況當此時局不靖之際尤與地方治安有極大之關係一遇息滅即應從速修理相應函請貴處妥籌管理善法以便民衆而保治安至級公誼等由准此查公安局長所稱各節
貴廠們應負責事關路政及治安問題至希即日飭匠分別修理幸勿推諉致爲民衆責難是所切禱此致
建設委員會戚墅堰電廠

無錫市政籌備處啓

十一月十五日

## 函縣政府爲函送同仁堂種痘局津貼銀二十元並請擲交領結由

逕復者接准

大函內開查同仁堂種痘局九月份津貼銀十元前准貴處函送前來當經給領在案茲據該種痘局備具十月十一月份應領津貼銀二十元領結到府除指令備案外相應函請貴處查照將該種痘局津貼銀兩尅日如數繳送以憑轉給具領毋任企盼等由准此查該種痘局現經備具十月十一月份領結到府相應檢同兩個月應領津貼銀二十元一併函復

貴府即希

查照轉給具領並請將該局九十十一三個月領結檢齊擲下俾便登賬是所至盼此致

無錫縣政府

兼任無錫市政籌備處主任孫祖基

十一月十四日

## 函無錫縣執行委員會爲函復爲須延期借用公園管理委員會所開條件均須負責請查照辦理見復由

逕復者案准

貴會函開茲因敝會經辦之國民導報經濟困難經敝會第六十一次委員會議決開演導報募捐遊藝會函貴處經續借用公園七天在案相應函達請煩查照爲荷等由准此查該報爲籌募基金擬借公園延期七天敝處甚願協助但公園爲民衆唯一休憩之所對於火險及一切損失應請負責茲准公園管理委員會函稱國貨展覽會會期屆滿所保火險亦已滿期如國民導報館擬借用公園延期七天一節請將公園全部房屋續保火險一月及以前代墊保險銀一百元即日歸償並公園一切損失亦須負責相應檢附損失單函請查照核辦並祈見復等由附公園損失細數單一紙到處准此相應抄錄原函損失單函請

貴會查照辦理並祈

見復爲荷此致

中國國民黨江蘇省無錫縣執行委員會

周委員

計附公園損失細數單一紙

兼任無錫市政籌備處主任孫祖基

十一月九日

## 委令

委周漢倫爲本處財政科事務員此令

十一月十三日

## 處令

茲制定取締私廟規則公佈之此令

十月二十一日

茲制定管理及取締汽車章程公佈之此令

十一月八日

茲經本處制定醫院註冊規則公佈之此令

十一月八日

茲制定管理及取締脚踏車章程公布之此令

茲依據本處暫行組織大綱制定本處組織系統表公布之此令

十一月九日

茲經本處制定營造業登記章程公布之此令

十一月九日

茲奉　江蘇省政府頒發本處暫行組織大綱公布之此令

十一月十四日

茲制定取締私廟規則公布之此令

十一月四日

茲制定本處保護名勝古跡古物章程公布之此令

十一月五日

## 聘函

## 函聘王世偉爲本處附設產婆訓練班主任由

選啟者查本市產婆大都幸無產科常識每至誤人生命本處爲謀市民產婦產兒安全起見特設產婆訓練班授以產科常識以期養成合法之助產人爲要旨夙仰

先生醫學湛深產科尤爲專長茲特函聘

先生爲本處附設產婆訓練班主任相應附送本處產婆訓練班組織辦法一份尚祈

俯就即日依法籌備組織俾得早日成立造福地方曷勝企禱此致

世偉先生

計附無錫市政籌備處附設產婆訓練班組織辦法一份

十月二十九日

## 令

令調查員強楚材

### 爲調查租戶李錦岷私行轉租賄誘職員並吊銷契約照章懲罰由

爲令查事頃據本處財政科征收員陸渦章呈稱職前因聞得北塘財神街口本處租戶李錦岷有私將市有房屋分租他人從中漁利破壞市章情事職當即先後二次親往調查第一次查得現在劉福記剃頭店行將他遷該屋確已由李錦岷分租與黃鳴皋開設麩皮麵粉號屬實當向李姓老婦曉以利害市有房屋租戶不得分租轉租及頂給他人違者得勒令退租第二次又經查得租給黃鳴皋開設麩皮麵粉號計頂首大洋三百元每月房租大洋念六元一轉移間李姓每月坐收漁利大洋陸元頂首一百元則李姓藉市產漁利又屬實惟恐李姓抵賴擬設法取得李黃兩方之租賃契約或其他證據以便呈報科核奪間詎錫報館亦接有市民之投函報告李錦岷將市有房屋分租與黃鳴皋從中漁利等事當有錫報記者蘇醒吾徐叔豪二君執函詢問李錦岷之行爲是否合法等語越日忽有李錦岷其人來職家中袖出鈔票五元云此係送陸先生者職詫甚當問何費李錦岷便云是財神街口房屋之中費職因想騙取其證據當向索取租契詭稱蓋章原擬乘間持呈科長詎李錦岷答稱字已代簽毋須蓋章職遂稱既不需我蓋章

則我不敢收受此欵請君帶同再作道理越二日李錦岷又來職家中持鈔票較前爲多並稱此欵並非中費不必蓋章請取收受一切拜求幫忙職之目的在欲得分租漁利之證據故仍堅持非蓋章爲中不敢收受卻之李乃帶洋而去查李錦岷膽敢以市有房屋串同市儈私自分租已違本處市有房屋租賃章程第七條之規定而又敢藉此漁利更屬不法雖未取得物證但其人一再來職家恳藉金錢賄買公務人員則其情虛事實已不待言喻思市政府在籌備建設正在萌芽若不按照市章勒令退租並治李錦岷以相當處分則何以維持本處威信而儆刁頑效尤等情據此查該租戶李錦岷私將市產轉租他人坐收漁利甚至賄誘本處職員希圖矇混殊屬狡詐已極合亟令仰該員前往該租戶處詳細調查具復並吊銷李錦岷租約由本處照章懲罰切切此令

## 佈告

### 佈告本市車商人等自本月四日起開工修理吳橋禁止通車二十天仰遵照由

爲佈告事查本市通惠路吳橋年久失修狀殊危險業經本處招工投標承包修理在案茲定本月四日起開始動工限二十日內將橋面全部拆除更換新料從事修理合行出示佈告自開工日起所有本市汽車人力車等一律禁止通行二十天仰全市車商人等一體遵照毋違切切此佈

十一月一日

### 佈告市民倘有不顧公益潛佔河道者查出定予拘送法院懲處並准許人民隨時告發由

爲佈告事查侵佔河道壅塞水路律有專條乃近來常有奸猾之徒潛行運土填築河旁灘岸公然佔爲己有不知河道日益窄狹交通兩受妨礙該奸民等潛佔一尺之地卽公衆受一分之禍害言念及此殊堪痛恨爲特出示佈告倘有不顧公益填築灘岸潛佔河道者一經查出定予拘送法院按律懲處不貸其有官廳一時未及覺察者准許人民隨時告發仰闔市民衆一體凜遵切切此佈

十一月二日

### 佈告市民本處委派專員分段編釘琺瑯質門牌每戶收費大洋兩角仰一體遵繳由

爲佈告事查本市各戶原有木質門牌大都腐朽脫落字體更模糊不堪亟宜改釘琺瑯質門牌以期永久而便辨認業經本處訂定編釘門牌規則呈奉

江蘇省民政廳核准施行在案茲由本處派專員分段編釘遵照核定辦法每戶收門牌費大洋兩角合行出示佈告仰市民一體遵繳毋違切切此佈

十一月七日

## 佈告 鋪築界涇橋弄在工作期內禁止通行 由

為佈告事查本市南門外界涇橋道路崎嶇通行不便茲由本處僱工即日着手鋪築合行佈告周知在工作期內該處禁止通行以免妨碍工程仰該處往來人等一體遵照毋違切切此佈

十一月七日

## 佈告 整理沿惠山浜下岸街道即日動工倘有無知之徒妨碍工程即予懲處 由

為佈告事查本市沿惠山浜下岸街道年久失修通行不便茲由本處僱工即日動工整理改鋪石片路面寬十二英尺依照中心樁木左右各六呎在未滿尺度之處亦須塡成十二英尺以利車行該路兩傍田地收用辦法准照本處建築章程辦理合行出示佈告仰該處附近人民一體知悉爾等須知整理街道原為便利交通起見倘有無知之徒藉端妨碍工程本處定即嚴予懲處其各凛遵毋違此佈　十日月七日

## 佈告 南里大公橋附近居民不准藉端滋擾妨礙工程 由

為布告事案據無錫南里大公橋籌備建築委員會常務主席王頡輝呈稱竊南里清名橋與跨塘橋一帶工廠林立人口稠密為南里商業集中之地來往交通雖稱便利然上下塘隔河對峙恆感缺少聯貫之憾故欲利上下塘之交通以成聯貫一氣端賴橋樑以貫通之雖原有清名與跨塘兩橋得可貫通上下塘交通然今非昔比昔日此間尚屬荒涼行人稀少故有兩橋已屬敷用今則工廠林立商業大盛工人來往尤屬衆多行人繁夥致原有之橋樑大有不敷容納供應之慨雖下牌樓地方設有渡船以供往來然工人既多一葉小舟安能容納而應付裕如且遇上工放工之時工人輒爭先恐後麕集渡口以小小渡船容儎多量之工人遂致險象環生而工人之落水者亦時有所聞故雖設有渡船可供往來究屬危險孔多而非安全之計是以該處有亟須添築橋樑之必要敝會目覩險狀為工人民衆之安全計爰于下牌樓建築大公橋一座以貫通上下塘之交通俾可聯成一氣商業民行兩受其利用其利用特具呈請求

鈞處備案給示頒照以倡建設而利民行實為德便等情前來據此除批示外合行出示布告仰該處附近居民體知悉爾等須知建築橋樑實為便利交通起見倘有藉端滋擾妨碍工程者一經請究定予嚴懲其各凛遵毋違切切此令

## 佈告　市民訂定全市街車價目表仰一體遵照　由

為佈告事查街車為便民代步之用本市工商繁盛人煙稠密故街車實為市民需要之具常見街頭車夫向乘客爭索車資每致發生爭執情事本處為免除紛爭起見茲特訂定全市街車價目表以示限制而明劃一合行出示佈告仰全市民衆一體遵照此佈

計粘附無錫市政籌備處規定街車價目表

## 佈告　本市各寺廟於七日內來處登記以便彙轉　由

為佈告事案准無錫縣政府第六七三號公函內開案查前奉
民政廳長繆魚電催辦寺廟登記一案遵經函達在案現又時逾一月急待彙轉除分令嚴催各區于七日內辦竣塡送外相應函請貴處查照希即從速辦理為荷等由准此合亟出示佈告仰本市各寺廟自佈告之日起於七日內來處登記以便彙轉毋稍違延切切此佈　十月二十三日

## 佈告　市民不日派員調查住房捐萬勿隱滿狡詐或生誤會　由

為佈告事照得本市住房捐早經列入預算呈報　省廳在案茲奉
民政廳令開該項預算業經　省政府會議議決照辦等因惟為愼重捐務起見先行着手調查自本月十一日起由本處財政科派員分段調查屆期仰各該住戶務將房價從實報告萬勿隱瞞致擾捐務須知此項捐款完全指定作本市建設之用取之於市用之於市於民有利恐未週知合行佈告市民勿生誤會是為至要此佈

十一月九日

## 批

具呈人　吳秋帆

呈一件　為領照建築橫被阻撓請給發標準樹立基上以利工作　由

呈悉查該具呈人所報造之樓屋尚無阻礙路政情事至砌築圍墻部份仰候工務科丈發後方准動工此批　十月二十三日

具呈人　張子興等

呈一件　爲陳明地方情形請求准予重行規定道路等級由

呈悉此批　十月二十四日

附原呈

呈爲陳明地方情形請求

俯賜鑒核准予重行規定道路等級事竊民等世居本邑小三里橋大田岸一帶緣附近有一小巷在昔年本係私地因荒蕪爲附近居戶就便行走歷時既久遂不易規復原狀近聞有協泰呂鑄園在小三里橋沿河內造建築房屋其後墻適當該巷報請

鈞處測勘規定該巷爲乙等支路應照乙等支路讓足街心丈尺等情民等細察該巷爲曲尺形西端通大田岸北端緊接沿通濟路之劉姓基地總長僅八丈有餘既無關築支路之必要且將來劉姓如經建築則北端必成絕路又無關作支路之可能性民等居處毗近該巷因素業清貧居處又均甚狹窄一經規定爲乙支則將來若遇改建勢將不足以容身該巷如果地處重要民等亦不敢冒瀆今該巷地位確係極不重要用敢據實籲請另派妥員察勘地勢以順民情實感德便謹呈

市政籌備處

馬步蟾
張子興　仝具
劉阿榮

十月二十三日

具呈人　張敦五

呈一件　爲呈請更正另給執照以利建築由

呈及附件均悉查該地原有呂巷一條洪楊時毀於兵燹今宜恢復以便巷內住戶出入現在建造房屋應讓出公弄俾便通行所請更正另給執照一節碍難照准此批　十月二十五日

具呈人　無錫南里大公橋籌備建築委員會常務主席王顓輝

呈一件　爲建築大公橋請求撥欵補助並備案給示頒照由

呈悉該會建築橋樑請求撥欵補助現在本處財力不充碍難准撥所缺之數應由該會自行設法籌集至所請給照備案一節事關公益應予照准仰即知照此批　十月三十一日

具呈人　永大繭棧
呈一件　爲函請取締江北草蓬以免危險由
牘悉仰具正式呈文再行核辦此批　十月三十一日

具呈人　莊鈸氏
呈一件　爲鄰右造屋仗勢欺壓覇佔土地請求制止給照以清糾葛而維產權由
呈悉據稱各節事屬基地糾葛應向縣政府請求丈勘可也此批　十月三十日

具呈人　陳奎釗
呈一件　爲華姓侵占墳基擅自建築請吊銷執照勒令停止由
呈悉查建築基地既有糾葛照章應將華姓執照吊存本處俟雙方交涉清楚後再行建造可也此批　十月卅日

具呈人　錢恆德
呈一件　爲祖遺世產擬釘界石抄呈判決書請求撤回界石以維法治而保產權由
呈件均悉仰候派員復查再行核辦此批　十月卅一日

具呈人　張錦雲等
呈一件　爲呈訴劉長根侵佔公路違章建築請求派員吊銷執照停止工作由
呈悉查劉姓建築前在縣建設局領有執照是否違章候派員查明再行核辦仰即知照此批　十一月五日

具呈人　張　桐
呈一件　爲修理圍牆改建園內門間呈請勘明發給建築執照由
呈悉仰候派員丈發後再行給照修建可也此批

具呈人　益利人力車公司
呈一件　爲呈請檢驗人力車俾得發照通行由

呈悉該公司既依照頒布圖樣造就車輛准由本處檢驗及格後即予給照通行可也此批　十一月六日

具呈人　品興人力車公司

呈一件　爲續請檢驗人力車俾得發照通行由

呈悉該公司既依照頒布圖樣造就車輛准由本處檢驗及格後即予給照通行可也此批　十一月六日

具呈人　朱順樑

呈一件　爲擬在龍船浜築壩養魚請發給建築執照由

呈及附件均悉查一三圖及五八四圖交界之龍船浜係屬市產詳載本處官荒清册該具呈人未經來處聲請擅自升科實屬不合除函知縣政府及財務局查照外合行令知該具呈人所請發給建築執照一節應毋庸議此批附件存查　十一月六日

具呈人　沈玉麟等

呈一件　爲呈請修理鳳光橋陰溝以利行人而維路政由

呈悉已派工程隊提前修理矣仰即知照此批　十一月七日

具呈人　無錫市五八四圖下節地保劉榮培

呈一件　爲因病請求退役新賞准由

呈悉所稱各節當屬實情既據分呈應候財務批示核辦仰即知照此批　十一月七日

具呈人　華純安等

呈一件　爲無錫市五八四圖下節地保劉榮培因病退役公保潘錫初補充由

呈悉地保劉榮培因病辭退保舉潘錫初接充原無不合既據分呈應候主管機關縣財務局批示核辦仰即知照此批　十一月七日

具呈人　金根榮

呈一件　爲無錫市五八四圖下節地保劉榮培因病退役公保潘錫初補充請察核由

呈悉已於華純安等呈內明白批示矣仰即知照此批　十一月七日

具呈人　新濟汽船公司經理楊霖

呈一件　為請求發給碼頭執照由

呈件均悉該公司既經呈准　交通部註冊給照並由建設局登記完畢本處應准發給碼頭執照俾便營業查本處船捐章程碼頭執照計每艘銀十元季捐每艘銀六元該公司所報新濟新潤新康三船須照章繳納碼頭執照費及冬季捐共銀四十八元前繳六十元計扣除四十八元外應發還十二元仰即來處與碼頭執照三紙　併領回此批　十一、九

具呈人　許競援等

呈一件　為呈請取締東門外南倉門同安里南面空地草蓬以免火警由

呈悉查搭蓋草蓬早經本處取締在案惟地主多私縱客民違章建造貪利忘害情殊可恨該具呈人等請求取締一節自應照准仰即　查明同安里地主姓名地址呈候核辦可也此批　十一、七、

具呈人　張敦五

呈一件　為粘呈區書地圖證明該基無從仍求更正給照以便進行建築由

呈暨附圖均悉仰候轉函縣政府查明後再行核辦此批　十一、十一、

具呈人　徐冠傑等

呈一件　為呈送組織絲繭研究會簡章及詳備員履歷請審核備案由

呈暨附件均悉查該具呈人為改良蠶絲起見組織絲繭研究會察閱簡章當無不合應准備案此批附件存　十一、九、

具呈人　無錫車業協會

呈一件　為呈復業已轉知各車業戶將來經檢驗之車輛儘本月底自行整理完竣聽候定期檢驗由

呈悉查未經檢驗及格之原有人力車輛業經本處通知自十二月份起不准通行在案茲將未檢驗及已檢驗尚未及格各戶訂定日期分別檢驗仰即轉知各車業戶遵照時日送處受驗幸勿稽延此批　十一、十一、

具呈人　卜筱安等

呈一件　爲呈請澈究侵佔官河私築竹竿駁岸之李錦書以正河運由

呈悉查李錦書用竹竿塡土建造駁岸並未呈准本處業已限令該業主於五日內拆除矣仰即知照此批　十一、十一、

具呈人　陳龍生

呈一件　爲呈請發還建築執照以便依法建築由

呈悉茲限該具呈人於三日內將陽台收進一英尺半俟本處查勘合度後再予發還執照此批　十一、十三、

具呈人　施賡沂

呈一件　爲呈控吳阿喜侵犯地權冒領執照擅自佔地建築請吊銷執照由

呈悉查基地既有糾葛應准函致該管公安分局將建築執照吊存俟雙方交涉清楚後再行報領建造可也此批　十一、十三、

具呈人　譚述談

呈一件　爲聲明所買范求范志自己糧田由高崇賢經手並無白衣殿僧人阿根和尚將田售與本人由

呈悉此批　十一、十四、

具呈人　陳三壽

呈一件　爲呈請援案永禁車輛通行由

呈悉查市區內街道本處正在逐漸拓寬以利交通至現時通車之路本屬無多應仍其舊所請示禁通車事一節礙難照准此批　十一、十四

具呈人　周毓廷等

呈一件　爲街車肇事阻礙行人請履勘示禁由

呈悉查本市區內街道本處正在逐漸拓寬以利交通至現時通車之路本屬無多應仍其歸所請示禁通車一節礙難照准此批　十一、十四

具呈人　丁錫鈞

呈一件　爲改換推槽拆裝櫥櫃請予發給執照並捐助修理經費由

呈悉仰即遵照本處取締建築章程辦理所請改繳修路費一節礙難照准此批　十一、十四

具呈人　尤匯記

呈一件　爲呈訴王根和越濮建築侵佔地址請吊銷執照由

呈悉查基地既有糾葛應即暫停建築以免損失除照章函致該管公安分局吊銷王姓建築執照外仰即知照此批

具呈人　黃世義等

呈一件　爲呈訴朱中元違章建築僭佔公路續請再行派員查勘明確秉公勒令拆讓由

呈悉仰候派員查明再行核辦此批　十一、一四

具呈人　朱耀卿

呈一件　爲呈請派員復勘中正路建築情形以明眞相如係違章立予拆除由

呈悉已於黃世義呈内批示矣此批圖存

具呈人　高玉堂等

呈一件　爲顧誼初僭佔公路截斷交通請求吊銷執照由

呈悉所稱南巷上之公路有顧姓屋傍之私有小街如該街確係公街仰該具呈人等查明實情續呈來處再行核辦此批　十一、十五、

# 上海市財政局招商承辦筵席捐

上海特別市財政局昨發布告云查筵席征捐首都蘇杭廣州等地早經舉辦上海市區繁盛宴會極多亟應仿照辦理以裕市庫業經本局擬具規則呈奉市政府核准飭即招商投標承辦合行佈告商民一體知悉如有願意承辦此項捐務者迅即查照後開各條依期來局報告取閱各種規則可也此佈計開

一、最低標每月五千元　二、承辦期限一年　三、報告期間自九月十六日至二十五日止　四、報名時隨繳四寸半身相片一紙投標保證金一千元　五、投標日期九月二十八日上午十時至十二時當時開標　六、投標地址楓林橋本局

# 會議記錄

## 第十二次處務會議紀錄十月十五日

出席者　孫祖基　王伯秋　沈維棟　朱十圭　江祖岷　李冠傑

聶文杰

主席　孫主任　紀錄　金禹範

(一)恭讀總理遺囑

(二)宣讀上屆會議紀錄

(三)報告事項

主任報告(一)民政廳訓令爲派技正兼二科一股主任嚴恩祚來錫實地調查市政設施狀況指導一切令仰知照嚴技正已於本月八日抵錫連日由本處朱科長伴同赴各處實地察勘(二)本處聘請法國市政工程師竹叔摩來錫規劃市政業於十二日抵此即赴惠山及太湖一帶實地察勘以便着手計劃(三)工務科報告决定建築道路辦法

(四)討論事項

一、工務科提議通開原路路線已測量完成繪製成圖請將路中心綫付討論案　議决照原提案通過

一、工務科提議根據職員服務規則第十九條擬定工務科測量員勘丈員外勤車膳費如左(甲)勘丈員丈發指定之建設物每件車費大洋一角(乙)測量員外勤測量者車費實報實銷路遠看得在外中膳每次每人以五角爲限(丙)測夫小工每人二角爲限　議决照辦

一、財政科提議縣政府函送民政廳勸募江蘇省會救濟院捐款應如何勸募祈公决案　議决交財政科辦理

一、沈祕書提議擬將工務科所擬計劃刊成單行小冊案　議决交王參事審查後再行付刊

一、沈秘書提議編印本處法規第一輯案　議決照辦
一、主任交議廢止旬刊改出不定期刊物案　議決通過
一、社會科提議擬具招募衛生警察辦法請付討論案　議決保留
一、王參事提議審查整理河道章程完竣請付討論案　議決修正通過
一、王參事提議審查工務科管理工程隊簡則完竣請付討論案　議決修正通過
一、參事提議審查市民請求修理街道橋梁陰溝等工程規則完竣請付討論　議決修正通過
一、王參事議審查熱水店營業暫行規則完竣請付討論案　議決修正通過
一、王參事提議審查財政科擬訂人民報告市有土地獎勵簡章完竣請付討論案　議決修正通過
一、王參事提提議擬訂市政演講節目請付討論案　議決通過
一、社會科提議編訂門牌專員及衛生指導員請求酌予津貼膳費案　議決每月每員津貼三元自本月起實行
一、財政科提議收捐員請求酌予津貼膳費案　議決每月每員津貼三元自本月起實行
一、工務科財政科會提人力車夫紛紛請求增加添放車輛應如何辦理案　議決除原放數目外添放一百輛

## 第十三次處務會議紀錄　十月二十二日

出席者　孫祖基　王伯秋　沈維棟　江導山　聶文杰　朱士圭　李冠傑

主席　孫主任　紀錄　金禹範

（一）恭讀總理遺囑
（二）宣讀上屆會議紀錄
（三）報告事項

(一)本處暫行組織條例暨預算案已經省政府委員會第二三一次會議通過(二)民政廳指令本處呈送修正拓寬原有街道章程暨追加路名分等表均准予備案(三)修理吳橋第一次開標因標價超過預算甚巨已經本處登報重行招標茲查第二次開標結果上海義泰營造廠以一千九百四十元九角二分最低得標(四)公園內建築女廁所招標結果以四百三十元得標(五)籌建公墓覓地情形

(四)討論事項

一、沈秘書提議南門外有人填塞倉河妨礙水利交通應如何處理案議決函縣政府會同本處究辦

一、工務科提議擬定(各段人力車價目表)請付討論案　議決交江科長審查

一、財政科提議擬訂與戚墅堰電燈廠會商裝置路燈辦法請付討論案議決辦法修正通過另推江科長聶科長代表向戚墅堰電廠交涉

## 第十四次處務會議紀錄

十月二十九日

出席者　孫祖基　王伯秋　沈維棟　李冠傑『張之彥代』江祖岷　朱士圭　聶文杰

主席　孫主任　紀錄　金禹範

(一)恭讀總理遺囑

(二)宣讀上屆會議紀錄

(三)報告事項

(一)民政廳指令本處呈擬章程請辦住戶房捐及筵席捐經提出省政府委員會第二三一次會議議決交民政廳核復(二)本市第一期築路圖樣及預算等已呈請省政府暨民建兩廳備案(三)准縣政府函關於本市添設郵筒信差一案已由郵務管理局令飭無錫郵局辦理對於添置辦法由本處社會科會商郵局定之(四)江聶二科長昨與戚墅堰電廠孫李二代表交涉路燈問題該廠以一

切辦法須呈請建設委員會核示故討論未有結果（五）沈秘書報告關於南門外塡塞官河一案本處曾技術員昨日會同縣政府陸科長前往查勘此案現由縣政府主持辦理

（四）討論事項

一、沈秘書蟲科長會提市區土地本處根據暫行組織條例擬着手整理在辦法未公佈以前擬函請縣財務局對於請征升科概不准許以免奸民通同區書舞弊請公決案　議決（一）照原提案通過（二）關於整理市區土地辦法交原提議人從速擬具辦法提會討論

一、王參事提議審查社會科擬訂保護名勝古蹟古物章程完竣請付討論案　議決修正通過

一、王參事提議審查社會科擬訂取締私厠規則完竣請付討論案　議決修正通過

一、王參事提議審查社會科擬訂改進坑厠計劃完竣請付討論



案　議決交社會科照計劃辦理

一、王參事提議審查本處附設產婆訓練班組織辦法完竣請付討論案　議決（一）組織辦法修正通過（二）聘王世偉爲訓練班主任即日着手籌備

一、王參事提議審查社會科擬訂醫院註冊規則完竣請付討論案　議決修正通過

一、財政科提議南里大公橋籌備建築委員會呈爲建築大公橋請求撥欵補助應如何辦理案　議決交工務科核議

一、王參事提議審查財府科擬訂徵收船捐章程完竣請付討論案　議決修正通過

一、主任交議相度中心地點建造新行政公署案　議決交工務科設計

一、主任交議提前測繪西門至西水關城牆及通閘原路道案　議決交工務科辦理

# 第十五次處務會議紀錄　十一月五日

出席者　孫𥚃基　王伯秋　沈維棟　朱士圭　李冠傑　聶文杰
江祖岷
主席　孫主任　紀錄　金禹範
（一）恭讀總理遺囑
（二）宣讀上屆會議紀錄
（三）報告事項
（一）民政廳指令本處暫行組織條例經提出省政府委員會第二三一第二三二兩次會議議決修正通過並改爲無錫市政籌備處暫行組織大綱令仰遵照（二）民政廳訓令轉省政府訓令凡一切工程及公用事業於舉辦之先須將其計劃預算呈候建設廳核正方得興工令仰遵照（三）民政廳訓令轉奉省政府指令本處預算草案經提出省政府第二三一次會議議決照辦除令行財政廳外仰即知照等因合行令仰該主任知照（四）本處拓寬界涇橋弄及沿惠山浜街道已由工務科招工估價由盧金記石作包工計鋪新金山石片路每方三元四角八分翻砌舊街每方一元塡土每方七角又沿惠山浜街先做十二尺寬現已開始動工
四、討論事項
一、社會科提議關於添設郵筒一案無錫郵局已規定添設六處而實際尚不敷用擬再函請郵局添設九處是否可行請付討論案　議決照辦郵局已規定添設（郵筒地點六處如下



通惠路社橋　周山浜　冉經橋　棉花巷　伯瀆港　羊腰灣擬請郵局再行添設者九處如下　三里橋　通滙橋　迎祥橋　三鳳橋　小婁巷底　公園路　圓通路　學前　東新路）
一、社會科提議民廳轉令衛生部訓令設置衛生布告欄茲擬具設置他点請付討論案　議決照辦
一、財政科提議本處舉辦住戶房捐及筵席捐充工程及衛生行政經費該項新捐列入臨時預算現經省政府會議通過照辦查該項新捐關係本處建設萘鉅既經省府核准擬自本月份起即日開始籌辦是否有當應請公决案　議决照辦
一、江科長提議審查工務科規定街車價目表完竣請付討論案
議决通過
一、工務科提議擬訂取締幹河中竹排木排實施辦法請付討論案　議决照辦（辦法甲、由社會科辦理竹木行登記給以整理河道規程責令遵照乙、工務科測勘地址指令按置地址並訂設木標藉資識明丙、由財政科征收借用河旁放置木排地租藉以限制各戶按置地段丁、函請公安局協助本處實行取締）
一、工務科提議惠農橋南堍張姓塡塞河道建造房屋已將其過期執照吊銷禁止工務進行在案惟以後該姓再以部照請領建築執照時是否再行另給請公决案　議决凡塡塞河道妨

擬水利交通之建築物交工務科一概取締

一、王參事提議審査工務科擬訂營造業登記章程完竣請付討論案 議決修正通過

一、王參事提議審査工務科擬訂管理及取締脚踏車章程完竣請付討論案 議決修正通過

一、王參事提議審査工務科擬訂管理及取締汽車章程完竣請付討論案 議決修正通過

一、王參事提議審査本處組織系統表完竣請付討論案 議決通過

一、王參事提議審査産婆訓練班招考簡章完竣請付討論案 議決修正通過

一、王參事提議審査工務科測量簡則完竣請付討論案 議決通過

一、王參事提議審査社會科所提修訂管理菜市場暫行規則完竣請付討論案 議決修正通過

一、沈秘書提議擬具清査市有土地辦法請付討論 案議決交王參事審査

# 第十六次處務會議紀錄 十一月十三日

出席者 孫祖基 王伯秋 江祖岷 沈維楨 朱士佳 聶文杰 李冠傑

主席 孫主任 紀錄 金爲範

（一）恭讀總理遺囑

（二）宣讀上屆會議紀錄

（三）報告事項

（一）民政廳指令本處秘書暨各科科長均准予照委隨發委任令五件（二）建設廳指令本處建設第一期各段道路所有工程說明

書及圖樣專件均悉第一段惠山公園道應准招標建築第四段環城路所定十二公尺寬度尚嫌不足應定十五公尺為最少限度（計車行道一十公尺半人行道兩旁各一公尺七十五公分）原呈計劃應即更改另擬圖說預算一併呈核（三）民政廳指令本處建設第一期各段道路察閱各路以惠山公園道之第一段（聯絡通惠路五里街者）與環城馬路之第一段（自光復門至西成門者）最為需要仰即先行投標動工作環成路寬度須十五公尺並飭遵照（四）民政廳指令本處呈送市有資產單據等清冊已轉呈省政府核示（五）縣政府函轉　省府令飭取締浮厝棺柩迅將境內暴露或浮厝棺柩一律限期選理一面遵照公墓條例選定適當地點趕辦公墓　社會科報告（一）招考產婆情形（二）尋覓公墓地點情形（三）滯頭廠調查情形

（四）討論事項

一、工務科提議西成門至西水關之一段即環城馬路第二段拆城建築計劃已擬定路線圖請公決案　議決通過

一、工務科提議丁錫鈞呈請改換推槽修理地板拆裝柵欄請准予捐助築路費發給執照是否准許請公決案　議決不准

一、工務科提議據周綜廷等呈請禁止在後竹塲四堡街通行人力車以免肇事傷人如何辦理請公決案

一、工務科提議據陳三壽呈請禁止寺後門通行車輪應如何辦理請公決案　三四兩案合併討論議決未通車之道路正在逐漸拓寬以利交通現在已通車之處應仍其舊

一、社會科提議准第二區公所函稱編釘門牌于交界之處懇雙方派員會同查明等語是否可行請公決案　議決函縣政府請將劃分區域圖送處後再行核辦

一、王參事提議審查沈秘書擬訂本處紀念節日曆完竣請付討論案　議決通過

一、王參事提議審查社會科擬訂竹木行登記條例完竣請付討論案　議決修正通過

一、王參事提議本處籌備期間擬辦各事刻經擬定綱要請付討論案　議決印發各科參考分別計畫限年內完竣

一、社會科提議舉辦度量衡檢定案　議決照辦

一、王參事提議審查財政科擬訂處理市有土地暫行條例暨土地登記條例完竣請付討論案　議決呈請民財兩廳暨土地整理委員會核辦

## 上海特别市政府更訂辦公時間

滬市政府以暑期已過辦公時間應予更改昨特通令各局云爲令遵事查冬季辦公時間亟應改定兹定自十月一日起改爲上午九時起至十二時下午一時起至五時爲辦公時間市政會議仍定每星期五上午九時起開會除分令外合行令仰該局遵照此令

圖表三六：此處原爲《無錫市政籌備處組織系統表》，見書後。

# 無錫市政籌備處市產一覽表

財政科調製

| 租戶 | 押租 | 月租 | 年限 | 地址 |
| --- | --- | --- | --- | --- |
| 陳鴻山 | 七十五元 | 七元角 | 十八年九月廿一年八月底 | 東北三圖崇安寺山門內西首 |
| 龔楚門 | 百九十元 | 十八元五角 | 仝上 | 天四圖財神衖口 |
| 永吉潤 | 千二百元 | 六十元 | 仝上 | 天四圖蓮蓉橋西塊 |
| 趙景春 | 八十元 | 七元 | 仝上 | 天四圖顧橋下 |
| 陳元松 | 百六十元 | 十六元 | 仝上 | 東北三圖崇安寺山門內西首 |
| 胡耀麟 | 百元 | 十元 | 十八年十二月廿一年十二月 | 公園路大觀樓左旁 |
| 謝竹君 | 千元 | 四十二元 | 仝上 | 東北五圖公園對面 |
| 張信和 | 百四十元 | 十四元 | 十八年九月廿一年八月底 | 東北三圖公園路轉角 |
| 王宴卿 | 七十五元 | 七元五角 | 仝上 | 東北三圖崇安寺山門內 |
| 李錦岷 | 二百元 | 念元 | 仝上 | 財神衖口 |
| 黃順記 | 十五元 | 一元五角 | 仝上 | 光復門新民橋 |
| 顧春榮 | 五十元 | 五元 | 不拘 | 三里橋 |
| 胡炳章 | 五十元 | 五元 | 仝上 | 仝上 |
| 張梅初 | 百二十元 | 十二元 | 仝上 | 仝上 |
| 周隆發 | 百元 | 九元五角 | 不拘 | 天四圖三里橋 |
| 杜順泰 | 六十元 | 六元 | 仝上 | 廣勤路 |

| | | | | |
|---|---|---|---|---|
| 劉金山 | 六十元 | 六元 | 仝上 | 仝上 |
| 李福生 | 百元 | 十元 | 仝上 | 接官亭 |
| 劉鳳山 | 百六十元 | 十六元 | 十八年九月念一年八月底 | 崇安寺西 |
| 錢福根 | 六十元 | 六元 | 仝上 | 黃埠墩西 |
| 楊叙豐 | 八十元 | 八元 | 仝上 | 崇安寺 |
| 過湧林 | 百六十元 | 十六元 | 仝上 | 仝上 |
| 殷得泉 | 六十五元 | 六元五角 | 仝上 | 書院弄內 |
| 鄒全馨 | 六十五元 | 六元五角 | 仝上 | 仝上 |
| 李　玉 | 二百五十元 | 二十五元 | 不拘 | 公園 |
| 胡和泉 | 六百元 | 四十五元 | 仝上 | 仝上 |
| 陸阿福<br>陸紹寶 | 三十五元 | 七元 | 仝上 | 南巷 |
| 唐蔚芝 | 百四十元 | 十四元 | 仝上 | 朗君廟巷 |
| 黃阿二<br>孫阿園 | 二十五元 | 二元五角 | 仝 | 顧橋上 |
| 陸耀庭 | 四百卅元 | 四十三元 | 十八年九月廿一年八月底 | 崇安寺 |
| 金翰章 | 四十五元 | 四元五角 | 不拘 | 堵夾衖 |
| 陳容<br>石根生 | 七十元 | 七元 | 不拘 | 崇安寺 |
| 諸二泉 | 百卅元 | 十三元 | 仝上 | 崇安寺 |
| 符晉康 | 四十元 | 四元 | 仝上 | 北柵口顧橋上 |
| 史寶生 | 三十五元 | 三元五角 | 仝上 | 仝上 |
| 顧鳳祥 | 六十五元 | 六元五角 | 仝上 | 書院弄 |
| 李萬興 | 百十元 | 十一元 | 仝上 | 崇安寺 |
| 楊萬鎰 | 四十五元 | 四元五角 | 仝上 | 顧橋下 |

| | | | | |
|---|---|---|---|---|
| 永源廠 | 五百元 | 四十二元 | 十八年九月廿一年八月底 | 丁港梟浜口 |
| 李駿記 | 七十元 | 七元 | 仝上 | 崇安寺 |
| 王坤記 | 七十元 | 七元 | 仝上 | 仝上 |
| 謝炳文 | 三百元 | 卅元 | 仝上 | 仝上 |
| 顧蓮記 | 七十五元 | 七元五角 | 仝上 | 仝上 |
| 朱隆興 | 五十五元 | 五元五角 | 不拘 | 書院弄 |
| 過金奎 | 五十五元 | 五元五角 | 仝上 | 仝上 |
| 周蔭庭 | 二百五十元 | 廿五元 | 十八年九月廿一年八月底 | 崇安寺 |
| 戴亭良 | 七十元 | 七元 | 仝上 | 大市橋 |
| 陳熾孫 | 五百元 | 四十六元 | 照原契 | 北大街 |
| 李梅林 | 七十五元 | 七元五角 | 十八年九月廿一年八月底 | 崇安寺 |
| 趙新明 | 六十元 | 六元 | 不拘 | 施牆門 |
| 龐春魁 | 百元 | 七元五角 | 十八年九月廿一年八月底 | 新民橋 |
| 施少卿 | 二百四十元 | 二十四元 | 不拘 | 推官牌樓 |
| 蔣士一 | 七十五元 | 七元五角 | 仝 | 崇安寺 |
| 朱花卿 | 七十五元 | 七元五角 | 仝 | 仝上 |
| 錢鴻儀 | 二百六十元 | 廿元 | 仝 | 公園 |
| 梅山 | 五十元 | 五元 | 仝 | 崇安寺 |
| 陳金龍 | 六十元 | 六元 | 仝 | 仝上 |
| 楊榮昌 | 廿五元 | 二元五角 | 仝 | 水關橋上 |
| 趙覺清 | 二百八十元 | 廿八元 | 仝 | 書院弄 |

| | | | | |
|---|---|---|---|---|
| 章耀明 | 卅元 | 三元 | 仝 | 老北城上 |
| 顧子卿 | 七十五元 | 七元五角 | 仝 | 崇安寺 |
| 楊龍觀 | 廿元 | 二元 | 仝 | 水關橋 |
| 黃錫胤 | 不取 | 五元 | 仝 | 崇安寺寺後門白水蕩 |
| 張瑞興 | 百廿元 | 十二元 | 仝 | 西北六圖 |
| 顧仁林 | 四十五元 | 四元五角 | 仝 | 又 |
| 鄭長維 | 四十五元 | 四元五角 | 仝 | 又 |
| 陳子寬 | 三千元 | 百十元 | 十八年九月廿七年九月底 | 東門廟港橋小粉橋之間 |
| 陳耀記 | 十元 | 一元 | 不拘 | 沙巷口 |
| 林煥文 | 千五百元 | 六十元 | 十八年十月廿一年十月底 | 三里橋 |
| 胡樹堂 | 千元 | 八十元 | 仝上 | 北門外越城口 |
| 沈震初 | 三百三十元 | 三十三元 | 不拘 | 三里橋 |
| 李寶芳 | 百元 | 十元 | 十八年十月廿一年十月底 | 仝上 |
| 倪根榮 | 三元 | 二角 | 不拘 | 南市橋 |
| 劉金山 | 七十元 | 七元 | 仝上 | 書院弄 |
| 鄧根培 | 六十元 | 六元 | 又 | 廣勤路 |
| 張鳳照 | 六十元 | 六元 | 不拘 | 仝上 |
| 何維周 | 百四十元 | 十四元 | 又 | 煤場弄 |
| 過景虞 | 四百元 | 四十元 | 又 | 仝上 |
| 馬阿布 | 卅元 | 六元 | 又 | 廣勤路口 |
| 江煥卿 | 六十元 | 六元 | 又 | 仝上 |

# 無錫名勝古蹟調查報告

無錫縣社會調查處

無錫山峯巍峨，湖水清漣，風景秀甲東南。泰伯端委，江南文明，於以發祥。嗣後代有聞人高士，或避地隱居，或生長於斯，遺跡彪炳，在在有之；近年邑內高士，濱山帶湖，布置園林者亦甚多，苟欲一一加以詳叙，實非倉猝間所能集事。茲取其聲名較著，而規模稍鉅者：

甲、名勝

一、惠山寺　在縣城西五里之惠山鎮，係劉宋司徒長史湛茂之別業歷山草堂後改建，惠山寺初名華山精舍，故山門額古華山門。舊基自古華山門至山麓。今山門內兩旁，盡爲私祠及居民侵佔，中部爲忠烈祠佔用；所巋然獨存者，僅古華山門及不二法門而已。

二、忠烈祠　清時洪楊事平，李鴻章奏請劃惠山寺大雄寶殿以後，至大悲閣止，旁及竹罏山門，改建淮軍昭忠祠，以祀死難者。改革後，有議將祠廢歸公用者，不果，民國十七年，始改今名，祀有功黨國之人士。亭堂爲白雲堂舊址，風景幽勝，大足供人觴詠也。

三、竹罏山房　在忠烈祠右，二泉亭上，明洪武間，湖州竹工爲僧性海編竹爲罏，規制精密，一時名流唱和之詩極多。今所有之房屋，爲洪楊後改建，王紱畫竹及名人題詠嵌壁間。

四、聽松石牀　在忠烈祠門內，金蓮池上長約六尺，闊厚半之；篆刻聽松二字，相傳爲唐李冰陽所書。唐皮日休詩所謂松子聲聲打石牀即指此。旁有宋政和間張同仲題字十行；其平面有嘉熙三年趙希袞題字三行。清道光十五年，知縣曾承築亭覆之。

五、雲起樓　在竹罏山房右，忠烈祠後，危樓一角，聳出山麓，隔絕塵囂。樓上四面開窗，樓下假山曲折，風景幽絕，巴江塵綸有聯曰：「騰兩邑之歡，千村稻熟；據一山之勝，四照花開。」

六、第二泉　在竹爐山房前。唐陸羽定天下水品二十種，以惠山石泉水爲第二，故又名陸子泉。又張又新記水品，其說與羽不同，惠泉則仍居第二。第二泉伏涌潛洩，罨無形聲。池二：圓爲上池，方爲中池。兩池中隔尺許，有穴相通，撓之則俱動；而中池之味，遠不逮上池，汲泉者瓶罌負擔，不舍晝夜，皆上池獨給之也。

七、黃公澗　在二泉亭右，惠山與錫山之間，亦名春申澗：其初祠春申君於此。春秋間山水漲時，其流湍急，衝決而下，如瀑布，如晶簾，澎湃之聲，如萬馬奔騰，游人均褰裳跣足，涉其間以爲樂。山峯有大石，鐫臥雲二字，徑尺許，邵文莊寶所書也。

八、忍草菴　由春申澗循新闢小石道越坡而南，約半里許，抵章家塢，忍草菴在焉。菴建於明萬曆間；菴旁有貫華閣；清初顧貞觀陳維崧姜宸英嚴繩孫輩結詩社於此。今所存者，楊味雲所重修也。

九、點易臺　在邵祠後，明邵寶築二泉書院舊址也。荒烟蔓草，亂石數堆，無復當時勝景，惟臺石尚存，撥茅可尋耳。臺之下有滴露泉，瘞筆邱；臺之上爲海天石屋，屋中有石刻五賢遺像。餘如鳧鷖巖等十五景，俱已不復存矣。

十、石浪菴　在錫山巔，龍光寺之西南，門向西南闢。山半巨石聳峙，如層波疊浪，故以名菴。登街遠眺，湖山在望，清幽入畫，遊惠麓者，不可不一登臨也。

十一、寄暢園　爲秦氏之舊園墅，又稱秦園。園初名鳳谷行窩，後稱寄暢。姜西溟有記曰：「古木輪囷離奇，計數十百章，長松偃蓋，作虬龍攫舞勢，有泉從惠山，淙淙瀨瀨，注爲清渠，日夜流不涸，小水澄泓，分爲細澗，並涓潔可愛，大池一望浩淼，上爲飛梁，蜿蜒曲折，朱闌畫楯，下映綠波，緣堤行，草樹蒙茸；至山窮水盡處，忽折而別開一徑，景物儼然。至於峯巒之奇拔，巖洞之深覩，林樾之蔥蒨，花竹之秀媚，廳堂之華敞，樓榭之踈峙；杖履所之，無乎不具。」當時勝概，可以概見。清高宗南巡，數駐蹕於此；題詠極多。洪楊之役，亭榭全毀。民國以還，秦氏後裔，稍稍修葺；然而桃柳凋殘，美石欹側，非復當時大觀矣。

十二、白雲洞　在惠山麓望公塢，洞爲天生小石龕，龕中供奉呂祖像；洞外怪石林立，惠麓之勝地也。

十三、石門　在白雲洞後，峭壁懸崖，孤絕奇險，巨石翼峙，中虛一隙；明邵寶摩崖所書之石門二字，及清廖綸之疊峯棲雲等字皆在焉。石罅中常流微水，明俞憲有詩之：「地脈逢溪斷，雙門抉險開；朝昏常不掩，疑有玉人來。」

十四、惠山公園　在惠山鎮河塘右岸，舊李鶴章祠也。民元，收歸公有；循發還。北伐成功，又收爲公，先辦警察教練所，民國十八年，應地方需要，改建惠山公園，規模壯麗，頗足供人游覽也。

十五、龍光塔　在錫山巔龍光寺內，爲明時創建，初可以梯而登，後因年久失修，漸致不能涉足；頃又經修葺，可以拾級而上矣。

十六、太湖　太湖廣三萬六千頃，跨江浙二省之交。湖中島嶼點點，著名者有七十二峯。近有楊君翰西，在湖濱黿頭渚，闢一植果試驗場，場中建有亭榭。黿頭渚當太湖出口之處，每值南風，波濤澎湃，奇石聳立，氣象萬千，有前無錫知縣巴江廖綸書橫雲及包孕吳越窠擘大字。現楊翰西在渚上建有燈塔，橫雲小築，涵虛、在山亭等。楊氏植果試驗場旁，有廣福寺陶朱閣等。

十七、五里湖　一名蠡湖，一名小五湖。跨揚名開化二鄉，北通梁溪，南通長廣溪，西通太湖。湖中水甚清澈，光明如鏡。湖週向多名勝，惜俱荒廢。民國十六年，王君堯臣禹卿昆季在湖北青祁菴地方，建一蠡園，瀕湖築堤，中闢蓮塘，塘旁亭臺花石，布置極宜。玆繼起者尚有人，異日布置完全，會見西子湖齊名，未能獨擅也。

十八、梅園　在榮巷鎮西約五里。民國元年，由榮君德生就清初徐殿一進士桃園遺址改建。園廣百數十畝；園外短牆繚繞，園內廣植梅花：勒石於門，題曰梅園。園內勝景，有天星臺香雪海，誦豳堂，荷軒、留月村、招鶴亭等；登小羅浮，可望太湖，爲園中最勝處。園東北有太湖飯店，陳設雅潔，專供遊人餐宿。

十九、華藏寺　址富安鄉；距梅園約十里。宋紹興間，太師張俊敕葬於此，因建寺墓左，以奉歲記。寺背山面湖，風景絕佳，每年四月八日浴佛節，遊人極衆。

二十、管社山　在梅園西南約三里，面湖屹立，風景殊勝，下有項王廟，或云本吳王廟，廟左爲萬頃堂，由邑人楊君翰西等集資就湖神廟舊址改建；東北百數十武即楊園舊址，園今荒廢，僅由其後裔就遺址建屋三楹，供奉歲時享祀而已。

二十一、雪浪山　址開化鄉長廣溪畔，離城約三十里，山麓橫山菴，爲宋蔣一梅先生故居。菴後巨楓二株，大可四圍，爲宋人手植。歷石級而上，經半山亭、狀元橋，至雪浪菴。菴內蔣子閣，蔣一梅先生讀書處也。登閣而望太湖，烟波浩渺，遠方士人，每假以爲觴詠之所焉。

二十二、城中公園　在城中公園路，滿清光緒三十一年，就洞虛宮之荒基建設。民國成立，可漸開拓，茲全園共占地三十餘畝，甃石爲路，綠草爲場。多壽樓，蘭簃、池上草堂、六角、八角、等亭，俱可供人遊息。園左白水蕩，面積極廣，夏日品茗湖畔，殊涼爽可人意也。

二十三、崇安寺　在邑城中心，晉哀帝興寧二年建；或云爲王右軍故宅。滿清光緒中，劃寺之一部歸公有，改無量殿爲學校及勸學所，以金剛殿招募人設商店，於山門內之兩旁隙地，架屋設商肆。改革後，又就金剛殿後闢爲市場。今僅存者，惟山門、大雄寶殿、中隱院、萬松院、南院、北院、而已。

二十四、黃埠墩　在運河中流寺塘涇口，原名小金山。相傳為吳王夫差遊芙蓉湖樓船鼓吹游讌之所。清高宗南巡，累駐蹕於此。墩圓而小，風帆左右，帶以垂楊；中楹為佛殿，周廊四匝，頗為幽雅。民國十年，燬於火。十五年，由邑人唐保謙重修，已復舊觀矣。

二十五、太保墩　在邑之西門外，運河北來，至是分流而入梁溪：舊為太保秦端敏公居第，故名。後改建水仙廟：清初又改劉攸廟，茲方議建設為西區公園也。

二十六、仙蠡墩　一名仙女墩，在西門外開原鄉，俗傳范蠡載西施所泊處也。

二十七、尊勝諸塔　在邑城中大婁巷，瓦屋三楹，內有磚塔，供尊設諸位，相傳其下即瘞其尸者也。

二十八、金匱山　在城中大河上。縣志載，「高踰三仞，周三十丈，隆然中峙，四望邇里適均；土中石砱礲黑白，亞於昆山，元以後取石殆盡，而土亦耗減，塊若覆釜。明永樂中，知縣盧克敏除瓦礫，加善土而築之，綴以太湖石。」今為秦氏產，荒基一方，植桑數百株而已。

二十九、東林書院　在城東蘇家衖口，亦名龜山書院；宋楊文靖時講學於此，後即其地為書院。元廢為僧居；明顧憲成昆季復構為書院；憲成歿，高攀龍主其事。黨禍作，毀；崇禎初，修復。滿清咸豐同治光緒間數修葺；清末改為東林學堂，即今縣立第二小學校是也。

三十、高子止水　在城南隅水缺巷，明高忠憲攀龍第後池也。忠憲被逮，不辱，自沈于此以死。後地歸他姓！滿清康熙初，忠憲從子世泰贖還，置祠其上；今祠已毀，據聞其後裔方籌擬修復也。

三十一、吳橋　在通惠路中，橫跨運河之上；黃埠墩臨其下，民國五年，皖商吳子敬捐助鉅資，由上海求新廠所承建也。

三十二、克保橋　在東門內熙春街，明邑令王其勤斬倭處也。

三十三、妙光塔　在南門外南禪寺內，宋雍熙中建，現方由榮君德生捐資修理完竣，暇日登臨，全城在望矣。

卅四、梁溪　即梁清溪，又名西溪。元志；「梁溪繞惠山西南三十里。」吳地記「梁大同間重濬，故名。」或言，「梁鴻曾居此。」自西門經仙蠡墩出大渲口而入太湖，兩岸魚塘，垂柳茂盛；溪中水流，清澈如鏡；凡雇舟遊太湖及五里湖者，必由之路也。

三十五、清閟閣　在懷上市長大廈。西神叢話云：「清閟閣制如方塔，僅三層耳：高比明州之望海，方廣倍之。啟窗四眺，遙巒遠浦，盡在睫前，而雲霞變幻，彈指萬狀。窗外巉岩怪石，皆太湖靈璧之奇。碧梧高柳蔥蘢，烟翠涼陰滿苔，風枝搖曳，有若浪紋。」今閣址已全變為桑圃，僅鄉人指皁塘互述，此為洗硯池，此為洗碗池而已。閣旁祇陀寺，泰伯梅里志載，有梧岡、瑪瑙軒、瑪瑙街、等名勝，今寺院雖依舊，而名勝俱不可求矣。

三十六、碧山吟社　在舂申澗上，明景泰末，秦旭闢之爲觴詠之所，會者十人，見隱逸傳，號十老社。中有十老堂，濯纓亭，排挖亭，涵碧池，芙蓉徑，古木陂。沈周爲之圖。越六十年，旭曾孫敞修之，因與顧可久王洵華察王瑛賦詩其中。今諸勝景俱廢，僅惠山小學校內有涵碧池及碧山吟社石刻。涵碧池左旁有龍縫泉；右旁有秦岐農撰記砌壁間。

三十七、金峨墩　墩廣十餘畝；在泰伯市大墻門鎮東北金峨村之後；南唐後主李煜妃墓也。峨能詞翰，進忠言，煜甚寵之，年二十一，從煜東會吳越王，道死，因葬於此。

三十八，皇山。今名鴻山；吳地記云：「泰伯宅東九里有皇山，高十丈。」或云，漢隱逸梁鴻居此，故名。山之西麓爲泰伯墓。東有鐵山寺，（今名鴻山禪寺）相傳爲梁鴻故居。又有梁鴻井，元處士華棲碧曾闢園於此，浚而甃之，作亭於上，後改名爲華子泉，明天啓中。東林諸子避黨禍，嘗來此講學。

三十九、泰伯墓　在皇山西嶺南。徐記：「泰伯宅。（即今梅村）東九里有皇山，爲泰伯所葬地」，代有閒人，修築立表。」清乾隆二年，給帑修葺，邑令王允謙，更建享堂墓門，嘉慶二十二年，邑令齊彥槐里人華瑞清，重建享堂，繚門築石圍墻，又得賸存墓地十八畝許，墓外隙地十畝許，即今之泰伯墓也。

四十、泰伯廟　一名至德寺，俗稱讓王廟。在梅村泰伯鎮上，前有石坊，上鐫至德名邦。殿像巍峨，民世修敬焉　見，泰伯廟即泰伯故宅。泰伯廟週數十里，俱屬故梅里鄉，東南文化發祥之地也。

## 首都平民識字運動

京市第一屆識字運動定八日起舉行分東南西北中五大區每區組織宣傳隊宣講勸導識字利益

# 上海特別市工務局最近狀況

近數日來市工務局對於修築道路工程進行不遺餘力如閘北烏鎮路因建築烏鎮橋後成爲華租兩界交通要道該局已改用小方石塊舖砌路面以便行駛重車又寶山路大統路共和路等柏油路面現正準備秋修一律加澆柏油以期堅實滬南方面重新工程如合併集水方浜兩路改築新路業已開工將來新路完成市面當可蒸蒸日上次之如華法交界之肇周路其屬於法租界部份本築成柏油路面現該局決將華界方面一併改築柏油路目下正在進行之中他如外馬路民國路車站路國集路等處均擬澆柏油或正在籌備或已開工進行據聞市公債發行後新市中心區域內各幹道即須次第興工故近日該局內外工作均甚忙碌

# 無錫繅絲廠一覽表

無錫縣社會調查處製

| 廠名 | 性質 | 資本 | 廠長或經理 | 成立年月 | 廠址 |
|---|---|---|---|---|---|
| 裕昌繅絲廠 | 公司 | 五六、〇〇〇元 | 周肇甫 | 遜清光緒三十年 | 南門外周新鎮 |
| 乾甡絲廠 | 公司 | 一四〇、〇〇〇元 | 程炳若 | 遜清宣統元年 | 工運橋堍 |
| 源康絲廠 | 合夥 | 六〇、〇〇〇元 | 何夢蓮 | 仝上 | 黃埠墩 |
| 振藝協記絲廠 | 公司 | 七〇、〇〇〇元 | 許受荃 | 遜清宣統二年 | 南門清名橋 |
| 振藝誠記絲廠 | 公司 | 一四〇、〇〇〇元 | 鍾志彝 | 仝上 | 仝上 |
| 乾豐繅絲廠 | 合夥 | 五六、〇〇〇元 | 單有先 | 民國八年 | 治坊場 |
| 錦記絲廠 | 公司 | 五〇、〇〇〇元 | 薛壽萱 | 民國元年 | 西門外倉濱裏 |
| 慎昌絲廠 | 獨資 | 四二、〇〇〇元 | 張湛華<br>錢鳳高 | 民國九年 | 南門外金鉤橋 |
| 餘盛絲廠 | 獨資 | 四二、〇〇〇元 | 王佑臻 | 仝上 | 南門外跨塘橋下塘 |
| 瑞昌絲廠 | 獨資 | 五〇、〇〇〇元 | 鄭子卿 | 民國十年 | 東門亭子橋 |
| 泰孚絲廠 | 合夥 | 四二、〇〇〇元 | 王頌魯 | 民國十二年 | 南門外塔塘下 |
| 義豐絲廠 | 公司 | 五〇、〇〇〇元 | 陳彤黼 | 民國十三年 | 東門亭子橋 |

| | | | | | |
|---|---|---|---|---|---|
| 元豐繅絲廠 | 合夥 | 四二、〇〇〇元 | 黃卓儒 | 民國十四年 | 南塘 |
| 振豐絲廠 | 合夥 | 四〇、〇〇〇元 | 張昕振 | 民國十五年 | 東門外亭子橋 |
| 澄豐絲廠 | 公司 | 七〇、〇〇〇元 | 吳汀鷺<br>繆少卿 | 民國十五年 | 仝上 |
| 永泰絲廠 | 公司 | 七五、〇〇〇元 | 薛潤培 | 仝上 | 南門知足橋 |
| 乾豐第二繅絲廠 | 合夥 | 五六、〇〇〇元 | 單育先 | 仝上 | 北新橋 |
| 競成絲廠 | 公司 | 四二、〇〇〇元 | 曹有聲 | 民國十六年 | 惠工橋 |
| 永孚潤繅絲廠 | 公司 | 六〇、〇〇〇元 | 殷樂森 | 仝上 | 東亭鎮 |
| 瑞孚絲廠 | 公司 | 二八、〇〇〇元 | 王頌魯 | 民國十七年 | 南門羊腰灣 |
| 義生絲廠 | 公司 | 六〇，〇〇〇元 | 安鹿萃 | 仝上 | 惠商橋麗新路 |
| 源益絲廠 | 合夥 | 三〇，〇〇〇元 | 華調甫 | 仝上 | 廣勤路長豐橋 |
| 永泰豐繅絲廠 | 合夥 | 三〇、〇〇〇元 | 吳世榮 | 仝上 | 廣勤路梨花莊 |
| 萬益繅絲廠 | 合夥 | 三〇、〇〇〇元 | 季雲初 | 仝上 | 仝上 |
| 瑞豐絲廠 | 公司 | 六三、〇〇〇元 | 王卷藏 | 仝上 | 西門外迎龍橋 |
| 鎮綸公記絲廠 | 合夥 | 七〇、〇〇〇元 | 陳頌浩 | 仝上 | 開原鄉陸莊 |
| 盛裕絲廠 | 公司 | 四〇、〇〇〇元 | 張叔平 | 仝上 | 南橋鎮 |
| 餘綸繅絲廠 | 公司 | 四二、〇〇〇元 | 丁佑孫 | 仝上 | 南門外鐵樹橋 |
| 新綸絲廠 | 合夥 | 六三、〇〇〇元 | 范權輿 | 仝上 | 青城市玉祁鎮 |
| 德盛恆記絲廠 | 合夥 | 四二、〇〇〇元 | 惠烈臣 | 民國十八年 | 南門外張士廟 |

| | | | | |
|---|---|---|---|---|
| 福成絲廠 | 合夥 | 四二、〇〇〇元 | 曹少臣 | 仝上 | 工運橋東首 |
| 泰豐絲廠 | 公司 | 四二、〇〇〇元 | 張子振 | 仝上 | 西門外龍船濱 |
| 鼎昌絲廠 | 獨資 | 四二、〇〇〇元 | 張淇華 錢鳳高 | 仝上 | 南門外通楊橋北塊 |
| 泰和慎繅絲廠 | 合夥 | 三〇、〇〇〇元 | 陶維敬 | 仝上 | 東門外廟港橋 |
| 永裕久記繅絲廠 | 公司 | 五六、〇〇〇元 | 朱竹賢 | 仝上 | 羊腰灣 |
| 瑞昌繅絲廠 | 合夥 | 七〇、〇〇〇元 | 鄭炳泉 | 仝上 | 周山濱 |
| 鎰豐興記 | 合夥 | 二〇、〇〇〇元 | 徐遂初 | 仝上 | 光復門外 |
| 三新泰記繅絲廠 | 合夥 | 四〇、〇〇〇元 | 祝筱亭 | 仝上 | 惠工橋 |
| 天成絲廠 | 公司 | 四二、〇〇〇元 | 張韻清 | 仝上 | 北新橋 |
| 緯成豐絲廠 | 合夥 | 二八、〇〇〇元 | 曹少臣 | 仝上 | 洛社鎮 |
| 德大裕絲廠 | 合夥 | 七〇、〇〇〇元 | 史馨生 | 仝上 | 周山濱 |
| 義生第二繅絲廠 | 合夥 | 四〇、〇〇〇元 | 安鹿平 | 同上 | 南門外羊腰灣 |
| 民豐模範製絲工廠 | 合夥 | 一〇〇、〇〇〇元 | 朱靜菴 | 仝上 | 南門外窰莊濱 |
| 錦泰絲廠 | 公司 | 三五、〇〇〇元 | 徐明聲 | 同上 | 南門外跨塘橋 |
| 裕豐絲廠 | 公司 | 五〇、〇〇〇元 | 張趾卿 | 仝上 | 東門外亭子橋 |

## 南京特市創辦自來水

京市創辦自來水計劃已擬就需費約三百萬以市政公債除建平民住宅外所餘之二百萬悉數撥充又以遺族學校基金認購股票五十萬機器材料已與西門子洋行接洽購定每月付貨價五萬以四十個月爲限惟該洋行要求於訂立合同時須由中國銀行担保已由蔣主席函照該行希予贊助

圖表三七：此處原爲《無錫各繅絲廠絲車數統計表》，見書後。

圖表三八：此處原爲《無錫繅絲工人統計表》，見書後。

圖表三九：此處原爲《無錫各繅絲廠全年出品（絲）數統計表》，見書後。

圖表四十：此處原爲《無錫各繅絲廠全年出品總值統計表》，見書後。

# 無錫牛乳營業登記一覽表

社會科

| 牌號 | 經理人姓名 | 開設地址 | 開設年月 | 奶牛 黃母牛 | 奶牛 水母牛 | 總數 | 每日產乳量數 | 牛乳價格 | 登記執照號數 | 送遞證號數 | 備註 |
|---|---|---|---|---|---|---|---|---|---|---|---|
| 聚興 | 陸三官 | 三皇廟衖 | 民國十二年 | 二隻 | 二隻 | 四隻 | 十五斤 | 每斤一角六分 | 第一號 | 城字第一號 | |
| 煜記 | 錢應根 | 映山河 | 民國十三年 | 一隻 | 一隻 | 二隻 | 十二斤 | 每斤一角二分 | 第二號 | 城字第二號 | |
| 日新 | 薛根生 | 圖書館前 | 民國七年 | 一隻 | 三隻 | 四隻 | 十五斤 | 每斤一角二分 | 第三號 | 城字第三號 | |
| 順興 | 費壽泉 | 圖書館前 | 民國七年 | 一隻 | 五隻 | 六隻 | 念八斤 | 每斤一角六分 | 第四號 | 城字第四五號 | |
| 永興 | 錢泉林 | 七尺場 | 民國十年 | 五隻 | 三隻 | 八隻 | 五十六斤 | 每斤一角六分 | 第五號 | 城字第六七八號 | 內有外國乳牛一隻 |
| 興業 | 周金堦 | 西門石灰巷底 | 民國十四年 | 一隻 | 二隻 | 三隻 | 念斤 | 每斤一角六分 | 第六號 | 城字第九十二號 | |
| 長興 | 俞阿泉 | 置煤濱 | 民國十八年十月 | 一隻 | 二隻 | 三隻 | 念四斤 | 每斤一角六分 | 第七號 | 城字第十十一號 | |
| | 錢阿勝 | 西門外財神堂 | 民國十八年十月 | 一隻 | 一隻 | 二隻 | 十二斤 | 每斤二角五分 | 第八號 | 城字第十三十四號 | |
| | 王阿林 | 北門外潘家橋 | 民國五年 | 一隻 | 二隻 | 三隻 | 十五斤 | 每斤一角五分 | 第九號 | 城字第十五號 | |
| | 王雙全 | 南門外清明橋邱裕興甕坊 | 民國十八年十月 | 一隻 | 一隻 | 二隻 | 十斤 | 每斤一角五分 | 第十號 | 城字第十六十七號 | |
| | 王培森 | 天下市錢巷上 | 前清三代業此 | 二隻 | 一隻 | 三隻 | 十八斤 | 每斤一角六分 | 歸鄉公所辦理 | 鄉字第一號 | |
| | 錢金祥 | 仝上 | 仝上 | — | 一隻 | 一隻 | 八斤 | 每斤一角四分 | 仝上 | 鄉字第二號 | |

| | | | | | | | | | | |
|---|---|---|---|---|---|---|---|---|---|---|
| 任長根 | 天上市東大池巷 | 民國五年 | 一隻 | 一隻 | 三隻 | 十六斤 | 每斤一角五分 | 仝上 | 鄉字第三四號 | |
| 孟盤金 | 天下市冷水灣 | 前清 | 一隻 | 一隻 | 二隻 | 九斤 | 每斤一角五分 | 仝上 | 鄉字第五號 | |
| 楊泉寶 | 天上市寺頭劉家塘 | 民國十二年 | | 二隻 | 二隻 | 十斤 | 每斤二角 | 仝上 | 鄉字第六號 | |
| 錢阿三 | 天下市錢巷上 | 前清 | | 一隻 | 一隻 | 五斤 | 每斤二角 | 仝上 | 鄉字第七號 | |
| 王金根 | 仝上 | 前清 | | 一隻 | 一隻 | 五斤 | 每斤二角 | 仝上 | 鄉字第八號 | |
| 冷又根 | 天下市後嚴埭冷東巷上 | 民國十四年 | | 一隻 | 一隻 | 七斤 | 每斤二角 | 仝上 | 鄉字第九號 | |
| 孟根林 | 天下市冷水灣 | 民國十三年 | | 一隻 | 一隻 | 六斤 | 每斤一角六分 | 仝上 | 鄉字第十號 | |
| 殷榮金 | 天下市殷巷上 | 民國十四年 | | 一隻 | 一隻 | 五斤 | 每斤一角五分 | 仝上 | 鄉字第十一號 | |
| 孟榮根 | 天下市冷水灣 | 前清 | | 一隻 | 一隻 | 六斤 | 每斤一角五分 | 仝上 | 鄉字第十二號 | 尚有一隻木生小牛 |
| 陸阿二 | 天下市寺頭劉家塘 | 民國十二年 | | 二隻 | 二隻 | 十斤 | 每斤一角六分 | 仝上 | 鄉字第十三號 | |
| 尤荷根 | 天下市西北塘 | 民國十一年 | 一隻 | 一隻 | 一隻 | 八斤 | 每斤二角 | 仝上 | 鄉字第十四號 | |
| 尤荷金 | 仝上 | 仝上 | | 一隻 | 一隻 | 八斤 | 每斤二角 | 仝上 | 鄉字第十五號 | |
| 王祥寶 | 天下市錢巷上 | 前清 | 一隻 | 一隻 | 二隻 | 十斤 | 每斤一角五分 | 仝上 | 鄉字第十六號 | |
| 徐杏寶 | 天上市天池巷 | 民國十五年 | 一隻 | 一隻 | 二隻 | 十斤 | 每斤一角五分 | 仝上 | 鄉字第十七號 | |
| 錢茂榮 | 天下市錢巷上 | 前清 | 一隻 | | 一隻 | 八斤 | 每斤一角五分 | 仝上 | 鄉字第十八號 | |
| 錢荷根 | 仝上 | 民國十四年 | | 一隻 | 一隻 | 五斤 | 每斤一角五分 | 仝上 | 鄉字第二十號 | |
| 錢秀棋 | 仝上 | 前清 | | 二隻 | 二隻 | 十斤 | 每斤一角六分 | 仝上 | 鄉字第二十一號 | |
| 孫根寶 | 天下市嚴埭 | 仝上 | | 三隻 | 三隻 | 二十斤 | 每斤一角六分 | 仝上 | 鄉字第二十二號 | |

| | | | | | | | | | | |
|---|---|---|---|---|---|---|---|---|---|---|
| 孫泉寶 | 仝上 | 仝上 | | 一隻 | 一隻 | 六斤 | 每斤一角六分 | 仝上 | 鄉字第二十三號 | |
| 林阿友 | 天下市後嚴埭般巷上 | 仝上 | 一隻 | 一隻 | 二隻 | 十二斤 | 每斤一角六分 | 仝上 | 鄉字第二十四號 | |
| 石肖泉 | 天上市天池巷 | 民國十年 | 一隻 | 一隻 | 二隻 | 十二斤 | 第斤一角六分 | 仝上 | 鄉字第二十五號 | |
| 石肖春 | 仝上 | 民國八年 | 二隻 | 四隻 | 六隻 | 三十六斤 | 每斤一角五分 | 仝上 | 鄉十九字第念六號 | |
| 尤世根 | 天下市寺頭騤巷上 | 民國十年 | | 三隻 | 一隻 | 九斤 | 每斤一角五分 | 仝上 | 鄉字第二十七號 | 尚有一隻未生小牛 |
| 過根和 | 天下市毛竹橋後巷裏 | 民國十三年 | | 二隻 | 二隻 | 十三斤 | 每斤一角二分 | 仝上 | 鄉字第二十八號 | |
| 王順林 | 仝上 | 民國十一年 | 一隻 | 一隻 | 二隻 | 十四斤 | 每斤一角二分 | 仝上 | 鄉字第二十九號 | |
| 胡定興 | 天下市東北塘大胡巷 | 民國五年 | | 一隻 | 一隻 | 六斤 | 每斤一角二分 | 仝上 | 鄉字第三十號 | |
| 徐寶泉 | 天上市天池巷 | 民國十三年 | | 二隻 | 二隻 | 十四斤 | 每斤一角 | 仝上 | 鄉字第三十一號 | |
| 徐貴寶 | 仝上 | 民國十八年 | | 一隻 | 一隻 | 八斤 | 每斤一角 | 仝上 | 鄉字第三十二號 | |
| 王湧根 | 天下市東北塘後長槽上 | 民國十四年 | | 一隻 | 一隻 | 七斤 | 每斤一角 | 仝上 | 鄉字第三十三號 | |
| 程阿三 | 天下市東北塘後俞墾巷 | 民國十一年 | | 二隻 | 二隻 | 十六斤 | 每斤一角 | 仝上 | 鄉字第三十四號 | |
| 程阿大 | 仝上 | 仝上 | | 一隻 | 一隻 | 八斤 | 每斤一角 | 仝上 | 鄉字第三十五號 | |
| 王順金 | 天下市長槽上 | 民國十二年 | | 一隻 | 一隻 | 八斤 | 每斤一角五分 | 仝上 | 鄉字第三十六號 | |
| 華根寶 | 天下市壜裏 | 前清 | | 二隻 | 二隻 | 十五斤 | 每斤一角五分 | 仝上 | 鄉字第三十七號 | |
| 顧克勤 | 仝上 | 仝上 | | 一隻 | 一隻 | 七斤 | 每斤一角五分 | 仝上 | 鄉字第三十八號 | |
| 顧順餘 | 仝上 | 仝上 | | 一隻 | 一隻 | 八斤 | 每斤一角五分 | 仝上 | 鄉字第三十九號 | |
| 華申寶 | 仝上 | 仝上 | | 二隻 | 二隻 | 十五斤 | 每斤一角五分 | 仝上 | 鄉字第四十號 | |

| | | | | | | | | | |
|---|---|---|---|---|---|---|---|---|---|
| 胡順福 | 天下市大胡巷 | 民國三年 | 一隻 | 二隻 | 三隻 | 念五斤 | 每斤一角六分 | 仝上 | 鄉字第四十一號 |
| 華和林 | 天下市李家橋 | 民國十一年 | | 二隻 | 二隻 | 十四斤 | 每斤一角五分 | 仝上 | 鄉字第四十二號 |
| 朱春寶 | 天下市冷水灣 | 前清 | | 一隻 | 一隻 | 七斤 | 每斤一角五分 | 仝上 | 鄉字第四十三號 |
| 朱阿大 | 天下市西北塘 | 民國十三年 | | 一隻 | 一隻 | 六斤 | 每斤一角五分 | 仝上 | 鄉字第四十四號 |
| 顧旭初 | 天下市錢巷上 | 前清 | | 一隻 | 一隻 | 九斤半 | 每斤一角六分 | 仝上 | 鄉字第四十五號 |
| 鄧福泉 | 天下塘東北塘 | 民國三年 | | 一隻 | 一隻 | 七斤 | 每斤一角二分 | 仝上 | 鄉字第四十六號 |
| 蕭錫根 | 天下市大胡巷 | 民國十二年 | | 二隻 | 二隻 | 十二斤 | 每斤一角五分 | 仝上 | 鄉字第四十七號 |
| 鍾阿林 | 天下市西北塘 | 民國十三年 | | 一隻 | 一隻 | 七斤 | 每斤一角四分 | 仝上 | 鄉字第四十八號 |
| 顧鳳和 | 仝上 | 民國七年 | | 一隻 | 一隻 | 八斤 | 每斤一角五分 | 仝上 | 鄉字第四十九號 |
| 顧春和 | 仝上 | 民國十二年 | | 一隻 | 一隻 | 七斤 | 每斤一角五分 | 仝上 | 鄉字第五十號 |
| 顧學寶 | 仝上 | 前清 | | 一隻 | 一隻 | 七斤 | 每斤一角五分 | 仝上 | 鄉字第五十一號 |
| 顧全金 | 仝上 | 民國十五年 | | 一隻 | 一隻 | 七斤 | 每斤一角五分 | 仝上 | 鄉字第五十二號 |
| 王福泉 | 仝上 | 民國十四年 | | 一隻 | 一隻 | 八斤 | 每斤一角五分 | 仝上 | 鄉字第五十三號 |
| 錢學進 | 天下市錢巷上 | 前清 | | 一隻 | 一隻 | 九斤 | 每斤一角五分 | 仝上 | 鄉字第五十四號 |
| 李仁貴 | 天上市天池巷 | 民國十一年 | | 一隻 | 一隻 | 六斤 | 每斤一角五分 | 仝上 | 鄉字第五十五號 |
| 徐金寶 | 天上市東大地巷 | 民國十年 | | 二隻 | 二隻 | 十三斤 | 每斤一角五分 | 仝上 | 鄉字第五十六號 |
| 徐根寶 | 仝上 | 民國十年 | 一隻 | 二隻 | 三隻 | 十八斤 | 每斤一角五分 | 仝上 | 鄉字第五十七號 |
| 徐阿泉 | 仝上 | 仝上 | 一隻 | 一隻 | 二隻 | 十三斤 | 每斤一角五分 | 仝上 | 鄉字第五十八號 |

| | | | | | | | | | | |
|---|---|---|---|---|---|---|---|---|---|---|
| | 王福培 | 天下市西北塘 | 民國七年 | | 一隻 | 一隻 | 七斤 | 每斤一角五分 | 仝上 | 鄉字第五十九號 |
| | 華細大 | 仝上 | 民國十八年 | | 一隻 | 一隻 | 九斤 | 每斤一角五分 | 仝上 | 鄉字第六十號 |
| | 毛阿泉 | 仝上 | 民國十一年 | 一隻 | 一隻 | 二隻 | 十三斤 | 每斤一角五分 | 仝上 | 鄉字第六十一號 |
| | 王鳳林 | 仝上 | 民國十六年 | | 一隻 | 一隻 | 七斤 | 每斤一角五分 | 仝上 | 鄉字第六十二號 |
| | 顧錫章 | 天下市壩裏 | 民國十八年 | | 一隻 | 一隻 | 十斤 | 每斤一角五分 | 仝上 | 鄉字第六十三號 |
| | 陳阿榮 | 天下市冷水灣 | 民國十三年 | | 一隻 | 一隻 | 八斤 | 每斤一角五分 | 仝上 | 鄉字第六十四號 |
| | 楊盤根 | 天下市西北塘 | 民國八年 | | 一隻 | 一隻 | 五斤 | 每斤一角五分 | 仝上 | 鄉字第六十五號 |
| | 楊盤生 | 仝上 | 民國十八年 | | 一隻 | 一隻 | 五斤 | 每斤一角五分 | 仝上 | 鄉字第六十六號 |
| | 時和泉 | 天上市惠巷 | 民國五年 | | 一隻 | 一隻 | 七斤 | 每斤一角五分 | 仝上 | 鄉字第六十七號 |
| | 胡阿泉 | 天下市東北塘 | 前清 | | 二隻 | 二隻 | 八斤 | 每斤一角二分 | 仝上 | 鄉字第六十八號 |
| | 高仁榮 | 天下市冷水灣烏巷上 | 民國十四年 | | 一隻 | 一隻 | 九斤 | 每斤一角二分 | 仝上 | 鄉字第六十九號 |
| | 高泉寶 | 仝上 | 民國三年 | | 一隻 | 一隻 | 六斤 | 每斤一角二分 | 仝上 | 鄉字第七十號 |
| | 石順泉 | 天上市天池巷 | 民國十五年 | | 一隻 | 一隻 | 五斤 | 每斤一角二分 | 仝上 | 鄉字第七十一號 |
| | 徐阿菊 | 仝上 | 民國五年 | 一隻 | 一隻 | 二隻 | 九斤 | 每斤一角二分 | 仝上 | 鄉字第七十二號 |
| | 胡金榮 | 天下市東北塘 | 民國七年 | 一隻 | 一隻 | 二隻 | 十二斤 | 每斤一角五分 | 仝上 | 鄉字第七十三號 |
| | 胡士尚 | 仝上 | 前清 | 一隻 | 二隻 | 三隻 | 十四斤 | 每斤一角五分 | 仝上 | 鄉字第七十四號 |
| | 胡士朋 | 仝上 | 民國十年 | | 一隻 | 一隻 | 八斤 | 每斤一角五分 | 仝上 | 鄉字第七十五號 |
| | 范乂根 | 天下市東北塘葉家裏 | 民國十二年 | | 一隻 | 一隻 | 四斤 | 每斤一角五分 | 仝上 | 鄉字第七十六號 |

| | | | | | | | | | |
|---|---|---|---|---|---|---|---|---|---|
| 孟大寶 | 天下市冶水灣 | 前清 | | 一隻 | 一隻 | 九斤 | 每斤一角五分 | 仝上 | 鄉字第七十七號 |
| 胡泉寶 | 天下市東北塘小胡巷 | 民國十八年 | | 一隻 | 一隻 | 五斤 | 每斤一角 | 仝上 | 鄉字第七十八號 |
| 徐阿盤 | 天上市天池巷 | 仝上 | 一隻 | 一隻 | 二隻 | 七斤 | 每斤一角 | 仝上 | 鄉字第七十九號 |
| 梅盤根 | 芙蓉山小渡梅巷上 | 仝上 | | 一隻 | 一隻 | 七斤 | 每斤一角五分 | 仝上 | 鄉字第八十號 |
| 殷鴻宜 | 天下市嚴埭殷巷上 | 民國五年 | | 二隻 | 三隻 | 十五斤 | 每斤一角二分 | 仝上 | 鄉字第八十一號 |
| 俞耀初 | 天下市東北塘俞墅巷 | 民國十五年 | | 一隻 | 一隻 | 五斤 | 每斤一角五分 | 仝上 | 鄉字第八十二號 |
| 王小弟 | 天下市西北塘 | 仝上 | | 一隻 | 一隻 | 六斤 | 每斤一角四分 | 仝上 | 鄉字第八十三號 |
| 錢榮根 | 天下市殿埭 | 民國十八年 | | 一隻 | 一隻 | 五斤 | 每斤一角六分 | 仝上 | 鄉字第八十四號 |

圖表四一：此處原爲《無錫牛乳營業統計表》，見書後。

# 無錫各種車輛調查表

工務科

| | |
|---|---|
| 全城市或鄉鎮有汽車多少 | 全市汽車約二十輛無定額 |
| 馬車多少 | 無 |
| 人力車多少 | 全市原有營業人力車一千三百三十輛十月份起添放三百輛<br>自用人力車約三百十輛無定額<br>楊名鄉共有人力車二百二十五輛准許在本市通行者計一百六十輛<br>開原鄉共有人力車二百輛均准在本市通行 |
| 小車多少 | 無 |
| 其他車輛多少 | 全市自由車約三百三十輛無定額 |
| 各種車輛捐照辦法（一月一次，一季一次，抑一年一次） | 本市汽車一月一次徵收每輛三元五角營業人力車一月一次徵收每輛一元<br>自用人力車一月一次徵收每輛五角捐戶自願預繳若干月亦可<br>楊名鄉人力車在本市通行者一月一次征收每輛二角<br>開原鄉人力車在本市通行者每輛每月一元　自由車按期征收每輛一元<br>本年九月以前月約收一千八百餘元　十月份起因添放人力車月約收二千一百餘元內除開原鄉車捐二百元仍撥歸開原鄉支配 |
| 收捐總數 | 九月前月約淨收一千六百餘元十月份起月約淨收一千九百餘元 |

| | |
|---|---|
| 捐費用度 | 充本市道路橋樑建設修理之用 |
| 納捐狀況（捐稅能否收足） | 按月征收人力車捐尚能踴躍納捐其餘車輛須經隨時稽查令其照章納捐但捐項尚能收足 |
| 不能收足原因 | |
| 整頓辦法 | 無錫市政籌備伊始着重交通利便爲特先行添放人力車三百輛以資逐漸拓寬道路整頓市政交通之起點 |
| 備註 | 凡屬在本市通行各項車輛除人力車營業者輛數特別規定按月照章納捐外餘如自用人力車及自由車均無定額須隨時稽查如無車照者即責令其照章納捐汽車一項原有二十輛左右茲因無錫市道路窄狹通行汽車道路未能普遍照現在約計二十輛恐不能完全開行爲交通便利計拓寬道路市政上刻不容緩而宜進行之要政也 |

## 中國生鐵的生產總量

| 年限 | 噸數 |
|---|---|
| 一九二〇 | 一，八六五，九八五 |
| 一九二一 | 一，四六二，九八八 |
| 一九二二 | 一，五五九，四一六 |
| 一九二三 | 一，七三三，七三六 |
| 一九二四 | 一，七六五，七三二 |
| 一九二五 | 一，五一九，〇二一 |

# 無錫長途汽車調查表

工務科

| | |
|---|---|
| 全城市或鄉鎮有無長途汽車公司 | 開原鄉公共汽車 |
| 官辦抑商辦 | 商辦（應受區公所契約拘束） |
| 數縣市或數區合辦 | 開原區範圍以內 |
| 資本總數 | 銀圓伍千伍百元（定額一萬元） |
| 籌款方法 | 股份 |
| 開辦時間 | 十六年冬試辦十七年五月正式成立 |
| 公司內部組織 | 分總務車務二股 |
| 車輛數 | 四輛 |
| 經過路線 | 迎龍橋河埒口榮巷梅園 |
| 路線里數 | 十六里 |
| 車票價目 | 自小洋五分至三角 |
| 每月捐稅 | 四十八元 |
| 每日開行次數 | 二十四次至九十六次（每二十分或三十分鐘開行一次） |
| 每次平均坐客統計 | 五人 |
| 途中有無意外 | 尚稱平安 |

公司每年盈虧　第一年稍有虧耗

將來擴充計劃　預備在縣道發展

原計劃限於本鄉範圍以內祇圖便利交通不計利益

備註　開原鄉行政局（甲）開原鄉公共汽車承辦人（乙）雙方協訂條約摘要（第一條）乙方所定章程須甲方審查核定（第三條）乙方得招集股份承辦但股東以本鄉人為限股東姓名及股份總數須報甲方存查（第四條）乙方須遵照與甲方會訂之行車時刻表行駛汽車不得加減行駛次數及延誤時刻（第五條）乙方須於各停車站設備固定之標幟以示停車地位并須於中心車站及二端站設備掛鐘（第六條）乙方每月每輛須繳納甲方修理道路費七元及警察費七元（十八年五月一日起加修路費每輛每月兩元）（第七條）乙方每日須將乘客人及票價數數報告甲方（第八條）營業純益以百分之十五繳納甲方為路政設備之用但承辦人如虧耗過鉅甲方為維持交通起見得酌量補助（第九條）汽車夫須受甲方之檢定如開車漫不經心以致肇禍等事按照汽車行駛規則辦理（第十條）本契約自十七年五月一日起至二十五年四月末日止（下略）

## 平市外僑最近調查

北平市外僑最近調查一千九百三十三名使館界除軍隊旅客外共九百三十二名華人受雇於外人者二千二百餘名使館巡捕亦在內

# 無錫路燈調查表

工務科

| | |
|---|---|
| 全城市或鄉鎮路燈總數 | 全市區路燈至八月底止計一千三百二十七盞 |
| 電燈抑煤油燈 | 電燈 |
| 電燈每盞燭光 | 自16—200燭光 |
| 路燈離地幾尺 | 約十五尺 |
| 每燈距離 | 照各處普通距離約二百四五十尺，惟錫市路燈，聽用戶自由報裝以致密者望衡對宇，疏者全街數里之長，竟無一燈 |
| 每燈每月出費 | 每盞每月叁角 |
| 燈費來源 | 由用戶繳市政局，再由局撥付電廠 |
| 將來擴充計劃 | 擬將現在之用戶自由報裝辦法取消，與市政籌備處協商一通盤籌劃之法，將城市路燈，平均分配，大約一千七百盞左右，即完善無缺矣。至路燈經費問題，應由市政籌備處另籌欵撥付 |
| 備註 | 査本市區路燈之根本辦法，迄未解決，實爲市政上之一大缺點，一日不解決，即地方上公安，民衆之利益，一日不完善 |

# 蘇市建設經費之商榷

蘇州市政府爲蘇市建設費不敷呈准民廳向吳縣公欵公産管理處撥借洋五萬元當經縣政府通知管理處後該處以各機關經費皆定用途所存現金僅有義倉基金迭奉部廳明令永遠不准移作他用故未便擅自移撥已函復縣府査照矣

# 無錫電燈公司調查表

工務科

| | |
|---|---|
| 全城市或鄉鎮有無燈公司 | |
| 官辦抑商辦 | 戚墅堰電廠爲建設委員會所辦 |
| 數縣市或數區合辦 | 獨資 |
| 資本總數 | 前震華電廠呈部立案時爲壹百伍拾萬元 |
| 開辦時間 | 民國十年一月至十七年十月改歸建設委員會辦理 |
| 發電機 | 叁千貳百啓羅華脫透平二座 |
| 燈之總數 | 本廠電燈以電度計，不以燈數計，每月發電總數平均約一百五十萬度而無錫電燈每月計用十七萬度 |
| 日夜發光抑祇在夜間 | 日夜有電 |
| 每盞裝費 | 歸承裝商店辦理，本廠不管、 |
| 火表押租 | 3Amp至5Amp電表$10.10Amp$15.15Amp$18.20Amp$22等 |
| 接線費 | 收壹元 |
| 每月每燈收價辦法 | 用電五百度以內$.162.五百度以外$.153.一千度以外$.144.二千度以外$.135 |
| 住戶不裝電燈原因 | 節省經濟 |
| 營業狀況 | 每月電燈方面，約收二萬八千元 |
| 擴充計劃 | 希望能成中央發電機以輔助地方農工商之進展 |
| 備註 | |

# 京市零訊

市府組市志編纂委員會市財政年鑑均即實行

市工務局查勘全市廢棄道路已繪具圖樣並定退縮標準

京市長劉紀文諭工務局促速設計南京城市道路暫就舊有街道加以改良以與新區溝通成一整個計劃

京市自來水籌備委員會擬於淸泉山建蓄水池

# 無錫電話調查表

工務科

| | |
|---|---|
| 全城市鄉鎮有無電話公司 | 祇有一公司 |
| 官辦抑商辦 | 商辦 |
| 數縣市或數區合辦 | |
| 資本總數 | 國幣三十五萬元 |
| 開辦時間 | 前清宣統三年 |
| 用戶總數 | 壹千另十八戶 |
| 電話機每只裝費 | 大洋拾伍圓 |
| 每機押租 | 大洋二十六圓 |
| 每月每機租價 | 大洋五圓（四里以外每多五里加五角） |
| 營業狀況 | 處處節省祗敷開支 |
| 尚未普及原因 | 因資本有限 |
| 將來擴充計劃 | 擬遍及各鄉 |
| 有無長途電話 | 有 |

資本總數　係屬交通部辦理不知內容
辦法如何　本公司代其轉綫
每次通話費　每次話費照部定章程本公司祇收每次手續費陸分
營業狀況　創辦未久尚未十分發達
擴充計劃　主權屬於交通不知以後計劃
備　　註

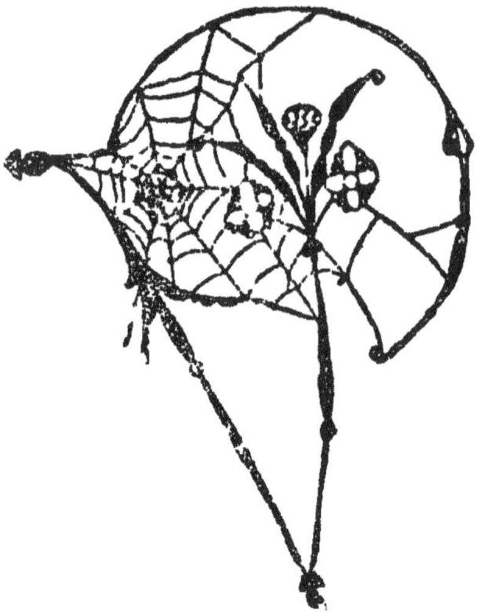

# 無錫市消防狀況調查表

無錫縣社會調查處調製

| | |
|---|---|
| 名稱 | 無錫救火聯合會東南西北中五區救火會（內分十三段） |
| 地址 | 無錫市區 |
| 消防區域 | 以無錫市區爲區域 |
| 會長姓名 | 蔡文鑫　蘇鎮寰　唐潘鎮 |
| 人員 | 職員貳百叁十二人會員總總計約二千一百餘人 |
| 主要消防 | |
| 洋龍 | 叁拾壹部 |
| 水龍 | 無 |
| 水鎗 | 無 |
| 水桶 | 無 |
| 水鐰斗 | 無 |
| 滅火葯具 | 無 |
| 羅災者救助器 | 無 |

| 類別 | 項目 | | 內容 |
|---|---|---|---|
| 器具 | 瞭望臺 | | 尚未建築 |
| | 火災報知機 | | 小警鑼傳報並有紅綠警燈表示進退（註此項警鐘裝置已齊尚未通火正在與電廠接洽） |
| | 消防用水池缸 | | 無 |
| | 救火幫浦車（即機龍） | | 既有九部其餘正在籌辦之中 |
| 經費 | 資金 | | 洋龍及儲龍所皮帶銅桶各項應用物件約計洋玖萬三千二百餘元救火幫浦車連皮帶各項應用物件約計洋四萬零五百餘元共計拾三萬叁千柒百餘元 |
| | 經常費 | 薪水 | 除聯合會有給職每月計四拾餘元外其餘均盡義務 |
| | | 事務費 | 油火修理器具等項約計每月壹千三百餘元救火幫浦車約每人叁拾元共計每月壹千六百餘元 |
| | 臨時費 | | 無定 |
| 備考 | | | 始由地方人士共同組織木質水龍藉以防患未然迨至前清光緒二十四年起因鑒於木質水龍不利於用爰改製銅質鐵輪洋龍遇警出發較速上水又易惟仍須以人力所撳近來工商業日見發達建築益形高大爰於民國十四年始即逐漸添置救火帮浦車現在已有九部其餘亦正在籌辦之中至於經費均由地方人士捐助之 |

無錫縣社會調查處

# 氣候調查表

中華民國十八年十月
記載者范　昱

| 日 | 降雨量（公厘） | 降雨時候 | 降雨時間 | | 溫度 | 風向 | 備註 |
|---|---|---|---|---|---|---|---|
| | | | 小時 | 分 | | | |
| 1. | | 13.23−13.30 | 0 | 07 | 75° | | |
| 2. | | | | | 74° | | |
| 3. | | | | | 74° | | |
| 4. | | | | | 75° | | |
| 5. | | | | | 75° | | |
| 6. | | | | | 74° | | |
| 7. | 0.4 | 14.30−14.45 | 0 | 15 | 73° | | 天陰 |
| 8. | | | | | 68° | | |
| 9. | | | | | 68° | | |
| 10. | | | | | 68° | | |
| 11. | | | | | 70° | | |
| 12. | | | | | 72° | | |
| 13. | 0.3 | 次日7.15次日8.00 | 0 | 45 | 72° | | 天陰 |
| 14. | 0.2<br>3.7 | 10.10−10.25<br>22.20−次日9.00 | 0<br>10 | 15<br>40 | 71° | | 天陰 |
| 15. | | 10.00−10.10<br>15.47−16.05 | 0<br>0 | 10<br>18 | 68° | | 天陰 |
| 16. | | | | | 69° | | 天晴大風 |
| 17. | | | | | 66° | | |
| 18. | | | | | 68° | | |
| 19. | | | | | 69° | | |
| 20. | | | | | 63° | | |
| 21. | | | | | 63° | | |
| 22. | | | | | 66° | | |
| 23. | | | | | 67° | | |
| 24. | | | | | 68° | | |
| 25. | | | | | 68° | | |
| 26. | | | | | 66° | | 風 |
| 27. | | | | | 65° | | |
| 28. | | | | | 65° | | |
| 29. | | 22.45−22.55 | 0 | 10 | 65° | | |
| 30. | 1.0<br>14.0 | 9.00−10.00<br>19.45次日9.00 | 1<br>13 | 00<br>15 | 63° | | 天陰 |
| 31. | | 12.15−12.45 | 0 | 30 | 60° | | 天陰風 |
| 總計 | 19.6 | | 27 | 25 | | | |

## 記入須知

1. 降雨時候每日自上午九時起算九時前歸入前一日範圍內
2. 溫度以每日正午十二時華氏表所載爲標準
3. 雪與雹記載其融解量
4. 雷電地震等記入備註欄

# 無錫市政籌備處每週工作報告

## 第十一週 十月六日至十二日

▲舉行第十一次處務會議
▲參加全市國慶紀念慶祝大會並舉行提燈會
▲辦理公文三十七件
▲公布規章三種
▲徵集各省市政出版物
▲編輯第二期『無錫市政』
▲征收各項捐租清理欠捐並塡發車輛等執照
▲調製九月份收支報告
▲民政廳派嚴技正來錫視察市政並決定一切工程設施由工務科長等逐日會同赴各處察勘
▲上海法工部局工程師笠叔摩應職來錫規劃市政並實地視察風景區域
▲測量自光復門至西成門一段城垣計劃拆城築路
▲測量自大倉接通開原路路線
▲査勘工運橋修理情狀決定將橋面水泥敲去鏨平
▲繪製本市簡明地圖便廳委等參考
▲派員會同警士執行拆除三里橋一帶違章建築物
▲派員取締東西大街一帶跨街招牌及障碍物
▲繼續檢驗人力車車輛
▲本處寄宿所及公園小商店均動工拆建
▲建築公園內廁所開標
▲塡發建築執照五十二件
▲繼續編釘門牌
▲辦理各項衛生事務
▲派代表出席各種會議

## 第十二週 十月十三日至十九日

▲舉行第十二次處務會議
▲辦理公文五十件
▲編印第四期『市政旬刊』
▲編輯『市民須知』
▲擬訂本市市政公債條例及發行細則呈省核示
▲擬訂人民報告市有土地奬勵簡章
▲造具市有資產單據等清冊呈省備案
▲征收各項捐租繼續清理欠捐
▲測量自光復門至西成門一段城垣完竣繪製平面圖
▲繪製公園道城西之一段及通開原路支道平面圖及高低圖
▲修理工運橋及吉祥橋設計改建迎龍橋
▲修理吳橋開標
▲組織工隊出發修理街道
▲繼續檢驗添放人力車
▲本週起公安局輪流派模範警士來處會同工務科執行取締事宜
▲填發建築執照六十四件
▲呈復民政廳十項市政調查
▲函請王世偉醫師化驗第一暨第三自流井水
▲擬訂管理熱水店營業暫行規則暨登記表格
▲籌辦牛乳營業及公共娛樂場所登記
▲計劃標準鐘設置地點
▲調查衛生佈告欄設置地點
▲調查本市醫院
▲辦理各項衛生事務
▲繼續編釘門牌

## 第十三週 十月二十日至二十六日

▲舉行第十三次處務會議
▲辦理公文六十五件
▲公布規章五種
▲編印無錫市政法規彙編第一輯
▲編造市公債還本付息表
▲調製本年度逐月收支比較表
▲徵收各項捐租填發車輛捐照
▲調查漏捐店戶
▲製定本市人力車價目表
▲與戚墅堰電廠交涉裝置路燈辦法
▲調查南門外填塞官河案函縣政府究辦
▲著拆城築路計劃書
▲擬具第一期擬築各段道路（第一段惠山公園道第二段城西公園

道第三段通開原路公園支道第四段自光復門至西城門環形路）工程說明書估價單及圖說等分呈省政府暨民建二廳核示

▲整理建築執照手續加入丈簽一項

▲工務科組織新區（以吳橋爲中心開闢新市區）設計研究會內分調查測量設計三種工作

▲修砌自寶善橋至黄婆墩沿河街道工程開標

▲繼續檢驗人力車輛

▲擬訂管理及取締脚踏車章程管理及取締汽車章程營造業登記章程

▲塡發建築執照六十七件

▲辦理牛乳營業登記事宜

▲辦理公共娛樂場所登記事宜

▲擬訂醫院註冊規則保護名勝古跡章程

▲進行各種調查事項

▲辦理各項衛生事務

▲繼續編釘門牌

## 第十四週 十月廿七日至十一月三日

▲舉行第十四次處務會議

▲辦理公文四十件

▲公布規章二種

▲無錫市政第二期出版

▲闢市政計劃圖表陳列室

▲征收各項捐租塡發捐照

▲調查市有土地

▲調查及補收漏捐舖戶

▲建設廳姜祕書可生康科長時振蒞錫視察本處第一期擬築各段路線

▲測量吳橋以西擬築沿運河馬路

▲訂立修理吳橋合同限一月內工竣

▲繼續檢驗人力車輛

▲編製各種工程應用表式

▲編訂建築須知（營造人須知業主須知租戶須知及丈簽須知）分送業主租戶及營造人

▲塡發建築執照八十三件

▲繼續辦理牛乳營業及公共娛樂場所登記事宜

▲檢查及指導市區各牛乳棚

▲檢查各說書場

▲調查郵政信筒設置地点並擬定添設地点

▲辦理各項衛生事務

▲繼續編訂門牌

## 第十五週十一月四日至十日

▲舉行第十五次處務會議
▲辦理公文六十九件
▲公布規章五種
▲擬訂處理市有土地暫行條例及土地登記章程
▲籌劃舉辦住戶房捐事宜
▲征收各項捐租
▲調查市有土地
▲編造十月份收支計算書
▲製定本市街車價目表
▲修理吳橋禁止通車二十天
▲測量西成門至西水關一段城垣完成繪製平面圖
▲工務社會二科會同赴惠山附近勘覓公墓地点
▲繼續檢驗人力車輛添放檢驗完竣
▲塡發建築執照八十四件
▲詳密調查第五衛生區內私廟
▲修訂管理菜場規則
▲調查市內產婆人數開辦產婆訓練班及辦理招考事宜
▲擬訂竹木行登記章程
▲計劃及辦理公立救濟院事宜
▲進行各種調查事項
▲辦理各項衛生事務
▲繼續編訂門牌

### 漢市定期禁絕鴉片

市公安社會兩局佈告本市區內自本月十八年九月十五日起實行禁絕鴉片

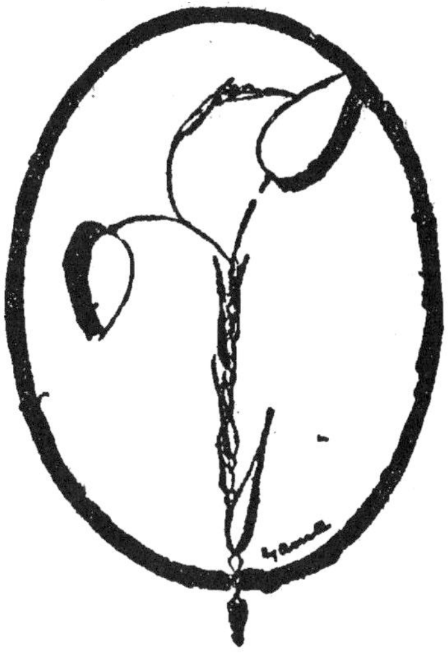

# 無錫市政籌備處十月分收支報告

計開

庫存

上月底揭存票券及現洋共計四萬零八百二十三元六角二分三厘

收入

(甲)收入經常項下　一萬一千零六十元五角四分四厘

(一)市產收入　一千四百六十三元八角二分六厘

1.房　租　一千二百二十四元七角

2.地　租　九十八元

3.坑　租　三元

4.菜塲租　一百零二元

5.自流井售水　三十六元一角二分六厘

(二)捐稅收入　八千六百七十元四角一分八厘

1.街車捐　一千八百七十四元

2.包車捐　一百八十三元五角

3.自由車捐　二百三十三元三角

4.汽車捐　二十一元

5.馬　捐　六元

6.清道捐　四百十六元二角

7.渡船捐　六十元

8.店房捐　五千三百四十六元三角九分二厘

9.旅棧捐　十四元

10茶館捐　九十一元七角六分

11戲館捐　七十元

12公園茶捐　四十一元一角

13菜場捐　一百二十三元一角六分六厘

14廣告捐　一百九十元

(二)雜項收入　九百二十六元三角

1.建築執照費　五百七十八元三角

2.土木作登記費　三十一元

3.牛乳送遞證及營業照費八十二元

4.書場登記費　二十五元

5.路燈貼費　一百五十七元

6.臨時照費　五元

7.工運橋碼頭公益捐　四十八元

(乙)收入臨時項下　一千九百四十九元六角

1.房屋頂首　二百六十二元五角

2.公安局移交垃圾箱欵　三百二十四元一角

3.路燈押櫃　三十三元

4.街車驗車費　一千三百三十元

甲乙兩項收入總計　一萬三千零十元一角四分四厘

## 支出

(甲)支出經常項下　一萬一千一百五十八元八角二分二厘

(一)行政經費　三千四百六十九元三角二分七厘

1.職員薪俸　二千三百七十九元三角零四厘

2.勤務工食　三百四十八元

3.印刷公文用紙捐票車牌等費一百九十一元三角三分

4.紙張筆墨簿籍文具等費　一百三十二元二角五分五厘

5.郵　電　五十元零六分

6.書　報　四十二元一角八分

7.工務出勤車膳費　三十四元七角六分二厘

8.徵收員車膳費　二十六元六角一分五厘

9.雜務出勤車費　一元二角二分

10報紙廣告費　二十三元

11各項雜支及茶水等費　二百三十八元八角八分一厘

12社會科公務車費　一元七角二分

(二)事業經費　七千零五十六元四角九分五厘

1.公安經費　五千五百元

2.清道清河夫工食船租雜項等費八百五十八元零四分

3.公園經常及購置等費　九十九元四角一分

4.自流井經常費　七十四元七角

5.菜場經常及修理費　八十六元五角

6.規定車輛停車木牌費　六十三元九角五分

7.取締違章建築照相費　三元二角二分五厘

8.市產房捐及條漕費　四十九元四角七分

9.東亭馬路田租及公安支局房租南門菜場地租等費　六十九元

10市産房屋修理及界石費　一百二十三元
11市內修理工運橋路燈費　二十五元
12市內道路橋梁修理費　七十四元
13市政旬刊出版費　三十元二角
(三)補助費　六百三十三元
1.市區十月份教育經費　三百元
2.國民導報十十一月補助費　一百元
3.各區黨部十月分補助費　二百三十元
4.市區救火會十月分費　三元

乙　支出臨時項下　二千四百八十一元七角四分九厘
(一)購置費　一百二十元六角九分
1.購置檯椅床墊鏡架信箱等費　八十元九角五分
2.購置添裝電燈工料費　十四元二角
3.購置皮帶尺二具　十一元二角
4.購置瓷盂飯碗　四元三角四分
5.油漆圖畫檯標竿及購石斧等費　十元
(二)建設費　八百十元
1.建設公園路市房及寄宿舍第一期領款　七百元
2.工務科辦公費　一百十元
(三)衛生費　三百六十三元
1.衛生指導員薪俸膳食　一百二十七元五角
2.又　服裝費　十八元五角
3.又　脚踏車五輛　五輛二百十七元
(四)編釘門牌費　二百六十五元七角五分六厘
1.職員薪俸及膳食　一百九十八元
2.勤務工食　二十八元三角
3.竹梯籐包　十三元二角
4.棕帚漿糊　五元六角五分六厘
5.印刷品　二十元六角
(五)臨時補助費　三百元
1.第一區公所臨時費　二百元
2.國慶紀念大會經費　六十元
3.拒毒會經費　四十元
(六)退還頂首押租及撥還借款　三百十元五角
1.退還租戶押租頂首　一百十元五角
2.撥還南門菜塲市民建築借款　二百元
(七)各項雜支　三百十一元八角零三厘
1.本處國慶紀念慶祝費　三十二元四角
2.拒毒運動會佈置會場及攝影費　十五元
3.代墊國貨展覽會公園房屋臨時保險費　一百元

4.派員赴杭參觀西湖博覽旅費 五十二元三角八分

5.市政招待竺督摩指導費 九十四元零二分三厘

6.民廳委員來錫視察市政招待費 十八元

甲乙兩項支出總計一萬三千六百四十元五角七分一厘

揭存四萬零一百九十三元一角九分六厘

## 青島市府組設國貨陳列館

商品陳列館原由商會管理市府特收回官辦改爲國貨陳列館正着手改組

讀者論壇

# 吳稚暉先生理想中之無錫市之研究

賀天健

人生安全之一名詞。乃吾人處於危亂中期望之目的也。進而為快樂之人生。則誠為人生之極致矣。快樂人生之謀。何自而始。雖非一端。其要則無不在於空間與時間之調劑與適宜。現在世界各國之對於人生居處問題。有以鄉村為都市化。都市為鄉村化者。即為解決此問題之結論。即所以為改造市政計劃之目標也。即所以為人生謀快樂之嘉猷也。亦即為人生之企圖而進於藝術化之一階段也。在昔謀市政之改良者。其人材之需要而僅重於市政專家及工程師。今則漸知持此片面之器具。僅以安全為目的而未能與以快樂之精神也。因是而又以改良市政。務適合於藝術為準的矣。

吳稚暉先生此次設計改造無錫市之目標。即為上文所述。其實吳先生之設計。其性質大半已趨重創作方面。蓋無錫雖以實業發達豪於時。而其區域之偪仄。及道路之窄狹。房屋之叢攢。實未改舊時代之狀況。故來錫觀瞻者一入城市。無不與美猶有憾之歎。良以習慣與風俗之沿積。亦無可如何者也。設使就原有之現像而加以改造。實情勢有所難能。此非片語隻字所能盡其蘊者也。

吳先生洞見此隱。乃有半改半創之企圖。其方法則使生活於叢積偪仄之居民。見彼新設之市區。生歆羡之思。自有出谷遷高之行。則民情新政乃將中其肯綮。實為治政之良圖也。

其設計之大綱。拆西北半城而統於新市區。新市區設於蓉湖莊左右。其範圍則包括廣勤區北區惠山鎮在內。公園則處於惠山運河之間。以二三百畝地域為範圍。乃至少限度也。惠山上築一之字路。使游行者無攀援拾級之苦。於是天時地利。調劑無間。至區域內之道路方式由是而着手規劃。好在田畦原隰。皆無礙於人民居處。雖有村落阡塚。自非城區間之情狀矣。況夫運河之通行原爲糧食運轉之地。錫爲米區。即由於此。因勢利用。其能天然濟達。固毋慮也。

原夫市政之設。主觀的圖人生之安樂。客觀的圖觀瞻之美滿。此其兩端。誠不外於藝術之組織。吳先生飽吸歐西空氣。而又久客於意法等國。法爲自覺的美術國。意爲宗教美術的歷史國。其識見自會有藝術的精神。故余對於吳先生無錫新市區之設計。認爲藝術的改造。即爲快樂人生之嘉猷。吾民苦於齷齪社會久矣。今後此圖而能實現。誠吾錫人之福。倘望吾國各市區。向此標準進行。則理想中之東方大樂園。未必不在此一念之現也。

（本篇係摘錄申報自由談）

## 世界各國一九二五年之煤的生產

| 國別 | 噸數 |
|---|---|
| 美國 | 五二七，五八六，〇〇〇 |
| 英國 | 二四七，〇七九，〇〇〇 |
| 德國 | 二七二，四八九，〇〇〇 |
| 法國 | 四八，〇五三，〇〇〇 |
| 捷克 | 三一，五四三，〇〇〇 |
| 波蘭 | 二九，一四七，〇〇〇 |
| 中國 | 二四，二五五，〇〇〇 |

# 對於「蘄求社會經濟的穩固」的貢獻

顧毓方

在無錫市政的論著裏面，葉楚傖先生發表新市政的方案中，提出這麼一條：要「蘄求社會經濟的穩固」。毓方不敏，敬敢不揣謭陋，畧舉一得之獻，和邑人提出討論。

第一我當然先要對於本文所應討論的題目下一個定義和界限，社會經濟是整個性而以全社會人羣爲出發點；同時社會經濟決不是從局部的解剖方面去着眼的一種論斷；可是我們又應當知道社會是人羣的集團，是從各方面不同的出發點上去求得歸宿而方能達到社會的一個總滙，因爲必須社會上人羣各竭其智、各盡其力，分別向他們能力所適宜的目標上去努力，而才可共期於一個最後的目標的成功，這就是千古不易的生產分配的原理。假使不是如此，我敢説那個社會決計是一種畸形的成分，也決計沒有社會經濟之可言的了，因此而我亦可以將本文下一個先決的意義：就是社會經濟應以整個社會着眼，而以精密分析做他內幕的背景的。

我們所以要求社會經濟的穩固，就是希望社會上的民衆大家能夠像俗話所説的「安居樂業」，而不受到因最低限度的生存而發生苦痛的鬭爭，所以我們求社會經濟的穩固，換句話説，就是解決一社會的民生問題，總理説：「解決中國民生問題，最重要的就是要發達資本，而同時卻要顧及分配問題」。現在我的本文就把這兩個問題爲出發點，而貢獻一點意見。

從發達資本講來，我們可以分爲二點：一是發展公有事業，一是促進生產能率。

（一）發展公有事業　就是總理對於解決民生問題第一精義—節制資本，當然用不到我來多費唇舌，因爲社會間的階級，全是資本化的成分；而私人資產的集中，更形成社會民衆間階級的裂痕，加以科學的產品，已使生產方式從工業變成機械工業了，所以更造成了貧者愈貧，富者愈富的不均；還有一層，大規模的企業，因爲是私人經營以後，往往就不能顧到社會民衆全部的福利，況且私人資本到底有限，総有點設備不能盡善盡美，所以不論從消極的調劑階級鬭爭和積極的發展公家經濟力的方面講來，也就非用地方政府的力量來興辦和監督不可，同時政府也可以不求營利，去加惠於民衆，而當地方政府方面既得到充裕的經濟，也可以盡量辦理民衆公共利益的事情。

（二）促進生產能率　在國際市場上貿易的消長，可以看得出各國經濟的力量，假使對外貿易是入超的話，那個國家决計沒有一個很好的經濟狀況；社會亦是這樣，本地方上所生產不能供給消費，就一定要仰求於別地方的供給，這種經濟漏巵，任是怎樣富有豐富的礦產和原料品，也斷難長此挹注，這樣一來；社會經濟的基楚，就要捉襟見肘，根本搖動了；所以我可以總括一句說從整個社會着眼，一方面要發展公有事業，求得地方上經濟力的寬裕；一方面就是要能精密分晰着一地方的各種事業，何者可以提倡，何者可以奬勵，何者應當改良，何者應當擴大，別其緩急，視其輕重，去增加生產的能率，而使民衆的私人經濟，也很富裕，那末俗話說「富國裕民」，社會經濟的穩固，毋待蓍卜了。

其次從分配問題講來，我們也可以分爲二點：一是積極社會建設；一是重視社會統計。

（一）積極社會建設　凡是說到整理財政，大家就知道「開源節流」的二種方法，對於社會經濟，也是這樣，上面的促進生產，就是社會經濟的開源；而現在的積極社會建設　就是求社會經濟力的節流。何以呢？假使要把同樣貨物運到同樣距離的地方去，一個交通非常便利；一個仍舊要用人工推挽或肩挑，其間的運費消耗和精神損失，要相差多少。還有公共衛生不講究的地方，民衆容易受到精神上和肉體上的痛，精神上和肉體上的痛，就能引起生產力的低減，所以地方政府能積極的去謀社會上一切市政交通的建設，的確能使民衆的衣食住行，到處感覺着莫大的便利，而節省許多無謂上的靡費，豈不是節流麼？

（二）重視社會統計　我們知道無論做什麼事，假使有過去的成跡做參考，或是有科學方法的計劃做依據，一定容易得到很好的結果，尤其是物價指數，勞資糾紛等類的種種經濟統計，前者可以使得社會民衆，對於生活程度，能有充分的認識，以便對於一切家庭個人等類的消費，在事前得有預算，同時還可以促進生產方面對於社會經濟力購買慾有深切的瞭解，而使生產和消費的雙方得到有利而適當的均衡；後者呢，好像失業之數量，與調查勞資糾紛之經過等等，都可以使社會上民衆作爲消費而生產的借鏡。

本來從生產方面講，促進生產，應當特別注意地方上專有工業，以達到永久佔有的霸權而不致於凌替；同時對於落後的事業，尤其要積極改良，急起直追，他若社會建設，調查及統計等等，都是千頭萬緒，決不是幾句話可以說完，況且在我們無錫山水秀媚，輪軌輻輳，論到實業，則工廠林立，早有小上海之稱，以言風俗，則鄰近蘇常之樸純，當此新興之時，對於社會經濟的設計，也決非簡單的方案可以盡其端倪，鯫方邑人也，關垂梓鄉，豈敢後人，自問素讀經濟，從政工商，用於公餘之暇，畧舉管見，至於詳密計劃，容當在後提出，就正高明。

## 一九二五年世界各國之鐵的生產

| 國別 | 噸數 |
|---|---|
| 美國 | 六二，九〇二，〇〇〇 |
| 法國 | 三五，七四一，〇〇〇 |
| 英國 | 一〇，三〇六，〇〇〇 |
| 瑞典 | 八，一六九，〇〇〇 |
| 西班牙 | 四，四四三，〇〇〇 |
| 蘇俄 | 二，五〇〇，〇〇〇 |
| 印度 | 一，五六九，〇〇〇 |
| 中國 | 一，五一九，〇〇〇 |

## 世界各國鐵路長度比較表

| | |
|---|---|
| 美國 | 二五〇，一五六 |
| 蘇俄 | 四五，七七二 |
| 加拿大 | 四〇，〇五一 |
| 印度 | 三八，二七〇 |
| 德國 | 三五，四一六 |
| 法國 | 二六，二〇〇 |
| 奧國 | 二四，六一八 |
| 美國 | 一九，五七三 |
| 意大利 | 一三，〇三八 |
| 日本 | 一〇，四一四 |
| 西班牙 | 九，六一四 |
| 中國 | 七，七七〇 |

雜載

# 日本大坂市民博物館徵求關於都市生活之資料

王伯秋

日本大坂一九一九年所設立之市民博物館為日本各都市最新之事業，搜羅充富，布置精當，其目的在使一般市民充分了解世界現代都市之趨勢．及其自身所在，都市之地位，比較研究，增益知識，積極的可以為其本市之助力，消極的亦不至於為進步發展之障碍，意至善也。其中有一部。陳列世界都市普通狀況，市長池上氏，徵求各都市之圖畫照相，或現行章程，及志書等類茲特不厭煩瑣，譯其條欵如左，聊為國內熱心市政者之參考而已。

(一)關於歷史及地理者。

甲、歷史

乙、遺蹟

丙、地理及指南等書

丁、地圖

戊、著名出產

己、名勝及古蹟之圖畫影片

(二)關於種族及人口者。

甲、種名及其以影片

乙、房屋數

丙、人口

子、男女數及其年齡別

丑、人口密度

寅、衛生狀况

卯、結婚、離婚、出生、死亡、之統計

(三)關於都市計畫者。

一、馬路幾美街路公園中步道

二、市民各種之俱樂部
三、公園游戲場
四、水道，溝渠
五、公共建築及其他大建築物之分配
六、河流船渠港灣及提堰之改良與效用
七、都市火車站車站
八、輪船碼頭及橋梁
九、地上地面及地下鐵道
十、住宅區工商業區
十一、建築物，及建築地之管理
十二、花園市（附全市鳥瞰圖）
十三、街道改良
十四、紀念碑

關於以上之圖畫照相計畫及塑成之模型等附有說明書者尤所歡迎。

(四)關於市行政者。
甲、都市行政機關
乙、普通行政
丙、都市營業
如電氣煤氣市街鐵道及銀行保險等各種營業。
丁、都市之標記
戊、財政
子、稅租手續費及其他各種收入
丑、公債
寅、市有財產
市經費及市保留經費
卯、市收支之預算決算

(五)關於市經濟者。
甲、表明都市經濟狀況
子、地段（地段之種類及價目租金）
丑、都市之富力（市有財產及科有財產市民之生產力市收入及市民收入）
寅、市民之職業
卯、市民之生活費
辰、各種物價
乙、表明都市工商根狀況
子、關於工商業之立法統計等
丑、工商地圖
寅、營業
乙、可以顯明蕸實情形之影片及著名之營業與百貨商店

二、工廠名及經紀人姓名

三、主要商品及其商標

四、可特別注重之廣告

五、商業習慣

卯、工廠

一、工廠種類

二、銷路

三、動力

四、著名工廠

五、工廠之經營及管理

工廠衛生

六、主要出品

七、工業材料

八、工廠之監督

辰、工商業機械

（章程影片及統計等最爲歡迎）

一、工業組合

二、工業協會

三、市場及交易所

四、商會



五、商品陳立所

六、信用機關

七、工業檢查所及實驗場

丙、倉庫營業

子、倉庫及保稅倉庫之計畫及圖畫

丑、倉庫貨物之總數及出倉庫所出之貨物數

寅、倉庫及保稅倉庫之統計

丁、保險

子、關於保險之普通狀況

（都市保險事業之概略如法令條例及合同等）

丑、人壽及災害保險、海上及運輸保險火災及其他保險等之統計

上項之保險公司數及各公司資本保險人數保險費總數

保險率

戊、外國貿易

一、通商條約

二、外國貿易之發達及現狀

三、關於關稅章程

四、進口稅

五、出口稅

六、運輸費
七、禁止品
八、無稅貨物
九、免稅貨物
十、稅則
十一、貨物稅從量稅
十二、保稅倉庫
十三、還付稅
十四、內地稅

己、銀行

子、貨幣融概況
丑、銀行法令
寅、中央銀行商業銀行工業銀行及其他銀行之資本總數及準備金總數
儲蓄總數公債總數及所定折扣發行之匯票及其普通營業情形
卯、匯票交換所票據經紀人出貨商及其他關於財政上代理機關之營業情形
辰、利息
巳、恐慌

庚、交通

（影片圖書計畫及統計等最歡迎）
子、水道圖
丑、港灣運河海峽
寅、道路橋梁
卯、鐵道圖、街車
辰、船舶、及海上事務
巳、各種車
午、舟車費及行李運送費
未、郵政、電報、電話、

辛、勞工

（各種說明書及統計最所歡迎）
子、關於勞工立法
丑、勞工組合及職工協會
寅、罷工抵貨
卯、女工及童工
辰、工作時間及休息
巳、工價、花紅、及利益分配
午、勞工之保護及扶助
未、分派職事（失業勞工之情形）

申、勞工日常生活
（擇取可以顯示勞工之日常生活、教育、及娛樂等影片以資參考）
酉、資本與勞力之調和
戌、兼薪兼職
六、關於社會生活者。
甲、習慣、形式、（圖畫、描寫）
乙、道德
圖畫、專顯示公德
丙、宗教
子、信條之特色
丑、重要祠、廟、禮拜堂之圖畫、及叙述
寅、禮儀、習慣、及形式之叙述、及描寫
卯、宗教師職務之叙述、及描寫
辰、壓勝、巫術、及其他迷信之叙述、描寫
丁科學
子、重要學生（本人照相）及其思想、其社會上位置
丑、重要科學社（其工作照相及叙述）
科學參考實驗場
寅、出版物（書籍及期刊）
戊、教育（圖畫描寫等）
子、學制
丑、學校之設備
寅、初等·中等·高等·商業·特種·補習·及師範各種教育
卯、私立學校
辰、宿舍
巳、兒童之保護
一、孤貧兒童
私生子之保護
二、林間學校露天學校及病童之保護
三、暑期學校及星期學校
午、圖書館博物館動物園植物園藝術陳列所及其他同樣性質之教育上設備
未、大學之擴張、講演、及畢業
申、國家教養之設施
酉、青年會之章程及工作
戌、青年義勇軍之章程及工作
亥、學生日常生活
學生會
關於教員
己、改革及救濟

子、革新事業
丑、救濟事業(敘述及描寫)
一、貧民救濟
二、慈善院
三、孤童之救濟
四、已釋犯人之保護
五、授與職業
六、勞工之保護
七、施醫院
八、無能力及殘廢人之保護
庚、文學技術及娛樂
子、重要文人(以其照相)及其思想、其工作、
丑、建築物彫刻及圖書
寅、重要音樂家、及教授音樂之設備
卯、戲曲、戲館、優伶、及戲劇、跳舞、
辰、影戲及其他游戲
巳、游戲塲及娛樂
午、各種演唱及俚歌之管理
辛、醫藥及衛生
一、醫學、及衛生學之新理論



二、醫院、醫師、看護婦、及穩婆、
三、醫藥以外之治療法
四、藥材商、及製藥者
五、年齡及健康
六、職業、及健康
七、死亡率
八、疾病種類
九、傳染病
預防傳染病之設備
十、肺癆之預防
十一、天刑病之預防
十二、花柳病之預防
十三、剿滅恐水病及牛疫之規則
十四、醫藥參考院
十五、衛生試驗所
十六、普通清潔
十七、體育運動之設備
十八、其他公衆衛生之設備
(七)關於家庭生活者。
甲、眷屬及其住家

乙、服飾
子、男女衣服之種類
各種之日常衣服
各種禮服
各種佩帶飾物
丑、服料
寅、裁縫及裁縫器具
洗濯及修補
卯、裝飾及裝飾品
丙、食物及飲料
子、食料
丑、烹飪法種類
普通烹飪法宴會祭獻烹飪法
烹飪古法
寅、飲料種類
卯、烹飪器具桌上器物
辰、食單菜單及桌上美飾
巳、食物與飲料之保藏
午、飲食量
未、市上之餅烟藥及水菓

丁、習性
子、住房之計劃
及其裝飾
丑、傢具
寅、地氈適宜物件鎖鑰等
卯、花園
辰、住房之衛生設備
巳、出讓房屋、出借房屋、及租金
戊、家庭經濟
子、家庭之簿記
丑、一家之生活費
寅、家庭之工藝
卯、家人之儲蓄
辰、家中之用人
巳、畜養之獸類
己、家庭教育及衛生
子、家規
丑、講授兒童之故事、及催眠歌
寅、家庭閱讀材料
卯、教師及女傅

辰、功課之復習及預習
巳、蕃殖
午、幼稚園之玩具及禮物
未、家庭教育用具
申、育嬰
一、乳哺
二、斷乳
三、食物及飲料
四、搖床
五、嬰車
六、保媪
七、孩衣
酉、家庭治療、及醫藥、醫治器具
戌、清潔
亥、預防傳染病之設備
天、急救
地、家中疾病之注意
人、兒童疾病及其治療
黃、四季衛生
庚、家事

子、家庭優良形式
丑、婚姻、生產
寅、喪葬
卯、宗教職務
辰、慶賀
巳、送禮
午、宴會
未、年節
申、家常規矩
辛、家庭娛樂
子、音樂、及舞踏
丑、戶內游戲、及運動
寅、家庭園藝

# 開闢新市區集思錄

沈維棟編

自市政籌備處成立以來。其工作之途徑。一方在謀舊城市之整理。他方在謀新市區之開闢。前者如拓寬街道。拆城築路等。正在次第進行。其計劃已散見於本刊。後者亦正在精密設計之中。而吳稚暉先生之建市意見。尤具卓識。足爲我人工作之南針。按建設新區爲百年大計。較之整理舊城。其關係固尤爲重大。竊惟無錫自有市政機關以來。如市公所。如市政局。其工作均偏於整舊。惟民十一設立商埠局。其目光乃在建設新埠。實與今日開闢新區之議。不謀而合。卷查當時邑中俊彥。羣抒偉論。雖時代遷移。或當視爲陳迹。惟大體言之。錫邑形勢。數年來尚無劇變。則諸彥之說。似亦足供今日規劃新區一籌之借也。爰採集當時開埠意見。編爲開闢新市區集思錄。夫凡事非集思廣益。則不能慮遠謀宏。茲篇之設。或足備市政縱的研究之一格歟。

新區之地點

無錫全縣地勢。適合商埠商場之佈置。以吳橋以西爲最相宜。蓋此處對於天然形勢。地當原野。四方面積。亦復不少。鐵路車站居其背。運河輪埠臨其前。且溯運河而上。則直達高橋。由高橋而東。則經石塘灣、洛社、五牧而至常州縣焉。由高橋而西。則經梅涇、白蕩圩而至江陰縣焉。由運河而東。則經小渲、大瀆而至太湖焉。由運河而西。則經五里浜、楊埠圩、鴨蕩圩、苑小蕩、謝埭蕩、白米蕩而至常熟縣焉。舍此而外。惟有東門矣。然而東門若闢商埠。其對於地理形勢。固勢絀於吳橋以西。然對於交通上則遠遜多矣。蓋于陸路運輸。尚無重要出入。而於河運。則偷樑高低不等。來往運貨。殊不便也。不過此時已有工廠數十家。似於觀瞻上稍覺壯麗耳。（范新之）

建築商埠。苦先擇地。無錫居滬寧路之心。交通便利。商業之降。日盛月異。目前實業之發達。工廠林立。教育普及。亦可謂內地縣邑之冠。然而城市熱鬧之區。街市非常窄狹。交通非常阻塞。當事者亦未嘗不知改良之心。惟是寸土千金。舊有街市殊不易改良。黎純齋公使嘗謂我國欲改造都市。與其仍照舊貫。不如闢新區之易。錫邑附郭數里之地。大都已闢爲商市廠所。較遠之麥隴田畝。價值直較從前增高十倍。闢爲商埠。非但地價太貴。而且離城又近。於管理上諸多妨碍。不如擇黃婆墩附近。自吳橋至高橋一帶。沿運河兩岸之地，定價收用。畧爲塡高。較爲妥當。且此地又爲火車必經之道。水陸交通。非常便利。其利一也。開闢商埠。須有極大空曠之地。此處自吳橋至高橋數里之間。一槩平坦。築路分區。毫無障礙。其利二也。綜上觀之。擇地開埠。自以該處爲最宜。（顧在埏）

吾錫開埠。當以通運橋至吳橋爲第一期。以水陸交通便利。且與舊市黨接近。將來澄錫、宜錫汽車路銜接。商務必益形發達也。其餘如東門外及清名橋、高橋、雙河口、太湖邊等。則將來逐漸分期推廣可耳。（曹夢漁）

開埠地點問題。議論紛紜。莫衷一是。或謂高橋白湯圩附近地勢清幽。最爲相宜。或云東門外曠地極多。位置亦稱。此事必爲邑人士爭執焦點。利害綦重。實有不能已於言者。查前清光緒間。吳淞亦有開埠之議。維時中外人士。紛紛投資購地。爭先恐後。以爲壟斷居奇。惜月光太近。牽不償願。其地與上海市及蘇州河相距較遠。除泊外輪數艘外。內地商旅。足跡罕至。故至今未臻發達。即蘇州之青暘地。闢埠之初。十分狂熱。咸以漢口。鎮江目之。而未幾頓形衰落。一蹶不振。實因遠離閶門。居民稀少所致。雖近年吳淞開埠之議復興。然欲如何興盛。蓋戛乎其難。吾邑商埠如在白湯圩，東門外開闢。必爲吳淞，青暘地之續。殷鑒不遠。豈宜再蹈前轍。鄙意吾邑通惠路規模寬宏。前由榮陸二公出資築造。費去六七萬金。目下尙未興旺。何如就該路已成局勢。從事開闢。則經費既省。可收事半功倍之効。且迫近無錫市火車站及東西兩運河。商賈輻輳。人煙稠密。若於北塘後面接通馬路。並將亮壩障礙悉行撤除。則水陸均臻便利。繁盛不難立見。洵屬天然良好之區。庶幾山水實業。相得蓋彰。不至投資金於虛牝之擲也。（辛寄塵）

開埠地點。聞由車站北面直至黃婆墩一帶。鄙意宜取遠勢。緊迫車站。太無發展。似應於其間留出四五里。（如上海十六舖然。如慮距車站遠。可將車站路展築。另設分站。）其北面從雙河口起直抵白湯圩。緣城中民居逼仄。將來與商埠接近一帶。必宜寬留地面。以備民居。拱宸橋青暘地之所以不能繁盛者。乃蘇杭不宜商埠。非距城遼遠故也。（許溯伊）

開埠宜以南門旗站爲起點。迤邐而北。沿運河鐵路至雙河口爲止。錫山之東北二方。鐵路之南。均包括在內。如是則面積寬廣

○新商場可從容規劃○舊商塲可從事整理○一舉而兩得○（榮德生）

埠址宜就已成鬧市之區○量爲推廣○令其淸機徐引○由近而及遠○其最穩健之辦法○莫如一端以廣勤路之盡處爲起點○定名爲甲點○一端以吳橋爲起點○定名爲乙點○一端以南門之淸名橋爲起點○定名爲丙點○另假定雙河口爲丁點○雙河口與高橋之間爲戊點○高橋爲己點○先由甲點劃一直線至乙點○更由甲綫劃一弧線至丙點○於甲丙兩點相距離處○成一半壁（即大半圓）形○即以此直弧兩線所劃之圈內爲第一期之埠址○俟第一期著有成効○再由甲點劃一直線至丁點○爲第二期之埠址○迨第二期著有成効○再由甲點劃一直線至戊點○己點○爲第三期、第四期之埠址○其第一期之埠址○若甲點之廣勤路○乙點之三里橋、吳橋○內點之淸名橋○本皆係鬧市○通惠路之一條馬路○亦已具有緯路之雛形○祇須更造經路多條以溝通之○則脈絡貫通○繁盛立見○可收事半功倍之効○且於邑人多數之心理○亦不謀而合○此即爲高必因邱陵○爲下必因川澤之意也○若不於近城着手○而必好大喜功○躐等以進○遽遠從事於白湯汙邊○高橋堍下○無論地勢低下○取土維艱○塡築匪易○即果勉强塡高○修成馬路數條○其結果亦必爲靑陽地第二○（尤幹臣）

新區之規畫

新埠建築方法○可於運河兩岸各築馬路一條○中間橫貫鐵橋○岸旁各劃土地數方里○分爲九區○如井字形○兩岸共十八區○以左岸九區爲行政機關暨商店、住宅之所○右岸九區爲工廠、堆棧、船塢之地○沿土地之四周○建築馬路○其井字四劃○別爲長街○各寬七八丈○于左岸九區之中○取正中區爲行政、交通、敎育、巡警等公用之建築○所餘晝爲商店、住房○至電燈自來水廠以及堆棧船塢之類○則於右岸九區中布置之○（顧在埏）

新闢之地○類多空曠○應先測繪全圖○載明四至八到○占地若干○就中指定馬路、橋梁、碼頭、公廨、局所、菜市、公園等項需用之地○寬深丈尺○以備公中建築○其餘地基○悉供商民貿易居住之用○亦即分段劃定○何處宜作市場○何處宜爲工廠○及分配居住○一一註圖列說○並其建築之制○易以細說規定○以後凡有興作○均應循照○如射之有的○木之從繩○則始基定○而趨事赴功、可以有條不紊矣○（楊小荔）

新埠馬路不專行駛人力車、馬車、汽車○併宜預爲他日安設電車軌道之準備○所有新闢馬路○其中心之闊○宜以五丈爲標準○兩邊人行道之闊○每邊各以一丈爲標準○其路線必負裁灣取直○除經路應隨舊城形勢作大圓形外○其餘緯路均宜筆直○不可稍有灣曲○從前所修馬路○往往九曲三灣○最是貽笑大方○萬不可再蹈故轍○（尤幹臣）

風景之整理

區內馬路。自宜與四鄉銜接一氣。以便往來。繞湖四周。更築環湖馬路。以資開放。是處風景最勝。居處游覽。無不咸宜。若布置合法。不難與西湖媲美也。（榮德生）

惠山太湖。風景最勝。太汪汪洋萬頃。萬山聳翠。隱躍波濤。天然美觀。遠非西湖所及。倘于湖山左近。環以馬路。建築新式旅館及公共娛樂之所。大之可爲第二瑞士。小之可與牯嶺、北戴河競美。將見裙屐聯翩。履舄交錯。借此天然風景。吸收外人之資。增進地方收入。此榮君德生建築梅園。楊君翰西建築黿頭渚之微意。實爲吾錫開埠特有之利益。而有他處開埠所無者也。（顧養吾）

交通之開拓

交通問題。對於路上言。則澄錫馬路亟須動工開拓。蓋吾錫自梨花莊起点。經塘頭鎮、寺頭鎮而能直達江陰縣江口。今若通車以後。則江北一帶貨物往來。必能由江陰依藉澄錫馬路運輸之力。而驟增商業上貿易也。對於水道言。則宜疏濬運河。如由黃埠墩自運河而直達高橋。由高橋而東。則經北莊、潘封、石塘灣等而至常分焉。由高橋而西。則經梅涇、白湯圩、石幢而至江陰焉。（范新之）

宜等築錫澄錫宜兩路。更由宜與西通溧湖。東南達湖杭。復設法溝通靖江至海州之航路。如是則四通八達。商業輻輳。吾邑興盛。可操左劵。（榮德生）

經費之籌措

新埠造端宏大。需費繁多。請發官款。斷不濟事。計惟有仿武昌通商塲之法。將商埠地段一律由公家給價收買。他日按照時價。聽人承領。則十倍其值。一切經費。取償而有餘。聞濟南開埠辦法。亦是如此。目前似宜由省長出示布告。從某處至某處不准民間將田地買賣。並停止稅契。一面勘定地界。由地方各團體組織委員會。議辦地方公債。多則千萬。少則數百萬。所募公債。悉數作購地之用。而以地價作保。其購買按今年上半年時值。略從優厚。自不至於吃虧。購地既定。開築馬路。兩旁地段。分期分等招商購領。以所得價值。歸還公債本息。而以餘款辦警察衛生一切公衆事業。如此數年經營布置。必可成一模範區域。然下手必在距城稍遠處而後可。（許嗣伊）

修路造橋及一切設備之費用。均應攤全埠界各地主擔任。因有權利必有義務。公家糜費經營。勞心勞力。爲各地主設備一切。而各地主乃不勞而獲。坐享地價踴貴什百倍之鉅利。天下古今。斷然無此情理。則關於開埠所用修路造橋及一切衛生設備之經費。必須全數攤令界內地主分別擔任之。其擔任之區別。以其地之沿馬路者爲乾種。其在第二三進者爲坤種。第四進以後者爲震種。攤費之法。乾種擔任十分之五。坤種担任十分之三。震種担任十分之二。此項擔任之欵。均俟設備工竣後按照實用之決算而分攤之。攤定之後。通告各戶限期繳納。給以憑證。有憑證者。許其建築及使用。未繳納者概不得於該地施行何等工作。併須按其逾限之日數。照莊利息。以爲滯納之罰金。如是則已用之欵。不致虛擲無着。而埠局經費即可永遠裕如。（尤幹臣）

今錫邑工商繁盛之地。每畝地價已自五千元至一萬元之巨。而耕種田地僅自五十元至百元左右。其在交通便利而尙荒僻之處。亦至多不過數百元。今商埠區域以一萬畝之面積計算。每畝增一千元之價值。即立增一千萬元之地價。每畝增二千元之價值。即立增二千萬元之地價。月捐千分之五。已每年可得六十萬或一百二十萬之多。加以地上之房捐及所營實業之捐稅。爲數之巨。必更數倍於此。（顧養吾）

新區之推測

或謂錫地出產原料有限。商務繁盛。必有止境。今已達極盛之時。雖再開埠。未必更能發展云云。此殊不知商埠性質之言。試問大則倫敦紐約。次則上海天津。小則長春濟南。其本地所出之原料。究屬有幾。蓋商業之發達。全特交通之便利。人民之密度。歷史之特殊。至於原料之出產。初無極大之關係也。彼青島大連。昔窮荒之地。尙能經營得宜。立成大埠。况在吾錫工商各業。已經發達之地。如云地非海口。則長春濟南未開埠前。又視吾錫爲如何。至於青陽地之失敗。正由於閶門自開商埠之抵制使然。青陽地雖未收效。而閶門則成效自在。且其成敗之因。即由交通之便利與否。及埠旁市面已經發達與否。若以青陽地與閶門之成敗爲借鏡。則正可見無錫之開埠必有成效可覩也。（顧養吾）

## 中國歷年紗廠的發展

| 年限 | 廠數 | 錠子 |
| --- | --- | --- |
| 一八九〇 | 二 | 二三，四〇〇 |
| 一八九五 | 六 | 三一一，九三六 |
| 一九〇九 | 二四 | 八四六，四二二 |
| 一九一二 | 二九 | 九九五，六八六 |
| 一九一四 | 三二 | 一，〇九七，四五二 |
| 一九一八 | 四五 | 一，四九三，三二四 |
| 一九二一 | 八四 | 二，六五八，四六五 |
| 一九二六 | — | 三，四三六，〇〇〇 |
| 一九二八 | 一二〇 | 三，八五〇，〇一六 |

# 〆無錫市政籌備處紀念節日歷

一月一日　中華民國成立紀念日懸旗誌慶休假一日並參加當地黨部召集之慶祝大會

三月八日　國際婦女節派代表參加當地婦女團體舉行之紀念會

三月十二日　總理逝世紀念日休假一日下半旗誌哀停止娛樂宴會並參加當地黨部召集之紀念大會

三月十八日　北平民衆革命紀念日派代表參加當地黨部召集之紀念會

三月念九日　七十二烈士殉國紀念日休假一日下半旗誌哀並參加當地黨部召集之紀念會

四月十八日　國民政府建都南京紀念日懸旗誌慶並派代表參加當地黨部召集之紀念會

五月一日　國際勞動節派代表參加當地勞働團體舉行之紀念會

五月三日　濟南慘案國恥紀念日下半旗並派代表參加當地黨部召集之紀念會

五月四日　學生運動紀念日派代表參加當地學生團體舉行之紀念會

五月五日　總理就非常總統紀念日懸旗誌慶並派代表參加當地黨部召集之紀念會

五月九日　二十一條約國恥紀念日下半旗並派代表參加當地黨部召集之紀念會

五月卅日　上海慘案國恥紀念日下半旗並派代表參加當地黨部召集之紀念會

六月二十三日　沙基慘案國恥紀念日下半旗並派代表參加當地黨部召集之紀念會

七月一日　國民政府成立紀念日懸旗誌慶並參加當地黨部召集之紀念會

七月九日　國民革命軍誓師紀念日休假一日懸旗誌慶並參加當地黨部召集之紀念會

八月念九日　南京和約國恥紀念日派代表參加當地黨部召集之紀念會

九月七日　辛丑條約國恥紀念日派代表參加當地黨部召集之紀念會

十月十日　國慶紀念日休假一日懸旗誌慶並參加當地黨部召集之慶祝大會

十一月六日　無錫地方光復紀念日懸旗誌慶並舉行紀念會

十一月十二日　總理誕辰紀念日休假一日懸旗誌慶並參加當地黨部召集之慶祝大會

十二月二十五日　雲南起義紀念日派代表參加當地黨部召集之紀念會

## 福州解散市政討論會

省府因市政討論會反對馬路捐八日令公安局解散

# 無錫市政

第四號

民國十九年一月一日發行

## 計劃



## 報告



## 法規



## 會議紀錄

## 調查統計



## 公布欄

# 無錫之名勝古蹟(一)

公園(繡衣峯)

公園(多壽樓)

古靜慧寺

(許卓人攝)

# 無錫之名勝古蹟（二）

梅園（大門）

梅園（天心臺）

惠山（白雲塢）

（許卓人攝）

# 無錫之名勝古蹟（三）

（惠山）竹爐山房楠木廳

（惠山）忠烈祠

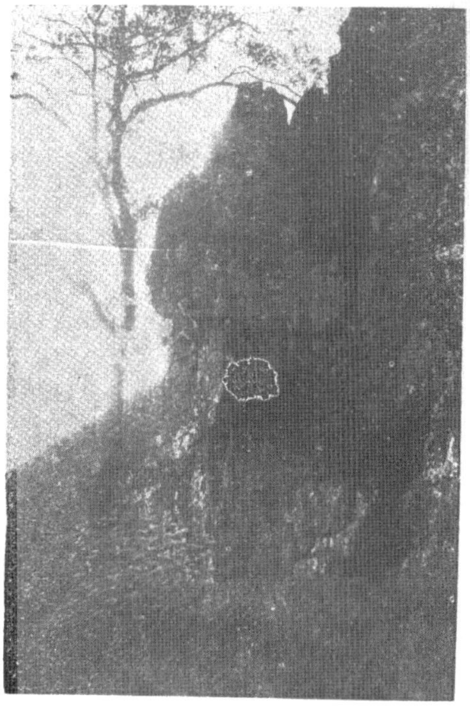

（惠山）石門

（許卓人攝）

# 無錫之名勝古蹟（四）

五里湖

蠡園

太湖（華藏寺）

（許卓人攝）

# 無錫之名勝古蹟（五）

（辟疆園）碧梧軒

鴻山全景

仙蠡墩

（許卓人攝）

# 無錫之名勝古蹟（六）

望虞亭

吳橋

黃埠墩

（許卓人攝）

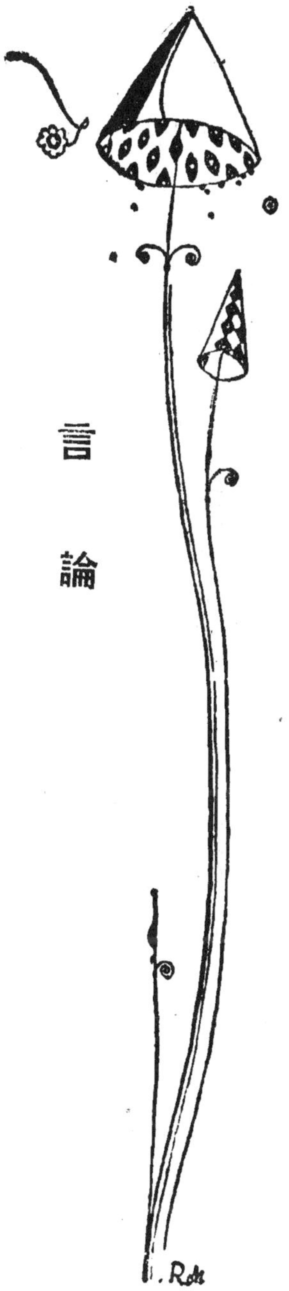

## 言論

# 對於廢縣爲市之我見

王伯秋

本處自奉　省令成立以來，倏忽已經數月，頭緒紛繁，百端待舉，而尤以劃定市區域爲當前之急務，蓋一市之區域不定，舉凡測量，調査，財政，公安，交通，教育，實業及社會事業諸大端，均無一定之範圍，以爲計劃之標準，紙上空談，徒糜歲月，每念及此，輒爲躊躇。主任孫君，因與同人相討論，幷廣徵諸方人士之意見，特採各國都市之成規，默察地方現在情形，及全國全省將來政治經濟及社會各方面之趨勢，欲爲本市謀一勞永逸之計，樹百年久遠之圖，莫如廢無錫縣爲市。按照近代都市計劃，斟酌現狀，預測將來，並顧兼籌通盤規畫，因事情之緩急，定實施之先後。如網在綱，有條不紊，詩云：「迨天下之未陰雨，綢繆牖戶」。竊本斯旨，爰將廢縣爲市各項理由，畧爲撰集，載諸月刊。惟是此議在本縣爲創聞，此事在本省爲創舉，自來人民可與樂成，難與圖始，疑懼叢生，勢所必在，尚望當世明達諸公，提倡指導，袪一時之羣難，成百年之大業，無錫市政前途，幸福無量。

## 甲、廢縣爲市在理論上爲可行

### 一、縣與市之區別

縣爲普通之行政區劃，以施行國家一般之政務爲原則，故其成立，但有相當之地域以爲行使政務之範圍，不必具有特種之條件也。市則不然，必須成立於特種條件之下，而成爲一特種之組織，所謂條件者維何？人口繁多，工商發達，交通便利三者，其最著者也。故今日縣治遍於全國，而市則維限於特種地域始設立之，果使無當於設市之條件，則有縣治爲已足，反之，而有設市之必要，則雖廢縣亦何妨。

二、市區域大小無一定

今之致難於廢縣為市者，或以廢縣後，則市區將過大，此亦未免過慮，蓋市區域之大小，一依事實之需要，與將來之發展如何以為斷，初無一定之標準，今日歐美各國，其都市面積之大者，恆超過我國一縣以上，並未聞有規定區域之限制，即我國市組織法，亦未設有限制區域之明文，良以此事只問事實上有無此種需要，與將來是否足供發展而已。正不必於事前作法，自縛畫地為牢也。

三、新舊都市計劃趨勢之不同

舊都市計劃趨重於物質的繁榮，而忽略自然界之真趣，故其人口發達之趨勢為密集的，自十九世紀英國創始田園都市運動以來，都市計劃乃開一新局面，其特色為一反向來密集的而為分散的，對於舊都市計劃中所不能解決的衛生居住等問題，至此皆得迎刃而解，朝鮮開發較晚，尚無都市集中之弊，日人經營朝鮮，首先即注目於此，廣劃郊外區域，建立田園都市以為預防之策，現今歐美日本各國仿行之者日益加多，不但新建之市採用此法，即諸大舊城市亦於附近建設田園市，譬者衆星而拱北辰，故向之城市與鄉村對立者，今乃一變而為城市與鄉村之混合體，蓋以此種革新運動之根本精神，實合於時代之要求，故自其萌芽時代以至於今日不過一世紀，而能風行草偃，普及於世界。

今無錫倘若廢縣為市，合城鄉為一體，實適合於時代之潮流，將來可以造成一城市農村化，農村城市化的理想境界，有城市之利，而無其害，有農村之樂，而無其野，補偏救弊，一舉兩得，莫過於此，論者，恐因城市之發達而致農村之衰落者，誠過慮矣。

## 乙、無錫應廢縣設市之理由

一、工商業有積極發達之趨勢

無錫位於京滬路之中心，介於蘇滬兩大市之間，本來工商發達，如絲廠紗廠布廠麵粉廠等，大小凡百六十餘家，故國人有小上海之稱，現在繼續添設者，方興未艾，近來繭米兩市，又集中於此，成為商業上之重心，加以錫澄路行將竣工，長江水利，近在門前，倘若再將錫武錫常錫宜各路陸續開通，各縣農產原料又將以無錫為集散之地。前途正未可限量，決非小規模之市區，可以供未來之展布也。

二、人口增加可免集中之弊

無錫市現有人口約二十萬，因工商業之日益發達，人口膨脹，自屬不可避免之趨勢，與其將來吸引鄉村人民，密集於彈丸黑子之城市，以造成今日一般都市種種之罪惡，(衛生上，住居上，道德上）不如及早廢縣爲市，按照最新之都市計劃，分散人口，使城市與鄉村成平均之發達。

三、交通便利可以貫通全境

論者每以廢縣爲市，境界過於寥廓，不但不能發達，而且不便統制。不知吾錫四鄉均極便利，雖極遠之處，汽船亦數小時可達，而城市適居全境之正中，實爲一天然之市中心，將來更由此建築放射之道路，行駛長途汽車，及公共電車，向之視爲遠道需一日或數小時始達者，將因距離之縮短，而減少其行程，四通八達，頭頭是道，交通迅速，無往不利，眞可收呼吸指揮之效，何患乎市區面積之廣哉？

四、通盤計劃可以一勞永逸

今日各國都市之區域，多非其最初規定之範圍，中間因逐漸發達，遂漸擴充，不知經過幾許困難，幾次變更，乃克臻此境界者，無錫市之發達，既爲必然之趨勢，與其將來蹈人覆轍，不能作有計劃的有系統的發展，不如及早廢縣爲市，可以預先通盤籌劃，作一勞永逸之計。

五、應用最新計劃可造成一理想的模範市

無錫即日備近代都市發達之種種條件，而四境湖山風景，復極優美，尤爲宜於建設田園市，將來即可應用最新之計劃，將市鄉打成一片，以城市爲中心，造成一衛星式之都市，實現眞正城市農村化，農村城市化之理想，以爲新興都市之模範。

六、割裂縣市兩俱不利

就今日無錫市工商業及人口發達之趨勢觀之，僅就原有城廂十六方里之面積，因不足以供其盡量之展布，即以九十二方里面積之無錫市劃爲新市區，仍嫌局促不敷應用，在今日而欲求市之成立，且能爲合理的發達，自非要求得一面積較大，地位較好之區域不爲功，而錫縣範圍，本非甚大，今既失此大部之精華，而僅餘小部之糟粕，亦必難於自存，不廢而自廢也。故欲求無錫全境平均之發達與繁榮，惟有廢縣爲市之一策，倘若仍固守縣不可廢之成見，截長補短，勉强畫分縣市，結果，不必至於縣不成縣，市不成市爲止，至若畫界時之糾紛，以及將來關於公安，財政，交通，教育，各種權限上之爭執，更爲永久不能融洽之禍根，值此建設伊始，實行自治之時，吾蘇又何貴有此支離破碎不成局格之縣市，以爲施政上之障礙乎？

## 日本大阪市不久將有地下鐵道實施（伯）

大阪市爲整理市街交通，救濟工人失業起見，决定敷設地下鐵道，估計工程費共需七千七百萬元，其中一部分經費，擬呈請內務省募集公債，嗣經中央事業調節委員會核議，准其募集八百十萬元，每日規定僱用工人五千名，（內中細工一千五百人，粗工三千五百人）現在市當局業已着手準備一切，一俟接奉指令，即日可以興工。此舉不但爲將來於該市交通上劃一新紀元，同時并能預防許多工人之失業，於社會政策上亦有甚深之意義，一舉兩得，利莫大焉。

# 無錫建設之我見

江祖岷

處今日青天白日旗幟之下，軍政時期已過，訓政時期方來，談政治者，莫不以建設爲急務，努力進行，即有識之士，通達時務者，亦莫不知建設之重要，相與有成，特是建設一端，非徒託空言，必須切實規畫，確定方針，籌集經濟，方能以歲月爲期，收奐輪之效。但揆之知難行易之旨，則尤不得不急起而直前，奮與而恐後也。無錫之應從事於建設，以地勢，水利，交通，文化，農產，工商，風景等而論，夫人而知之矣！然而無錫之有今日，歷二十餘年之提倡經營，初非易事，則無錫之於將來，要當務其大且遠者，統籌全局而不以枝節爲之，吾知無錫之民衆，必有樂觀厥成者焉！吾於此有二要點，請申其說：

## 一曰方針宜確定也

大抵時勢有變遷，地方風化人情亦隨之而轉移，無古今中外如出一轍，且經過一度破壞，須謀一次建設，事所必至，理固然也。無錫百年以上之情形，不可得而知，百年以下之情形，父老相傳，可得而聞，其間洪楊光復二役，實爲樞紐，而農工商業之盛衰消長，與建設有重大之關係，初無藉乎在上位者爲之提倡講求，所謂惠而不費，因民之所利，而利之是也。今可析其義而又得二說焉，洪楊以前，論農產，則禾多而桑少，論商市，則南北二門並盛，論工業，則手藝尙矣。洪楊以後，農則米麥與蠶桑並重，商則趨重北市，而米業執江南之牛耳，工則手藝而外，漸任工廠職務矣，自滬甯鐵道成，交通運輸均極利便。時至勢會，不數年而光復，風氣不變，凡農所生，工所成，商所通，非如昔日之各自爲政，實有相需爲用之趨勢，於是工廠日益增，商業日益盛，新北區之市場以興，迤邐而北至惠農橋，東北至廣勤區，東南至羊腰灣，直南至上下二塘，凡昔日荒蕪荊棘之地，一變而爲工商薈萃之區，十餘年來，日新月異，而歲不同，在當局未嘗有以提倡之講求之，而在農工商方面，有不期然而然者，此無形之建設也。無錫自光復以還，併金匱而爲一，其時正以自治爲標幟，即籌設市公所市議會爲自治基礎，以城中及城外四面附郭劃爲市區，闢光復門，築馬路，建橋樑，凡利交通興市場者，從事建設，民國七年開闢通惠路，民國十一年開闢商埠，蓋亦嘗注意於建設矣！惟商埠則有其名無其實，歷數年之久，未有成績，其他如交通便利者，市場即隨之而興，不無建設可言，影之隨形，功效可覩，此有形之建設也！有形之建設與無形之建設，相須而成，相因而至，然有形之建設，人所易知，人所易見，無形之建設，人所難知，人所難見，故以今日之無錫觀之，謂之已事建設，則可謂之，未事建設，則不可謂之，建設而不革新，則可謂之，建設而仍其舊，則不可，今當訓政開始之際，宜有新建設，以新耳目，不必規規於已通之路，已興之市，刻舟而求劍，膠柱而鼓瑟，務當別尋蹊徑，確定方針，重闢新區，因其有而興其無，存其舊而謀其新，使民衆羣曉然於建設之所在，引領而望，翹足而待，期其成功，方針既定，然後以全力赴之，有志竟成，未足爲難也！

## 一曰經濟宜籌集也

原夫建設事業，種種計劃，不過齊其末而已，所謂揣其本者，經濟是也。人無血脈，則不生，水無源泉，則當竭，建設無經濟，則計劃不能實現，畫餅泡影，終成空想，無錫於前清，無論矣！自民國成立市公所而後，雖有捐款收入，爲數甚微，而警察餉銀皆賴，於是建設事業，從無的款以資經營，若論昔日之事業，非有點金之術，均由民衆通力合作而成，回首二十年不難，覆按如於今日而言經濟，開源之術，節流無方，維持現狀，猶虞不給，更何能侈言建設哉？竊謂不言建設則已，言建設，必須籌經濟，不籌經濟則已，籌經濟，必須能足建設，無經濟而言建設，紙上談兵之計也，無經濟而不建設，因噎廢食之策也，有若何之建設，籌若干之經濟，務使經濟敷其用，建設底於成，庶不負訓政之工作，而大有造於無錫也。雖然豈易言哉？今試先籌集經濟，專備建設之用，則築路也，建橋也，濬河也，亦祇可依照計劃循序漸進，萬難種種事業同時並舉，即徵之東西各國，以其財力之充盈，而都市建設，無一非歷數十百年之經營，而後得有燦爛之成績，亦非一朝一歲之功也。以此論之，建設之所以爲建設，可恍然於其故矣！語云：「有財此有用」建設云乎哉？

以上二點，是我一偏之見，是否可以備建設之採擇，而建設之進行，是否即以二點爲要素，是在建設者有以教之。

# 本邑絲市衰落之原因及應行注意之點

李冠傑

邇來絲市，因繭價成本昂貴，歐美銷數淡薄，絲價日趨跌落。吾錫絲廠受其影響，而提早停工者有之，縮短工作時間以節省虧蝕者有之，前途深堪憂慮，爲此絲廠家曾集會數次，討論救濟，亦未得確實辦法。蓋以本邑絲廠界發生之恐慌，其原因不僅絲價傾跌，成本昂貴而已。欲謀補救，胥賴政府與絲廠界共同認眞進行，方有濟也。茲將調查所得，筆之如下：

## 歐美絲市衰落之原因

歐美富裕人家，喜買股票，猶邑人之喜置田產也。歷年以來，爭相購買，以示炫耀，致股票充塞，票面抬高過大。夏秋以來，風聲日惡，票價陡跌。於是上中等人家之經濟，皆受影響，絲綢之主顧乃銳減，而市面爲之衰落矣。

## 絲繭成本昂貴

今年春季，鮮繭出數不旺，價錢業已高抬，迨入夏而更貴，至秋而做頂。秋山鮮繭收價，平均每擔需九十元左右，爲從來所未有。値此絲市衰落之時，倘廠家於春夏收足鮮繭者，猶可維持。但鑒於去年繭市，先貴而後賤，後收者獲利較厚，遂有抱逐漸收買主義者，不意商情變遷，去年今歲之絲繭市，適得其反，致多受一種損失也。

## 出絲之虧蝕

以現在絲市與繭價相衡，平均每擔廠絲須虧折三百兩左右。若平均每廠出絲二擔，則每天須虧折六百兩，一月須損失一萬八千兩，資本短者，良難主持矣。

## 廠數與資本

邑內絲廠，可分爲二種，一則設廠營業，一則租廠營業。租廠營業者，其廠主有二，所謂實業廠主與營業廠主是也。其營業資本，少者僅四五萬兩而已。設廠自營者，資本較厚，然亦不過數十萬兩，惟股東大抵富有，周轉較易耳。

於民國十六年以前，吾邑絲廠僅有十餘所，二年以來，飛塡至五十所，進步不可謂不速。惟育蠶繅絲運輸諸項，未能同時改進，徒增廠數，以烈爭競。於絲市興旺之時，此尚亦可隱之事，而際此衰落時會，則適足以增加痛苦而已。且租廠營業者，每以資本短少，出絲利在即售，外商因得操縱挑剔而抑勒其價矣。

## 絲市漲落權操外商

吾國既無銀行及絲行設於歐美，又無船舶以資輸運，以是華絲出口，非特匯兌與運輸感受困苦，甚至如歐美絲市之漲落，生絲作枝之粗細，皆須叩諸滬上各洋行，所以外商握有全權，操縱絲市，一遇海外市情稍形衰落，則抑勒更甚。華商之資本短促者，為勢所驅，不得不將絲削本以售，餘亦受其影響矣。若使吾國於歐美，不能設立溝通絲市之機關，則如今年吾邑絲廠界之恐慌，將隨時可以發生，不必待歐美絲市衰落而後有也。且仰賴外商轉售，即使交易既定，而包裝發運之期，輒又故為遷延，每須致送私用而後行，此即邑商錢翼振先生所云：「華商層層受制，營業失其自由者也」。

## 絲價與商標

廠絲輸出，現雖有A字與B字兩種等級之名目，其實仍注重商標，商標之未著名未銷行者，絲品雖高，外商不顧也。而吾邑各絲廠之商標，博得歐美信用者，不過數種，餘則悉經外商改換行牌出售。故在廠家商標未著信以前，繅絲儘求精美，其價錢仍不易提高，徒加重成本而已，此實為改良華絲之大障礙也。

## 華商應行注意之點

從前吾國絲商，猶有優點三：工人工資輕，工作時間長，繭子成本低是也。年來繭價既漲，工資又增，工作時間，亦漸縮短，管理問題日見複雜，而育蠶繅絲運輸推銷諸項，人日益進步，我日益落伍，如此而欲與外人競爭，蓋亦難矣。

由是觀之，欲救濟目下之恐慌，無怪不能得確實之辦法矣。雖然，絲繭為吾國固有之重要實業，有大宗之輸出，即未能救濟現狀，亦急應圖謀久遠，蓋其旺衰，關係國家與平民經濟綦重，非僅絲繭商受其利害已也，爰就與各方研究及管見所及，試述我政府與絲繭界應行注意之點於後，尚希絲繭專家不吝指正。

一、絲商創廠營業，宜厚集資本，若本額短少，毋寧與他廠合辦之為佳。

一、對外貿易，應一致以A字與B字兩種等級為標準，以免洋商抑制，而使各廠得自由選擇上等絲條，共同從事改良。

一、生絲出口，檢驗機關應認真檢驗，明定等級，以堅全國絲商之信用。

一、應在歐美籌設華商銀行及絲行，以溝通絲市，減少滙兌困難，免受外商操縱，至少限度，亦應派員常駐歐美，探詢條款及市情。

一、於絲市呆遲之時，國家銀行應輕利貸款，以協助資本短少之廠商，俾可積儲待價。

一、政府應從速訂定管理製種育蠶繅絲設廠營業等等條例，使全國蠶繭絲綢各界一致對外。

一、對於絲繭捐稅，應採保護性質。

一、願國人咸能平心靜氣，早息內爭，使政治早上軌道，移我目光，全力對外，俾於世界航行事業，爭一席地。

## 上海查禁刊載迷信事項曆書

上海特別市政府月前訓令社會公安兩局云爲令飭事案准內政部咨開案奉行政院第四〇五七號訓令開爲令遵事案奉國民政府訓令內開案據本府文官處簽呈稱准中央執行委員會秘書處函開頃奉常務委員交下本黨河北省黨務整理委員會本年十月二十九日呈爲據新河縣執委員會呈送舊曆書二種對於迷信事項均未删除殊於禁令有違請轉會重申禁令一案奉此交國民政府核辦相應抄同原呈函請查照轉陳等由理合簽呈鑒核等情據此自應照案申禁合行抄發附件令仰遵照轉飭所屬一體查禁爲要此令等因奉此合行抄發附件令仰該部即便轉行各省市政府飭屬一體查禁此令等因奉此除呈復並分咨外相應抄送原附件咨請查照轉飭所屬一體查禁爲荷等因准此除分令社會公安局外合將原件抄發該局仰即遵照飭屬查禁此令

全邑各機關團體彙編之

# 無錫年鑑

## 內容豐富　廣爲蒐輯

## 登載廣告　效力最大

本年鑑對於無錫全境之地理，人口，黨務，政治，司法，警衛，財務，交通，建設，農林，工業，商業，教育，衛生，公用，公益，宗教等等，都有精密之調查，詳細之統計，而於凡百事業之沿革與近況，均一一納入，隨時展閱，若示諸掌，實爲無錫人士必讀之物。

本年鑑預備發行一萬厚冊，定於十九年一月出版，登載廣告，效力最大，價格如下：

### 無錫年鑑廣告價目表

| 地位 | 全頁 | 半頁 | 四分之一 |
|---|---|---|---|
| 封面裏頁 | 八十元 | | |
| 正文首篇之對面 | 五十元 | 三十元 | 十八元 |
| 首篇以外之正文前後面 | 三十元 | 十五元 | 十元 |

## 年內預定　特別廉價

凡在國歷年內登載本年鑑廣告者一律照八折計算以示優待欲登者向市政籌備處編輯室接洽或來函通知亦可

廣告如用色紙彩印或須繪圖刻圖及其他特別印刷者另行面議

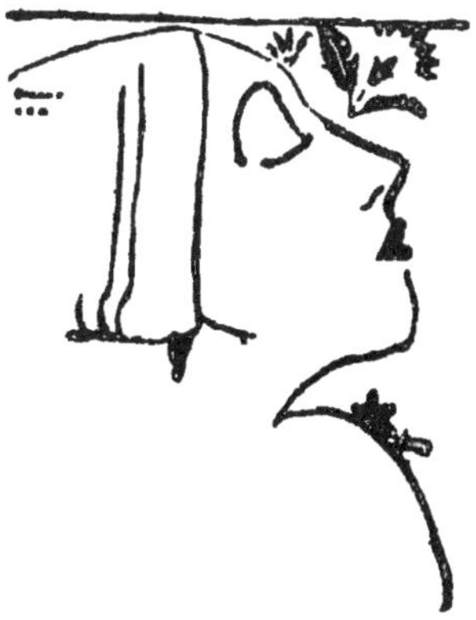

# 改良無錫公共娛樂

郭興熊

讀了無錫市政第三號，李次民先生的大論「改良市政急應注意的幾點」，提到「娛樂方面」一段，就引起本篇—改良無錫公共娛樂的產生，作者以為公共娛樂，是佔人羣生活中的重要部份，因為缺了娛樂，人的生活，不免呆板，枯乾，換句話說，簡直沒有生趣的可言，所以要得到美滿的人生，必須有相當之娛樂—健全的娛樂—來調和，尤其在這造成『健全公民』的高調的訓政時期中，對於公共娛樂的意義，價值，不得不重新估定，對於牠應有的設施，不得不加以研究，因為社會的風化，公民的道德，未嘗不以娛樂為轉移，作者不揣冒昧，對於本題發揮一點意見，深望讀者諸君，不吝指教。

## 公共娛樂的意義

董修甲先生給公共娛樂下了一個簡明的定義，他說：『公共娛樂，是平民公餘的健全消遣，』讀了這個定義，吾們就很可以明白牠的目的—是在助長市民的精神，因為吾們認定勞働，（所謂勞工勞心勞力者均屬之）決不是機器，不能整日的工作，所以在勞苦之後，精神疲乏，若不有充分的休息，和消遣，工作的分量與質量，應時可以減少，休息與工作，既有如此的關係，『三八』時間的支配，因此早已主張了，如果到了實現的日期，難題當不在休息，而在如何可使市民利用空閒時間，作健全的消遣。

## 公共娛樂的價值

娛樂在英文是（Rec eation），就是精神方面重新創造的意思，牠的價值，是一面關於公民的衛生，蓋如前所言，市民的精力有限，在疲倦的時候，非有休息不可，能得娛樂，可以消遣，因之精神振作，對於所作的事，自然生趣了，在這方面，娛樂有積極的價值，另一方面說，提倡健全娛樂，就是防止不健全娛樂之傷風敗俗，由此觀來，在消極方面，也不能說無價值了，此外據最近娛樂價值的估定，是以娛樂防止犯罪，所以黃希純先生說：「娛樂為衛生與公民之營造者，且為罪犯防止之藥」，據步魯非爾市兒童工場主任的報告，說自設立兒童工塲以來，兒童犯罪自五十名減至兩名，又據其他的報告謂，設立娛樂塲後，可以減少兒童法律的常年經費，然則在空餘時間，對於兒童能導之以德，齊之以禮，遊戲塲不啻是公民的學校，能够訓練一般良好公民，在社會的罪犯問題，可以減少，這不是娛樂對於國家的大貢獻和價值麼？

## 公共娛樂應有的設計

對於娛樂的意義和價值，大家曉得的了，現在試問我們無錫普通市民，到底如何利用他們的公餘時間，換言之，他們享的甚麼娛樂，依我觀察，大多數人，簡直沒有什麼娛樂，即算有，也是不健全的，何以呢？因爲無錫娛樂事業的設施不多，（無錫公共娛樂的塲所，據確實的調查，現在只有一二家京戲院和影戲院，此外還有兩個公園和運動場，至於說書的茶樓，也有十數家，（按此種茶樓，是否有娛樂的設施，不得不附上「？」的符號）所以除少數人作較有價值的消遣外，有千百人都消磨可貴的時光在賭博或淫蕩之中，以爲這就是正當的娛樂了，其餘還有若許人在空閒時候因爲沒娛樂的原因，去墮落在別的罪犯之中了。

現在所指望的就是極應從速設法辦理娛樂的設施，多開公園，運動場，演藝會，音樂會，戲院，以及其他的娛樂事業，因爲公共遊藝所，公共娛樂場，能提起人格，陶養人心，並且是移風易俗的好工具。

無錫市政，自從籌備以來，孜孜不遺餘力，各界對於牠的厚望，自不待言，因爲要指望將來的無錫市，是一個盡善盡美的新都市，作者自信籌備市政的諸公，决不會對於公共娛樂事業，處一種輕率的態度，因爲一市的精神，除物質建設以外，最重要的，還是精神。這精神的建設，是從娛樂中，無形的修養而來的。不過娛樂設施的先决問題，是經濟，在經濟問題沒有解决以前，也是萬難達到目的的，無非是理想和空談，此外對於娛樂的提倡，也希望能造成公正輿論，使市民咸覺到正當健全的娛樂與社會民衆的利害關係。

最後的希望是：財政方面要將娛樂經費，列入預算，爲將來市辦的娛樂場所，經費有了把握，對於娛樂事業的設施，可以聘到專門人才來辦理，務使種種設施，能藝術化，教育化，民衆化，才好咧！

十八，十二，十七草于無錫

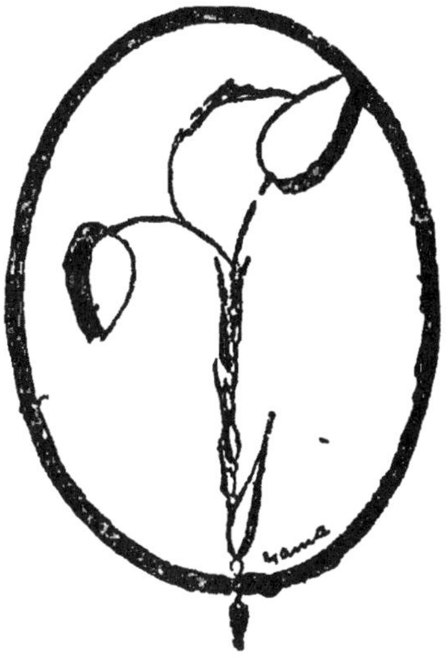

# 籌設本邑各廠標準汽笛芻議

曹湘石

我邑地居京滬中樞，交通利便，工商發達，外邑人士之來遊斯土者，輒以小上海贊許之，然我邑之所以能博得有小上海之虛名者，徒以工廠之多耳。計全邑工廠，已不下百數十家，而年來更蜂起雲湧，鳩工建築者，尚紛紛不絕，惟以錫邑數十里週圍之地面，工廠既多，亦足以擾人心緒令人頭痛，每聞各廠上工放工時間，所放汽笛，嗚嗚之聲，振及耳鼓者，竟有數十餘種之多，聲浪既參差不齊，而於廠方又極不經濟，查每廠一次所放之汽，耗去煤費有十餘元之鉅，問之紗廠，每日須放汽十次，絲廠須放汽四次，倘以全邑五十廠計，所耗之費實覺可觀，我市政當局於是有設立標準汽笛之倡議。惟鄙意標準汽笛，建築頗非易事，若以東南西北各立一高大之烟囱及汽管，勢非擇地建築，終日燃煤生火，使之不熄所不能，若此則建築時之經費，既甚浩大，而煤費及人工之管理所費，亦甚不貲，且聲浪亦未必能一律，故鄙意亦非經濟安善之辦法，查各國已實行有電汽同聲機一物，我邑振新紗廠蔣哲卿先生亦雖辦過，惟以機具甚小，祇有一匹馬力，故卒未能成行，今如能購用五匹馬力及七匹半馬力之機器，則其聲浪可達二英里之遠（合中國六里），且機具之價格亦甚廉，每具祇須五百九十五兩，倘是五匹馬力，則每小時用電三、七五度，以每度七分計算，需洋二角六分，現在紗廠每天放汽十次，絲廠放汽四次（時間不同），共計十四次，每次約放三分鐘，則每日共放四十二分鐘，所需電費祇一角八分，二既不須擇地建築，又不必人工管理，聲浪又最能一律，一處拉機，四處可響，其法祇須在東南西北各築一高處收電機，置於上面，接以電線，此誠便而易舉之事，惟所鳴汽笛實關係數十萬工人出入之信號，若仍遠仰於戚廠之來電，難免無遺誤之患，最好我市政當局，能早日籌辦一市有之完善電廠，庶能應用匀如，鄙見如此，還望高明詳加指政之。

查無錫各廠家皆採取包煤制，將全年燃煤包與煤號，以是放汽笛之耗費，視爲無直接關係，且各廠家對於鳴笛時間，每故爲遲早，以延長工人工作，若欲一而齊之，自非廠家所歡迎，標準汽笛之能否建設，固不必視政府財力之裕否，而後定也。

—冠傑附筆—

## 從美國人眼光中觀察中國人之力量（秋）

棱頓博士有趣味之研究

哥命比亞大學鑛山學主任教授棱頓博士，比較世界人口與其做事之力量，謂美國人口不過占世界人口十六分之一，而其所做工作之總量，實占全人類二分之一，博士算法以世界十五個國爲基礎，先計算其國內之人口與機械可發生之馬力數，再因其馬力可以完成的工作之量比較而算定之，再次計算其馬力數，即就馬力發生之根源，如人類之食糧，機械之燃料及水量等，依以上研究之結果，各國人民每一人所做工作之量，其比率如次：

中國一、印度一、四分之一　俄國二、二分之一　意大利二、四分之三　日本三、二分之一　波蘭六、荷蘭七、法國八、四分之一　澳洲八、二分之一　巨哥斯拉夫絲九、二分之一　德國十二、比利時十六、英國十八、坎拿大二十、美國三十。

# 近代都市計劃之意義及其方法（續）

多馬士亞丹原著

王伯秋譯

## 第二　都市計畫之方法

### 一、調查及計畫之順序

有人說在定都市計畫以前，第一應當考慮的，就是交通組織與分區制，至於公園系統及市中心等計畫，可以稍後，其實是不對的，我們要想將一個都市做得成績美滿，此等問題決不可以分別處置的，大凡在一個都市裏面，同時不能舉辦數件事情的時候，當然是以交通及分區制二者爲最緊要，然以予之所見，倘若一定以事業的種類而定，都市計畫事業的緩急，殊不甚妥當，茲爲擬定實行順序於次。

一、勘查都市及其周圍區域。

二、依據勘查所定的都市計畫區域，作成暫定的大體計畫方案。

三、都市測量。

四、依據州法律建立完全的都市實行計畫。

倘若最初必須從小規模做起，那麼要先調查現狀完了以後，才可以着手，但是此種調查，不宜過於精細，如果要想做完全的分類，其過失殆與脫落最必要的調查一樣，欲建立一個適當的計畫，應該去做最緊要的事情，故所謂上等的計畫者，就是能知道何者當取，何者當捨的人。

其次就是鐵道的位置，及位置變更一類的問題，但是欲求完全無缺，殆不可能，都市如能勸說鐵道技師，使其設計適合於都市計畫最妙，倘若藐視技師的意見，獨自樹立計畫，即使鐵道公司肯爲都市的利益而出犧牲，苟無何等直接的利益與公司時，其結果仍終歸於徒勞。

## 二、都市計畫與分區制相關的重要性

都市計畫問題中最難解決的，恐怕就是不通俗的而且最難了解的問題罷!?現今有許多都市制定的分區計畫，比於其他問題需要專門的知識較少，其計畫的成否，專以精通其土地的事情與否而定，制定分區制的專門家，須有善於使用其所有材料的知識，併且要想說出來的話，使市民動聽，處理許多特殊事務的時候，能得有益的助言，必須熟悉其他各都市的消息才行，然而從其大體上說，若僅限於分區制的計劃，只要市裏有一位賢明的工程師，就是沒有專家的援助，也可以計劃出來的，但是無論什麼計劃，不僅是限於分區制的，無論什麼分區制，不僅是以安定土地房屋的價格爲主要的，都市計劃在使增加都市的真價值，不是爲維持買空賣空的投機家做的事業。

制定某區域專爲居住的目的使用，其主義既爲地主所公認，彼等對於住宅用的，所劃的土地，或賣或租，種種條件，例如對於建築費的最低度，及住宅的性質等，加以限制之類。從來此種原則的適用，僅限於比較有福階級的住宅，大抵在防止高樓大廈的近旁，建造商店，或工人的矮屋，從某種意味言，這是一種階級差別的根性，他們以爲在貴房子的旁邊起便宜的房子，一定是會降低貴房子的屋價的，不知這是錯誤了，最重要的問題，不在起屋所買的價錢多少，而在其房屋的設計適於趣味與否，周圍的環境舒適與否而定的。

制定都市計劃規則，對於住宅的周圍，加以限制與取締，比較規定建築費的最低額，更爲緊要，設定住宅區的主義，現已被認於地主私的契約，現在不過擴張其所通行的習慣，認爲法律去施行罷了，但是法律與契約所採的方法不同，譬如在特殊地區內，規定房屋建築費的最低限度，雖然是可以希望的事情，但是把他當作法律施用，便不妥當了。欲保存良好的狀態，關於劃地之大小，不適宜的建築物之禁止，適當的衛生狀態之維持，及建築物之高度與用途等，均不可不設定取締的規程。

都市對於其近郊土地的區畫，和建築等加以限制和取締，也是很緊要的事情，換一句話說，擴張都市區域，即使農業地，亦應包括於其境界內。有許多的都市，對於其近郊地方，永遠放棄不管，積年既久，遂令其地眾濁而不適於衛生，并且造起了許多不良的房屋，迨至一旦想要併入市內時，立刻就會發生不少的困難，假若都市對於此等土地尚在農業地的時候，已經併入市內，那麼就可以預先加以適當的限制，防止其不經濟及不規則的發達了。但是他們計不出此，袖手旁觀，聽其自由，建築房屋，凌亂無序，往往上下水道及其他的設備也沒有，一旦併入市內，要想增高其程度，與都市同一標準，那麼就不得不要耗費區額的費用了。

要而言之，都市併合郊外地，宜在尚未區劃前實行，否則在併合時，以既已完成適當的衛生設備爲條件，或者提高郊外地的標準與都市相等而需要的一切費用，不歸都市全體負擔爲併合的條件亦可。美國有許多州，對於都市於某種程度內，以法律附與管理幷取締其附近地域區劃的權能。

三、都市計劃委員的任命

在劃定都市區域或製定都市計劃以前，市會必須决定任命都市計劃委員的可否，對於任命委員也有反對的，這是以爲他們的利益，遠不及於專設團體，傾注全力於都市計劃事業那樣大的緣故，但是委員會經費的支出，應該受市會的監督的。

四、聘請專家做顧問

在樹立計劃的工作裏面，大抵也包括聘請專家一名或數名爲顧問的事在內，這種專家，專全指揮豫備測量的工作，這種工作，實在是爲各階梯終始需要專家指揮的全工作的一部分，因此聘請顧問，實屬必要，但是當聘請的時候，務必先使他諒解測量及計劃，不是顧問的專任事務，是與市工程師的協同事務。

市工程師必須充分利用其關於上述事情所有的知識，幷且關於設計方案，務必使其本人抱有責任與信用的觀念，這就是(一)爲節省計劃費，(二)計劃成立後，能使當局者以同情去執行。

良好的計劃，必須應於狀况的推移隨時可以變通的，决不是已經完成了的，計劃必須繼續實行，且爲適於狀况變化不絕的隨時修正，因此這種重要的工作，須俟在都市計劃委員監督之下的常任委員，才可以經營成功的，所以對於都市計劃有多年精深研究的專門顧問，固可以得着他許多有益的幫助但是他的工作，只在與市工程師協力，决不是代替工程師的，此點必須明白。

五、搜集地圖及調査資料

都市計劃委員既被任命，第一儘先所應着手的工作，就是在盡量搜集已有的地形圖，分區圖，及其他各種的調査資料，即使有縮小一哩爲一寸的地圖，爲欲明白都市及其附近地域起見，也必得要搜集的。

其次必須劃成市及隣近都會地域圖，（即自都市境界三哩至五哩以內的市街地域圖）此種地圖，必須縮小一千尺至二千尺爲一寸的，而於其圖內，凡關於街路系統，主要街路，水道，鐵路，及其他區域的發達等顯明的事物，均須記載明白。

又其次必須製作縮小二百尺至四百尺爲一寸的地圖，表示市內建築物及地形，此種地圖在盡量精確表明現在的街路及街廓，土地的高低，以五尺的標高差的等高線表示之，更利用保險用的地圖，及其他特殊的調査爲補助，將一切的建築物，及其他有形事物，細大不遺，詳載圖中，倘使此種地圖製作得宜，使人一看便可瞭然於一市的人口狀態，和建築分布的密度，沒有表示建築物的性質的時候，以圖式而論，與其耗費時日製成價値迭少的人口密度圖，不如多費時日，爲表示現在建築物的地圖爲較有益。

因此總計可以有三種地圖，第一，縮小一哩爲一寸的大地圖，第二，縮小一千尺至二千尺爲一寸的都市及附近市街地域圖，第三，縮小二百尺至四百尺爲一寸的市區地圖，都會地域及市內一切的區劃，在第二號地圖內可以明白表出他的輪廓來，關於主要街道，水路，軌道，公園及公園道路，（現在及計劃中者均在內）大概的豫定線亦可表示出來。

假使在經費許可的範圍內，對於全市能製成特別的地形測量圖，那就更爲大有用了，尤其是在地勢起伏多的都市，所得的利益更多，因爲丘陵多而有異常的困難時候，對於全市至少或其一部分爲精確完全的地形測量，是爲最緊要而不可缺的事情。

六、俯瞰圖

地形圖不備，可以俯瞰圖補之，俯瞰圖在都市計劃上，尤其是在表示都市自然的特徵及建築物的密度上，非常的有價值，坎拿大政府較其他各國更爲認識利用飛機製作地圖的重要，航空局對於其他官廳或都市時，時予以援助，製作所謂「摩札克」式地圖，關於此點，一九二〇年度該局年報有言：

此種「摩札克」式地圖，比較通常地圖易看也易懂，并且味趣極深，故對於一般公衆的價值，殆非紙筆所能盡述，加之對於都市計劃者，尤爲貴重異常，於解決都市計劃問題的大部分，貢獻最爲偉大云云。

俯瞰圖當然不能保留尺度的精確，如果要想尺度精確，必須實地測量，但是俯瞰圖，實爲實測地圖極貴重的附屬品，乃須都市計劃及其他目的所萬不可少的物件。

七、準備的勘查測量

第一第二及第三地圖，須在舉行大地域及都市測量時同時製作，當在測量的時候必須明白充分利用，因測量所得的知識，有時因爲經費多寡，不免左右測量的性質及目的，故於左記各點，在着手測量時，須特別留意。

一如前所述，第一問題，須選定側量及可以計劃的地域，倘使在法律上可以不向原來的都市境界，那麽就不可不愼重注意選定大地域，又如不得不固執原來的都市境界時，即以都市的全面積爲都市計劃區域爲最良的方法。

二、在計劃地域內有形的變更時，必須常常保持公共利益與個人利益的均衡。

三、各種問題應須分別聘請專家處理，普通至少要有專家四人，即第一，主管鐵道輸送及貨物停車場，主要街道系統，市街交通，上下水道，動力及燈火的配給，與其他技術問題者。第二，關於財政（尤其是征收及地價），及法律問題者。第三，關於市的一般有形的設備者，（公園及娛樂設備等。）第四，關於市中心及建築物取締者，此等人大概為工程師，法律家，庭園技術家，及建築家等專門人才。

法律家不是計劃者，祇是為其專家團體內的最高顧問，其他三人則皆直接担任計劃，三人中必須有一人總理各種事務，大都市所包括的範圍既廣，問題只極複雜，故至少須有專家三人，若在小都市，倘能使敏腕的市職員相助為理。即有專家一人亦已足，又分科過細時，事業有時不統一，必須注意，不可使計劃因此而致蹉跌。

四、都市計劃不是制限都市的發達，乃是助長都市的發達，故以伸縮自在，富於適應性者為宜，但其變更改正，只不在某種原則之內行之，決不可為地方的便宜打算，就是極小的變更，倘且容易生出不公正的事情來，惟有仰藉專家的意見帮助了。

五、當樹立計劃時，須得市職員及市民的帮助，實行計劃時，尤須常得彼等的同心協力。

六、舉行測量與種種相關聯的問題，如分區制及鐵道等速帶，行之固為有益，然前後的計劃係包括的，必須網羅關於都市一切的事項。

七、都市計劃在某種意味，是為工業或住宅地管理土地的使用及發達的，故征收制度，亦不可不注意順應於土地使用上的限制。

八、如我們現在所看見的，因為建築物的雜亂無章，致使土地價格下落，然若過度施行分區制度，亦必發生同樣的結果。

九、關於枝葉問題，過於詳細不好，應該避去，因為在都市計劃的題目下，大半的問題是在以建築條例及住宅條例，容易處理的事情。

十、建築物因向建築線後退時，可以加高，但須依各都市的特殊情形而定，不能舉出一定的標準。

十一、一家的住宅數的制限，普通在美國沒有實行，故人口密度低減，不得不依各劃地建築面積的制限而完成，是較一定劃地自身的面積方法為優。

十二、在能行大地域部分的測量的地方，縱使計劃，雖只限於都市的區域，仍必須要舉行的，無論在什麼地方，完全的都市的測量，實係都市計劃的基礎而舉行，必要的地圖，無論在什麼都市，大概一樣，有時各因其地方的狀態不同，須製作特別的地圖。

八、都市測量

關於大地域的測量及其大體暫定的計劃方案完成以後，其次最要緊的，就是都市的更完全的測量。

前記三號地圖完成後，據此可以充分表示正確的地形，市內的建築物，街路，街廓的境界及軌道等，以此地圖用石版印刷，作成幾幅鮮明的復寫地圖，石版刷印有十二張，大概可以敷用了。如是就把種種必要事項描入，更施以彩色，作成地圖如次。

第三號地圖（甲）交通地圖，爲表示現在的軌道，車站，水道，港灣，市場等。

第三號地圖（乙）街路公共用務地圖，爲表示既設市街鐵道及其延長計畫線，水道本管，下水道，動力線，及各種的街路舖裝等。

第三號地圖（丙）街路交通運輸地圖，爲表示主要道路及其點，市街鐵道交叉點，街路交叉地點，及（如果交通調查已完成）幾個地點的交通量等，此種地圖，以顏色線表示，自市街鐵道四分之一哩以內的地域。

第三號地圖（丁）土地評價圖，爲表示一平方尺或六尺寬的宅地評價價格者，此法一平方尺當五元到一〇元。或六尺寬當五〇〇元以上，一、〇〇〇元的街廓用一種顏色標明之。一平方當一元以上五元或寬六尺當一〇〇元以上五〇〇元者，又以他種顏色標明之。

第三種地圖（戊）現勢地圖，爲表示現在的工業商業，及住宅的區域，公園及公園道路，并公共及准公共建築物的所在地等。

第三號地圖（甲）及（丁）（戊）以一定的彩色與記號描入時，可以合成一個『現勢』地圖

（未完）

# 市政淺說

金禹範

## 第一章　緒論

城市的定義——城市與文化——城市與互助
——城市的發展——舉辦市政的重要

### 城市的定義

起初人類為了抵禦外來的侵略，就發起了在住所的四周建築了城牆，這就是所謂「城」（City）的起源，後來因為工商業日漸發達，交通日就便利，人口一天增加一天，原來的城裏，不夠應用，因此許多人不得不推廣到城外來住居。近世紀來，科學倡明，炮火進步，城牆失去了本來的効用，因之歐洲各大城，例如倫敦等處，都把城牆拆掉，就是我國的上海天津廣州等「，」也因為工商業發達人口集中的緣故，也先後將城牆拆去，因此城的地位就一大變動。

「市」（Market）是許多人集合在一處相互貿買做營業的地方，起初人事簡單，商業也初有的時候，都是指定一定地方，一定時期，大家相互交易，易經上所說的「日中為市」就是這個意思。

起初城與市很有區別，市是城中的一處賣買貨物的地方，市是小於城，無論歐美或者是我國，都是如此，以後各國因為工商業日漸發達，從小小的市場，日漸推廣到全城，從全城推廣到全國，以致全世界。例如我國的上海天津，美國的紐約，芝加哥，英國的倫敦利物浦等處，不但全城是商場，以致於做全國全世界的商場，而城和市原有的區劃，也就此無形消滅了，所以現在我們常常將「城」和「市」連在一起，叫做「城市」。按城市的名詞，很是廣泛，上至京都，下至小鎮，都可以叫做城市，可是事實上講起來，凡是城市一定有下列三種要素：（一）須有一定的土地，（二）須有大羣的人民，（三）須有管理全地興革事宜的城市政府　但是因為各國習慣和法律的不同，城市的定義也就不同了，我國國民政府定人口滿廿萬以上的，名之為「普通市」，人口滿百萬以上的，或首都，就定為「特別市」，普通市直隸於省政府，特別市直轄於國民政府，這是我國定城市區別，至於別國所定城市的範圍容後再說。

## 城市與文化

在窮鄉僻壤的地方，可以說絕對沒有什麽文化的，惟有城市纔是文化的中心，文化最發達的時候，也就是城市最興旺的時候，如十五世紀、歐洲的文藝復興，(Renaissance)和荷德等國家的興盛，就是個很好的例子。因爲城市正是人口集中之地，交通便利，工商發達，分工精細，講求教育，禮制，藝術等各種文化事業的人也愈多。我們試看科學的發明，和各種大實業等，都須要倚賴分工制度纔能成功，而分工制度，更要靠大宗的資本力量，這許多都是市的特產品，所以世界各國愈大的城市，牠生財的力量也愈大，因此關於一切物質方面的和精神方面的進步也愈加快了。

## 城市與互助

分工愈細，互助的精神也愈明顯，城市是分工精密之地也就是互助精神發達之處，要是市中沒有所謂分工，也就沒有所謂互助了。換句話說，市中要是沒有互助精神，分工制度也就決不會實現，城市是更不會生存了，可是社會因爲經濟的關係，就發生了經濟紐帶，分工當然是不可少的事，互助的精神當然也不會得磨滅了。一部分人致力於土地的生產，一部分人出去戰爭，工人製造耕具，農夫用了耕種，各種人致力於各種事業，互相幫助，生產品一天增加一天，這個市場和別個市場互相交易買賣，就此商業也就興了起來，這就是互助的開始。以後事務日繁，互助也就日漸擴充，從前開始簡單的互助，今則擴充到各種新的事業，更加了納稅制度，分工制度一天發達一天，因之有了常備軍制度，大多數人民因此可以自由從事於生產，在閒暇的時候，就研究各種文化事業，在這時候的城市更形發達了。總之城市的存在，都是靠着互助，可是互助也只有城市中可以發現。

## 城市的發展

現在有許多人，總以爲都市是萬惡之窩，其中生活極其痛苦，他們總想到工業革命以前農夫的生活很是簡單圓滿，沒有貧富之分，他們極力主張恢復鄉村制度，大唱「回到田間去」(Return to The Land)的高調，可是事實上。各國城市發達的統計，每年人口的增加率，總是要倍上幾倍，有增無減，現在我們單拿美國一方面來說，就可以看出來了。美國，最初全國人口是三百九十二萬九千二百十四人，當時住城裏的人祇有十二萬三千五百十一人，佔全國總數中百分之三有餘，到一八九〇年，美國城市人口增加到全國人口總數的百分之三十六又另一；到一千九百年的調查，又增加到百分之四十又另五，在一九一〇年，又增加到百分之四十六又另三，到一九二〇年，又增加到百分之五十一又另四；總計此三十年的變遷，城市人口竟增加了百分之十五。同時美國大城市的人數，也大大的增加。在一八九〇年，美國有十五箇人口滿二十萬的城市；到了一九一〇年，這樣的城市增加到二十八個。到一八九〇年人口滿十萬的城市共有二十八個，人口滿五萬的城市共有五十六個，在一九一〇年，人口滿十萬的城市增加到五十個，人口滿五萬的城市增加到九十八個；到一九二〇年，全國城市共有九二四個，城市中人口共有四六、三〇七、六四〇，佔全國人口百分之四三·八。至於各個城市人口的增加，更其利害，在一千九百年至一千九百十年中，美國有二十多個城市，其佔人口的增加差大多從一倍至三倍之多，這不單是美國這樣，世界各國都是同樣的趨向，現在也不必多談，所以照此看來，城市的發展是不可避免的事。

## 創辦市政的重要

城市的重要，早已爲大家所承認。並且現今的學者又一致承認歐洲的文明是城市的產品，舉凡物質方面的，或者是精神方面的進步，都發生於幾個人口稠密的城市裏，然後再從城市之中傳播出來，就是各種大實業與人民有密切的關係的，無一不從城市產出。可是城市中又諸多罪惡，社會上無論如何不好的東西，也出產於城市裏面，這種的罪惡，不但是城市人民本身幸福有關，就是國家前途的文化，也是有特別的關係，所以創辦市政來發達文化，增加人民的幸福，自屬唯一之要圖。如過市政辦理完善，市民得到良好的教育，智識因之發達，有完備的道路，和衛生行政，人民身體自然强健，有良好警察，地方治安可以永保，消防辦理得宜，火災日漸缺少，市公用事業發達，人民衣食住問題解決，勞資可以調和，無論物質方面精神方面，都可以有圓滿的解決，一切罪惡自然可以去除，全國的文化是然可以演進，所以我們可以斷定的說：「創辦市政是最重要的一件事」

參考書

1.F. C. Howe: The Modun city and to Problems.
2.Beman: Current Problems in municipal Government
3.張慰慈：市政制度
4.董修甲：市政學綱要
5.楊哲明：現代市政通論
6.小川市太郎：大都市

# 第二章　歷史上的市政

### 小引

城市變遷，自古至今可分爲三個時期，第一個時期是古代的城市，第二個時期是中世紀的城市，第三個時期是現代的城市，因爲經濟組帶的發達，自古代到現代的城市中，各期的情形也因之不同。第一期的城市，有很大的權力，所以一個城市也就是一個國家，到了中世紀的城市就與第一期不同了，他的地位和權力，不過是中央政府行政區的一種，是和別種行政區域完全相等，到中世紀末了，機器工業發明，手工業逐漸消滅，城市的地位，又一大變更，牠有幾種特別的權利，爲別種行政區域所沒有的，所以現代的城市，雖則爲中央行政區域的一種，而同時又是一個地方自治機關。

## 第一節　古代的城市

### 希臘各城市——羅馬的市政

歐州在上古時代，人民因血統和宗教的關係，分成功許多小集團，這個小集團，叫做部落，集居於一個地方，恐怕有外部來劫盜，他們就造起了一個城牆或者木柵，以禦外患，其後，因爲經濟逐漸發達，人民智識漸開，就有了宗教，造起了教堂，有了市場，衙署，戲院等，從此這一個居住集團，組織成了古代的城市。此種城市，除漢堡Hamburg與卜內門Brlmen幾個自由市Free City之外，是完全獨立的，凡中央政府和地方政府所應盡的職務權力，均兼而有之。所以叫做城市國家，其意義就是兼有城市和國家的兩種性質。希臘和羅馬的城市就是個很好的例子。

### 希臘各城市

希臘各城市是歐洲古代發祥文化最早而最大的地方，而雅典更爲其中之姣姣，在耶穌紀元前五世紀，就執了世界文化之牛耳。當初雅典人口約近二十萬，而其中十八萬爲奴隸，雅典的地位是在一個高大的平原的中間，四周圍以堡寨 Ae opclis，一面是山，一面沿海，在堡寨之北的出口處，就是商埠。在商埠的裏邊搭着許多小棚，這種小棚，是給商人集合休息的地方，自早晨九點鐘起至午時爲交易的時候，當木柵關了的時候，就算停止營業。在特克E. Violet-Le Duc所著「各時代人之住所」The Habitasions of man in all ages裏所描寫的雅典的情景，算最切合了，他說「倘使有人從亞洲來到雅典城裏，那個人一定意爲這是一個螞蟻窠，……四面圍以堡寨，屋宇櫛比，車中裝滿了商品，往來於途中，男女人聲繼續不斷的在街上或公共場所鬧個不停，從早晨起就可以看到許多男女帶了菓果在街上喚賣。」——就這一段，確乎就可以知道雅典城市當時的熱鬧了。

希臘的住民可以分爲三個等級，第一等是公民，有特別的權利；第二等是僑居於本地之外來人民，此等人，沒有干涉政治的地位，可是有財產權，每年需納人頭稅若干；第三等是附屬於第一等人的奴隸，也沒有財產權，更不准干涉政治。公民中也很多貧富之分，有許多是很富的，也不必做一些勞苦的工作，有的呢，或者是業商的，比較要苦些了，更有許多空閒的讀書人，這許多人是專管政治和研究學術的。公民生下來的時候，就要到族裏去加封註冊，到十八歲時，可以在本分部裏去註成丁冊，從此他纔算是完全資格的公民了。可以娶婚，也有了財產的承繼權，從十八歲至廿歲爲當兵的時期，至廿歲以後就可以加入政治集會發表他的本意和言論。

希臘各城市的建設很宏大周到。就講雅典的保壘，其建築費廢法三〇、〇〇〇、〇〇〇元至三五、〇〇〇、〇〇〇元之多。城市所用各水，概由市外河流用地道水管通到城裏，但水管並不分建於各家，祇在城裏公共地方建築公井數處，由奴役按日分送各家。市內更有公共戲院。是租給私人經營的，遇到公共集會時，每個市民可以進去，再有健身房，公園，廟宇，紀念石碑等各種建築，都很美麗而偉大。當時有一海港叫皮月司Piraeus的建築和計劃，據說是照一定之市計劃而建設，並爲最初之城市計劃呢。

希臘的各城教育與慈善事業，都是當時政府的任務，教授人民以美術和軍事學說，使成爲一完全之公民；將米穀送給貧苦的，以救濟窮苦。

希臘當時各城市確乎對於市政很多可觀，不過就是道路公安公共衛生等方面不加注意罷了，警務行政公共衛生，和公益行政等，在數十萬人之雅典市，均屬缺如，這是一大缺憾。

## 羅馬的市政

羅馬也是同雅典一樣的城市國家，牠也不受高級機關的支配，羅馬的周圍面積，在奈羅Nero時代約有十二英里，人口約七十五萬，以後漸增至一百廿五萬；羅馬的土地，天氣，和其餘的天然環境確沒有像雅典那樣適宜。但羅馬的所處的地位是不十分肥饒，但却也能供給大羣人民的需要。羅馬城市設立的歷史已經無可考據了，但在最初的時候，羅馬是由幾個民族合併而成的；羅馬分成各區域，就是當初由各民族份子組織的證據。這許多民族大概爲公共的防禦起見，所以不得不聯合起來，後來就變成個政治團體。在政治制度上着想，中央和地方行政確實沒有分開。當初羅馬的勢力沒有推廣到城市以外，其政府組織是根據於家庭和部落的制度。爲行政便利起見，羅馬城分做三十個區域，各有法律上獨立的權利，各有各別的議會。在最初的時候，羅馬政府的組織也同雅典初期一樣，是一種君主政體，各部落的長老組織一種諮議院性質的機關，以後就變成羅馬的上議院。君王如想改變政治制度的時候，他就須和人民商議。上議院是憲法的保障者，對於君王，對於人民的動議，均有一切否決權。羅馬以後的歷史也同雅典一樣，從君主政體變到貴族政體，再變化到寡頭政體，以致民治政體。但當時羅馬的勢力早已推廣出城市的範圍以外，其政府的組織早已失去其地方政府的本質，變成一種帝國的性質。所以歷史上叫牠帝國時代，到此時就不屬於城市國家時代了，所以現在我們也不必去討論牠。

在羅馬共和國時代，羅馬的城市是個很不衛生而不整齊的城市，街道不加磚砌，崎嶇不平，旅館飯店草棚凸出在街道中，更有在交通要道處，設置工廠，所以往來行人極其不便，又多危險。天尚未明，售餅的，賣牛乳的，多四出高叫賣買，各商店中也有叫賣貨物的習慣，復加車輛騾馬，乞丐行人之惡聲，其雜亂不安的現象正是喧鬧煩悶。後來至奈羅Nero時代，大火爲災，將全城建築，付之一炬，就此再造起來。這次的建築是有通盤的計劃的，造起來的東西，比較以前原有的要整齊些，可是街道依舊很狹，房屋高低不齊，終是一大缺憾。羅馬人民，除富豪之家各自居住之外，其普通住民，大多居住在公寓裏，公寓的房屋，有時高至三四層，最下之一層，租給商人開設商店，上面各層，分隔單間。店戶很小，并且又不一律，開窗時，即見街道。居住裏面的，除食寢而外，別無他圖。此種公寓房屋，大半是資本家的產業，其所用的材料，悉係價值低廉之物，數年的房租，就可以取回所費的建築費。房裏的隔板等，都是很薄，既不禦寒，又不拒暑，是最不合衛生的房屋，幸虧羅馬人民的習慣，使他們往往過門外生活，否則房屋內的齷齪狀況，要什麼樣的結果呢。不過因爲羅馬人民個個喜歡在街上過生活，本來很狹的街道，以致非常擁擠。到凱撒（Cnesar）時代（西曆紀元前一百年至一百四十四年）他就不得不出示禁止一切車輛在日出後的十個鐘頭以內，城市中心區域不准通行，直到了奧葛斯忒（Augustus）的時候、羅馬纔有對於房屋建築實行一種有系統的規定，同時一切衛生上也算整頓。

羅馬有一種公共浴池，同我們現在中國的茶坊一樣，在第四世紀時候，羅馬市內的浴堂，不下八百五十六處，裝飾都很美麗，浴堂中，人民聚集後，可以討論時局，可以閒談消遣，也可以操練身體，羅馬人以爲每日洗浴兩次，可以長生不老。浴堂之內人色不齊，聲音亂雜，有哲學家來此，辨論哲學，詩人來此，背誦古詩，政治家到此，計劃政治，也有盜賊混入，希圖行竊，所以五花八門，上下中三等無所不有。

當時羅馬對於公共治安方面，也不講究，羅馬當初也無警察的設備，盜賊橫行，白晝行劫，各家雇用奴役防守門戶，街道到夜間不能行人，加以路燈未設，更是危險。後至羅馬帝國成立，警務始行設備，但警察人數過少，地方太大，加之辦理不善，所以也無濟於事。

—未完—

# 青島概誌

榮梅溪

榮君梅溪現任青島特別市政府土地局洋文秘書，對於該地情形尤常明晰，尤以此稿係榮君最近著作，當不失爲該地之寫眞也。

編者附誌

青島控南北洋之門戶，爲中國北部之良港，地濱東海，形勢雄寃，氣候受海洋調劑，溫涼不亞江南，四面島嶼，狀如一環，斷續成內外二口，海水深度，無論潮之漲落，吃水皆深之艦，可以隨時出進，實爲海軍之地利，德人於前清光緒二十四年，藉口占據，經之營之，成爲世界完備之商埠，加以膠濟鐵道之連絡，內地所產生貨，由青島輸出國外者，年計千萬元左右，今日遊此埠者，見紅瓦白壁，綠樹高樓，無非德人經營之成績耳。自我國接收以來，中間日本佔據時代，略有建設外，鮮見有政之建築，蓋以朝令夕改，爲政者措置無從，辦事者抱五日京兆之心，敷衍將事，惜此一塊土，尚須後人努力，完成北方軍港，爲操練我國海軍根據地，我民衆力爭之成績，近日見退步，興復之謀，深望袞袞諸公，完成整個計劃，外不致受國際譏笑，內可以資練軍備，庶幾堵各國覬覦心念，東鄰耽視慾望，於國於民，兩有保障，值余公暇之便，縷述大概，爲我梓鄉觀覘之資，考察借鏡云爾。

## 青島沿革

在清末時代，各國帝國主義，東割西宰，兆端瓜分，清廷積弱之餘，不敢反抗，故力謀自保，鍛鍊海師，李鴻章首建自設軍港，製造礮壘於旅順大沽，以保京畿，山東沿海，亦派員勘察，查得青島海水較深，諸島屏障風險，尤爲北方良港所不及，惜當時海軍經費，移築頤和園，青島荒廢置不用，僅派登州鎮總兵高章元率兵四營，駐紮膠澳，試思當時海防如斯，是毋怪各國東攘西奪，任意宰割矣。按膠澳區境之青島市，李村區，昔屬即墨之仁化鄉，陰島屬里仁鄉，而薛家島則屬膠州靈化鄉，辛林社，小石頭，黃島，屬膠州瑞化鄉，安林社，塔埠頭，屬膠州濟實鄉，海林社，即古禹貢青州之域，古東夷地，周爲夷國，後入齊，爲即墨，以地臨墨水，故名，在今平度州東南八十里，古縣朱毛城故址猶存，田單破燕兵於此，秦屬齊郡，西漢屬膠東國，東漢爲北海國，三國入魏，隸濟南郡，晉仍之，劉宋屬北海太守，元魏隸長廣郡，高齊省，即墨縣入長廣縣，周因之，隨開皇十六年，復置即墨隸東萊郡，唐晉五代，俱仍隨宋，金因之，元初改隸膠州，至元二年，廢即墨縣，析其地入掖縣。膠水，明初屬萊州，清隸萊州府，清末改膠州爲散州，未幾，改直隸州，而膠澳已劃爲租界矣。就其全區形勢論之，漢唐以前，設險在陸，宋元而後，置重在海，初爲漁舟聚集之所，舊有居民，不過三四百戶，大半依漁業爲生，待夫清末，列強東借西租，沿海口岸，悉被佔據，而青島全區，亦於光緒二十四年爲德人租據以去，期以九十九年，附以山東路鑛諸權。全區面積總計一百十二萬八千二百五十三平方里，陸地占全數之半有奇，置於德國海軍部管轄之下，分設軍政，民政，經理，工務四部，任海軍將佐主一切，行政事項，民國三年，歐戰開始，日人復取而代之，幾經我國代表在華會力爭，方協定收回，設膠澳督辦公署，以管轄之，今年改爲青島特別市區。

## 青島敎育現況

青島在德佔時代，設有專司一切學務事項組織委員會，創立德華大學，中德各籌的款，分担開辦經費六十四萬馬克，學科分預科本科兩級，修業預科六年，本科三四年不等，內分法政，醫，工，農，林，四門，爲德時代最完備之學府，先後卒業二百餘人，後歐戰起，遂即停辦，公私立之中學，有四五處，女子敎育，公立僅湖南路公立中學一所，小學一所，學生合計共三百餘人，私立，有美國長老會創立之文德女子中學，學生約六七十人，全年經常費約十四萬元有奇，生徒僅得一萬人，以全埠居民三十萬較之，受學兒童，祇占三十分之一，大都設備簡陋，有名無實，或旋設旋停，壽命不長，或時局不寧，因之停頓，總計小學畢業，年不過五六百名，自民元至民十六，統計畢業小學者，共三千五百餘名，較之江南敎育發達之區，恐一縣之學生，尚不止此數，近來有青島國立大學之說，主任其事者，聞爲吾邑吳稚暉先生云。

## 港灣建築

青島港又分畸，德時代，以德國國庫補助費一億六千五百萬馬克，爲開展青島之用，就地所籌者，歲入三千六百五十萬馬克。其建築港灣，分爲大港，小港，船渠，港，而以大港爲主，其工程頗大，築港地點在膠州灣之東岸，包容二百八十公尺，面積二平方公里有半之海面，築一圓形之長堤，以灣內多西北風，故築堤以防之，北堤延長四千六百公尺，利用多數礁巖及小島嶼而結合之，其間投以巨石填覆之，南堤長一千一百公尺，即因堤身，以築成之第一碼頭。膠濟鐵路之岔道，由陸地直通至南北兩堤盡端。而於北堤盡端附近，填築海面，使成陸地，於此設貯煤所，造船所，而聯之以一萬六千噸之浮船塢。大港內之碼頭，分爲三部，一二碼頭共建倉庫七棟，分租於各船行，於碼頭稍遠之處，築貨倉十五棟，分租於各商行，二碼頭之間，可容六千噸之船十二艘，同時停泊後，青島貿易進步，碼頭不敷應用，又於二三碼頭之間，添築新碼頭及貨倉，此項新碼頭之設計，向第三碼頭方面，延長五百七十公尺，向第二碼頭方面，延長四百七十公尺，全身寬一百卅公尺，並建築三層四層之新式貨倉，以便貨物之裝卸，又於附近區內，增建貨倉若干所，以應商行之需要，故德華併巨輪在二萬六千七百噸之內，可駛進港內，實爲對外貿易直接運輸之始，聯水陸貨運之一萬六千噸之浮船塢，與一百五十噸之起重機，皆爲青島有名之設置，造船所與浮船塢之建築費，蓋用五千萬馬克，後日占時代，浮船塢遂爲日人移去，故今僅剩廢棄不用之起重機，留一德時代之偉大建築遺跡耳。

## 商業概況

膠澳地處海濱，皆爲砂積土地，質稀塉，農產甚少，然以位處南北洋間，控中原門戶，自經德人開闢，成北方重要商埠，初不以山隅海陬，而變其商業重心，據膠澳關歷年統計，在膠濟未通車之前，已達四千五六百萬兩，至通車以後，貿易額竟增至一萬五千萬兩，是即山東全省貿易，三十年內已增四倍，惟進口大部屬於製造品，及機械熟貨出口，則生貨居多，其中以花生，精鹽，牛顆爲最鉅，全埠商業，悉操縱於外僑手中，日僑尤甚，蓋彼當受不平等條約沾惠，進口貨無重征之虞，而華商除關稅外，尚有其餘落地稅，種種苛捐，因之各貨無從兜銷，國貨與外貨勢難爭雄市塲，以青島一埠而言，時洋貨較國貨爲廉，充斥市塲，觸目皆是，此悉由條約束縛，加以洋商資本雄厚，華商每受帝國主義者托辣斯之併吞，相形見絀，勢所使然，據現下膠澳關統計，進口多而出口少，成畸形發展，於經濟上，大有隱憂在也，即出口生貨，亦皆假手於外人，販運生貨，既如上述，而工藝品如棉，紗，花生油，餅，火柴，紙烟，其工廠多屬外人經營，有太阿倒持之病，可見外人經濟侵畧，隱危如斯，表華人商業，拱人樽俎，留心於商業者，可不力圖振作，以挽回利權爲己任哉？

## 工業概況

青島地瘠民貧，生貨大部來自腹地加以鑛產，如煤燃料運輸便利，自宜爲工業區域，德占時代，專致力於港灣，道路，水電，工程，以及內地之路鐵，對於工廠不遑圖此，迨夫日占時代，日人經營之紗廠，油坊，鹽廠，絲廠，冰廠，蛋廠等，接踵而起，如雨後春筍，是爲青島工業建設時代，華商繼起建立，不免爲牛後之誚，而捷路先登者壟斷操縱，外恃關稅之蔭庇，內便生貨之吸收，勞力之低廉，與華商抗衡，其優越已可明見，諸凡工業，日占其八，華僅占其一二，且資力薄弱，政局不寧，不賓虧耗，即虞停頓，今就膠澳工廠統計彙集大略如下：

華商華新紡織公司精紡機三萬二千錠，出五支十支十六支粗紗，及卅二支四十二支六十四支細紗，每年二萬捆，就全年總額出貨二十二萬一千七百捆，相較華商，僅占百分之八。

絲廠僅日華蠶絲公司，年出絲一千五百担，原料皆取給於青州，臨朐，周村一帶，該廠附設養蠶試驗所，分佈選種於各農戶，然後由其專買，所成之絲，大半銷運美國。

—待續—

# 衛生部編定市衛生行政初期實施方案

## 第一目　訓練衛生行政人員

第一案　各市衛生局選擇合格人員入衛生行政人員訓練所

辦法

(一)衛生行政人員訓練所於適宜時期由本部在首部籌辦并協商高級醫事教育機關及已辦有相當成績之衛生行政機關為實地示教及訓習處所

(二)先由部指定地點促進其辦理特種衛生事業後再派人前往實習

(三)由省市政府選擇合格人員呈部審核後定期開班輪流訓練訓練期間暫以六個月為一期

(四)訓練所經費由部妥籌的欵學員旅費歸原送機關負担并留原薪

第二案　訓練衛生稽查及衛生警士

辦法

(一)訓練標準及章則由本部頒行次第實施

(二)各特別市開班訓練衛生警士

(三)各普通市選送衛生警士赴辦有相當成績之特別市實地練習并隨時聽講

(四)各普通市應於可能範圍內先行訓練衛生警察

(五)擇辦理衛生稽查或衛生警士有成績地方附設衛生稽查訓練班

(六)由部調查各省市衛生警士或衛生警察規定劃一名稱及服制標識通令遵行

## 第二目　衛生行政經費

第一案　數目標準

辦法

(一)應按人口計算平均每人每年普通市須在二角以上特別市須在五角以上

(二)醫療機關應按各地經濟狀況籌設擴充不在前項扣算之內

第二案　規定的款

辦法

(一)各市應由市府收入項下劃出百分之十至二十作為衛生行政經費

(二)凡係衛生行政收入如檢驗費及處分汚物糞穢之收入暨其他有關衛生之各項進款均應指充衛生專款編製預算專作擴充衛生設備之用

第三案　募集公債

辦法

各省市得就當地情形及需要籌募公債依法呈請衛生財政兩部核准用以舉辦自來水等衛生重要設施

## 第三目　管理醫藥行政

第一案　彙集市內醫師藥師助產士請領證書之各項文件呈轉本部核發證書并同時限令照章註冊

辦法

(一)醫師藥師助產士業已開業者由地方政府限期促領部證

(二)請領助產士證書時應詳查其執行助產業務之年限報部備核

(三)牙醫師條例正在擬訂證書由部發給至鑲牙生則歸地方註冊發照

(四)私售麻醉藥品之藥商應切實取締

(五)舉辦註冊時外國人亦照條例辦理

(六)外國人請求發照行醫或開藥房時應先驗明各項證明資格文件并由其本國領事出相當證明書

第二案　調查市內私立醫院診所中醫士牙醫護士或施行註冊以謀改善辦法

辦法

(一)各特別市依照法令如限舉行註冊

(二)普通市先從調查入手次第推行

(三)外國人所辦之醫院診所依法一併調查註冊

(四)公立醫院療養院註冊時務須確查其性質基金設備及有無董事會等報部備核

(五)私立醫院之設備與國民之經濟力為比例然最低之限度亦應依照管理醫院規則有醫師二人藥師一人若無正式藥師時即應由藥劑生負調劑之責其不合本條規定者均應改稱診所

第三案　籌辦或調查市內助產士護士教育機關取締接生婆

辦法

(一)各特別市均應即行籌辦

(二)普通市亦從調查入手次第推行

（三）訓練助產士必有相當之助產學校關於此項私立學校立案事由教育部主管各市衛生局應調查其曾否立案又各市亦可酌量情形依照助產教育委員會所定之標準設立助產士訓練機關

（四）護士學校或訓練所亦爲當今切要之圖希望地方政府提倡在各地設備較周之醫院內廣設護士學校或講習所關於管理護士各項規則由部擬訂通行

（五）取締接生婆並開班授以簡要助產知識及消毒方法

第四案　取締成藥管理藥商

辦法

（一）調査中西藥商

（二）成藥之取締

1.各特別市衛生局依照部頒管理成藥規則切實管理

2.普通市由主管官署依照部頒規則辦理

（三）藥用麻醉藥品

1.由衛生部會同禁烟委員會擬訂麻醉藥品管理規則呈准通行

2.各市衛生局依照條例認眞辦理

（四）藥商之管理

1.各特別市衛生局依照部頒管理藥商規則切實管理

2.各普通市由主管署依照部頒規則辦理

第五案　籌設市立衛生化驗室施行各項化驗

辦法

一　特別市籌設衛生化驗室

甲、細菌方面的工作

1.傳染病病原菌的檢査（如病人的血尿糞痰分泌物等）

2.飲食物品的細菌和寄生蟲檢査（飲水牛乳肉類罐頭等）

3.各種地方流行病傳染病的研究

4.疫苗痘苗血清的製造（霍亂傷寒預防疫苗狂犬病苗診斷用血清等）

5.其他細菌檢査事項

乙、化學及藥學方面的工作

1.飲水牛乳清潔飲料糖菓及其他項食物的化驗

2.各項藥品的簡單化驗

3.成藥和麻醉藥品的檢査

4.毒物的鑑定

5.各項食物營養成分的測定

6.其他關於食物藥品的研究

(二)普通市先籌設一小規模者幷可利用鄰近特別市之化驗室

甲、細菌血清和病理學的檢查

乙、化學和藥學的檢查

丙、抗毒素和血清的保存與分佈

(三)規定市立衛生化驗室經費的最低限度

(四)技術人員薪俸應從優規定

第六案　整理或籌設市立醫院診療所

辦法

(一)各特別市整理市立醫院並廣設診療所

(二)各普通市籌設市立醫院及診療所

(三)特別診療機關如肺癆花柳病傳染病麻瘋等醫院或療養院各市亦應依該地情形分別籌設漸期設備之完妥

(四)以應用科學醫術爲原則

第七案　嚴禁以仙方神方及迷信邪術治病

辦法

(一)嚴禁乩壇醫方並廟宇寺觀置備藥方籤

(二)嚴禁江湖術士以邪術治病並勸禁民衆求神仙治病及以單方互相傳送治病等舊習

第八案　調查並管理市內現有醫藥救濟事業

辦法



(一)取締違反衛生原則並有害健康之醫藥事業

(二)執行市內醫藥救濟事業之登記

(三)市內醫藥救濟團體之醫事設備有不妥善或違反衛生原則之處應加以相當援助或矯正

(四)獎勵熱心辦理醫藥救濟團體或個人

## 第四目　辦理一般衛生

第一案　改良飲水

辦法

(一)自來水

(甲)未有自來水者應竭力提倡而促成各省會各特別市及各普通市應先設法倡辦

(乙)已有自來水者應保持下列諸標準

1.應以人民之需用暫定五十五公升爲每人每日之平均需用量

2.實施氯素消毒或其他公認有效之方法

3.應每日檢查細菌

4.檢查大腸桿菌時十立方公分水量發生氣體不得過百分之五

(二)淡水井

1.應係據各城市之人口與每井之總供量計算應鑿之

井數（每人每日之平均需用量暫定為五十五公升）

2˙如預算達自來水建築經費三分之一時應設法促成自來水之實現

（三）改良地面井

如自來水井或深水井一時無法舉辦時應將原有之地面井設法改良以為過渡應急之計

甲、關於原有之水井

1.調查井數地點及其週圍清潔狀況並在地圖上標誌明白以便查考

2.化驗各井之水質（化學與細菌法）如於衛生上有大礙者應即填廢之

檢查大腸桿菌時十立方公分水量中發生氣體不得過百分之二十

3.保持井水之清潔

（A）水井之週圍如有廁所糞坑等物應一律撤去

（R）舊式陰溝不得經過其近處

（C）自井口以下至少三十市尺之井壁須用三和土塗築使地面水得經過相當土層而後入井以減危險

（D）將井壁增高使井口離地面至少有一尺半（市尺）以免地面不潔之物落入井中

（E）圍井三四尺之地面應填以三和土以增過濾之範圍

（F）井口應置三和土或厚硬木之井蓋井口設手搖引水機

（乙）添掘新井

凡添掘之新井務須依照管理水井規則辦理

（四）河水江水

.1凡市民飲用河水江水者務使以明礬沉澱有機質與泥質

2.採用氯氣（漂白粉）消毒法須加以詳細說明與指導

.3禁止傾倒汚物拋棄死畜等以保河流之清潔

第二案　取締糞尿並厲行公共廁所

辦法

（一）調查廁所坑缸防蠅滅蛆

（二）取締糞廠改良運糞方法及公私廁所

（三）厲行公共廁所

甲、各市應廣設公共廁所

乙、廁所建築應依衛生原則由主管機關詳定標準加以說明

丙、合法管理

第三案　管理飲食物並籌設菜市場屠宰場

辦法

（一）取締切售瓜果露販熟食及各種不潔飲料

（二）管理其他各種飲食物及處理飲食用具

（三）籌設菜市場

（四）向未設有屠宰場者速擇距離民居較遠及交通便利之公地遵照本部已頒布之屠宰場規則建設之

（五）調查市民每年所消耗之肉量並市民之風俗與宗教俾能規定場所之範圍及其設備

（六）訓練衛生警察專司取締私宰及市內販賣未經檢查之肉品

（七）委派獸醫專司檢查事宜凡有牲畜及肉品均須照章檢驗

（八）凡於衛生有礙或具有傳染性之牲畜及肉品與畜產須照章施行消毒並取締販賣之

（九）已設有屠宰場但以規模過簡或於衛生有礙者須照已頒布之規則酌量改良之或廢止之而另行建設

**第四案　厲行清潔並撲滅蚊蠅**

辦法

（一）清潔道路街巷搬運垃圾定期舉行清潔運動掃除污物

（二）撲滅蒼蠅

甲、除產地

1.整理垃圾

2.改良廁所

3.銷併糞池糞缸

4.整理畜舍

乙、殺蛆

丙、殺蠅

丁、宣傳

（三）撲滅蚊蟲

甲、除產地

乙、滅孑孓

**第五案　會同工務主管機關審核市內公共建築物設計之衛生設備**

辦法

（一）審核設計圖案

（二）用衛生工程家充審核員

（三）規定各衛生建築規則

（四）竣工後詳加檢查

**第六案　施行衛生稽查**

辦法

（一）訓練衛生稽查員以每人口一萬設一員爲標準

（二）分區施行衛生稽查

（三）改良飯館茶館劇場理髮館浴室旅館及其他有關公共衛生店舖之衛生事項

## 第五目　籌辦保健事業

第一案 籌辦或試辦學校衛生

辦法

（一）規定學校衛生標準並按照標準調查推行

甲、明定學校衛生執行人員之職責

乙、健康檢查

丙、矯治畸形疾病

丁、預防傳染病

戊、學校一般衛生

己、衛生教育

（二）市衛生局設學校衛生專員

（三）各小學聘任校醫或聘兼任校醫

（四）市衛生局設學校衛生護士

（五）組織暑期中小學校教員衛生訓練班

甲、由衛生部教育部會同審訂衛生訓練課程標準

乙、各市衛生局協同教育局召集教員開班講習學校衛生

丙、市衛生局會同教育局獎勵已受訓練之教員並責成注重學校衛生實行應辦事務

（六）先於師範學校添設衛生課程

第二案 試辦公共衛生看護

辦法

（一）選送合格人員送往國內辦理公共衛生看護已有成績之處加以訓練

（二）選定區域由各特別市着手試辦逐年推行

（三）規定公共衛生看護士資格及服務標準

第三案 調查並試辦勞工衛生及工廠衛生並提倡健康保險

辦法

（一）工廠衛生之改良辦法

甲、組織工廠衛生委員會

乙、試辦工廠衛生

（二）工廠一般衛生之改良

（三）勞働者之衛生

甲、籌設勞働者之工作衛生設備

乙、施診

丙、取締衰弱者之過度勞働

（四）各特別市試辦健康保險次第推行各普通市

第四案 提倡民衆健康設立公共體育場公園及街旁植樹

辦法

（一）公共體育場

甲、各市衛生局協同教育局促成之

乙、建議於市政府添設公共體育場並請體育專家協同指導

(二)廣設公廁由衛生局向市府建議

甲、籌設公廁地點

乙、佈設

(三)街旁植樹由衛生局向市府建設

甲、時期

乙、選種

丙、保護

## 第六目　切實防止疫病

第一案　厲行種痘

辦法

(一)每年施行全市七歲以下兒童之強迫種牛痘

(二)七歲以下兒童逾期不種者處罰其家長

(三)七歲以上之學童種痘由學校校長負責辦理

(四)各市如需要種痘人才時得設傳習所養成之

(五)擴大種痘宣傳

第二案　整理及籌設市立傳染病醫院

辦法

(一)各特別市籌設或改善傳染病醫院

(二)各普通市試辦小規模之傳染病醫院

(三)各市斟酌地方情形設立肺癆或癩病等療養院

第三案　傳染病及地方病調查報告

辦法

(一)劃一表式

(二)按月填報衛生部

第四案　調查並實行預防花柳肺癆癩等病

辦法

(一)各市調查上述疾病之蔓延狀況

(二)指示民衆以預防方法

(三)取締癩病人

甲、調查並擬訂取締規則

乙、禁止癩病人自由行動並取締配偶

丙、有癩病發現之市應將病人送往癩病療養處所隔離診治

第五案　厲行預防砂眼

辦法

(一)取締公共場所及機關打手巾把及有害之舊式眼藥取締冒充眼科醫生及剃頭時打眼

(二)各市設簡易砂眼治療所並推廣使用百分之一硫酸銅油膏等療法

(一)各市開砂眼講習會擴大宣傳預防方法

(四)設法施行各官署學校工廠孤兒院監獄公司旅舍理髮店及

舉居處所人員之砂眼檢查並強制治療

第六案　預防狂犬病

辦法

(一)各市嚴格辦理家犬登記與隨時撲殺野犬由部制定統一辦法令全國遵行

(二)已登記家犬應責成其主人常帶口套

(三)籌設人之狂犬病預防注射所

(四)由部用定辦法令中央防疫處減價供給各地注射預防狂犬病疫苗

## 第七目　舉辦生命統計

第一案　登記並報告生死(統一死亡原因)

辦法

(一)各市遵照部頒生死統計暫行規則辦理

(二)死亡原因表採用統一辦法修正為二十五種

1.肺癆　2.其他癆症　3.呼吸系病(肺癆除外)　4.白喉　5.猩紅熱　6.天花　7.痲疹　8.其他疹類　9.鼠疫　10傷毒　11其他熱症　12腸窩及腸炎(二歲下)　13傷寒(腸熱症)　14霍亂　15其他胃腸病　16心腎病　17老衰及中風　18產褥病　19抽風　20出生弱及早產　21狂犬病　22中毒及自殺　23外傷　24其他原因　25原因不明

第二案　分類統計

辦法

(一)各項統計由部規定後按時呈報

(二)由衛生部商內政部將來於戶籍法中規定凡屬國民必須領出生證

(三)各項統計數字務求詳確

## 第八目　實行衛生宣傳及教育

第一案　衛生宣傳

辦法

(一)推行定期衛生布告

(二)推行衛生標語牌

(三)舉行衛生通俗講演

(四)推廣衛生電影及幻燈於營業電影片中加映衛生宣傳標語

(五)籌辦衛生陳列所

第二案　灌輸衛生知識

辦法

(一)輔助各小學校養成學生衛生習慣

(二)協同教育主管機關改善學校衛生課程

(三)於師範學校兌加衛生課程

# 滬市社會局調查露天經秤

蔬菜爲日常生活之必需品與糧食不相上下滬市對于此項經費數量生產來源以及販賣情形素無調查殊爲憾事茲聞社會局于前日起指派人員先以調查露天經秤着手因鄉農業自己肩挑另賣者絕少大部份均由露天經秤轉售於小販而此項買賣又在夜間二　四時到五六時之間調查頗屬不易查滬南閘北各處露天經秤地點共有五十三處之多該局不避艱難仍派員分組分頭調查於晚間二時起直至天明止現開始已有兩月結果頗爲圓滿聞十日內即可調查完竣彙案統計再依次推及租界江灣吳淞等處其他關于蔬菜栽培販賣之各種情形亦擬一併調查以期有所整頓云

# 工程計劃

工務科

## 橋樑

道路遇河，必藉建橋以過，故橋樑為道路系統中之不可缺之物，我國自古迄今，橋樑建築多取材于石材，造成階級，以其堅固耐久而利于行也。因橋下有舟楫之往來，故發明圓拱，增加高度，以利航行，其最高者，往往橋面與路面成四十五度角者有之。在昔運輸簡陋，往來稀疏之時，似尚適用，時至今日，人口之增多，交通之繁雜，迥異曩昔，故原有之橋樑，有階級者，車輛不能通行，橋面太高者，運輸艱難，今皆不能適用，故在整理道路系統以前，橋樑之整理，實不可缺之事也。

### （一）本市原有橋樑之現狀

本市原有橋樑，類皆舊式，大多坡度甚大，而寬度狹小，茲將各橋之名稱寬度長度坡度及建築材料等，列表如下，以備分期改造之

| 道路名稱 | 橋梁名稱 | 跨度 | 寬度 | 坡度 | 建築材料 | 備註 |
|---|---|---|---|---|---|---|
| 第一環行路環成路 | 北水關橋 | 二四尺三寸 | 七尺三寸 | 一〇% | 橋面用長條石 | 已慎平通車但構造簡陋寬度太狹即擬改造 |
| 又 | 西水關橋 | 三二尺一〇寸 | 一八尺六寸 | 九% | 石砌 | 未通車即將拆除改建水泥橋 |
| 又 | 南水關橋 | 三三尺 | 九尺六寸 | 一〇% | 仝 | 未改造因目下無經行之必要暫緩計劃 |
| 第二環行路 | 小粉橋 | 四四尺三寸 | 七尺一〇寸 | 一二% | 木製 | 通行車輛　暫緩改建 |
| | 廟虹橋 | 一〇〇尺 | 一〇尺一〇寸 | 九% | 洋松 | 仝上 |
| | 亮壩橋 | 二八尺六寸 | 一一尺六寸 | 一六% | 洋松 | 能通行車輛惟一端為荷葉村不通車輛故經行者甚少 |

| | | | | | | |
|---|---|---|---|---|---|---|
| | 泗堡橋 | 二八尺六寸 | 一一尺六寸 | 一六% | 石砌 | 舊式環洞石級 |
| 又 | 擬建新橋 | | | | 鋼骨水泥 | 自北塘至江尖 |
| 又 | 擬建育橋 | | | | 鋼骨水泥 | 自江尖至丁港裏 |
| 又 | 迎龍橋 | 二六尺三寸 | 八尺三寸 | 七% | 石砌 | 已通車 |
| 又 | 顯應橋 | 四六尺十寸 | 九尺十寸 | 二三% | 洋松橋面 | 一端通水仙墩不能通車 |
| 又 | 擬建新橋 | | | | 鋼骨水泥 | 自西水仙墩至太保墩 |
| 又 | 南新橋 | 四六尺三寸 | 一五尺五寸 | 六% | 洋松 | 通行車輛 |
| 又 | 金鈎橋 | 一四尺九寸 | 七尺七寸 | 平 | 石條平舖 | 仝上 |
| 又 | 擬建新橋 | | | | 鋼骨水泥 | 自南上塘至羊腰灣 |
| 又 | 東門興隆橋 | 一二九尺六寸 | 六尺一〇寸 | 一五% | 石砌 | 兩端橋堍已填平通行車輛 |
| 公園道 | 新市橋 | 二五寸 | 一二尺六寸 | 四% | 鋼骨水泥 | 通行車輛俟公園道建築時改造之 |
| | 小木橋<br>西成門口 | 一七尺八寸 | 一四尺 | 平 | 鋼骨水泥平橋 | 仝上 |
| | 又小木橋 | 九尺六寸 | 六尺三寸 | 平 | 仝 | 仝上 |
| | 西吊橋 | 六六尺 | 二六尺三寸 | 四、五% | 鋼骨水泥 | 仝上 |
| | 德新橋 | 四三尺六寸 | 一八尺 | 二、四% | 石砌平舖 | 仝上 |
| | 興隆橋 | 三八尺 | 一三尺一〇寸 | 五% | 石砌 | 已填平通行車輛俟再改建 |
| | 大德橋 | 一六尺六寸 | 一二尺六寸 | 九% | 舊式石環洞橋 | 兩端橋堍一半已填平通行車輛一半仍石級 |
| | 寶蟾橋 | 三三尺一寸 | 三八尺 | 一二% | 鋼骨水泥 | 已改建爲水泥鋼筋新式橋寬四十英尺 |
| | 惠通橋 | 七〇尺 | 二〇尺 | 七% | 鋼骨水泥 | 通行車輛惟橋面太狹橋堍坡度太大 |
| | 吳 橋 | 二一六尺 | 二四尺 | 六% | 鋼質梁架檻板橋面 | 通行車輛十八年冬加以大修理 |

| | | | | | |
|---|---|---|---|---|---|
| **公園支道** | | | | | |
| 惠商橋 | 七一尺 | 二一尺 | 八% | 鋼骨水泥 | 通行車輛但坡度過大橋寬太小即改擬建 |
| 惠工橋 | 五〇尺 | 二三尺 | 六% | 仝上 | 仝上 |
| 惠農橋 | 一四七尺 | 二一尺 | 一〇% | 仝上 | 仝上 |
| 工運橋 | 一一五尺 | 三二尺 | 六% | 仝上 | 已於十七年改造為新式橋尚堪合用不再改造 |
| 光復橋 | 六五尺 | 二七尺 | 八% | 仝上 | 仝上 |
| 新民橋 | 三三尺 | 一六尺 | 五% | 洋松 | 尚堪通行車輛俟再改建 |
| 舞鳳橋 | 三九尺 | 一四尺 | 平 | 石條平舖 | 仝上 |
| 小木橋 | 二八尺 | 一三尺 | 平 | 洋松 | 仝上 |
| 長寧橋 | 三〇尺 | 一四尺 | 平 | 石砌 | 兩端已填平通行車輛 |
| 新迎龍橋 | 一一二尺 | 四〇尺 | 二% | 鋼骨水泥 | 尚未動工 |
| 小木橋 | 九尺六寸 | 六尺三寸 | 平 | 洋松 | 通行車輛俟再改造 |
| 廟橋 | 九尺三寸 | 六尺一〇寸 | 四% | 石條平舖 | 能通行車輛 |
| **南北甲等幹路**大三里橋 | 四三尺 | 一一尺 | 一〇% | 舊式石環洞橋 | 不通車輛 |
| 新三里橋 | 二六寸 | 一三寸 | 一五% | 仝 | 已填平惟不通車 |
| 大橋 | 三二寸 | 一四尺 | 一六% | 仝 | 不通車輛 |
| 北吊橋 | 一六尺 | 一五尺 | 八% | 鋼骨水泥 | 能通行車輛惟不通車 |
| 打鐵橋 | 一四尺 | 九尺 | 四% | 石砌 | 已填平惟不通行車輛 |
| 盛巷橋 | 一四尺九寸 | 九尺二寸 | 六% | 石砌 | 仝上 |
| 鳳光橋 | 一一尺一〇寸 | 一〇尺一〇寸 | 一〇% | 石砌 | 仝上 |
| 陳燕橋 | 一三尺二寸 | 八尺三寸 | 一〇% | 石砌 | 通行車輛俟常改建 |

| | | | | | |
|---|---|---|---|---|---|
| **東西甲等幹路** | | | | | |
| 致和橋 | 二八尺三寸 | 一〇尺一〇寸 | 七% | 洋松 | 仝上 |
| 南吊橋 | 三九尺五寸 | 一五尺二寸 | 七% | 鋼骨水泥橋面 | 兩堍坡度太高俟即改建 |
| 黃泥橋 | 二〇尺四寸 | 一一尺二寸 | 一〇% | 石砌 | 仝上 |
| 石灰橋 | 二六尺三寸 | 九尺一〇寸 | 五% | 石砌 | 仝上 |
| 界涇橋 | 一四尺九寸 | 一二尺六寸 | 七% | 石條平舖 | 仝上 |
| 亭子橋 | 一〇四尺七寸 | 一五尺九寸 | 三五% | 石環洞橋 | 石級尚未塡平橋面由二木條車輛經此乘客徒步而過 |
| 東吊橋 | 一一九尺八寸 | 一〇尺一〇寸 | 二一% | 木大料上舖磚地 | 通行車石俟當改建 |
| 興德橋 | 五九尺一寸 | 八尺一〇寸 | 一三% | 石砌 | 仝上 |
| 環錫橋 | 三八尺五寸 | 六尺一〇寸 | 三八% | 舊式石環洞橋 | 不通車俟再重建 |
| 大市橋 | 一一八尺 | 一九尺 | 二一% | 仝 | 仝上 |
| **南北井字形路** | | | | | |
| 斜橋 | 一四尺六寸 | 八尺三寸 | 八% | 石條平舖 | 通行車輛 |
| 冉涇橋 | 一〇尺六寸 | 八尺六寸 | 七% | 石砌 | 仝上 |
| 駐驄橋 | 一七尺 | 六尺六寸 | 一四% | 石砌 | 已塡平通行車輛 |
| 鼓樓橋 | 一九尺 | 一三尺一〇寸 | 平 | 石條平舖 | 通行車輛 |
| 茅竹橋 | 一一尺一〇寸 | 八尺六寸 | 平 | 石砌 | 已塡平通行車輛 |
| 堰橋 | 二五尺一〇寸 | 六尺七寸 | 一〇% | 石砌 | 仝上 |
| **東西井字形路** | | | | | |
| 吏黃泥橋 | 七〇尺 | 九尺六寸 | 六% | 石砌弧式 | 已塡平通行車輛俟即改建 |
| 倉橋 | 一五尺五寸 | 一二尺二寸 | 二% | 仝上 | 石級未塡能不能通車俟再改造 |
| 三鳳橋 | 二八尺一〇寸 | 一〇尺六寸 | 一〇% | 洋松 | 通行車輛俟即改建 |
| 水獺橋 | 一八尺五寸 | 一二尺一〇寸 | 平 | 石條平舖 | 仝上 |

（二）規定設計標準

爲求便利設計及有系統起見，不得不有規定之設計標準，如橋面寬度，坡度，建築材料式樣，任重，欄杆，燈柱等皆須有相當之規定及式樣茲將此項表準分述如下：

（甲）橋面寬度　橋樑既爲道路之一部，故橋樑寬度，應與路面寬度相同，始可使各種車輛有充分通行之可能。惟橋樑上無停留車輛之必要，故爲精省經濟計或有其他關係時，皆可斟酌以減寬度，工程家定橋樑寬度至少須在十六呎以上，又爲橋身安全起見，寬度至少應有其長度之十分之一；總之橋樑寬度仍宜以路寬爲衡，以適合車輛通行爲要旨，本市所有橋樑寬度規定如下：

（A）寬十五公尺者　凡在第一環形路，第二環路公園道者，多屬之。

（B）寬十二公尺者　凡在公園支道，南北甲等幹路，東西甲等幹路者，多屬之。

（C）寬九公尺者　凡在南北井字形路，東西井字形路者，多屬之。

（乙）橋面坡度　Grade　橋樑坡度，事實上須有相當傾斜，坡度不足則輪舟無以交通，坡度太大，則車輛通行危險，是故有用踏橋式橋樑，而調濟之，查近代橋樑坡度大部不過百分之五，如橋面過高，亦宜填高兩端地平，以得適當之坡度，建築物，地平不足，則可鋪板，或填土平之相差在六呎以上者，可築地下屋以存貯貨物，故亦不致發生若何影響。吾錫橋樑坡度，各表所載其最大約有百分之十以上，如通匯路上之惠農惠商等橋，又如南門吊橋及西門吊橋堍之坡度尤越常軌，或橋面高聳，或坡度灣曲，乘車者既感不適，常懷覆轍堪虞，即車夫亦疲於奔命。故本市將來所有橋樑坡度以百分之五爲標準，則於交通運輸自能安全迅速，而于工程原則亦能符合。

（丙）建築材料（Material）橋梁之構造，材料，有木石磚鐵骨混凝土，鋼筋混凝土數種，木橋建築費雖廉，惟其易於破損，腐朽，火災，其壽命至多不過二三十年，且須常加修理，故早爲工程界所不用，石橋雖堅固，然限於缺乏引張力 Tension）宜於建築拱式橋樑，故原有橋樑，均屬之。現今新式橋樑宜於跨度大而橋墩小，故石料已成强弩之末，且運輸不易，距產地較遠者，極鮮採用。鐵橋負重力强，耐久力大　便於建築，且跨度隨地通用，惟建築費過昂，一橋所費，動輒鉅萬，更須時常檢查，各部結構之處，有無弊病，拴釘有無鬆動，鋼質有無銹蝕，橋基有無裂隙沉陷，均爲鐵橋之弱點，且如鋼骨用材瘦小，縱能任重，亦失觀瞻，吾錫吳橋，可爲明證，故建築費既大，更須有養橋費，常時修葺，工程界以經濟爲前提，亦少採用，其混凝土橋，濟力引力，任重不大，祇限用於較短路度之拱橋，用途至爲不廣，鋼骨足以濟其窮，故鋼筋混凝土橋爲今日橋梁用途之最廣者。較之其他材料，均稱完善，其優點如次：

1.建築費比鐵橋經濟。

2.對於空氣之酸化抵抗力與石橋彷彿。

3.橋式可做任何式樣。

4.外觀整潔內部堅實。

5.耐久力與鐵橋媲美。

6.材料易於運輸。

本市將來橋樑建築材料悉採用之。

(丁)式樣 System 橋梁之式樣，有架式拱式樑式之別（Truss bridge; Arch Bridge; and Girder beam bridge）架式最爲壯麗，建築費亦最大，拱式適用於較深之河道，而不甚寬闊者，樑式用途最廣，建築亦最廉，適用於河道寬闊而易於朴椿者，且計算簡便，施工較易，本市將來橋樑對於路度一百尺內，河深不易朴椿者，採用拱式，其他採用樑式架式等。

(戊)任重、Load 橋樑既爲道路之一部分，故其任重須能負担路所應經過之一切物件，蓋任重不足，傾圮堪虞，本市設計橋樑規定集中任重力 Concentrated Load，定爲十噸至十五噸，務使十噸重以上之壓路機，行經其上，安全無碍，則將來電車公共汽車運貨車等，均能通過。橋基及其他各部樑柱，每方尺活重 Live Load，定爲一百五十磅，內五十磅爲顛動重 Impact 死重 Dead Load 照實在情狀計算之。

(己) 欄杆

橋樑之欄杆，爲防止行人墜落河道之保安構造，此乃已盡人而知之，惟近代都市，爲國際上觀瞻所係，期須美化，以壯市容，故保安構造而外，須具美術觀念，方能合式。而所謂美術者，並非如一般的美術指彫刻，繪畫，五彩等之富麗而言，祇須適合於該處需要之體裁，能引起人民之快感，又能表示一種既經濟而易結構之式樣而已。本處擬於風景區內，採用中國式幹路上之橋樑，用近世式(Modern style)。工業區用前離派式(Secession style)以各適其用。至材料則主用鐵料，鐵筋混凝土及自來水管等，以期垂久焉。

(庚) 燈柱

燈柱之式樣，須與欄杆一致，而其高度燈數，則須視各該橋之長度寬度與地位之重要與否而定。茲擬定長度五十尺以內者，斟酌情形而決定之，長五十尺以上一百尺以下者設柱四，一百尺以上二百尺以下者設柱六，二百尺以上者設柱八枝。以上每柱之燈數與燭光數則根據光學而計算之，大概每柱至少一百燭光一盞，以利照明。

(三)分期整個改建或建造　根據前期所列之道路計劃整個拓寬之三時期，按期進行。每一期約一年為期：

甲、第一期　1.在第一環形路(環城馬路)上者

2.在南北幹路上者

3.在公園道上者(由城廂貫通公園之要道)

4.在公園支道上者(由大倉至萬頃堂)

乙、第二期　1.在東西幹路上者

2.在公園道及支道上者

3.在運輸道上者

4.在風景道上者

丙、第三期　1.在第二環行路上者

2.在公園道及支道上者

3.在運輸道上者

4.在風景道上者

丁、建築費　橋梁之建築費木質者，僅須鋼筋水泥混凝土三分之一，但木橋之壽命僅二數十年，而鋼筋水泥者可永久不壞，且其堅實之腳力，與年代成正比例，故今日而言建築橋梁，無不賞用鋼筋水泥者，惟建造時，工價較貴，而一經澆成，即不易敲去改造，此為最須注意者也，即於計劃，對於將來數十百年後之需要情況，須詳細考慮，如寬度、坡度、任重既不能因經濟之限制而縮減之，即式樣、欄杆、燈柱之設計亦應斟酌而定奪，使造成以後決無改造之需要方為合式，此為工程家所同鳴者也。夫某某橋之建築費，應須若干元，固須俟專家之設計圖製成後，能方估定，但平均橋面每方之工程費，總在三百元以上，若施工困難之河流上及裝飾精緻之地段，竟有每方超過五百元者，可知普通橋梁之建築費，較道路同面積貴十倍至五十倍之譜，其工費之浩繁，概可見矣！工程專家之擬具路綫，所以宜擇橋梁數較少，或所跨河面較狹者也。

橋梁計劃之概要幾如上述，今後本處之設計均擬以鋼筋混凝土為之，其設計標準，亦依據上述各點，以期可以永久利用，而免累及後來者之重建，願工程專家有以糾正之。

四、實施建造新式橋梁

甲、投標章程，工程說明書已擬定如下：

改建　橋工程說明書

總綱

第一條　本工程之範圍包含　橋全部工程

第二條　本工程之一切設施均須依據本處所給之圖樣說明書之工程合約辦理並須遵照本處工程員之指導

第三條　本工程限五十晴天全部竣工逾期每日罰洋　　元

第四條　工程費由本處規定分期支付但保證金　　百元須於完工一年後如無別項情事發生始得發還

第五條　本工程自完工驗收之日起五年內爲担保期限如在此期限內因工作不良發生沉陷龜裂坍塌等情事由承包人及其担保者無償負責修理

第六條　如有發現工程不良之處本處得隨時令其停工修理或改造其一部分或全部

第七條　各項材料須經本處認可後方得使用

第八條　承包人須有殷實舖保具結担保

第九條　承包人在工程進行中或担保期限內如不能履行承包合約及本說明書所規定之義務時一切由担保者負完全責任

第十條　本工程開標後三日內得標人即須偕同担保人來處訂立合約隨繳保證金洋　　百元如逾期不到本處認爲得標人放棄標權得另行招標又訂立合約後　　日內必須開始工作

第十一條　投標人中如因信用不足而其標價本處認爲滿意者本處得要求增加保證金或其他保證條件而給標之

第十二條　承包人如掘得碑石金屬品及其他古物須呈送本處保管不得私自隱匿

第十三條　工作時如有損壞公私建築物事情均由承包人負責料理

第十四條　本說明書及圖樣所載尺寸均以英尺爲準

第十五條　本說明書及圖樣不得本處同意不得擅自更改

第十六條　本工程除原設計所規定之工程範圍外如有增減工料時照標單之單位價格計算

第十七條　承包人須派得力工頭常駐工作地點以便隨時查詢

施工細則

第十八條　舊橋歸承包人拆卸舊木料由承包人出價收買在標價內扣除兩邊駁岸須拆卸照圖樣重砌如須添加石料由承包人購備

第十九條　在打樁之前須左右築壩兩道將壩內河水完全戽乾

第二十條　本工程之樁木用　呎長尾末對徑　　吋之桐木其彎曲腐裂空心等弊者一律不准使用

第二十一條　凡樁木須預先透塗柏油二次打樁時其頂部冠以鐵圈以防破裂

第二十二條　打下樁木如偏斜不正或中途折斷者須拔出重打不得有截短等舞弊情事

第二十三條　打樁用　　百磅重之石錘或鐵錘舉高三尺爲合度

第二十四條　本工程駁岸內之石料用章宕條石外面用一順一橫之條石其長寬厚各不得小於二呎十吋八吋並須加工修

墩內部亦須用整塊較大石料分層砌造不得使用碎星亂石

第二十五條　駁岸用一、二石灰膠漿砌造每層灌足排實外部用一、二水泥膠漿嵌縫中間不得堆置磚瓦等物

第二十六條　兩邊駁岸中應各設十八吋對徑之出水溝管各一段約四尺其高低由本處指定之

第二十七條　蓋椿之混凝土之成分爲一、二、六在灌充混凝土時墻基內河水須完全戽乾

第二十八條　其他各部混凝土之成分概爲一、二、四鋼條混凝土

第二十九條　水泥須用啓新馬牌或其他本處認爲同等之水泥並須乾燥無硬塊者

第三十條　黃沙須粗粒角銳而不含雜質者

第三十一條　石子須清潔不附泥土其大小凡用於鋼骨混凝土者以一吋徑爲度用於混凝土者以一吋半徑爲度

第三十二條　混凝土之成分於拌和前均用方斗量之不准用籮等不準確物計量

第三十三條　混凝土之拌合須先以黃沙與水泥乾拌二次加石子乾拌二次再加水後濕拌二次使均匀爲度拌成後須即使用不准久置硬化

第三十四條　橋面大梁混凝土須一次做完不得半途停工

第三十五條　鋼條均須清潔無銹除二分圓外概用竹節鋼條並得冷彎至一百八十度不現裂痕者爲合格

第三十六條　鋼條不得用火連接及熱彎其連接處須搭過該鋼條對徑四十倍之長度

第三十七條　鋼條之彎形排列須照圖樣用鐵絲捆成後將殼子板內垃圾雜物洗滌清楚經本處審查後方准灌充混凝土

第三十八條　大梁鋼條之下須填預先做就之水泥塊使鋼條之位置與圖樣所示適合

第三十九條　灌充混凝土時務使混凝土堅實無孔一週內須特加保護

第四十條　混凝土殼子板須用二吋厚洋松板殼子板拆卸後用水泥膠漿將混凝土四面粉光做直

第四十一條　混凝土殼子板未經本處通知拆卸以前不准拆卸

第四十二條　欄杆用材全體鋼骨混凝土中央依照圖樣裝置直方鋼條外塗油漆兩首橋柱嵌上等光滑黑色石塊詳細尺寸花樣或字體另圖規定

第四十三條　工程告竣以前承包人須將本工程清理整齊呈報本處聽候派員驗收

## 滬市政府籌設房租審定委員會

上海特別市市政府鑒於邇來房客房東之間糾紛日多經市政當局詳核現時情形決計令知公安社會土地等局會同地方公正人員組織委員會定名曰房租審定委員會現正在草議簡章將來聘定熟悉地方情形及經驗宏富之建築家加入委員會審核地價造價規定租金免去房客房東之爭云

圖表四二：此處原爲《新迎龍橋》，見書後。

圖表四三：此處原爲《新迎龍橋》，見書後。

# 整理河道計劃

工務科

河流水道各有其用，治之與否，利害立見，交通灌溉公用，水之利也。查本市河道，運河環繞，支河傍流，縱橫紛歧，吾人受水之惠，漫不經意，不加愛護，任意侵佔，或傾棄垃圾，遂使河身日狹，河床日高，流既不暢，淤塞日甚，交通因以梗阻，濁流無以宣洩，貨運艱困，疫癘叢生，其妨碍商市，有關衛生至重且大，自宜亟謀整理之道，茲分別縷述而討論之。

## 一、規定整理河道章程及擬定幹河計劃圖

河道既爲水上交通之命脈，且爲農田灌溉之源流，其供給人民飲料公用等，猶其餘事，故整理河道，亦爲市政建設之要圖。本處早經厘訂專章，公布在案，制止人民侵佔河道，傾棄垃圾，與水爭地之惡習，所以維護水道之意，至爲明曉，並規定本市幹河計劃圖，擬定永久保存之幹河，以便運輸，更就水上交通之現狀，及船舶之繁密，而拓寬之，凡在未拓寬以前，沿河建築者，由本處發立標記，以便依址縮讓，逐步拓寬，茲規定幹河之寬度，不得小於六公尺，（即二十呎），則普通船隻可以往來無碍，大於六公尺者，與水流之宣洩量有關係，亦須保持其原有寬度，且便船舶之停留。

## 二、整理交通

本市工商發達，運輸繁密，道路迄未衔達，且道路交通，有時而窮，故水上交通，無論何時，不可盡廢，城北一隅，商賈輻輳，道路狹隘，素賴船只運輸貨物，大橋一帶，尤多蝟集，而河身狹小，故多阻塞之患，往往擠待數小時之久，始能通行，設統計其損失之大，誤時失程，殊堪驚異，類此情形，於城區河道，亦已司空見慣，爲市政上一大弱點，然整個的拓寬河道，經濟既有所不能，辦理則亦多枝節，前擬有補救治標之策，分述如下：

（甲）限制船舶行駛往來之路徑　城區河道之狹隘者，有不能往來行駛運輸船二艘，故應限制路徑，使往來不同一道，例如在江尖附近，自北而南之船隻，應限令行駛江尖之南，自南而北

之船隻，限令行駛江尖之北，往來既不繞道，而阻塞之患，可以免矣。

(乙)整理城北市河船舶擁擠　本市城北商賈輻輳，故侵佔河道，較他處爲尤甚，河身之狹隘，有如蚯蚓，故吳稚暉先生曾主將黃埠墩稅務分所移往吳橋之西，既可擴張錫市之區域，向西發展，挽救城廂混雜之弱點，並可將城北擁擠之船只分散，河身廣闊之處，而免阻塞之患。本處擬呈請財政部辦理之。又京滬車站，相距市廛甚近，而貨站與工運橋幾相毘連，貨物運卸，與城北市河擁擠，關係甚大，本邑商會曾主將貨站遷至吳橋，貨物運輸，可免繞道大橋，並可爲開闢吳橋新市場之一助，而工運橋畔之市容，且可大加整理，旅客之出於斯途者，益增好感，本處亦擬將此種計劃呈請鉄道部辦理之。

(丙)規定停船及竹木筏之處　查本市停泊船只，漫無限制，在行駛繁密之市河，猶多停留，招待主顧，阻塞河中，殊屬非是，貨物之運卸，亦無一定時間，已卸貨物，空船亦任意隨處停泊，皆爲阻塞之原因，河身稍寬之處，又有竹木筏蜿蜒數十丈，停駐其中，佔踞河面，幾及大半，若此情形，而欲行駛通暢，自屬不能，本處於整理河道章程中，早經規定取締辦法，無如該業人等，每多視爲具文，從不經心，亟應設立水上交通警察，切實照章執行之。

(丁)拆除妨碍交通之建築物　河傍碼頭，在駁岸線以外者，或於河灘搭蓋房屋，停歇船只者，建豎木架，晒晾衣服者，闢爲晒塲者，濫圍魚斷者，類此情事，數見不鮮，其妨碍水利，阻塞交通，至爲重大，應規定期限，勒令拆除之。

(戊)規定商市地點　市廛龐雜，市政無以修明，而市容凌亂，亟須加以整理，故規劃市政，有分區之計劃，本市工商蝟集，初無治市之政，更無區域之分，商市地位，任意混雜，將來市政之措置，關係非細，例如批發貨棧，竹木商賈，設立鬧市，足使河面擁擠，務須一律遷至吳橋左右，河寬在二百呎以上之處，貨船運卸，亦較便利，其他各染坊色水棄傾河中，有碍衛生，亦須遷出鬧市。

## 三、清潔河水

河水雖非飲料，而在今日人工飲料，水源未臻普遍之時期，事實上不能不暫時使用之，故清潔河流，更屬重要：且今工業發達，吐絲廠染織廠等，日見增加，其放出之濁流，如注入河內，混入飲料中，供市民之汲飲，殊堪憂慮，故本處設有專條，限制之，茲更將其辦法概述如下：

(甲)工廠之濁流　凡含有毒質，色素，臭氣，及附有傳染病黴菌之水流，如工廠中之用剩水流，醫院中之物件等，均不能傾棄河中，以免傳染，而碍衛生，如有類此情事者，責令遷往河流下流，方准營業。

（乙）市民之排泄　市民之日常排泄物如便溺柴灰煤屑，以及垃圾，均不得任意拋棄於河道之中，以保持河水之清潔。查該項排泄物，均有廢物利用之處，為有價物品，而無識之徒，均傾之河流，即為了事，而不知該河流，即自己仰為生活者，該次傾入垃圾之一部分，仍還歸自己汲食，則既屬違法，抑且害人而自害矣，是應加以注意者也。

（丙）保護魚類　河流雖能挾雜質，以宣洩，而魚類亦為維護清潔之恩物，夫排泄之物，沉入河中，端賴魚類之吸食，而消滅之，故古制捕魚有時，並限制捕殺魚秧，以免竭澤，近今生活日艱，捕魚者漫無限制，內河魚類，殆將捕盡，實於河流清潔上，不無關係也。

## 四、填塞河浜

河浜少則流力增强，流力强，則宣洩之功益著，查本市河道除幹河外，應分為暫時保留河道，及填塞河道，而處理之。暫時保留河道，為陸路交通未發達以前，凡運輸貨物不能仰給於車輛之時期，利用此項河道，以運輸之，即填塞支河，小浜，亦宜以運輸及洗滌方面無所妨碍，方能進行，填塞河道，指迂迴曲折之小浜，距離較短之簡河，以及無用之池塘等而言，其實施之大要辦法如下：

（甲）會集該河流附近之瓦屑雜土，以填築之，將填成之地，闢為公共場所，如停車場，大小便所，或兒童運動場等，以增進市內之設備，而便利市民之應用。

（乙）填以垃圾雜物，上鋪草地，種植樹木花草。闢為小公園，以便人民休憩之所。

（丙）招工填平，暫為公地，以備拓寬道路時，全拆讓路各戶之交換基地。

（丁）招工填平，改築新路，以利交通，及運輸貨物之車道。

（戊）招工填平，改為基地，以裕市產。

## 五、建造公共碼頭

本市各處駁岸因河寬未經明令規定，人民於建造時，無所繩準，僭佔填塞情事，在所不免，故駁岸綫，大都參差不齊，且沿河各戶之私築碼頭，往往祇顧一家之便利，建造老式木石碼頭，任意僭佔，妨碍水流，濫收公捐，它無限制，貨物上下，既感不便，侵害公用事業，莫此為甚，亟應切實整頓，本處已派員先行調查適當地點，擬築水泥鋼骨碼頭，以示模範，然後將各處河道，規定碼頭建築線，將各種碼頭之地位與建築法，繪具圖說，以便集資建造，而利應用。

（甲）公共用碼頭　此項碼頭，專供市民公共汲水，及洗滌之用，宜廣闊而平坦，以供多數人同時作用，地位宜以市民之多寡而定，至少每半里建築一處，構成材料，宜以永久耐用之石材，或水泥鋼骨，以免損壞修理之周折。

(乙)船舶用碼頭　此項碼頭，專供各種船舶之停留，爲上下貨物及旅客往來所用，其長寬，應按照船舶之種類而定，坡度與結構方法，應以貨物之大小重量而別，例如裝載大號貨物，不便搬運者，應裝置新式起重機，以起卸之，其他可以搬運而尤屬笨重者，則宜築和緩之斜坡式，最次則可築踏步式，凡此項碼頭，均應由本處按照情形而設計建造之，其實施之大要辦法如下：

(一)該建築費，先由各商戶攤派認墊，集資建造後，由本處按月在所徵集之租捐項下，攤還墊款各商戶。

(二)由本處所募之公債項下，撥款建造後，將所收取之稅捐費內，按期攤還公債。

(三)由各該商戶向本處租地，照本處規定圖樣建築之。

## 六、定期禁止飲用城廂河水

飲料爲人生必需之要素，而清潔與否，其關係於身體之健康者殊大，查本市所用飲料，除仰給於少數自流井外，餘大多取之於河，而本市之河流，因溝渠制不備，濁水穢流，任其注入河中，使河水穢濁，不堪問津，而尤以城廂一部分爲尤甚，一入冬季，水色黝黑，臭氣撲鼻，祇宜灌溉，若用之爲飲料，則有碍於衛生，已不待言，故擬由本處積極開闢自流井，以供試用外，至相當時期，按段禁止飲用河水，藉以免防疫癘，而維公衆衛生。

# 全市測量計劃

工務科

無錫市鄉全圖，曾經前測繪局製有平面圖，尙稱完善，無如本邑工商急進，地形驟變，以往證今，殊難正確，舉凡工務設施，土地淸丈，均賴有精細平剖面圖，始能收指揮如意之效，故舉辦全市測量，實爲目前之急務。前測繪局所製各圖，於地平高低河流狀況，均未十分注意，關於溝渠之設計，河道之整理，無所依據，不能進行，故此次重行測量，須合於市政方面之需要，所繪圖表，必須完全製備，除地形面積外，平剖面地勢河流，均應注意及之。全市測量，分平剖面測量，水準網測量，及淸丈測量三種，對於道路規劃，土地整理，以及自來水溝渠橋梁等工程，均可詳細計劃建設完善，惟市界尙未劃定，所需期限經費姑就一個月工作作標準造成預算表如下：

平剖面測量　用三角測量法製圖，根點用導線測量法製，補助圖根點用經緯儀及圖板同時測製二千分之一平剖面圖。（三角測量及導綫測量法另行規定）

水準網測量　用各個來回綫測閉塞圈，分水準測量，精密水準測量二種，一則爲幹，一則爲輔，除全市地平高低均依賴之外，製成水準網爲旨。（水準及精密水準測量法另行規定）

淸丈測量　根據平剖面測量各圖根點，施測閉塞圈，分戶淸丈，以編製魚鱗冊爲依歸。（另定組織法）

預算　購置儀器約需六千五百元，內經緯儀價値稍昂，如少購一具，即可約省千元，測員測伕薪糧消耗，以每月計算，約需一千七百十四元，每月成績，城區約可測製面積七八方里，鄉區面積每月約可測製一百方里。

## 預算表

| 類別 | 預算數 | 備考 |
| --- | --- | --- |
| 第一項　置備費 | 六、五〇〇元 | |
| 第一節　測量器 | 六、五〇〇 | |
| 第一目經緯儀 | 三、〇〇〇 | 高等經緯儀一具約一千四百元普通經緯儀二具約一千六百元合計如上數 |

第二目水平儀 一、六〇〇 精密水準儀一具約一千元普通一具約六百元合計如上數

第三目地形儀 一、〇〇〇 專供清丈之用

第四目 尺額 四〇〇 五十公尺鋼尺四盤皮卷尺堵尺花杆小尺等均屬之

第五目附屬件 五〇〇

第二項薪水旅費 一、五七四元

第一節測量薪費 九八〇

第一目三角測員 三四〇 班長一人月支一百四十元班員二人每月支一百元合計如上數

第二目地形測員 一六〇 二人各支八十元

第三目水準測員 二〇〇 二人各支一百元

第四目 測伕 二八〇 約須念人每名十四元

第二節測量公旅費 二七〇 每人月支三十元共九人合計如上數

第三節製圖薪水 三二四

第一目製圖員 一四〇 縮製員二人各支七十元

第二目印圖員 一六〇 四人各支四十元

第三目晒圖工人 〇二四 二人各支十二元

第三項 消耗費 二〇〇元

第一節測量用品 一二〇

第一目樁架 一〇〇

第二目簿冊 一〇

第三目紙筆 一〇

第二節製圖用品 八〇

第一目圖紙 四〇

第二目印晒紙 三〇

第三目筆墨 一〇

第四項 預備費 一〇〇元

總計月支一千八百七十四元

按無錫舊市界面積，約有八十方里，佔全縣面積五十分之一，全市清丈，約需銀二萬元，可以竣事，若舉辦全縣清丈，則圖之比例，應改為五千分之一，以期速成，按戶田畝清丈，應另設丈量班，根據各圖根點，實施清丈，計全縣平剖面測量，按照預算，核計全縣約四千方里，已需三年之久，經費既大，歷時亦多，如丈量班完成，魚鱗冊調查精詳，須十年左右，始克收有成效，經費一項，更屬可觀，（按崑山清丈亦費數十萬元）自應聯合縣政府，暨全市人民，共同籌畫，用備一說，以供商榷焉。

# 整理通惠路計劃

工務科

填土一尺四千一百元

石片路面一萬三千四百元

側平石二邊共一萬二千八百元歸業主計算

錫邑運河兩岸，自民國五年，由吳子敬先生捐資建築吳橋後，交通頓便，惟當時橋旁，馬路尚未興築，車輪馬蹄，尚不能由車站直達惠麓，殊爲遺憾。迨至民國七年，邑人榮陸二君，有鑒於斯，首先提倡捐資築路，於是測繪路線，收購地基，是年四月開工，越一年八月，而工程完全告竣，共計三千九百公尺，寬十二公尺，全路用地，約計七十餘畝，爲本邑偉大工程之一，即今日之通惠路是也。惟當時原定計劃，先填土方，再鋪石片，後因經費竭蹶，填土方後，暫鋪煤屑，即行通車，至今已八九年，雖常加修理，惟石片路面，迄未能鋪砌，故天晴則塵沙撲面，天雨則泥濘難行。客歲冬，由前市行政局將惠農橋至工運路一段，加鋪石片路面，闊四十呎，長約計千餘呎，中設十二吋徑水泥瓦筒爲總溝，兩旁設六吋徑水泥瓦洞爲支溝，費洋三千餘元，此段遂免陰雨泥濘之患。惟惠農橋以西，仍係煤屑土路，且久經年月。路基漸低，加以未設溝管，一遇天雨，路中積水成渠，夏日霪雨之時，甚且一片汪洋，幾成澤國，是以非積極整理不可。茲就經濟可能之程度，作該路整理計劃之大概，茲分述如後

一、橋樑　本路橋梁，共有五座，除吳橋尺度較寬大外，其餘四座，寬度大約在二十呎左右，且坡度甚大，通行較難，又以

橋面工程未週，駁蝕漸多，雖屢經修理，然仍高低不平，不特有損觀瞻，而且不便車行，故目下整理可分二種：

（甲）就節省經費而論，則因陋就簡，將橋堍兩旁石片翻起，加填泥土，使坡度減小，橋面駁蝕處，亦可略為掩沒，平均此四座橋之原有坡度，為八%，現以五%之坡度為標準：前如下表所列，共約需填土三百餘方，連舖築及翻修石片路費，共約六百元左右。

| 橋名 | 橋塊 長度 | 寬度 | 高度 | 填土（每方以八角計） 方數 | 價格 | 翻修石片路（每方以一元二角計） 方數 | 價格 | 新砌石片路（每方以三元五角計） 方數 | 價格 |
|---|---|---|---|---|---|---|---|---|---|
| 惠農橋 | 原長36呎 現增至90呎 | 平均30呎 | 4.5呎 | 4.5×30×(90−36) / 2×100 = 36.45方（此橋一面橋堍已填高） | 29.16元 | 10.8方 | 12.96元 | 16.2方 | 56.7元 |
| 惠工橋 | 原長50呎 現增至100呎 | 平均31呎 | 5呎 | 5×31×2×(00−50) / 2×100 = 77.5方 | 62元 | 15.5方 | 18.6元 | 15.5方 | 54.25元 |
| 惠商橋 | 原長114呎 現增至164呎 | 平均30呎 | 8.2呎 | 8.2×30×2×(164−114) / 2×100 = 123方 | 98.4元 | 34.2方 | 41.04元 | 15方 | 25.5元 |
| 惠通橋 | 原長60呎 現增至呎120 | 平均30呎 | 6呎 | 6×30×2×(120−60) / 2×100 = 108方 | 86.4元 | 18方 | 21.6元 | 18方 | 63元 |
| 總計 | | | | 344.95方 | 275.96元 | 78.5方 | 94.2元 | 64.7方 | 226.45元 |

（乙）作一勞永逸計，則以拆除另建為佳，大凡橋梁之寬度，最好與路面相等，與河流相交處，宜成直角，而此路橋梁，均與此原理不合，況目今新市區之建設，以吳橋為中心，該路又成新區幹路，是以橋梁之建築，尤宜雄偉精美，以壯觀瞻，各橋梁之約算，列表如下，總計約需銀四萬元左右。

圖表四四：此處原爲《工程材料表》，見書後。

上表所列，不過概算而已，將來正式建築，當另具精密之計算，此外所當注意者，則爲吳橋，該橋爲下軌二橋（Through Bridge），坡度等尚堪適用，惟材料單薄，不勝重載，近雖由本處加以修理，惟祇限於行駛輕載車輛，將來新區發達，交通上決不適用，苟拆除重建，則損失太大，且不合算，故將來對於此橋，或更換堅實平坦之橋面，通行輕載車輛，及行人爲限，另於吳橋西北若干公尺處，建一堅實之新橋，以便通行，重載車輛，使運河兩岸，交通更便，將來夾運大道完成，亦可藉此多加聯絡矣。

二、路基　本路建築時，規定闊四十英尺，後因年久失修，土方漸爲風雨消蝕，加以兩旁農田灌溉，路邊塌陷，路面遂日漸狹窄，晚近通行汽車後，交通日繁，路面壓力加增，路基亦因之低陷，天雨積水難行，是以非將該路填高拓寬不可，茲姑擬全路平均填高一呎，路兩旁各放寬五呎，將全路分爲五段，除第一段（自通運路起至惠農橋止）之三百三十公尺業已完成路面外，茲將其餘各段分別，估計如下：

第二段　自惠農橋至惠工橋，計長七百八十公尺，計填土一千二百八十五方，約需銀九百元、

第三段　自惠工橋至惠商橋，計長一千零八十公尺，計填土一千七百五十方，約需銀一千二百三十元。



第四段　自惠商橋至惠通橋計長一千零二十公尺，計填土一千六百七十方，約需銀一千一百七十元。

第五段　自惠通橋至惠山鎮，計長六百九十公尺，計填土一千一百三十方，約需銀七百九十元以上，四段總計需填土五千八百餘方，約需銀四千一百元。

三、溝渠，本路最初建築時，幷無溝渠之設備，所幸路面初填路基尚高，遇雨水較多時，悉由兩旁洩瀉，雖路中鮮見積水，而兩旁路邊已漸被冲陷，迨後歷時既久，路面低陷，積水不克外流，聚而成潭，路面浸潤，偶遇重載，立成深轍，路面遂呈今日祇窪之現象，是以非將渠溝亟加整理不可，況該路兩旁將來建築日多，舉凡居戶商店所流出之臭氣穢物，均須處理得宜，否則不特有損路面，且有礙公共衛生也，採用溝渠以前，須先擇定何種制度，按溝渠大概可分爲兩管制與合管制兩種，一則暴風雨水與普通穢水分二溝管流出，一則合併排洩，其分管排洩者暴風雨水可直接流入河道，而普通穢水則流入較小之沉澱池已足。其合管排洩者，則不能直接流入河道、非先排洩於較大之沉澱池不可，二者比較各有其長，惟採用之初，首須調查穢水與雨水數量之多寡、以及附近河道之交通狀況，錫邑河道縱橫，無暴風雨積聚之患，自以採用合管制爲宜，且地濱太湖，水流暢達，普通穢水，又無須經較大沉澱池之設備，逕可流入河道，於工程上，可節省費，

茲將大概分述於下：

（甲）總溝管　式爲圓形，內徑十八英寸，厚二英寸，下面底脚闊三呎厚十二吋，用一、二、四灰漿三和土，每丈約計工料洋十四元。

（乙）支溝管　用六吋徑水泥管底脚，一、二、四灰漿三和土，闊一呎半，厚六吋，傾斜三十度，使穢水得由邊井流入總陰井，每丈約計工料洋三元。

（丙）總陰井　方形五呎深二呎半見方，四周用八吋磚實砌，內外均塗一、二水泥漿，底脚用五呎見方十吋厚之一、二、四灰漿三和土，上覆二吋厚之水泥三和土，以防汚水下滲，溝蓋用一、二、四鋼骨水泥，二呎見方，三吋厚，上綴鐵圈，以便隨時開閉、出清陰井內之沉澱，每具約計工料洋十六元。

（丁）邊井　十四吋見方，四周實砌五吋墻，內外均塗一比二水泥膠，深三呎底脚用一、二、四灰漿三和土，二呎九吋見方，六吋厚，其上覆以二吋厚之一、二、四水泥三和土，井蓋用生鐵製，一呎見方，可隨時啓閉，且不易取下，以免偷竊，每具約計工料洋六元。

（戊）人行道接管　每條連生鐵蓋及底脚三和土等約計洋七八元，由人行道兩傍各業戶之需要者建築之。



由以上估計邊井及總陰井，每百呎設置一具，兩旁交互排列，每一百公尺約需銀五百四十元，全路共計三千九百公尺，則全路裝置溝渠費約共需銀二萬一千餘元。

四、路面　本路一端，已砌成石片路，自工運路起至惠農橋止，約計千餘呎，自此以西，尚未砌築。查砌築路面之材料頗多，初期道路之建築，要以石片爲最適當，此種路面一則建築時費用較省，且完成後易加修理，一則路基因之日漸堅固，對於將來更換較高等之路面時，便利良多，是以本路路面仍以取材石片爲宜，茲分別設計如下：

（甲）石片路面　先舖三吋厚煤屑，上砌四吋厚石片，每方約計工料洋三元五角，每百公尺，約計洋三百四十五元。

（乙）平石側石　人行道側石用一、二、四水泥三和土澆成，長四呎，寬六吋，厚一呎，下面用下，吋厚灰漿三和土做底脚，平石長三呎，寬九吋，厚三吋，下面灰漿三和土底脚，厚九吋，側石平石外面，均粉光，俾路面穢水，不易積聚，每丈約需工料洋五元。

（丙）人行道　底脚用一、二、四灰漿三和土，厚六吋，上覆二吋厚一、二、四水泥三和土，再粉刷二分厚一比二水泥漿，劃成方格，以便步行，闊約計八呎，每連丈底脚約計工料洋八元。

以上合計路面，連人行道每百公尺約需洋八百九十元，除人行道及石平石側，可由兩旁業戶分認外，全路鋪路，費用共需洋一萬三千四百餘元。

五、樹木　道路之植樹木既足以增加美觀，又可便利行人，使一望平坦之大道，綠蔭對峙，藉增天然風景，故樹木種類之選擇，以及位置之支配，均須於事前有相當之設計，大概一省道兩傍每樹距離二十呎至三十呎，縣道二十五呎至三十五呎，目今省道規劃適經本路，植樹距離，茲姑以二十五呎為標準，全路約須植樹一千餘株，至於樹之種類，就本路情形而論，須吸水性微薄者，方為適當，且樹根須不致橫生路中，以免妨害路面及溝渠，樹身宜挺直，且容易發育，增加美觀，樹葉宜濃厚或闊大，可多得蔭蔽，且此種樹木，植於道路，缺乏保護，尤宜擇樹枝堅韌，能禦風雨及蟲類者為佳，故大都以梧桐一類為最相宜，民國十四年春，奉軍畢庶澄旅駐錫，曾於本路兩旁栽植桐樹多株，惜當地人士不知愛護，任意摧殘，迄今存者不及十之一二，猶被兩旁居戶任意擱置笨重鐵器，曬晾衣服，此種情形，雖由於人民缺乏公德觀念，然當地警士亦應負取締之責任也。茲為節省經費起見，採用本國梧桐，將原有枯萎者更換之，缺少者添補之，全路以一千株計，約需洋四百餘元。

統觀以上橋梁，填土溝渠路面樹木等各項預算，整理全路約需銀八萬三千餘元。則各項規模，均可粗具矣，惟照目下經濟情形，萬難應付，祇可擇要舉辦。如橋梁一項，祇加修理，不予改建，可省費約四萬元，路旁建築尚少，溝渠暫緩裝置，可省費約二萬餘元，故全路最小限度之整理，需銀二萬餘元已足，然道路之良否，雖由於設備之完全與否，然亦視使用者之公德心，與夫管理者之盡職與否為標準，試訊今日之通惠路，隨處傾棄穢水，任意拖行笨重車輛，汽車乘客，動輒擠坐八九人，穿行橋梁，風行疾馳，似此情形，雖最精緻之橋梁，最完備之路面，亦難於持久，今者本處籌集經費，擬將本路加以整理，現已着手測量，不日將招標興工，所望附近居戶，多加愛護，使吾邑惟一闊大之道路，得日益完善。一望平坦，綠蔭美道，置身其間，心曠神怡，是非特錫人之幸，亦錫市之光也。

# 詩歌——錄道路月刊——

## 前程

劉鑑塽

一高一低底凸凹不平，
一彎一曲底崎嶇難行！
天下若沒有寬平底大道，
我們又那有光明底前程，

＊　＊　＊

我們底前途只是一些暗影，
人間底道路盡是荒蕪榛荊；
若後退只有往死路上死，
要前進才得向生路上生。

＊　＊　＊

舉起我們底鐵鋤鐵鏟，
燃起我們底心火心燈；
剷盡人間不平底道路
照澈我們黑暗底前程。

＊　＊　＊

心火燒燬了舊底世界，
心燈指引了美底人生；
我們歡呼啊！跑上自由之路，
我們高歌啊！走進幸福之門！

# 建築警鐘樓計劃

工務科

## 緣起

消防爲市區治安之最重要事業，而警鐘樓實爲消防之耳目，本市辦理消防漸臻完備，救火會會員，尤能熱心工作，久爲地方人士所稱道，惟警鐘樓一項，至今尚付缺如，每有火警因消息未克迅速傳遞，因致延燒多數市房，故警鐘樓之設，實刻不容緩，俾任何區域，一有火警，即可鳴鐘報告，使遠近救火隊，能於同時聞悉，在幾分鐘內，即能集合馳救矣。

## 位置

爲便利起見，擬在舊城區及新區各設一座，屬於舊區者，擬設在崇安寺附近，以其在城之中央也。屬於新區者，擬設在吳橋附近，爲新市區之中心地點。

屬於城區者，採古意大利哥悉克式（Gothic），計分七層，下面五層，四面均設窗，用備管理人之休憩及住宿，第六第七層，四周皆有欄杆，以便瞭望，最上設六柱圓頂之亭一只，以備置鐘全體，形如寶塔。

屬於新區者，採近代式(Modern Style)，共計六層，每層四周皆設窗戶欄杆，第六層設有挑出陽台，以其便於瞭望而美觀瞻，置鐘之最上層，爲六柱圓頂之圓亭，全樓築在二尺半高之石砌階台上。

## 面積及高度

屬於舊城區者，下部七呎半方，上部十三呎九吋方，由地面至圓亭頂，共計高度一百呎零六吋。屬於新區者，階台四十呎方下部二十五呎方，上部十六呎三吋方，由地面至圓亭頂，共計高度一百呎。

## 構造

以鋼骨三合土爲主體，其他門窗則視經濟狀況而定，採用木質或鋼質。

## 經費

工程費約每座七千餘元。

## 管理

由公安局派負責人員，常駐輪流瞭望，並以鐘聲之緩急，及擊數，以示火警之地址。

## 鐘

鐘須用合金鑄，鳴時至少以華里五里內能聞得者爲合格。

## 建造時間

半年可以竣工

## 附記

本建設效用特大，經費不多，且急宜建造，以應需要，如有熱心之士，慷慨捐建，可於樓上加捐建者之名號，以誌不忘。

—附圖—

## 德國航空事業之發達

據最近調查，歐洲各國航空事業，以德國爲最發達，按照去年統計報告如下：

| | |
|---|---|
| 乘客 | 十一萬一千一百一十五人 |
| 載貨 | 一千一百八十五噸 |
| 攜帶郵件 | 三百一十八噸 |
| 全年收入 | 七百六十二萬五千元 |
| 全年支出 | 五百八十七萬八千元 |
| 一年盈餘 | 一百七十四萬七千元 |
| 平均價目 | 每哩一角一分 |

城區警鐘樓
十八年十二月工務科著

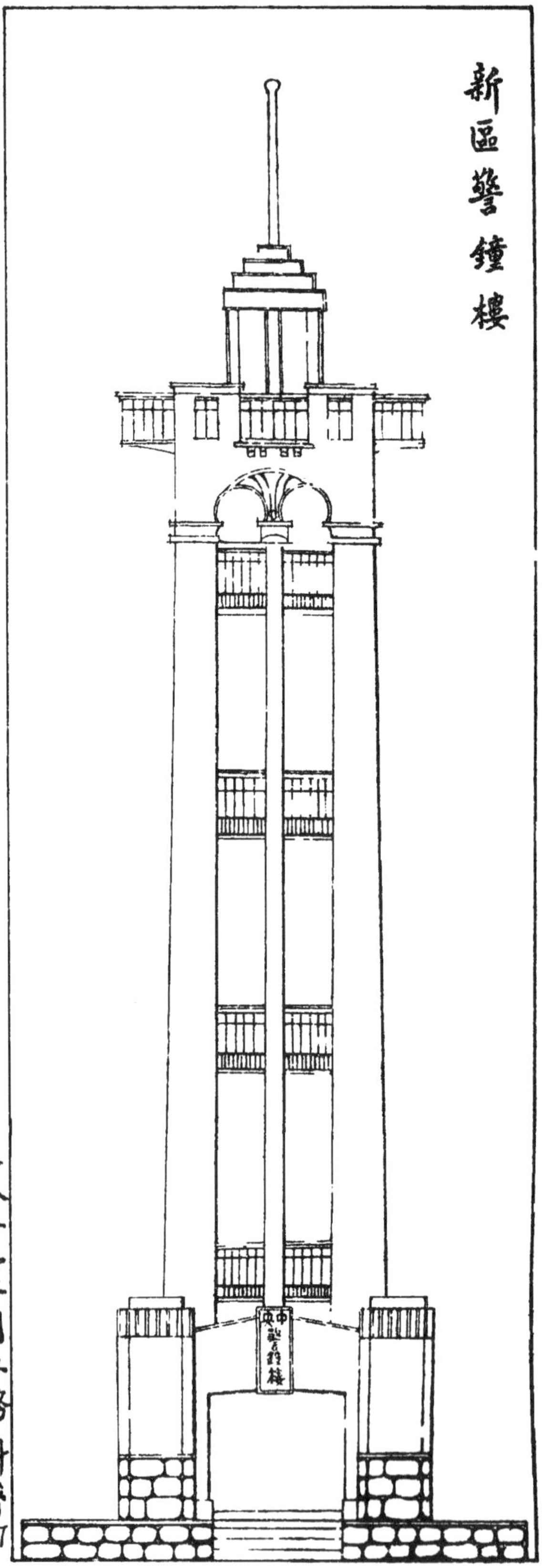
新區警鐘樓
十八年十二月工務科著
57

# 無錫市政籌備處五個月業務概況 十八年八月至十二月

本處自奉省令組織成立迄今，總及四月，規模草創，條緒萬端，兼以經費不充，設施方面，殊多缺憾，惟在籌備期間，本以完成計劃爲先務，其事業之進行，固可審度後先，通盤籌計，總期不廢公帑，毋誤時機而已，茲將四個月來本處各科進行業務狀況，擇要彙列於後：

## 總務科業務狀況

### 甲、設施概況

一、確定內部組織　依據省政府頒發本處暫行組織大綱，確定內部組織，分設四科，並訂定組織系統及職員服務規則等，俾分科辦事，各專其職。

二、制定工作計劃大綱　本處成立之始，即由各科分別擬具工作計劃，並彙集成一整個的工作計劃大綱，以爲辦事之準則。

三、規定處理文件順序　依照本處組織系統，規定收發擬稿核稿判行等進行順序，以明責任，而清手續。

四、整理及佈置辦公房屋　本處係接收前市行政局局所設立，舊有房屋，不敷辦公，爰將右首市有樓房一所收回，該屋前租與茶樓及照相館等營業，自收回之後，略加修葺，並佈置一切，舊有局所，指定爲工務科財政科辦公處所，右首房屋，指定爲主任秘書及總務科社會科辦公處所。

五、建造宿所　本處職員有自遠道來者，不得不供給住所，爰就公園路圖書館旁市有舊屋，改建樓房四幢，爲職員寄宿之所。

六、徵集市政書報　市政學說，日新月異，本處籌備市政，自宜博采衆說，以供參攷，用是徵集東西各國市政計劃圖表，各種書報，及國內各市政府之出版物，已達二百餘種，特闢市政圖書室以貯之。其圖表之可供展覽者，另闢一市政陳列室，除各國市政計劃圖外，並本處各種計劃及統計圖表等，一併陳列展覽。

七、發行市政刊物　本處籌備期間，所定各種計劃法規，及研究材料，有按期彙集公布市民之必要。用特發行月刊一種，顏曰「無錫市政」，業已出版三期，又為宣傳市政起見，發行旬刊一種，顏曰「市政旬刊」出版四期，分贈市民，現旬刊業已停版，改為不定期刊物。

八、彙印本處各種法規章程　本處成立以來，先後制定各種單行法規章程達五十餘種，業已粗具規模，並將最初三個月所公布之法規三十六種，彙編為「無錫市政法規第一輯」，業已出版

## 乙、計劃方針

一、設定市區　本處成立以來，暫以前無錫市行政區域為設施市政範圍，查現有區域，祇十六方里，依錫市工商發展之形勢，將來市區勢須擴大，惟區域究應如何劃定，抑或實行改縣為市，自宜由各科共同計劃，並徵詢市政討論委員會暨市政專家之意見，呈候省政府核定，總之期於正式市政府成立之前，將區域問題先行解決，免致將來啟無謂之糾紛。

二、擬定市政府規制　市政府規制自有市組織法可資依據，惟規模之廣隘，得依地方經濟狀況及需要情形而量為增縮，本處籌備市政對於將來市政府之組織，應設科局，及一切章制等，亟須為擬定，以供　省政府之採擇。

三、製定市徽　市徽為一市之標幟，代表一市之精神，自應鄭重選擇，本處擬登報徵求廣為宣傳，並酌給獎金以示鼓勵。

四、舉行市政演講　本處為提高民衆對於市政之興趣起見，擬延請市政專家來錫舉行通俗演講，現已擬定講題，正在接洽延請中。

五、發行市政叢書小冊子　關於市政之著述，翻譯。演講錄等，擬分別編著叢書，廉價發行，藉以普及市政智識。

# 財政科業務狀況

## 甲、設施概況

一、整理市產　無錫市產向無統計案卷可資稽考，為數若干，不得而知，在前市行政局時代，設市產保管委員會，惟祇有保管之名，而無負責之實，故市產之被佔為私產者，往往有之。本處成立後，首先接收該項保管委員會，以統一市產管理之權限，而為着手整理之張本。其次為市產之調查，凡市產業已出租與市民者，一律重訂租約，編號存查，其無主土地，應歸市有，或市產之被人侵佔者，除由本處派員調查外，准許人民據實報告，抽成充賞，以資獎勵，一面從事市產估價，務使全市公產完全清理，一一估定其價值，而得一正確之統計。再次為市產之處分，無論房屋基地及存款等，視生

息之多寡而酌量處分之，俾各項市產均用於生利最溥之途。

以上各點，均已分別實行。

二、整頓捐稅　市之經費，既以捐稅爲大宗，故增加收入，必從整頓捐稅入手，查前市行政局所征各捐，計有店房捐，戲捐，茶捐，菜塲捐，廣告稅，騾馬捐，碼頭捐，快船捐，航船捐，渡船捐，汽船捐，汽車捐，塌車捐，人力車捐，脚踏車捐等十餘種，惟均依習慣行之，不立章程，漫無稽攷，在孫前局長任內，對於捐稅實行整理，先後訂有茶捐，車輛捐，市房租賃等各種章程，始粗具規模，迨本處成立，數月以來，並未增加新捐，惟對於舊有各捐，切實整頓，第一步將舊訂章程重行修改，未定章程一一擬訂，凡本市內有一種捐稅，即有一種章程，藉資遵守，而免流弊。第二步改良征收方法，訂有征收員服務及懲獎規則，以杜侵蝕，一面調查漏捐，追繳欠戶，務使稅收日裕，涓滴歸公。五月來本處收入日有起色，每月自七千元增至一萬一千元，本始非整頓之效也。

三、改用新式簿記　前市行政局對於出入款項之記載，尚用舊式帳簿，本處爲整理財政起見，改用新式簿記制度，俾一切帳目，有精確之系統，嚴整之方式，實行以來，頗稱便利。

四、編造預算及收支報告　本處所造六個月預算（十八年八月至十九年一月），已呈奉省政府委員會議通過，計經常收入每月一〇八二二元，支出如之，臨時收入，每月四六〇〇元，支出亦如之，惟臨時收入，擬以舉辦住房及筵席二捐之收入充之，該二捐迄今尚未實行，故無收入可言，至本處每月收支實數，均於次月十五號以前，編列收支報告，登載各報及市政月刊，以示公開。

## 乙、計劃方針

一、新增合法捐稅　本處捐稅收入，均沿用前市行政局舊捐，並未增加新稅，惟事業既已擴大，勢必設法開源，以謀經費之充裕，本市市民負擔平均每人月祇三分九厘，較之蘇滬各市，相差甚遠，故擬在均平負担與不損民力之範圍內，酌量增加新捐。

二、發行市公債　本市建設事業及各項工程，亟待集欵興辦者甚多，爲籌集鉅大經費起見，擬發行建設公債，額定五十萬元，所訂條例及發行細則，俟呈准　省府後施行。

三、調查全市土地價格　本市土地價格，擬從事精密調查，以防止土地投機等等之流弊。

四、籌辦不動產登記　土地登記奉令俟　省廳規定統一辦法後，通飭施行，現由財政科着手籌備。

# 工務科業務狀況

## 甲、設施概況

一、規定道路寬度及拓寬辦法　本市道路寬度，前曾由市行政局一度規定，惟所定寬度過狹，不適於新城市之發展，本處成立後，將各等道路寬度重行規定如下：

(一)特等船　甲等十八公尺　乙等十五公尺

(二)幹　路　甲等十二公尺　乙等九公尺

(三)支　路　甲等六公尺　乙等四公尺

(四)絕　巷　三公尺

(五)水　衖　二、五公尺

所有全市街衢巷路，業已分等配列，安定至拓寬辦法依照各市通例，凡現有街道，不及規定寬度者，於建築房屋，時須一律照規定寬度退讓，其分期拓寬者，在拓寬綫內，指定日期，令業主一律照規定寬度拆讓。

二、訂立建築章程　本處為限制建築預防危險便利交通整飭市容起見，參照各市辦法，訂立建築章程，以管理全市建築物之建造及修理事宜，關於丈發給照，及取締營手續，均依照該章程辦理之。

三、測量路線　建築道路，為發展市政之先着，工務科對於分期建設道路，業已擬定具體計劃，先從測定路線入手，計現已測量竣事者為：(一)惠山公園道及支路，(二)崇安寺至西門公園道；(三)西門至大倉口公園道；(四)大倉口接通開原路支線；(五)光復門至西成門環形路；(六)西成門至西水關環形路；(七)吳橋以西沿運河大道除惠山公園道已動工填築外，其餘當俟呈准後動工。

四、修造工程　五個月來本處工務科比較重要之修造工程為：(一)修砌寶善橋至黃埠墩沿惠山浜街道；(二)拓寬界涇橋弄並舖築路面；(三)舖砌南門菜市場四週石片路面；(四)舖砌崇安寺第一菜塲路面；(五)修理吳橋改舖橋面(六)修理工運橋；(七)建築公園路市樓及寄宿所；(八)建築公園內商店十間；(九)建築公園女厠所等。

五、設計事項　工務科已成各種設計如次：(一)分區計劃，(二)幹路計劃；(三)幹河計劃；(四)公園分布計劃(五)道路工程計劃；(六)建築環城馬路計劃；(七)取締建築計劃；(八)橋梁計劃；(九)各等道路設計；(十)警鐘樓設計；(十一)整理城中公園計劃等，均詳見本處月刊。

六、添放及檢驗車輛　錫市人口達二十萬，與蘇州市相埒，蘇市有人力車二千五百餘輛，而錫市祇一千三百輛，人多車少，確屬不敷應用，爰由本處決議添放營業車輛共四百輛每輛收照費六十元，悉充築路之用，又舊有營業人力車多數因年久破損，時有傾覆之虞，經本處指定日期，限令各車一律修理完整，聽候檢驗，現已檢驗竣事矣。

七、設置停車場並規定街車價目　本市各街道車輛，往往四散各處，彳亍路中，殊礙交通，本處特製停車場牌數十塊，分段指定停車地點，凡空車均須停放車場，計現已設置之停車場，共計二十處。又街車價目，亦已分站規定，以便行旅，而免爭執。

八、管理各種車輛　本市人力車，汽車，脚踏車，及其他雜色車輛，均訂立專章以管理之。

九、其他整理及取締事項　1.取締違章建築，由工務科派員會同警士間日執行；2.取締草蓬，限令業主改建瓦屋；3.取締塡築河灘；4.取締跨街招牌；5.整理人行道；6.整理河道。

## 乙、計劃方針

一、舉辦全市測量　無錫市鄉全圖，前經測繪局製有平面圖，尙稱完備，無如人事更易，地形變遷，以往例令，殊難依據，且於地平高低，河流狀況，亦難稽考，此次擬重行測量，關於市政方面需要圖表，完全製備，除地形面積外，平剖面地平河流，均注意及之。全市測量分平剖面測量，水準網測量，及淸丈測量三種，惟市區界域未定，測繪經費亦鉅，故進行尙有待耳。

二、繪製全市計劃圖　都市設計，各國均極注重，近頃寧杭各市，亦有計劃圖發表，本市計劃圖，擬請專家設計製成。

三、相度市中心地點建造新行政公署　本邑縣政府，係舊金匱縣衙署，公安局局所，係舊無錫縣衙署，年代湮遠，均已破舊零落，市政籌備處規模狹隘，且僻處城內，將來新區開闢，市中心地點當移至吳橋通惠路一帶，故行政公署，亦當舍舊建新。茲擬呈准　省廳，將縣政府舊址標價出售，另在通惠路建築一規模宏大之行政公署，以壯市容，而興觀感。

四、整理通惠路　本市通惠路規模寬宏，且迫近車站，運河爲全市交通之樞紐，惟當時倉卒築造，路基低窪，橋面狹窄而隆起，又因年久失修，路面高低不平，目下整理該路，亟應將橋面放寬築平，路基塡高，改舖金山石片，或沙石路面，裝置陰溝，舖築人行道，此項工程，期於四個月內完成。

五、展築主要道路　本市主要道路，由工務科分期展築，定每期所費時間爲一年，其順序如下：

第一期路工　(甲)第一環形路(即環城馬路)；(乙)南北幹路(即直貫城廂之南北馬路)；(丙)公園道(由城廂貫通公園之要道)；(丁)公園支路(由大倉至萬頃堂)。

第二期路工　(甲)東西幹路；(乙)公園道及支道；(丙)運輸道；(丁)風景道。

第三期路工　（甲）第二環形；（乙）公園道及支道；（丙）運輸道（丁）風景道。

六、整理惠山風景　惠山附郭名勝，舊時勝跡志乘，斑斑可考，惟年久失修，浸假衰廢，值茲建市之初，亟宜從事整理，現已組織設計委員會，至整理計劃，正在精密討論中。

七、設計各種市建築　工務科擬於最近數月內，設計下列各種市建築，（一）市民博物館；（二）公共演講廳；（三）氣候觀測所；（四）市立醫院；（五）國貨市場；（六）平民住所；（七）動植物園；（八）運動場；（九）游泳場；（十）屠宰場；（十一）公墓等。

八、改良溝渠并籌劃全市下水道　本市溝渠設備，向不注意，雨潦之日，汚水泥濘，近頃市民亦漸生覺悟，本處現正在設法改良，擬先從城外馬路一帶入手，一面并規劃下水道，俾全市溝渠，得有系統之整理。

## 社會科業務狀況

### 甲、設施概況

一、設立臨時時疫醫院　本年秋季，虎疫盛行，由滬埠蔓延及於錫市，本處成立，鑒於疫氛潛滋，爰召集地方慈善團體，熱心公益人士，及各機關團體代表，各醫師等，開會決定集欵



設立臨時時疫醫院，勘定東門外延壽司殿爲院址，於八月十九日正式開幕，該院除施打防疫針以防止疫氛流行外，先後施診　歷四十三日，診治人數，達六千餘，不救者僅十九人。

二、辦理衛生行政　本市衛生事宜，自本處社會科接收辦理後，當時全市劃分爲五個衛生區，以城中爲第一區，北門外爲第二區，南門外爲第三區，西門外爲第四區，東門外爲第五區，每區設衛生指導員一人，督率衛生警士，清道夫，及清河夫，負責清除街道河渠，及處理該區內一切公共衛生事務，衛生指導員係用考試方法錄選，清道夫及清河夫均施嚴格訓練，現本市衛生狀況，較前已有顯著之進步。惟改進廁所，雖已計劃就緒，以格於經費，未能即辦。

三、辦理各項公益事務　社會科五個月來所辦公益事務，舉其重要者如次：

1.編釘門牌　錫市各戶原有木質門牌，前由公安局分股編釘，惟大都朽腐脫落，字體更糢糊不堪，爰由本處呈准民政廳一律改釘琺瑯質門牌，以垂永久，而便認識，茲已分段編釘完竣矣。

1.化驗各自流井水　本市共有自流井三處，各井水質經社會科送請專家化驗無毒，並通告市民放心飲用。

3.調查米價設法抑平　九十月間，本市米價飛漲，事關民食

，經社會科調查原因，及米糧存數，函請縣政府嚴禁私運屯積，並疏通來源，以平米價。

4.開辦產婆訓練班　本處鑒於舊式產婆毫無學識，執行業務有乖人道，特開辦訓練班，招收年在二十歲以上五十歲以下，助產已滿三年之舊式產婆，授以產科醫學常識，經八星期之訓練考驗合格後，始准給照營業，其未經訓練者，一概取締，以重民命。

5.添設郵筒　本市人口增加，郵筒過少，發信往來，頗不經濟，當經本處會同縣政府，函請南京郵務管理局及本邑郵局，從速添設郵筒及信差，以利交通，業由郵務管理局函復照辦矣。

四、辦理各種登記事宜　社會科對於特種營業之管理，如有關衛生及風化者，已次第訂立專章，並飭令登記，以資查攷，現在已辦登記者爲(一)公共娛樂場所(二)牛乳棚，(三)竹木行等；着手舉辦者，爲熱水店登記，及醫院登記等。

五、進行各種調查事務　市政設施，必須調查社會實際情形，始有所依據，本處對於調查統計事項，異常注意，由社會科協同社會調查處辦理之，現在調查業有成績者，如工廠商店，醫院，娛樂場所，社教事業，宗教，寺廟，及名勝古蹟等，其餘正在次第進行。





## 乙、計劃方針

1.完成全市調查　本市社會調查事務，經數個月之努力，已獲有相當之結果，茲值編纂年鑑，關於全市狀況，應作一整個之調查報告，此項工作，擬於最短期內完成之。

2.改進坑厠　改進坑厠，業經擬具詳細計劃，（見本處第三期月刊）此項計劃，內容計分建築公厠，改良私厠，及取締私厠三種步驟，並擬分期實行，在第五衞生區內，着手先辦，此外關於處理糞便之方法，擬籌設肥料廠，將市內糞便收歸市營，現正在計劃中。

3.整理并增設公園　本市公園祇城中一處，暨惠山一處，其餘或爲私人園林，或距市廛較遠，普通市民，業餘遊憩之所，尚嫌不足，查城中公園地位適中，每值春夏秋三季，游人踵接，惟園址尚小，每嫌擁擠，現在整理計劃，除在公園內闢兒童游戲場，及民衆娛樂室（如棋社乒乓球等）外，擬將公園範圍擴大，將現在崇安寺，圖書館，民衆教育館暨本處之址，改爲民衆博物館，均劃爲公園之一部分，此項計劃，正在詳密設計中。又城環四週，人烟稠密，擬於東南西北四區，各闢公園一所。此外整理惠山另有設計。

4.設立公墓　公墓之有無，足以占一市之文野，本處迭奉省令，催飭設立，又鑒於實際上之需要，即擬早日劃定地址，設計完成之，占地大約在五十畝至百畝之間。

5，籌設公立醫院　本市私人開設醫院，雖有多處，惟設備簡單，且取費甚昂一般平民未能享受醫藥之便利，殊爲缺憾，茲擬籌欵建立一大規模之公立醫院，業已組織籌備委員負責進行。

以上所舉爲本處五個月間工作狀況，及計劃之一班，本處委負建設之重任，但實際上，以經費及環境關係，所可以表現者甚尠，同人等惟有懲前毖後，勤加策勉，尙冀省府諸公，時予指導，邦人君子，羣力贊助，俾正式市府得早成立，本處仔肩幸卸，是則同人等日夕翹企不已者也。



## 滬市府要求接管電話局

上海電話局向歸交部管轄部長王伯羣日來擬具計劃對於局務大加整頓並于十九年一月一日起一律改裝自動電話市政府會以該局內部日趨窳敗則市民責難交至曾向交部要求劃歸市府管理無如函電往返迄無答覆張市長昨又以公用事業如此不良實爲市建設中之一大障碍特再電請交部迅予轉交云

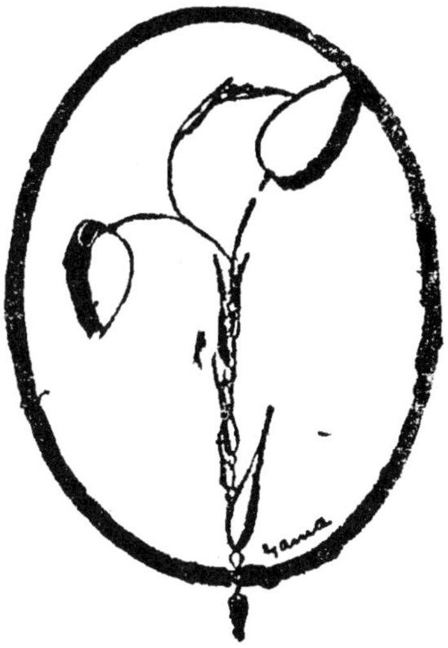

# 無錫市車道建築概言

工務科

建設事業之發展，可以覘地方上之朝氣，所以表市民之精神奮發有爲也，遜清末葉，高唱維新，而暮氣已深，拯救無術，終鮮建設，乃自民國光復，革命精神充滿全國，氣象爲之一新，斯時也，吾錫市民尤抱革新希望，從事建設，故成效卓著，蓬蓬勃勃，社會上充滿生氣，秦前民政長，又復提倡於上，不事苟且，力促其成，竟能於市廛衢衢，開拓車道，寬度至三四十呎，當時尚無行駛汽車之必要，已有如此規劃，目光遠大，其建設精神殊堪欽仰，厥後不幸，軍閥專横，袁氏陰謀相繼爲政，國事日非，人民消極，建設事業，不進則退，暮氣又復沉沉，土豪劣紳恣意用事，獻媚軍閥，壓迫民衆，相互爲利，故地方氣象，日就衰頹，除一二富商於工餘商利尚能方捹稍事建設外，政府人民何暇計及，復按吾邑民國四年後，車道建設之統計以至今日，試一比較，即可證明，自國民政府建都南京以來，民衆對於建設事業，又復興奮。現在市改籌備處業已成立，所望民衆遵照總理遺訓，秉天下爲公之旨，絕不稍存私見，幷勿爲少數人所利用，抱大無畏之精神，與暮氣已深之惡勢力相周旋，認定建設救國之目標，勿稍退縮，以協助政府進行，則此後建設事業之勃興，當不讓光復初年，專美於前矣。

## 無錫市已成馬路調查表

| 路名 | 寬度（公尺） | 長度（公尺） | 建築材料 | 建築時 | 現狀 | 備註 |
| --- | --- | --- | --- | --- | --- | --- |
| 公園路 | 一〇至一三 | 五五〇 | 石片路 間有人行潰寬半公尺 | 民國元年 | 通行車輛 | 無錫市公所 |
| 光復路 | 八至一〇 | 一二五 | 石片路 人行道寬一公尺 | 民國元年 | 通行車輛 | 無錫市公所 |

| | | | | | | |
|---|---|---|---|---|---|---|
| 漢昌路 | 一一、五 | 九六 | 石片路<br>人行道寬一公尺 | 民國元年 | 通行車輛 | 無錫市公所 |
| 圓通路 | 八至一〇 | 一二五 | 石片路<br>間有人行道寬公尺半 | 民國二年 | 通行車輛 | 無錫市公所 |
| 工運路 | 一二至一五 | 六九〇 | 石片路<br>人行道寬半公尺 | 民國二年 | 通行汽車 | 滬寧路局 |
| 圖書館路 | 六至八 | 二二〇 | 石片路 | 民國三年 | 通行車輛 | 無錫市公所 |
| 羊腰灣路 | 三至六 | 一八五〇 | 煤屑路<br>間有石片路 | 民國四年 | 通行車輛 | 無錫市公所 |
| 東新路 | 七、五 | 一〇五 | 石片路<br>人行道一公尺 | 民國六年 | 通行車輛 | 無錫市公所 |
| 梁溪路 | 九 | 二一〇 | 石片路 | 民國七年 | 通行車輛 | 無錫市公所 |
| 前太平巷 | 三、五至四、五 | 二八五 | 石片路 | 民國八年 | 通行車輛 | 無錫市公所 |
| 後太平巷 | 三至三、五 | 一八五 | 石片路 | 民國八年 | 通行車輛 | 無錫市公所 |
| 麗新路 | 三至六 | 三八〇 | 煤屑路<br>間有石片路 | 民國八年 | 通行車輛 | 無錫市公所 |
| 交際路 | 八、五 | 七五 | 石片路 | 民國八年 | 通行車輛 | 無錫市公所 |
| 中正路 | 二至七、五 | 一〇五 | 石片路 | 民國九年 | 通行車輛 | 無錫市公所 |
| 南倉門 | 五、五至七、五 | 九〇 | 石片路 | 民國九年 | 通行車輛 | 無錫市公所 |
| 通惠路 | 一二至一五 | 三九〇〇 | 石片路及煤屑路 | 民國九年 | 通行汽車 | 無錫市橋路工程局 |
| 放鴨灘 | 二、五 | 二六〇 | 石片路 | 民國九年 | 通行車輛 | 薛南溟籌建 |
| 廣勤路 | 四、五至八 | 一五五〇 | 石片路<br>間有人行道 | 民國十年 | 通行車輛 | 商埠局籌建 |
| 第一支路 | 三、五至一〇、五 | 五二〇 | 石片路<br>間有土路 | 民國十年 | 通行車輛 | 商埠局籌建 |
| 第二支路 | 三、五至六、五 | 五八〇 | 石片路<br>間有土路 | 民國十年 | 通行車輛 | 商埠局籌建 |

| | | | | | | |
|---|---|---|---|---|---|---|
| 第三支路 | 三、五至六、 | 五三一〇 | 石片路間有土路 | 民國十一年 | 通行車輛 | 商埠局籌建 |
| 第四支路 | 三、五至六、五 | 四八〇 | 煤屑土路 | 民國十一年 | 通行車輛 | 商埠局籌建 |
| 恆德里 | 六 | 一八〇 | 石片路 | 民國十三年 | 通行車輛 | 無錫市公所 |
| 前社橋路 | 三 | 九六〇 | 煤屑路 | 民國十一年 | 通行車輛 | 實業中學籌建 |
| 華盛衖 | 四至六 | 二四〇 | 煤屑路 | 民國十二年 | 通行車輛 | 無錫市公所 |
| 通濟路 | 六 | 一三〇 | 煤屑路 | 民國十三年 | 通行車輛 | 無錫市公所 |
| 前書院弄 | 三、五至六 | 一九〇 | 石片路 | 民國十三年 | 通行車輛 | 無錫市公所 |
| 廟港橋路 | 三至八 | 一〇八〇 | 石片路 | 民國十三年 | 通行車輛 | 薛南溟籌建 |
| 西新路 | 三 | 一四五〇 | 石片路 | 民國十四年 | 通行車輛 | 無錫市公所 |
| 小三里橋直街 | 三、五 | 三三〇 | 石片路 | 民國十四年 | 通行車輛 | 無錫市公所 |
| 北倉門 | 三至六 | 三七〇 | 煤屑路間有石片路 | 民國十五年 | 通行車輛 | 無錫市公所 |
| 西門新馬路 | 四至六 | 五三〇 | 石片路 | 民國十六年 | 通行車輛 | 無錫市政局 |
| 學佛路 | 六至八 | 九五〇 | 石片路間有煤屑路 | 民國十六年 | 通行車輛 | 無錫市行政局 |
| 萬全路 | 六至九 | 一五〇 | 石片路 | 民國十六年 | 通行車輛 | 無錫市行政局 |
| 周師衖 | 三、五至五 | 一六五 | 石片格 | 民國十六年 | 通行車輛 | 無錫市行政局 |
| 通勤路 | 六 | 二一〇 | 石片路 | 民國十七年 | 通行車輛 | 無錫市行政局 |
| 南新路 | 三、四至六 | 四八〇 | 石片路 | 民國十七年 | 通行車輛 | 無錫市行政局 |
| 實善橋北沿河 | 三、五 | 一〇八〇 | 石片路 | 民國十八年 | 尙未完工 | 無錫市政籌備處 |
| 界涇橋弄 | 四 | 一〇五 | 石片路 | 民國十八年 | 尙未完工 | 無錫市政籌備處 |

## 世途

朱佛民

破足者呀！小心些！
世途是這樣底崎嶇，
世途是這樣底嶮巇；
我們生着健全底雙脚，
倘不能平安底過去，
破足者啊！何況是你？

## 行難

黃有連

看不盡的橫綿山岡，
行不盡的蠶叢崎嶇路；
哀人生之多難兮，
獨潸然而涕出！

民國以來無錫市建築車道面積比較表

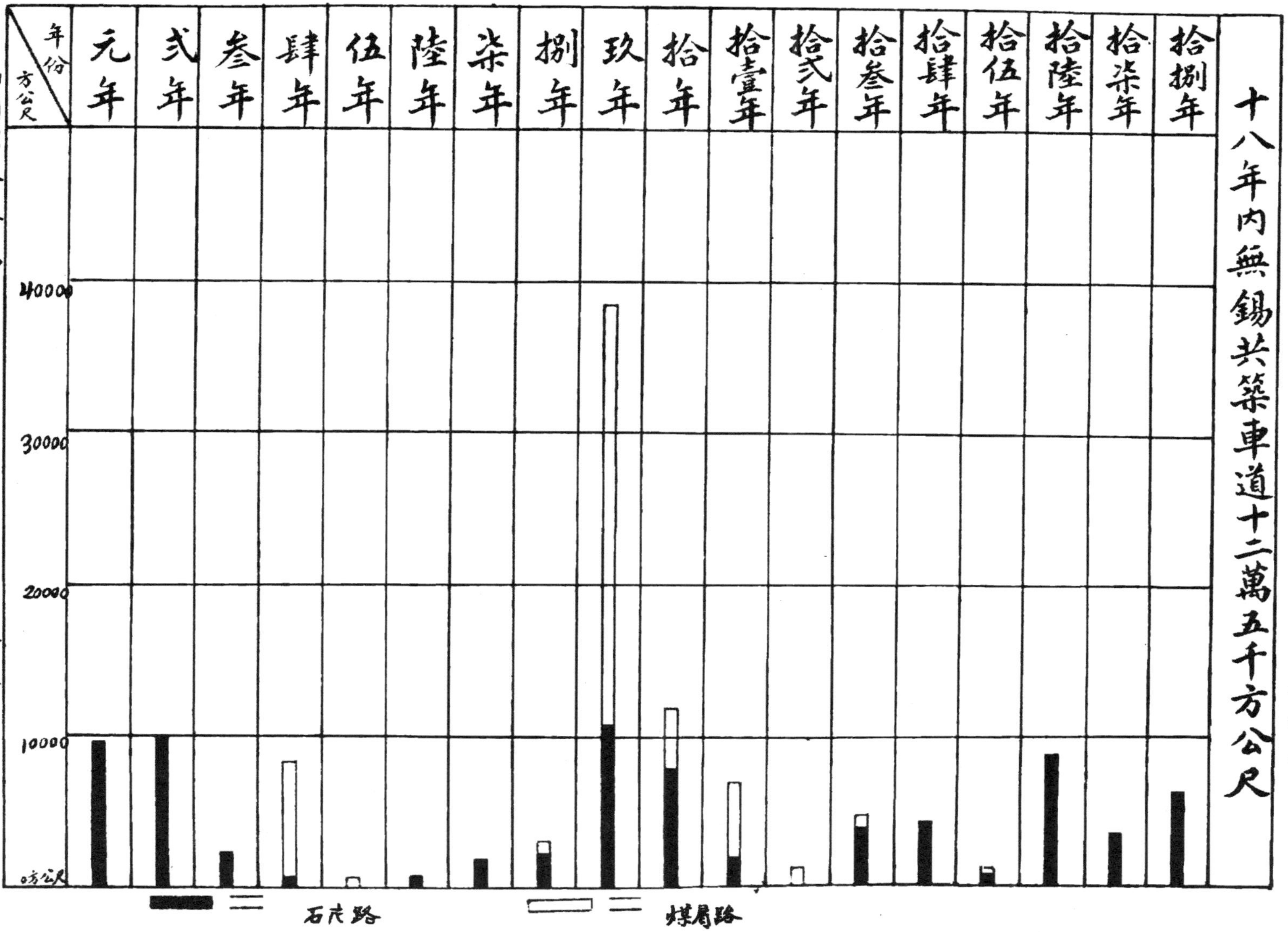


工務科製

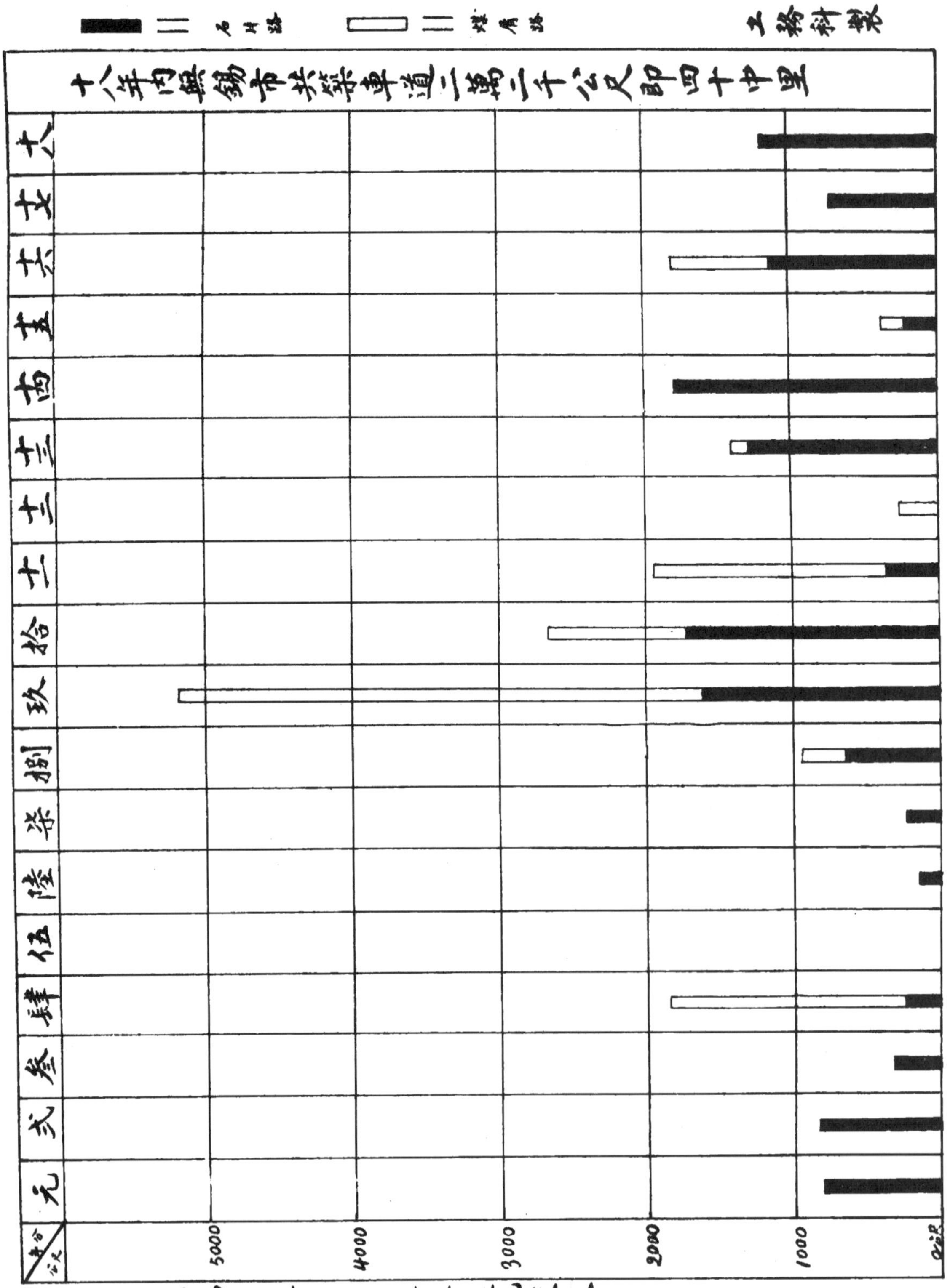


民國以來無錫市建築車道長度比較表

# 工務科取締股辦理建築執照報告

本處自八月一日成立後，即由建設局將建築執照事務，移交本處工務科取締股繼續辦理，所有給照手續，悉照舊無錫市建築章程辦理凡二越月，此二月中，從事整頓，關於建築之交通上，衛生上，公安上，美觀上，以及危險等問題，均經詳細考核，逐項增刪，重訂本處取締建築章程，公佈施行，以期市政日趨進步，迄今又屆三月，章程既經明訂，路寬亦已確定，建造任何房屋，苟能按照定章，決不再須拆讓，以致損失，故人民均可安心建造，以垂久遠，所以呈報建築件數，日有增加，在十一月中，竟有五百件之新紀錄，足徵人民均能遵照本處規定辦法，而樂於從事，十二月內因雨雪交加，不能工作，呈報建築者驟少，而本處五個月來，辦理取締建築件數，總計有一千五百十二件之多，即平均每日有十幾件，亦可見錫市人事之日繁矣。

附表一：

本處自八月成立，屈指五月，辦理取締建築，爲數已頗可觀，總計人民呈報建築一千五百十二件，平均每日約十三件，發出執照計一千三百六十七件，平均每日約十一件，其間相差者，或因違章扣留，或因糾葛未領，均經本處分別作廢，或通知催領。違章建築三百二十五件，佔發出執照數百分之二十三，其中尤以無照動工爲多數，大約佔三分之二，不遵章收讓者約佔三分之一。違章建築已辦者，計二百九十六件，佔違章總數百分之九十一。危險建築四件，已修正者三件。

附表二：

本處自八月至十二月內，呈報建築計平屋二千二百七十一間，樓屋一千四百十三間，圍牆及駁岸二千二百三十四件，修理及雜項四百件，統計房屋及圍牆建築在八九十十一四月中互有增減，至十二月份，因天氣嚴寒以及陰雨連綿，故建築數大減，至於修理一項，在前四月中，逐漸遞增，因工務科取締辦法，漸臻完備，而辦事員，復認眞辦理，有以致之，故十一月份呈報修理照數竟增至二百十二件。

附表三：

本處所列呈報建築，及發給執照，在八九十十一四月中，平均增長，此係取締手續逐漸完備之現象，十二月份之低落，完全因天時及氣候關係，至該月發給執照之件數反而超過呈報建築者，因已報之執照，當然領出，而未報之建築，或因鄰縣生變，時局不寧，或因陰雨連朝，不便開工，故件數遂驟形低落。違章建築之在前四月亦日漸增高，爲取締周密之效果，迨十月十一日施行標簽後，各處建築，均先由本處工務科派員插立標簽，因此十二月份違章建築數遂大減，違章之已辦者，各月份亦漸次增高，與違章件數不相上下，十月份，曾一度强制執行，故解決件數獨多，計達一百十一件之數。

附表四：

此表可與附表三相對照，呈報建築，以十一月份之第四星期爲最多，一週內計有一百廿件，十二月份之第三星期，因天氣寒雨雪關係，遂大減，至十四件爲全期最稀之一週，違章建築及已辦者上下交錯相距並不過遠，可證明違章建築，隨時解決，積存爲懸案者甚少也。

附表五：

表中黑綫爲建築執照費，收入總計五月內共收二千八百七十七元一角，九月份有絲廠三所，故收數較多，十二月份之第二三四週亦因氣候關係，收數隨呈報件數而大減，至於下端紅綫係罰款，最多時計達一百元之譜，迨後漸減，則由營造人漸明章程之故，至十二月份第四週遂減至二元，實爲取締之好現象也。

# 無錫市政籌備處十八年度辦理取締建築統計表

| 類別＼月份＼週次 | 八月份 | | | | 九月份 | | | | 十月份 | | | | | 十一月份 | | | | 十二月份 | | | | 統計 |
|---|---|---|---|---|---|---|---|---|---|---|---|---|---|---|---|---|---|---|---|---|---|---|
| 週次 | 一 | 二 | 三 | 四 | 五 | 六 | 七 | 八 | 九 | 一〇 | 一一 | 一二 | 一三 | 一四 | 一五 | 一六 | 一七 | 一八 | 一九 | 二〇 | 二一 | 計 |
| 呈報建築件數 | 八二 | 五〇 | 五七 | 六一 | 六〇 | 七七 | 八一 | 七六 | 六九 | 六七 | 八八 | 七九 | 九〇 | 一一五 | 一二〇 | 一一三 | 一〇四 | 六二 | 四五 | 一四 | 四二 | 一五五二 |
| 發給執照件數 | 五三 | 五六 | 四五 | 五一 | 三八 | 六五 | 六六 | 八三 | 六八 | 五二 | 六四 | 六七 | 八三 | 八四 | 一一四 | 一一六 | 八七 | 九四 | 四六 | 一五 | 二〇 | 一三六七 |
| 違章建築件數 | 一六 | 一一 | 一三 | 四 | 一一 | 一〇 | 一三 | 二五 | 一五 | 二一 | 二七 | 二〇 | 一九 | 二九 | 二〇 | 一八 | 二三 | 一五 | 五 | 一 | 〇 | 三二五 |
| 已辦違章建築件數 | 四 | 五 | 八 | 四 | 四 | 四 | 八 | 二五 | 二一 | 二〇 | 二八 | 三〇 | 一六 | 一五 | 二七 | 一八 | 一九 | 一三 | 一一 | 五 | 一一 | 二九六 |
| 危險建築件數 | 三 | 〇 | 〇 | 〇 | 〇 | 〇 | 〇 | 〇 | 〇 | 〇 | 〇 | 〇 | 〇 | 〇 | 〇 | 一 | 〇 | 〇 | 〇 | 〇 | 〇 | 四 |
| 已辦危險建築件數 | 二 | 〇 | 〇 | 〇 | 〇 | 〇 | 〇 | 〇 | 〇 | 〇 | 〇 | 〇 | 一 | 〇 | 〇 | 〇 | 〇 | 〇 | 〇 | 〇 | 〇 | 三 |

工務科製

圖表四五：此處原爲《無錫市政籌備處十八年度呈報建築類别表》，見書後。

圖表四六：此處原爲《無錫市政籌備處十八年度辦理取締建築統計表》，見書後。

圖表四七：此處原爲《無錫市政籌備處十八年度辦理取締建築統計表》，見書後。

圖表四八：此處原爲《無錫市政籌備處十八年度取締建築執照收費統計表》，見書後。

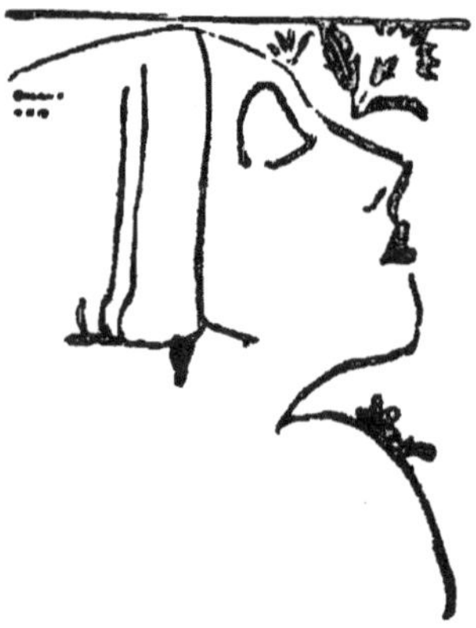

# 第二次衛生運動大會經過

發傳單　貼標語　掃除街道　分組演講

社會科

本屆十二月十五第二次衛生運動大會，事前由本處社會科提出十八次處務會議，議決着手籌備，旋即會同縣政府，於十二月十日，召集各機關團體，討論進行工作，決議十二月十五日起全縣家庭大掃除三日，由縣政府令飭公安局及各區公所協助曉諭，民衆一體遵行，城區街道，由本處各區衛生指導員，督飭清道夫，掃除清潔。宣傳方面，由各機關團體組織衛生演講隊十五隊，推縣黨部爲隊長，標語傳單，由本處擬定標語十一種，油印三千六百份，分發各衛生區張貼「衛生部宣傳綱要」傳單一種，油印五千份，分由各演講隊演講時沿途散發，十五日上午九時，各機關組織之十五演講隊，在公園多壽樓下集合，分道出發，遊行演講，各衛生區，本處衛生指導員領率全體清道夫，清河夫分別清除街道及河流，下午再由指導員集合各公安分局，衛生巡士及清道夫清河夫等身穿雨衣，肩挑簍筐畚鏟，手持旗幟標語，大呼口號，一路冒雨遊行，各街巷居戶人民，咸爲注意，至五時餘，全區遊行完竣，所散各種印刷品如下：

## （一）衛生運動大會宣傳標語

一、市容的整潔與否可以看出市民程度的高低

二、家家要在十二月十五日舉行家庭大掃除

三、家家要洒掃清潔捕殺鼠蠅

四、家家要注意自己門前的垃圾

五、人人講求衛生國家必得強盛

六、戒絕烟酒嫖賭身使康健

七、河水要清潔不要在河中洗馬桶

八、按期種痘防免天花

九、垃圾要倒在垃圾箱裏

十、大小便要跑到坑廁裏面去

十一、糞缸尿桶不要放在路人

## （二）衛生運動大會宣傳綱要

一、衛生運動大會之緣起：吾人以平日不講求衛生之故、容易沾染疾病、染病之後、又往往惑於迷信、不肯延醫治療、以致死亡接踵、病夫騰笑、人口統計、反日形減少故不得不大聲疾呼、冀促國人之猛省

二、衛生運動之意義：衛生運動唯一之意義、就是喚起民衆、注意清潔和其他一切公共衛生

三、大會日期之規定：按污物掃除條例規定每年五月十五日十二月十五日各舉行大掃除一次、衛生運動大會施行大綱、亦以勵行清潔爲實施衛生行政之唯一要件、因定此兩日爲舉行大會日期

四、大會應促進之事項；大會應促進之事項、不一而足、茲即其最緊要簡易者、略舉如左

甲、改良厠所：厠所最易發臭氣、且爲蒼蠅生聚塲、故非有合宜之建築不可、應一面建設合於衛生之公共厠所、一面取締露天厠所、嚴禁隨地便溺

乙、清潔飲水：河水井水、往往雜有病菌、爲各種腸胃病之來源、清潔之法、最好興辦自來水、其不能興辦自來水之縣市、應多鑿深井並改良舊井、提倡沙濾水缸、一面嚴禁井旁及塘河中洗濯污物及馬桶、並禁傾倒或注入塵



屑污泥穢水於塘河、飲料必用沸水

丙、掃除污物：塵屑污泥穢水等污物、最易生聚蚊蠅、存留病菌、設不勤加掃除妥爲處置、即成爲傳染病的發源地、應依污物掃除條例及施行細則、備具適當之容器及溝渠、各省市衛生行政機關、應與人民各盡其掃除之義務

丁、撲滅蚊蠅：蚊虫可以傳播瘧疾及大脚瘋黄熱病等、蒼蠅可以傳播傷寒赤痢霍亂痧病等、同爲人類大敵、春際又爲其繁殖將旺之時期、亟應査照本部印撲滅蚊蠅各辦法、將蠅蛆與孑孓的發源地、一一剷除、並隨時隨地、實行撲殺成蠅與成蚊

戊、防除疫病：疫病如傷寒赤痢天花鼠疫霍亂斑疹傷寒白喉猩紅熱及流行性腦脊髓膜炎（驚風的一種）等、皆急性傳染病、一遇發生、傳播立遍、防除之法、除按時種痘以免天花外、一要報告疫病施要早期的處置、二要隔離病舍、限制與病人交往、並要實行消毒和預防注射

己、取締不潔的飲食物：露售的熟食、切售的瓜菓、和不潔的冰水飲料、或有蒼蠅落過、或用生水製成、食之非常危險、須嚴重取締、凡屬飲食物料、均應責令用鐵紗罩緊密覆蓋、以隔絕蚊蠅與灰塵、並不得攙用生水、已經腐敗之肉類或菓食、並應禁止販賣

庚、改良接生婆：舊式接生婆、既無科學智識、又不解消毒和合理的接生方法、以致產母嬰兒每無的死亡、不知多少、取締之法、惟有提倡助產教育、先擇接生婆之較為優秀者、授以消毒等簡易之手術、有不為合理的接生者、立即停止其業務、一方提倡設立平民保產院並培植新式助產士、以期根本改善

辛、摒除嗜慾：鴉片娼妓賭博飲酒等、皆所謂不正當之嗜好、最足戕賊身體、墮落人格、應為吾人所深惡痛絕者、紙烟對於個人、雖為害不若鴉片、然絕大漏卮，貽禍於全國者甚烈、亦不可吸、在未成年者、尤須切禁

壬、實行各種衛生十二要：本部為普遍衛生的常識、改革民衆的心理、特為編具各種衛生十二要、先從個人衛生講起、依次推及家庭和社會、再就社會中別為學校工廠等十一種、選擇要語、印成單頁、分發各處、民衆方面、務必逐次實行、衛生行政機關并應督促照辦、以期達講求公共衛生之目的

五、大會後應有之希望

甲、行政方面、希望各省市主管衛生行政機關的

1.實現衛生建設的新計劃2.厲行衛生的管理和取締各法規3.添設衛生警察4.登記醫生和助產士並改良接生婆.籌設平民醫院和平民保產院及公共浴堂6,多請名人專家對於民衆演講衛生問題7,展覽對於衛生模型圖表電影和書籍8.獎勵體育團體添設公共運動場和兒童遊戲場9.禁止茶館飯館戲園遊藝場等使用公共手巾與理髮館浴堂挖耳打眼刮鼻刮脚

乙習慣方面、希望各省市衛生行政及教育機關合作的

1.不許隨地吐痰隨地便溺隨地棄置汚物和死畜2.戒絕不良的嗜慾烟酒嫖賭等事3.打破巫卜仙方迎神扶亂以治病等迷信、4.禁止早婚和婦女纏足束胸5.提倡衛生教育並注重學校學生的衛生

丙、身心方面、希望各界的

1.勵行早起、多作戶外生活及有規則之生活、實行八小時工作、八小時休息八小時睡眠2.勤盥洗、節飲食、勤運動3.思想清潔、多聽有益的演講多看有益的書籍4.提倡業餘運動和武術5.宣傳衛生要義、實行公共衛生規律、以增加衛生行政之效率

六、大會最終之目的：大會最終之目的、在欲實現上述的事項和希望、惟欲實現此事項和希望不是單靠着官廳的、也不是單靠着五分鐘的熱烈舉行一次運動會即可成功的、是要各省市衛生行政機關和人民、通力合作、自大會之日起、不間斷的

努力的去實行、人人養成衛生的習慣、事事遵守衛生的規律、時時講求衛生的方法、那才可以減少疫癘、增進健康、一雪東亞病夫之奇恥

## 修道路歌

霞碧

中國國民志氣洪，
墾荒闢野事交通，
犁盡世間不平地，
大道之行天下公！
民行解決，
革命成功，
人羣進化，
世界大同，
青天白日滿地紅！

＊　＊　＊

中國國民志氣洪，
道路普及中央中；
國道完成眞改造，
公路普遍樂無窮！
交通便利，
革命成功，
人羣進化，
世界大同，
青天白日滿地紅！

# 無錫市政籌備處每週工作紀要

## 第十六週十一月十日至十六日

△舉行第十六次處務會議

△辦理公文四十七件

△公布本處暫行組織大綱

△擬訂本處籌備期間擬辦各事綱要印發各科分別計劃限年內完竣

△編輯第三期無錫市政

△總理誕辰休假一天全體參加紀念大會

△徵收各項捐稅

△開始調查住戶房租編造住房捐冊籍

△監督吳橋修理工程

△測製老北門及老西門套城平面圖以備設計整理

△測量城中公園及附近地帶之平面圖以備設計整理並擴大之

△省政府會議通過准無錫市拆城改建馬路

△民政廳暨建設廳指令惠山公園道准予招標建築環城路應改十二公尺爲十五公尺道即分別招標並改測寬度

▲勘察惠山浜下岸路政

▲塡發建築執照一百十四件

▲檢驗人力車九十二輛

▲調查亭子橋及小粉橋各滯頭廠衛生情形

▲調查光復門外坑厠狀況

▲調製第一第二衛生區厠所調查表

▲繼續編釘門牌

## 第十七週十一月十七日至二十三日

▲舉行第十七次處務會議

▲辦理公文五十件

▲添置市政圖書並整理圖書室

▲無錫市政法規彙編第一輯出版

▲繼續調查住戶房租

▲調查市有土地及被侵佔市有房屋

▲徵收各項捐稅
▲編造各種捐稅底冊
▲擬定拆城築路之進行程序及出賣城磚規則
▲繪製整理奎城設計圖
▲測量市中心行政區並設計夾運大道
▲調查本市橋樑並著橋樑工程計劃書
▲測量城中公園四周街道
▲設計北水關之改造計劃圖
▲設計利用城磚築路圖
▲著全市測量計劃書
▲監督修理吳橋及惠山浜下岸路工事
▲擬訂監工員及稽查員服務細則
▲塡發建築執照一百十六件
▲檢驗人力車五百四十一輛
▲籌備辦理竹木行登記
▲辦理產婆訓練班報名事宜
▲審查各戲院内容並催促登記
▲辦理公共娛樂場所登記事宜
▲辦理本市衛生事務
▲繼續編釘門牌

## 第十八週十一月二十四日至三十日

▲舉行第十八次處務會議
▲辦理公文四十四件
▲公布規章二種
▲召集市政討論委員會討論拓寬道路住戶房捐及拆城築路等問題
▲組織拓寬道路設計委員函聘江應麟等七人爲委員
▲徵收各項捐稅
▲整理本邑航船等級編造新冊
▲調查市内各工廠自用汽油船
▲赴惠山青山寺前察勘公墓地點
▲著警鐘樓設計圖說
▲決定房屋内部粉刷小修理免領執照
▲與戚墅堰電廠交涉遷移通惠路基内新建鐵塔
▲辦理拆城築路準備事宜
▲塡發建築執照八十七件
▲檢驗人力車六百八十一輛
▲辦理竹木行登記事宜
▲籌備十二月十五日衛生運動大會
▲接洽產婆訓練班地址及籌備開課事宜

▲辦理本市衛生事務

▲繼續編釘門牌

## 第十九週十二月一日至七日

▲舉行第十九次處務會議

▲辦理公文四十三件

▲無錫市政第三號出版

▲徵收各項捐稅

▲繼續市中心測量

▲測量公墓地址繪製平面圖

▲建築公園內小商店工程告竣

▲佈告禁止市民私自填塞河浜池塘

▲招標承包惠山公園道填土工程

▲視察吳橋修理工程情形查見不合之處限期責令承包人修正

▲填發建築執照九十四件

▲檢驗人力車十六輛全市營業人力車至是檢驗完竣

▲公告定期檢驗脚踏車

▲繼續辦理竹木行登記事宜

▲產婆訓練班開課受訓練產婆共二十餘人

▲擬訂衛生運動工作綱要及宣傳標語

▲擬訂推行國曆法及標語

▲計劃全市商業調查辦法

▲調查米業堆棧業書業雜貨業照相業銀行業錢業鞋帽業綢緞業絲業紗業布業及報館業等狀況並編製統計

▲繼續編釘門牌

## 第二十週十二月八日至十四日

▲舉行第二十次處務會議

▲辦理公文二十三件

▲召集市政討論委員會開談話會討論設定市區及遷移鐵路貨站問題

▲召集商會及各業代表討論國曆結賬辦法

▲召集拓寬道路設計委員會開成立會

▲擬訂徵收廣告稅章程

▲調查住戶房捐並整理調查表

▲徵收各項捐稅

▲驗收公園內新建小商店九間

▲測量通惠路全路並製圖

▲決定添放人力車所收築路費指定爲舖築通惠路石片路面及惠山公園道經費

▲惠山公園道承包填土工程開標

▲設計市中心行政區之平面圖

▲設計建築平民住宅

▲著城中公園整理計劃書及附圖

▲塡發建築執照四十六件

▲籌備衛生運動張貼標語組織宣傳隊並通告市民於十二月十五日舉行家庭大掃除

▲繼續調查全市各業狀況並編製統計

▲繼續編釘門牌

## 前途

周志明

前途啊！努力底前進！
莫要長途程的艱辛！
道路不平要努力開闢，
步行艱難要勇往前奔；
路政修明，好發展各地實業，
交通便利，確關係國計民生，
前進啊！努力的前進！
莫要長途程的艱辛！

# 無錫市政籌備處十一月分收支報告

## 計開

### 庫存

上月底結存銀四萬零一百九十三元一角九分六厘

### 收入

(甲)收入經常項下　一萬零七百六十三元二角二分一厘

(一)市產收入　一千二百八十七元五角五分

1.房　租　一千一百十一元九角

2.碼頭租　二十六元九角八分

3.菜場租　一百二十元

4.自流井售水　二十七元六角七分

5廁　租　一元

(二)捐稅收入　八千五百三十元一角七分一厘

1.街車捐　一千八百十五元

2.包車捐　一百九十元五角

3.自由車捐　五十一元四角

4.汽車捐　七元

5.自用貨車捐　五元

6.馬　捐　六元

7.清道捐　四百三十五元四角

8.輪船捐　四十八元

9.渡船捐　七十六元

10店房捐　五千一百七十八元六角八分一厘

11旅棧捐　十三元五角
12茶館捐　九十二元六角三分
13戲館捐　六十元
14公園茶捐　二十三元四角
15菜場捐　一百三十二元六角六分
16廣告稅　九十五元
17宰牛捐　三百元
（三）雜項收入　九百四十五元五角
1.建築執照　六百四十四元
2.土木作登記　三十四元
3.牛乳送遞證　三元五角
4.書場登記　六元
5.路燈貼費　二百五十八元
（乙）收入臨時項下
（一）各項收入　二千四百八十元六角一分六厘
1.茂新公司補助築路費　七百五十元
2.趙聯芳君補助修路費　三百元
3.孫寶書君補助修路費　一百元
4.國貨展覽會補助公園損失費　二百元
5.房屋項首　三百四十元



6.路燈押櫃　六元
7.本市編釘門牌費　七百八十四元六角一分六厘
以上甲乙兩項收入總計一萬三千二百四十三元八角三分七厘

## 支出

（甲）支出經常項下　一萬一千六百四十元一角零一厘
（一）行政經費　三千六百七十五元八角七分一厘
1.職員薪俸　二千四百七十三元二角七分
2.勤務工食　三百二十七元四角
3.印刷公文用紙捐票車照表格及車牌等項　二百零六元八角三分
4.紙張簿籍文具　八十五元九角另三厘
5.郵電　一百零六元二角五分
6.書報　四十九元九角二分
7.征收捐項車膳費　五十八元四角一分五厘
8.工務測量查勘車膳費　二十五元四角二分七厘
9.工務科市民建築丈簽出勤費　十九元
10調查及整理市產事務車費　五元八角五分
11調查住房捐車費　五元三角
12調查社會事務車費　一元四角二分六厘
13報紙廣告費　十八元七角
14因公出差川旅費　一百三十五元六角五分

15各項雜支茶水及省委視察市政招待費　一百五十六元五角二分

（二）事業經費　七千二百六十一元二角二分

1.公安經費　五千五百元

2.清道清河夫工食船租等費　七百八十四元四角六分六厘

3.公園經常及修理培植費　一百元四角八分

4.自流井經常費　六十五元六角八分

5.菜場經費　六元

6.市產房捐及條漕費　六十元四角六分八厘

7.市產門牌費　三元八角

8.東亭馬路田租及警衛所房租等費　三十六元八角

9.市產房屋修理及裝配玻璃等費　一百十九元三角三分六分

10市政月刊印刷及酬金投稿費　四百零五元

11市政法規印刷費　一百五十八元二角

12全體局員攝影及市產基地照相費　二十一元

（三）補助費　七百零三元

1.市區十一月分教育經費　三百元

2.國民導報十二月分補助費　五十元

3.各區黨部十一月分補助費　二百三十元

4.勞工醫院十一月分補助費　一百元

5.縣立牛痘局十十一月分補助費　二十元

6.中區救火會十一月分月費　三元

乙　支出臨時項下　五千七百十二元八角五分八厘

（一）工程費　一千四百八十九元四角四分

1.測量夫二名工食　二十二元

2.竹匠一名工食　三十八元

3.購用地扦木樁圖畫方錢水平準等物　十九元四角四分

4.工務科辦公費　一百十元

5.特修吳橋先支一二兩期工程費　一千三百元

（二）建設費　二千二百元

1.建築公園內商店房屋先支一二兩期造價　一千二百元

2.建築公園內女厠所先支一二兩期造價　三百元

3.建築公園路市房與寄宿舍續支二期造價　八百元

（三）衛生費　一百二十元

1.衛生指導員薪俸膳食　一百二十五元

2.又　添制服一套及帽套檯布　五元

（四）編訂門牌費　八百四十九元四角一分八厘

1.編釘門牌員薪俸膳食　一百六十八元

2.編釘門牌勤務工食　四十八元四角

3.搪磁門牌一萬二千五百零七塊　六百零五元三角五分

4.紙張漿糊棕帚竹梯釘及零星等項　二十七元六角六分八厘

(五)補助費　二百零五元

1. 總理誕辰紀念籌備會經費　五元

2. 撥助第一區公所十月分行政經費　二百元

(六)退還頂首押櫃借欵　七百五十九元

1. 房屋頂首　三百五十元

2. 路燈押櫃　九元

3. 南區菜塲借欵　四百元

以上甲乙兩項支出總計一萬七千三百七十二元九角五分九厘

收支相抵揭存三萬六千零六十四元零七分四厘

## 上海籌辦衛生運動

上海特別市衛生局遵照衛生部定章於十二月十五日舉辦衛生運動聞該局對於本屆衛生運動計劃除擬布告及登報通告市民(一)人人自動的大掃除(二)家家自備垃圾箱(三)人人都來種牛痘(四)互相勸告注重清潔及指摘妨害公共衛生之行爲等四項喚起市民注意及實行外並編印傳單多種分發市民又於南北市內分設油漆廣告牌多處公布各種關於公共衛生要點藉促市民注意並聞該局於十二月十日起至二十日止舉行清道夫分段清除大比賽十四十五兩日舉行展覽會陳列各種衛生模型又聞此項衛生運動各鄉區亦同時舉行云

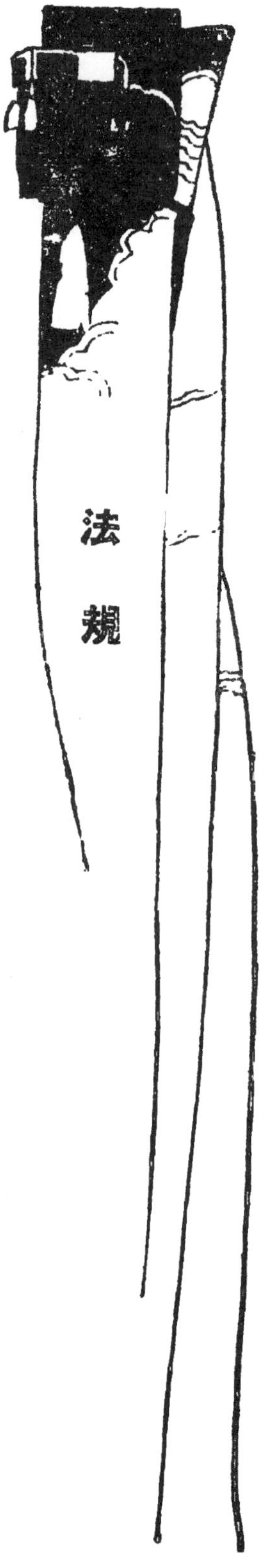


# 無錫市政籌備處征收廣告稅章程

第一條　廣告稅爲市稅之一凡在本市區域内均有征收此項廣告稅之權

第二條　凡越出自己地位使人注目感覺而具有營業性質者無論爲紙爲板爲標記或活動或不活動向所稱招紙及告白等類均作爲廣告其商號本店招牌陳列或張佈於自己地位者不以廣告論

第三條　凡欲張貼廣告於本市區域者須報明市政籌備處納稅加蓋印記

第四條　凡紙類印刷或繕書之廣告每營造尺一方尺每百張徵捐銀三角方尺放寬張數多加準此遞加不滿一尺者準一方尺算不滿百張者準百張算但二十方尺以外之廣告須先經協商方許張貼

前項廣告如係沿途散發或隨報附送不張貼者每營造尺一方尺每百張繳捐銀大洋一角餘照前項之例類推

第五條　凡廣告之妨碍治安及有傷風化或含有蠱混誘惑挑撥欺騙之意思者均禁止張貼其餘不論樣式如何一律允許

第六條　凡欲張貼廣告除照章收稅外其張貼處所應以本處所規定廣告欄内爲限不得任意張貼牆壁有碍觀瞻

第七條　特别廣告係爲便利商人起見特於普通廣告外准其設立特别形式如用木板鉛皮漆布圖畫以及代爲經售之標幟等類惟須預先將廣告繪具形式及尺寸地址一併開明報由市政籌備處派員查驗核准之後方可建設此項廣告每營造尺一方尺月繳銀大洋五分但設立時須預繳捐銀一年給予收證爲憑

此項特別廣告因優待商家便於推行起見特訂優待條例如下

(甲)牆壁廣告分官牆私牆兩種官牆每月每方尺納捐銀二分私牆每月每方只納捐銀一分

(乙)道旁廣告官基每月每方尺納捐銀六分私基每月每方尺納捐銀四分

(丙)屋頂廣告用木架嵌設電燈者官房每月每方尺納捐銀八分私房或僅設木架者每月每方尺納捐銀四分

第八條　游行廣告須於游行前二日至市政籌備處聲明廣告之形式及人數裝飾並樂器若干件逐一開單以憑核捐給照此項廣告每人每日繳捐大洋一角樂器每件照五人計算游行人數不得過十二人並受沿途警察之指導不得任意亂行致碍交通

第九條　凡紙類廣告報捐後由市政籌備處分別張貼逐張加蓋印記為憑木板鉛皮漆布圖畫等廣告除於底樣加蓋印記外應由建設廣告者於廣告右方下端註明「市政籌備處特許」字樣以示識別遊行廣告概由市政籌備處發給執照以備攜帶

第十條　凡事前匿捐或期滿不續繳捐款者查實後當視該廣告應納之稅額三倍科罰

第十一條　學校及慈善機關或事關公益之各項廣告一律免納稅銀但仍須送由市政籌備處加蓋印記

第十二條　本章程自公布之日施行並呈報主管官廳備案

# 無錫市政籌備處廣告管理規則

第一條　凡本市區範圍內關於廣告事項均須依照本規則管理之

第二條　凡越出自己地位就他人房屋內外上下之牆壁及道路或其他位置揭示關於營業性質之文字圖畫無論用紙用布或其他材料均作為廣告

第三條　除遊行廣告外揭示廣告之場所如左

甲、本處建設之公共廣告場

乙、本處指定之臨時廣告場

丙、民衆建設之特許廣告場

第四條　凡黨政各機關佈告及標語均由本處遵照內政部所規定之式樣於公共地方特設佈告處及標語處或於公共廣告場內劃出一部份張貼之

第五條　凡以土地房屋舟車及其他材料供人張貼廣告者應向本處登記納捐

第六條　廣告文字以純正為主其有猥褻粗劣乖謬荒誕有傷風化與

道德觀念者或竊用他人商標版權有欺騙朦混之意思者概行禁止張貼

第七條 凡廣告爲紅底白字者專爲表示危險或警告而設他項廣告不得襲用

第八條 廣告建築不得違反下列各項

甲、妨礙交通者

乙、妨礙地方觀瞻者

丙、妨礙街市光線者

丁、妨礙行旅視線者

戊、妨礙消防工作者

己、易於堆積垃圾者

庚、易於發生危險者

第九條 凡欲張貼廣告者須先具式樣呈經本處核准同時向本處財政科繳清捐款後方得張貼

第十條 征收廣告捐章程另訂之

第十一條 本規則自公布之日施行

# 無錫市政籌備處工務科監工員及稽查員服務細則

第一條 監工員以粗通工程學識能了解各樣工程圖樣及施工方法稽查員以能明瞭工程事宜常識充足並勤苦耐勞者爲合格

第二條 監工員及稽查員服務時間與本處規定時間同監工員在規定時間內必須常駐工作場指揮工作不得私往別處並星期日亦須照常到場監察

第三條 凡在工作緊張時監工員雖在休假日及晚間亦須到工作場服務其補給薪費規則另訂之

第四條 監工員被派指導工程時應先將圖樣及工程說明書詳細研究自信已經確實了解方可携同圖樣說明書到場監察如有發覺工作與圖樣不符之處應即隨時糾正倘不服從須據實報告主管人員核辦

第五條 監工員對於發給之圖樣說明書發生疑問時稽查員對於所派稽查事務有糾葛時均應面請主管人員加以解釋以便執行工作

第六條 監工員及稽查員每日須將工作情形詳載日報單及報告書直送呈科長考核

第七條 凡監工員及稽查員在外不得與包工人等酬酢尤不得有收受賄賂故意放任情事倘有故犯一經發覺即由科長據實呈報主任依法懲戒

第八條 本細則自公布之日施行

# 無錫市政籌備處管理及取締雜色車輛規則

第一條　凡在本市行駛之雜色車輛除人力車脚踏車及汽車另訂規則外均須遵照本規則辦理

第二條　凡置備雜色車輛者關於呈報登記檢驗及繳捐領照一切手續均須依照本處暫行車輛牲力捐章程第一條及第三條辦理

第三條　呈報時應將車輛式樣名稱種類輛數用途載重斤數車主或行主姓名籍貫職業住址或車行之名稱地址詳細開列以備查照

第四條　車身務須堅固整潔其朽壞不能載重者本處工務科得隨時隨地取締之

第五條　所領之號牌祇准在指定之本號車上使用不得頂替更換

第六條　裝載貨物必須收拾整齊不得拖出車外並不得載重逾量

第七條　裝卸貨物時務須敏捷不得久停道旁致礙交通

第八條　晚間行車必須燃燈

第九條　所打車上之鋼印號碼如有殘缺或模糊時應即報告本處工務科驗明重打

第十條　車主或行主住址如有變更或將該車或該行讓與他人時均應隨時報告本處工務科

第十一條　領照之車如在有效期內停止使用或在有效期滿後不復繼續使用時均應隨時報告本處工務科

第十二條　車主接得本處傳訊通知時應隨傳隨到不得無故推延

第十三條　對於本處之交通上一切章程均應切實遵守不得違抗

第十四條　本規則於公布之日施行並呈報主管官廳備案

# 衛生部頒布麻醉藥品管理條例

第一條　麻醉藥品之輸入銷售依本條例管理之

第二條　本條例稱麻醉藥品者指供醫藥用及科學用之鴉片嗎啡高根安洛因及其同類毒性物或化合物

第三條　麻醉藥品之輸入及分銷由內政衛生兩部指定總經理機關負責辦理

麻醉藥品之輸入數量每年由行政院會議決定麻醉藥品之製造在未有特許製造之法規以前概行禁止

第四條　各省或各特別市需用麻醉藥品由省政府或特別市政府指

宅葯房經管分銷事宜

第五條　總經理機關自外國輸入麻醉藥品按次由內政衛生兩部會同發給憑照

前項憑照內應載明種類數量用途及採買經過地點

第六條　麻醉藥品之輸入口岸限定上海一處

第七條　分銷機關向總理機關購運麻醉藥品按次由省政府或特別市政府發給憑照內應載明之事項依第五條第二項之規定

前項憑照應由領照人送經內政衛生兩部蓋印

第八條　各地醫院醫師牙醫師獸醫藥師或醫學校需用麻醉藥品時應以書面敍明理由簽字蓋章向分銷機關購用但醫院藥師醫學校每次購用其重量不得逾五十克醫師牙醫師獸醫每次不得逾十克

第九條　總經理機關於運到麻醉藥品時應按前條限制數量分別包裝并製定式包封及封簽載明品名重量及定價分別粘貼嚴密分銷機關除于調劑時啓封外不得拆改包裝

第十條　分銷機關出售麻醉藥品應按包封或封簽上所定之價格不得任意抬高

前項定價由總經理機關擬呈內政衛生兩部核定之

第十一條　內政衛生兩部及禁烟委員會得隨時派員稽查總經理機關各分銷機關之運售情形及現存品量

省市縣政府得隨時派員稽查所屬分銷機關及醫院醫師牙醫師獸醫藥師醫學校等之運售使用情形及現存品量上報告級機關分別呈轉內政衛生兩部及禁烟委員會

第十二條　總經理機關分銷機關及醫院醫師牙醫師獸醫藥師醫學校倘有違法舞弊情事應依法嚴懲如係分銷機關違法舞弊并應將該藥房勒令停業

第十三條　內政衛生兩部所發之憑照為五聯式一聯存根一聯寄交採買地點之中國領事署三聯暫給購運人收執除於輸運入口時由海關掣留一聯外其餘二聯于運到總經理機關後分別繳還內政衛生兩部核銷

第十四條　省政府或特別市政府所發之憑照為五聯式一聯存根二聯分別寄交內政衛生兩部二聯暫給購運人收執除於購得藥品時由總經理機關掣留一聯外其餘一聯於運到分銷機關後繳還原發憑照之政府核銷

第十五條　總經理機關每屆月終應將麻醉藥品之購入售出及現存數目列表報告內政衛生兩部

分銷機關每屆月終應將麻醉藥品之購入售出及現存數目列表報告核管地方政府查核彙轉內政衛生兩部各醫院醫師牙醫師獸醫藥師醫學校等凡購用麻醉藥品者每屆月終將麻醉藥品之購入售出使用及現存數目列表報

告該管地方政府查核彙轉內政衛生兩部

第十六條　內政衛生兩部據總經理機關及各分銷機關造送之統計報告應按期列表呈報行政院轉呈國民政府查核并分函禁烟委員會

第十七條　憑照包封封發及統計報告格式由內政衛生兩部會同訂定之

第十八條　在本條例施行前各藥房醫院及醫學校如存有麻醉藥品應於二個月內開列數量呈報省政府或特別市政府核明彙報內政衛生兩部及禁烟委員會

第十九條　本條例施行前任何機關所發之購運麻醉藥品憑照一概無效

第二十條　職司試驗及製藥之公署其職務需用麻醉藥品時應用開列品名及數量經內政衛生兩部核准逕向總經理機關購用

第二十一條　關於醫藥用及科學用之司替尼藥品取締方法準用本條例之規定

第二十二條　本條例自公佈日施行

## 衛生部頒發 開辦接生婆訓練班辦法

（一）課　程　可遵照管理接生婆規則第五條之規定此外如育嬰法初生兒及產婦之飲食消毒藥之性質用法產前產時產後之各種異常均應摘要教授並可將局部解剖示以標本圖畫

（二）教職員　開辦接生婆訓練時可由產科醫師一人（兼任）助產士一人（專任）負責訓練另設管理員一人負管理之責

（三）經　費　訓練班之經費因各省經濟情形及接生婆之多少而異北平接生婆訓練班（約為開辦費五十元每月經常費六十元）兩個月之訓練每人平均約費十五元至二十五元每班人數自二十人至五十人

（四）教授方法　應注意圖畫標本及口頭教授與實際練習所用術語亦應依其慣用者務使不識字之接生婆人人均能理解

（五）北平接生婆　所用之接生籃亦可供參考籃之內容如左

**布屬**

| | | |
|---|---|---|
| 白布衣套（僅有前面）連袖口 | 二套 | 1.60 |
| 鋪籃內之布 | 二塊 | .30 |
| 手巾 | 二塊 | .20 |
| 消毒紗布綳帶 | 一卷 | .10 |

共洋二元二角

**器具**

| | | |
|---|---|---|
| 剪刀 | 一個 | .24 |
| 點滴器 | 一個 | .10 |

共洋三角四分

**裝置**

| | | |
|---|---|---|
| 接生籃 | 一個 | .54 |
| 盆 | 三個 | 1.20 |
| 刷子 | 一個 | .10 |
| 皂 | 一塊 | .07 |

計洋一元九角一分

**藥品**

| | | |
|---|---|---|
| 純列曹兒 | 三兩一瓶 | .15 |
| 9%硼酸水 | 三兩一瓶 | .02 |
| 90%酒精 | 三兩一瓶 | .05 |
| 10%硝酸銀 | 一兩一瓶 | .02 |
| 流動巴拉斐 | 三兩一瓶 | .15 |
| 瓶反木塞 | | .16 |

計洋五角五分

總共洋五元

# 地方警與路警權限應劃分

上海特別市政府訓令市公安局文云案奉行政院訓令內開案據鐵道部呈稱飭查地方警察及鐵路警察職責各有所專權限未可逾越但事實上有時必須通力相濟方足以保公安查近來各路頗有地方警察事前並不通知路局輒入站台干涉旅客或且登車搜檢致稽行車時刻以此引起路警與地方之警察權限之爭又各路站遇有緊急事變非路警所能防禦制止時各該地方之警察頗乏救護之同情即事後亦不負協助之責歷來事實蓋非一端據前事以觀似過于自由據後事以觀又近于坐視竊以國家道屬國營事業警察繫全市公安同服務于國家自不容意存畛域擬請鈞院俯賜令行內政部暨各省政府各特別市政府轉飭各縣市公安局嗣後如有外勤事務須至路線範圍內辦理時其尋常處分事件應先行知路局或站上負責人員會同路警辦理至各路局站有遇特別事變發生各該公安局應隨時協助以同維護國有產業似此權限分明而仍歸合作庶兩有裨益是否有當伏候鈞核示遵等情據此除指令照准並分令外合行令仰該市政府即便遵照此令轉飭所屬公安局遵照辦理此令等因奉此令合行令仰該局遵照並轉飭所屬一體遵照此令

# 會議記錄

## 第十七次處務會議紀錄

出席者　孫祖基　王伯秋　李冠傑　江祖岷　聶文杰　沈維棟　朱士圭

主席　孫主任　紀錄　金禹範

（一）恭讀總理遺囑

（二）宣讀上屆會議紀錄

（三）報告事項

（一）民政廳令知本處組織大綱已經內政部備案（二）民政廳指令本處呈擬修訂船捐章程請鑒核備案一案內開査江蘇省船籍登記暫行條例前經本廳提出省政府委員會議正在編審中據呈前情仰候議行到廳通過飭遵（三）新行政區已派員前往測量

（四）修理吳橋拆卸後因鐵骨銹爛太甚另加工料修理之

（四）討論事項

（一）工務科提議拆城築路亟須進行査城磚堅固耐用爲數至夥城廓附近欲覓一相當空地堆置城磚勢所不能抑且看管難周故擬請於拆卸前登報招商標賣是否可行請公決案　議決俟廳令到處後即行標賣

（一）工務科提議環城馬路爲新建設之一兩旁房屋建築於市容關係至鉅所有材料除用混凝土外擬令各戶購用城磚本處拆價平賣以期建築益臻美觀而市民受其實惠是否可行請公決案　議決照辦

（一）工務科提議城垣拆除改築大道越城自無存在之可能所有越城內外附廓房屋亟應從事整理茲經測製越城內外房屋平面擬令按戶限期遷讓以便規劃是否可行請公決案　議決交工務科擬具詳細圖說再行提會討論

（一）工務科提議夾思河大道爲新市區交通命脈業經測製成圖自惠山浜至財神廟計長一千六百公尺越絕浜凡大浜口突入突出殊欠整直所有路線應如何擬定請公決案　議決由主任面呈省廳徵求意見後再行討論

（一）工務科提議建築環城馬路沿路兩旁應拆讓面積若干公尺擬由本處派員按戶照規定尺度讓進現經擬具表式兩種以便按戶標貼門前俾資查考而杜流弊是否可行請公決案附表式　議決通過

（一）沈秘書提議戚墅堰電廠在通惠路建築鐵塔多處在該路拓寬線內妨礙交通易生危險且有損觀瞻迭經市民請求拆去應如何辦理請付討論案　議決去函電廠制止建築已經設立者限一星期內遷去

（一）沈秘書提議市區現有面積太狹將來欲期市政發展似非擴大市區不可惟茲事大有審慎研究之必要應如何討論定奪請公決案　議決交市政討論委員會

（一）沈秘書提議本市路燈損壞甚多電廠延不修理擬由本處派員查明後通知電廠即日修復請公決施行案　議決照辦

（一）社會科提議光復門外馬路上一帶陰溝設法疏濬案　議決由工務科設計工程擬定預算再行籌款分段重築新式陰溝



（一）財政科提議修理吳橋建築宿舍公園內小商店及廁所等經費總數七千六百餘元除收預算一千一百元外尚差六千五百餘元之鉅應如何撥支請公決案　議決在本處現存款項下暫行撥用

（一）財政科提議工務科出勤費平均每日約四元左右是項經費係屬工務範圍是否應於築路費內撥支請公決案　議決通過

（一）財政科提議本市各街巷均沿用舊稱或此傳日久失其本意或習慣稱呼俚俗不堪應在編訂門牌期間先行更定是否有當請公決案　議決推江李二科長爲審查員

（一）工務　議修理南門外橫橋已決定用舊料從簡修理之請撥款備用案　議決通過

（一）工務科提議梁溪路新濟輪船局門前於駁岸建造石碼頭一座係尤姓基地充入馬路中者應否征收借地租案　議決交財政科派員征收

（一）工務科崇安寺地面崎嶇向以第一茶場爲甚擬將李姓罰繳之修路費修理之是否可行請付公決案　議決照辦

# 第十八次處務會議紀錄

出席者　孫祖基　王伯秋　沈維楝　李冠傑　聶文杰　江祖岷　朱士圭

主席　孫主任　紀錄　金禹範

（一）恭讀總理遺囑

（二）宣讀上屆會議紀錄

（三）報告事項

（一）奉省政府暨民政廳指令本處所擬分區及幹河計劃公園及幹路計劃案經省政府令行民建二廳協議辦理令仰知照（二）本處前呈送保護名勝古蹟章程已奉民政廳指令准予備案（三）本星期一舉行市政討論委員會第一次會議議決要案凡三（一）對於拓寬道路辦法及規定道路等級組織設計委員會討論之（二）住戶房捐先行調查俟調查完竣統計收數後再行決定舉辦或另謀替代方法（三）對於拆城築路加以充分準備並多顧及市民利益

（四）討論事項

一、主任交議凡房屋內部粉刷小修理概免領執照案　議決通過

一、主任交議組織設計委員會討論拓寬道路辦法暨寬度案　議決組織拓寬道路設計委員會推舉江應麟高踐四姚淼新陳子寬錢孫卿江祖岷朱士圭七人為委員

一、王參事提議審查工務科擬訂監工員及稽查員服務細則完竣請付討論案　議決通過

一、王參事提議審查工務科擬訂管理及出售城磚規則完竣請付討論案　議決修正通過

一、社會科提議請劃撥的款從速建築公廁案　議決交社會工務財政三科辦理

一、社會科提議擬將公園原有網球場改建兒童遊戲場案　議決照辦

一、社會科提議籌備十二月十五日全部全市衛生運動大會案　議決通過

# 第十九次處務會議紀錄

出席者　孫祖基　王伯秋　沈維棟　江祖岷　李冠傑　朱士　士　聶文杰

主席　孫主任　紀錄　金禹範

（一）恭讀總理遺囑

（二）宣讀上屆會議紀錄

（三）報告事項

（一）產婆訓練班於本月二日開課受訓練者共二十餘人現已按日上課（二）竹行登記已完竣木行亦已開始登記（三）衛生運動籌備會擬與縣政府共同發起（四）工務科勤務張奎根因舞弊發覺現已斥退送縣政府從嚴法辦

（四）討論事項

一、工務科提議公園內店屋已完工請派員驗收以資結束而便分租案　議決請江聶二科長前往驗收

（二）工務科提議營業人力車已檢驗完竣擬即日公告檢驗自由車以資整理而符定章案　議決可通

（三）工務科提議違章建築已積有多起應即雇工分別強制執行拆除之以儆效尤　議決分別執行

（四）工務科提議內部粉刷小修理弟門建築執照應否規定範圍案　議決交工務科擬定辦法提會討論

（五）沈秘書提議近據市民報告各翻砂廠常以極重大機件橫臥路中妨碍行人且損壞路基應即予以取締　議決函請公安局於一星期內取締完畢

（六）沈秘書提議本市各處牆壁近發現新刷香烟油漆廣告並未得本處允許實屬違反市章應即制止以整市容案　議決俟

廣告稅認商契約滿期後再行核辦

(七)沈秘書提議本市工商業發達勞資糾紛在所不免應由本處隨時調查以便編制統計案　議決交社會科辦理

(八)財政科提議爲整頓店房捐收入起見擬將各店戶租約吊處查驗「祇蓋印章不取費用」以杜隱漏案　議決照辦

(九)財政科提議據公園管理主任稱因國貨展覽會期內借用公園損失甚大所開送修理清單計共八百餘元應否撥給案

議決交公園管理委員會向前國貨展覽會負責人員交涉償還

(十)主任交議凡市區內河浜池塘概不准市民私自填塞　議決通過即日佈告一體嚴禁

# 第二十次處務會議紀錄

出席者　孫祖基　沈維棟　朱士圭　聶文杰　李冠傑　江祖岷

主席　孫主任　紀錄　金禹範

(一)恭讀總理遺囑

(二)宣讀上次會議紀錄

(三)報告事項

(一)上屆會議議決各案均已分別執行(二)民政廳指令本處所擬處理市有土地暫行條例得限於不抵觸中央法規範圍內暫准施行其土地登記章程應俟規定統一辦法後再行飭遵(三)民政廳指令本處呈送修正約設建設第一期第四段環城路工程圖說及第五段工程圖說照候建設廳核示准錄令備查(四)本處奉省令切實推行國曆昨特邀集商會及各業代表共同討論實行國曆結賬辦法議決結賬日期遵照國府通令並參照上海辦法以一月二十九日爲總結束之期租約自十九年一月一日起概照國曆支付租金業已布告各商戶週知切實遵照

(四)討論事項

(一)工務科提議添放人力車所收築路費擬即指定爲舖築通惠

路右片路面及建築第一期第一段惠山公園道經費案 議決通過

（二）工務科提議市內草蓬之取締有傷客民之生計應如何辦理案 議決

（一）將草蓬所在地改建平民住宅交工務科社會科設計（二）關于草蓬之登記及檢查事宜歸公安局辦理

（三）工務科提議錫市工商發達人口日增急應開拓新市區以供發展擬以吳橋附近為新市區積極建設新市場案 議決交工務科設計



（四）財政科提議准縣政府函請撥公安經費每月七千五百元檢諸本處預算每月增出二千元應如何辦理請公決案 議決縣公安局經費向以店房捐撥充現在店房捐每月僅收五千二百元左右且須扣除收捐員及勤務薪工每日祇賸五千元左右所缺二千五百元本處實無法籌設應函復縣府查照

（五）財政科提議公園內店房戶李玉胡和泉二戶因國貨展覽會期內損失請蠲免兩個月租金案 議決准予減半准收以示體恤

# 第二十一次處務會議記錄

出席者 孫祖基 沈維棟 江祖岷 李冠傑（張之彥代）喆文 杰 朱士丰

主席 孫主任 紀錄 金禹範

（一）恭讀總理遺囑

（二）宣讀上屆會議紀錄

（三）報告事項

（一）惠山公園道塡土工程已於上星期六開標標價每方大洋陸角八分總計一千三百六十九元五角二分（二）通惠路已由工務科測量完竣並着成整理計劃書（三）本處於前日舉行衛生運動除內部實行大掃除外由衛生指導員督率清道夫

清河夫連日加緊工作清除街道河渠並張貼標語分發傳單通知各戶於是日舉行家庭大掃除(四)本月十一日市政討論委員會開談話會討論要案二起(一)無錫宜於廢縣爲市由本處擬具詳密意見呈省核示(二)鐵路貨棧宜移至吳橋埦並由該處築分軌直達車站本處詳具理由呈請鐵道部辦理

(四)討論事項

(一)沈祕書江科長茲科長會提本市路燈問題延未議決茲擬與戚墅堰電廠會商通盤整理計劃謹擬具辦法如下

甲、全市添裝路燈約五百盞連舊燈計約一千八百盞每間電桿一根必須裝燈一盞乙、取消包裝制度一律免收燈費以前各戶所繳保證金移充整理期間之燈費其報而未裝者保證金一概發還丙、路燈每月支出甚鉅本處萬難負擔在房捐下加征路燈捐一成不敷之數由處籌措丁、裝燈辦法擬商請電廠負責裝置編號備查燈費務必低廉以輕負担以上辦法是否可行請付公決案　議決交市政討論委員會

一、工務科提議擬訂警鐘樓計劃請付討論案　議決通過

一、工務科提議擬具全市測量計劃請付討論案　議決通過

一、工務科提議改築通惠路需用大號滾路機擬先鑄五噸重生鐵鐵滾工料約需五六百元是否可行請付討論案　議決照辦

一、工務科提議擬訂取締及管理雜項車輛規則請付討論案　議決交工參事審查

一、工務科提議擬訂管理廣告規則請付討論案　議決交工參事審查

一、財政科提議修改廣告稅章程並擬具廣告稅收據式樣請審查　議決修正通過

一、財政科提議查前市行政局於每年冬防期間津貼區內地保每名每月四元地保共三十五名計洋二百八十元此項津貼是否照舊撥給請付討論案　議決照發

## 第二十二次處務會議記錄

十二月廿四日

出席者　孫祖基　王伯秋　沈維棟　朱士圭（劉偉代）江祖岷
李冠傑　葛文杰

主席　孫主任　紀錄　仝禹範

（一）恭讀總理遺囑

（二）宣讀上屆會議紀錄

（三）報告事項

（一）民政廳指令本處呈送暫行清潔道路規則暨取締飲食物營業暫行規則均准予備案（二）准無錫縣調驗公務人員委員會函送公務人員吸食鴉片及服用其他麻醉藥品檢驗辦法及調查表到處關於調查事宜請各科科長負責儘本月三十日以前調查完竣（三）本年份不日結果各科職員應由各科科長加以考核分別註明以便黜陟（四）公園小商店已由江葛二科長於上星期驗收

（四）討論事項

一、沈秘書提議關於市政論委員會決議遷移鐵路貨棧一案應由本處測定地點及路線再行呈請鐵道部核辦請公決案　議決交工務科辦理



二、王參事提議本處爲普及市政智識起見擬發行市政叢書小冊子請各科分別編輯案　議決通過

三、王參事提議爲擬具無錫廢縣爲市意見書請付討論案　議決呈請民建兩廳核示

四、財政科提議准惠山公園管理委員會函請補助惠山公園經費應否酌予補助請公決案　議決補助五百元

五、財政科提議宇字一二兩號市產計平田三畝四分四厘三毫蕩田六分被陸右豐等號侵佔多年前市公所時代曾經取締本處亦疊經分別通知佔戶來處訂約繳租迄未遵辦宜如何處置案　議決函請縣政府傳案澈究

六、社會科提議自十九年元旦起崇安寺四週小攤游藝攤等場照一列免費開放十日以崇國府案　議決通過

七、王參事提議審查工務科擬訂管理及取締雜色車輛規則完竣請付討論案　議決修正通過

八、工務科提議擬訂本處廣告管理規則請付討論案　議決修正通過

# 市政討論委員會第一次會議紀錄

出席委員　胡桐孫　程敬堂　許彝定　榮德生　楊翰西　蔡緘三

華澤之　周寄湄　蔡有容　陳品三　錢孫卿　陳湛如

江應麟　高踐四　華少純　孫祖基

主席　孫祖基　紀錄　沈維棟　行禮如儀　會議情形如下

甲、報告事項

主席報告本委員會前於九月二五日召集開會當日因出席委員未足法定人數改開談話會蒙到會各委相繼發表意見周詳切要足爲本處工作之南針本席深爲幸榮今日邀集各位本處開會因有許多重大問題亟待討論請各位儘量發表意見爲幸本處八九兩月份工作概況已在前届談話會席上報告今將十月十一月兩月間工作情形畧爲報告如下

關於工程方面

甲、拆城築路擬從光復門至西城門一段開始次及西城門至西水關一段

乙、添闢城外馬路

(一)惠山公園道

(二)自西門接通開原路公園道及支線

丙、修造街道橋梁

(一)吳橋

(二)工運橋

(三)吉祥橋

(四)虹橋

(五)惠山浜沿河街路

(六)界涇橋

(七)其他小修理

丁、建築房屋

(一)公園市房及寄宿舍

(二)公園內商店及廁所

(三)籌築新行政公署

關於公益方面

(一)編釘門牌

(二)交涉添設路燈

(三)檢驗人力車輛並規定價目

(四)開設產婆訓練班

(五)增加本市郵筒

(六)化驗各自流井水

(七)檢查牛乳

(八)取締公共娛樂場所

關於財政方面

(一)整頓捐稅

（二）籌募公債

鄙人對於市政經驗心得俱甚淺薄數月以來對於改進市政方面很少供獻至為抱愧上星期六承錢委員孫卿等來指示三點恐外界有所誤會不妨將各點略為解釋

（一）建築執照問題　外間對於修理執照頗多指摘其實本處所訂章程係根據前市行政局舊章無甚更動且修理領照並非本市獨倡上海南京南昌各市莫不皆然此可以各市建築章程為證即發市行政局建築章程第二條之規定亦與本處現行章程相符此項章程係楊前任時公佈惟當時章程自章程修理自修理現在本處照章嚴格執行故市民或者感覺不便茲既由各委員申述及此復由工整會方面代表營造人請求本處已決定凡房屋內部粉刷小修理概免領照至外部修理則仍須領照以示限制

（二）舉辦新捐問題　查市政局以前收入月祇七千元自本席接任後竭力整頓雖未增加新捐而每月收入已達一萬元此一萬元中警餉占五千五百元處用及各機關團體補助費約三千三百元又清道夫經費約七百元所餘僅數百元只敷維持公園自流井及修繕市房屋之用欲擴充事業及談到建設勢非開源不可故本處擬舉辦住戶房捐及筵席二捐此項捐稅各縣不乏先例並非苛捐雜稅照捐率祇百分之五本市普通民居月租平均約十元左右月捐五角房主房客各半担任則每家僅負担二角五分而已冊查地方舉辦新捐必經省政府會議通過不能擅自實行本處對於應否舉辦此項捐稅亦無成見如有可以增加市稅收入促進建設之處或有其他更良之徵稅方法本席亦極願承教

（三）拆城築路問題　拆城築路本市前後規劃已有五月之久復經民建二廳委員及外埠本埠研究市政者詳細觀察之後方才決定光復門至西城門西水關一段尤為重要故經本處擬定計劃呈省核示奉民建二廳指令改十二公尺寬度為十五公尺並經省政府會議通過令行建設廳轉縣辦理此拆城籌議經過之情形也

（一）錢委員孫卿提議拓寬道路辦法及道路等級尚有斟酌之處請組織設計委員會將該項問題加以討論案議決通過

（二）主席交議住戶房捐應否舉辦如不舉辦應如何增加市收入案議決住戶房捐先行調查俟調查完竣統計收數後再行決定舉辦或另謀替代方法

（三）主席交議討論拆城築路實行日期及實行方法案議決對於拆城築路加以充分準備並多顧及市民利益議畢散會

# 市政討論委員會第二次會議紀錄

十二月二十七日

出席委員　陳湛如　胡桐蓀　江應麟　許彝定　周寄湄　陳品三

程敬堂　高踐四　華安純　薛明劍　孫祖基

主席孫祖基　紀錄沈維棟

(一)恭讀總理遺囑

(二)主席報告

(甲)本日出席委員已足法定人數應開正式會議(乙)上次本會談話會討論廢縣爲市問題決定由市政籌備處擬具意見呈省核示現籌備處已將上項意見書分呈民建兩廳核示矣(丙)上次談話會討論移遷鐵路貨棧一案決定由籌備處詳叙理由呈請鐵道部辦理現在工務科察勘地點繪製圖說以便呈請鐵道部核辦(丁)拆城築路暫行緩辦俟冬防過後定期實施

(三)討論事項

(一)本市路燈問題迄未解决市民深感不便前因籌備處擬具整理計劃是否可行請討論案　主席交議

(議決)　照籌備處所擬辦法略加修改如下(一)全市添裝路燈約七百盞(二)橋樑及街巷口即無電桿亦應裝燈(三)裝燈工料及修理費一律由電燈廠担任(四)取消包裝制度燈費一律免收以前各戶所繳保證金移充燈費具報而未裝者保證金一概發還(五)路燈費每月支出甚鉅市政籌處無力負担决在房捐項下加徵路燈捐一成其不敷之數由籌備處籌撥(六)裝燈辦法由籌備處商請電廠負責裝置編號備查燈費與電廠交涉務必底廉

(二)准縣政府來函查城區警察經費按照本年度預算計月支七千四百二十八元又水陸更夫餉銀計月支七十二元兩共合銀七千兩百元請按月如數支撥云云查本市警餉間以店鋪捐撥充此項捐欵每月僅收二千二百元左右除徵收費收每月祇𦠆五千元左右所缺二千五百元市政籌備處實無力

撥惟城區警察旣爲城區治安而設其經費自應由城區市民負担況經費不足確係事實問題亟宜妥籌辦法茲擬舉辦住戶警捐以資挹注請付討論案　主席交議

（議決）住戶警捐俟妥定辦法詳加商榷後再行舉辦

（三）在拆城以前先拆南門越城以利交通案　周委員少湄提議

（議決）由市政籌備處呈請省廳核示辦理

（四）本邑辦理兵差計共二千元除已籌一千四百元外尚缺六百元應如何歸墊案　主席交議

（議決）在籌備處保管市產項下撥支

# 市政討論委員會第一次談話會紀錄（十一月十一日）

出席委員　程敬堂　江應麟　唐星海　高踐四　薛明劍　蔡緘三　胡桐蓀　許彝定　孫祖基

（一）主席　孫祖基　紀錄　沈維棟

恭讀　總理遺囑

（二）主席報告

（一）本日出席委員未足法定人數改開談話會

（二）上次會議決定三案中、關於拓寬道路辦法及道路等級之討論業經市政籌備處組織設計委員會聘請江應麟高踐四姚滌新陳子寬錢孫卿江祖岷朱士佳七人爲委員第一次開會情形已見今日各報乙、住戶房捐本處正在調查租額一俟調查完竣統計收數後當再提會討論丙、關於拆城築路一事市政籌備處已將工程圖說等呈省俟建設廳核示進行

（三）討論事項

（一）設定市區案　主任交議

略謂市政籌備處奉省令設立暫以前無錫市行政區域爲設施市政範圍惟查現有區域祇十六方里將來市區勢須擴展現在關於市區問題有二說並即改縣爲市與縣市分界是也省方對此亦極重視應請各位發表高見俾市區境界早日確定不特籌備工作有

所依據即在市民方面亦所樂聞也……討論結果從財政上变通上各方面觀察無錫以廢縣爲市爲宜應由市政籌備處擬具詳密意見呈　省核示

(二)遷移鐵路貨棧案　蔡委員緘三提議

查北市商貨之運輸莫擠于大橋下一帶之河道往往擠塞中斷每於繭市及冬令爲尤甚疏通之道莫如將鐵路貨棧移至吳橋堍並自車站築分軌以達之如此不但運貨便利且可爲新市區立一基礎也……討論結果由市政籌備處詳敘理由呈請　鐵道部辦理

## 拓寬道路設計委員會第一次會議紀錄　十二月十日

出席　江應麟　姚滌新　(黃德純代)江祖岷　高踐四　朱士圭

主　席　朱士圭　紀錄　金禹範

(一)恭讀總理遺囑

(二)主席報告開會宗旨

略謂本會奉市政籌備處函聘爲委員當爲拓寬道路而設今日開成立會已有五位委員出席照普通會議程式則本會今日可告成立本席被推爲臨時主席希諸君盡量發表意見

(三)討論事項

一、規定本會會議規則案(議決)本會集會規則按照普通會議規則

一、本會設計事項案(議決)本會設計事項(一)規定各等路寬度(二)拓寬道路辦法甲、逐步拓寬乙、分期整個拓寬(三)各等路路名表(四)收用土地及遷移房屋辦法

# 各業代表討論國歷結賬辦法談話會 十二月九日

出席者楊敏洲（儲棧業）金仰之（西藥業）盧星耀許榮卿（糧食業）邵涵人（銀樓業）陳湛如（縣商會）沈維棟江祖岷李冠傑張之彥（本處）江煥卿（錢業）

主席　沈維棟　紀錄　金禹範

（一）恭讀總理遺囑

（二）主席報告開會宗旨

本處自奉省令切實推行國曆特與縣商會發起邀集各業代表共同討論實行國曆結賬辦法務請各位發表意見爲幸

（三）討論事項

（一）結賬辦法案　決定遵照國府通令並參照上海辦法以一月二十九日爲結束之期布告各商戶週知切實遵照辦理

（二）租約改用國曆案　決定自十九年一月一日起租金概照國曆支付並於契摺上註明

# 卜巫星相調查報告

李正明

潛夫論曰「聖賢雖察不自專，故立卜巫以質神靈，凡卜巫者，蓋問吉凶之情，興衰之期，令人修身慎行，以迎福也。且昔人之立卜巫也，不違民以為去不專任以斷事；」又曰：「凡人吉凶，以人為主，以命為決，行者己之質也，命者天之制也，在於己者，固可為，在於天者，不可知也，巫覡祝請，亦其助也」云云。由是觀之，卜巫之由來已久，迨至科第鼎盛時代，文人末路，每假命相等等以為糊口，流傳至今，各地皆有，幾成職業之一，吾邑約有五百餘，茲將調查所得，分述於后：

甲、卜巫星相之祖師，一、卜者假借易理為人卜卦，以占吉凶，供奉周文王為祖師。二、巫者供奉鬼谷子為祖師，此道跡近神祕，愚者患病，往往不就診於醫生，而問卜於若輩，以較占卜更無意識。三、星相者，相傳昔有炳靈，其人生前俠義好施，每遇文人末路，輒能慷慨解囊，以救其急，指導相術，以濟其貧，以是業星相者，每奉炳靈為祖師。

此外尚有業風鑑者，亦供奉鬼谷子，為人覓墳地，定屋宇，邑人多迷信之，故其地位亦較卜巫星相為高。

乙、人數之統計　全邑業此者，不下千人，專以此為業者，不過五百餘人，餘均兼職。就第一區計之，掛牌設櫃者，僅五十五人，以命、課、相、字、選日為名者，計三十四人，專業地理者十三人，卜巫者五人，專住旅館業命相者三人，合計如上數。

丙、人名之記載　龔少卿　劉青照　陸振岡　吉　明　周振揚　朱少雲　馬國

超　吳正平　顧卜吉　陸秋泉　張時良　王寅伯　錢子博　俞鑽良　倪得仙　嚴祖齡　程月譚　觀星臺　安子才　伍耀甫　黃耀文　秦鶴賓　鄒錫濤　鄭三近　許讓之　顧雲亭　小春風　劉子揚　柳道人，彭成龍　陳光照　張鵬飛　紐洪元　萬旭明　以上為命課相字選日者。

朱祖熙　郁可法　唐東齋　濮文寬　蕭錦良　曹雲初　錢學淵　包明　周仰之　徐潤之　陳良之　以上專業地理者

徐勤先　李竹雲　沈伯安　程志亮　顧甸仙　以上為卜巫者。孔憲和　人勝人　宗振瀛　以上為常駐旅社命相者。

五、各人之籍貫　本地者居多數，或有異省異縣者，如劉子揚彭成龍浙江，程月潭安徽，孔憲和山東，徐如馬國超陳光照江陰，小春風南京，鄭三近常州，紐洪元常熟，宗振瀛鎮江，人勝天蘇州，餘者均籍本地。

丁營業之優劣　營業最佳　莫如南門外黃泥埠之徐勤先，每日五十號，每號一千二百文，合洋有二十餘元之譜，次如徐潤之，周仰之，王寅伯，沈伯安，再次如小春風，宗振瀛等，餘均平平耳。

# 無錫翻砂機器廠調查報告

無錫製造機器工廠共有六十六家，以類別言之，可分機器廠，翻砂廠，襪機廠，五金工廠，電鍍拋銅廠五種。其創設最早者，自民國元年起，有太平巷口，潤鑫機器翻砂廠，及復源機器廠二家。其後逐年開設，先後不一，惟大多資本薄弱，設備簡單，僅公益，無錫，工藝，合衆，震旦等五廠，資本約在二萬元以上，設備亦較爲完備。

各廠機器原動力，大多用馬達，用引擎者僅十之一二，各廠出售馬力，每匹自六十元至一百元亦不一律，全年出品合計約值銀六十二萬二千三百元，總計工人有一千一百餘人，組有工會，廠主方面亦有協會組織，惟廠主而兼工人者，居其多數，茲再依種類分述於下。

一、機器廠共計五十四家，獨資營業者，不及十之一二，合夥者居十之八九，資本額均在三五千元左右，出品以吸水機，碾米機，繅絲車等爲大宗。吸水機一種全年銷數在三百部以上，此項工廠資本總額約十九萬二千五百四十元，全年出品約值四十二萬四千八百八十元。

二、翻砂廠本邑共十一家，範圍較機器廠爲小，其出品以翻做各種毛配機件爲主體，資本總計二萬四千四百元，全年營業總額在十八萬一千八百元左右。

三、襪機廠僅三家，廠址在光復門露華弄一帶，專造織襪機器設備簡單，資本僅二千二百元，全年營業亦不過大出品，共值七千五百元左右。

四、五金工廠二家專造邦浦燈，油杯，及各是銅件等資本約計四千元，而全年出品僅八千一百元

五、電鍍拋銅廠全邑二家，廠設於光復門露華弄內，專以代各拋鍍爲營業，資本極薄，全年營業極難統計。

綜觀各廠，範圍狹小，設備簡陋，工作場所，亦即飲食起居之所，塵灰滿室，臭氣觸鼻，仍不脫手工業時代之窠臼。殊難以工業革命後之工廠目之也。

# 日本各府縣失業者之人數

據最近調查全國有二十九萬人無職業比較我國的情形如何

日本內務省社會局近因國內失業者日衆，欲設法救濟，特令全國各府縣調查各該管地方失業者之人數，所得結果，人口六百七十四萬七千九百八十七人中，失業者之總數占二十九萬二千三百二十四人，失業率爲四分三厘三毫，比之上次九月一日調查時，又增加二萬三千七百三十四人云。茲更依類分記於左：

一、俸給生活者六二、五五〇人，對於調查人口一、五九九、七一七人之失業率爲三分九厘，失業者最多的地方爲：東京府一七、四一一人，大阪府五、六一四人，北海道四、八四七人，福岡縣三、五一九人，兵庫縣二、五四一人，神奈川縣二、四一二人，廣島縣二、一七八人，愛知縣一、七八五人，京都府一、一二四人，最少者爲奈良縣之八十一人。

一、日傭勞動者一〇七、六二二人，對於調查總數一、五三三、三七四人之失業率爲七分六毫，失業最多者：爲東京府之二〇、六六五人，愛知縣八、八七〇人，神奈川縣七、九七九人，大阪府七、一四〇人，兵庫縣五、四五六人，福岡縣五、〇六二人，京都府三、五六八人，最少者爲福井縣之八四人。

一、其他勞動者失業總數一二二、一五二人，調查人口三、六二四、八九六人失業率爲三分三厘六毫，東京府三二、五五六人，大阪府一五、八二七人，神奈川縣六、七三九，福岡縣六、七三八人，兵庫縣六、三〇七人，愛知縣二、四七五人，京都府二、三〇〇人，最少者爲宮崎之二四人。

通算以上全失業者之多數爲東京府七〇、六三二人，大阪府二八、五八一人，神奈川縣一七、一三〇人，福岡縣一五、三一九人，兵庫縣一四、三〇四人，愛知縣一三、一三〇人，最少者爲宮崎縣之七六〇人，關西各府縣別失業調查數如下，京都六、九九二，大阪二八、五八一，兵庫一四、三〇四，長崎五、三九四，奈良三、九九九，愛知一三、一三〇，滋賀三、五二八，岐阜六、二一〇，福井一、〇二八，石川一、七四八，富山四、五六六，鳥取三、一一七，島根一、一三八，岡山三、九八〇，廣島七、八八四，山口三、九七七，和歌山一、八二二，德島一、二一〇，香川一、七〇三，愛媛四、七六八，高知三、九一九，福岡一、三一九，大分二、二九四，佐賀一、一八九，熊本四、〇八〇，宮崎七六〇，鹿兒島五、一四七，沖繩一、〇五一。

# 無錫商業調查表

社會科實業股調製

## 竹業

| 號名 | 號主經理姓名 | 職員人數 | 資本 | 每年營業總額 | 商品 | 地址 | 備註 |
|---|---|---|---|---|---|---|---|
| 王源隆三房號 | 王中和 | 二人 | 五百元 | 四千元 | 淡竹、毛竹、篙竹、雜竹、 | 黃埠墩 | |
| 王源隆二房號 | 王韻笙 | 四人 | 一千元 | 九千元 | 淡竹、毛竹、篙竹、雜竹、 | 北塘 | |
| 王源隆承記號 | 王仲英 | 五人 | 一千元 | 九千元 | 淡竹、毛竹、篙竹、雜竹、 | 新三里橋 | |
| 萃泰號 | 張宗滙 | 三人 | 八百元 | 六千元 | 淡竹、毛竹、篙竹、雜竹、 | 黃埠墩 | |
| 新復源號 | 惠菊初 | 五人 | 六百元 | 六千元 | 淡竹、毛竹、毛竹、雜竹、 | 竹場巷 | |
| 張恆豐號 | 張子恆 | 二人 | 五百元 | 四千元 | 淡竹、毛竹、篙竹、雜竹、 | 竹場巷 | |
| 源興號 | 倪耀山 | 二人 | 三百元 | 三千五百元 | 淡竹、毛竹、篙竹、雜竹、 | 新三里橋西首 | |
| 裕隆昌號 | 許仲良 | 二人 | 四百元 | 三千五百元 | 淡竹、毛竹、篙竹、雜竹、 | 南水仙廟 | |
| 長興泰號 | 嚴維鏞 | 二人 | 五百元 | 五千元 | 淡竹、毛竹、篙竹、雜竹、 | 清明橋下塘 | |

| 號名 | 號主經理姓名 | 職員人數 | 資本 | 商品 | 地址 | 備註 |
|---|---|---|---|---|---|---|
| 李恂盛號 | 李養吾 | 五人 | 七百元 | 九千元 | 淡竹、毛竹、萬竹、雜竹、 | 大橋下 | |
| 李宏裕號 | 李實青 | 二人 | 三百元 | 三千元 | 淡竹、毛竹、萬竹、雜竹、 | 大橋下 | |
| 李宏晟號 | 李宗漢 | 五人 | 五百元 | 九千元 | 淡竹、毛竹、萬竹、雜竹、 | 大橋下 | |
| 德盛號 | 李宗漢 | 三人 | 八百元 | 六千元 | 淡竹、毛竹、萬竹、雜竹、 | 新三里橋 | |
| 張仁泰號 | 張承治 | 一人 | 三百元 | 三千元 | 淡竹、毛竹、萬竹、雜竹、 | 竹場巷 | |
| 張恂昌號 | 張子懷 | 二人 | 五百元 | 四千元 | 毛竹、萬竹、淡竹、雜竹、 | 南門下牌樓 | |
| 邵裕豐號 | 邵耀章 | 二人 | 三百元 | 三千五百元 | 毛竹、竹萬、淡竹、雜竹、 | 吳橋 | |
| 陸裕豐號 | 陸雲亭 | 二人 | 五百元 | 四千元 | 淡竹、毛竹、萬竹、雜竹、 | 南門下牌樓 | |
| 吳萬隆號 | 吳順生 | 一人 | 三百元 | 三千五百元 | 淡竹、毛竹、萬竹、雜竹、 | 黄埠墩 | |
| 劉洽茂號 | 劉承璟 | 一人 | 一百元 | 九百元 | 淡竹、毛竹、萬竹、雜竹、 | 南門外日暉橋 | |
| 楊鴻泰號 | 楊三寶 | | 五十元 | 九百元 | 淡竹、毛竹、萬竹、雜竹、 | 北門外石灰場 | |
| 王正泰行 | 王仲達 | 三人 | 四百元 | 三千元 | 淡竹、毛竹、萬竹、雜竹、 | 西門西倉橋下 | |
| 邵萬裕行 | 邵錦華 | 三人 | 五百元 | 五千元 | 淡竹、毛竹、萬竹、雜貨、 | 南門外黄泥埲 | |

## 煤鐵業

| 號名 | 號主經理姓名 | 職員人數 | 資本 | 商品 | 地址 | 備註 |
|---|---|---|---|---|---|---|
| 裕昌 | 楊仲滋 | 十二人 | | 煤 | 通惠路口 | |
| 開濼 | 吳燧榮 | 十二人 | | 煤 | 梁溪路 | |
| 義泰興 | 嚴琴樵 | 十二人 | | 煤 | 漢昌路 | |

| | | | | | |
|---|---|---|---|---|---|
| 新興記 | 陳蓉江 | 八人 | | 煤 | 工運橋下 |
| 元泰 | 余豫卿 | 十一人 | | 煤 | 交際路 |
| 周怡昌 | 沈榮輔 | 三十八人 | | 煤鐵 | 壇頭弄 |
| 邵耐泰 | 邵琴舫 | 二十六人 | | 煤鐵 | 南長街 |
| 廣昌 | 胡士達 | 三十八人 | | 煤鐵 | 長安橋 |
| 三益 | 趙士鶴 | 三人 | | 煤球 | 工運橋 |
| 大有 | 席鼎如 | 三人 | | 煤 | 太平巷 |
| 大来 | 梁季展 | 三人 | | 煤炭 | 通滙橋 |
| 公泰 | 程翼之 | 三人 | | 煤炭 | 光復橋 |
| 裕昌 | 孫馥甫 | 四人 | | 煤炭 | 青祁橋 |
| 裕泰 | 于仲賢 | 三人 | | 煤鐵 | 跨塘橋 |
| 丁公興 | 丁藎軒 | 六人 | | 煤鐵 | 清明橋 |
| 洽順昌 | 華兆榮 | 五人 | | 煤鐵 | 界涇橋 |
| 恆昌 | 張文軒 | 五人 | | 煤鐵 | 北塘 |
| 福昌 | 華蘭亭 | 八人 | | 煤鐵 | 北塘 |

## 香業

| [illegible]名 | 經理姓名 | 職員人數 | 資本 | 貨品 | 地址 | 備考 |
|---|---|---|---|---|---|---|
| [illegible]思泉 | 孫振球 | 二十五人 | | | 城中觀前街 | |

| 號名 | 經理姓名 | 職員人數 | 資本 | 商品 | 地址 | 備註 |
|---|---|---|---|---|---|---|
| 孫恩泉 | 孫殿英 | 十五人 | | | 大橋上 | |
| 永泰祥 | 孟士章 | 十八人 | | | 北門口 | |
| 同日昇 | 顧鳳剛 | 十七人 | | | 北門口 | |
| 謝源益 | 謝荇州 | 十八人 | | | 後宮亭 | |
| 歸永[illegible] | 歸[illegible] | 五人 | | | 三里橋 | |
| 一天聚 | 張錫[illegible] | 三人 | | | 勢花莊 | |
| 孫恆盛 | 孫國堂 | 十人 | | | 西門外 | |
| 謝源益 | 謝俊峯 | 八人 | | | 上牌樓 | |
| 熊萬餘 | 熊心棧 | 五人 | | | 跨塘橋 | |
| 陳慶雲 | 陳鶴年 | 十八人 | | | 黃泥降 | |
| 謝雲峯 | 謝大房 | 十七人 | | | 清明橋 | |
| 朱德發 | 朱煥卿 | 十人 | | | 伯瀆港 | |
| 趙天繁 | 趙寶卿 | 四人 | | | 石灰橋 | |

## 南貨

| 號名 | 號主經理姓名 | 職員人數 | 資本 | 商品 | 地址 | 備註 |
|---|---|---|---|---|---|---|
| 萬大 | 繆棟臣 | 二十六人 | 二萬元 | 南北貨 | 北大街 | |
| 一大 | 程鴻齋 | 十五人 | 一萬八千元 | 仝上 | 桃棗沿河 | |
| 仁號 | 黃雲章 | 二十人 | 一萬元 | 仝上 | 仝上 | |

| | | | | | |
|---|---|---|---|---|---|
| 立大 | 汪雲鵬 | 二十二人 | 八千元 | 仝上 | 北塘 |
| 永茂 | 朱皓亭 | 二十四人 | 一萬五千元 | 仝上 | 仝上 |
| 益泰昌 | 廉繼鄉 | 八人 | 三千元 | 仝上 | 仝上 |
| 楊乾泰棧 | 楊澍勳 | 十一人 | 一千元 | 南貨香燭 | 仝上 |
| 大昌元 | 尤良宗 | 九人 | 三千元 | 南貨 | 仝上 |
| 元大恆 | 錢長法 | 十二人 | 二千元 | 仝上 | 桃棗沿河 |
| 如號復 | 顧榮甫 | 十三人 | 二千五百元 | 仝上 | 仝上 |
| 源義 | 顧維雲 | 十一人 | 二千元 | 仝上 | 壇頭弄 |
| 曹會豐 | 曹貫吾 | 十四人 | 一千元 | 南貨茶食 | 仝上 |
| 過日生 | 過盾清 | 十五人 | 三千元 | 南貨香燭 | 仝上 |
| 孫春陽姓記 | 王立照 | 九人 | 三千元 | 南貨茶食 | 吊橋堍 |
| 萬泰 | 陳煥章 | 十八人 | 四千元 | 南北貨 | 老北門口 |
| 正大 | 顧汝舟 | 二十人 | 二萬元 | 仝上 | 北大街 |
| 三陽 | 過海如 | 十八人 | 五千元 | 仝上 | 大市橋 |
| 萬順裕 | 朱榮庭 | 十二人 | 三千元 | 南貨香燭 | 南門外 |
| 三茂 | 王亭雲 | 十二人 | 三千元 | 仝上 | 仝上 |
| 協大 | 李仲海 | 九人 | 一千元 | 仝上 | 長安橋 |
| 聚大 | 盖耀祖 | 七人 | 一千元 | 仝上 | 把斗街 |
| 悅來 | 陳亦明 | 九人 | 二千元 | 仝上 | 露華街 |

## 糧食堆棧

| 牌名 | 經理姓名 | 職員人數 | 資本 | 商品 | 地址 | 備註 |
|---|---|---|---|---|---|---|
| 益源 | 周保謙 | 三人 | | | 蓉湖莊 | |
| 錫豐 | 自設公司 | 四人 | | | 仝上 | |
| 生和 | 唐叔堯 | 四人 | | | 仝上 | |
| 復成 | 顧頌武 | 三人 | | | 仝上 | |
| 增益 | 周梅坡 | 四人 | | | 仝上 | |
| 和豐 | 顧純湖 | 三人 | | | 李家浜 | |
| 福源 | 唐保謙 | 四人 | | | 蓉湖莊 | |
| 廣仁 | 華繹之 | 五人 | | | 丁埣裏 | |
| 成泰 | 鄒頌範 | 二人 | | | 缸尖上 | |
| 福康潤 | 薛禮泉 | 五人 | | | 龍船浜 | |
| 達源 | 顧康伯 | 二人 | | | 仝上 | |
| 隆源 | 趙子初 | 三人 | | | | |
| 聚成 | 邵有成 | 四人 | | | 缸尖上 | |
| 興仁 | 華繹之 | 五人 | | | 龍船浜 | |
| 宏仁 | 華繹之 | 六人 | | | 財神堂 | |
| 德新 | 華堯賓 | 四人 | | | [illegible]閘浜 | |

| 號名 | 號主姓名 | 職員人數 | 資本 | 同品 | 地址 | 備註 |
|---|---|---|---|---|---|---|
| 南穗生 | 楊學周 | 四人 | — | | 財神堂 | |
| 民益 | 蘇養齋 | 五人 | | | 壩橋下 | |
| 餘新 | 談文明 | 二人 | — | | 石坡頭 | |
| 賚豐 | 瑞祁潤 | 四人 | | | 赤涇浜 | |
| 同仁 | 江蘇銀行 | 五人 | — | | 仝上 | |
| 北穗生 | 王晉生 | 三人 | | | 仝上 | |
| 元益 | 陳淇如 | 三人 | — | | 蓉湖莊 | |
| 復生 | 蔡秉三 | 三人 | — | | 小三里橋 | |
| 慎德 | 浦文汀 | 二人 | — | | 西村巷 | |
| 振益 | 黃卓儒 | 二人 | — | | | |
| 振南 | 黃卓儒 | 二人 | | | | |
| 黃萬益 | 黃治卿 | 二人 | | | | |

照相

| 號名 | 號主姓名 | 職員人數 | 資本 | 同品 | 地址 | 備註 |
|---|---|---|---|---|---|---|
| 新新 | 蔣錫康 | 九人 | 二千元 | | 城中公園路 | |
| 老寶華 | 俞耀中 | 十人 | 一萬元 | — | 仝上 | |
| 容昌 | 李佩芳 | 五人 | 二千元 | | 仝上 | |
| 明星 | 謝煥文 | 七人 | 五千元 | — | 崇安寺 | |

| | | | | |
|---|---|---|---|---|
| 天眞 | 謝竹君 | 八人 | 六千元 | 公園路 |
| 儗芳 | 薛以恆 | 五人 | 二千五百元 | 大河池沿口 |
| 兄弟 | 張夢生 | 六人 | 二千元 | 公園路 |
| 惠生 | 羅鑫濤 | 五人 | 二千元 | 漢昌路 |
| 活佛 | 張子眞 | 六人 | 一千元 | 盛巷 |
| 三民 | 費蔭菴 | 四人 | 一千元 | 公園內 |
| 新芳 | 馬君德 | 五人 | 一千元 | 公園路 |
| 永春 | 盛伊奎 | 三人 | 二千元 | 南門大街 |
| 老寶華分館 | 張九之 | 二人 | 五百元 | 惠山忠烈祠 |
| 天眞分館 | 謝竹君 | 二人 | 五百元 | 惠山秦園 |
| 梅園 | 徐浩泉 | 二人 | 一千元 | 開原鄉梅園 |
| 黿頭渚 | 朱雲寶 | 二人 | 一千元 | 太湖黿頭渚 |
| 容芳分館 | 季佩芳 | 二人 | 一千元 | 蠡園 |
| 惠芳 | 張覺明 | 四人 | 二千元 | 惠山公園內 |

## 銀行

| 號名 | 號主經理姓名 | 職員人數 | 資本 | 商品 | 地址 | 備註 |
|---|---|---|---|---|---|---|
| 中國銀行無錫分行 | 行長葉瀛仙 | 十七人 | | | 北門外布行衖 | 總行資本二千萬元 |
| 江蘇銀行無錫分行 | 行長田樹泉 | 十二人 | | | 北門外竹場巷 | 總行資本一百萬元 |

| | | | | | | |
|---|---|---|---|---|---|---|
| 中央銀行無錫分行 | 行長[illegible] | 廿八人 | | | 北門外[illegible] | 總行資本[illegible] |
| 交通銀行無錫分行 | 行長伍撝伯 | 二十人 | | | 北大街 | 總行資本一千萬元 |
| 上海商業銀行無錫分行 | 行長華少雲 | 十三人 | | | 北大街 | 總行資本二百五十萬元 |
| 農民銀行無錫籌備處 | 主任顧述之 | 四人 | | | 籌備處附設西門外倉浜里蠶桑試驗場 | 已集有資本二百五十萬元 |

## 錢業

| 號名 | 號主經理姓名 | 職員人數 | 資本 | 商品 | 地址 | 備考 |
|---|---|---|---|---|---|---|
| 復元 | 江煥卿 | 十八人 | | | 大橋下北塘 | |
| 瑞昶潤 | 吳步洲 | 十八人 | | | 又 | |
| 元昌 | 錢永清 | 十七人 | | | 又 | |
| 福昌盛 | 陳頌勳 | 十七人 | | | 又 | |
| 永吉潤 | 王慰曾 | 十八人 | | | 又 | |
| 信元 | 陳夢樵 | 十七人 | | | 又 | |
| 慎餘 | 楊仲卿 | 十五人 | | | 又 | |
| 德昌 | 丁翰齊 | 十七人 | | | 又 | |
| 永恆豐 | 錢贊卿 | 十五人 | | | 又 | |
| 瑞裕 | 蔡有容 | 十七人 | | | 又 | |
| 寶康潤 | 祝若金 | 十七人 | | | 又 | |
| 源豐 | 張敬生 | 十二人 | | | 又 | |

| 號名 | 經理姓名 | 職員人數 | 資本 | 商品 | 地址 | 備註 |
|---|---|---|---|---|---|---|
| 德豐 | 范熙臣 | 十二人 | | | 又 | |
| 福裕 | 嚴楚門 | 十四人 | | | 又 | |
| 允裕 | 范子樹 | 十二人 | | | 又 | |
| 大昌永 | 孫君顯 | 十二人 | | | 又 | |
| 永甡 | 鄒滌卿 | 十四人 | | | 又 | |
| 天成 | 楊鳳鳴 | 九人 | | | 笆斗街 | |
| 謙豫 | 吳建人 | 十人 | | | 大橋下 | |
| 再豐 | 張再梁 | 六人 | | | 大橋上 | |
| 久餘 | 周縉臣 | 七人 | | | 三里橋 | |
| 萬源 | 陳翊唐 | 六人 | | | 盛巷橋 | |
| 洽昌 | 許佑之 | 七人 | | | 財神街口 | |

## 典業

| 號名 | 號主經理姓名 | 職員人數 | 資本 | 商品 | 地址 | 備註 |
|---|---|---|---|---|---|---|
| 裕源 | 秦琢如 | 十五人 | 七萬五千元 | | 觀前街 | 所塡各典資本係活動的、而非固定的；各典對於固定資本，保守非常祕密，雖職員亦難知悉，是以各典固定資本若干，實難得其確數，活動資本、典業謂之架本。 |
| 公順 | 吳子鎬 | 二一人 | 七萬元 | | 營橋巷 | |
| 濟通 | 陳頌勛 江箴山 | 二三人 | 八萬元 | | 西河頭 | |
| 濟順 | 丁佩卿 | 二一人 | 七萬元 | | 中市橋 | |
| 和濟 | 張敬生 | 一一人 | 十萬元 | | 小泗房街 | |

| | | | | | |
|---|---|---|---|---|---|
| 保康 | 秦琢如 | | 十六人 | 六萬元 | 接官亭 |
| 惠通 | 陳肇卿 | | 十七人 | 八萬元 | 前街 |
| 保興 | 徐漢臣 | | 十一人 | 八萬元 | 竹塲巷 |
| 保仁 | 溫小庵 蔣蓉儀 | | 二一人 | 十萬元 | 棉花巷 |
| 瑞大 | 張煥文 | | 十三人 | 五萬元 | 仝上 |
| 春華 | 汪小峯 | | 二一人 | 六萬元 | 黃泥埒 |
| 保泰 | 王仲幹 | | 二三人 | 十萬元 | 上清明橋塘 |
| 保隆 | 徐漢臣 | | 十九人 | 五萬元 | 下清明橋塘 |
| 同和 | 秦仲芳 | | 二一人 | 八萬元 | 漢昌路 |
| 同順 | 華聿修 | | 二八人 | 六萬元 | 安鎮 |
| 同濟 | 唐申伯 | | 一九人 | 五萬元 | 嚴家橋 |
| 通源 | 孫子松 | | 一八人 | 三萬五千元 | 玉祁 |
| 濟恆 | 孫麗堂 | | 九人 | 三萬五千元 | 封莊 |
| 永興 | 孫蘊南 | | 一二人 | 四萬五千元 | 楊墅園 |
| 永裕 | 須沛若 | | 二六人 | 二十萬元 | 蕩口 |
| 永豐 | 陸聽初 | | 一四人 | 四萬元 | 東亭 |
| 保和 | 王介椿 | | 一九人 | 四萬五千元 | 南橋 |
| 保和代 | 麥景叔 | | 一二人 | 七萬元 | 胡埭 |

| | | | | | | |
|---|---|---|---|---|---|---|
| 保誠 | 華信候 | 一八人 | 四萬元 | | 華大房莊 | |
| 保昌 | 安翔三 | 一七人 | 四萬元 | | 東埄 | |
| 保源 | 王績卿 | 一七人 | 四萬元 | | 梅村 | |
| 元吉 | 何士英 | 二四人 | 九萬元 | | 張涇橋 | |
| 大成 | 陳善若 | 一九人 | 四萬元 | | 后宅 | |
| 濟源 | 孫雲庭 | 九人 | 三萬元 | | 前洲 | |
| 咸德 | 汪勉咸 | 二二人 | 五萬元 | | 堰橋 | |
| 允濟 | 陸伯英 | 十九人 | 四萬元 | | 長安橋 | |
| 溥興 | 唐虎臣 | 七人 | 二萬元 | | 秦巷鎮 | |
| 協順 | 孫仲英<br>過仲節 | 十六人 | 四萬元 | | 八士橋 | |

## 雜貨

| 號名 | 號主經理姓名 | 職員人數 | 資本 | 本商品 | 地址 | 備註 |
|---|---|---|---|---|---|---|
| 裕康 | 朱福明 | 二五人 | | | 北門大橋街 | 電話三七八 |
| 永康 | 劉厚甫 | 二二人 | | | 仝上 | 電話三八九 |
| 寶生 | 徐雲階 | 十人 | | | 仝上 | |
| 人餘 | 陳仲賢 | 八人 | | | 仝上 | |
| 祥和 | 王景暉 | 二〇人 | | | 仝上 | 電話八五六 |
| 寶新 | 費勝根 | 五人 | | | 仝上 | |

| | | | | | | |
|---|---|---|---|---|---|---|
| 中外 | 華樹棠 | 十人 | | | 北塘大街 | 電話六四四 |
| 張同興 | 張子鎔 | 二三人 | | | 仝上 | 電話六四二 |
| 周豐泰 | 周律甫 | 八人 | | | 大橋堍 | |
| 源昌祥 | 藍李濤 | 一八人 | | | 北城門口 | |
| 振興 | 張仲慶 | 六人 | | | 通運路 | |
| 南洋襪廠 | 朱光耀 | 五人 | | | 仝上 | |
| 冷永昌 | 冷安全 | 八人 | | | 仝上 | |
| 同和泰 | 王文卿 | 五人 | | | 仝上 | |
| 豐泰源 | 吳文軒 | 一四人 | | | 通運路 | |
| 新美華 | 沈煜庭 | 一二人 | | | 仝上 | |
| 公平 | 沈榮庭 | 三人 | | | 萬全路 | |
| 新新商店 | 吳文軒 | 四人 | | | 通運路 | |
| 利康 | 胡文寶 | 七人 | | | 大橋街 | |
| 尤萬祥 | 尤鳳祥 | 六人 | | | 通運路 | |
| 聚興祥 | 陸仁壽 | 八人 | | | 江陰巷口 | |
| 周同泰 | 周伯琴 | 二人 | | | 三里橋 | |
| 一言堂 | 陳明三 | 五人 | | | 張成衖口 | |
| 新華瑞記 | 胡祖陰 | 七人 | | | 祝樣衖口 | |

| | | | |
|---|---|---|---|
| 泰興 | 周景德 | 五人 | 糖棧街口 |
| 沔祥興 | 浦曉庭 | 三人 | 接官亭 |
| 慎昌海 | 陳繼芳 | 二人 | 顧橋下 |
| 鴻裕榮 | 范榮伯 | 六人 | 仝上 |
| 中南洋貨 | 呂浩深 | 四人 | 交際路 |
| 儉茂 | 孫仲言 | 二人 | 周山浜 |
| 福綸 | 陳福根 | 二人 | 仝上 |
| 永豐 | 朱祥生 | 二人 | 仝上 |
| 湧裕 | 王曉初 | 二人 | 仝上 |
| 趙永泰 | 趙雲坡 | 三人 | 北黃泥橋 |
| 鎮大 | 吳少雲 | 八人 | 仝上 |
| 一言堂 | 袁浩清 | 二人 | 仝上 |
| 新同泰 | 周芝珊 | 二人 | 北塘大街 |
| 德興 | 費伏勤 | 三人 | 北黃泥橋 |
| 周源盛 | 周利顯 | 四人 | 周師巷口　電話六六一 |
| 協源祥 | 劉仲英 | 五人 | 南門黃泥橋 |
| 祥豐裕 | 沈成書 | 二人 | 清明橋 |
| 卜義昌 | 卜根祥 | 一人 | 仝上 |

| | | | | |
|---|---|---|---|---|
| 洪益昌 | 洪茂生 | 二人 | 清明橋 | |
| 趙隆泰 | 趙壽根 | 二人 | 仝上 | |
| 祥大 | 馮子明 | 三人 | 南長街 | |
| 公和民 | 袁洪茂 | 二人 | 仝上 | |
| 查萬興 | 查復昌 | 二人 | 仝上 | |
| 美華商店 | 陳錦雲 | 一人 | 界涇橋 | |
| 周信昌 | 周耕原 | 一人 | 清明橋 | |
| 榮昌祥 | 姚榮根 | 八人 | 南門黃泥橋 | 電話四八四 |
| 德興 | 費菊生 | 二人 | 仝上 | |
| 孫興祥 | 周文尹 | 一人 | 黃泥降 | |
| 美豐 | 過雲順 | 三人 | 南長街 | |
| 仁昌 | 朱宗仁 | 二人 | 仝上 | |
| 高永昌 | 高玉世 | 一人 | 大有街口 | |
| 餘康 | 唐根榮 | 一人 | 南長街 | |
| 大有豐 | 劉智山 | 三人 | 界涇橋 | |
| 南新華 | 胡篤安 | 三人 | 薛家衖南新橋 | |
| 人昌 | 王記全 | 一人 | 黃泥降 | |
| 寶大 | 殷春庭 | 一人 | 仝上 | |

| | | | | |
|---|---|---|---|---|
| 南華商店 | 張福全 | 四人 | 界涇橋 | |
| 許廣裕 | 許近仙 | 三人 | 西門 | |
| 協昌祥 | 馬公義 | 六人 | 迎龍橋 | |
| 楊裕祥 | 楊伯英 | 五人 | 棚下 | |
| 瑞源裕 | 吳建庭 | 五人 | 仝上 | |
| 源祥 | 楊仲海 | 四人 | 西門橋下 | |
| 王順興 | 王裕喜 | 五人 | 棚下 | |
| 慶雲公司 | 浦雲清 | 三人 | 南門下塘 | |
| 王裕興 | 王竹甫 | 二人 | 伯瀆橋 | |
| 亞洲商店 | 陸亞洲 | 二人 | 南門下塘 | |
| 大有昌 | 劉百全 | 一人 | 仝上 | |
| 正泰祥 | 戴宗洋 | 一人 | 仝上 | |
| 源泰 | 奚廷甫 | 一人 | 鐵樹橋 | |
| 陳同興東號 | 陳蓮生 | 二人 | 東門亭子橋 | |
| 瑞昌成 | 楊瑞成 | 二人 | 南新路 | |
| 新新書局 | 蔣錫康 | 十人 | 公園路 | 電話七三七 |
| 李增興 | 李靄士 | 五人 | 大市橋 | |
| 協康 | 趙雲聲 | 五人 | 仝上 | |

| | | | | | | |
|---|---|---|---|---|---|---|
| 中和興 | 陳茂慶 | 六人 | | | 青菓巷 | |
| 立新 | 龔叔明 | 六人 | | | 北城門口 | |
| 永新 | 戚振坤 | 四人 | | | 書院弄 | |
| 求新 | 朱鑑夫 | 念人 | | | 仝上 | 電話七九三 |
| 世界書局 | 周贊臣 | 八人 | | | 仝上 | 電話九〇三 |
| 老源利 | 藍仲和 | 十人 | | | 打鐵橋 | 電話一三三 |
| 鄧源利 | 鄧錫君 | 十二人 | | | 仝上 | 電話一八九 |
| 鄧聚隆 | 鄧旭初 | 九人 | | | 書院弄 | 電話九六〇 |
| 徐順興 | 徐勤民 | 二人 | | | 寺後門 | |
| 王仁泰 | 李鏡清 | 四人 | | | 仝上 | |
| 陳同興 | 陳喜林 | 二人 | | | 仝上 | |
| 惠豐公司 | 胡潤生 | 五人 | | | 盛巷橋下 | |
| 興昌 | 陸耀庭 | 七人 | | | 崇安寺 | |

## 紗業

| 號名 | 號主經理姓名 | 職員人數 | 資本 | 商品 | 地址 | 備註 |
|---|---|---|---|---|---|---|
| 李茂記 | 李硯臣 | 五人 | | | 北塘東街 | |
| 張全泰 | 張勉之 | 三人 | | | 前竹塲巷 | |

| | | | |
|---|---|---|---|
| 源餘 | 華幹臣 | 三人 | 北塘東街 |
| 晋豐 | 蔡慰農 | 三人 | 北塘東街 |
| 永康 | 吳佩秋 | 三人 | 北塘東街 |
| 大昌 | 榮顯鏞 | 五人 | 北塘東街 |
| 公裕 | 殷明齋 | 三人 | 北塘東街 |
| 益大 | 朱組綬 | 三人 | 北塘東街 |
| 復昌 | 劉鳳岐 | 三人 | 北塘東街 |
| 宏裕 | 范錫祺 | 四人 | 北塘東街 |
| 源大 | 吳宇青 | 五人 | 北塘東街 |
| 祥裕 | 范錫祺 | 四人 | 北塘東街 |
| 大裕 | 張仲華 | 三人 | 北塘東街 |
| 源成 | 許衡之 | 三人 | 北塘東街 |
| 豫記 | 高市北 | 三人 | 北塘東街 |
| 益裕 | 殷明齋 | 三人 | 北塘東街 |
| 大新 | 郁榮寶 | 五人 | 北塘東街 |
| 公記 | 沈菁淮 | 四人 | 江陰巷 |
| 澄豐 | 許振英 | 四人 | 江陰巷 |
| 協泰 | 殷敬安 | 三人 | 前竹塲巷 |

| | | | | | | |
|---|---|---|---|---|---|---|
| 隆昌 | 何培芝 | 五人 | | | 前竹塲巷 | |

## 布業

| 號名 | 號主經理姓名 | 職員人數 | 資本 | 商品 | 地址 | 備註 |
|---|---|---|---|---|---|---|
| 茂記 | 李硯臣 | 十人 | | | 北門外財神岸口 | |
| 王隆茂 | 王仰高 | 六人 | | | 前竹塲巷 | |
| 仁茂源 | 華孟英 | 十人 | | | 前竹塲巷 | |
| 源茂 | 過叔臣 | 五人 | | | 前竹塲巷 | |
| 義仁聚 | 沈俊懷 | 六人 | | | 樹巷裏 | |
| 源泰 | 華孟英 | 四人 | | | 塘上 | |

## 紙業

| 號名 | 號主經理姓名 | 職員人數 | 資本 | 商品 | 地址 | 備註 |
|---|---|---|---|---|---|---|
| 恆源昌 | 楊宏遠 | 二十四人 | | | 桃棗沿河 | |
| 同信昌 | 彭仲培 | 二十四人 | | | 北大街 | |
| 恆源隆 | 魏之麟 | 十八人 | | | 桃棗沿河 | |
| 恆源滄 | 吳汝棠 | 十八人 | | | 大橋下 | |
| 瑞源滄 | 華鳳丹 | 十七人 | | | 三里橋 | |
| 瑞豐盛 | 劉叔榮 | 十七人 | | | 仝上 | |

| 號名 | 號主經理姓名 | 職員人數 | 資本 | 商品 | 地址 | 備註 |
|---|---|---|---|---|---|---|
| 同源 | 周銘正 | 十五人 | | | 桃棗沿河 | |
| 源裕 | 朱再卿 | 八人 | | | 壇頭弄 | |
| 永春潤 | 李秋翔 | 一四人 | | | 大市橋 | |
| 大昌恆 | 許秉佐 | 八人 | | | 外黃泥橋 | |
| 利生 | 錢光沛 | 六人 | | | 接官亭 | |
| 源通 | 陳輔丞 | 五人 | | | 大市橋 | |
| 久孚 | 華子孚 | 三人 | | | 南長街 | |

## 帽鞋業

| 號名 | 號主經理姓名 | 職員人數 | 資本 | 商品 | 地址 | 備註 |
|---|---|---|---|---|---|---|
| 松茂祥 | 江樂山 | | | 帽鞋 | 北門內打鐵橋街 | |
| 賜福堂 | 丁鳳山 | | | 仝上 | 同上 | |
| 嘉福堂 | 沈念君 | | | 仝上 | 同上 | |
| 新永年 | 潘秀山 | | | 仝上 | 同上 | |
| 西天寶 | 錢佩珊 | | | 仝上 | 北城門口 | |
| 天福 | 高春榮 | | | 仝上 | 露華弄 | |
| 慶新 | 潘耀祖 | | | 仝上 | 北吊橋堍 | |
| 陸永和 | 陸仲英 | | | 仝上 | 大橋街 | 電話六一九 |
| 福祥興 | 許麗川 | | | 仝上 | 仝上 | |

| | | | |
|---|---|---|---|
| 老陞福 | 許叔亭 | 仝上 | 北塘 |
| 新陞福 | 丁榮泉 | 仝上 | 仝上 |
| 恆茂祥 | 許仝根 | 仝上 | 同上 |
| 協新和 | 朱忠臣 | 仝上 | 外黃泥橋 |
| 德昇昌 | 王德寶 | 仝上 | 同上 |
| 永泰昌 | 劉軒亭 | 仝上 | 外黃泥橋 |
| 新美華 | 沈煜庭 | 仝上 | 通運路 |
| 公平 | 沈榮庭 | 仝上 | 同上 |
| 天生和 | 陸甫卿 | 仝上 | 同上 |
| 周乾泰 | 周渭泉 | 仝上 | 北門內打鐵橋街 |
| 裕興祥 | 湯子軒 | 仝上 | 打鐵橋上 |
| 義和祥 | 朱甫林 | 仝上 | 北大街 |
| 朱義生 | 項少卿 | 仝上 | 同上 |
| 嘉樂 | 錢益初 | 仝上 | 同上 |
| 同新和 | 張明生 | 仝上 | 盛巷橋堍 |
| 同慶和 | 王開明 | 仝上 | 南長街 |
| 聚興祥 | 虞耀俊 | 仝上 | 清明橋 |
| 德裕祥 | 朱仁川 | 仝上 | 仝上 |

| | | | | | | |
|---|---|---|---|---|---|---|
| 顧全記 | 顧元芳 | | | 仝上 | 外黃泥橋 | |
| 杜恆昌 | 杜鏡明 | | | 仝上 | 外黃泥橋 | |
| 新甡和 | 陸仲應 | | | 仝上 | 通運路 | |
| 新天寶 | 許盤根 | | | 仝上 | 漢昌路 | |
| 天祿 | 朱雲初 | | | 仝上 | 盛巷橋堍 | |
| 怡茂祥 | 顧金桂 | | | 仝上 | 推官牌樓下 | |
| 福昌 | 陳佩龍 | | | 仝上 | 西門橋下 | |
| 五福 | 孫乾洪 | | | 仝上 | 推官牌樓下 | |
| 洽昶仁記 | 郁勤業 | | | 帽莊 | 盛巷橋 | |
| 新三進 | 朱昌海 | | | 帽鞋 | 北塘大街 | |
| 沈新昌 | 沈寶器 | | | 仝上 | 崇安寺 | |

## 漆業

| 號名 | 號主經理姓名 | 職員人數 | 資本 | 商品 | 地址 | 備註 |
|---|---|---|---|---|---|---|
| 德興瑞記 | 蔣壽松 | 八人 | 二千元 | 漆、顏料 | 城內打鐵橋 | |
| 義興桐記 | 段桐軒 | 七人 | 二千元 | 又 | 北門外大橋街 | |
| 義盛興記 | 吳耀华 | 七人 | 二千元 | 又 | 城內打鐵橋 | 電話六五五 |
| 義大祥記 | 汗煦堂 | 八人 | 二千元 | 又 | 書院弄 | 電話八九〇 |
| 恆潤 | 尤叔莘 | 五人 | 一千五百元 | 又 | 老北門大街 | |

| | | | | | | |
|---|---|---|---|---|---|---|
| 同興潤記 | 吳松盛 | 六人 | 一千五百元 | 又 | 又 | |
| 方祥記 | 方義卿 | 五人 | 一千五百元 | 又 | 城內太市橋 | |
| 復興 | 吳吉昌 | 五人 | 一千元 | 又 | 南門黃泥降 | 電話七七二 |
| 萬和 | 吳永殿 | 五人 | 五百元 | 又 | 城內青菓巷 | |
| 德源 | 邴拆甫 | 六人 | 一千元 | 又 | 銀糧碼頭 | |
| 正昌 | 吳耀華 | 二人 | 一千元 | 又 | 城內青菓巷 | |
| 黃永泰 | 黃秀培 | 四人 | 五百元 | 又 | 南門外清名橋 | |
| 德泰盛 | 袁子琴 | 四人 | 五百元 | 又 | 南門外黃泥橋 | |
| 周茂順 | 張起鳳 | 三人 | 五百元 | 又 | 南長街 | |
| 恆昌 | 胡立勳 | 三人 | 五百元 | 又 | 北門外露華弄 | |

## 西藥業

| 號名 | 號主經理姓名 | 職員人數 | 資本 | 商品 | 地址 | 備註 |
|---|---|---|---|---|---|---|
| 中英 | 金仰之 | 四人 | 一千元 | 專銷歐美各國名廠藥品 | 北大街 | 兼售百貨 |
| 大陸 | 李少棠 | 八人 | 一千五百元 | 又 | 又 | 兼售照相軟片 電話七八三 |
| 五洲 | 張斗南 | 七人 | 九百元 | 又 | 北城門口 | 兼售照相軟片 |
| 兄弟 | 唐惠祥 | 五人 | 五百元 | 又 | 馬路上 | |
| 中西 | 金仰之 | 三人 | 陸百元 | 又 | 江陰巷口 | |
| 興昌 | 陸耀庭 | 七人 | 八百元 | 又 | 崇安寺 | 兼售百貨 |

| | | | | | | |
|---|---|---|---|---|---|---|
| 仁濟 | 楊子華 | 三人 | 五百元 | 又 | 萬前路 | |
| 中和 | 單崇禮 | 五人 | 五百元 | 又 | 通運路 | 電話四八三 |
| 中外 | 華樹棠 | 五人 | 五百元 | 又 | 北塘 | 兼售百貨 |
| 中法 | 賀雲甫 | 六人 | 五百元 | 又 | 山門口 | |
| 中南 | 李浩深 | 五人 | 五百元 | 又 | 交際路 | |
| 謙益 | 錢保華 | 五人 | 八百元 | 又 | 萬前路 | 電話八八八 |

## 筆墨業

| 號名 | 號主姓名經理 | 職員人數 | 資本 | 商品 | 地址 | 備註 |
|---|---|---|---|---|---|---|
| 得元堂 | 周朗夫 | 十人 | 五百元 | 筆墨硯 | 書院弄北首 | |
| 文魁齋 | 鄒全馨 | 一人 | 一百元 | 仝上 | 書院弄內 | |
| 龐鳳林 | 蔣國明 | 二人 | 二百元 | 仝上 | 倉橋街 | |
| 垂露齋 | 奚鑑初 | 三人 | 二百元 | 仝上 | 盛巷橋南首 | |
| 謝奇峯 | 謝亨榮 | 六人 | 三百元 | 仝上 | 堵家弄口 | |
| 湘雲閣 | 韋興源 | 二人 | 二百元 | 仝上 | 推官牌樓 | |
| 三元堂 | 劉金林 | 三人 | 二百元 | 仝上 | 推官牌樓 | |
| 中書館 | 楊樹庭 | 四人 | 三百元 | 仝上 | 寺後門 | |
| 生花齋 | 王大成 | 三人 | 二百元 | 仝上 | 洪安寺 | |
| 錢寶興 | 錢寶善 | 三人 | 二百元 | 仝上 | 南門外黄泥橋 | |

| 號名 | 號主經理姓名 | 職員人數 | 資本 | 本商品 | 地址 | 備計 |
| --- | --- | --- | --- | --- | --- | --- |
| 益源堂 | 陳連喜 | 一人 | 一百元 | 仝上 | 北門橫浜口 | |

運輸業

| 號名 | 號主經理姓名 | 職員人數 | 資本 | 本商品 | 地址 | 備計 |
| --- | --- | --- | --- | --- | --- | --- |
| 恆泰 | 邵傑楚 | 四人 | 流動資本 | | 工運橋北 | |
| 永順 | 代理 | 四人 | 仝右 | | 同上 | |
| 中和 | 代理 | 四人 | 仝右 | | 同上 | |
| 同益 | 孫鴻卿 | 八人 | 一千元 | | 同上 | |
| 利興 | 代理 | 八人 | 流動資本 | | 同上 | |
| 清記 | 代理 | 八人 | 仝右 | | 同上 | |
| 永泰隆 | 宋植吾 | 七人 | 一千元 | | 同上 | |
| 瑞泰恆 | 袁錦璋 | 三人 | 流動資本 | | 同上 | |
| 公益 | 陳子蔜 | 四人 | 仝右 | | 同上 | |
| 滙通 | 蔡漢民 | 四人 | 仝右 | | 同上 | |
| 華盛義 | 呂錫坤 | 四人 | 仝右 | | 同上 | |
| 捷運 | 盛仁葆 | 三人 | 仝右 | | 同上 | |
| 通達 | 周旭初 | 五人 | 仝右 | | 同上 | |
| 協豐 | 代理 | 五人 | 仝右 | | 仝上 | |
| 鼎通 | 趙鈺初 | 五人 | 同右 | | 工運橋南 | |

| | | | | |
|---|---|---|---|---|
| 中國運輸 | 葉錦源 | 四人 | 仝右 | 同上 |
| 義興 | 趙岳生 | 四人 | 仝右 | 同上 |
| 悦來 | 賈潤山 | 四人 | 仝右 | 同上 |
| 大中華 | 李仲臣 | 八人 | 仝右 | 同上 |

## 苧蔴業

| 號名 | 號主經理姓名 | 職員人數 | 資本 | 商品 | 地址 | 備註 |
|---|---|---|---|---|---|---|
| 恆大 | 馮瑞康 | | | 麻線 | 北塘大街 | |
| 聚興祥 | 張仲英 | | | 仝上 | 北塘三里橋 | 電話六三九 |
| 恆泰祥 | 華菊泉 | | | 仝上 | 大橋下 | |
| 甡昌 | 喬字澄 | | | 仝上 | 北塘中市 | 電話八二八 |
| 立泰 | 陳旭明 | | | 仝上 | 大橋下 | |
| 廣義源 | 張雲瑞 | | | 仝上 | 北塘三里橋 | |
| 裕昶 | 杜子良 | | | 仝上 | 北塘大街 | |
| 富鴻昌 | 杜筱佩 | | | 仝上 | 大橋下 | |
| 瑞泰 | 周瑞廷 | | | 仝上 | 北塘大街 | |
| 大愼 | 沈文煥 | | | 仝上 | 北塘大街 | |
| 仁泰 | 江通海 | | | 仝上 | 煤場弄 | |
| 正泰源 | 張貴川 | | | 仝上 | 煤場弄 | |

| | | | | |
|---|---|---|---|---|
| 朱永大 | 朱臥雲 | 仝上 | 張成弄 | 電話八三九 |
| 裕泰 | 丁文官 | 仝上 | 北塘中市 | |
| 泰昌 | 薛子瑚 | 仝上 | 小泗房弄口 | |
| 洪泰 | 陳旭明 | 仝上 | 南橋鎮 | |
| 協昌祥 | 周子明 | 仝上 | 同上 | |
| 南昌恆 | 張步雲 | 仝上 | 周新鎮 | |
| 福昌 | 沈昂青 | 仝上 | 周新鎮 | |
| 聚興盛 | 張念祖 | 仝上 | 楊鉄巷 | |
| 順昌新 | 張際雲 | 仝上 | 石塘 | |
| 恆慎 | 鄒靜波 | 仝上 | 同上 | |
| 震昌盛 | 陸友文 | 仝上 | 仝上 | |
| 協源 | 惠嵩泉 | 仝上 | 方橋 | |
| 協興盛 | 高鶴鳴 | 仝上 | 仝上 | |
| 協昌仁 | 周松泉 | 仝上 | 同上 | |
| 瑞豐 | 沈叙寶 | 仝上 | 仝上 | |
| 瑞昌 | 周金魁 | 仝上 | 仝上 | |
| 慎神 | 杜樂水 | 仝上 | 板橋 | |
| 鎰萬昌 | 王錦山 | 仝上 | 仝上 | |

| 號名 | 經理姓名 | 職員人數 | 資本 | 商品 | 地址 | 備註 |
| --- | --- | --- | --- | --- | --- | --- |
| 寶泰潤 | 喬字澄 | | | 仝上 | 板橋 | |
| 協盛恆 | 錢中選 | | | 仝上 | 葛埭橋 | |
| 振昌 | 沈辛華 | | | 仝上 | 葛埭橋 | |
| 義豐 | 薛盤春 | | | 仝上 | 南方泉 | |
| 立成 | 李立成 | | | 仝上 | 仝上 | |
| 公興 | 許子賢 | | | 仝上 | 老塢橋 | |
| 愼餘 | 錢二寶 | | | 仝上 | 華大房庄 | |



## 絲繭業

| 號名 | 號主經理姓名 | 職員人數 | 資本 | 本商品 | 地址 | 備註 |
| --- | --- | --- | --- | --- | --- | --- |
| 章玉記 | 章玉泰 | 二人 | | 絲繭 | 工運橋塊 | |
| 恆祥 | 嚴滿卿 | 四人 | | 又 | 又 | |
| 洽源 | 程汀梅 | 三人 | | 又 | 又 | |
| 大昌 | 錢緝甫 | 四人 | | 又 | 又 | |
| 泰康 | 許藹堂 | 三人 | | 又 | 通惠路 | |
| 源豐 | 陳仲英 | 三人 | | 又 | 西梁溪路 | |
| 愼餘 | 李壽麟 | 三人 | | 又 | 又 | |
| 萬豐 | 楊仲興 | 二人 | | 又 | 又 | |
| 益昌 | 周益齋 | 二人 | | 又 | 長康里 | |

| | | | | | |
|---|---|---|---|---|---|
| 宏仁 | 王旭初 | 二人 | | 又 | 又 |
| 中和 | 高紀根 | 三人 | | 又 | 交際路 |
| 通裕 | 高叔方 | 八人 | 五千元 | 葪完衣器 | 日暉橋 |
| 張義盛 | 張叔小 | 八人 | 五千元 | 又 | 黄泥﨑 |
| 唐恆豐 | 唐文銘 | 八人 | 五千元 | 又 | 清名橋 |
| 昌記 | 糜仁錦 | 九人 | 六千元 | 又 | 棉花巷 |
| 泰豐 | 梁伯元 | 五人 | 三千元 | 又 | 南城門口 |
| 鄧長興 | 鄧德祺 | 五人 | 二千元 | 又 | 清名橋 |
| 張義興 | 張蓉初 | 八人 | 五千元 | 又 | 黄泥﨑 |
| 永和洽 | 張子光 | 五人 | 三千元 | 又 | 南城門口 |
| 新鴻興 | 朱逸卿 | 三人 | 一千元 | 又 | 又 |
| 洽昌祥 | 許耀清 | 三人 | 一千五百元 | 又 | 又 |
| 榮盛 | 朱伯祥 | 三人 | 一千元 | 又 | 上牌樓 |
| 協興 | 華起鵬 | 三人 | 二千元 | 又 | 南城門口 |
| 源記 | 江涵秋 | 三人 | 二千元 | 又 | 黄泥﨑 |
| 晉泰 | 蔣曉颺 | 二人 | 一千元 | 肥絲 | 跨塘橋 |
| 恆盛裕 | 張伯雲 | 三人 | 一千元 | 又 | 南門綱巾巷 |
| 協興餘記 | 江介甫 | 二人 | 一千元 | 又 | 南門耕讀橋 |

| | | | | | |
|---|---|---|---|---|---|
| 泰和 | 李兆基 | 二人 | 一千元 | 又 | 南門跨塘橋下 |
| 糜仁記 | 糜仁錦 | 二人 | 八百元 | 又 | 虹橋下 |
| 恆源 | 朱德雙 | 二人 | 八百元 | 又 | 又 |
| 同興盛 | 顧咸德 | 三人 | 一千元 | 又 | 癩圓渚 |
| 茂盛 | 王炎生 | 三人 | 一千元 | 又 | 南門羊腰灣 |
| 恆利 | 袁紹棠 | 四人 | 一千五百元 | 又 | 南門日暉橋 |
| 榮盛 | 陳榮貴 | 二人 | 五百元 | 又 | 南門癩圓渚 |
| 唐恆豐 | 唐文煥 | 四人 | 一千五百元 | 又 | 南門清名橋 |
| 永泰昌 | 惠道周 | 三人 | 一千二百元 | 又 | 南門江陰巷 |
| 錦裕 | 宋錦堯 | 二人 | 五百元 | 又 | 南門帶鈎橋 |
| 秦曉記 | 秦曉峯 | 三人 | 一千元 | 又 | 溪夾弄內 |
| 裕豐 | 陳萬祥 | 二人 | 五百元 | 又 | 南門癩團渚 |
| 仁茂 | 韓伯泉 | 三人 | 八百元 | 又 | 溪夾弄口 |
| 翔茂 | 魏克茂 | 三人 | 一千元 | 又 | 南門帶鈎橋下 |
| 孫恆裕 | 孫國明 | 二人 | 八百元 | 又 | 南門棉花巷 |
| 魏源鑫 | 魏金榮 | 二人 | 八百元 | 又 | 北門口 |
| 楊金記 | 楊漢章 | 三人 | 一千元 | 又 | 南門清名橋 |
| 洽昌祥 | 許耀濤 | 二人 | 一千元 | 又 | 南城門口 |

| | | | | | | |
|---|---|---|---|---|---|---|
| 同盛 | 土嘉白 | 二 | 人 | 五百元 | 又 | 東門 |
| 恆生 | 秦甫生 | 二 | 人 | 五百元 | 又 | 溪火弄內 |
| 萬豐 | 强子香 | 二 | 人 | 八百元 | 又 | 北長街 |
| 恆潤 | 鞠才如 | 二 | 人 | 五百元 | 又 | 南門藏樹橋下 |
| 振華 | 鄧曉峯 | 二 | 人 | 五百元 | 又 | 北門江陰巷 |
| 順興 | 侯建三 | 二 | 人 | 五百元 | 又 | 南門帶鈎橋 |
| 美昌 | 楊崇杲 | 四 | 人 | 三千元 | 沃頭湯繭鑷蛾 | 東門亭子橋 |
| 頤記 | 王頤魯 | 八 | 人 | 四千元 | 又 | 又 |
| 協和 | 陳榮昌 | 四 | 人 | 二千元 | 又 | 又 |
| 裕豐 | 陳渭賢 | 五 | 人 | 三千元 | 又 | 又 |
| 慶豐 | 吳少卿 | 四 | 人 | 三千元 | 又 | 又 |
| 協成 | 王鳳山 | 五 | 人 | 三千元 | 又 | 又 |
| 明興 | 高克明 | 四 | 人 | 二千元 | 又 | 又 |
| 泰昌永 | 錢緝甫 | 五 | 人 | 三千元 | 又 | 東門廟港衖 |
| 永利潤記 | 鄧秉國 | 八 | 人 | 四千元 | 又 | 又 |
| 永利治記 | 孫雲廷 | 五 | 人 | 三千元 | 又 | 又 |
| 元豐永 | 范元生 | 八 | 人 | 四千元 | 又 | 又 |
| 乾豐 | 梁伯元 | 五 | 人 | 三千元 | 又 | 又 |

| | | | | | |
|---|---|---|---|---|---|
| 大新 | 鄧仲本 | 四人 | 二千元 | 又 | 又 |
| 源昌 | 李鳳祥 | 八人 | 四千元 | 又 | 周山浜 |
| 餘康 | 高金壽 | 八人 | 四千元 | 又 | 梨花莊 |
| 源康 | 何夢蓮 | 四人 | 三千元 | 又 | 黃埠墩 |
| 源利 | 鄭炳泉 | 八人 | 四千元 | 又 | 雙河尖 |
| 鴻昌 | 唐堯文 | 四人 | 二千元 | 又 | 洛社 |
| 復康 | 江介甫 | 五人 | 三千元 | 又 | 曹婆橋 |
| 新裕 | 陸任泉 | 八人 | 四千元 | 又 | 又 |
| 合興 | 華賡基 | 八人 | 四千元 | 又 | 陸井 |
| 永興 | 羅春陽 | 十人 | 五千元 | 又 | 南門水泥廠 |
| 成記 | 尤子卿 | 五人 | 三千元 | 又 | 東門亭子橋 |
| 協記 | 梁伯元 | 四人 | 二千元 | 又 | 又 |
| 源昌永 | | 四人 | 二千元 | 又 | 又 |
| 恆吉 | 賈履廷 | 四人 | 二千元 | 又 | 南門耕讀橋 |
| 協茂 | 華賡基 | 五人 | 二千元 | 又 | 東門廟港橋 |
| 晉大 | 徐紹文 | 十二人 | 五千元 | [illegible]絲[illegible]綫 | 北門江[illegible]巷 |
| 泰生 | 張揆伯 | 十人 | 五千元 | 又 | 又 |
| 永泰昌 | 惠濟周 | 八人 | 五千元 | 又 | 又 |

## 絲繭堆棧

| 號名 | 號主經理姓名 | 職員人數 | 容積 | 商品 | 地址 | 備註 |
|---|---|---|---|---|---|---|
| 瑞昶綸 | 蔣鈞人 | 六人 | 五萬包 | 堆存絲繭 | 西梁溪路 | 每包絲繭租費二角六分 電話五五〇 |
| 瑞生 | 汪廷法 | 六人 | 四萬包 | 又 | 工運橋沿河 | 每月每包絲繭租費二角六分 電話一一四 |
| 大有 | 周梅坡 | 六人 | 三萬包 | 又 | 又 | 每月每包絲繭租費二角六分 電話六 |
| 怡新 | 辛杏庭 | 六人 | 四萬包 | 又 | 亮壩上 | 每月每包絲繭租費二角六分 電話九八三 |
| 永大 | 陸品一 | 六人 | 三萬包 | 又 | 周山浜 | 每月每包絲繭租費二角六分 電話九九〇 |
| 宏泰 | 華叔琴 | 五人 | 二萬包 | 又 | 東門亭子橋外 | 每月每包絲繭租費二角六分 電話六四〇 |
| 寶豐 | 陳士銳 | 五人 | 二萬包 | 又 | 東門廟港橋外 | 每月每包絲繭租費二角六分 電話九四三 |
| 協成 | 顧厚卿 | 五人 | 一萬五千包 | 又 | 工運橋沿河 | 每月每包絲繭租費二角六分 電話三八五 |
| 福裕 | 顧筱亭 | 五人 | 三萬包 | 又 | 冶坊場 | 每月每包絲繭租費二角六分 電話二三九 |
| 源愼 | 秦琢如 | 五人 | 二萬五千包 | 又 | 又 | 每月每包絲繭租費二角六分 電話一七一 |
| 振裕 | 張子振 | 五人 | 一萬包 | 又 | 龍船浜 | 每月每包絲繭租費二角六分 電話八九四 |
| 乾益 | 單安吉 | 六人 | 三萬二千包 | 又 | 冶坊場 | 每月每包絲繭租費二角六分 電話三〇 |
| 愼德 | 浦文汀 | 六人 | 八千包 | 又兼堆糧食 | 西村裏 | 每月每包絲繭租費二角六分 電話五五一 |

## 銀樓

| 號名 | 號主經理姓名 | 職員人數 | 資本 | 商品 | 地址 | 備註 |
|---|---|---|---|---|---|---|
| 恆孚 | 邵涵人 | 三十人 | | 金銀飾物 | 北門內大街 | 電話五八一四 |

| | | | | | |
|---|---|---|---|---|---|
| 老寶成 | 周子佩 | 三人 | 仝上 | 北門內大街二三號 | |
| 麗仁 | 穆襄卿 | 四人 | 仝上 | 北門內大街二三號 | |
| 麗誠 | 方義卿 | 三人 | 仝上 | 北門內上塘街四九號 | |
| 老裕仁 | 段友儉 | 二人 | 仝上兼製景泰藍徽章 | 北門外場弄西街六號 | |
| 寶豐裕 | 錢翼祥 | 四人 | 金錫飾物 | 北大街六五號 | |
| 寶潤 | 瞿安吉 | 四人 | 仝上 | 北大街六三號 | |
| 元元 | 徐秋庭 | 五人 | 仝上 | 北大街四九號 | |
| 蔣天義 | 蔣卓卿 | 二人 | 仝上 | 老北門大街一三號 | |
| 老天寶 | 浦秀芹 | 二人 | 仝上 | 老北門大街一五號 | |
| 慶雲 | 馬培卿 | 六人 | 仝上 | 老北門大街九號 | |
| 新鳳祥 | 馬培卿 | 四人 | 仝上 | 老北門內大街三號 | 電話九三三號 |
| 源豐 | 惠保燕 | 二人 | 仝上 | 北門內上塘街七三號 | |
| 麗和 | 朱頌和 | 二人 | 仝上 | 北門內上塘街三五號 | |
| 榮興 | 郭錦濤 | 三人 | 金銀飾物 | 大市橋街九四號 | |
| 陳萬興 | 陳靜峯 | 二人 | 仝上 | 南門北長街八六號 | |
| 新慶雲 | 浦雲清 | 二人 | 仝上 | 南門北長街八七號 | |
| 天和 | 楊祖陛 | 二人 | 仝上 | 南門南長街一一號 | |
| 鳳祥久記 | 丁南溪 | 四人 | 仝上 | 沿塘橋南長街九〇號 | |

| | | | | | |
|---|---|---|---|---|---|
| 鮑萬來 | 鮑國埜 | 二人 | | 仝上 | 淸明橋上塘一八九號 |
| 源源 | 王景山 | 二人 | | 仝上 | 淸門橋上塘一一號 |
| 裕興 | 張雲初 | 一人 | | 仝上 | 北小大山橋西首九號 |
| 永和 | 顧桂庭 | 二人 | | 仝上 | 城中青果巷十號 |
| 宏孚 | 章文郁 | 一人 | | 仝上 | 南門外棉花巷五號 |
| 萬昌 | 華念恩 | 一人 | | 仝上 | 南門外上塘街七四號 |
| 寶孚 | 蘇鳳山 | 二人 | | 仝上 | 南門黃泥降一七一號 |
| 陸源長 | 陸湧岡 | 一人 | | 仝上 | 南門黃泥降一二五號 |
| 寶興 | 楊松年 | 二人 | | 仝上 | 南門黃泥降一二六號 |
| 馮寶成 | 馮耀椿 | 一人 | | 金銀飾物 | 西吊橋大街五二號 |
| 天成 | 孫錦舒 | 一人 | | 仝上 | 西吊橋大街十七號 |
| 老天吉 | 陳志群 | 一人 | | 仝上 | 西吊橋大街十一號 |
| 萬孚 | 鍾東衡 | 一人 | | 仝上 | 南上塘街 |
| 章源茂 | 章德滋 | 一人 | | 仝上 | 南上塘街 |
| 惠裕泰 | 惠培衡 | 一人 | | 仝上 | 西吊橋大街 |
| 信源 | 顧筱庭 | 一人 | | 仝上 | 東門亭子橋 |
| 新滙豐 | 陸雲軒 | 一人 | | 仝上 | 東門亭子橋 |
| 恆昌 | 成同根 | 一人 | | 仝上 | 周山浜 |

| 號名 | 號主經理姓名 | 職員人數 | 資本 | 商品 | 地址 | 備註 |
| --- | --- | --- | --- | --- | --- | --- |
| 天順 | 楊文裕 | 一人 | | 仝上 | 北柵口 | |
| 寶源 | 宿梅官 | 一人 | | 仝上 | 江陰巷 | |
| 楊慶和 | 張善卿 | 二十四人 | | 仝上 | 北門內大街 | |
| 新寶成 | 傅雲生 | 二十四人 | | 仝上 | 書院弄口 | |

## 報館業

| 號名 | 號主經理姓名 | 職員人數 | 資本 | 商品 | 地址 | 備註 |
| --- | --- | --- | --- | --- | --- | --- |
| 新無錫報 | 楊楚孫 | 十一人 | | | 書院弄 | |
| 錫報 | 吳驥德 | 十三人 | | | 沙文井 | |
| 民報 | 楊重遠 | 十人 | | | 後太平巷 | |
| 國民導報 | 姚心垂 | 八人 | | | 書院弄 | |
| 商報 | 陸毓琦 | 八人 | | | 萬前路 | |
| 橄電報 | 楊素吾 | 三人 | | | 王道人弄 | |

## 綢緞業

| 號名 | 號主經理姓名 | 職員人數 | 資本 | 商品 | 地址 | 備註 |
| --- | --- | --- | --- | --- | --- | --- |
| 德茂森 | 范旭如 | 十二人 | | 綢緞布疋 | 北塘 | 電話三百二十一 |
| 協大森 | 朱廷槐 | 十二人 | | 又 | 又 | 六九一 |
| 大和祥 | 方勳生 | 十四人 | | 又 | 又 | 三〇九 |

| | | | | | | |
|---|---|---|---|---|---|---|
| 鴻大 | 陸子範 | 十二人 | | 綢緞布疋 | 北塘 | 電話四八二 |
| 源餘 | 華賓珊 | 十人 | | 又 | 又 | 九六 |
| 同泰昌 | 徐仲嘉 | 十人 | | 又 | 大橋街 | 三七二 |
| 祥餘 | 方勤生 | 十五人 | | 又 | 又 | 二三四 |
| 日、新 | 蔣谷順 | 十八人 | | 又 | 又 | 六一 |
| 方瑞和 | 方孟棲 | 十四人 | | 又 | 又 | 六一五 |
| 祥豐 | 高子堅 | 十五人 | | 又 | 又 | 八五二 |
| 時和 | 陳楨生 | 十八人 | | 又 | 又 | 六一〇 |
| 大豐 | 范少翰 | 十七人 | | 又 | 又 | 六五三 |
| 永昌 | 嚴志一 | 十八人 | | 又 | 又 | 三二一 |
| 九餘 | 蔣景海 | 十八人 | | 又 | 又 | 四九 |
| 鼎餘 | 戴守銘 | 十二人 | | 又 | 又 | 四四二 |
| 天錦 | 尤叔奐 | 十一人 | | 又 | 北門內大街 | 七〇五 |
| 九綸 | 吳仲炳 | 十八人 | | 又 | 又 | 八五〇 |
| 協成永 | 錢魯卿 | 十五人 | | 又 | 又 | 五一〇 |
| 懋綸 | 徐湘文 | 十八人 | | 又 | 又 | 四六 |
| 天綸 | 楊念祥 | 十人 | | 又 | 又 | 七四四 |
| 丁雙盛 | 丁荷生 | 十二人 | | 又 | 大市橋 | 二五 |

| | | | | | | |
|---|---|---|---|---|---|---|
| 丁源盛 | 丁杏初 | 十四人 | | 綢緞布疋 | 大市橋 | 電話三〇五 |
| 世泰盛 | 錢保稚 | 十四人 | | 又 | 又 | 九 |
| 同和 | 胡冠傑 | 十四人 | | 又 | 南門黃泥橋 | 四八九 |
| 源昌 | 過仁嘉 | 十三人 | | 又 | 又 | 七一六 |
| 恆源泰 | 王仲起 | 十三人 | | 又 | 又 | 八五一 |
| 泰綸 | 孫子山 | 八人 | | 又 | 又 | |
| 昇泰 | 楊文彬 | 十一人 | | 又 | 又 | |
| 大成祥 | 陳祺良 | 九人 | | 又 | 南門黃泥橋 | |
| 協昌 | 陳明柳 | 十二人 | | 又 | 南門張家弄 | 七三五 |
| 慎大 | 袁仲英 | 十一人 | | 又 | 南門清名橋 | |
| 公興祥 | 孫蘭亭 | 十二人 | | 又 | 又 | |
| 申大 | 楊仲康 | 七人 | | 又 | 又 | |
| 昇昌 | 蔣厚齋 | 十三人 | | 又 | 又 | |
| 南昌裕 | 丁脩臬 | 十四人 | | 又 | 又 | |
| 鄒鴻順 | 鄒根侮 | 六人 | | 又 | 又 | |
| 潤裕新 | 麋廷章 | 六人 | | 又 | 南門清名橋下塘 | |
| 裕豐 | 陳伯良 | 六人 | | 又 | 又 | |
| 麋潤裕 | 麋葵初 | 九人 | | 又 | 又 | |

| | | | | |
|---|---|---|---|---|
| 功芸 | 鄒少依 | 五人 | 綢緞布疋 | 南門清明橋下塘 |
| 鮑萬生 | 唐信甫 | 五人 | 又 | 又 |
| 裕大 | 丁紹棠 | 四人 | 又 | 南門黃泥埄 |
| 九康 | 陳鹿坪 | 十三人 | 又 | 西門棚下 |
| 天盛 | 陳錫泉 | 五人 | 又 | 西門魚行街 |

# 日本文部省注意勞動者教育

三市二縣給與獎勵補助金

日本文部省，近爲振興勞動教育計，對於向來注意此方面教育之東京大阪橫濱三市，及福岡愛知二縣，與以獎勵補助金，曾於去年十二月二十四日邀集愛知縣學務部長，福岡縣及東京大阪橫濱三市各社會教育課課長，在該省內開會，文部省社會教育局局長成人教育課課長，以下各關係官，均出席參加，協議關於實施勞動者教育之方法，茲錄其所決定勞動者講座實施事項於左：

一、設立勞動者講座，所收學生，須在工場及鑛山等從事實際勞動之工人中，選拔優秀分子，而教育之。

一、人數每組以五十名爲限，謀教育之徹底。

一、課目須選擇適於公民教育人格修養及養成常識等類者。

一、講師務必聘請大學或專門學校之教授，且理解此方面之教育者。

一、舉行質疑問答，研究討論等談話會，期完成教育之效果。

一、除講師外，另設適當之指導員，使負指導學生之任。

一、講座每星期二次，夜間開講，約繼續三個月。

## 無錫縣典業活動資本（即架本）比較表

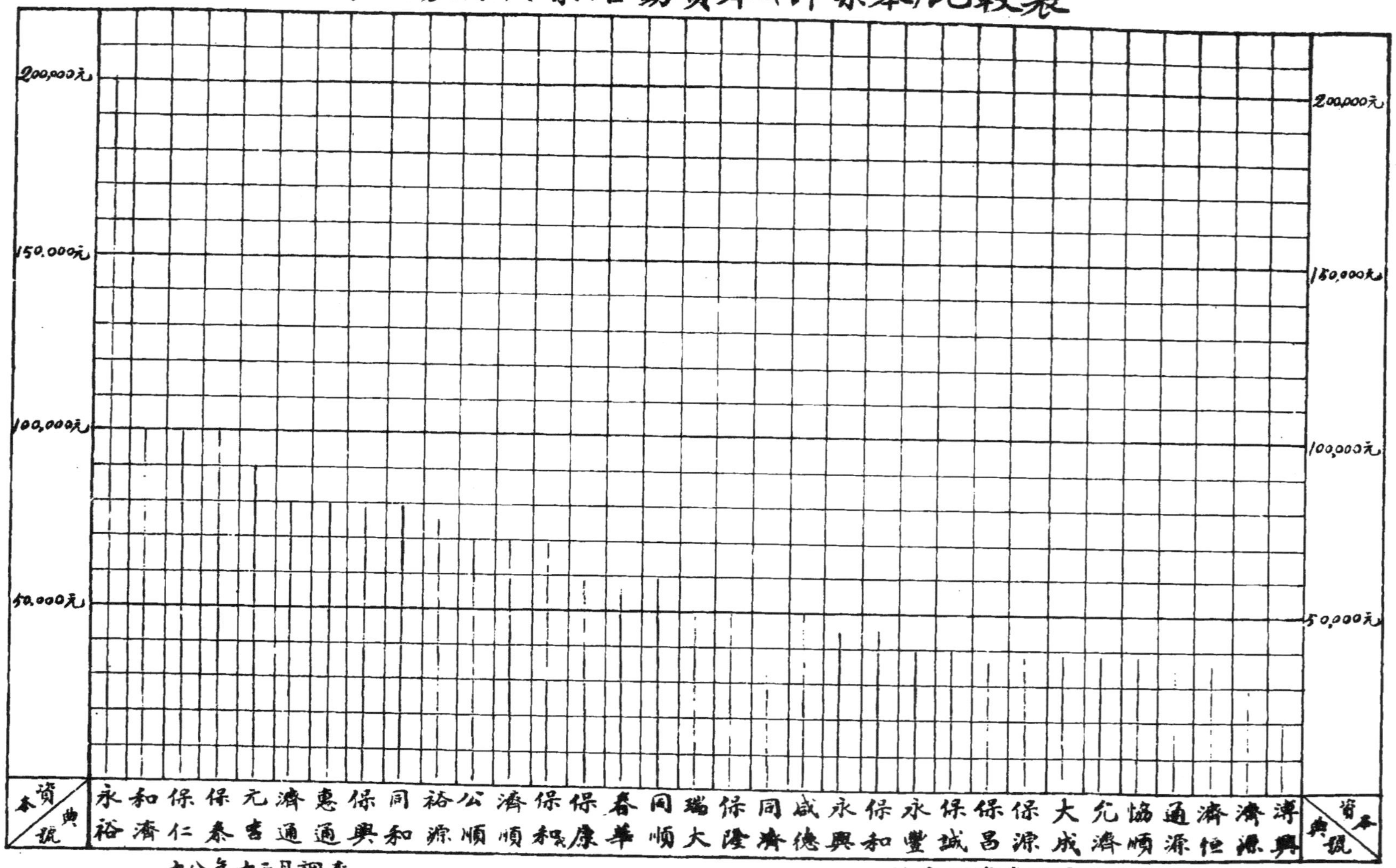


十八年十二月調查

社會科實業股長吳善樂製

# 無錫銅鐵機器翻砂廠一覽表 民國十八年十一月

| 廠名 | 性質 | 地址 | 經理或廠長 | 資本 | 成立年月 | 備註 |
|---|---|---|---|---|---|---|
| 潤鑫機器廠 | 獨資 | 漢昌路 | 胡瑞海 | 三千元 | 民國元年 | 機器 |
| 復源機器廠 | 獨資 | 光復門 | 陳鴻甫 | 陸千元 | 民國二年 | 機器 |
| 恆豐協記機器翻砂廠 | 公司 | 前太平巷 | 孫鐘鳴 | 四千元 | 民國十二年 | 機器翻砂 |
| 馮順錩機器翻砂廠 | 獨資 | 東新路南倉口 | 馮貫生 | 三千元 | 民國八年 | 仝上 |
| 工藝機器廠 | 合夥 | 東門外亭子橋 | 薛壽萱 陳子寬 | 二萬元 | 民國八年 | 機器 |
| 陳瑞昌機器廠 | 獨資 | 廣勤路錦豐路 | 陳金奎 | 七百元 | 民國八年 | 仝上 |
| 協興機器翻砂廠 | 公司 | 前太平巷 | 孫虎臣 | 五千元 | 民國八年 | 機器翻砂 |
| 顧聚興機器廠 | 獨資 | 光復門外城脚 | 顧增祥 | 一千元 | 民國八年 | 機器 |
| 成泰機器廠 | 獨資 | 通惠路 | 張成德 | 一萬元 | 民國十八年 | 仝上 |
| 沈興記機器工廠 | 獨資 | 通惠路 | 沈阿根 | 一萬元 | 民國八年 | 仝上 |
| 謝順興機器廠 | 獨資 | 光復門外 | 謝根和 | 一千二百元 | 民國八年 | 仝上 |
| 蕭鐵昌鍋爐廠 | 獨資 | 光復路口 | 蕭雲祥 | 八百元 | 民國十年 | 鍋爐 |
| 雲龍機器廠 | 獨資 | 光復門新民橋 | 王阿根 | 一千元 | 民國十年 | 麵機 |
| 永興機器廠 | 獨資 | 前太平巷 | 謝仲墀 | 五千元 | 民國七年 | 機器 |
| 榮昌銅鐵機器廠 | 獨資 | 露華弄 | 邱榮潮 | 八百元 | 民國十一年 | 仝上 |
| 陳金記機器廠 | 獨資 | 惠農橋北首 | 陳阿金 | 二千元 | 民國十一年 | 仝上 |
| 俞寶昌機器廠 | 獨資 | 廣勤第二支路 | 俞寶瑚 | 五千元 | 民國十六年 | 機器 |
| 瑞昌機器廠 | 合夥 | 光復門外 | 范錫章 徐榮昌 | 二千五百元 | 民國十六年 | 機器 |
| 萬昌機器廠 | 合夥 | 通惠路 | 胡金林 | 二千四百四十元 | 民國十六年 | 機器 |
| 達鑫機器廠 | 合夥 | 廣勤第一支路 | 過伯清 | 一千四百元 | 民國十六年 | 機器 |
| 協昌機器廠 | 獨資 | 通惠路 | 薛順南 | 四千元 | 民民十七年 | 機器 |
| 新公記翻砂廠 | 合夥 | 通惠路 | 周叙根 | 二千元 | 民國十七年 | 翻砂 |
| 震旦機器廠 | 獨資 | 工運橋北 | 薛震祥 | 二萬元 | 民國十七年 | 機器 |
| 周鴻鑫機器廠 | 合夥 | 東新路 | 周玉泉 | 陸百元 | 民國十七年 | 修理機器 |
| 廣勤鐵工製造廠 | 公司 | 華盛街 | 江玉山 | 一萬元 | 民國十七年 | 機器 |
| 久興協記鐵機廠 | 公司 | 惠農橋東堍北首 | 張耀祖 徐士根 | 一千五百元 | 民國十七年 | 機器 |
| 華錫鐵工廠 | 合夥 | 惠農橋東首 | 徐順金 | 四千五百元 | 民國十八年 | 機器 |
| 華豐機器工廠 | 獨資 | 光復門東城脚 | 陳錫卿 | 一千五百元 | 民國十八年 | 機器 |
| 晉豐機器廠 | 合夥 | 東新路南倉口 | 奚寶榮 | 一千三百元 | 民國十八年 | 機器 |
| 祥興機器翻砂廠 | 獨資 | 東新路 | 朱壽根 | 四千元 | 民國十八年 | 機器翻砂 |
| 立茂鑫記機器廠 | 合夥 | 後陳白巷 | 吳洪昌 | 二千元 | 民國十八年 | 機器 |
| 合衆鐵廠 | 公司 | 光復門北首 | 談家駿 陶志良 袁孟直 | 九千元 | 民國十八年 | 機器 |

| | | | | | | |
|---|---|---|---|---|---|---|
| 莊興記機器翻砂廠 | 獨資 | 廣勤路錫豐路 | 莊沈茂 | 二千五百元 | 民國十一年 | 機器翻砂 |
| [illegible]大昌機器廠 | 獨資 | 光復門外 | 顧雲停 | 一千五百元 | 民國八年 | 機器 |
| 邵公發銅鐵機器廠 | 獨資 | 光復門外城腳 | 邵公生 | 一千二百元 | 民國十三年 | 機器 |
| 戴忠源鐵工廠 | 獨資 | 通惠路 | 戴金芳 | 一千元 | 民國十年 | 機器 |
| 合興機廠 | 獨資 | 光復門外 | 陳[illegible]坤 | 七百元 | 民國四年 | 機器 |
| 張茂昌機器廠 | 獨資 | 光復門外 | 張茂生 | 四百元 | 民國四年 | 機器 |
| 高裕興機器廠 | 獨資 | 光復門外 | 高錫榮 | 五百元 | 民國十五年 | 機器 |
| 黃永昌鐵廠 | 獨資 | 公園路 | 黃水芳 | 一千五百元 | 民國十五年 | 鍋爐水管 |
| 無錫鐵工廠 | 公司 | 學前街 | 吳培麟 毛祖鈞 | 二萬五千元 | 民國十五年 | 機器 |
| 普明機器廠 | 獨資 | 通惠路 | 倪明岐 | 四千五百元 | 民國十五年 | 機器 |
| 發興機器廠 | 合夥 | 通惠路 | 李富明 | 五千元 | 民國十五年 | 機器 |
| 陸恆興機器廠 | 獨資 | 通惠路 | 陸叙根 | 二千元 | 民國十五年 | 機器 |
| 實業鐵工廠 | 合夥 | 前太小巷 | 方友鶴 | 五千元 | 民國十五年 | 機器 |
| 瑞源鐵機廠 | 獨資 | 通惠路 | 沈榮錦 | 一千五百元 | 民國十五年 | 機器 |
| 成昌機器廠 | 獨資 | 通惠路 | 辛洪生 | 六百元 | 民國十五年 | 機器 |
| 怡生工廠 | 獨資 | 通惠路 | 楊怡生 | 八百元 | 民國十五年 | 修理機件 |
| 華興機器廠 | 獨資 | 通惠路 | 謝森發 | 三千五百元 | 民國十六年 | 機器 |
| 怡興機器廠 | 獨資 | 光復門外 | 劉和生 | 一千二百元 | 民國十一年 | 機器 |
| 同泰襪機廠 | 獨資 | 光復門外 | 朱榮根 | 六百元 | 民國十五年 | 襪機 |
| 錦新襪機廠 | 獨資 | 光復門外 | 孫耀華 | 四百元 | 民國十七年 | 襪機 |
| 上鑫昌翻砂廠 | 獨資 | 光復門外東城腳 | 王增泉 | 九百元 | 民國十二年 | 翻砂 |
| 永興翻砂廠 | 合夥 | 光復門外東城腳 | 謝仲[illegible] | 一千元 | 民國十二年 | 翻砂 |
| [illegible]成翻砂廠 | 獨資 | 光復門東城腳 | 周德全 | 一千四百元 | 民國十七年 | 翻砂 |
| 廣勤翻砂廠 | 合夥 | 華盛頓路 | 范九根 | 二千元 | 民國十七年 | 翻砂 |
| 鑫萬昌翻砂廠 | 獨資 | 迪勤路 | 許錫坤 | 一百元 | 民國十七年 | 翻砂 |
| 三新翻砂廠 | 公司 | 惠農橋 | 曹勳泉 | 八百元 | 民國十八年 | 翻砂 |
| 同興翻砂廠 | 合夥 | 廣勤路二支路 | 桑志杜 | 五千元 | 民國十八年 | 翻砂 |
| 永興翻銅廠 | 獨資 | 通惠路 | 陸憲章 | 一千二百元 | 民國十五年 | 翻銅 |
| 章大昌五金工廠 | 獨資 | 前太小巷 | 章建元 | 六百元 | 民國十七年 | 五金 |
| 上海永成五金工廠 | 獨資 | 廣勤路 | 華耀長 | 八百元 | 民國十七年 | 五金 |
| 順裕五金機器工場 | 合夥 | 後太小巷 | [illegible]寶興 | 一千四百元 | 民國十八年 | 五金 |
| 公協拋銅廠 | 合夥 | 光復門外 | 張叔華 | 五百元 | 民國十六年 | 拋銅 |
| 永泰電鍍廠 | 合夥 | 光復門外 | [illegible]老四 | 一千五百元 | [illegible] | [illegible]銅 |
| 利農鐵工廠 | 公司 | 北柵口 | 鄧雙喜 | 二千五百元 | 民國十六年 | 機器 |

圖表四九：此處原爲《無錫縣機器銅鐵翻砂廠最高工資及工作時間比較表》，見書後。

# 無錫縣襪廠一覽表

十八年十二月　無錫縣社會調查處調製

| 廠名 | 性質 | 廠址 | 經理 | 資本 | 襪機 | 商標 | 成立年月 |
|---|---|---|---|---|---|---|---|
| 永吉利襪廠 | 獨資 | 東大街二九號 | 金聿修 | 二千元 | 六十部 | 地球 | 民國元年 |
| 營業襪廠 | 合夥 | 西門城脚二九號 | 徐雲階 | 七千元 | 一百三十部 | 葫蘆 | 民國二年 |
| 新華襪廠 | 合夥 | 財神弄內 | 秦伯青 | 二千元 | 一百部 | 馬球　劉海 | 民國四年 |
| 人餘襪廠 | 公司 | 開原鄉沿冰池頭 | 乾竹屛 | 五萬元 | 三百部 | 三羊　金雞　鳳美　立狗 | 民國五年 |
| 中華襪廠 | 獨資 | 西門棚下顯應橋 | 弋子社 | 八千元 | 九十部 | 魚日花籃國恥 | 民國八年 |
| 廣連襪廠 | 獨資 | 城內大成巷一四號 | 陶季方 | 二千元 | 七十部 | 雙龍 | 民國八年 |
| 義成襪廠 | 合夥 | 東門外東亭橋 | 周厚培 | 一千五百元 | 二十四部 | 星牌 | 民國十年 |
| 錫滬襪廠 | 獨資 | 周思弄 | 孟佐 | 二千元 | 六十部 | 和合 | 民國十年 |
| 保新永襪廠 | 合夥 | 通滙橋堍 | 孟佐 | 二千元 | 八十四部 | 寶鼎牌 | 民國十二年 |
| 德興襪廠 | 獨資 | 外黃泥橋堍 | 費菊生 | 二千元 | 十二部 | 五子 | 民國十二年 |

| | | | | | | | |
|---|---|---|---|---|---|---|---|
| 大有恆襪廠 | 獨資 | 西門西鼓樓巷底 | 吳榮之 | 一千元 | 二十部 | 恆字牌 | 民國十三年 |
| 永興襪廠 | 合夥 | 西鄉楊樹下 | 季長榮 | 一千五百元 | 二十四部 | 禾 | 民國十五年 |
| 申興襪廠 | 合夥 | 西鄉張合裏 | 杭鈞淇 | 一千五百元 | 二十四部 | 獅 | 民國十五年 |
| 興華襪廠 | 合夥 | 西鄉張合裏 | 楊繼興 | 二千元 | 四十八部 | 達 | 民國十五年 |
| 明記襪廠 | 合夥 | 駐總橋九號 | 陳仲銘 | 一千五百元 | 二十五部 | 三兎 | 民國十五年 |
| 豫泰襪廠 | 公司 | 梨花莊 | 胡鏡若 | 五萬元 | 電襪機八部　到綫機二<br>部　手搖機五百部　路<br>紋機二部　縫頭機四部<br>打線機一部 | 年年如意 | 民國十五年 |
| 豫泰分襪廠 | 合夥 | 天上市堰橋西高里 | 胡福生 | 三千元 | 二百部 | 如意 | 民國十五年 |
| 南橋襪廠 | 公司 | 布巷後十二號 | 俞儀臣 | 三千元 | 一百部 | 雙喜 | 民國十五年 |
| 履成襪廠 | 獨資 | 南門虹橋魚腥巷 | 張守仁 | 二千元 | 六十部 | 大炮牌 | 民國十五年 |
| 中南襪廠 | 獨資 | 西門外棚下 | 曹國鈞 | 七百元 | 二十四部 | 三貓 | 民國十五年 |
| 久餘襪廠 | 合夥 | 胡棣（富安鄉） | 葉全生 | 七千元 | 一百三十二部 | 三魚 | 民國十六年 |
| 福興襪廠 | 合夥 | 西門外脚城 | 吳愷堂 | 四千元 | 六十部 | 紅嘜鷹鐘 | 民國十六年 |
| 豫成襪廠 | 合夥 | 天上市胡家渡中街 | 胡福生 | 一千五百元 | 一百部 | 如意 | 民國十六年 |
| 中華分廠 | 獨資 | 天上市堰橋東街 | 朱駿生 | 三千元 | 二百二十部 | 魚日 | 民國十六年 |
| 福綸襪廠 | 獨資 | 西門外城脚 | 朱福明 | 一千元 | 八十部 | 大喜 | 民國十六年 |
| 裕豐襪廠 | 獨資 | 沈果巷二八號 | 倪肇安 | 一千元 | 二十部 | 鳳凰 | 民國十六年 |
| 家庭襪廠 | 獨資 | 周思巷 | 劉恭亮 | 一千元 | 襪機二十四部<br>電機四部 | 仙桃　壽綠 | 民國十六年 |

| | | | | | | | |
|---|---|---|---|---|---|---|---|
| 新興襪廠 | 合夥 | 徒門裏 | 丁銀寶 | 一千八百元 | 二十部 | 球 | 民國十七年 |
| 瑞記襪廠 | 合夥 | 西門外壩橋下 | 胡祖蔭 | 二千元 | 八十部 | 雙魚 | 民國十七年 |
| 緯綸襪廠 | 合夥 | 天上市堰橋東街 | 胡伯岐 | 一千元 | 四十部 | 雙鮮 | 民國十七年 |
| 勝利襪廠 | 合夥 | 天上市堰橋西河沿 | 史燮初 | 一千五百元 | 五十部 | 漁翁得利 | 民國十七年 |
| 興業襪廠 | 獨資 | 江陰巷三七鎮 | 路仁章 | 二千元 | 六十部 | 火車 | 民國十七年 |
| 福綸襪廠 | 獨資 | 天上市堰橋東街河商村 | 過晉華 | 一千二百元 | 七十部 | 大吉 | 民國十七年 |
| 公盛襪廠 | 合夥 | 富安鄉胡棣 | 葉全生 | 八百元 | 十二部 | 未定 | 民國十八年 |
| 大興襪廠 | 合夥 | 徒門裏 | 王銀寶 | 一千元 | 十八部 | 未定 | 民國十八年 |
| 營美襪廠 | 合夥 | 東門延壽師殿東 | 王三藝 | 一千五百元 | 二十五部 | 花 | 民國十八年 |
| 三友襪廠 | 獨資 | 周四弄一九號 | 劉泉亮 | 五千元 | 電襪機四部襪頭機二部路紋機三部剉線機一部 | 仙桃 | 民國十八年 |

# 世界最大的旅館

## 最新式的紐約旅館

世界最大之紐約旅館，已於去年十二月開業，自下至上，共四十五層，高館凌雲，備極壯麗，牆壁爲桃花色，在紐約市之中心第八街與三十四號之角，距賓夕爾凡尼亞東站約二十餘丈左右，西鄰摩漢丹音樂塲，夙詠不夜，城之百老滙路劇塲區域，亦相去不遠，尤其是第八街，自地下鐵道新開通以來，旅客尤極便利，在紐約商業建築中，較該館更高大者固甚多，然僅就旅館而論，當首屈一指矣。全部建築爲最新式的，而且爲最美術的，因此具頗吸引過客之魔力云。

圖表五十：此處原爲《無錫各襪廠工人數及年出襪數統計表》，見書後。

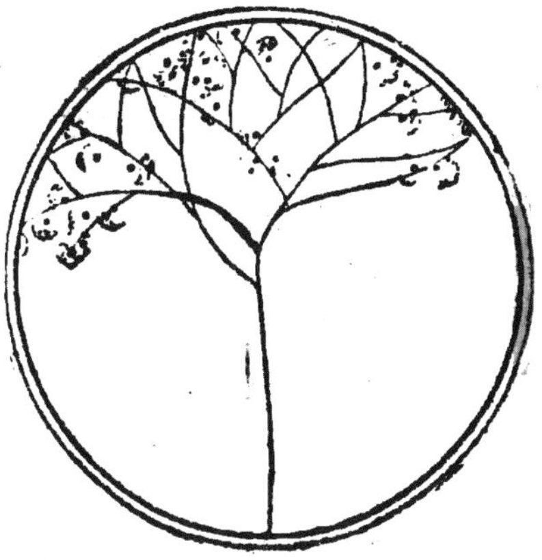

# 無錫皂鹼廠一覽表

十八年十一月調查

無錫社會調查處

| 廠名 | 地址 | 性質 | 資本 | 廠長或經理 | 成立年月 | 備註 |
|---|---|---|---|---|---|---|
| 豫昌肥皂廠 | 梨花莊 | 公司 | 二五、〇〇〇元 | 胡鏡若 | 民國八年 | |
| 隆昌肥皂廠 | 周山濱永安街 | 公司 | 二、〇〇〇元 | 章裕康 | 民國十五年三月 | |
| 太平洋肥皂第三廠 | 西門外小尖上 | 公司 | 一〇、〇〇〇元 | 祝有青 | 民國十六年九月 | |
| 福利慎記肥皂廠 | 黃埠墩塘岸上 | 公司 | 五、〇〇〇元 | 王贊卿 | 民國十七年三月 | |
| 順昌肥皂廠 | 北柵口沿河十五號 | 公司 | 二、〇〇〇元 | 丁耀九 | 民國十七年三月 | |
| 慎記造鹼廠 | 周山濱永安街 | 公司 | 一、〇〇〇元 | 章裕康 | 民國十五年三月 | |
| 泰記造鹼廠 | 前太平巷 | 獨資 | 三、〇〇〇元 | 繆楚珊 | 民國十八年六月 | |

# 無錫市政籌備處社會科附設產婆訓練班教職員一覽表

社會科調製

| 姓名 | 年齡 | 性別 | 籍貫 | 出身 | 專科或不分科 | 職務 | 備駐 |
|---|---|---|---|---|---|---|---|
| 王世偉 | 三〇 | 男 | 無錫 | 北平協和醫院產婦科畢業 | 產婦科 | 主任 | 曾任北平接生婆訓練所教員無錫時疫醫院醫務主任 |
| 王諸涵英 | | 女 | 無錫 | 北平醫科大學畢業北平協和醫院實習 | 產婦科 | 教員 | 曾任北平國立醫院產婦科醫師香山慈幼院女校校醫無錫時疫醫院醫師 |
| 嵇惠芬 | 二一 | 女 | 無錫 | 無錫縣立女子中學校畢業 | 普通科 | 事務員 | 曾任無錫縣政府書記等職 |

# 無錫市政籌備處社會科附設產婆訓練班女學員一覽表

社會科調製

| 姓名 | 年齡 | 籍貫 | 以前執業地點 | 既往收生大約次數 | 備註 |
|---|---|---|---|---|---|
| 鄒華氏 | 三九 | 無錫 | 西門城內滙龍橋堍下九號 | 執行業務二十餘年 | 以下二十六人去年曾由公安局考驗一次得有證明書者 |
| 鄒徐氏 | 四九 | 又 | 又 | 執行業務二十餘年 | |
| 萬張氏 | 四六 | 又 | 長康里後太平巷（商會背後） | 執行業務十六年 | |
| 徐孫氏 | 五四 | 又 | 交際路九龍里十五號 | 仝上 | |
| 陸周氏 | 三一 | 又 | 城中觀前街 | 執行業務十年 | |

| | | | | | |
|---|---|---|---|---|---|
| 陸潘氏 | 五四 | 又 | 仝上 | 執行業務十五年 | |
| 蕭徐氏 | 三三 | 又 | 城中七尺場 | 執行業務三年 | |
| 陳惠氏 | 五五 | 又 | 三皇街十九號 | 執行業務三十五年 | |
| 劉李氏 | 五四 | 又 | 大河池沿頭 | 執行業務二十五年 | |
| 楊姚氏 | 五五 | 又 | 泗堡橋 | 執行業務三十一年 | |
| 吳華氏 | 五五 | 又 | 中市橋下 | 執行業務三十一年 | |
| 楊范氏 | 五四 | 又 | 東大街 | 執行業務三十二年 | |
| 高張氏 | 五五 | 又 | 眞應道巷 | 執行業務十七年 | |
| 于楚氏 | 四七 | 又 | 小河上 | 執行業務十一年 | |
| 俞王氏 | 五三 | 又 | 東大街 | 執行業務三十餘年 | |
| 陸高氏 | 五一 | 又 | 孟淵弄九號 | 執行業務二十七年 | |
| 過青蓮 | 四一 | 常熟 | 中正路四十號 | 執行業務二十二年 | |
| 周呂氏 | 五五 | 鎮江 | 周山浜琴安里 | 執行業務三十年 | |
| 陳梁氏 | 五一 | 鹽城 | 顧橋下 | 執行業務二十二年 | |
| 陳侯氏 | 四七 | 又 | 新馬路惠農橋 | 執行業務二十年 | |
| 朱鄭氏 | 四四 | 又 | 惠農橋北 | 仝上 | |
| 龔彭氏 | 五〇 | 無錫 | 東門永盛里四十九號 | 執行業務十年 | |
| 倪華氏 | 五五 | 又 | 東門外熙春街 | 執行業務六年 | |

| | | | | | |
|---|---|---|---|---|---|
| 陸石氏 | 五五 | 又 | 新縣前 | 執行業務三十餘年 | |
| 潘吳氏 | 四〇 | 又 | 糖棧街 | 執行業務十餘年 | |
| 諸奚氏 | 五四 | 又 | 橫浜裏 | 執行業務三十三年 | |
| 俞朱氏 | 三〇 | 又 | 東大街 | 執行業務五年 | |

# 無錫縣書肆調查表

無錫縣社會調查處調製

| 縣名 | 書肆名稱 | 所在地 | 開設年月 | 店主姓名 | 新舊類別 | 發售何種書籍 | 有否黨義書籍 | 有何特有版權 | 現有書籍若干 | 資本金額 | 營業狀況 | 備考 |
|---|---|---|---|---|---|---|---|---|---|---|---|---|
| 無錫 | 新新 | 公園路 | 民國十三年七月 | 蔣錫康 | 新 | 學校教科書及經史子集等類 | 有 | 無 | 約四千餘種 | 五千元 | 佳 | 兼售洋貨電話七三七 |
| 又 | 文華 | 倉橋下 | 民國前二年四月 | 陳菊軒 | 又 | 又 | 又 | 又 | 又 | 八千元 | 又 | |
| 又 | 樂羣 | 寺巷裏 | 民國前二年八月 | 邵辛樂 | 又 | 又 | 又 | 又 | 又 | 又 | 又 | 電話七四一 |
| 又 | 學海堂 | 大橋街 | 民國前一年二月 | 宋少雲 | 又 | 又 | 又 | 無 | 約三千種 | 六千元 | 又 | 六〇八 |
| 又 | 大同 | 寺後門 | 民國三年四月 | 沈仲安 | 又 | 又 | 又 | 無 | 約三千種 | 四千元 | 又 | 六二八 |
| 又 | 世界 | 書院弄 | 民國十五年正月 | 周贊成 | 又 | 又 | 又 | 有 | 約二千種 | 八千元 | 又 | 九〇三 |
| 又 | 無錫 | 寺後門 | 民國十七年七月 | 施子達 | 又 | 又 | 又 | 無 | 約三千種 | 四千元 | 又 | 五九四 |
| 又 | 經綸堂 | 北大街 | 民國前三年正月 | 宋少雲 | 又 | 又 | 又 | 無 | 約四千種 | 三千元 | 又 | |
| 又 | 日升 | 書院街 | 民國前一年三月 | 王文榮 | 舊 | 又 | 又 | 無 | 約二千種 | 四千元 | 又 | |

| | | | | | | | | | | | |
|---|---|---|---|---|---|---|---|---|---|---|---|
| 又 | 日新 | 北城門 | 民國前一年二月 | 又 | 又 | 又 | 又 | 無 | 約二千餘種 | 二千元 | 又 |
| 又 | 文元 | 北大街 | 民國八年十月 | 史村生 | 又 | 又 | 又 | 無 | 約一千種 | 一千五百元 | 又 |
| 又 | 啟新 | 南大街 | 民國五年八月 | 韋樂山 | 又 | 又 | 又 | 無 | 約八百種 | 五百元 | 又 |
| 又 | 爲文齋 | 盛巷橋 | 民國十八年正月 | 未詳 | 又 | 又 | 又 | 無 | 約五百種 | 四百元 | 又 |

本表說明

（一）新舊類別指新式書局或舊式新局言填報時僅須分註（新）字或（舊）字

（二）發售何種書籍應註明學校教科書或經史子集等類如兼售者應併註明

（三）有何版權係指專有版權而言其有專家刊物雖未呈請版權所有仍何應分別填入

圖表五一：此處原爲《無錫全縣人口密度表》，見書後。

無錫縣社會調查處 **氣候調查表** 中華民國十八年十一月 記載者范昱

| 日 | 降雨量（公厘） | 降雨時候 | 降雨時間 小時 | 分 | 溫度 | 風向 | 備註 |
|---|---|---|---|---|---|---|---|
| 1. | | | | | 68° | | |
| 2. | | | | | 62° | | |
| 3. | | | | | 59° | | |
| 4. | 6.5 | 21.30次日6.00 | 8 | 30 | 57° | | |
| 5. | | | | | 56° | | |
| 6. | | | | | [illegible]° | | |
| 7. | | | | | 60° | | |
| 8. | | | | | 60° | | |
| 9. | | | | | 6 ° | | |
| 10. | | | | | 60° | | |
| 11. | | | | | 46° | | |
| 12. | | | | | 45° | | |
| 13. | | | | | 55° | | |
| 14. | 0.7 | 次日6.00 次日9.00 | 2 | 30 | 60° | | |
| 15. | 0.5 | 9.0015.00 | 6 | 00 | 57° | | |
| 16. | 2.3 | 21.30次日6 00 | | | 58° | | |
| 17. | | | 8 | 30 | 56° | | 大風 |
| 18. | | | | | 55° | | |
| 19. | | | | | 55° | | |
| 20. | 0.7 | 22.0024.00 | 2 | 00 | 57° | | |
| 21. | | | | | 57° | | |
| 22. | | | | | 50° | | |
| 23. | | | | | 45° | | |
| 24. | | | | | 55° | | |
| 25. | | | | | 48° | | |
| 26. | | | | | 48° | | |
| 27. | | | | | 46° | | |
| 28. | | | | | 57° | | |
| 29. | | | | | 53° | | |
| 30. | | | | | 65° | | |
| 31. | | | | | | | |
| 總計 | 10.7 | | 27 | 30 | | | |

記入須知

1. 降雨時候每日自上午九時起算九時前歸入前一日範圍內
2. 溫度以每日正午十二時華氏表所載爲標準
3. 雪與雹記載其融解量
4. 雷電地震等記入備註欄

# 佈告

佈告全市各商戶以十九年一月二十九日爲本年總結賬之期自明年起改定國曆五月末日及九月末日爲商家結賬日期以國曆二月末日爲大結束之期仰一體遵照

爲佈告事案奉推行國曆一案業經本處會同縣商會召集各業代表會議決定遵照國民政府行政院通令並參照江蘇全省商會聯合會議定辦法以民國十九年一月二十九日爲本年總結賬之期自明年起改定國曆五月末日及九月末日爲商家結賬日期以國曆十二月末日爲大結束之期所有租約一律改用國曆自十九年一月一日起租金概照國曆支付並於契摺上註明合亟佈告全市各商戶一體遵照毋違此佈

# 批示

具呈人 李繼曾

呈一件 爲基上草屋猶不拆除請飭警押拆以便改建瓦屋 由

呈悉業已函致該管公安分局飭警取締矣仰即知照此批 十二月十三日

具呈人 過雲秋

呈一件 爲呈請格外體恤恩准照章給照以利工作俾免重累 由

呈悉查此案縣政府正在調集人證訊明核辦一俟判決即可給照繼續動工仰即知照此批

十二月十三日

具呈人 繆少卿

呈一件 爲呈復遵令勸導孫炳煜於本月內改建冷攤瓦屋孫竟出言無狀不受勸導請依法辦理由

呈悉除函致該管公安分局將棚頭孫炳煜傳訊勸令改建外該具呈人應仍向孫炳煜交涉以免拖累仰即知照此批 十二月十三日

具呈人 丁勝林等

呈一件 爲呈訴姚盤桂僭佔公路違令工作請派員勒令停工拆讓 由

呈悉查此案前據姚唐氏等呈於姚盤桂貿贖糧單侵佔基地朦領執照私自建築等情業經函致該管公安第六分局吊銷執照並勒令停止工作在案茲閱來呈據稱姚盤桂又有僭佔公路違令工作情事候再函致公安第六分局勒令遵照本處審定寬度拆讓仰即知照此批

十二月十三日

具呈人 魯子卿

呈一件 爲遵章建築無端受阻請鑒核給照以利進行由

呈悉仰即遵照原案建築地位領照建築以免阻擾此批

十二月十八日

具呈人　蔡清泉等
呈一件　為呈控葛柏春等蓄意欺騙詐
　派員勘查以免糾紛由
呈悉本處為注重公衆衛生起見舉辦熱水店登記業經訂定管理熱水店營業暫行規則公布施行在案查舉辦登記一事與熱水業分會組織無關不能相提並論惟如有假借會名發生武斷斂財情事該具呈人等可隨時呈請縣政府核辦仰即知照此批　十二月十八日

具呈人　顧曜斗等
呈一件　為聲明永盛協昌等號地屬價
　購與天五圖宇字官基顯為兩
　地由
牘悉查一五圖地界東自永大昌行界起西至宇字第三號水龍宮界止早經派員查明係屬市產復據該圖糧書繪圖呈報詳述該號等所佔基地確係宇字一二兩號計平田三畝四分四厘三毫蕩田六分絕無錯誤該具呈人所稱永盛協昌等號係天四圖北塘界顯屬錯認仍即遵照以前通知剋日拆讓或本處訂約繳租勿再稽延致干未便切切此批
十二月十八日

具呈人　陸仲威等
呈一件　為聲明金銓記右豐等號地屬
　價購與一五圖宇字官基顯為
　兩地由
牘悉查一五圖地界東自永大昌行界起西至宇字第三號水龍宮界止早經派員查明係屬市產復據該圖糧書繪圖呈報詳述該號等所佔基地確係宇字一二兩號計平田三畝四分四厘三毫蕩田六分絕無錯誤該具呈人所稱鑫記右豐等號係天四圖北塘地界顯屬錯認仍仰各該侵佔人遵照以前通知剋日拆屋讓基或本處訂立租約清繳舊欠毋再稽延切切此批

具呈人　市民諸筱康等
呈一件　為久亨鐵行行址係向育嬰堂
　租賃並未侵佔市產由
呈悉既據呈稱該行基係向育嬰堂租得仰候吊驗該堂契據後再行核辦此批
十二月廿四日

# 無錫市政

第五號

民國十九年二月一日發行

## 插圖



## 論著



## 計劃

## 報告



## 會議記錄



## 調查統計

## 公布欄

本刊爲研究市政之定期刊物如蒙定閱請將下列定單塡就備價匯寄無錫市政籌備處編輯處當即按期寄奉不誤

無錫市政定單

謹啓者茲匯上大洋　　元　　角正
定閱無錫市政自　　號起至　　號止
份此致
無錫市政籌備處
啓　　年　　月　　日
地址

無錫各機關團體合編之

# 無錫年鑑

第一回

民國十九年四月一日出版

本書內容，分地理，人口，黨務，政治，司法，公安，財務，交通，建設，農業，工業，商業，教育，衞生，公用，公益，宗教等各冊，都百萬言，插圖二百餘幅，並有黨國名人之題序，厥爲本邑破天荒之宏著，現定發行一萬冊，不日出版，定價低廉，印刷精美，各界人士，不可不人手一編。特此預告。

# 本處掩埋暴露棺柩工作之一瞥

（十九年一月廿七日）

錫山麓

東門外

五里街

# 無錫之名勝古蹟（一）

公園天繪亭

公園多壽樓

公園池上草堂

# 無錫名勝古蹟（二）

惠山天生小石龕（又名白雲洞）

惠山忠烈祠

惠山寄暢園觴詠茅亭

# 無錫名勝古蹟（三）

惠山東大池

于胥樂公園

孔聖廟

# 無錫之名勝古蹟（四）

梅園前門

梅園天心臺

# 無錫之名勝古蹟（五）

金娥墩

西門太保墩

惠山石浪庵

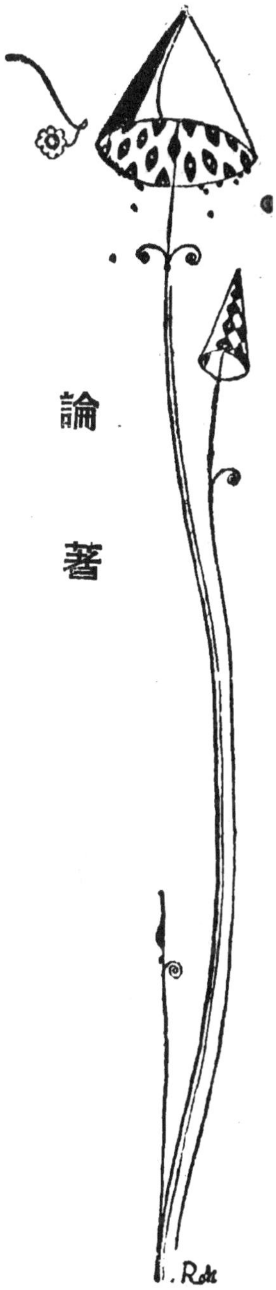

論著

# 無錫之新生命

錢浤

吾錫山川明麗，廛市櫛比，交通利便，自昔即爲貿易薈萃之區。其民性聰敏而勤謹，有所建樹，往往得風氣之先。近年以來，工業發達，烟突林立，在蘇省腹地，與南通齊名，中外人士來蘇覘實業者，恆以得先遊通錫爲快。顧錫人對於吾錫一切之規畫，果能愜心乎？中外人士之來遊吾錫者，果能無閒言乎？夫以吾錫現在之規畫，較之二三十年前，誠有長足之進步，若以比之先進國市政之經營，則不免有小巫大巫之誚矣。惟都市文明之演進，月異而歲不同，而錫人又多通敏之士，必賡續努力創造吾錫之新生命，今日積極籌辦市政，即其明證，甚願吾錫一切原有物質上精神上之陳迹，均能在此舉辦市政之際，加以澈底之革新。

人有恆言：因襲者易，創始者難；然以語乎都市之建設，則有不盡然者。改革一舊都市，其種種新設施，常受舊有環境之障碍，甚至五倍其財力，十倍其人力，而仍不如創造一新都市之適當；即或於舊都市另闢新壤，建設新區，無論新者如何宏闊富麗，而此卑汚湫隘之景象，峙立其旁，恆令人生美中不足之感；就吾國新都市而論，惟青島本一荒僻之海灣，哈爾濱本一濱江之漁村，經營規畫，無絲毫之障碍，故能造成良好之市區，其餘則因受舊環境之牽制，而又苦於經濟之不裕，一時殊難有澈底之改革。因襲與創造之難易，既相反若此，返觀吾錫市區，在此大部分卑汚湫隘之景象中，而冀改成一宏闊富麗之都市，其難豈待言乎？

錫人固非畏難者，不患其因難而停頓不舉，但患其因難而太遷就環境耳。蓋建設無錫，決非拆卸舊城，修建馬路，遂以爲滿足，貴在能於籌備市政時期中，確定整個建設之計劃，本此計劃一一實施，庶無錫舊生命逐漸蛻化，新生命如期產生。無錫既具有天然美麗之山川，與優秀之人物，則所謂無錫之新生命者，當造成一最新最美之市區，使無錫成爲科學化藝術化之新無錫，不特爲本省各縣之模範，且爲全國各縣之模範。是即浤所竭誠祝崇，而願與邑人共同努力者也。

## 日本東京藝妓娼妓數

（大正十年十二月統計）

| 區別 | 藝妓 | 娼妓 |
|---|---|---|
| 市內 | 八、三〇二 | 四、八五八 |
| 郡部 | 一、四三八 | 八一四 |
| 總計 | 九、七四一 | 五、六七二 |

# 近代都市計劃之意義及其方法（續）

多馬士亞丹原著　王伯秋譯

## 第三　都市計劃的諸問題

### 一、街路及交通系統

因以上各種地圖所得之資料，更進一步，可以樹立都市計劃案，最先第一所應考量之事項如次：

甲、關於鐵道路線變更之提案　此案包括聯絡車站問題，街路橫道撤廢問題，及達於通路之坡斜問題等均在內。

乙、幹線山道　路之配置，幅員及聯絡。

丙、自市中心至車站通路，並其他至車站之主要交通機關。緩和交通混雜之方法。

丁、因既存街道之擴張，架橋地下鐵道之建設，削圓街角，新設小道，或擴張街路交叉點等方法，以緩和交通上之混雜問題。

戊、或不採用丁種方法，而於建物之中，設立拱道，造步道其上；設鐵道於地下，或以變更市街電車之線路等方法，造成更多之交通餘地。

當研究此問題時，所應特別注意者，在以最少之經費，並收最大之便利，與有永久之結果。需要大經費的計劃，不必就是最良的計劃，假如遇有障礙最少的方法，即使欲提出沒有經過十分思索的簡單方案，而採用「極端」的解決法，也是應該考慮的。

地區開發計劃，以委任都市計劃地方委員為原則，使該委員與地主等協同處理，但是關於全體計劃的適當考慮，欲設定介在地域時，為指示委員會方針起見，不可不設立一定之原則。又當街道有新計劃時，亦不可不與以正確之指示，即使一時未能正確指定，至少亦須示以趨向之範圍。

關於交通運輸及貨物食料品之分配等問題，爲最重要的研究題目，現代都市因爲火車站的位置不適宜、及其通路與其他之交通機關的不完全，乘客上下與貨物集散，不知道要浪費了多少的光陰與經費呢。

交通機關的便利與否，與住宅問題及各人對於居住地所支付之地租，有很大的關係，因爲高速鐵道而擴張道路時，須將地上線地下線及高架線等建設費比較而考量之，高架線的建設，需要地上線的三倍以上，地下線需要十倍以上，交通的混雜，不是單因爲道路的狹隘而成的，是由於都市計劃有種種缺陷所生出來的結果，故僅以唯一的手段，恐不能緩和其混雜現狀罷！就使以擴張道路爲應急救治的必要方案，但是只要把交叉路的街角削去，同時又改正交通整理的方法，僅僅採用這種很簡單的手段，也可以充分解除其困難的了。

又方今最大的急務，是爲講究輸送費遞減的方法，關於這一點，不可不研究市場與鐵道及街道的關係。

街路系統，可以大別爲主要運輸道路，主要街路，及小街路三種，小街路僅可設於住宅區，第一主要運輸道路，因都市的幹路及該都市與他都市連鎖的道路而成的，其中亦包括連結各放射線分布交通的環形路。第二主要街路，包括市内商業街道及連結街道全部。第三小街路，講限於住宅區内，至其幅員之廣狹，主要運輸道路，寬八十呎至百二十呎，主要街道及公園道，寬六十呎乃至百呎，小街道寬三十呎乃至六十呎爲最適當。

道路上一切障碍物，須預先禁止，建築物須預定退後地步，商業用的招牌及其他突出物，不使伸出於各人的土地以外，凡此種種，均爲必須注意的事項。

## 二、地域計劃

作成都市計劃案的第二段，在研究地域制問題，設定地域制不可不採取三種之規定，第一關於用途的制限，第二關於高度的制限，第三關於建築面積的制限。（即關於建築物密度的制限）

關於用途，通常認爲較好的分類如次，

甲、重工業，及一般用途地域。

乙、輕工業，及堆棧地域。

丙、小賣業，事務所，銀行，及其他商業地域。

丁、第一種住宅地域。（因建造一戶或准一戶的住宅地而成者）

戊、第二種住宅地域。（因一戶及准一戶住宅之外，更包括：兩戶的住宅，合衆住宅，及小住宅地域内之商業中心地而成者。

乙種地域內不禁止住宅，甲種地域內不禁止輕工業，丁戊兩種地域內，當然禁止汽車場及廣告揭示場，乙丙丁戊等地域內，不禁止公共建築物，教會，學校，及醫生，律師等職務所用房屋。但在丁種地域內，可以准許建築物的面積，在計劃上不可不明白規定，但是在丁種地域內的住民假如有過半數的同意，亦得設立禁止公共建築物教會及其他房屋之規定。

關於建築物的高度，論到牠的取締方針，尚有許多改良的餘地，在商業區內的建築物，假如其周圍地方有相當的空地，其街道幅員有相當的廣度，那麼就沒有制限高度的必要，至於高度的規定，不是可以呎數或房屋層級的數字而制限的，是看建築物與其所有空地的平均而定的，其比例須因土地的事情而異，在商業區內建築物，占有其地之全面積而無尺寸之隙地時，對於其建築物的一部，不許高至二層以上，且於後面或小路方面，必須要有出口，商業及工業用的建築物，其中有十分之九准許建築與前面街路的幅員相同的高度，超越此度，或更欲增高時，房屋即須退後。退後的程度如何，視其增高之程度如何而定，在住宅區內，丁種地域以二級半至三級，戊種地域內，以六級為其最高的制限，但是在戊種地域內依其房屋周圍所有空地之廣狹而定高度，從理想說起來，無論什麼建築物，與牠的正面及背面牆壁，以得受四十五角度的光線為最適宜。

## 三、公園

作成都市計劃案的第三段，在關於空地臨水地，建築物，及公共建築物的類集，生產的農業地之保存等計劃。第三段的事業，大都均屬於建築家及園藝家的工作，最先要將現在及計劃中的公園並公園道路記入地圖內，因公園遊園地，及公園道等而成的公園系統，須與街路系統及鐵道系統合併研究，都市應預先慎重計劃，此系統不但是市內公園，就是市外公園，也要在內的。公園的面積，至少不得下於全市面積百分之三，倘若為環境所許，能得百分之十更好，彼此連絡，成為一個公園系統，但須注意，楔形公園是優於圓形公園的。

各都市對於市民須努力宣傳，使大家明白公園之經濟的價值，輻祿威爾謝託勒夫著一書名「都市計劃之實行」，揭載自一九〇八年至一九一一年間，紐約市大小九百四十二個公園地價騰貴率一覽表，依此表十九個公園增加二十倍寄一以上，二百七十七個公園增加二成一，乃至二十倍，九十一個公園增加二成五，乃至一倍半，其餘九十一個公園增加二成五，以內地價皆是增加的。

假使公園的位置撰擇得當，計劃適宜，不但公園面積自身的地價增高，即其附近的地價，亦日趨騰貴，所以為大地主設想，以自建公園捐贈於市，或將附近之所有地繳納特別負担金，以維持公園的經費最爲有利益於私人的事情，密梭利州勘陸斯市公園經費的大部分，係靠着六個公園區域內地主的特別負担金而支持的，因此該市僅以少數的經費可以作成很好的公園系統，地主差不多欲爭得一自己負擔經費的公園的樣子，勘陸斯市公園委員會，曾以數字表示公園地價的昂貴超出總經費以上，并且說市民不斷的要求公園及公園系統之延長云。

## 四、市中心

市中心須以都市的地形，建築物，及其他種種有形的事象相關聯而成爲一個完整的計劃，紀念的建築物，因爲經費的關係上，在某種意味內，不可不視爲附屬的，濫用多金建造奢侈的建築物，實與公益相反，有許多都市缺乏美觀，不是爲沒有公共建築物，是由於不注意建築物周圍之取締的結果，美麗的建築物不一定比較醜陋的建築物所要的經費大，祇看有適當的幇助，建築物的環境與其建築物的自體同樣的重要，周圍地方要廣闊，但是地方太廣，轉使建築物看得太小不行，建築之高大，須與其周圍之廣闊程度相配。

都市計劃上所不可不常常考慮的一個重要問題，就是都市全體所負担的事業費與土地所有者應負擔的事業費的比例，據梭馬



十式土地許價法的原則，以幅員六十尺的街路所需要的費用，全部歸於沿道土地所有者負担爲最宜，但是這未免稍失之於過高，若在住宅區有四十呎，商工業區有六十尺的街路，應於地方的必要也就充分的彀了。

## 五、地區開發計劃

如前所述，當做都市計劃時，宜把都市的全體放在眼中，樹立一個完整的計劃，支離滅裂區分細目，各別攷量，殊非所宜，但是特別占有重要位置的區劃，或者因爲有何種的特質，與市全體的計劃關係上，立於互要地位的區劃，又不得不特別處置的。例如細部的區劃，既已被設定的土地亦有適當都市主要街道的時候，在這種情形之下，都市計劃者須竭全力，勸說地主，變更區劃，假使變更區劃與地主有利，當然不難樂從。總之，事之成否，依於對付地主交涉的方法如何，及使彼等了解其計劃的手段如何而定的。

地區開發計劃，即當擬具工業或住宅用小地區之計劃的時候，其土地的街路計劃，與其土地隣接或交錯的市之主要交通綫的關係，是爲最重要的問題罷？關於此點，如接續地點的問題，横斷該地區的道路必須正直的問題，斜的問題，鐵道江河架橋的問題，造地下鐵道最良地點如何的問題，凡此種種，均應在討論

設計之中，關於路線正直與坡斜的關係的一點，與其採用急銳的曲角(即電光形)，不如採用弛緩的彎曲線爲較好，在幹路尤其應如此，與主要幹道相接續的，最好是直角，對於丘陵多的地方，與其用急峻的坂路，不如開掘山坡化爲平地的相宜。

計劃小街路，必須配以方庭或小廣場與以種種變化的樣子，在路角建屋，外觀要整齊而雅潔，須注意區別之。道路的交叉點，應特別研究，幾條路會合於一個地方的時候，須留有充分餘地，不使交通混雜。

## 六、背街小路

背街小路，亦爲應當考慮的一個問題，有人主張無論在什麼地方，無論何種的建築物，必須設置背街小路者，有人說實際上背街的小路，若不是同外街的路同樣的鋪裝，幷且點路燈，即可不設，也有人以爲此種背街小路，僅僅在商業中心地及人烟稠密的住宅區爲必要的。總之，關於背街小路設置的可否，想欲樹立一定的原則，是爲不可能的事情，只有依照土地的狀况而定罷了。假如小路一切的公共施設俱全，那麼就在房屋疏散的住宅區，也未始不可以造小路，但是同時設置街路及小路兩種，地主負担經費過重，這也是不可以不注意的，我們惟有對於依照一定樣式，鋪設的小路，幷且有適當的排水設備，不致與公衆以不便的，方才可以贊成，若把小路當作垃圾堆，取締又緩慢，又許建築住宅於其附近，那麼就不得不反對了。

設置小路也許比較設置車輛出入的空地，費用要得多，假如側面的出入口設備費比較小路設置費不見得大，那麼在住宅區內不可以設置出入口爲宜，建築物正門的採光換氣，不必一定要小路，然若在屋的側面，設置車輛之出入口，一方既可得車輛進出自由的便利，同時又可得到採光換氣的利益，可謂一舉而兩得了。倘在房屋鱗次櫛比的住宅區，或在貿易繁盛的商業區，當然要設小路固不待言的了。

## 七、劃地的進身

劃地的進身，應該如何從種種的方面觀察是爲最重要的問題，比如甲街路與乙街路的距離短，其間街廊的進身過於淺的時候，甲方面街的屋主將欲利用其地之進身全部供營業之用，故其事實上有使乙街路變爲背街的傾向，像這樣劃地的進身淺只要有一條街路一條小路爲已足，今乃不得不使用兩條街路，是使地主受損失了，在這樣的商業區內，認爲安排極適當的一個例，就是愛丁堡市克勒克氏的計劃了。在該市有重要商業街路二、曰王后街曰喬治街。其間有一條公共並行的狹路，此路總爲二等商業路用，同時又爲面於主要商業街路的大旅館及百貨商店的背街用，此路幅員不過三十呎，與小路無大異，但是併有小路及二等商業路兩種的效用，并且路面鋪設甚好，裝點街燈，比較設置僅有最大寬度的三等路，除却做背街小路沒有別樣費用的經濟得多了。

## 八、交叉路

論到街路的交叉點與交叉點的距離，應該如何，也是不易決定的問題，某都市的一條主要街路，長不足一哩，而有四十個以上的交叉點，從商業的見地說，交叉點的路增加數有使近街的門面（就是可以使用於商業的土地）增加的傾向，有許多人主張在一條很長的商業主要街路，為使商業廣布於橫街，有多設交叉路的必要，但是從但一方面着想，交叉路太多，街人若有電車來往，每過一交叉點必須停車，又未免有碍於交通了。凡此種種，皆為最初定區劃時所應決定的事情。

## 九、新區計劃內樹木及空地之保存

定都市計劃時，最要緊的，須充分保存樹木，尤其是在住宅區內為最要，在許多的房屋中間，綠樹參差，不但可以增益風景，使人心曠神怡，而且有蔽日及防火的功用，在新區劃的土地內，每百戶應當有一「愛克」的休養地，坎拿大有許多州規定每宅地十「愛克」之中，須留寬地一「愛克」，供公衆之用，此種規定，不問土地的情狀如何，一律適用，似乎不免有些欠公正，但是仍不失為良好的制度。在建築物密集的地區內，比建築物稀少的地區內，可使多有空地，對於十「愛克」的土地，應留空地一「愛克」，使是每一「愛克」地內應使造屋五戶半，每五十戶，可以設一所公有的運動場了。但是歲月經過既久，在此九「愛克」的土地上面，建造房屋八十戶至九十戶，也是很容易的事情，此種比例，可算為很得當了。

假使都市的一般計劃，禁止在低濕地或有出水之虞的地上面起造房屋，那麽這些廢棄不用的土地自然成為一種休息的空地了。利用不適於建築的土地為空地的地方甚多，有了空地，建設狹路，可以節省道路費，因此常有足以償還建築用地面積減少之不利的事情。

## 十、郊外地問題

現代都市生活及產業主義的發達，所界與的悲劇之一，就是都市當地方發生的傾軋與乖離，我們常忽視農業為製造工業之基礎的事實，尤其是在現代從商業上的見地看來，惟從前格外覺得真實，加之都市人民肉體的與精神的退步，不得不靠地方維持我們剛毅健全的民族以資補救，這也是事實。

然而不幸有許多地方的狀態與人口稠密的都市同樣的退步，補救之道在使都市與地方各懲其所短，互採其所長，使各自成為較衛生較健全的地方。默察現今的趨勢，都市與地方的利害，就在政治方面也似乎在相衝突的樣子。在大都市周圍的農村地域，也動輒看見有許多不良的建築物，如「雨後之筍」一般的簇生出來。要之，在密接都市區域的外廓，關於取締街道衛生及土地的利用等，最感困難的了。農村地方，尤其是有農村外觀的地方，以爲都市對於郊外的發展，縱使可以多少增加村的收入，也看做不情願牠侵入的事情，地方鄉鎮會不慣於處理此種的發達，不是全無取締，放任自然，就是街市全不適於農村的標準，在那裏支配着。在他一方面，都市又因爲不喜歡人口的減少，以爲市民移居於農村地方，爲不好的現象，以此理由，都市即於實行可能的範圍內，也不願把上下水道的設備擴張到市區外去了。

像這樣都市與地方各自汲汲謀自己的利益，那就算是等閑拋却，可以謀健全發達的計劃與其實施所必要的地域了。加之都市的膨脹，沒有根據什麼一定的方針，聽其自然而無秩序進行的結果，郊外地方的主人就想全然免去他們的負担，故意不着手於改良事業，都市當局者也故意遷延其擴張的範圍，因此使社會的現狀益趨於惡化了。

州設有劃一的征收制度，也是紛爭的一個原因。考慮都市區域擴張問題的時候，最後所爭的，通常是爲徵收問題，結局大概由於雙方的妥協，對於農村地域的住民，在若干年內規定其徵收額，對於都市則減輕若干事業費的負担，因此一般社會的利益與幸福，爲着他們雙方互欲爭得財政上有利的條件而被輕視了。我以爲舉行大地域調查，於都市與鄰接農村雙方俱可得着整理都市境界的便宜的事情。

## 十一、農業地帶

蒲拉德氏曾經發表他的意見謂：「須設立生產地帶於都市的周圍」，如果他的意見眞被實行了，在美國都市的發達又要起革命，都市與地方之間再要保持適當的均衡了。設定生產地帶的計劃與建設田園都市及農場都市的運動，凡在使現代都市發達可以準據的原則中，示可以賦與新觀念的方向，在這一點是很有意義的，帶形或楔形的生產的農業地域，在將來的都市與公園或運動場，同爲必要不可缺的東西，現代的大實業的都市，想要預防將來膨脹時所發生的頹廢與分裂，不可不使都市比較以前更大規模的肺臟組織，那就是生產的公園比遊樂的公園較爲經濟，而且較爲實際的了。都市住民對於天然與空地的要求，比較對於遊樂地（即是可以在不生產的基礎之上實現的）的要求更大，這就是有農業地帶的田園都市計劃之所由興的了。

這種思想，要到使一般人都能認識，恐怕還要費許多年的光陰，但是不相信後世的人不覺悟到無限制的擴張密住街市的惡傾向，而否認這個唯一有效的解決方案，取締土地的開發，就是解決密住問題的要點，郊外及市內有許多的地方，因地勢的關係上，與其變更為建築用地，或者想要施以必要的改良工事，而生出超過其所設經費的價格，不如用其地為農業的生產較為經濟呢。

第四段最後應做的事業，就是對於都市計劃賦與法律的效力，制定可以為實際應用的規程或條例，於是就生出關於都市計劃的法規問題了。

都市計劃的法律，必須處置關於公家收用土地，公共事業的取締，臨水地區，街路，建築物的建造，及退讓線，整理交通，建築物的用途，為制限高度及密度地域的類別，並規定地域及其他事項。

## 第四　都市計劃法規

### 一、土地超過收用

向來主張土地超過收用的人，往往以獲得必要以上的土地為都市的利益，然而在實際上有獲得金錢上的利益麼？似乎指不出來，關於此等計畫，又能以正確的數字表示麼？也頗有懷疑，例如取消貧民窟啦！贊成支出改造計劃費認為可以貢獻何等的便利於都市啦！像這一類間接的利益，倘若不是因為土地超過收用而得的，單是以有收益為根據，就不能贊成這個主張，固然一街廓的地主等可以與都市協力使這種計劃於市於己俱為有益，然而都市要行強制公廢徵收時，就要很多的費用，因超過收用所得的利益，大抵得不償失，但是收用土地的一部分，反不如收用全部分的價格低廉，這也是常有的事情。

### 二、取消貧民窟

就是像在美國和坎拿大比較的新國家裏面，恐怕將來貧民窟狀態的惡化，支出相當的經費為講究取消的方法，也不得不憑藉行政官廳和審判廳的時代來了。然而至於今日，在美國的都市計畫，對於所謂住居狀態的改良，尚不甚偏重，若在英國都市計畫法，為住宅法的一部分，是為解決住宅問題之一助而被採用的。

### 三、特別課稅（受益者負担金）

最良的方法，在使地主負担公共改良事業的經費，特別課稅即此，如街道上下水道等改良事業費的一部分，在鄰接地或其他因此而享受利益的土地上徵收，是為一般所公認的，美國的徵收法規，除去若干項細限制外，對於土地的受特俱承認課受益者負担金，例如在新西拉底州得課受益額百分之九十八的稅。

### 四、各種的限制

左記事項，以市條例限制為適當：

一、廣告揭示板，從公共的安全衛生及風教上，得限制之。又因在住宅區域內建築物之制限，亦得間接防止。

二、禁止有害的商業。

三、限制建築物的高度於安全的程度。

四、爲衛生與安全計，規定劃區內建築之密度。

五、在不衛生地域內建築住宅，屬於衛生事項，應取締之，適法禁止擾及鄰居之工塲馬號鍛冶工塲鑄鐵以及其他建築物等，在住宅附近建設。像這等事：亦得以法律禁止之，這等禁止，决不是因爲其是工塲的緣故，乃是因爲有特種理由而有害於住宅區的原故。

## 五、使新街路適合於都市計劃

無論在美國或坎拿大，政府一旦既已許土地之所有，雖在任何地面，亦不得任意築路，政府所得爲者，地主在劃計分地時，使其先提出方案於都市計劃委員會而求其認可。關於此點，美國都市的權能，似不及於坎拿大的都市，蓋如斐德門氏所指摘：「在美因有多數裁判所，常常判决自治團體設有强制地主定特殊的劃地線或土地區劃的權能」，然而氏又言，「無論各何街路，因爲無市之承認，不得爲有法律之資格的道路」，所以間接仍可以完成與此相同的結果。市對於街路不依照都市計劃所定的位置而



舖設者，無論何時皆可拒絕承認，又可以警察權在一定的地域內制限住民及房屋適當的數目，以防止過度的密集。

## 第五、中央對於地方計劃的行政及監督

關於此等事項，如在坎拿大諸州，各州均設置都市計劃諮詢委員會，以輔助都市，且與協力調查各種問題，幫助製定適當的法律，均爲該會極重要的事情。中央設立此種都市計劃機關，因爲設有經費，請專家計劃，因此而往往陷於過失或易流於浪費的事情，尤其在小都市裏面，此等小都市，常有彼此相類似的問題，即對於解决問題的時候，亦常易陷於同樣的誤謬。

假若存有中央都市計劃機關的國裏面的都市，自己更設立都市計畫委員會，秉承中央專家團體的指導時，定可得到最良好的成績，英國地方政務院（今之衛生部），貢獻於該國都市計劃事業的成功甚大，固不容疑。但是在英國這樣的中央機關，不是一個外行的團體，乃是一個專門大家的集合，若在坎拿大薩斯卡底望州，市政事務官得都市計劃指導者一人之輔佐，行使同樣的權力，市民欲行都市計劃，殆無不先商承於中央機關者。如亞爾排達州，及羅佈斯哥德亞，州設有那樣的中央機關，故除加爾押理市及哈利發克斯市外，都市計劃事業，殆沒有什麼進步。

將來坎大拿的都市計劃法，對於都市，殆必賦與以更大的權

限。然若因此破壞州關於都市計劃的權能，那就不得不說是不幸了？大概無論什麽都市，不以州的管轄總有不能滿足取締的鄰近地方。

美國因爲都市自治權的擴張熱旺盛，州對於都市計劃援助的真價，不容易認識，美國有許多都市反對都市計劃細微事項，亦須得州之承認的規定，但是設置中央諮詢機關，不必就是干涉地方自治權的意味，像那樣的機關，使都市及其近郊地方，與其在從屬地位的鄉鎮，一致協力的價值極爲重大、尤其是在大地域計劃的目的爲然，又如欲使關於取締主要道路住宅等建築條例，及其施行細則等系統相同的法規，適用一樣的手續，亦頗有用，街道是爲聯絡自治團體的，不是使他們隔離的，所以不就廣大的地域計劃，不能完成街道的效果，取締不良的住宅，和不完全的衛生，市外鄰近地方比市內更加要緊。嚴秘說起來，所謂都市計劃的性質，是以廣大包括的地域爲目的，不把尋常人隨意所定的都市境界放在眼裏的，欲擴都市的自治權，關於街道住宅及都市計劃等從州或縣受必要的援助，以謀法律及手續等的劃一，是可以並行不悖的。

賓雪凡尼亞州有都市局，爲對於都市計劃的討論機關，此制廣爲各州所採用，儼然爲一種模範的機關了。

（完）

# 英國之衛生糾察制度

沈維棟

譯自R. G. Bannigton English Public Health Administration

衛生糾察一職，在英國最初設置清潔檢查員。這名稱向來是誤用的，因爲從檢查員的職守上看來，他的任務早已超過了清除害物的限度。這種事實，在英京首先證實，所謂清潔檢查員，實已等於今日的衛生糾察員了。查清潔檢查員的名稱，當前世的初葉，始爲各地清潔委員會的職員所採用。據皇家市鎮衛生委員的報告書所載關於阿歇頓Ashton-under-Lyne的情形，據說那裏清河清道及溝渠都辦得很好，雖然並未規定清道時間，但清潔檢查員是一個負責的職司，照地方警察法的規定，賦以充分權力，以嚴厲督促市鎮的清潔，並且在必要的時候，清除大街，小巷，空曠塲地，以及掃除市鎮內一切妨礙公安的害物。一八四七年利物浦 Liverpool 的單行法規也委任一個清潔檢查員，又在雪孟博士Dr. Simon接任倫敦衛生醫官Medical officer of health的時候，對於城區的貧民窟，也設若干分區的清潔檢查員。又當公共衛生律通過（一八四八年）後二十年，在孟却斯脫 Manchester 溼特姆 Oldham 等地方，警官也執行檢查員的職務。又傑却斯脫 Chichester 的安撫官，及登橋鎮Tunbridge的一個商人，也執行同樣的職務。總之，清潔檢查員的名稱，因爲政府的承認，繼續有法律上的地位，直到一九二一年修正公共衛生律時，始由衛生糾察員聯合會Sanitary Inspectors Association的努力，將名稱改正，而適合於現在的職務。

衛生糾察員規定每鎮每鄉委派一人，不過城鎮地方往往分得鄉區的權力，不至委派一人。此外尙設助理衛生糾察員，其人數無定額，惟權力則受限制。衛生糾察員的職務，在一九二六年公布的衛生官任用條例內列舉如下：

一、衛生糾察員應在衛生醫官指導之下，處理一切法令所規定衛生糾察員應爲之職務，以及地方長官依法或指令其辦理之事務。

二、在派定之區域內，執行定期檢查事務，或於必要時舉行臨時檢查，藉以考察區內之衛生狀況，及注意不潔之害物。

三、在派定之區域內，如發見不正當之營業及製造場所，以及一切違犯衛生法規及禁令之事物，應即報告地方長官。

四、如發見妨害給水工作之行爲，或故意無意浪費水料，或以煤氣穢物等汚濁供居民飲用之水質者，應即報告地方長官。

五、對於製造或販賣食物之店舖或場所，應隨時注意檢查，根據報告後，尤應立刻馳往檢查。如於檢查所貯食物發生疑義時，應將情形報告衛生醫官，而請示處理辦法。

六、承長官之命令，於必要時檢取食品飲料及藥物等之樣子，依照販賣食物及藥物條例之規定，送請專家化驗之。

七、如本區內發生傳染病，流行症，及其他突起之危症時，應立即報告衛生醫官。又無論何時發現妨害公衆健康之事物，如一屋內所容人數過多，或其他不良之情形，認



爲官廳有干涉之必要者，應立即報告衛生醫官。

八、承衛生醫官之命令，設法或監視遷移患劇烈傳染病者至傳染病醫院，並於發生傳染病之地點，執行或監督消毒工作。

九、承長官之命令，監督本區內清道事宜。

十、承長官之命令，依照動物病條例，滅鼠條例，及管理船隻規則所明白規定之事項，在本區內切實執行。

十一、承長官之命令，執行管理住宅規則第五章所規定之各種事項。

十二、承長官之命令，對於撲滅及掃除一切害物的工作，隨時監督及指導之。

十三、每日將工作狀況及特殊事項，記載於長官發給之手冊或散頁上。

十四、上項手冊及關係之物件，以及衛生糾察員職務內所當爲之各種事件之報告書，應按時或於調取時呈請衛生醫官核閱。

十五、每年工作結束後，應塡具表格式之報告書，呈請衛生醫官核閱。此項報告書，應記載下列各種事項：

1.一年中執行糾察工作之件數及性質。

2.一年中所發各種公告及通知書之性質及數目。

3.各種公告及通知書所發生之效力。

上列職務之性質不一，加以衛生糾察員隨機應變的才具不同，而其工作亦大有差別。從職務的性質上說起來，他有時也許是一個建築匠，有時也許是一個鉛管匠，有時也許是一個屠夫，有時也許是一個醫生，有時也許是一個律師。不但如此，凡普通人所應有的機智，忍耐以及禮貌，都不可少，因為他必須和各種階級的人接觸，從貧民窟的下等人以至於各業的領袖。因此之故，糾察員的職司，也大不易做，只有極少數人能够得到每年超過三百鎊的高俸，平均總在二百二十鎊左右。

因為要吸引能力比較高超的人，至少是可以應付的人去担任衛生糾察員，所以衛生糾察的職務，時常與其他相關的職務連結起來，使他能够得到較高的俸給。一八七五年公共衛生律規定衛生糾察員可以兼職，而地方政府為便利起見，也可以將下列各種職務令衛生糾察員兼任之：如嬰孩保護法中的稽查員，營業時間法中的稽查員，工廠法中的特種稽查員，取締有害食物條例中的助理官，以及管理住宅規則中執行分區巡察（鄉區除外）的人員。准許這樣的兼職，是僅僅在幾種特殊的情形下才如此。此外衛生糾察員偶然也兼任煤氣水管及溝渠工程的管理員，及煤油法中的稽查員等職務，可無庸贅述。大概除了管理住宅規則中的巡察員外，他們實際上祇可以領得二分之一的俸給，因為這種關係，



衛生長官往往把衛生糾察員的俸給定得很多，占衛生經費中的大部分，藉此可以讓得極大的補償。

至於衛生醫官的情形則反是。因為各區的財政很竭蹶，所以所派人員的才具和工作都受影響了。下列一表為一九二七年三月三十一日的統計，總數一六八六個衛生糾察員中，祇有四一二區的衛生糾察員是以全部的時間担任糾察職務的，並且一三二區的衛生糾察員是兼營別種職業或商業的。

| | 全部時間担任公職者 | | |
|---|---|---|---|
| | 專任衛生糾察員者 | 兼任他種公職者 | 一部分時間担任公職者 |
| 自治州 | 一〇二 | 一四四 | 一〇 |
| 市區 | 一九六 | 五一七 | 七一 |
| 鄉區 | 一一四 | 四八一 | 五一 |

至於比較大的衛生區內，其傾向適與上面的情形相反，不但沒有兼職的事實，並且實行分工的辦法。每個衛生糾察員往往專任糾察的一部分工作，例如在幾個大城市中，衛生糾察員常派定一種職務，如食物檢查查員，烟類檢查員之類。又各區的糾察員在他們地段內，常留出這種特定的工作，以待特種糾察員行使；（但有時也互相聯絡，行使權力。）即在一個很小的地域內，職務也是分開的。這種分工的辦法，在有幾處地方，推行得很快，不過一方面雖然有許多利益，他方面因為職員陡然增加，其利弊適相抵銷，而報紙也不免有『死亡也要糾察』等譏評之詞。

因為這種分工的傾向，由是產生女性的糾察員。她們担任的職司，更加專業化了。因為女子特殊的性格與精細的天才，對於家庭訪問的工作，最為適宜。查女子之被委任，始於一八九二年諾訂亨 Nottingham 地方委派一女子工場視察員，又在一八九五年憶斯林敦 Islinton 地方也創造一個前例，即以法律規定委任一女子衛生糾察員。嗣後各地陸續仿行，現在大多數的重要鄉鎮，都有一二個女衛生糾察員了。此外全國約有四千個健康訪問員 Health Visiter ，其中四分之一是被地方長官派定專門從事於母兒幸福的工作。在倫敦地方，因一九〇八年倫敦州議會法之規定，健康詢問員之委派，成為法定的，此項條文，旋即為一九〇九年州政府所制定之法規所採入，其中明白規定健康詢問員之資格，委派的方式，職務，俸給及保障法等。又其中最重要的，就是倫敦州議會支付她們半額的俸金，給自治會，而並不受中央審計院的質疑及否認。再則改進母兒幸福的工作，曾被迫為健康訪問員主管的職務，而她們訓練時期的津貼，以及俸給外按照資格的獎勵金，也經過衛生部長的批准。

婦女衛生糾察員協會曾於一九一一年發行一本有趣味的紀念冊，報告關於她們會員服務的情形。該協會的會員是包括健康訪問員在內的。

『婦女衛生糾察員往往被指定做一種的職務，而且多少帶一



些專業性質的。又按之定例，是受衛生醫官直接監督的。其職務大畧如下：

甲、（一）促進工廠內舒適的設備及充分的衛生供應，務令遵從公共衛生律的條文，及一九〇三年二月四日樞密院之命令。

（二）依據公共衛生律及工廠法，實行登記及檢查：

（a）雇用婦女的洗衣作及製造工場，（包括旅館及飯館之廚房在內。）

（b）苦工的作所。

（三）檢查住家及出賃之房屋，執行衛生長官所頒關於管理房屋之各項施行規則。

（四）對於區內比較貧苦之部分，舉行按戶檢查。

（五）對於商店宿舍及婦女公共盥洗所等，施行衛生指導。

（六）根據官廳合法之權力，指導女學校。

（七）對於下列病症，實行其糾察職務：

（a）顯著之傳染病，如猩紅熱及流行性感冒等。

（b）不顯著之傳染病，如痲症，咳嗆等。

（c）虛弱症。

（八）依販賣食品及藥物條例之規定，檢取物樣。

乙、除上列各種職務外，向有各地方特定之職務，如：

（一）依一九〇二年管理接生婆條例所賦與的工作。

（二）依一八九九年店員座位法及店舖時間法而執行糾察的職務（在敦倫地方，除城區外，此項職務委派特種糾察員担任之。）。

丙、健康訪問——即關於減少嬰兒死亡率的工作。

（一）依一九〇七年頒布之生育法，視察各家的嬰孩，並宣傳喂哺及管護嬰兒的方法。

（二）勸告孕婦如何保持其健康，及保護胎兒的方法。

（三）注意貯藏牛乳的方法，及隨時訪問嬰兒。

（四）促進家庭內一般的清潔狀況，並注意衛生上可以補救的缺點。

（五）考查一歲以下嬰孩之死因。

（六）利用午餐的機會，向母親戀親會，女子俱樂部，及工廠中演講

（七）組織志願衛生工作隊，並支配其工作。

丁、關於學校兒童醫藥指導的工作。

健康訪問員及其助手如學校看護婦等，現在已被一般人承認爲公共衛生行政之一員。惟婦女的性格，是否適宜於這種職司，則尙有小小的辯論。大抵反對委派婦女爲健康訪問員的理由是：

一、婦女之身體長度，不合公共衛生律之規定。

二、對於普通不衛生的家屋，沒有糾察的權限。

三、處行政地位，而不負直接的責任。

四、收縮其工作的範圍，使她僅僅做一個勸告的官吏。

五、增加一種不爲貧民所知道的新職官，而依她們的地位與俸給而論，階級却是很低的。

六、往往發生一種流弊，即委任訓練不充分，智識很薄弱，及不很了解公共衛生律的女人去充任這種職司。

這些理由，都是以爲既有衛生糾察員，就不必有健康訪問員存在。不知健康訪問員並不是單獨設立的，而是衛生糾察員的引伸及輔助之工作。因爲健康訪問員並不侵及衛生糾察員的職司，她並不是糾察員，而可以比諸她所接近的居家之朋友。再則她們雖然是新增的官吏，但目的在完成一種不以地位和權力成功的效果。因爲她們如果不能與貧戶製造一種友誼的關係，而取得其信仰，則工作決沒有效果可言。至於衛生部長，也確認健康訪問員執行衛生指導員的職務，本來是不需要的。此外講到檢查家屋的問題，則健康訪問員和衛生指導員可以說有同樣多，——或者是同樣少——的權力，因爲這種權力，原是給地方長官及其屬員的。

倘若兩種職司能夠防止傾軋或衝突，那麽健康訪問員和衛生糾察員很可以互相合作，而決不會疊床架屋的。倘若職務不分淸

楚，例如在同一區域內，甚至在同一個住宅內，同一個時間內，彼此執行同樣的職務，這當然是不合理的。所以衛生糾察員和健康訪問員中間，最好規定一種補充和交互的關係，比如衛生糾察員檢查各住戶時，凡遇有需要健康訪問員之同情及勸告者，即通知訪問員去辦理，又如健康訪問員訪問各個人時，凡遇有住家需要衛生糾察員之注意者，也照樣的通知他。不過現在通行區別他們職務及權力的方法，是很雜亂的，猶如衛生糾察員中間劃分專職，也漫無標準。這種情形，只可作為一種試驗，而當局者們亟應規定一聯絡的及有系統的辦法也。

除倫敦及要求補助半俸的各州與自治州外，衛生糾察員的資格，還沒有確定。不過衛生糾察員之委派或復任，必須經主管部之批准者，則下列資格之一是必要的：

衛生官任用條例第十六條

『無論何人，非具有下列資格之一，此後不得被委派或復任何一區或數區內之衛生糾察員：

1.執有皇家衛生學院及衛生糾察員聯合考選處之證書者。

2.執有最近衛生糾察員考選處之證書者。

3.執有一八九九年一月一日皇家衛生學院所發之證書者。

4.執有一九二六年一月一日以前皇家衛生學院所發之證書，而曾任倫敦以外任何一區或數區之衛生糾察員者。』

現在衛生部長仍保持特免這種限定資格的權力，不過是不常用的。又對於獸醫也有一種特別的規定，即使沒有上面所舉的資格，也准許他們對於肉類執行糾察員的職務。但是現在大多數的職司，都要相當資格的證明書，而且屬於技術性質的，更需要特種的資格，例如皇家衛生學院之肉類檢查員證書，或一張鉛管匠或建築匠的證書。但是皇家衛生學院及衛生糾察員聯合考選處的證書，既然是大家公認為糾察員能夠盡全責的有效證明，何以又須他種的考驗及證書呢？這當然是費解的。又聯合考選處按照幾年前的一個先例，凡領取該處證書的人，必須受過完全的普通教育，並經過大學入學試驗或其他同等的試驗，現在也成為一種先決的條件了。

至於女性的糾察員的資格，規定為受過訓練的看護婦或接生婦，或須兼具兩種的資格。衛生部長自一九二八年四月一日以後，對於健康訪問員的核准，以執有健康訪問員的證書為條件，而這種證書，必須服務於公共衛生事業，經過相當時期的訓練，才能發給。大概熟練的看護婦，執有產科文憑者，訓練期間定為六個月，非此則須經二年的時期。

因為合格人才的需要，而引起各種訓練公共衛生服務人員的機關。現在各大城市裏差不多都有的，要找研究及實習衛生學及衛生行政的地方，是很容易了。其中最著名的，就是皇家衛生學院，於一八七五年公共衛生律通過之年成立。該院不但預備訓練各種不同職司的學程：——如衛生糾察員，肉類檢查員，烟類檢查員及健康訪問員——而且舉行各種考驗，並發給證書。這種證書，在英國境內都有效的。又一八九九年衛生糾察員考選處接受該院發給京城衛生糾察員證書之考驗。最近考選處已與該院組織一聯合之考選機關，其所發之證書，不論在首都內外，都認為衛生糾察員合格之證明。

在考試之前，應考者必須證明其在衛生糾察方面實際的經驗，而衛生部長則預先訓令各地方政府，供給一二種機會與應考者。例如委派他們為衛生科下級的職員，而給以少許俸金，或者替他們開一個訓練班，征收相當的費用。不過這種辦法，是很空泛的，實際上並不能令人滿意：第一，除非長官誠意接受適當的人才，足以開引用私人之路：第二，足以鼓勵長官乘機雇用低廉的職員，第三，使公共衛生機關負一種教育與訓練的責任，而這種責任並不屬於他的職務範圍以內，並且法律也沒有規定的。去責令官吏無報酬的傳授智識與別人，也不是辦法，因為官吏之求得知識，也是費沿很大的代價，而適宜於一種指定之工作的。總之，偏私與不公現在還不能革除，要實現理想的境界，真是不容易的。此外衛生糾察員聯合會為增進他們會員的能率起見，曾經開辦過各種專修的班次，如關於檢查肉類，及貯藏牛乳等的問題。因鼓勵衛生指導員入班聽講，衛生部長對於政府所支合理的費用，大概都批准的。

近來各大學對於社會及行政學科，都加意注重，並為便利學習起見，特開辦夜班，使各級衛生官吏，也得到增廣智識的機會。倫敦大學之經濟政治學院，預備許多關於行政及社會科學的演講，其他高級教育機關，也有同樣的設備。這是一種很好的運動，因為增進各種社會問題之智識，以及使衛生行政人員認識自己服務之機關，不過是許多以改良社會為目的之機關與團體中之一。這種見解之增進，當然對於工作效率方面，大有裨益的。

除了訓練問題之外，衛生糾察員之錄取難，也是值得注意的。據考選機關之統計，現時候選衛生官職人數，實遠過於能夠實授的人數，因此他們的俸給，不能夠十分提高。不過有許多應考的人，並沒有堅決的意志，同時也有許多人，為金錢或思想所限制，永遠不得機會去鍛練他們的智識，這是無疑的。現在考選機關往往用嚴格的學歷，和繼長增高的考試費去限制應考的人數。其實除此之外，最好有一種更好的方法，以引起候選人的興趣。例如舉行考試時必須地方長官可以委派的人，才准應考，或者對合格的人，每年舉行公開的考試一次，以補充缺額。至於現在的情形，則對於空額的競爭，非常猛烈，雖然考試變得更加難了，費用更加多了，（一九二七年所收考試費達四鎊四先令至八鎊八先令）條件變得更加苛酷了，不過應考的人，越見其多，而合格的人，也比錄取的額子超過的更多，這種情形如果保持下去，地方長官固然覺得要找尋最優等的人才，並非難事，不過謀事的費了無量力氣，只爭得衛生糾察員一席的位置，似乎難乎其難了。

## 日本東京市每年收支總額

明治卅九年——大正十一年

| 年次 | 收入總額 | 支出總額 |
| --- | --- | --- |
| 明治卅九年 | 一四、五〇四、七四九円 | 二、八九八、九四〇円 |
| 大正三年 | 三八、八六六、三九一 | 三七、九六一、二〇七 |
| 同四年 | 二七、〇〇六、〇四六 | 二六、五三二、七七九 |
| 同五年 | 三九、八九一、七二七 | 三一、五六九、九六八 |
| 同六年 | 三八、三九四、二五六 | 二五、四九三、二一八 |
| 同七年 | 四七、五二四、九一八 | 三六、二三九、六三三 |
| 同八年 | 七〇、七三四、六五九 | 五四、九七四、九六〇 |
| 同九年 | 一〇五、八三〇、二二五 | 八五、五九〇、九〇二 |
| 同十年 | 一二一、一九二、六三一 | 一〇七、七四四、九八二 |
| 同十一年（預算） | 一五〇、六九二、七一八 | 一三四、一一九、二四五 |

# 城市是罪惡的淵藪抑是文化的中心點

顧毓方

咒詛城市的人們說：「近代世風之所以日下，道德之所以淪亡，完全是城市在那裏當罪首。不覩夫在那裏盜案百出麼？不覩夫娼妓滿境滿廓麼？不覩夫賭風日熾麼？不覩夫乞丐沿途叫苦連天麼？不覩夫自殺，離婚流行麼？不覩夫……麼？諸凡一切罪惡，無不發源於城市而傳播到鄉間，而驚動過慣數千年來安天樂命的老百姓的靈魂，使他們提心吊胆地嚴防着罪惡的降臨，弄得整個的世界，無一片清閒安淨土。城市是罪惡的泉源，城市是罪惡的散播者，城市是一切道德法律的破壞者！城市是人們的喪門神，城市是人們的災星！提倡城市的人們是災星的特派員，是喪門神的全權代表！對於這批特派員及全權代表當如何的予以痛恨呵！愿城市消滅！愿特派員及全權代表也匿跡！」

歌頌城市的人們却說：「城市是文化的發源地！是文化的傳播者！是國家的小國家，是世界的小世界：沒有城市，使沒有國家，使沒有世界。瞧吧，在那裏有莊嚴偉大的公共建築物，在那裏有花樣百出製造品的大工廠；在那裏有燦爛輝煌的娛樂場所；在那裏蜂擁着融融洩洩的無窮人民，優遊于輪軌輪轅的大道上；一切的一切，眞天國不如也！沒有了城市，便沒有了藝術，科學也將無用武之地，而恢復到原始時代的社會。所以城市是個藝術的世界，也是個科學的世界；藝術與科學是文化的代表者，所以城市是文化的中心點。我們想把文化進步到沒有境止，便須把城市極力的來改良推進。文化愈進步，人生愈幸福；城市是文化的發源地，所以城市是幸福的發源地：我們想追求幸福，須到城裏面去追求；我們歌頌幸福，便得歌頌城市！愿人們大家到城市的水晶宮裏來享受天賦的幸福，愿人們大家來度繁華，便利，安逸的生活！」

看了上面咒詛城市及歌頌城市人們的二種說法，顯而易見的，完全是趨於二極端的觀念。咒詛城市的人們，只看到壞的方面，將好的方面完全沒煞；歌頌城市的人們將好的方面盡量鼓吹，把病態方面全然不提。這二種對於城市觀念和態度，統是不對的。城市之所以演進和形成，決非偶然的事，是產業革命後自然的產物，是自然潮流的沖積地，因偏見于牠的壞的一方面，而愿以消滅，無異因噎廢食。不過像歌頌人們這樣說法，不觀察病態的一方面，也是迷陷于物質文明的深窩。那末，究竟城市是罪惡的淵藪？抑是文化的中心？要肯定地來回答這二句話，還得把近代城市的特性來分拆觀察，方能下以斷言。城市的特性，約有九種，縷述如下：

一、城市是實業的場所，是教育的大本營。

二、城裏民衆大都是青年或壯年，能可增加人底希望和能力。

三、城市生活不以家庭爲中心，所以城市人民戀家的很少。

四、城市生活，人工勝過天然。

五、城市是一個非常刺激的場所。

六、城市顯示兩極端的生活和人們心裏對抗的勢力，有四種影響：

甲、人心受了兩種極端的刺激，容易變成浮躁，不能耐深思。

乙、一般人受了羣衆勢力和周圍的暗示過强，爲他們所同化，便不能好好地發展自已的人格。

丙、人多，表面的交通便利，于是乎發生一種羣衆心理；羣衆心理是輕躁無理的。他的勢力常是很大；但經濟狀況，言語的歧異，多少足以減少牠的影響。

丁、因爲生活的極端，和顯明的對抗，明白的人越可明白善惡的分別，糊塗的人，也越容易墮落，他們對于罪惡，見慣不驚，進一步，便身爲而不知恥了。因爲少數明白的人，對于善惡的分別判斷越能明瞭，他們改革的心愈切，所以城市生活大體容易進步些。

七、城市民衆同情心的冷薄。原來同情是一種情緒，牠的强弱，是靠着知覺活潑與否以爲斷的。鄉村人對于本村人貧苦和不幸的，大概能夠直接感到他們的痛苦，受的印象深刻些，同情程度自然增加。城市居民以言語風俗習尙之不同，鄰舍關係之疏淺，彼此即不相往來，即不相救濟，同情必自薄。

八、城市公衆對于個人的壓力很弱。在鄉村裏面，居民不敢作惡，因爲一作惡，個個人會唾棄之，且族長有驅逐之權，以除害羣之馬。公衆對于作惡者壓力之大，甚于一切。城市居民則不然，張三不識李四的底細，即使李四犯了罪惡，可躲居他處，無人干涉，毫無公衆的壓力，因此易于犯罪。

九、城市裏各個人和各個家族的生活總是依賴着公衆的活動。看了上面城市的九大特性，對于城市可以下個總括的批評了。根據一、二、三、四、等的特性，可斷定世界上大部份的文化，確是發源于城市的，因爲在城市裏工商業發達，教育普徧，而所居的大都是青年壯年，大衆鈎心鬥角，人工勝過天然，一切文化，自臻日新月異的境地，無限量的進展了。可是因爲五、六、七、八、等的關係，大部份的罪惡確也在城市裏首開其端，而後傳播到鄉間去的。城市裏不獨被誘惑的機會多，且因羨慕他人物質享受舒服的緣故，未免眼紅。因此欺詐盜騙，無所不爲；又加上了易于逃避，無人指摘，因此始終不知悔過自新。惟到於無可奈何之時，自殺等事遂之而發生。這樣看起來城市又確是罪惡的淵藪了。那末，城市既是這麽齷齪的去處，既是人羣之大敵，既是陷人的深坑，既是傳播罪惡的災星，那還有什麽值得歌頌？即還成什麽文化的中心點？消滅之可了，有何存在之可能！還説什麽是小國家，還説什麽是小世界；一個國家要是這樣，不是個男盜女娼的國家了麽？一個世界要是這樣，也不是個男盜女娼的世界了麽？然而話不是這樣説的。須知道像訕謗城市人們所説的話乃是城市社會的病態，等于身心强健的人們身上生的癩瘡一樣，人們身上的癩瘡可設法醫治的，則社會的癩瘡，自然也可以醫治的。因爲城市社會某一部分發現了病態，根本即不願城市的存在，何異身心强健的人們，因生了癩瘡，而即處以死刑一樣。故對于城市究是社會罪惡的淵藪，抑是文化的中心點。我們現在可肯定地回答如下：

我們不能否認近代城市對于罪惡的發源和傳播是要負相當責任的，也不能不承認城市確是文化的發源地和中心點；但罪惡是社會病態的表現，病態是可予以救活的，則吾們儘可歌頌城市的優點——文化中心點，不過設法將病態醫好即可，何用訕謗？是則城市畢竟值得我們來歌頌的呵：並且值得我們來維護牠發達的呵：越使牠發達越好，越使牠繁華越好！」

看了上面這個肯定的回答，那末，現在的問題不是在爭論城市是罪惡的淵藪，抑是文化的中心點了，現在的問題是在怎樣可使各種病態不會在城市内發生或防止于未然，及發生後應當怎樣補救的了。關于前者是積極的改良，關于後者是消極補救。

消極的補救方法固很多，但總得看各城市社會病態之不同才可施以合宜而適當的辦法。諸如婦女救濟院，養老孤兒殘廢院，貧民工廠，職業介紹所，藝術化的公共娛樂場所等，大槪爲一般城市中所應當設備的；歸納起來，總不外或以救濟的性質，或以誘導的方法，來補救各種已發生的病態即可。至于積極的改良，則當從精神及物質雙方着手。因爲我們知道中國大半城市社會之病態，統統發生于經濟的深幕中，除了精神方面的缺陷，也要佔一部分的原由外，其餘各種病態發生之原因，大半是起自經濟的或物質的。試想除賭博外，什麼搶劫呀，娼妓呀，乞丐呀，這種種社會病態的發生，那一種不是因爲受經濟壓迫的緣故？所以積極的防患於未然的辦法，惟有自精神方面來提倡高尚藝術化的娛樂，以滌蕩賭博宿娼等的痛習，同時，自物質方面積極來進行造產運動，使個個人的氣力可以有應用之處，使個個人能飽食足衣。不過精神方面的提倡，及物質方面的改良，須同時並進的，因爲倘若光是鼓吹物質，便會演成如歐美些「男子只知獵銀，女子只知養銀者，」的社會，而養成充滿物質慾的人生觀，結果日惟物質是求，一輩子做了物質的奴隸。反之，倘若光是提倡精神文明，必會將社會弄得似深殿般的森暗，弄得住在這深殿的人們，一無生氣，死氣沉沉的。物質猶骨幹，精神猶血氣；沒有骨幹固站立不住，但是光有骨幹而無血氣來調和而滋潤之，骨幹不久也會枯寂的。一個人終日只知追求物質慾望的滿足，必定享不到眞生命的快樂，眞生命的意義！，一個社會光是進行物質的產造，而忽略精神的調和，表面上雖說是個轟轟烈烈的社會，內底裏不知隱藏着多少的隱憂；隱憂不久便又爲演成病態，則病態永遠不得剷除了，這可見精神之于物質的功用了。故結論是這樣的；努力從事物質方面造產運動，使個個人有飯吃，有衣穿，才可預先防止強者挺而走險去做強盜，弱者男的哀哀待哺去當乞丐，女的去操皮肉生意：同時提倡精神方面藝術化的人生觀，藝術化的娛樂來滋潤物質方面枯燥的痛苦：這樣物質與精神並駕發展，社會才不會倚形的偏向於任何一方面的發展了。

城市社會已發生的病態，我們可設法醫治之；並且積極進行造產運動及提倡精神文明來防止各種病態的再發生；則一方面城市社會各種之病態自可減少而至消滅，以杜塞咒詛城市是罪惡的淵藪人們之口，他方面以各人智慧之總和人時常不斷地推進城市之文化：這樣城市那裏還是罪惡的淵藪，自然而然會演成文化的中心點。那末還有什麼可以咒詛，惟有歌頌牠不斷地擴充，日比一日的繁華！

# 都市財政問題

亢天鐸

## 財政設計之重要

市財政設計及釐訂方法，居全市公有事業規劃中之重要部分；一切建設，非市金庫充裕不能舉辦，一切設施，非經濟方面籌措有着，不能使善良的規劃，見諸實行。是財政問題，為市政建設問題之先決問題也。集人民而為都市，都市者，市民公共之都市也。都市之隆替，因原于市金庫之贏虛，而與市民私經濟方面關係最為密切，都市之勝衰消長，影響于市民私經濟者，亦至鉅也。是都市之改進，為亟要之企圖，而市金庫之充裕，為其首要者矣。或曰都市之構成，係依社會進化程序，人民自行發展而成，所有公用事業，應歸市民自營，道路橋梁應由人民因其利益所在而自行興築之，政府似不應擅民之利也。不知市民自行規劃，方針各殊，難期一致，即使能善自為謀，分段設施，則計劃淺狹，組織散漫，東鱗西爪，雜亂無章，片段的規劃，難以強湊為有規模之都市組織，且聯絡斷絕，致流弊滋生，紛爭疊起，毋待贅言矣。就經濟上觀察，私營公用事業，籌集資本之非易，土地公用徵收之困難，公有利益分配之難得其均，公用消費價值之昂貴，購置實施上耗用之虛糜，縱使有成，特造成少數資本家操縱全市爾。全市人民之公有利益，又安在哉？且也，利之所趨，爭之所在，公用事業苟歸私營，成為營業性質之事業，使未得政府專利之特許，則繼起經營者，必有人在，而競業鬥爭，無已時矣。異釜為炊，又不經濟之甚焉者也。是故都市之規劃，市民應委諸政府，政府得以充分之能，代理興創，而人民復與以互助合作，以策進行，則都市規劃，政府得以集中全市人民之意思，統籌全局，作嚴密的計劃，為整個的設施，具規模之新市建設，或可期諸完善也。公共事業，統歸市營，則一切設施，得有所歸納，而成為有系統有規律與經濟的組織，因其以謀公共福利為目的，而非以營利為目的也。材料購置與耗用之廉賤，土地徵收之便利，市民享受利益之均沾，消費值價之低廉，其福利公共，實倍蓰于私營著也。且年有公積金之儲集，而無股息之支付，市金庫歲入超過之餘款，復用以經營其他公共事業，于此一端，可以知私營事業較之市營公共事業，固增加一重剝削，而市民于不知不覺中，對于私營公共事業之股息，完全担負也明矣。是以市民對于公共事業之需要，應委諸地方政府負供給之義務，而以公共事業歸諸市營，求獲得公共福利之均霑也。地方政府爲供給公共事業之需求，而謀都市之興盛，不得不進增其收入，以經營之矣。然而設計增進收入，以建設市民亟切需求之公共事業，實爲市財政上之困難問題，而且此種困難，于市政進展期中，增加無已，徵之往昔，修治驛道，整理河工，地方政府挪撥公帑，徵募工役，所謂工程，所謂公共事業，爲人民謀者固甚少，而徵諸人民亦爲數至微。在此時代中之人民，亦僅各自去求其城市生活上之便利而已。今也泰西物質文明之輸入，市民享樂之慾望日增，消費力量日高，而市民對于都市建設，公共事業之需求亦日亟，往昔城市中人只求居處適宜，屋宇鮮敞向陽通風于願已足，而所謂室外散步，足跡所至，私人場坪-與鄰舍塲坪間爾。近則市民所需求者，如林蔭公路 ，公園 ，運動塲，娛樂場所等，種種之設備，咸求諸都市之供給矣。觕之，市民互相往還，于陸則乘輿轎，于水則趁航船，或爲私人之自備，或爲私營企業之供給。至于飲料，則取之于井泉河港及私營之茶灶。入夜亦僅燃油燈爾。今也不然，公共汽車，汽船，電氣事業 ，以及水量充裕供給之自來水 ，舉凡一切人人所需，而利益無限者，皆認爲公共利益之所在，苟私營企業，售價稍昂者，則市民咸希冀公家支用公欵爲之設備，而供全市人民之公用。時代之情形變遷，而需用公帑日增，政府爲求滿足市民對于公共事業之需求計，經費方面，不得不徵取之于市民，而支配市民以重大之負担，爲緊切之務也。要之，市營公共事業之供給市民所享受者至厚，私人經濟亦因以應時而發展，支配苟得其當，負担雖重，庸何傷乎？

## 都市收入財源之開闢

都市規劃應先計及全市人民所急切需求，與夫確切乎市民生計而堪以發展市民經濟者而建設之，則未來之繁榮與興盛，庶可期成也。建設之先，務須計及市民現在經濟力量，以及關于未來發展上市民經濟能力之強弱，而加以深切之攷慮焉。都市規劃固含有時間性與空間性也。于可能區域中，在適當時期內，爲發展市民經濟之建設，方適宜于環境的需求。非然者，市民財力不能勝任，發展的經濟力量薄弱，則雖有盡善盡美之規劃，亦難以期于完成也。政府以量用徵收爲經濟原則，而人民以量入爲出爲經濟原則，原則互異，政府在都市未經發展之先，爲謀全市之公益計，增進收入，開新税之源，苟忽視于人民之需求，而無適當之估計，則納稅者，將無力以負擔重稅，財政問題，因以發生困難矣。是以開闢新稅，增進收入，政府應有精確之預算，對于支用方面，應經濟的開支而予建設之規劃，摘全市人民認為急需者而規劃之，制定法規，以處理之，釐定稅則而征收之，則增進收入，開闢稅源，易于舉辦，而在市民方面，個人經濟上支用雖然增加，負擔稅金，較重于曏日，然預計個人日前所支出者，為數至微，而將來所享益者，固甚大也。蓋以都市繁榮，其于個人經濟方面，新收入必有所增益，逆料其出也微，其獲也距，市民亦樂于慷慨輸將矣。近代都市為必適應環境而規劃其所需者，以其吸引力強，其享樂也富，而以商業眼光觀之，可以期其必繁榮也。工商業之繁榮足以促進都市之繁榮，而都市行政之能發生效率則一方面為社會化，合作化，謀市民之保安，而在另一方面，為增加其業務上之所獲益，商人與市民之亟求于都市之助長增興，而關有利于私有經濟之發展者，為教育衛生之確定標準，保安事業之改善，河港之整理，新道路之增築，船塢碼頭之修建，一切皆為當務之急，乃所以謀減少貨物之阻滯，而增加市民經濟上之活動能力也。新市塲之修造，食糧之管理，平民住宅之興建，平民醫院之設置，救濟事業之改善，是皆貧民之所需求，又所以解決民生問題，而增進社會福利者也。市民之需求日進，而都市之支用亦日浩鉅，所以近代各都市預算之都市率，恆高于人口之增加也。在大陸各市，此種活動甫開其端倪。試觀紐約一九〇三至一九一三年間，動產及不動產之價值增加率為百分之四九、二三，而其人口增稅率僅百分之四二，租稅徵之于產業者，亦增至百分之九〇、〇一，而直接稅之徵收額，于一九〇二年，為六九、五八四、四三二元。（美金）于一九〇三年增至一二八，四一二、九五六元，（美金）支用之增加，其度支上屬于虛糜浪費，以及效率減失者，為數至微，歐美各都之市財政管理有方者，其支用增加率輒超過于管理不善者，預測將來各都市處用之增加，有與時俱增之勢，而市民并不以負担之日重，而有所主張也。推原其故，都市繁榮，工商業于以發達，市民經濟得充量之發展，私收入之增加率，繼長增高，政府因民之所利，而利之，徵其贏剩，為健全之設備，以達其謀公共福利之目的，利之所與，市民亦不自覺，担其負之重也。

歐美各國都市，以地方環境之不同，市民需求之互異，徵收制度亦迴別而徵收之，稅率與數量亦大有所出入焉。近代都市收入之稅源，大要區別之為三：曰市稅；曰市產與市營事業收入；曰中央政府補助金，都市之收入，美國以市稅為總收入之大宗稅源，條頓民族國家之各都市，則以市產與市營事業為其重要收入，估歲收總數之大部分，至中央政府補助金，在美國所視為無足輕重者，法國各都市，則亦認為市收入之大宗，地方公令捐，美國徵收數量則較他國爲大。德國市稅則依市民之所得而征收之，爲一種之所得稅。英國市稅徵諸不動產者，則依其租金總額科申，而所有荒置未用之不動產，在英德兩國概行蠲豁稅，近數年來，亦徵收少量之特別稅矣。美國向以普通財產稅爲市稅，不動產與動產之稅率相同，惟動產隱匿至易，偸漏甚大，而實際上市稅徵之于不動產者，約占百分之七十五，有數都市法規上，特別規定關于荒置未用之不動產，以及供農作業之土地，在郊外者，較之居都市腹地者，稅率爲低，近以未用之土地，或不動產，供諸農作業用者，例不科稅，或僅科以較他種土地低廉之稅率，致一般地主利用時機，咸將土地留而應用，常此以作投機事業，故政府有鑒于此，特于土地價值之增加，復科以稅，藉以促成土地上加以建築，俾供諸使用，是亦有利于都市之規畫也。此稅在德國推行各都市已久，徵收上成績斐然可觀，而在美國纔初試其端也。歐洲大陸諸國之稅制，與美國迥異，因襲封建時代之遺制，大宗收入，征之于租戶，事業，消費者爲多，而征之于土地者爲少，在法，意，西班牙，及其他拉丁民族國家，釐稅停止已後，大宗市收入，一部分取之于租戶，一部分取之于消費者，而財產上所征租稅，僅佔市稅之最小部分，其征收方法，亦仍古代入關抽稅之制，所謂入市品稅者是也。日本之都市收入，依賴于市稅爲收入大宗。而以附加稅之戶別稅，家屋捐，營業捐，以及特別稅爲重要收入。我國自北伐完成以來，訓政甫經開始，財政上，方稍予整理，關于地方收入，已由國民政府畫定標準，規定田賦，契稅，牙稅，當稅，屠宰稅，內地漁業稅，船捐，房捐，地方財產收入，地方營業收入，地方行政收入，其他屬于地方性質之現有收入等十二項，爲地方收入，所謂舊收入是也。又擬定將來釐金及類似釐金之通過稅，裁廢後，畫歸地方之新收入爲營業稅，市地稅，及所得稅之附加稅，而對于此項附加稅，又明白規定，不得超過正稅百分之二十，其他地方稅，則有不得添設附加稅之規定。在特別市組織法中所規定之特別市收入爲土地稅，土地增價稅，房捐，營業稅，牌照稅，碼頭稅，廣告稅，市公產收入，市營業收入，及其他法令特許征收之稅捐。而于普通市組織法中，市收入各款所規定者，亦與特別市收入之各款相同，在市營事業及市產，我國各都市實際上所有者爲數寥寥，而此宗收入，亦至微少，至政府補助金，在改革整理之始，中央對于上海南京兩特別市，恒有所補助，然此項補助，在法規上確無明文之規定，事實上，我國已成之各都市之收入，則皆以市稅爲大宗，就市組織法所規定各款，而推測將來之趨勢，苟依據　總理民生主義之主張而實現，　則土地整理以後之市收入，或將轉移爲倚賴市產，與市營事業之收入爲主要收入也。各國都市收入，互有不同，而徵稅制度，亦因國而異，各適其宜，英美皆爲單一稅制，英國則純以不動產之租金爲標準，而美國於不動產，則就其原價而徵收之，最後之納稅者爲地主，深合乎經濟家土地稅爲單一稅而不能推移他人之說。兩國稅制皆單純制，市民之担負易於估計，故自治之能力强，而對於地方行政視爲己事，注視深切，而市政進行上，得市民之協助者，亘非世界各國所可比擬也。德國市稅，以直接稅爲主，而注重特別稅，稅制複雜，市稅側重於市產，及市營業之收入，在資本主義國家，不免譏其擅民之利，然其制度，實吻合於該國所厲行之社會政策也。法國及南歐各拉丁民族國家，租稅制度，複雜已極，市稅以間接稅比例過大，實違反發達租稅增進收入之原則；而其徵收方法，故步自封，殊非善良之估稅方法，不足以資借鏡也。至於日本市稅制度，側重附加稅，征稅之手續至煩，而同一稅源，一再苛征，剝削小民，爲世界各國稅制之最劣者也。茲就都市之三種收入，參以各國情形，分別而討論焉。

## 一、市稅

### 甲、土地稅

我國土地稅，曰田賦，創制已久，在古代封建制度之下，中央與地方分權，收入劃分至明，諸侯封地之人民，納賦於諸侯，而諸侯納土貢於天子，中央之收入，則倚賴於畿內之賦，而地方之收入，則取之於封地，其所謂貢，亦不過地方對於中央之一種贈與而已。稅則以面積及土質之顏色，重量與性質，而區別稅率之輕重。嬴秦以後，封建制度廢，郡縣制度興，井田之制崩壞，而田上重新區劃，改爲阡陌，土地之糾紛絕，而賦稅之担負因得其平，賦稅規爲國稅，而財政之主體，爲中央矣。古代地方土地稅收入盡包括於國家收入之中，而地方支配收支之權，完全喪失，幾成爲代理中央之征收機關矣。至於地方之收支，須由中央於國帑支撥。延及滿清，歷代稅制，雖有變更，稅率有所增減，而地稅則仍劃歸國稅，地方之收入，仍由國庫支撥，間由國稅附加增收而已。地稅至唐以後，分夏秋兩季征收，夏曰稅，秋曰糧，咸以實物納稅。至明初，始定折征之法，准人民以銀錢代輸，而銀爲正賦。滿清漕運廢後，漕米亦准人民以銀錢代輸矣。戊戌政變以後，地方收入於國稅下附帶征收附加稅，而各省之稅率有輕重之殊，民元以後，地稅仍定爲國稅，各縣復附征附加捐，而各縣之稅率，又有輕重之分矣。國民革命告成，土地稅劃歸地方收入。惟田畝自明初丈量編冊，按丁授田，然仍不免於隱匿虛報，致此縣有他縣之地，而他縣有此縣之糧，顧亭林先生深論之矣。即就編戶列冊者而言，相沿日久，至乎滿清時代，雖有地方重行經丈，而官民混雜，稅則紊亂，即幾用魚鱗圖冊之區，亦難以覈核，其實，等則既不準確，而担負殊不得其平，雖稅制原以畝科稅，以上賓緼則，而事實上大田稅輕，而瘠土賦重，更有無冊可稽混漕征稅者，非澈底經丈，確定等則，規定新稅，不可以言土地之整理，而增益都市之收入也。然都市之整理，非短時間所能蕆事，且非有充分經費難以舉辦，故軍興以後，各特別市普通市，雖相繼成立，市區業經劃定，而田賦租稅猶未能畫歸市辦，仍舊由縣開征。推原其故，圖冊不適時用，不能按圖索驥，即糧長區書亦僅知其某戶之應征之銀米若干，而不能歷舉花戶之土地所在，面積之大小也。是土地整理，經丈地畝，增進收入，為當務之急矣。吾以為都市區域狹小，舉辦較易，應先從都市着手，且都市建設需款孔亟，而土地稅為主要收入，為衆稅之母，稅源所在，似不宜緩圖也。關于土地整理計劃，有主張地方政府規定章程，由業戶自由請丈徵費給圖，及由人民聲請登記，經政府編冊製圖，法未嘗不善，惟吾國民智未開，社會依然守舊，苟非過有轇轕或轉移產主者，實難以收令出隨從之效，觀於民十七年之驗契成績，可以反三矣，勢不能盡將未履行登記者之土地，而沒收之，吾以為土地整理，似應先從事於都市區域全部的丈量，經丈完成，先將國有市有產業，另製分圖，所有民有土地，定期由土地所有者聲請登記報價，經政府審查編冊製圖，按地價另科新稅，發給新契，其逾期而不履行登記之土地，及確係民荒者，則准現佔有者履行佔有登記，報價科稅，分年繳價，地價繳足，另給新契，關於此種佔有地產，應另行製圖編冊，使於佔有產業登記後，在相當時期內，而原所有者主張權利時，除科以相當罰鍰外，對於佔有者，應償付其所繳納之金額全部，及其利息，乃得更正其產權，吾意果如此進行，則對於課訂新稅，編冊製圖，至易着手，而地主慣用之消極抵制，亦難以施其計，而　總理平均地權之方法，亦得早日實現矣。現在國民政府既以土地稅劃歸市收入中，則各市亦得因地制宜，各自計劃整理，較之嚮日定為國稅須由中央統籌全國土地而計劃整理者，事半而功倍矣。至應如何估稅，或採用何種方法始得其當，考查歐洲大陸各國，及日本之土地稅，皆為國稅，而都市得附加徵收之，則市收入之對於土地者，只附加稅也。英美則屬於不動產稅，占地方稅之全部，惟兩國之稅法則殊異，英以不動產之租金為徵收標準，世所謂租捐制度The Rating System. 者也。租稅徵之於租戶而產主反無徵稅之義務、租戶納與地主，幷納稅與市政府，一六九二年以前，土地幾等於無稅，以後土地區域擴大，而土地所徵者仍與農田所輸者相等，洎乎一九〇九年喬治首相之預算書中，鑒于全英人口各城市占五分之四，編列土地增稅之新提案，而卒為國會中享有土地之議員所打消，英國租捐制度下適足鼓勵土地投機事業與城市人口擁擠之危險也。統計全英地畝之四分之一為一千二百人所有，而十二個地主至有四。五〇〇。〇〇〇，英畝之多，倫敦大部分地皮八大地主集國所有，而短期出租以供建築之用，英之地主利用地部市人口之擁擠，而謀所以致富，一方面廢置大地不用，而希圖免稅租戶，感于負担之重，羣趨都市爲生存之競爭，致伏都市人口過剩之危機，是租捐制度之罪惡也。至於美則以地價爲估稅之標準，徵之于產主，土地與其他一般財產爲同一稅率之征收，乃美國各州憲法所規定者也。至每年訂定稅率，爲都市當局之權能，而美國則抱定免除苛征重斂爲原則，特別栽諸法規，爲租稅之征收，不得超過于最高限額，或最高稅率，明文之規定，而在歐洲各市，各種稅之稅率與稅額，概由都市決定後，呈請州政府或中央審核，是在歐洲各市之估稅定率有充分之權，而在美國則憲法上有最高額最高率之限制，且通行一般財稅率均一稅率之制，都市財政既缺少彈性，而市收入常以動產所有者及房主或偷漏隱匿，或推移担負，弊端百出，征收者固窮于對付，而歲收不能如英國各市之年有增益也。我國自民國以來，地方收入就國稅附帶徵收，每有地方帶征之附加稅捐，超過于正稅一倍以上，且以虛銀爲納稅本金，徵收上，流弊滋大，且無確實之預算，稅則之混亂，稅率之無適當之標準，雖不若世界各國徵收比額之大，而人民反感負担之重，實因于土地未經整理，無適當之徵稅標準，致正稅太輕，而附加稅捐之煩雜尤覺其苛也。吾意我國土地稅宜從價分別按畝訂率，直接徵之于地主，歸一次徵收，以國幣爲本位，所有舊制之錢糧銀米，應一概廢止，至于規定稅率，固不必如美限制最高率之載于憲法，似宜採用歐美之行政監察之制，中央固不能放棄其監察權，而聽從地方爲不良之支配，亦不宜限制過嚴，而妨及地方正當之支用，故確定稅率，付地方以支配之權，而由中央監察審核之，要之，一方面應顧及人民支付上之超過，一方面，應顧及城市建設經費之敷足，似應予地方以自由支配之權能，而折衷于稅率爲高低之間也。

## 地土增價稅

土地增價稅，爲世界財政史上最新之稅，特別徵收于地價增高之土地，而以土地所增之價徵收其大部分，以供都市建設公用事業之需，蓋以土地價值之增高，由于市政改善之結果，公共之新建設有以助成之，而非地主所可獨佔其利者也。應納其增價之大部分于政府，以充公共建設之需，乃至公正之特別稅也。在美國有數都市對于增價之土地多有採用，所謂超額充公 Excess condemnation 之辦法，爲改建公共事業及建築道路公園之用而設，收其土地，亦有徵收土地增價稅者，以土地價值之增加，由于租金之增加，實全社會有以致之。人口增加，則土地之價值增加，人口減少，則土地之價值減低，觀于大部市中一所簡單住宅，而價值至萬金之昂，而與人烟稀少之鄉村田地價值較，則大相懸殊，是土地價值之增加，因人口之增加而增加，地主不應侵潤其增加其剩價，而應輸之于公家，理由之一也。土地價值之增加，非以地主之加工而生產者也，乃至市活動之影響，道路地溝之改造，自來水煤氣電氣之供給，皆所以增加土地之價值，街車之建設，運輸機械之便利，所有一切公共設備物之費，加于土地原有價值之上，于是土地在市場中，始得有增高之價值，是土地之增加之價值，爲公共設施費用之代價，而非土地本身所增加之價值無疑，是地主不能占有此特殊利益，而市政府應課以特別稅之理由二也。都市之發展，影響于土地價值增加，在美國都市土地平均之價值，每人應攤五百元至一千元美金，而每家應攤三千元至五千元美金，于此價值中，高額租金，由租戶付出；換言之，租戶之所以付租金，爲求其享用財源，于是所創作者，是土地增值應課之以稅之理由三也。是亦土地增價之利益，地主只應得其小部，而都市應得其大部，美國紐約之土地增加額，每年爲二五〇、〇〇〇、〇〇〇元美金，每家約攤二五〇元美金，而該市預算總額爲二〇〇，〇〇〇，〇〇〇元美金弱，其中有百分之四十徵之于土地增價者，而該市議會立法規定減少房屋稅，爲土地稅稅率二分之一，限五年內逐漸減低至百分之十，是所以鼓勵市民增建房屋，以與市面，而減少城市人口增加房屋缺少之恐荒也。

美國麻薩瑟與哈阿紐約諸省，各市皆徵之于無建築物之土地者重，而徵之于有建築物之土地者稅率較輕，如華盛頓之愛佛都市，則立有限年減輕以至于豁免之法規，各市以建築物之日增，而土地之價增加迅速，各市之稅收日饒而規模日益宏大也。土地增價稅創之于德，初爲柏林大學教授吳格納Wogner氏所提倡，後爲柏林市土地改良促進會所提議，而訂爲新稅制，自德佔膠澳後，竭力經營，土地之價驟增，華人之營土地投機事業者因以致富，膠澳政府鑒于地價之增高，遂以青島爲此稅之實行區域，于一八九八年九月二號，由德膠澳政府通令施行，以百分之三十三爲稅率，即地主于第一期所增之地價，抽納百分之三十三增價稅，閱十五年如地主仍未將土地售出，則再依土地所增之價抽納百分之三十三增價稅，至第二十五年時，地主如需將土地售賣，應登報招買，不得私相授受，政府有購買之優先權，即政府得照地主所索之價而收買之，其所以規定此優先權者，爲防止賣主索價舞弊。不寧維是，政府按年就土地時價抽百分之六之稅，徵稅時依地主之報價而定，政府于地主之報價有購買土地之優先權，乃所以防地主之以貴報賤也。復又限制地主于購買土地後之相當時期，必在地皮上建築房屋，如逾期不建，政府得以半價收買之。青島自實行徵收土地增價稅後，膠澳市無有再營土地投機事業者，盡主多從事于土地上房屋之建築，故青島得以一荒嶼而造成一屋鱗比櫛之繁榮都市也。

德人以土地增價稅在青島實行之成績甚為優良，乃于一九〇四年由佛蘭福特採用之于經營土地投機事業者，稅率百分之一至百分之二十五，按其利益之成分與時間而分別徵收之，其後各市逐漸實行，至一九一〇年實行此稅，已有四百五十七市之多，最後至一九一一年，德中央政府據國會之議決案，直分各市改為國稅，凡土地之價值漸增者，地主應強制繳納百分之十至百分之三十之增價稅，又以一八八五年初之地價為標準，追繳以後增加之地價而稅之。德國自土地增加稅列入國稅以後，中央地方頗多爭議，最後結果以百分之十五留中央國庫，百分之十劃歸省庫，百分之四十劃歸各市，故此稅之收條，分為國省市三種，此稅足以遏止土地之自由買賣，而消滅地主經營投機事業之釀成，都市人民以及擁擠之恐慌，或以為土地固可以抵押者，果然者，不知其負債之總數，即為其價值之最大之百分數估計亦至易也。而此稅之徵收多寡，實所以維持土地價值之平衡，地主而欲得善價而沽者，為絕對之困難問題矣。吾國各都市苟早實行此稅，則他日都市之繁榮未可限量，而總理之平均地權之政策，亦得以期諸實現也。

## 房捐

我國田賦僅有田地之分，房產雖屬於地，而實際徵收上，嚮無建有房屋之土地與無建築之土地之區別，房捐之始，由於各地方創辦保甲，各城市之保甲捐，大抵取之於房捐，其後改辦警察，而房捐遂為各市警政上唯一的收入。各市通常由警局自行征收，近數年舉辦市政以來，房捐收歸各市財政局派員征收，間有一二市仍由公安局派警征收。稅率之輕重，各市稍有出入，稅收之贏絀，亦各市之情形不同而互異，惟收之未設市以前，收入增加多矣。各地設市以後，對於房捐大加整理，剔除積弊，而稅收入較旺也。各市房捐收入，皆占不動產租稅之重要部分，至於房捐，則大抵分店屋捐（或舖捐）與住屋捐兩種，店屋為建築之供給商業上使用者，住屋為市民私人之住居，及房屋之租賃他人供住居之用者，南昌市稅率規定為百分之十，依比例率按月征收，南昌市稅率，採用累進率最低為百分之二，最高為日分之八該市房捐每年收入總數約七萬餘元，占市稅收入之大宗，杭州之房捐，仍歸公安局代行征收，店屋捐全年約二十五萬餘元，而住屋捐，年約徵收十六萬餘元，兩共約四十二萬餘元，亦占市稅收入之大宗，即上海特別市市庫歲收，亦以房捐一項為全收入中收額之最大者，歲收約一百三四十萬元之鉅。查我國各市現在之市收入，恆以房捐為主要收入，稅率之高者，亦未有超過百分之三十者，普通按月於房租中抽百分之十，上海天津各市，則徵之於房客，而南京廣州杭州各市，則由房主房客各納稅之半數，房主捐款由房客墊付，而於繳納房租與房主時，將房主應繳之半數扣除。英國不動產稅制以租金為標準，納稅者為租戶，依租價而徵收，所以英國之不動產稅，亦以房屋稅為大宗，各市徵稅之初，派員就各租戶所租用之店屋工廠住宅公車汽事間住宅等之租值調査估稅，至於地主自建私用之房屋，亦照市估價徵收，故全英各城市中，除公有房屋及教堂建築幾無有一所而能免納房捐者。房屋之稅率爲每磅之租價，付稅若干先令，或若干辨士，稅率之高，約在百分之五十以上，全英約收五百萬磅，納稅至重，爲租戶之重大負担，房主不與也，此英國房屋稅爲徵自房客者也。美國則不然，所有不動產之租稅概徵自產主，房屋稅亦由房主繳納，而實際上房主於繳納後，加增房租，而推轉其稅於房客，其最後之負担，房屋稅仍爲房客，而非房主也。至於旅館，公寓，商店，工廠之房屋稅，名義上爲房主，而實際上負担此稅者，均爲顧客，何則？房主推轉其担負於租戶，租戶復轉移其担負於顧客也。就英美兩國之房屋稅而比較之，則英之市民佔用房屋者，咸覺其擔負市稅之輕重，產主坐享鉅額，房租之權利而無納稅之義務。美之納稅人爲房主，雖從中舞弊以轉移其負担，租戶究難感覺稅率之增加，即爲其負擔增加也。兩制皆失之於偏，房捐單獨徵自房客，則足使地主拋荒其地，而爲投機之營業，釀成都市中屋少人多之恐慌，且足以阻碍都市之發展，房捐單純的由房主繳納，則房主以稅率增高而易於轉移其擔負，以致使都市內房租與物價之增高，而足以妨害都市中市民經濟之發展也。然而主張房主繳稅法者，以爲房主既享有租金之權利，自應負担租稅之義務，而房客既已交付租金，即不應再担負租稅，使無產而力食以給之房客，於付房租之外、而復課以房稅，爲苛征聚斂之政策也。故主是說，以租稅應征自有產者之主張。房客納稅法者，以爲房主所得者，僅有限之租金，而次負修理之義務，房客使用其房屋，以經營其業務，其獲利也厚，租稅應征自使用受益爲是，兩說皆欠公允，實施上弊端百出，皆足以妨害都市經濟上之發展，房捐徵收辦法，尤以吾國各市普遍通行之房主房客各納稅之半稅制最爲妥善，房客既不感担負之畸重，而房主亦不易轉移其担負，雙方皆有納稅之義務，同感覺担負之重輕，而均受市政府之保護也。歐戰以後，各國皆有主張減轉房捐之議，緣歐美各國房屋捐稅，素重稅率，皆在百分之五十以上，戰後房租驟增，政府爲鼓勵建築起見，一方面限制房租之價增高，而取締舊式建築，一方面增高無建築物之土地稅率，而減少房屋之捐稅，如西加拿大之范古勿市，該市在一八九五年之房屋稅，爲百分之五十，於一九〇九年減爲百分之二十五，至一九一〇年房捐之收額全轉征於增價之土地，此種辦法施行後，所得之結果，爲土地投機事業之驟減，而房屋建造之陡增，范古勿市之發展，以資本與工作之免稅而致趨於繁榮也。其後此法加拿大各市皆採用之。愛德蒙通人口增至三〇，〇〇〇，物克多利亞市與伯羅咭羅市人口皆增至六〇，〇〇〇，威斯明哥特市與來思伯利基市之人口皆增加至一五，〇〇〇

○，美國愛勿雷特市，亦施減輕房租之政策，一九一二年一九一三年，減去全稅百分之二十五，一九一五年減去百分之五十，一九一六年復減去百分之七十五，以至於全行減去，而所有減去之稅收，則轉征之於無建築之土地，該市自此法實行後，房屋建造異常踴躍繁盛，迥異乎往昔矣。美國其他各市亦多採用此策，紐約市自一九一一年以後則有按年遞減房捐百分之二之主張，此種政策，在歐美已有基本建設之都市，固且採用，而在我國各都市，則基本建設甫開始進行，土地未經整理之先，市收入全賴房捐，以資挹注，且我國房捐稅率甚低，征收公允，全鼓勵建築；則宜採用別種方法，根本辦法，仍以迅速整理土地而重稅於無建築之土地，在土地未經整理以前，對於都市房屋之改善，政府一方面應限制不良建築之房租增加，或對於不良建築強制區劃整理，或由政府斷然閉鎖，或由政府貸金改造，對於完整之平民住屋，宜採用英國通行之一辨士房屋稅辦法，而減輕農工房租房捐之担負。總之，當茲建設之初，尤以鼓勵新式建築之興造，而厲行房捐等級制度之為得也。

## 營業稅與牌照稅碼頭稅廣告稅

營業稅為就工商業營業上之盈利，而課以相當之稅者也，蓋以工商業為都市之命脈，工商業營業之盛衰，與都市之隆替有密切之關係，使都市之設備不週，道路崎嶇，交通與運輸均感不便公共建設之缺乏，難以稽留，顧客影響所及，工商業之營業因之而衰微不振矣。為謀工商業之振興，則都市之設備為當務之急矣。欲求都市之隆盛，使貨物之需要日增，商品之推銷日廣，經營此種物品，營業者之財源暢發，則惟有集合都市中各工商業，以其營業所得收益輸出百分之若干，羣策羣力，以供公共建設之需要，是營業稅之中心，其為工商業無疑也。萬商雲集，百業駢臻，都市中工商業務千門百類，故營業稅稅則，亦因其範圍性質之不同而有所歧別也。至於稅率之規定，營業稅以商業範圍之大小與奢侈性質之強弱為標準，此稅為一種間接稅，名義上之納稅人雖為工商業經營者，而實際上為消費者擔負之矣。是以營業稅依其所營業者為奢侈品，或為日用品而定稅率之高低，通常經營奢侈品之營業規定稅率最高，且有採用累進率者，而對於銷售日用品之營業規定之稅率最低，或竟豁免其稅，以營業稅之征收，大抵取諸特殊階級，而日用品為全市人民之所必需，課稅過重，則物價因之而騰貴，貧民難以維持生計，引起人民之反感，而致影響於都市之安寧也。至於就奢侈品之營業而課征重稅，既不影響於民生，而又可以矯正都市奢侈之惡風，縱奢侈品之物價增高，富人固不因其值之昂也，而減低其購買力，而普通人民以奢侈品消費之貴，適足以改革其踵事增華之惡習，都市每年收入得無數之增加金額，而無妨於民生，此稅之至善事也。吾國各都市，皆，而貨物之運費消鉅，加之採行此稅，以供市政建設之需，此稅以德法兩國征收爲最早，而法國之內稅，爲財政史上最著名之稅，德國所征之營業稅，爲所得稅之一種，依各業每年營業之實在收益爲標準，所得稅則，就國稅之百分差而征收之，如國稅所得稅率，爲百分之四，而市所得稅率，則從百分之四，而至百分之八強，在少數富戶之數都市中，則都市所得稅率，高至百分之十五，而國市合計之，所得稅之總稅率爲百分之十九，營業稅在德亦爲累進率，凡小商業之營業收益，不超過二百馬克者，則豁免其稅，近來各市皆主張減低營業稅之稅率，以謀都市人口與商店之增加，因營業稅低廉，商人與消費者趨之若鶩也。德國各國之營業稅，占所得稅中之四分之一，依營業之所得而征收之，爲百分之一又二分之一，至百分之二之等級稅率，而對於大商業及百貨商店之營業，則徵較重之特別稅，在德之營業稅之徵收，非獨就使用街道之商店，凡船廠，碼頭，酒館，當典，銀行，劇場，戲園，屠宰場，以及供給各種娛樂之場所，皆得課徵營業稅也。法國營業稅就各業別，分別不同之稅率，亦就營業之所得而徵收，至各營業之所得數，不以各該業之實在所得爲課稅之標準，而由政府派員估計之數額爲標準。美國各市之營業稅，則於一般財產稅外，附帶徵收而以商業營業之大小與商行公司雇用人員之多寡，以及公司中營業設備之如何爲標準，美國之聖路意市，新辛納底市，及新西蘭市自採行此稅後，收入驟增，而都市之繁盛，大有臻臻日上之勢。我國嚮有牙稅與當稅之制，牙稅則由第三者領照設行，以經營買空賣空之過儎貿易而賺取傭金，而政府所收入爲數至微，而人民以貿易而繳納之傭金爲數，使廢止牙稅而代以營業稅，則人民減少第三者之剝削，納稅則較交付傭租爲輕，而都市亦得以增加無量之收入，爲建設公用事業之需，至于稅率似宜就營業之不同而區別規定，以估計之營業數額爲標準，我國舊式商業簿記，對於商營業實在收益不易確定，苟採用德國征稅辦法，較之估計辦法固足以增加若干收入，然在我國事實上對於營業所得，殊不易檢查核實，徒費時失事，助長人民匿稅之風，不若估計之辦法爲妥善也。至於牌照稅，爲一種之特許證，征費至微，而征收至爲普遍，如市內各工商業之執營業執照，建築業之建築執照，運輸業航船業之交通執照，下至販夫小商之營業執照，或分季徵收，或按月征收，或按年征收，大抵征費甚小，然統而計之，確成爲都市之重要收入也。

碼頭稅約分三種，一爲市建碼頭，一爲私建碼頭，市建碼頭，其爲公用碼頭在不取稅捐，其出租與私營公司，以租金爲市收入，私建碼頭，分承租與自業兩種，承租碼頭爲租戶承租於業主者，自業碼頭爲業主建築供自用者。廣州市以該稅爲警察經費，稅則於承租碼頭之捐稅照租價十分之一、五抽征，主客各納稅之半數，由承租者全數繳納，其所墊繳業主，應納之半數，則於租戶繳納，與業主之租金內扣除。自業碼頭之捐稅，則照產價每千元徵收毫銀一元二角爲標準，其產價之超過，或不及此額者，則依比例推算。估計民國十七年該財政局，對於長隄碼頭大加整理，繳驗各戶管業執照，幷規定建築方式，另行改造加價，招商承領召租，自整理以後，此宗收入增加金額不少。上海市亦有所謂碼頭稅者，其性質與廣州市迥異，廣州市之碼頭稅，則對於使用碼頭者抽稅。上海市之碼頭稅，爲一種碼頭經費，滿清時代，充爲建築黃浦江兩岸碼頭之費用，自浦西洋涇浜北沿江岸劃入外人租借範圍內後，年撥銀二萬四千兩歸英法兩工部局碼頭費，迨至光緒末葉，改歸江海關代徵分撥，公共租界法租界南市浦東四處碼頭稅就之附加，征收，自國外貿易之進出口貨物者，統撥歸英法兩工部局分用，而其收自通商各口進出貨物者，復分撥半數歸英法兩工部局，而以其餘之半數，再扣去代征經費結算扣除，然後解交我國官廳。民初則轉解財部，民國十一年，財部令飭撥歸浦東塘工局，上海建市以後，列入市庫收入，而該市仍照舊分期撥付塘工局支用上海市之碼頭稅，征自貨物，實爲一種類似厘金之通過稅，與使用碼頭者不發生任何關係，而負担納稅人爲貨物消費者，無待言矣。上海之碼頭捐不足爲法，各市之擬整頓碼頭增加稅收者，當以廣州市之辦法爲適當也。

廣告稅亦爲市收入之一種，廣告爲富商大賈利用的大言詞炫耀圖畫誘致顧客之唯一宣傳品，不惜靡費而爲之，最後則仍將所有廣告費用，納之於貨物價格中取償於顧客，惟日用品固無需乎廣告爲之宣傳，大抵廣告所登載者，爲推銷奢侈品，故廣告稅亦認爲一種奢侈稅也。我國各都市商賈爲招徠顧客計，現亦多採用廣告爲之宣傳，街頭巷口，四壁招帖，殊有沾市容，故公共廣告牌之豎立，實爲應時之需要，而廣告稅僅有開徵之可能也。各市廣告稅多由商人投標承包，於公用局另設廣告管理處辦理其事，人民建設之廣告場，以及車輛船隻幻燈電影印刷品，以及其他材料供人揭布廣告者，均應向公用局登記納捐，廣告稅率爲一種等級稅率，以其時期及面積之不同，分日月季年及若干方尺若干件數估計，各市自征收此稅以來，收入年有所增，廣州市廣告稅，向由揚名公司承辦，十七年後，收入爲一萬五千元之譜，較之十六年增數千元。歐美各國廣告稅，大抵征自各廣告公司，收入亦與年俱增，美國各都市就自設之廣告牌而論，其每年捐稅收入，已有一二十萬元之鉅，故廣告稅，亦爲市收入之一部分財源也。

（未完）

# 日本大阪市地下鐵道已動工

日本大阪市募集市債，舉辦地下鉄道，以調濟地面上交通之混雜，幷謀失業工人之救濟，本刋前期曾經誌其大畧，茲聞該市已得大藏大臣之許可，准其發行市公債六百六十六萬元，先着手完成高速度第一號線，中自梅田至本町之地下線，工事費總額計七百七十一萬九千元，現已於一月底動工，每日僱用工人五千名，進行頗爲踴躍。無錫市之將來本負有成爲江蘇之大阪市之希望，現亦欲籌發展郊外至太湖濱各處之道路工事，同時謀失業者之救濟，刻已着手募集工人二百名爲填土鋪路之工作，暫行試辦，將來如果成績美滿，當繼續爲大規模之募工以從事於地方各種事業之建設，特並誌於此，不得以彼衆我寡相形而自餒也。

# 市政概論

（原名市政淺說）（續）

金禹範

## 第二章　歷史上的市政

城市之復活——城市依舊爲一防禦機關——中世紀的市憲——基爾特和中世紀的城市——中世紀城市的公民——中世紀城市的行政——中世紀最後的一頁

### 第二節　中世紀的城市

#### 城市之復活

自從羅馬帝國滅亡之後，人民的生活一些沒有安定，城市更是窮困，戰爭，盜刧，饑荒，在那時可以說無時無之，尤其那幼稚的商業，使城市一些沒有進步。人民大般住在堡壘的裏面，以保生命。直至第十世紀，市政組織，稍見起色，但是商業還是很簡單，還脫不掉物物交換的情況，在此時市政最發達的而比較進步的，是在意大利和地中海一帶，因爲該處，早已和東方各國發生了經濟紐帶，有了來往，從達納偕 Dunube 和萊因河 Rhine 一帶慢慢地伸展到了佛蘭德和法蘭西，最後伸展到黑海一帶。到十三世紀時市政是很算發達了，這種發達的情形，任格雷A. Gery和利佛爾 A. Revlle 同著的「中古市政之解脫」Emancipation of Medieval Twons 中所寫的當時市政的一段，寫得最爲確切。他說：『那時的城像一羣蜜蜂一樣，裏面的伊唔之聲，正同蜜蜂的聲調類似，那時的街道，同古代一樣的狹而又不衞生，可是人民終生世代的生存在裏面。街道上扎滿了繩和籃子，賣買者高唱着特異的歌調，有許多聲浪，過路人聽了，竟覺得很恐怖。可是不久新的文化就開展了起來，高大的紀念牌，高衝入雲時的教堂，石刻的手工，也是當時的時髦之物，所以到這時期，一般的人，把那不久過去的嘈雜的城市，完全忘掉了。教堂的鐘聲做了全城的市聲，——這是十三世紀城市社會新的生命，也就是給人們所稱道的一點。』

#### 城市依舊爲一防禦機關

中世紀的城市也有堡塞，有時因爲人口增多後，常常築了幾套城牆。在城的四圍掘了水濠，四面有吊橋，以使進出，這許多東西，倘使現在到克龍（Cologne）弗蘭福脫（Frankfort）卜內門Br'uen、孟力斯（Munich）納萊圖堡（Nuremberg）微安那（Vionna）很可以看得見，更其微安那的環市馬路（Ringstrasse）是世界最美觀的道路，乃建築在堡塞之上，圍環在舊城市的四周。

在城的裏面，築有炮臺，以禦不測，在市廳（Twon hall）上面，築有鐘樓，凡遇到危險的時候，或者開會的時候，都鳴鐘以示市民，以及早晚上下工的時候，也是由此鐘司時的。在樓的上面。刻着一種市徽，算是自由的表記，凡是敵人攻克了一個城市，一定先要將這種標記打掉，纔算是攻克的了。

## 中世紀的市憲

自從東方商業興盛之後，商人在經濟的地位上一天重要一天，做商業的人的權力也一天大一天，他們就起來極力的反抗一切封建勢力，對於王侯所索的賦稅，抗不交納，地方上的一切商業，拒絕干涉，與市外通商，也由他們自己處置，幷且對於他們的個人自由要有切實的保障。自然起初王侯決不能贊同，然而因爲他們經濟地位的重大，幷且用了種種方法和王侯決鬥，結果據然得了完全的自由，凡是商人到處可以營業，政治上的一切權利也可以享受得到了，更其許多農人，也可以隨願的改做商業，或者改做農業。他們幷且將這許多得到的權利，都把他詳載爲市憲，這就是今日歐美市憲的起源。

## 基爾特（行會）和中世紀之城市

在希臘和羅馬的人民，分爲公民和奴隸兩種。到中世紀的時候。階級的分等，不同以前古代一樣的了，他們以工商來做標準，在商業中亦有貴族（Aristocracy），先前認爲低鄙的商業，到此時算是一種很名貴的行業。此時重要的工藝，是金銀；成衣，馬鞍；武器；鐵具等，商業分兩種，一種是內地貿易；一種是國外貿易。各種工商業都有基爾特（或稱行會）的組織，（Guildsy system）這種的組織分爲二類，商人行會（Merchant Gild）和手工藝行會（CraftGild），商人行會，包含一班從事於商業或者和商業有關係的人，是比較老些，十一世紀之初，見於意大利城市中，和其他商業復興之處。手藝行會，起源於十二世紀以前，可是在十二世紀纔得發見。這兩種行會，在許多城市裏，足以左右當地的政治勢力。行會的會員資格，最初定爲限於內行，然而後來就成功了一種閉關組合（Close Corporation），爲少數人所操縱，入會的資格非係承嗣父兄，就是出價購買，凡是其他工商人等，一概不能隨便加入。在行會根本目的，是在使會員保持均等的機會，仿制鄰市的競爭，維持會員生計的安全。行會能控制製造原料的供給，規定生產，和監視出品銷售，以及限制會員間關於利益是否公允的爭執，可是他的勢力，不但單是這一樣，牠又是一個奉行宗教典禮，和管理初等教育的團體，並且牠又担任城市軍備的一部分。所以牠的勢力在中世紀的城市中一天大一天，到後來竟在一市中最有勢力的市議會長老和執行委員　都要從行會中選出，這些事尤其在比利時，佛蘭德，法國南部，和意大利等處，爲最通行。因爲這許多城市是當時商業的重心。

## 中世紀城市的公民

有許多城市，有公民的資格，限於本城的人民，有的城市，限於居住在城牆裏面的，更有許多城市，公民資格的付與，以財物作標準的，或者限於行會會員的。有的城市，凡是奴隸，孩童，債主，工人，都無公民權和選舉權。在歐州北方的許多城市，有規定凡教徒都沒有公民的資格，所以當時公民的資格，還沒有普及。一切城市中政治人員，大概由貴族担任的，所以當時的城成了一個財富貴族的地方。後來到城市復元，商人在經濟地位上重要了起來，公民的權，又變成商人的一種特權，所以歐洲北方的許多城市，都由商業行會會員管理經營，以後，到十四世紀時，業工的一般人，在城市的政治上也算有了些勢力。

## 中世紀城市的行政

中世紀城市之行政，最不一律。有的城市的政權，交給公民大會選出的執行委員管理的，助理執政者，有貴族會（Body of Peers），這種貴族會爲終身職，更爲世代相傳的。有許多歐洲北方的城市，執政者，由地主（O verlord）以市政議會中指定一人担任之。可是實際上地方上的執政大概多是資產階級或者擁有特權的商人行會的會員，在工人階級的人，是很少有執政者的。

## 中世紀最後的一頁

擁有特權的行會組織的中世紀的城市，直至十五世紀以後纔有變遷，因爲行會的組織漸漸失掉了牠本來的宗旨，許多地方，完全失掉了自由平等的原則，給少數人所把持，復成了一個閉關組合，這種的情形和中世紀初期的城市一樣，更其人口一天增加一天，而對於公共衛生和公共教育，火警政的設備，完全沒有，市政的腐敗，達於極點。沙博士 Dnocter Albert Shaw 說：『講到市政上的便利，在那時的生活很是簡單，在現代市政上所辦的建設，在那時夢都沒有做到。街道很狹的，更造着節毗的屋宇。鋪地的材料，很是粗劣，下水道又很簡單，垃圾也沒有去除的方法。水的供給，是由幾個城市的公共泉水汲取的。路燈在那時也沒有設備。所以工作都規定在早晨。許多城市中設備一種空地，專爲供給大家牧牛之用，有時許多燃料，也從此地採集。大般房屋的構造，都用木材。所以雖然消防了很嚴，然而火災常是不可免的。各市的死亡率，當然是很高了，傳染病的流行非常之盛，時疫傳播，更無法防止，當時公共衛生的科學尚未發明，所以人的生命都是給天作了主去。』」—這是段抄寫中世紀城市末了的最好的文字，在這段中間，就確知當時市政的腐敗了。所以一到十五世紀，城市所有的一切政權都被國王藉口所接了去，各國政治也就此得了發展，城市從封建貴族手中爭來的一切權利就此喪失，其地位變了中央行政區的一種。（在國王聚中這許多權力的時候，當時的人民到很願意由中央政府來管理，確實他們覺得由中央政府管理市政能夠脫離了少數暴虐的人管理的腐敗市政。）

## 第三節　現代的城市

歐洲都市之衰落—十六世紀以後—美國城市的發達！法國的巴黎—十九世紀以後—法國市制的發展—德國市制的發展—美國市制的發展—歐洲市行政的發達—美國市行政的發達—我國市政的發達

### 歐洲都市之衰落

歐洲中世紀以後的幾世紀中，城市是非常的衰敗。中央集權的發達，確是一種最大的原因，當時法蘭西，西班牙，英國等的中央的權力非常之大，中世紀城市所有城市的特權，都被博奪，如德國那時許多的邦，次第得勢，城市的地位受了一個極大的變遷，同時經濟組織上也起了一個極大的變化。起初中世紀城世最有勢的是行會組織（基爾特），而在此時則家庭工業制度發達（Domesti System），本來在基爾特制度之下，商業非常之隆盛，所以城市也因之非常之發達，可是一到家庭工業制度之下，大般人民都脫離了城市，跑到田間去了。尤其中世紀的城市中，關於工商的各種特擢，又漸次消滅，經濟上的支配權，都移到中央政府的手裏去了，這是第二個原因。至於第三個原因，因為當時歐洲的戰爭很甚，陸上交通斷絕，這也是毀壞都市的導線。

以後到了一四二九年，意大利許多城市，格外衰敗，這因為當時發現了美洲，東印度的新航路發見，從此世界之商業航路，起了一大變更，地中海一帶重要的城市，失了商業的重心，意大利諸城市從此衰落，同時，南方的德國諸城市也同樣遇了陷落的命運。

### 十六世紀以後

十六世紀以後，工商業發達的結果，使歐洲各城市得了發達的機會，當時東印度到美洲的新航路發現後，西班牙，和葡萄牙人，佔領了海外貿易，在海上的勢力大振，其結果，使西班牙的，『卡退貧』和『晒屋開兒』等各城市，成功了很繁榮的城市，更其葡萄牙的『利斯博』執了當時世界海港的牛年。

十六世紀之末，和蘭的各城市也興了起來，其中最發達的是『阿托哇鋪』。『阿托哇鋪』起初本來屬於西班牙保護，是西班牙到美洲的貿易中心。阿托哇鋪的人口有二十萬。當時除『巴黎』之外，恐怕沒有第二個及得到的了。荷蘭除阿托哇鋪之外，更有『

蓋托』『泊退貧賽兒』『巴之斯』『意鋪兒斯』也是當時繁華發達的城市，後來到荷蘭共和國時代，更有『阿姨斯退兒達嫫』『洛貧退而達嫫』兩城市，也是很發達的。到在十六世紀之末，德國各城市也恢復了起來，如亨堡南方的『阿夫古斯布而古』『紐倫而布嗜』等，就是個很好的證例。到『夫威廉貧古』二世，葡萄牙西班牙合併，西班牙的艦隊被英國打敗，因之海上的霸權被英國奪去，『列斯博』做了多年的東洋貿易的中心。

## 英國城市的發達

自從英國得了海上的霸權之後，英國的海外貿易，非常之發達，到十七世紀之初，英國的海外貿易執了歐洲之牛耳，國內的工商業，非常隆盛，同時國內的各城市，也因之很是發達。現在我們拿當時的倫敦來說，就可以知道了。

一五五〇年倫敦的人口為十二萬，到一六八五年，竟達五十萬，當時歐洲與倫敦並駕的有『巴黎』和『阿嫫斯退兒達嫫』，而倫敦就做了商業的中心，富翁貴族住居在此地的也很多，所以非常之繁華，竟可超過『巴列苦利斯』時代以雅典城和十五世紀時的「夫洛倫斯』之上。可是那時的市政實在很壞，美國「費城」Fairlie 教授，對於十七紀世末葉的倫敦描寫得極其明顯，關於一六六六年倫敦大火後，政府對於建築家任恩先生Sir Christopher Wneu所擬之倫敦改造計劃沒有採用後，有以下之批評：『不但是街道的狹小和巷坊Alley 的不平仍如舊區，就是街道的交通，也沒有改良。道路的鋪砌，既不得法，又不勤加補砌，所以塵土飛揚，妨礙衛生，凡是到倫敦遊玩的，沒有一個不說這是倫敦的可恥之事。說到溝渠，則惡劣至極，遇到陰雨，滿街穢水汎濫，交通因之斷絕，城市的空地堆滿了垃圾，炭渣，貓犬的死骸，各處房屋均無門牌，晚間非常黑暗，直到「查爾司」皇二世，開始設備路燈，所以行人往來常有跌傷骨挫的事發現。有時滿桶垃圾，竟由樓窗傾下，路上有無走過人，一些不顧。更沒有什麼下水道，所謂去汚穢物的法子，在那時一些沒有的。盜賊橫行，不加之罪，貴族的放蕩少年，往往以顛覆轎輿，搗碎窗格，撻打良民為能事，對於美麗的婦女，則任意侮辱，強迫強姦，如此的無法無天，實在不堪言狀。當時雖然有由市議會，規定守夜更夫下人，由各家輪流担任，但是每夜到的人是很少的，就是到的，也是不盡職的，往往在守夜之時，到酒樓等遊玩去了。到十八世紀時，倫敦的市政，比較進步，對於路燈自來水，警察等行政，大加改良，但是總不能同那時的巴黎爭風』。

## 法國的巴黎

法國各市，以巴黎市算最重要，當時的巴黎不但在法國各城市佔了重要的地位，就是在歐洲各城市中，也是一個最重要的城市，當巴黎到中世紀末了的時候，其市民為歐洲各市之冠，到十八世紀初期，市民增至一百五十餘萬，當時巴黎的市行政，也很優良，這種的市政，大半都是皇族來管理的。巴黎在此時期，其警察，消防，公共衛生等的腐敗，起初不弱歐洲各城市，但是到了十七世紀的中期，逐漸改良，很有進步，當時的公共建築事業，範圍擴充：城市之中，建築了紀念石碑，和寬闊的大道，種植樹木，警察消防隊也很能保衛地方；路燈交通，公共衛生也很完善，所以城政很是進步，在歐洲各城市，常常效法於此。

## 十九世紀以後

十八世紀之末，十九世紀之初，歐洲的工業，起了一個很大的變動，手工業破壞，機器工業發達，交通日有進步，所以大多數人民，集中到城市裏面來，因之城市裏發面生了許多新的問題，是中世紀城市所夢想不到的，因之城市的行政也不得不大加改革，這種的改革，尤以英法德三國算最盛，其後更有新興的美國，也是很有成績的。當時所改革的，可以分為兩種；第一種，是市組織制度的改革；第二種是市行政市管理的改革。

## 法國市制的發展

在三國之中，法國對於市組織的改革，尤占了風氣之先，法國在革命的時候，市政府最無能力，並且最違背平民主義，而且體制很不統一，所同的，就是中央的專制和壓迫。因此當然沒有地方自主了。而中央於適當的市政也不加研究。不久法國大革命起，將城市的政府組織，根本推翻，將各城市不同的組織，切實整理，成為通一。將中央專權的市政，一變而為民治政體。可是因為此種改革太是急進，結果，到拿破崙時代，又改變了制度，又變成了革命以前的類似的情形，地方自治又經一次破壞。但是，地方自治的精神並未失去，所以以後法國國家政體，雖屢經更變，地方自主和民治的精神終究已有逐漸發展的趨勢。及至法國第三次革命時，其所公布的市政府通律 Municipal Corporation Act），就明白規定了地方有自治的特權。可是凡市政府所辦的事，必須得上級行政監督官廳的認可。這因為地方自主權愈大，而中央政府若毫不加監督，城市就可以為所欲為，如有傷地方，擾及市民的事，也無法制止了。但是我們決不要誤會，法國城市若想滿足地方的需要，並不事事都要請命中央政府的。

## 德國市制的發展

歐洲各國，對於市制度和市權的改良，其次就要推德國了。在德國方面，更其要推「普魯士」，在十九世紀初葉，德國城市和法國革命以前的城市一樣，也是中央法律的產物，當時地方上的行政人員，都由中央揀派。城市行政，一些沒有好的成績，市民對於市政也不大關心。及至一八〇七年至一八一三年，法國拿破崙時代，法國國家不安定，普魯士就乘機將政治極力刷新，而對於市政也同時加以改良，在一八〇八年普魯士通過了「錫丹」的市政府通律Municipal Gover ment Act，普魯士的各城市就起了一個大變化，德國全國的城市也逐漸根據了此法改良了。從此德國的各城市有了很大的民治精神，一般市民都得了參預市行政的權利，地方上的動作只要不與高級政府的法律相抵觸，地方上完全能行使他的自主權。并且這種自主權，比法國來得大，不像法國的受上級機關限制得利害。

## 英國市制的發展

英國對於市政的改革，算最晚了。在一八三五年時，英國市政府的組織和行動尚未脫離中世紀時代的狀況，其城市政府，還是給少數人任意把持，市民大半是沒有參預市政權力的，後來到一八三五年方有市政通律的通過。這個通律，是英國特派的調査市政委員會調査發見了弊端以後建議的。對於市政府的組織制度，改革了很多，將少數人專制的市政府改變了共和地方政府，但是關於中央給與城市的權限一層，沒有像德法兩國的通律所規定得好，德法兩國授與地方的權限是概括的，而英國給與城市的，不過列舉的幾種特定權限。因此英國如過要做法律未允許的事體，仍得請示於中央立法機關。這就是和別國不同的地方。

## 美國市制的發展

美國在十九世紀之初葉，立國未久，政治的一切設施，大都



都是仿傚英國，所以城市的權力是同英國一樣的很少，後至十九世紀末葉，二十世紀的初葉，因爲市自決制的運動日見得勢，因此市政府的組織也發生了新的變化，并且定了委員制和經理制兩種，因此，本來不如歐洲的美國市政，至此有駕乎歐洲之上的趨勢。

## 歐洲市行政的發達

十九世紀以來，歐洲的市行政，很有成績，在十九世紀以前，歐洲對於公安消防等事件。幾乎一些沒有設備，就是設備的，也是很簡單，而無良好的辦法，但是自從一八二九年英國倫敦舉辦了第一次警察隊後，歐美各城市都舉辦了起來，消防上也有了的欵，正式的組織了消防機關，並且有了從前所未有的建築法規，特別防止火災的發生。十九世紀以前不完全的公共衛生設施，至今也收歸市政府舉辦，極力經營，很有成績，對於市教育，也設立了公共學校，採用良好的教育制度。對於公共營造也比以前發達得多了，凡是在歐洲各國重要的城市的街道，鋪砌得非常之好，對於公益事務也很有辦法。總之，凡是社會上新生的問題，終是有了種種解決的辦法。

## 美國市行政的發達

美國的市行政比較進步要遲些，在一八〇三年前後還沒有正式編製的警察隊，直至十九世紀的末葉，幾個大城市開始招募警

察隊對於消防事務，當時也是很幼稚的，可以說是腐敗不堪，及至中世紀中葉，各市開始設立消防行政部，招募消防員，組織消防隊，對於救火方法也逐漸改良。其公衛生的設置，到比較早些，在十九世紀之初，已有幾個大城市組織了特別衛生委員會，可是在實際上這個委員會的任務，僅限於防制傳染病的事情。後至十九世紀的中葉，有了衛生調查員，到各處調查，指導。

美國公共教育，發達在「紐英格蘭」New England的殖民地，這是美國最早的任務。但到後來，是把教育行政，從市政中分劃起來，交給特設的學校委員會辦理，不受市政當局的干涉。

美國城市對於救貧事業，在十九世紀中已很有人注意了，後來到十九世紀之末，二十世紀之初，更普遍發達。此種救貧事業，起初大般爲私人經營，近來有由公家管理的趨勢。

十九世紀中，美國最驚人的市政，要算公共建築了，在此時期中，營造事業日漸發達重要，道路的建築，在美國未革命時代，大都都用圓石，到十九世紀，就改用別種材料，到十九世紀中葉，就採用了花崗石塊。稍後更有用木塊等材料。及至十九世紀下半期，就採用了磚石，三合土，和各種土瀝青橡皮等。這確是對於道路工程的一大進步。自從發明了瓦斯氣可作燃料後，路燈也漸形發達。汽的供給，除「費拉達費亞」城在一八四五年自設汽廠外，其他各城市，都招商承包。下水道的設置，在一八二三年「波士頓」爲美國最先應用的地方。其到十九世紀中葉以後，各城市都很發達了。自來水在紐約和柯羅頓爲最先辦理，此後各城市都逐漸自己設立了市立自來水廠，專供市民應用，自來水廠除幾個小城市外，多半城市自己經營。到了二十世紀，美國市政的進步，正有一日千里之勢，不但以前已有的城市的設施擴充，而且添加了不少新的任務。

## 我國市政的發展

我國市政的開首，當然要推周代，可是市政的發展在這二十年上下，所以我們現在講到我國的市政發展，應在這二十年上下講起，並且在這二十年中，又可分爲四期來講：

第一期　我國自海禁開放以來，歐西的工商業伸展到了中國，因之城市中的人口，一天增加一天，其勢不得不從市政上想法着手，更其，受盡了德謨克拉西的影響。清末內政不修，外交失敗，有識之士，咸知非効法歐美，刷新政治，不足以圖存，光緒帝韙之，乃於三十年，派遣專使，分赴東西洋各國考察一切政治。三十二年，各專使歸國，就奏請宣布立憲宗旨，清室乃於是年七月十三日，下詔預備立憲，三十四年八月，又下九年預備立憲之詔，更其在這詔書中，規定以七年中，將地方自治辦理完成。因之在同年十二月二十七日，就頒布了城鎮鄉地方自治章程。這就是我國市政的第一聲。這章程規定府廳州縣所治城廂爲城，

——今日所稱爲的市，城廂以外的市鎮村莊屯集等，人口滿五萬以上的爲鎮，人口不滿五萬的爲鄉，——這二等即今日所謂的鄉。這章程賦予各城的市權，計有學務，衞生，道路，工程，農工商務，善舉，公共營業，財政和其他向來習慣上歸紳士辦理而無弊端的各種事件。至於組織方面，是採用德法意日諸國的分權市制，將一市的議決權交與議事會，執行權，交與董事會。後至宣統元年，又因爲京師地方和各省地方情形不同，所以又另訂京師地方自治章程八章，共一百三十四條，內容以普通城鎮鄉章程稍加變更。以後，這種計劃，一則因爲當時清室沒有誠意，更其不久武昌起義，皇室顛覆，這種章程未得實行。但是在該章程未頒布之先，如東三省天津上海等處，都有自動的局部市政的舉辦，再加在光緒末年，各省紛紛設立警察，開辦學校，闢公園，設立衞生局。我國城市在此時期中算能粗具規模。

第二時期　自從辛亥八月武昌起義後，數月之間，清廷退位，整個的中國政治局面，一大變動，市政上，也發生了一大變化，這就是第二期的開端，這種大的變化，以前本由中央政府訂定的自治章程，在革命後，就歸各省自己處理，因而自治制度由各省自己訂定。就將江蘇而論：江蘇自從辛亥革命後，在十月中召集臨時省議會，議決「江蘇暫行市鄉制」，由都督公布施行，到民國元年四月，江蘇臨時會議，加以修正；至二年六月，再加修改，及統一政府成立後，因爲中央并未宣布統一自治章程，江蘇各市，就照暫行市鄉制，組織市政機關：辦理市政，其組織大致與前清城鎮鄉地方自治相同，也是市議會市董事會分權制。就是名稱上稍有不同，前清「城鎮鄉自治章程」定府廳州縣治城廂都是「城」，而暫行市制上，通稱之爲「市」。在這時期中，對於市行政上，很少發展，可是比從前要進步些了，有幾個比較發達的城市，如上海，北京，南通，無錫，杭州等處造了幾條石片馬路，有了幾個商辦的電燈公司等出現。消防上，人民自動組織的救火方法，也比較進步些了，公共衞生，也比較有人注意到了，公共教育，也比從前發達些。對於卹貧事業，不如從前的散米施粥施衣等事而已，也有了改良的孤兒院等，可是這許多事，不全是公家的舉動，大半還是市民自行的動作，或者竟有歐美到內地來傳教以外國教徒，因欲將國人的信仰而創設的。這就是我國城市對於市任務第二期的大概情形。後來，民國三年二月三日袁世凱存心帝制，藉詞通令各省停辦自治。後雖在三年十二月二十九日，袁氏又公布內務部重訂「地方自治試行條例」，而一則是袁氏的手段無誠意實行，二則是袁氏不久病沒，因之未得實行。

第三期　在這時期中，可分兩起說。第一是廣州舉辦市政的事，在民國九年十月，陳炯明率師回粵，首倡地方自治，以廣州作全省首善之區，遂有改組市公所之議，提交法制編算會討論，該會請會員孫科起草廣州市暫行條例，經衆審議之後，即呈請省長核查公布，廣州市府，遂於民國十年二月正式成立，至此我國市政又起了一大變化——「市」完全脫離了中央，祇受省的節制，幷且市政的組織完全採用了行政委員制，和前清的，「城鎮鄉制」，與江蘇的「暫行鄉制」大不相同。其二是北京政府因外交上關係，許多重要地方，改闢商埠，商埠的組織：設督辦一人，祕書參事等若干人，以下再設各科，所規定的任務，與現市府同，可是因爲當事人都是外行，結果，一些沒有成績。

第四時期　第四時期是從國民革命軍出師北伐到現在。十七年七月三日，國民政府公布特別市組織法，和普通市組織法兩種，都是拿廣州市暫行條例爲藍，再加以修改而成的，凡是人口百萬以上的城市和一國的首都，都可以有列入特別市的資格，凡人口滿二十萬的，就有列入普通市的資格，特別市政府，直隸於中央，普通市政府，直隸於省政府。這兩種城都市，只有上述的地位上的高下，和形式上大小的不同。在性質和組織上，大體相同的。一市設市長一人，市政府下。設各局或各科（以事務的繁簡而不同，）一市所辦的各種事務，於不抵觸中央法令時，可以舉辦以下各事，市財政事項：市公產之管理及處分：市土地市場工商業之調查統計獎勵及取締；市勞動行政；市公益慈善；市街道港務行政管理，市交通電氣電話自來水煤氣及其他公用事業之經營取締；市公安消防及戶口統計，市公共衛生及戶口統計等；市公共衛生及醫院業市屠宰塲公共娛樂所之設置取締等，以及市教育文化風紀等事項。這許多事情由各局分別執行。自從該法頒以來，各地正式成立市的，已有二十多個，在籌備期中的，也有三、四個。在這時期中，和以前幾個時期是不同得多了，市政的進展，很可樂觀，或許在這樣的過程中，幾年之後，也許會駕乎歐美之上的可能。可是我國因爲教育的不普及，市民對於市政的設施很有懷疑和反對。所以在這時期中，拿近來的成績和市民的程度來講，還是一個初春時期。

參考書：

F.C.Howe: The Modern City and its Problems.

J. R. Green. social England, III.

Macaulay, Ibid

Weber, Growth of Cities.

小川市太郎：大都市

張慰慈：市政制度

董修甲：市政學綱要

董修甲：市行政學綱要

楊哲明：現代市政通論

高一涵：歐洲政治思想史（上卷）

李光忠譯：歐洲經濟發達史

劉燡元
會少俊：民國法規集刊（第二集）

東方雜誌二十六卷十七號

（未完）

計劃

# 無錫第一公墓計劃書

工務科

本處奉　民政廳令　轉衛生部訓令，限期籌備設立公墓，迭經社會工務兩科，會同察勘相當地點，以期早日厥成，但遍覓空地，皆不合部頒公墓條例之規定，惟青山寺前燦山之麓，有山地七十畝，地勢尚稱平曠，地形亦頗方正，寬長均約七百呎，距離工廠學校等公共處所甚遠，除青山寺外，別無居戶，該處與飲水水道及與鐵路大道河塘溝渠均無妨碍，且土性高燥，地位幽靜，交通利便，地面空曠，最合於建築公墓之用，惟查該地爲私人所有，應照章出價收買，以便早日興工。

## 一、建設公墓之理由

人死而葬，所佔僅一席地，似爲一極輕微而極普通之事，然吾人試一檢視，每年人口死亡率之統計，估計其用作墳墓所占之地位，殊足令人驚駭，即以本市論，假定人口爲二十萬，每年死亡率約占百分之三，每人所佔之地位，約二百平方尺，合計則每年需地一百廿萬平方尺（合一百六十五畝），假定人口不再增加，一百年後，所佔之面積，須一萬六千畝，且此項私墓，有散厝在田內，佔極大之面積，致妨碍農事，收獲減少者，有散佈在山野，因建設道路河流等而發生糾葛終致毀滅者，如此亂葬，不特侵蝕生人土地，抑且難安死者窀穸，殊非兩全之道，茲爲節省土地計，爲永久保存計，亟應設立公墓，以資補救，現擬先設第一公墓於青山與燦山之間，收用山地七十畝，可闢墓穴三千一百個，倘能暢行無阻，限期成立，斯爲無錫市公墓之嚆矢矣。

## 二、地位

查該處距惠山鎮約二里許，夾於兩山之間，貫以大道，樹木茂密，風景絕幽，一經點綴，便成佳蹟，有石片路，可通人力車，將來俟公墓完成後，再行拓寬道路，即可行駛汽車，煤山之南，且有河可通船隻，距離公墓，亦祇二里許，水陸交通，咸稱便利，喪葬時，搬運靈柩，決不至有何困難也。

## 三、結構

本公墓四周圍以石砌，堅固圍牆，開闢中國牌樓式正門側門便門數處，以便出入。各門內均建墓道，其主要者寬五公尺，其次寬三公尺，均鋪以石片，以備喪葬時行列之往來，最小者寬一、五公尺，為墓間路，以便運送靈柩。（如附圖）

各墓穴之位置，編號註明圖中，以便選擇定購，每戶長十二呎寬六呎，如有欲於墓之四周建設垣圍及其他裝飾墓碑等者，得按照公墓條例多購半穴地。

墓地之中間，設宮殿式公共禮堂一所，以備祭奠及春秋公祭之用，其左并附設公祠，以供該公墓中名人烈士之靈主，其右設廚房，看管人宿舍及其他喪葬用具室等，一切設備，務求完備。

墓穴每戶為七十二平方尺，除靈柩約佔二十八平方尺外，餘地專供栽植樹木花卉以及紀念碑等，亦足補助公墓之美觀也。

紀念碑之式樣，由本處計劃各種圖樣，規定價目，聽便購用，外如有自行製作者聽便。

墓垣之建造種類繁多，除由本處繪成一種以便參攷外，餘均聽候各人自出心裁，務以不礙公墓美觀為主。

## 四、分區

為設編號及管理上便利計，將公墓所佔全面積區分為五區，如圖中所註，在東部者，名仁字，區計有五四九墓穴；在東北部者，名義字，區計有五七〇墓穴；在西北部者，名禮字，區計有四五〇墓穴，在西南部者，名智字，區計有六九四墓穴；其在煤山之麓者，名信字，區計有八四三墓穴；總計全部共有三千一百零五墓穴，又本公墓之墓道，俟公墓成立時再行定名。

## 五、預算

本公墓之建設費，除由市政籌備處補助一部份外，餘均取償於購備墓穴各戶，計其工程費洋三萬一千元（如附表），而本公墓墓穴共三千一百餘個，每個至多售洋十元，連同每戶葬費及建設等費，其計亦不過三四十元，較之往昔葬費既廉，而所得地位之佳，設備之全，及公家保護之周到，其利益殆不可以道里計也。

## 無錫第一公墓建設費估價單

| 項目 | 數量 | 單價 | 合計 | 備考 |
|---|---|---|---|---|
| 墓地 | 山地七〇畝 | 三〇、〇〇元 | 二一〇〇、〇〇元 | 內三十畝係高姓公墓餘地亦多屬民產又每畝以六一、四四方公尺計算 |
| 圍墻 | 二五〇丈 | 一二、〇〇元 | 三〇〇〇、〇〇元 | 用本山黃石砌造以資節省高約五尺 |
| 正門 | 一處 | 二〇〇〇、〇〇元 | 二〇〇〇、〇〇元 | 中國牌樓式用石材或水泥鋼骨以資永久 |
| 側門 | 二處 | 五〇〇、〇〇元 | 一〇〇〇、〇〇元 | 用本山石爲柱另裝門戶以使啓閉 |
| 五公尺墓道 | 一四〇丈 | 四、〇〇元 | 五六〇、〇〇元 | 用本山石塊鋪砌石片路以利車行 |
| 三公尺墓道 | 一二〇丈 | 二、五〇元 | 三〇〇、〇〇元 | 仝上 |
| 一、五公尺墓道 | 一五〇〇丈 | 〇、五〇元 | 七五〇、〇〇元 | 煤屑土路兩傍築路邊以利掃墓 |
| 樹木花草 | 五〇〇〇棵 | 〇、三〇元 | 一五〇〇、〇〇元 | 松柏石楠之類間以桃梅柳竹等花菓樹 |
| 禮堂 | 一所 | 一〇〇〇〇、〇〇元 | 一〇〇〇〇、〇〇元 | 中國宮殿式大廳二側造照茶廳各三間 |
| 公祠 | 一所 | 三〇〇〇、〇〇元 | 三〇〇〇、〇〇元 | 中國宮殿式三開間大廳一所 |
| 屋宇 | 八間 | 三〇〇、〇〇元 | 二四〇〇、〇〇元 | 各種需要屋宇 |
| 器什 | 全副 | 一〇〇〇、〇〇元 | 一〇〇〇、〇〇元 | 枱機器什裝修用具 |
| 預備費 | 約全額一成 | 三三九〇、〇〇元 | 三三九〇、〇〇元 | 以備各種費用之溢出預備而挹注之 |

總計工程費大洋三萬一千元

## 六、無錫第一公墓章程

人生百歲同歸於盡，蒼蒼者天，不分貴賤，誰無父母，誰無子女，生養死葬，人之大事。私人墳墓，任意掩埋，一至郊外，青塚纍纍，東西南北，觸目皆是，景象淒涼，令人惆悵，盛暑之際，穢氣四溢，既碍觀瞻，復釀疫癘，更有羈人離鄉背井，足跡靡常，省墓無定，代遠年湮漸歸無沒，尸骸供諸野獸塡邱壑，爲念生人之可哀，輒愴然而涕下，且今工商發達，戶口繁增，昔日荒墳，今成鬧市，四郊幾無隙地，生人幾與鬼競，寸土千金，佳城莫卜，此公墓之設，所以不可緩矣。明達之士，苟能破除舊見，羣策羣力，成此盛舉，以維久遠，不以一族之隆替，累及公衆之衛生。豈僅一市之經濟，美觀受其利益已也。爰訂章程數則如下：

一、本公墓鑒於喪葬大事遺憾滋多，且爲節用土地便利祭葬起見，特在市外青山之麓，闢地七十二畝，建築公墓，不分等別，均得認購。名曰無錫第一公墓。

二、公墓內建有禮堂，劃區分穴，規定尺度，計長十尺，寬六尺爲一穴，繪有墓穴圖。挨次編號。

三、墓穴內分爲甲乙二區，分收費與免費兩種。免費者，爲地盤圖中信字區，即在爍山麓之一區也。

四、定穴人無論壽穴或即時營葬，一經選定，不得退換，訂定之後，應將手續辦清，以持有本公墓之收據，及定穴證爲憑。

五、定穴人認購墓穴，須塡具定穴書，由本人署名蓋章，並記明左列各項：

甲、定穴人之姓名，籍貫，住址，職業，及生前年歲與事略

乙、被葬者之姓名，籍貫，及生前年歲與事略。

丙、墓穴號數。

丁、被葬者家屬姓名籍貫職業及住址。



戊、定穴之年月日。

六、定穴證書因遺失而請求補給時，須由定穴人邀同證人塡具保單向本公墓聲明，並將遺失情事登報申明，如兩個月內無人聲述，異議時，始許補發新証書。

七、本公墓備有公墓名簿，分年編號並將第四條所載各節，分別詳細載明之。

八、本公墓地基自歸公墓保管會永遠担保，無論如何不得處分，並呈請國省廳備案核准，依法登記，以垂永遠。

九、本公墓經常費，由委員會負責人員寄存銀行生息支付。

十、本公墓營葬限制如左：

甲、欲於墓之四周建設垣墻者，所佔之地位得超過第二條距離二分之一。

乙、葬戶須妥爲營葬，不得浮厝。

丙、爲觀瞻起見，不得沿用舊式土塚，其墩須用小泥或石料，由葬戶自行選擇之。

十一、凡委託本公墓代辦葬事者，其費均須預繳。

十二、本公墓禮堂一所，凡遇葬者家屬，欲舉行吊禮等事情，得租用之，租費另定。

十三、本公墓附建公祠一所，名曰安如堂，以備葬戶供奉靈主。

十四、葬戶家屬隨時均可祭掃，應需祭品，委託本公墓代辦者，須數日前預定，並繳清費用。
十五、葬戶家屬，如欲焚化錠帛等，須在本公墓指定地點，不得隨地焚化。
十六、墓及墓碑及在地所植花木，不得踐踏折毀，公墓地內，不得狩獵及放牧牲畜。
十七、本公墓僱傭茶房園丁，另定工資，不得向葬戶有何種需索。
十八、本章程自公佈日施行。

## 英國直布羅佗海峽海底隧道一月開工

貫穿直布羅佗海峽連結歐洲與非洲之海底鐵道，喧傳計畫已歷歲月，茲已定於本年一月內開工，西班牙政府承認支出測量費及地質調查費，工事以摩洛哥之亞爾卡塞爾色格伊爾爲起點，此道竣工之後，在人類交通史上又開一新紀元矣。

# 日本改良實業教育

日本文部省關於改良實業教育制度之根本方針，已於去年十二月二十八日決定具體方案，須於今春始能着手計畫，茲先將其大要摘錄於左：

一、各府縣應切實整備實業教育視學制度。

二、小學卒業與升學時，小學校長每勸其入中學或高等女學校，不喜其有實業學之志願，茲欲矯正此弊，通令各地方長官善為勸導。

三、設立實業教育調查委員會，關於工業教育農業教育商業教育及女子教育四部，設常置實業教育調查委員會，協議改良實業教育之方法。

四、計畫關於產業政策上之海外事情的教育之振興。

五、改正實業學校制度，改正尋常卒業入學資格，承認修學年限滿二年者，又收容中學卒業生設立修業年限一年之第二部於農工業學校，并授以武道。

六、改良實業學校的內容：(甲)整理教材分配學科，(乙)各府縣設置各科研究會，為謀各科教員教授方法之分別研究，每月開會一次。

七、關於實業學校教員者，(甲)獎勵實地見習，(乙)組織研究會，(丙)在文部省內設置關於教員質疑問答之指導機關。

八、制定高等實業女學校規則，取消現行職業學校規定中關於女子職業學校之條項，另設新規定。

九、將來立設中等學校時，務必獎勵設置實業學校。

十、在於增設工業學校之臨時費，國府須予以補助（五萬元至十萬元）。

十一、獎勵每一郡設立乙種農業學校一所。

十二、現有水產學校僅十四所，更增設十一所。

十三、獎勵設置職業學校；(甲)飛機，汽車，點心，照像，打字，美容等各種職業別之學校，此種學校年年增加，現已有七百校，今後當視此等為職業學校，獎勵增設；(乙)獎勵同業組合設立各種職業別之學校。

十四、獎勵在公司及工場內辦事人教育之設施。

十五、實業學校教員養成所，修業年限，定為四年（現在三年），以一年為實習。

十六、整理實業專門學校之教材，及各學科之分合。

十七、實業教育之調查：(甲)調查歐美實業教育，(乙)調查公司工場及官廳使用教育之程度，(丙)各府縣實業學校分配之調查。

圖表五二：此處原爲《無錫第一公墓地盤圖》，見書後。

圖表五三：此處原爲《無錫第壹公墓地位圖》，見書後。

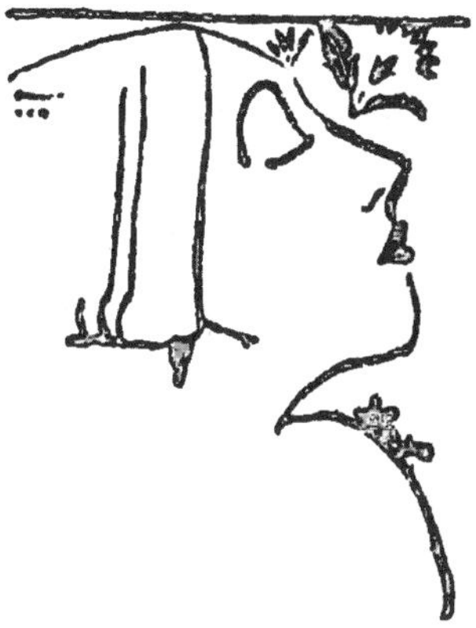

# 整理城中公園計劃書

工務科

公園之設，肇自民元，其園址本爲道院荒蕪之地，嗣經俞仲還秦效魯諸先生收歸公有，闢爲斯園，推周君寄湄董其事，初則園之面積，僅念餘畝，迄今十有八年，次第經營，收買附近民地，現全園面積共有二萬六千四百方公尺。其建築物有殿一，廳一，樓房一，洋樓三，檻軒榭五幢，自流井一，池塘三，石橋三座，長方圓亭七座建築，所占面積，計二千八百六十五方公尺，惟創設以來，逐漸拓寬，未曾有通盤之計劃。乃者，整理伊始，何者宜改造，何者宜添設，特爲評擬辦法，冀成爲本市較爲完美之公園焉。

## 一、公園之效用

公園者，公共娛樂之所也，在城市貿易區域之人，湫隘囂塵，終日勞苦，精神極易倦惰，辦事減少能率，故歐美日本諸邦，舉辦市政，首重公園之多設，俾市民得有適當之消遣，每當工作之餘，散步園林，呼吸空氣，偶觀魚躍時，聽鳥音，百卉爭妍，羣獸競舞，入其中者，有心曠神怡之樂，無車殆馬煩之苦，塵襟盡滌，天機斯暢，市民平日對於職業上所感之倦怠，得此一時片刻之優遊，重新鼓舞其精神，淬勵其智慮，復各反於其本職，如是則人無廢事無廢，時有益於身心之休養，而增加其辦事之效率，西哲有云，「公園者都市之心臟也」，其關係之重要，於此可以見矣。

## 二、整理之必要

夫城市之公園，猶人身之衣冠也，衣冠之修飾合度與否，可以表人身之妍媸，公園之布置，適當與否，可以觀一市之雅俗，關係市政至重且鉅，吾錫地當京滬中心，湖山幽美，值此工商業發達之會，四方游客，商旅之來集者，終年絡繹不絕，倘公園佈置得當，花卉樹木修理整齊，園傍道路平坦清潔，則來遊者得良好之印象，聲名洋溢於遠近，錫市貿易，亦可因此而日漸發展，且值此改革市政之始，尤應除舊布新，一新都人士之耳目，則整理現有之公園，誠爲刻不容緩之舉矣。

## 三、改造之概要

公園之定義，有廣義狹義二種辨法，廣義之公園，舉凡公共娛樂，如戲館，遊戲塲，音樂室，運動塲，均包含在內。屬狹義者，如私人之花圃然，利用天然植物之美，廣植花卉，兼備草地，藉便往來遊人之憩息，吾錫城中公園，原係古寺改建，並無公共娛樂之設備，自屬狹義範圍，今後之改進計劃，當斟酌地方財力，於廣義狹義二者之間，取一折衷辦法，就園內原有之建築，分別改爲博物館，美術館，閱覽室，小商店，遊藝塲等，至其他之公共娛樂塲所，在園外四周，擇定地點，逐漸規劃，使市民自行集資開設，民有民享，利益均沾，獎勵提倡，完成較易，如是則園外狹窄之街道，頃刻可以成爲康衢，園內之建築，亦可盡量利用矣。

## 四、整理之概算

試一披閱吾城中公園區域全圖，位置適當鬧市，在其附近地面或屬商店或屬民居，土地價值自必昂貴，當此市款竭蹶之秋，欲圖擴張，實多困難，顧若整理得法，亦屬所費有限，現擬將公園區域內應當設備各種之公共娛樂事業，如戲院，遊藝塲，茶寮，酒舍，均於園外四周，分別規劃，聽市民自動興辦。至公園行政，由市民公選，與市政委員共同組織之委員會負責担任之。至公園之內部，計現有建築物已佔地四畝餘，設備雖云未周，規模實已粗具，擬將原有之廳榭，如市政籌備處改爲博物館，大雄寶殿改爲美術館，第一茶塲改建小公園，多壽樓改爲閱覽室，同庚廳改爲公共禮堂，音樂亭及其他方亭六角亭八角亭等，仍如舊觀，其餘牌樓正門，便門，後門，噴水池，司令台，荷亭，雙峯石塔，小圃等建築物，另擬設備計劃說明書，逐項說明於后，綜計整理建築費約估洋二萬五千元，收買民有土地約估洋萬元，尙經此項整理之後，公園收入定可增加，蓋以附近之市面，將因此而日趨繁盛，地價屋價均逐漸增高，是今日所費有限之市欵，可以獲將來莫大之利益，洵屬一舉兩得之計，俾益市政前途，良匪淺鮮！

## 五、公園全圖之說明

綜觀公園面積，經通盤籌劃，收買民業，除北部開闢道路，建築小商店，運動塲，動物塲，南部改建花田煖房及第一茶塲，不敷建築設備，尙須略購民地外，餘皆由市民自行集資改建，實在佔用民地甚少，其主要目的，在使本處與市民共負整理之責，以冀推行盡利。蓋以建設事業，關係久遠，稍有不愼，便遺後悔，故本科對於各種計劃，審度地方經濟，及風俗情形，既不能因陋而就簡，亦不敢粉飾而鋪張，惟期以一市之財力，供一市之建設，以求市民之幸福而已。

## 六、整理計劃圖之說明

查現在城中公園，祇東南二面有門可以出入，且限於馬路之北，而馬路南如圖書館崇安寺大雄寶殿等，均屬公共場所，爲類似公園之設備，而不屬於公園以內，分離阻隔，殊爲可惜，又園內運動場，時或搭蓋臨時劇場，亦有背提倡公共體育之道。且園中雖富有樹木，但花卉甚少，動物亦不多見，殊不以悅市民之心目，適兒童之興趣，凡茲種種，均認爲該園之缺點，應積極整頓，以期粗具較爲完備之規模也。整理計劃中已註明，急須添辦各事，其面積亦隨之而擴大，前通觀前街，後通縣下塘，左通盛巷，右達寺後門，遊人可以四面出入，熙來攘往，各樂其樂，表面上似乎收用土地極多，實則四周皆是民產，均聽業主自行設法改造，爲各種合於公共娛樂及消遣之備設，園之佈置，既美且周，遊客自隨之而日增，各業主亦於不知不覺中獲取莫大之利益，公私兩便，何樂而不爲哉？

## 七、整理計劃圖中工程概要

茲特各項工程，分別記其概要，以期逐漸擴張，而成爲吾錫將來之大公園。

### 牌樓正門計劃說明

（一）效用　公園界址，南西二面，與正街相連，特建牌樓式正門，庶覺宏偉以壯觀瞻。

（二）位置　在觀前街中部，圖書館之前。

（三）形式　爲三進牌樓環拱式，平列三門。

（四）面積　寬五十呎。

（五）構造　地脚，柱翼，樑棟，斗拱等，均以青磚砌成，外以粗沙和水泥敷面，造成花崗石式。

（六）佈置　面闊四柱，柱脚用三角式撐墻，中各以環拱之翼墻固定之，中間拱門，高十六呎，環徑十呎，兩旁門高十二呎，環徑七呎。

（七）經費　約估洋二千元

### 噴水池計劃說明書

（一）效用　噴水方法，既能調節空氣，并能增助園中景色，細雨濺珠，足資觀賞。

（二）位置　在正門之內，圖書館之前。

（三）形式　爲月池形，直徑六十呎，池後繞以假山石，中豎佛像，泉由瓶內湧出。

（四）面積　月池並假山，佔地三百方呎。

（五）構造　池周用石疊砌，圍以石欄杆，佛像用水泥澆成。

(六)佈置 池周遍植花草，池中養魚，因魚類既能噴水，又可以資觀賞也。

(七)經費 估約洋一千元。

## 小花園計劃說明書

(一)效用 崇安寺正門，面臨大街，門內兩旁，多屬商肆，如改建花園，則市民工作之暇，就近憩息可使精神煥發，身心俱適。

(二)位置 在演講廳之後，美術館之前。

(三)形式 採用橢圓形。

(四)面積 爲一千方呎。

(五)構造 園之四周，設置圍墻，材料選用紅磚，又將山門口之雙石塔，用水泥刷光，移置兩端。

(六)佈置 園內兩端，設置石塔，(用山門口之舊石塔)環植花草，爲對等形之花壇，全用細草舖成，其花壇中之各小部份，皆成相對之形式，中設水泥棹凳，墻外留五呎寬人行路，傍植行道樹。

(七)經費 約估計洋一千五百元。

## 華表計劃說明書

(一)效用 華表又稱望柱，中鐫先賢格言，寓教育於娛樂之中，使人一望向發修省之念。

(二)位置 在博物館之後，多壽樓之前。

(三)形式 採用方錐柱體形。

(四)面積 台分三級，台基三十四方呎，台身二十四方呎，高三十呎。

(五)構造 華表全體，整個用石砌成。

(六)佈置 柱壁四面嵌先賢格言，四周舖設草地，荷亭在其左，梅嶺在其右，均是補助台景。

(七)經費 估計洋三千元。

## 荷亭計劃說明書

(一)效用 公共體堂前則荷池廣大，不稍點綴，殊覺索寞，故擬建一新亭，以增雅趣。

(二)位置 在園之東南部荷池中。

(三)形式 爲中國古式四方亭。

(四)面積 方邊念呎，廻廊寬四呎。

(五)構造 橋與亭座，均用鋼條三和土築成，亭用木材結構，務期幽雅，採用古着色法，使之倒映水中，而成美景。

(六)佈置 亭在水中，以折曲橋通于石山脚下，橋寬十呎，每節長廿呎，橋上兩旁，夏季設几品茗，亦屬納涼勝地。

（七）經費　約估計洋二千元。

## 司令台計劃說明書

（一）效用　有運動場，使有比賽，有比賽，不能無發號施令之地，用建斯台，所以使指揮也。

（二）位置　台在園之西北部，四周均爲運動場。

（三）形式　採用環丘形，登台瞻望，視線優良。

（四）面積　台之直徑四十五呎，圓周廻廊，寬五呎台基高五呎。

（五）構造　台基用石建造，台柱用鐵爲之，取其柱小，而免妨碍視綫。

（六）佈置　台上爲廠廳，用柱八根，高十二呎，備司令動員休息之用

（七）經費　約估計洋二千元。

## 動物場計劃說明書

（一）效用　鳥獸種類至繁，擬擇要購備，藉增市民常識，并以兒童研究之興趣也。

（二）位置　該場在園之北部，界于杏莊蘭移之間。

（三）形式　虫魚鳥獸各有所適，山林池沼，相地而定。

（四）面積　計一千八百四十方呎。

（五）構造　棚欄舍宇，因物而施，木鐵石磚，選材惟謹，總以堅固美觀爲主。

（六）佈置　動物場內飛禽走獸鱗介不一，其類若者宜於陸棲，若者宜於水息，茲爲便利管理計，區分爲野獸，禽鳥，鱗介三部，築場於杏莊土地山荷池之旁。

（七）經費　工程費約估洋二千元，設備費均二千元。

## 放鶴亭計劃說明書

（一）效用　園內景色，春夏秋三季均已具備，惟缺乏冬景之點綴，特于園之西南部土山上，廣植梅花，建亭于山脚，命名曰放鶴，取天寒有鶴守梅花之意，若令遊人冒寒而至者，不致有萬象寥寂之感也。

（二）位置　在美術館之旁，花田暖房之前，爲園之西南部勝景之一。

（三）形式　採中國古式六方茅亭。

（四）面積　亭之直徑，計二十呎，每邊十呎。

（五）構造　亭座木架厚茅欄杆等，以國產材料結構，總期美觀。此種亭子用瓦不如用茅。

（六）佈置　亭周廣植梅樹花田，在其旁，暖房居其前，出入斯地，寒香芬芳，馨入肺腑，誠冬季園林勝地也。

（七）經費　建築工程費，約估洋一千二百元。（如改建茅亭經費

數目須更改）

## 第一菜場計劃說明書

（一）效用　菜場之設，所以集合肩挑負販於一處，以免凌亂雜沓，散處街市，整市容，美觀瞻，亦所以便利市民也。

（二）位置　在圖書館之前，觀前街中部，係舊有菜塲移建於此。

（三）形式　爲長方形層樓廠廳。

（四）面積　長八十呎，寬六十呎。

（五）構造　四周柱脚用鋼骨水泥，樑棟頂架以木材構結，樓面地面均用水泥敷設，四周通以溝道，環列自來水管、

（六）佈置　場分樓上下二層，每層劃分棋盤格，以便分列攤担。

（七）經費　約估洋六千元

## 後門計劃說明書

（一）效用　園之西北部，臨推官牌樓正街，用建斯門，以使出入。

（二）位置　在園之北路，稍對於西，正對正街。



（三）形式　採中國儀門式，爲三開間大門。

（四）面積　長五十呎，寬二十呎，佔地一百方呎。

（五）構造　結構方法，採中國營造法式。

（六）佈置　門外畧闢空地，爲停車塲，門內兩旁，各植生籬，上蓋籐棚。

（七）經費　工程費約一千五百元。

## 便門計劃說明書

（一）效用　園之北部，密邇民居，設置斯門爲開通長大下街大王廟弄要道，藉便出入。

（二）位置　在園之北部。

（三）形式　爲整個環拱門，採中國古式、

（四）面積　寬二十四呎，深十六呎。

（五）構造　門上四面環列雉蝶，用青磚建築，全高二十呎。

（六）佈置　拱門上不築門樓，設置露天花圃。

（七）經費　估計約洋一千元。

圖表五四：此處原爲《整理城内公園計劃圖》，見書後。

# 建設吳橋鐵路貨站計劃說明

## 一、貨站之地點

査鐵路貨站，路軌分歧，非有廣大地點，則岔道交車不足敷設，又須旁臨大河，以便貨物上下。吳橋以西，濱頭浜以東，地面約長四百公尺，寬約二百公尺，不敷設站，茲査得東濱頭浜西面，南臨運河，地面空曠，若由後祉橋分軌，經蔡烈山墓旁，轉向南馳，沿東濱頭浜，直達運河北岸，再將濱頭浜浚寬浚深，填高站基，即堪合用。

## 二、新區與貨站

按錫邑適合商埠商場之建設者，以吳橋爲最宜，良以該處交通便利，四面空曠，形勢天然，倘設立鐵路貨站，則商市不脛而走，新區之興，計日可待，惟軌道所經，不宜突破新市區域，昭滬上寶山路之覆轍，詳加審度，宜將貨站設於濱頭浜西面，使所設軌道，環繞新區，鐵路居背，運河臨前，庶幾舊市商場，由東西漸向新區發展，由西向東，雙方并進，數年之間，蔚成巨埠。

## 三、經費之估計

貨站地點，旣以濱頭浜西面爲宜，該處距車站計有三里，敷設軌道，建築貨站，預算經費，約須三十萬元，錫地年來運輸日繁，此三十萬元之投資，對於路局及地方，均有莫大之裨益，想主其事者，必能於最短期間敷設完成，若其詳細預算，仍有待路局之精密測算也。

## 世界第九位之日本清水隧道已貫通

日本清水隧道，在海拔六、五二七尺、三國連峯之最高峯，茂倉嶽之下，全長六英哩二分，居世界第九位，日本第一位，工事期間計須七年，從事工作之人員二百四十萬人，該隧道爲聯絡上越線多越南綫之要道。事前先在該地安置炸藥及燃放之電綫，一端安電鈴，接於東京鐵道省大臣辦公室內，去年十二月二十九日午後二時五分由該大臣江木氏親按電鈴，遙炸該洞沉默僅二十秒鐘，接彼方技師傳來之電話，謂此阻礙交通之崇山峻嶺已轟然一聲倏忽貫通，成爲人類康莊大道矣。據江木氏言，自該隧道貫通以後，北越及裏日本一帶之距離所短縮之時間，普通慢車五小時，特別快車三時半，此事幸獲成功，實爲日本民衆交通經濟上最可慶賀之大業云。

圖表五五：此處原爲《遷移鐵路貨棧計劃圖》，見書後。

圖表五六：此處原爲《無錫市城區幹路計劃圖》，見書後。

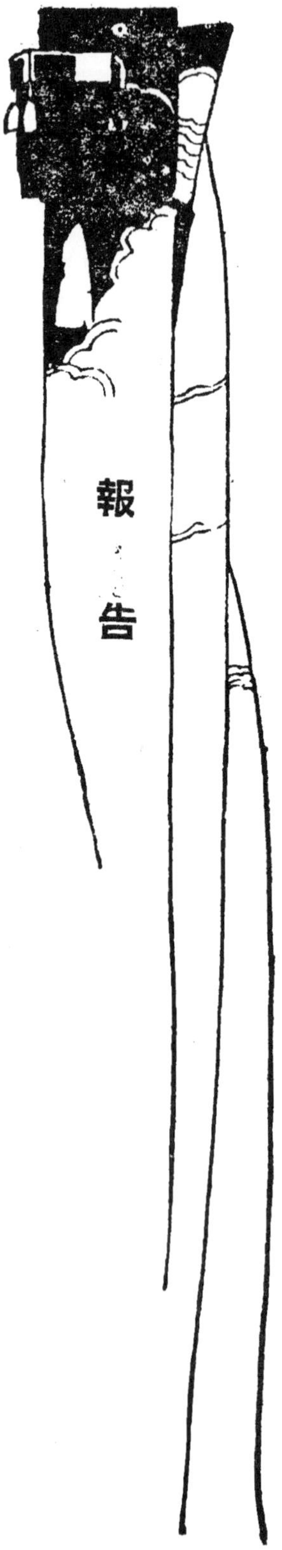


# 通惠路鋪塡煤屑工事報告

工務科

本市通惠路，全長約四千公尺，合七華里，自惠農橋以西至惠山麓，計三千五百七十公尺，合六里強，爲通惠山之孔道，全路均爲煤屑舖築，歷有歲月，車馬馳騁，路面剝蝕殆盡，陷隙低窪，以惠工橋至惠商橋爲最甚，計長一千一百公尺，惠農橋境次之，吳橋以西，則又次之，天雨泥濘，積水成渠，行駛車輛，傾仄堪虞，抑且有礙觀瞻，業經本科測繪製圖，從事規劃，擬有埋置溝管，塡高路面，舖築石片，改平斜坡，路旁植樹等計劃，以待實施。全路土方工程約需八千餘方之多，一時尚難籌措，所有輸運工程，亦須購辦輕便鉄軌泥車等工具，始可減少人工，以求速效。惟以本地習俗，春節將屆，游人車馬，均出斯途，因先舖塡煤屑爲臨時法標之策，以利行駛，所有工程，由本科人員督飭進行，計凡七日，爰將工程概況，概述如下：

（一）招雇小工　本市取土甚遠，工價又貴，所有本處惠山公園道等塡土工程，頗形滯緩，且投標手續繁多，又値廢曆年關，勢必故意要挾，抬高標價，故爲經濟及迅速計，由本科招雇臨時工人二百餘名，彼等大牢因荒饑交迫，越江南來，故均能勤勞工作，日給工資大洋四角，作工八小時，故此次工程，亦寓有工賑之意。

（二）置購工具　本處職責在建設，將來工程日繁，筐担等工具，自在不可缺乏之列，故購置甚多，共費洋約二百元，每晨七時半，編號分別發給工人，每晚五時半，逐件點收，尚稱有條不紊，亦無遺失等事，足見工人尚能忠誠從事。

（三）運輸煤屑　本市工廠林立，原動力猶沿用蒸氣，故用煤特多。此次工程，所需煤屑，雖有八百方之多，絕非難事，因各廠戶煤屑，向係出資雖包工人挑運出清，今本處需要舖路，，自各業於允從，儘量供給，惟恐不及，僅慶豐紗廠一戶運輸，有四百多方，每日用大船二十餘只，往返輸送二三次不等。

（四）舖塡煤屑　全路所舖煤屑，自三寸至五寸不一，積水已久之低窪，路面潦陷，若僅舖煤屑，不易結實，故亦嵌入石子，再舖煤屑路面，舖闊三十呎，所有煤屑塊，悉置路中，以備滾實固結，爲堅實路面。

（五）工作時間　工人每日七時半，聚集本處，按名發給工具，十人爲一組，推工目一人率領之，八時開工，十二時至一時午飯休息，一時至五時繼續工作，每日計工作八小時，適合三八制。五時由工目領率分組至本處，交還工具，發給工資，是日工作勤惰，分別而加鼓勵。

（六）獎給工資　工目每名獎給一工，餘均半工，工作不力者不獎，怠工者扣其符號，另行換補新工人以資鼓勵而分勤惰。

（七）包工舖塡　全路長六里，深恐爲時不及，故自惠通路西至惠山麓約六百公尺，招工頭盧金和，陳三分包，平均塡三寸厚，計路面一方，工價洋三角，即路長一丈，合洋九角，以資比較雇工與包工工程費孰者經濟。查雇工實節省經費，約計十分之二，如惠通橋東一段，曾以工人二十名，每日舖塡長平一十二丈寬二丈二尺，如按包工價，則須洋拾一元弱。而工人二十名，工資祇須八元，改雇工監工，實爲經濟，工人且多實惠。

（八）壓路工作　全路舖塡工竣後，自須壓平，用本處原有一噸半重壓路鐵滾，往返壓實，而免飛揚。

結論　全工程煤屑約塡八百餘方，慶豐廠四百餘方，申新廠廣勤廠合一百餘方，沿路廠家等合二百餘方。工程費除器什置辦費不計外，合計七百元弱，所有工事統計列表如下，

## 通惠路塡煤屑工事統計表

十二月三十日

| 項目／日期 | 雇工人數 | 每工 | 合計 | 督工人數 | 出勤車膳費 |
|---|---|---|---|---|---|
| 廿三 | 一四五人 | 四角 | 五八元 | 一三人 | 七、九五元 |
| 廿四 | 一八五人 | 四角 | 七四元 | 一〇人 | 五、二五元 |
| 廿五 | 一九四人 | 四角 | 七七、六元 | 一二人 | 五、元 |
| 廿六 | 一八一人 | 四角 | 七二、六元 | 一四人 | 六、四五元 |

| | | | | | |
|---|---|---|---|---|---|
| 廿七 | 一八四人 | 四角 | 七三、六元 | 一五人 | 六、三〇元 |
| 廿八 | 一八一人 | 四角 | 七二、四元 | 一二人 | 五、一〇元 |
| 廿九 | 九一人 | 四角 | 三六、四元 | 一二人 | 四、五七元 |
| 統計 | 一千一百六十一工半 | | 四六四、六元 | 八八人 | 四〇、六二元 |

一、獎工　大洋十二元八角八分

一、包工陳三　塡惠通橋至惠山紀念碑止四〇一方二角每方一角七分七厘計洋七十一元

塡紀念碑西二十方每方一角五分計洋三元　共計大洋七十四元

一、包工卢金和　塡吳橋至惠商橋間及惠通橋北塊以北二五六方角每方二角半計洋六十四元

塡補水潭計洋十元五角共計大洋七十四元五角

一、船租大小廠駁船計共一百十二隻租金

大洋廿五元

一、器什置辦費大洋一百七十一元七角一分七厘

以上共支大洋八百六十三元三角一分七厘

# 函關道中

習甫

初秋途次函關昔之天險今已蕩平滄海桑田古今同慨途中往來父老頗受旅行安全之福昨話吳山鑿險以消旅途寂寞爰有所感寫而出之寄贈月刊

山峯插入了雲衣，
山腰圍繞嵐着烟，
山上已無人跡，
飛鳥難度山尖；
是巍巍數萬年底天險！
是天下最偉大底雄關！
阻塞了西北底交通，
劃分了一統底中原，
文化有滯塞之隱憂！
民行有繞道之艱難！

恨我無移山之力，
打不破天險函關！
古有五丁之鑿蜀，
今有鑿險之吳山，
開闢了萬年天險！
溝通了自古秦關！
是破天荒歷史之第一頁，
是新西北建設之新紀元！
往來陝甘道中，
行李極爲安全！
大道蕩平無阻，
火道景色天然，
甘棠依蔭難忘記，
行人休憩話吳山！

# 掩埋無錫市暴露棺柩報告

社會科

錫地習俗，城郭附近廟宇會所殯舍多有停柩不葬，或則在住宅之內停靈暫厝，鄉村居民則在隙地田畔停柩，推原其故，或因身後蕭條，不能舉葬；或則迷信風水，期獲牛眠，以致年年浮擱棺木破爛尸骨散露在在皆是。至於客民棺柩，則隨地浮擱，嬰孩屍骸，蓆捲拋棄，穢氣飛騰，易啟祲疫，既悖人道，又碍衛生，本處自籌備迄今，對於公衆衛生事宜，無不盡財力所及，積極施行，當此冬令，急宜將暴露棺柩遷葬掩埋。爰即遵照廳令及衛生部前頒「取締停柩暫行章程」，擬訂「取締暴露棺柩辦法」六條，及標籤調查表等，提出第二十四次處務會議議決施行，自一月十四日起，即分別召集本市區各圖地保，偕同出外塡表，貼籤實地查勘，一面招雇工役船伕，備置應用器具，於二十日起，整日出外掩埋遷葬，直至二十九日止，除由地保隨地僱人掩埋及有主棺柩由親屬自動遷葬外，共計遷埋棺柩一千餘具，列成統計表如左，其他不列入統計者，如大荒墳義塚地上之大小棺柩，經本處堆土遷移掩埋者，亦有一千數百具，尙有北里掩埋會於平日掩埋者，則無從計數矣。

## 掩埋工作人員時期表

| 工作日期 | 掩埋地點 | 工作人員 | 掩埋夫役 | 備註 |
|---|---|---|---|---|
| 十九年一月二十四日 | 城內南校場及西南外城脚 | 六人 | 十六人 | |
| 二十五日 | 沿通惠路一帶 | 五人 | 三十六人 | |
| 二十六日 | 後祁街至惠山及五里街一帶 | 五人 | 三十六人 | |
| 二十七日 | 東門延壽司殿及亭子橋一帶 | 五人 | 三十六人 | |

| | | | |
|---|---|---|---|
| 二十八日 | 南門保安寺灣頭上一帶 | 五人 | 三十六人 |
| 二十九日 | 廣勤路及沿鐵路一帶 | 五人 | 十九人 |

## 掩埋暴露棺柩統計表

| 圖別 | 有主 | 無主 | 總計 | 地保姓名 |
|---|---|---|---|---|
| 北區一三 | | 九六 | 九六 | 奚志良 |
| 北區一四 | 七 | 九七 | 一〇四 | 吳嘉禾 |
| 北區一五 | 五 | 四六 | 五一 | 朱少泉 |
| 東五八四上 | 三九 | 四〇 | 七九 | 尤茂興 |
| 東五八四下 | 一四 | 四二 | 五六 | 潘錫初 |
| 南五八一 | 一八六 | 一六 | 二〇二 | 蘇錦芳 |
| 南五九一 | 一二〇 | 三 | 一二三 | 席裕鈺 |
| 南五九二 | 二一三 | 一一 | 二二四 | 謝煥文 |
| 西南一 | 五 | 二二 | 二七 | 黃彭齡 |
| 西區二二六 | 一四 | 二 | 一六 | 蔣永和 |
| 西區二二七 | | 二一 | 二一 | 苗文成<br>陳愼德 |
| 東北六 | | 一 | 一 | 陳鳳石 |
| 西南四 | | 二 | 二 | 趙協泰 |
| 西北六 | | 五 | 五 | 張保大 |
| 總計 | 六〇三 | 四〇四 | 一〇〇七 | |

備註　調查時凡有主自動掩埋者及無主荒塚暨義塚上之暴露棺柩均未列入統計

## 取締暴露棺柩辦法

一、本處爲遵照　部令預防疫病注重人道而壯觀瞻起見，特制定本辦法。

二、凡本市區內之暴露棺柩，一律自本辦法公布之日起，限期半月，由該親屬或關係人自行遷葬。

三、如係無主棺柩，概由地保分別加以標籤，呈報本處，由本處僱工代爲遷葬。

四、有主棺柩，如逾期不葬者，概由地保分別加以標籤，後三日內，再由本處代爲遷葬。

五、有主棺柩，經本處代葬者，其代葬費用，須遵照衛生部所頒取締停柩暫行章程第七條之規定，得向該親屬或關係人如數徵收之。

六、本辦法自公布之日施行。

## 附錄一

### 無錫市暴露棺柩調查表

| 號數 | 地址 | 關係人姓名 | 關係人通訊處 | 死者姓名 | 備註 |
|---|---|---|---|---|---|

第　號

第　號

第　號

第　號

中華民國　十　年　月　日　調查人

附錄二

無錫市暴露棺柩標籤　地址　字第　號

主

注、此柩限於國歷十九年一月二十三日以前由關係人自行遷葬
意　如逾期不葬即由本處代爲掩埋毋稍玩忽切切此告

無錫市政籌備處

附錄三

衛生部頒訂

取締停柩暫行章程

第一條　停擱待葬之柩除法令別有規定外依本章程取締之

第二條　停擱待葬期間至多不得逾六十日但遇特別事故時得呈請該管地方官署核准展限三十日其因葬地過遠請求展限者得視搬運程途之遠近酌定期限

第三條　該管地方官署得參照公墓條例之規定擇定適宜地點爲公共停柩之場所

第四條　停擱待葬之柩如有左列各項情事該管地方官署得限令於二十四小時內遷葬之

一、棺木質料單薄者　二、屍水滲漏者

第五條　在本章程施行前之停柩該管地方官署應自本章程到達之日起責令各區警察自治人員及殯舍代葬局等通知該親屬或關係人於兩個月內一律遷葬

第六條　逾期未葬之停柩應由該管地方官署通知該家屬或關係人限期遷葬其限期之長短得視該家屬距離之遠近定之但至長不得逾兩月

第七條　不依前條通知之限期遷葬者該管地方官署得令慈善團體代葬或強制執行之仍須處以十元以下之罰鍰

前項代葬之費用得向該親屬或關係人如數徵收之

第八條　各地方殯舍代葬局及各區警察自治人員等應於死者之親屬爲死亡報告時告以某月某日以前爲該柩法定應葬之限期

第九條　違反本章程第二條第四條之規定者得處以二十元以下之罰鍰

第十條　本章程自公布之日施行

## 築路歌

漢儒

建設新中國，新修新道路，
人人有兩足，隨時要舉步，
高低路不平，下雨更辛苦！
天明一挑担，汗出如雨露。
日落算行程，頂多百里路，
若行千里外，耗費更難數；
若有汽車道，日行千里路，
運輸既敏捷，營業可致富。

文化與實業，逐漸有進步；
調進軍隊速，勦匪禦外侮，
中華同胞們！趕快要築路，
築路以救民，路通即富庶；
路築就要築，早築早受福，
告痛忍一時，子孫永富足，
勉哉國人們！完成大建築！
轉瞬新中國，光芒新大陸！

——錄道路月刊——

# 無錫市政籌備處十二月份收支報告

計開

## 庫存

上月底結存庫券期票及現金合洋二萬六千另六十四元另七分四厘

## 收入

一萬零一百六十七元三角九分二厘

(甲)經常收入項下　九千二百八十五元五角一分七厘

(一)市產收入　一千三百四十八元三角五分

(一)房租　一千一百六十四元四角

(二)碼頭租　二十八元五角六分

(三)菜場租　一百另七元

(四)自流井售水　四十七元三角九分

(五)廁租　一元

(二)捐稅收入　七千三百三十三元九角六分七厘

(一)街車捐　一千七百五十九元

(二)包車捐　一百八十九元五角

(三)自由車捐　八元八角

(四)馬捐　八元

(五)清道捐　四百三十六元六角

(六)渡船捐　二十六元

(七)快船捐　六元

(八)店房捐　四千六百五十五元一角另七厘

(九)旅棧捐　二元五角

(十)茶館捐　九十四元

(十一)戲館捐　二十元

(十二)公園茶捐　十一元四角九分

（十三）菜場捐　一百十六元九角七分
（三）雜項收入　六百零二元二角
（一）建築執照　三百六十一元二角
（二）土木作登記　六元
（三）竹行登記　三十八元
（四）書場登記　一元
（五）路燈貼費　一百九十七元
（乙）臨時收入項下　八百八十一元八角七分五厘
（一）各項收入　八百八十一元八角七分五厘
（一）編釘門牌費　七百四十六元八角七分五厘
（二）房屋頂首　一百二十元
（三）路燈押租　十五元
支出　一萬七千二百八十二元四角八分
（甲）支出經常項下　一萬二千四百五十三元一角
（一）行政經費　三千五百四十八元三角八分八厘
（一）職員薪俸　二千五百九十六元四角二分
（二）勤務工食　三百零四元五角
（三）印刷公文用紙捐票車照表格等費　二百零八元二角
（四）紙張簿籍文具　四十六元七角八分五厘
（五）郵電　二十八元
（六）書報　三十七元七角八分
（七）財務征收租捐及調查等車膳費　三十四元八角三分
（八）工務測量及查勘等車膳費　三十五元一角五分七厘
（九）社會調查事務車費　二元二角二分五厘
（十）各項什務車費　四元五角六分
（十一）報紙廣告費　六十四元四角
（十二）購用電料及燈泡費　五元一角六分
（十三）購用火爐及裝置烟囱等什費　二十五元七角五分
（十四）各項雜支茶水及招待等費　一百三十二元九角九分一厘
（十五）購置請願警服裝及各項零件等費　二十一元六角三分
（二）事業經費　七千五百六十一元七角一分二厘
（一）補助市區公安經費　五千元
（二）清道夫清河夫工食船租及購置費　七百九十五元四角七分
（三）公園經常及修理費　一百二十七元一角三分
（四）自流井經常費　七十三元七角六分
（五）菜場經費　六元
（六）市濟房捐費　五十六元七角八分
（七）市產門牌費　二元

（八）東亭馬路田租　一百二十五元
（九）市產房屋修理費　一百二十二元六角七分
（一〇）本市路燈九十月份燃費　六百二十三元六角
（一一）市政月刊印刷及酬謝稿費　三百七十八元八角三分
（一二）修理鳳光三鳳兩橋欄杆費　四角七分二厘
（一三）撥助自盛巷橋至北城門口修街費　二百五十元
（二）補助費　一千三百四十三元
（一）市區十二月份教育經費　三百元
（二）國民導報一月份補助費　五十元
（三）第一區區公所找給八九十月份補助費　二百元
（四）第一區區公所十一月份十二月份補助費　五百六十元
（五）市區救火會十二月份月費　三元
（六）區黨部十二月份補助費　二百三十元
（乙）支出臨時項下　四千八百二十九元三角八分
（一）工程費　三千六百九十元
（一）測量夫二名工食　二十二元
（二）砌街匠小工三名工食　三十八元
（三）惠山浜街舖金山石片及土力先支工程費　四百元
（四）公園內小商店房屋第四期　二百元
（五）公園內女廁所第三期工程費　八十元
（六）公園路建築市房與寄宿舍第三四期工程費　一千一百五十元
（七）工藝傳習所週圍築黃石圍牆建設費　一千八百元
（二）衛生費　一百二十二元二角六分
（一）衛生指導員薪俸膳食　一百二十二元二角六分
（三）編釘門牌費　五百七十七元七角八分
（一）編釘門牌專員薪俸膳食　一百九十八元
（二）編釘門牌勤務六名工食　六十元零一角三分
（三）搪磁門牌費六千三百八十八塊　三百十二元六角五分
（四）編釘門牌洋釘　七元
（四）補助費　六十六元三角四分
（一）省會救濟院捐欵　二十元
（二）元旦民衆娛樂大會籌備費　四十六元三角四分
（五）冬防費　一百六十四元
（一）十二月份地保更夫冬防工食　一百六十四元
（六）退還押拒借欵　二百零九元

（一）路燈押拒　九元

（二）南門市民菜場借款　二百元

十八年十二月底結存二萬八千九百四十八元九角八分六厘

內開

（一）續發二五庫券　六千九百七十元

（二）捲菸庫券　一百九十五元

（三）短期公債　一千五百念元

（四）市產保管委員會　七千二百三十九元四角

（五）陳品三　五百元

蓉湖樓期票　二百元

共一萬六千六百二十四元四角

應存現金一萬二千三百二十四元五角八分六厘

## 民衆修路

錄道路月刊　心如

民衆們！起來吧！

現在是軍事結束底訓政時期，

現在是破壞才竟底建設時期；

我們尚未走上光明底路徑，

我們尚未站在安樂底土宇。

※　※　※　※

民衆們！起來吧！

起來去斬除前途底荊棘，

起來去修理沿路底崎嶇；

修築道路，是民衆四大需要底先決，

開發交通，是總理百年建設底大計。

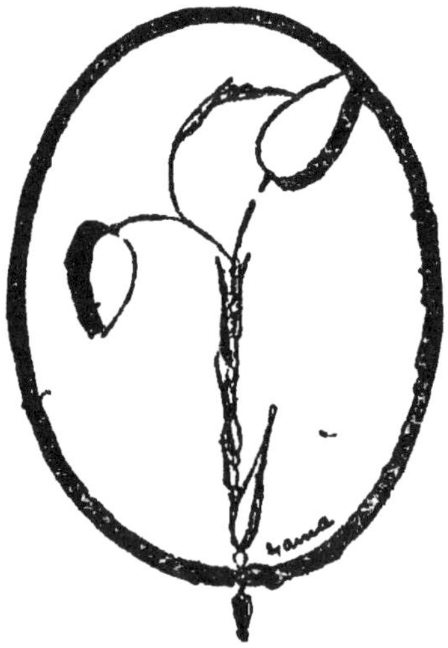

# 無錫市政籌備處每週工作記要

## 第二十一週 十二月十五日至二十一日

▲舉行第二十一次處務會議
▲辦理公文十六件
▲編輯第四期無錫市政
▲舉行衛生運動宣傳大會遊行演講並散發傳單
▲處內實行大掃除
▲決定整理路燈辦法取銷包裝制度一律免收燈費並添裝路燈五百盞與戚墅堰電廠協商辦理
▲徵收各項捐稅
▲驗收公園內建築小商店工程
▲通過整理通惠路計劃全市測量計劃及警鐘樓計劃
▲定購五噸中牛鐵鐵滾備築路壓土之用
▲擬訂取締及管理雜色車輛規則又管理廣告規則
▲本週連日雨雪冰凍測量及各項工程暫停
▲發出建築執照十五件
▲通惠路填土工程登報招標
▲調製醫院醫師及接生婆調查表暨各業調查表
▲辦理竹木行登記事宜
▲會同縣政府籌備十九年新年民衆娛樂事宜

## 第二十二週 十二月二十二日至二十八日

▲舉行第二十二次處務會議
▲辦理公文三十五件
▲擬具無錫改縣爲市意見書呈請民建兩廳核示
▲召集市政討論委員會第二次正式會議通過整理路燈及拆除南門

越城各案

▲編發第四期無錫市政稿件

▲編輯無錫年鑑稿件

▲徵收各項捐稅

▲著整理河道計劃書及新行政區計劃圖案

▲吳橋修理完工

▲測量通惠路高低圖以便估計土方

▲調製民國以來本市已成道路統計圖表

▲發給建築執照二十件

▲結束本年度取締股事務

▲辦理熱水店登記

▲籌備推行國歷宣傳品及新年民衆娛樂會各項遊藝

▲繼續調製各業調查表

▲嚴督清道夫清除積雪

▲繼續辦理竹木行登記事宜

## 第二十三週十二月二十九日至十九年一月四日

▲舉行第二十三次處務會議

▲辦理公文十八件

▲徵收各項捐稅及門牌費

▲調製十八年份各項收支統計圖表

▲會同建設局查勘通湖路綫

▲調製本年份辦理取締建築各項報告

▲發給建築照二十七件

▲繼續辦理熱水店登記事宜

▲免費開放崇安寺四週小攤游藝攤等場照以倡國曆新年

▲自元旦日起休假三日

## 第二十四週一月五日至十一日

▲舉行第二十四次處務會議

▲辦理公文三十七件

▲決定惠山第一步整理計劃四項定三個月內整理完成

▲公布給價收回人力車牌號

▲擬具遷移鐵路貨站計劃並測製地段圖呈請鐵道部核辦

▲整理上年份賬冊單據並編立十九年各種收支簿冊

▲繼續調製上年各項收支統計圖表

▲征收捐稅及門牌費

▲與戚墅堰電廠交涉改良路燈辦法

▲視察吳橋修理工程及錫宜路在市內一段路綫

▲公園內女廁所建築完工

▲續測通惠路水平並核算土方

▲決定雇工試辦填土築路工程並購置小工用具

▲發給建築照四十九件

▲辦理熱水店及竹木行登記

▲整理無錫商業調查表衛生調查表及公用事業調查表

## 第二十五週 一月十二日至十八日

▲舉行第二十五次處務會議

▲辦理公文三十五件

▲繼與戚墅堰電廠磋商整理路燈辦法

▲無錫市政第四號出版

▲編纂本處無錫年鑑稿件

▲徵收捐稅及門牌費

▲編製上年十二月份收支報告及按月收支對照表

▲測量東門及南門月城地形圖以便估計拆卸工程

▲著無錫市第一公墓計劃

▲第一菜場重舖地面工程由虞企記承包限二十晴天內完工

▲本前兩週檢驗營業及自用脚踏車共一百二十輛

▲發給建築照四十二件

▲辦理掩埋暴露棺柩事宜

▲嚴督清道夫第二次掃除積雪

▲繼續整理無錫各業調查表

## 在馬路上的第一遭

若海

目望着森然排列底樓房，
足踏着光滑而寬大底平地，
行人在兩旁綠蔭之下往來，
車兒在中間大道之上馳驅。

※　※　※

過去底市面是如何底蕭條？
從前底街道是如何底骯髒？
行人車馬叢雜在一塊兒奔走，
這些混亂底情景回想堪想！

地面如丘陵一般底凸凹不平，
雨則泥濘遍地晴則滿天灰塵，
行人吁嗟如履廣漠之野，
行人彳亍如入地獄之門。

※　※　※

目前底馬路已經修成，
是新中國建設底先聲；
全國底交通從此便利，
民衆底幸福從此誕生。

——錄道路月刊——

# 無錫縣應辦各種實業及已停各工廠調查報告

無錫社會調查處　李正明

## 甲　關於應辦各實業

錫邑位居京滬孔道，水陸交通，尙稱便利，故雖彈丸小邑，巳有紡織廠六所，繅絲廠四十五所，麵粉廠四所，榨油廠十餘所，布廠二十餘所，加以翻砂，碾米、肥皂、製鎂、啤酒、石粉、石灰、磚瓦等工廠，大小不下百餘所，惟皆限於資本，未能有大規模之組織，是故各廠產品，較之外貨，不免相形見拙，歸國僑胞，有意來錫投資者，除上述各工廠均有發展餘地外，並有下列各事業，最屬適宜興辦。

(1)絹絲工廠　錫邑產繭最多，兂戶及繅絲廠餘棄之屑繭絲頭，均以廉價售與日人，苟能利用此項原料，創設絹絲工廠，紡成適當絹絲，非特挽回利權，實爲蘇省最有發展之事業。

(2)絲織工廠　錫邑民衆，奢侈成性，故家居亦多綢服，惟此項出品，非特錫邑缺乏絲織工廠，且多購自外省或外洋絲，原料之繭絲，吾邑出產獨多，苟能創設大規模之絲織工廠，獲利可操左券。

(3)人造絲廠　年來人造絲之爲用漸廣，社會需要日衆，將來漏巵，決不在其他工業之下，錫邑地濱太湖，水利特優，苟能創設此項工廠，不僅挽回利權於將來，定能獲極大之利益焉。

(4)機械製造廠　機械爲各種工業之母，錫邑雖有是項小工廠十餘處，然皆資本短小，僅能製造粗陋機械，苟能創設大規模之機械製造廠，不僅扶助各小工業之日益發展，其獲利當不亞上述諸工業。

(5)印花布廠　邇來上級社會，固多喜服綢衣，中下社會，大多服用印花五色布服，窃査此項之布，亦均不能自製，苟能從事創設，一方可爲各布廠代印，一方面亦可自印，挽回漏巵，定不在少數也。

(6)機械磚瓦工廠　各地工業，愈形發達，一切建築物，定必隨之增加，將來土製法用人工燒製之磚瓦，非特不足供社會之需要，在事勢上，必有淘汰之一日，苟能從事改用機械製造大規模之磚瓦廠，迨經訓政而達憲政時期，此項工業，必有特別發展之可能，而在錫邑爲尤甚，他如火柴廠，人工製冰工場，米粉廠，造紙廠，象皮工塲，水泥石灰工塲，均有投資提倡之必要。

## 乙　關於已停各工廠

(1)太湖水泥廠　在南門外、民國十年籌設，因籌備未終，經費已告缺乏，迄今未能成立，惟錫邑地接洞庭宜興諸地，對於此項工業原料甚富，殊有創設之可能。

(2)經昌筒管廠　在周新鎮，民國十一年燬於火，迄未恢復，而錫邑缺乏此項木材。

(3)民生洋傘廠　民國八年創設，因資本不多，設備簡陋，出品不精，難與外商爭勝，故致中途停歇。

(4)惠泉牌洒廠　因無專門技術人員，加之經費太少，以致甫經籌備，即行中止，惟此業殊有提倡價值。

(5)玻璃廠　錫邑先後共有玻璃工塲凡四，均因經濟不充，設備簡陋，中途即告停頓。

(6)長豐蔴紗廠　先後開辦十年，兩紹興蔴廠主，上年因鑑錫地原料不充，故已遷往蚌埠開設云。

(7)緯成福成德成竟成等絲廠　大多因不致善出品，不能與外貨並駕，以致絲市不振，資本短促者，無力維持，相繼於十八年十一月停辦，一俟絲市起色，或有復業之望，亦未可知也。

(8)振新紗廠　創辦於遜清光緒三十一年，因股東時起糾紛，開而停者數次，於去年十八年二月，幸又復業，未幾卒因營業資本短少，轉瞬又告停歇，迄今十九年元月，又有復業之提議，茲在籌備中云。

# 襪廠調查報告

無錫社會調查處　李正明

全邑襪廠，合計三十七家，其在市區者二十二家，在鄉區者十五家，豫泰中華福綸等分廠三所，亦在內，各廠在近四年來成立者，約占半數，究其易成原因，約有數點，僅集資本數百元，即能營業，此其易成者一，購置襪機十餘只，每只祗須價銀十餘元，往往僅備少數襪機，即以廠名，此其易成者二，襪機大多由工人自備，即非自備，亦必由工人出押金，向廠主租用（押金數需與該機值相等），資本均屬論貨制，待織成打，即可交廠取值，故廠中設備佈置等等，絕不似他項工廠繁複，蓋所謂廠者，大都僅司收發而已，甚有附設於家庭者，此其易成者三，上述情形，雖非各廠均同，然十之八九，皆屬如是，其純粹如工廠組織者，僅豫泰人餘三友等少數耳。其工人亦在廠工作，時間亦有規定，一切辦法及設施，均屬工廠式，除另立統計圖外，特將各項情形，分述如下：

（1）資本　資本以豫泰人餘最大每廠均五萬元，最小者如中南公盛等，僅七八百元，統計資本在數千元者居最多。

（2）襪機數　各廠襪機以豫泰最多，計有電機八部，手搖機五百部。次為人餘，有電機六部，手搖機三百部，各廠合計電機二十二部，手搖機適為三千部，電機由英美製造，手搖機多數為上海老家與出品。

（3）職員　職員合計約五六十人，生活費平均在十元左右。

（4）工人及工資　襪廠工人以女工為主體，男工僅任整理烘燙等工作而已，全邑約有女工三千人，男工二百五十餘人，女工工資雖屬論貨，惟須視工作優劣為標準，優者每打三角許，次者約二角有餘，電機織者祗四分，因出貨速而人工省也。查手搖機全賴人力為之，電機祗負司機事宜，故每人可管數機之多，男工工資大都以月計，供膳宿者約五六元，自備者約十餘元。

(5)工作特情　織襪女工，雖有二千人，然在廠工作之數，不過五百人，餘均帶機回家工作，僅就操持家政之餘暇爲之耳，故工作人數，表面雖有數千之多，實際數百人耳。

6)原料　原料有紗線二種，紗以國貨爲主，線則多屬日貨，因國綫不多，不敷應用，此項利權之外溢，當亦不少也。統計全年共須用紗一千六百三十六件，線七百十六件，最近價值，每件紗約二百五十元，線約四百元，全年需用原料約七十萬元。

(7)出數　各廠出品，每年共計五十三萬餘打，紗襪占十分之六，線襪占十分之四，每件原料平均可成二百二十五打，每打價值，起落甚多，即同一紗線，亦有區別，最近綫襪每打值銀二元半，紗襪約一元半，全年營業總數，約在百萬元左右。

(8)出品　各廠兼出紗線襪者占多數，其僅出紗襪者，有廣連履成豫成綠綸勝利興業公盛大興等八家，淨出線襪者，僅三友一家耳。

(9)裝銷情形　出品優者，裝以長方厚紙匣，次者僅用厚紙包之，更合十打成一大包，銷在上海及本邑者居多數，他如鄰近各縣，及安徽山東福建等省，均有銷售。

(01)商標　商標每家不僅一種，除紗線不同外，每種又有頭二號之別，商標名稱，不下四五十種，如地球，葫蘆，馬球，劉海，三羊，金雞，美鳳，立狗，魚日，花籃，國恥，雙龍，星牌，和合，寶鼎，五子，恆字，禾牌，獅子，蓮花，二兎，如意，雙喜，天炮，三貓，三魚，紅嘜，鷹鐘，大喜，鳳凰，仙桃，壽綠，皮球，雙魚，雙舞，漁翁，火車，大吉，紅花，得利等。竊查各廠最近情形，除原料開支外，尙均有利可圖，況此種事業，既屬家庭副業，頗足補助家庭經濟之不足，甚有提倡之價值，惟望業此者，精益求精耳。

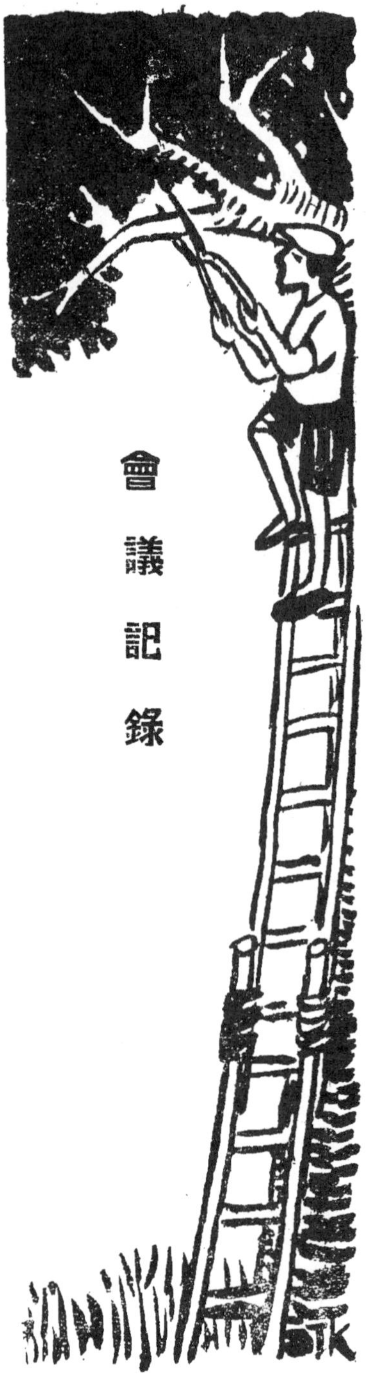


# 第二十三次處務會議記錄

十二月廿一日

出席者　沈維棟　畾文杰(邱均代)　李冠傑　朱士圭　江祖岷

主席　沈維棟　紀錄　金禹範

(一)恭讀總理遺囑

(二)宣讀上屆會議紀錄

(三)討告事項

(一)主任交議本處建築惠山公園路及填高通惠路改舖石片路面工程正在積極進行現擬自五里街展築一路旁繞錫山路通開原路提綫應於開年後提前趕造案　議决會同建設局積極進行

(二)主任交議整理路燈辦法業已大體擬定應即日與戚墅堰電廠接洽積極整理案　議决交江畾二科長積極辦理

(三)工務科提議擬具整河道計劃請付討論案　議决通過

(四)沈祕書提議關於市政討論委員會决議拆除南門越城一案應如何辦理案　議决函請縣政府將拆除越城案卷送處由工務科擬具計劃呈請建設廳核示辦理

(五)社會科提議案據無錫縣黨部函轉第二區黨部呈請周山浜翔鸞橋南面小浜填塞改建小菜塲應如何辦理案　議决交工務社會兩科會同查勘後再行提會討論

(四)報告事項

(一)本月二十七日開市政討論委員會議决案四起本處所擬之整理路燈辦法經該會畧加補充照案通過(二)吳橋已修理竣工惟查見工程尙有不合之處已令承包人限期修正再行驗收(三)

十九年元旦起至三日止本處放假三日四日起照常辦公關於慶祝元旦辦法業已公布（四）工務科報告（甲）自本處成立以來所辦建築執照總數一千五百餘件（乙）自民國成立已來無錫市區總計建築道路平均約二英里

# 第二十四次處務會議記錄　一月七日

出席者　沈維棟　朱士圭　江祖岷　李冠傑　聶文杰

主席　沈維棟　紀錄　金禹範

（一）恭讀總理遺囑

（二）宣讀上屆會議紀錄

（三）報告事項

（一）准縣政府來函定於二月二十日召集縣行政會議並附議事規則到處本處各科如對於縣行政有所諮詢及提議事件希於二月十五日以前準備完竣（二）工務科報告自十八年八月十二月五個月間辦理建築執照等收支狀況

（四）討論事項

（一）主任交議惠山第一步整理計劃（一）於惠山第一峯之麓二泉亭之上建一敞廳（二）整理若冰洞並就洞前建一茅亭（三）自竹爐山房築道通黃泂公（四）整理忠烈祠風景請付討論案　議決通過定期三月內完竣

（二）工務科提議擬公佈收回人力車牌號每塊給還築路費及磁牌費洋六十一元自本月十日起實行案　議決通過交工務科辦理

（三）工務科提議擬繪新行政區圖案請付討論案　議決交王參事審查

（四）工務提議遷移鐵路貨棧計劃現已測製地段圖請付討論案　議決送呈鐵道部核辦

（五）沈祕書提議公園民衆娛樂設備應酌給開辦經費案　議議撥開辦費二百元

（六）社會科提議擬訂取締暴露棺柩辦法六條請付討論案　議決辦法通過交社會科辦理

（七）社會科提議縣商會函請松板行免予登記案應否照准案

議決本處爲整理交通起見辦理竹木行登記以便通盤計劃查松板行亦係木行之一種其扎排浮河或堆積街道同樣關碍交通未便准其免予登記

(八)工務科提議吳橋修理完工請派員驗收工程以便結束案

議決交江李二科長驗收

(九)工務科提議招標作路迄無結果現擬先雇小工二十人試辦填土築路工程案　議決通過即日招雇

# 第二十五次處務會議紀錄 一月十四日

出席者　王伯秋　沈維棟　江祖岷　聶文杰　朱士圭　李冠傑

主席　沈維棟　紀錄尤勵

一　全體總理遺囑

二　宣讀上屆會議紀錄

三　報告事項

(一)奉民政廳指令本處呈送擬訂取締汽車脚踏車及雜色車輛章規均准予備案又徵收廣告税章程暫准施行(二)遷移鐵路貨站一案經勘定吳橋附近之東濱頭浜西面空地爲建築新站地點業已擬具圖說呈請鐵道部核辦(三)第一菜場重舖地面工程由包公記承包計舊路重舖(舊料挖出重舖下墳煤屑三吋)每方丈一元五角金山石片路面每方丈三元六角墳土每方一元此項工程限二十晴天內完成(四)江聶二科長報告與戚墅堰電廠接洽整理燈辦法—路燈電費問題已於上星期六與該電廠接洽妥當商定最低等之價格至材料裝置問題俟本星期六接洽定奪

(四)討論事項

(一)財政科提議市區車輛捐延期來處納捐對於收入頗受影響應如何辦理案議決逾期不繳捐者照章概以漏捐論斷請公安局飭警嚴查取締

(一)工務科提議擬具整理城中公園計劃書及附圖請付討論案

議決推王參事李科長審查

(一)工務科提議錫市築路工程均須填土而土方缺乏往往須自遠地運送工作遲緩工費尤鉅殊不合算擬倣他市辦法購備

運土用輕便鐵路路軌三里（五四〇丈）輸送車十輛以代挑運則事半功倍計購置費約三千元請付討論案議決該項輕便鐵路交工務科財政科先行設法籌借

（一）工務科提議擬自本月二十號起檢驗汽車俾新春市民游覽減少故障並限制行駛速度乘客人數以維路面橋樑是否可行請公決案　議決通過

# 第二十六次處務會議紀錄　一月二十一日

出席者　王伯秋　沈維棟　朱士圭　李冠傑　江帆岷　聶文杰

主　席　沈維棟代　紀錄　金禹範

（一）恭讀總理遺囑

（二）宣讀上屆會議紀錄

（三）報告事項

（一）本處每月補助第一區公所經費二百八十元准縣政府函稱自十九年一月份起第一區公所經統按月在地方費內支洋二百二十元由本處另行補助洋六十元應即照辦（二）本處呈請廢縣爲市以免割裂縣區而利發展市政一案茲奉民政廳指令內開呈悉所請廢縣爲市應從緩議仰將市區域從速規劃繪具圖說呈候核奪又奉建設廳指令呈悉條舉廢縣爲市不爲無見惟縣爲自治單位不應遽行撤廢如爲擴充市政起見得可劃區設立普通市以謀發展除咨商民政廳辦理外仍候省府核示祇遵（二）工務科報告吳橋修理業已完工請派員檢驗點收（三）輕便鐵路價格已得京滬二處回信請酌奪（四）江聶二科長報告上星期六與戚墅堰電廠接洽整理路燈辦法情形

（四）討論事項

一、工務科提議錫市第一公園計劃書已擬就請付討論案（附計劃書一份圖二紙）議決計劃通過並呈復民政廳核示

二、工務科提議本處寄宿舍及商店建築工程已完竣請派員驗收以資結束案（附工程旬報一份）議決交江聶二科長驗收

三、工務科提議公園內公共女廁所建築工程已完竣請派員驗收以資結束案（附工程旬報一份）議決交李聶二科長驗收

收

四、工務科提議惠山錫山以及通惠路一帶均應栽植樹木以增勝景請規定徵集樹木辦法及經費案議決函請縣政府在農林經費項下撥款辦理

五、沈秘書提議縣政府定二月二十日召集全縣行政會議請推定出席代表並準備提案　議決推定江科長沈秘書參加會議

六、沈秘書提議本處奉省令從速規畫市區應否推定專員實地察勘以便設定市範圍案　議決推定王參事江科長朱科長李科長為專員負責勘定

七、財政科提議無錫廣告社社長張珏呈請租賃全部城牆試辦張貼廣告應否照准請公決案　議決交李朱聶三科長擬訂條件

八、江科長聶科長會提戚墅堰電廠要求添裝路燈每盞須工料洋四元電炮費每盞每月貼損失費二角應如何辦理案　議決本處以前每年貼電廠炮費四百元如照電廠所開每月每盞二角計算當增至十倍以上本處實難負担茲照以前貼費增加三倍每年貼一千二百元裝燈工料悉歸電廠負擔仍由江聶二科長接洽辦理

九、社會科提議據商民協會熱水業分會呈稱該會以製熱水灼發售同業應否照准請公決案　議決由各熱水店自行遵照規定分量製就來處檢定烙印

十、財政科提議旅棧業積欠警察認捐為數甚巨應如何辦理案　議決再函旅棧業協會限期催繳

## 第二十七次處務會議紀錄　一月二十九日

出席者　孫祖基　沈維棟　朱士圭　李冠傑　江祖岷　聶文杰

主席　孫主任　紀錄　金禹範

(一)行禮如儀

(二)宣讀上屆會議紀錄

(三)報告事項

(一)奉民廳指令本處所訂取締私廁規則准予備案咨院註冊規則已轉呈衛生部(二)江苗二科長報告驗收本處寄宿舍及商店建築工程　(三)李苗二科長報告驗收公園內女廁所建築工程　(四)朱科長報告通惠路全路填鋪煤屑壓平路面自本月二十三日起招工鋪築現已竣工(五)李科長報告掩埋浮厝棺柩最近兩星期內由本處督飭各圖地保分別進行此項工作刻已結束

(四)討論事項

(一)工務科提議擬具整理錫山風景計劃請付討論案　議決交整理惠山風景委員會核議

(二)工務科提議擬具整理惠山計劃請付討論案　議決交整理惠山風景委員會核議

(三)工務科提議擬具公用事業之整理計劃請付討論案議決交王參事李科長合同審查

(四)沈秘書提議本處規定每星期日上午舉行大掃除一次指定地段責成勤務打掃以重清潔案　議決交總務科核辦

(五)沈秘書提議本處編釘門牌業已竣事應即繼續編釘路牌請公決案　議決交社會財政工務辦理

(六)主任交議本處宿舍已建築完成職員住宿應制定宿舍規則以資遵守案　議決推江科長起草

## 第二十八次處務會議記錄 二月五日

出席者　孫祖基　苗文杰　李丞傑　沈維棟　江祖岷　朱士佳

主　席　孫主任　紀錄　金禹範

(一)行禮如儀

(二)宣讀上屆會議紀錄

(三)報告事項

(一)工務科書面報告通惠路鋪填煤屑工事辦理之經過及決算

(四)討論事項

(一)沈秘書提議縣行政會議會期在邇茲擬提案六則是否有當請核議案　決議交沈江二代表照提

(二)工務科提議本年植樹節擬在通惠路植行道樹每樹隔二十五呎共計植樹八百株如用外國種橡樹合歡木法國梧桐梓樹各二百株計需樹苗費約五百元(如附表)如植中國梧桐楊柳非各等各式百枝計需樹苗費約三百元請付討論案　議決商請縣政府會同辦理

(三)工務科提議通惠路擬續填土方至規定高度後鋪以石片是否仍用雇用辦法請公決案　議決雇工試辦一個月

(四)工務科提議擬製運泥雙輪小車以備填運土方每輛訂需洋十元先製二十輛是否可行請公決案　議決照辦

(五)工務科提議本處填築通惠路需要土方查城廂內外私有基地上所有土堆或磚瓦垃圾堆等爲數甚多如有願出價委託代爲挑平者本處可以承辦又工廠欲挑運煤屑不可承辦此舉實與公私兩有裨益擬布告市民通知是否有當請公決案　議決通過

(六)財政科提議准縣政府函轉財務局請示領有部照之官地應否准予升科一案本處究應如何辦理之處請公決案　議決查拋荒官地本可請求升科給照執業惟以前市有官荒往往被人影射侵佔本處爲杜防起見應請財務局暨沙田官產處對於人民報領官荒者先行函知本處經本處調查確無侵佔影射情弊者自可准予給照函復縣政府查照

(七)主席交議市民紛紛請求先拆除越城以便利交通應否照准案　議決查案呈請省廳核示

(八)主席交議添設廣告木板便利商人案　議決交社會科辦理

(九)主席交議於市區繁盛地點設置美術廣告塲招商租用案　議決交工務社會財政三科辦理

# 勸修路

歐美文明國，
建設着先鞭，
最是交通非等閒！
道路如蛛網，
往來一笑間，
嗚嗚萬里越關山！

愧我大中華，
古稱蜀道難！
其實到處總一般！
建設新中國，
勇往快向前，
勤修道路莫遲延！

——錄道路月刊——

圖表五七：此處原爲《無錫市政籌備處十八年度上半期各項收入統計表》，見書後。

圖表五八：此處原爲《無錫市政籌備處十八年度上半期捐稅收入比較圖》，見書後。

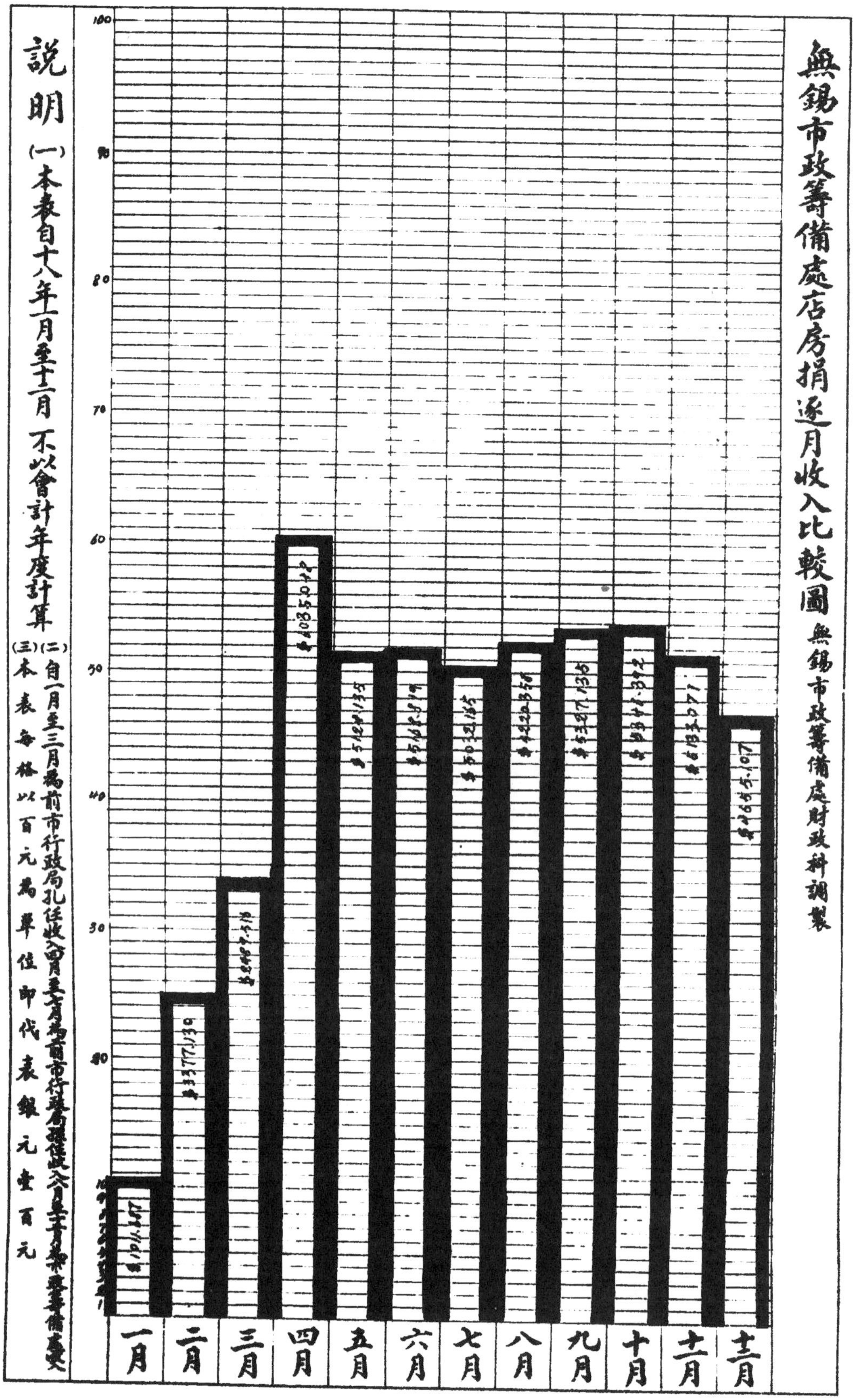
無錫市政籌備處店房捐逐月收入比較圖
無錫市政籌備處財政科調製
說明
(一)本表自十八年一月至十二月不以會計年度計算
(二)自一月至三月為前市行政局孔任收入四月至七月為前市行政局孫任收入八月至十二月為市政籌備處收入
(三)本表每格以百元為單位即代表銀元壹百元
100
90
80
70
60
50
40
30
20
10
$3377.130
$4655.107
一月
二月
三月
四月
五月
六月
七月
八月
九月
十月
十一月
十二月

圖表五九：此處原爲《無錫市政籌備處廣告税收入比較圖》，見書後。

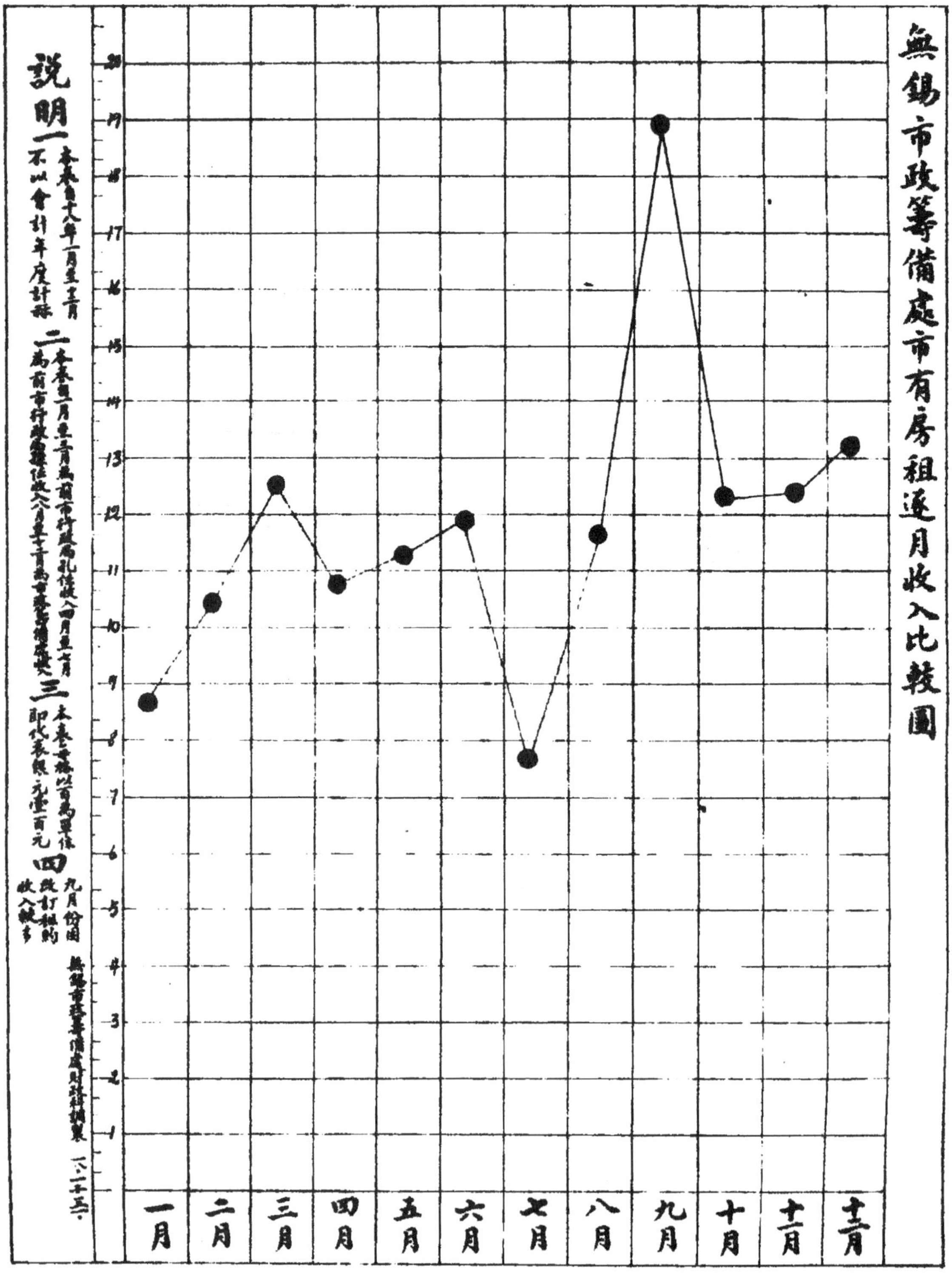
無錫市政籌備處市有房租逐月收入比較圖
說明
一 本表自十八年一月至十二月不以會計年度計算
二 本表自一月至三月為前市行政局託代收入四月至七月為前市行政局徵收入八月至十二月為市政籌備處徵收
三 本表曲線以百為單位即代表銀元壹百元
四 九月份因改訂租約收入較多
無錫市政籌備處財務科製 一八、一二、二五、
20
19
18
17
16
15
14
13
12
11
10
9
8
7
6
5
4
3
2
1
一月
二月
三月
四月
五月
六月
七月
八月
九月
十月
十一月
十二月

圖表六十：此處原爲《無錫市行政費與事業費每月收支比較圖》，見書後。

# 無錫市政籌備處十八年度各科公文處理部份統計表

| 類別 | 文別＼月份 | 八月份 | 九月份 | 十月份 | 十一月份 | 十二月份 | 總計 |
|---|---|---|---|---|---|---|---|
| 撰擬件數 | 呈 | 一四 | 九 | 一三 | 一八 | 一一 | 六五 |
| | 咨 | 一 | | | | | 一 |
| | 公函 | 五八 | 三三 | 四五 | 三七 | 二二 | 一九五 |
| | 函 | 一三九 | 一〇二 | 七六 | 七九 | 三九 | 四三五 |
| | 電 | | | | | | |
| | 代電 | | | | | | |
| | 處令 | 一二 | 九 | 一一 | 一一 | 八 | 五一 |
| | 訓令 | | | | 一二 | 二 | 一四 |
| | 指令 | | | | 三 | 一 | 四 |
| | 委令 | 三七 | 一二 | 一一 | 六 | 三 | 六九 |
| | 佈告 | 一〇 | 八 | 八 | 八 | 三 | 三七 |
| | 批 | 四六 | 八九 | 四七 | 五四 | 二八 | 二六四 |
| | 通告 | 三 | 四 | 四 | 二 | 九 | 二二 |
| | 雜件 | | | 一 | | | 一 |
| 收文件數 | 呈 | 七〇 | 九四 | 五六 | 五五 | 三六 | 三一一 |
| | 咨 | | | | | | |
| | 公函 | 四二 | 五四 | 七七 | 六一 | 四二 | 二七六 |
| | 函 | 一〇七 | 七五 | 五四 | 四三 | 三〇 | 三〇九 |
| | 電 | | | | | 一 | 一 |
| | 代電 | | | | | 二 | 二 |
| | 訓令 | 六 | 三 | 八 | 七 | 七 | 三一 |
| | 指令 | 八 | 三 | 九 | 一八 | 一四 | 五二 |
| | 委令 | | | | | | |
| | 雜件 | | | | | 一 | 一 |
| 發文件數 | 呈 | 一四 | 七 | 一一 | 二三 | 一〇 | 六五 |
| | 咨 | | | | | | |
| | 公函 | 五八 | 三一 | 六七 | 四六 | 二二 | 二二四 |
| | 函 | 一三八 | 一六四 | 一五三 | 一七四 | 八一 | 七一〇 |
| | 電 | | | | | | |
| | 代電 | | | | | | |
| | 處令 | 一二 | 九 | 一一 | 一一 | 七 | 五〇 |
| | 訓令 | | | 九 | 九 | | 九 |
| | 指令 | | | | | 二 | 二 |
| | 委令 | 三七 | 一一 | 四 | 四 | | 六四 |
| | 佈告 | 一〇 | 三 | 九 | 九 | 三 | 三二 |
| | 批 | 四六 | 八六 | 四五 | 五一 | 三二 | 二六〇 |
| | 通告 | | | | | | |
| | 雜件 | 三 | 二 | 二 | 六 | 一 | 一四 |

總務科製

圖表六一：此處原爲《無錫市城區車道交通圖》，見書後。

# 無錫市區街巷里衖門牌調查表

社會科調製

| 街巷里弄名稱 | 門牌總數 | 街巷里弄名稱 | 門牌總數 | 街巷里弄名稱 | 門牌總數 | 街巷里弄名稱 | 門牌總數 | 街巷里弄名稱 | 門牌總數 | 街巷里弄名稱 | 門牌總數 |
|---|---|---|---|---|---|---|---|---|---|---|---|
| 二下塘 | 八二 | 永興街 | 三 | 便民橋 | 三 | 沙巷 | 五 | 三下塘 | 八八 | 百歲坊巷 | 一一 |
| 置煤浜 | 四 | 東河頭巷 | 三八 | 岸橋弄 | 一四 | 留芳聲巷 | 二〇 | 槐樹巷 | 一一 | 歡喜巷 | 八 |
| 進士坊巷 | 五 | 新開河 | 三 | 鳳光橋 | 五六 | 中市橋 | 三二 | 鎮巷 | 一〇 | 斜橋橫街 | 二一 |
| 新廟前橫街 | 二五 | 北門內大街 | 一三〇 | 後書院弄 | 三〇 | 縣前街 | 七三 | 光復門 | 五七 | 沙攻井 | 五九 |
| 書院弄 | 五六 | 盛巷橋北 | 二四 | 盛巷 | 五四 | 大王廟弄 | 三三 | 縣下塘 | 三九 | 斜橋南橫街 | 二一 |
| 師古河上 | 一五 | 斜橋北橫街 | 二九 | 小河上 | 二一 | 新廟前 | 二五 | 南上塘 | 五一 | 南市橋巷 | 四一 |
| 學前街 | 三六 | 虹橋 | 六 | 中市橋上塘 | 八四 | 北禪寺巷 | 一二 | 睦親坊巷 | 一〇 | 四郎君廟巷 | 一五 |
| 西水關 | 三一 | 西溪下（前後） | 三一 | 柳浪橋 | 二八 | 西河頭 | 三四 | 天主弄 | 一〇 | 長大弄 | 二 |
| 斗夾尖碼頭 | 二七 | 道長巷 | 二七 | 姚寶巷 | 六 | 興隆橋 | 七 | 永定橋 | 六 | 北裏城脚 | 六七 |
| 青果巷 | 六五 | 迎迓亭 | 七一 | 眞應道巷 | 四〇 | 營橋巷 | 一六 | 石皮巷 | 七 | 光復門外東城脚 | 二九 |
| 光復門外城脚 | 四六 | 露華弄 | 三九 | 北大街 | 九〇 | 北塘東街 | 一八二 | 北塘西街 | 一八三 | 北塘東沿河 | 五三 |
| 北塘西沿河 | 六二 | 田屠裏（吳橋西） | 四九 | 姚巷（吳橋西） | 一一 | 北四路 | 二〇 | 小三里橋 | 七七 | 天主橋 | 六七 |

| | | | | | | | | | | | |
|---|---|---|---|---|---|---|---|---|---|---|---|
| 天主堂西首 | 一三 | 普濟橋 | 一八 | 張巷上 | 一六 | 三里橋 | 三七 | 吳橋西沿河 | 一二 | 盛岸袁張巷 | 三二 |
| 盛岸潘巷上 | 一三 | 盛岸丁崗巷 | 一六 | 孫巷上 | 二三 | 塘岸下 | 三四 | 王巷上 | 四七 | 黃埠墩西 | 三二 |
| 麗新路 | 二〇七 | 黃埠墩 | 四一 | 源康里一弄 | 一八 | 源康里二弄 | 二〇 | 源康里三弄 | 一〇 | 源康里四弄 | 二一 |
| 壇頭弄 | 六四 | 同泉弄 | 一 | 布行弄 | 二八 | 桃棗沿河 | 二八 | 江尖 | 七三 | 小尖 | 一 |
| 後祁後街 | 四八 | 後祁路 | 二 | 青石橋 | 二五 | 新巷上 | 一五 | 壩基上 | 二八 | 荳腐浜 | 二五 |
| 灣巷上 | 三七 | 江陰巷 | 一五八 | 北開口 | 一七二 | 北開口後街 | 四 | 顧橋港 | 八 | 北開口倉廳弄 | 三 |
| 北開口兵河 | 二三 | 柵巷 | 七 | 竟成路 | 二九 | 朱廳弄 | 一四 | 積餘街 | 四一 | 積餘橫街 | 六 |
| 前竹場巷 | 三七 | 後竹場巷 | 三七 | 孫茅柴弄 | 一八 | 周師弄 | 三四 | 周師弄橫街 | 二〇 | 黃泥橋北街 | 二九 |
| 通運路 | 一五五 | 漢昌路 | 三四 | 光復路 | 七六 | 上道人弄 | 三二 | 交際路 | 二四 | 萬全路 | 二六 |
| 萬巷上 | 二九 | 前太平巷 | 六六 | 後太平巷 | 六二 | 萬巷上中和里 | 三 | 交際路安和里 | 一 | 萬全路長樂里 | 二 |
| 萬巷上敬業里 | 二 | 喜春街倉廳弄 | 一 | 喜春街香弄 | 一 | 上道人弄福康里 | 四 | 大園里 | 二〇 | 新街弄 | 八 |
| 通匯路 | 四三 | 梁溪東路 | 一三 | 梁溪西路 | 一九 | 梁溪路 | 九 | 通溪橋東 | 一二 | 九龍里 | 二五 |
| 笆斗弄 | 五二 | 黃泥橋 | 二三 | 長城門 | 九 | 麻餅沿河 | 三四 | 小郁弄 | 一三 | 巴斗弄橫街 | 四 |
| 芋頭沿河 | 三八 | 前中正路 | 七七 | 後中正路 | 一二〇 | 北新路（萬源里口） | 一二 | 北新路潤德里口 | 二二 | 潤德里 | 七 |
| 通豫里 | 三二 | 通豫源里弄 | 八八 | 新市場 | 三四 | 聚茂街 | 二 | 福成路 | 一五 | 尚山上 | 一四 |
| 社橋頭 | 二八 | 後社橋 | 三四 | 小張巷 | 一一 | 謝巷 | 四三 | 通惠路 | 一九〇 | 亭壩上 | 五四 |
| 仁壽里 | 五〇 | 厚聲里 | 一五 | 陳白頭橋 | 二五 | 協興里口 | 八 | 沈興里 | 六 | 協興里 | 八 |
| 後陳白頭巷 | 四 | 梨花莊 | 九三 | 梨花莊（張巷） | 一八 | 城巷 | 二三 | 盧巷 | 一六 | 後巷 | 二五 |

| | | | | | | | | | | | |
|---|---|---|---|---|---|---|---|---|---|---|---|
| 萬新路 | 一七 | 萬源路 | 一二 | 萬源橋 | 九 | 福成里 | 二六 | 沈興里口 | 四 | 長大卞 | 二〇 |
| 圓通路 | 二九 | 堵家弄 | 九 | 硝皮巷 | 二七 | 化成巷 | 八 | 映山河 | 二四 | 許家弄 | 四 |
| 新市橋街 | 四五 | 施熘門 | 一〇 | 崇安寺 | 四九 | 大市橋街 | 一六四 | 寺　巷 | 五九 | 觀前街 | 一五 |
| 寺後門 | 一一 | 盛巷橋 | 八一 | 公園路 | 五六 | 圖書館 | 二五 | 八兒巷 | 一二 | 含秀橋 | 四 |
| 觀前街 | 三五 | 駁岸上 | 四五 | 塡基浜 | 一八 | 大婁巷 | 六七 | 小婁巷 | 四二 | 清賢巷 | 九 |
| 大河上 | 三五 | 黃泥橋 | 一九 | 東鼓樓 | 一八 | 駐聰橋 | 一九 | 沈果巷 | 三五 | 官　巷 | 三 |
| 遊泗弄 | 六 | 東大街 | 一二八 | 皂莢弄 | 一五 | 靈官廟弄 | 九 | 西大街 | 五八 | 小木橋 | 二八 |
| 西鼓樓 | 二四 | 太平巷 | 九 | 周　巷 | 二一 | 毛梓橋 | 二七 | 迎溪橋 | 五 | 魚腥巷 | 五 |
| 西横街 | 五〇 | 黃巷民衆教育院實驗區 | 一三五 | 堵巷（接近上） | 六 | 卞安浜 | 一〇 | 泗堡弄 | 五九 | 泗堡橋 | 五二 |
| 泗堡街 | 五四 | 泗堡西街 | 二六 | 泗堡橋西街 | 三七 | 荷葉村（即泗堡橋北） | 一六〇 | 河埒裏 | 二九 | 北城脚 | 三七 |
| 西城脚 | 三八 | 嚴巷上 | 八 | 長安橋南尖 | 九〇 | 宦家弄 | 三 | 船廠裏 | 一四 | 三茅殿 | 四 |
| 石舖頭 | 二五 | 毛溼浜 | 二九 | 薔園弄 | 一七 | 横浜裏 | 四七 | 祝棧弄 | 六 | 前横街 | 一二 |
| 薔園浜 | 一九 | 横　街 | 四七 | 長安橋北尖 | 一八 | 茅蓬沿河 | 二一 | 茅蓬弄 | 七 | 遊山船浜 | 二九 |
| 游　弄 | 九 | 樹巷裏 | 二九 | 劉師弄 | 一九 | 大河池沿 | 五三 | 糖棧弄 | 三九 | 貝巷上 | 五二 |
| 石灰弄 | 二一 | 石灰場 | 二六 | 石灰場香弄 | 二 | 小泗房弄 | 二一 | 張成弄 | 四八 | 接官亭弄 | 五三 |
| 蔡墅巷 | 四六 | 李巷上 | 一七 | 淘沙巷 | 一八 | 混堂弄 | 二六 | 秦棧弄 | 二四 | 祝棧弄 | 二六 |
| 前蔡家弄 | 二六 | 後蔡家弄 | 一五 | 承裕私弄 | 四 | 桃水弄 | 一三 | 惇裕里 | 二 | 北長康里 | 一二 |
| 東新路魁如里 | 八 | 東新路洽興里 | 一一 | 東新路平安里 | 一五 | 東新路永興里 | 一五 | 壽康里 | 一六 | 北倉門 | 七四 |

| | | | | | | | | | | |
|---|---|---|---|---|---|---|---|---|---|---|
| 北倉門瑞陽里 | 七 | 北倉門見德里 | 五 | 恆德里 | 七 | 乾德里前面 | 一五 | 乾德里 | 九〇 | 高陽里 | 一一 |
| 吉慶里 | 一二 | 東新弄 | 五 | 南長康里 | 三九 | 東新路 | 一二六 | 太平橋堍 | 六 | 張巷上 | 一七 |
| 孟淵弄洽興里 | 二五 | 祥安里 | 三〇 | 有惠里 | 一四 | 孟淵弄 | 一四 | 和樂里 | 二八 | 民生里 | 一二 |
| 九餘里 | 三五 | 華盛弄 | 二五 | 廣勤第一支路 | 四二 | 竹園弄 | 三一 | 寶善里 | 二四 | 勤福弄 | 一八 |
| 小木橋 | 五 | 周巷前 | 九 | 周巷 | 一八 | 廣勤第二支路 | 二九 | 永久里 | 一一 | 永安街 | 二三 |
| 鼎盛里 | 二六 | 新鳳橋街 | 三 | 永康里 | 二〇 | 開盛里 | 二六 | 廣勤第三支路 | 二六 | 琴安里 | 一三 |
| 廣順里 | 一 | 永慶里 | 二二 | 安協里 | 四 | 錦豐里（即舟山浜） | 八六 | 德興里 | 四 | 錦豐里 | 六三 |
| 慶豐里 | 一〇四 | 廣勤第四支路 | 七三 | 廣勤四支路（茂順里口） | 一二 | 依仁里 | 一二 | 廣勤四支路（芝芳里口） | 一四 | 祥太弄 | 六 |
| 廣勤第五支路 | 二三 | 丁巷 | 九 | 俞巷 | 二五 | 沈巷 | 三〇 | 張巷 | 一九 | 梅園 | 七 |
| 錫園路 | 三 | 北新路 | 一六 | | | | | | | | |

# 無錫市市內航船開往各埠一覽表

財政科調製

(甲)開往江陰計六十六隻

| 編號 | 船戶 | 種別 | 捐額 | 何處開行 | 何處收泊 | 備註 |
|---|---|---|---|---|---|---|
| 一 | 柳季椿 | 甲 | 六元 | 天后宮 | 江陰周莊 | |
| 三 | 張子香 | 又 | 又 | 游弄 | 江陰湘河塘橋 | |
| 五 | 周雪琴 秦賈寶 | 又 | 又 | 長安橋 | 江陰北漍鎮欄杆橋 | |
| 七 | 計仲恆 徐和昌 | 又 | 又 | 又 | 江陰北漍鎮 | |
| 九 | 宋晉東 胡鶴皋 尤夢祥 | 又 | 又 | 游弄 | 江陰端明橋 | |
| 一一 | 張子璠 張鳳慧 | 又 | 又 | 芋頭沿河 | 江陰顧山陳墅 | |
| 一三 | 許錫茂 許勝根 | 又 | 又 | 又 | 江陰長徑鎮 | |
| 一五 | 蔣阿聽 陸阿祥 | 又 | 又 | 小三里橋 | 又東市橋 | |
| 一七 | 謝永和 | 又 | 又 | 芋頭沿河 | 江陰郁家橋 | |
| 一九 | 劉長春 蔣增二 徐金福 | 又 | 又 | 北塘 | 江陰月城橋南閘鎮 | |
| 二一 | 樊錦茂 | 又 | 又 | 小三里橋 | 江陰長壽璜塘 | |
| 二 | 蔣培卿 季老海 | 甲 | 六元 | 沿河碼頭 | 江陰楊庫 | |
| 四 | 馮曜奎 尤秀兆 劉大來 | 又 | 又 | 游弄 | 江陰端明橋 | |
| 六 | 周雪琴 貝金寶 | 又 | 又 | 長安橋 | 江陰楊庫 | |
| 八 | 張根福 毛金昌 毛寶生 徐仁金 | 又 | 又 | 三里橋 | 江陰端明橋 | |
| 一〇 | 陸錫文 | 又 | 又 | 芋頭沿河 | 江陰華墅 | |
| 一二 | 張子璠 張鳳翼 | 又 | 又 | 又 | 江陰顧山陳墅 | |
| 一四 | 蕭嘉生 鄭勝泉 | 又 | 又 | 小三里橋 | 江陰皋岸峭歧東木橋 | |
| 一六 | 蔡阿四 許梅增 陳阿明 | 又 | 又 | 芋頭沿河 | 江陰長涇鎮 | |
| 一八 | 李瑞林 承雲坤 | 又 | 又 | 北塘 | 江陰月城喬南閘鎮 | |
| 二〇 | 黃榮福 徐增榮 | 又 | 又 | 蓉湖橋 | 江陰周莊璜塘 | |
| 二二 | 陳秀山 陳秀泉 楊根源 | 甲 | 六元 | 小三里橋 | 江陰璜塘 | |

| | | | | | |
|---|---|---|---|---|---|
| 二三 | 陸元興 | 甲 | 六元 | 長安橋 | 江陰楊庫北涸塘墅 |
| 二五 | 陳秀山等 | 甲 | 六元 | 長安橋 | 江陰楊庫北涸塘墅 |
| 二七 | 徐裕通 | 甲 | 六元 | 大橋下 | 江陰后塍鎮 |
| 二九 | 任肯初 任盤生 徐云開 | 甲 | 六元 | 三里橋 | 江陰后塍鎮 |
| 三一 | 金榮根 金錫根 林仁泉 | 甲 | 六元 | 三里橋 | 江陰青暘鎮 |
| 三三 | 秦義泉 張士鑾 | 甲 | 六元 | 芋頭沿河 | 江陰南新喬郁家橋 |
| 三五 | 秦義泉 | 甲 | 六元 | 北塘 | 江陰黃土塘張繆舍河橋塘 |
| 三七 | 張阿大 許阿多 | 甲 | 六元 | 芋頭沿河 | 江陰祝塘長涇西洋橋 |
| 三九 | 石杏根 | 甲 | 六元 | 小三里橋 | 江陰北渚鎮 |
| 四一 | 唐春林 馮全福 | 甲 | 六元 | 三里橋 | 江陰長壽璜塘 |
| 四三 | 張士祥 | 甲 | 六元 | 芋頭沿河 | 江陰陸家橋胡埭橋郁家橋華墅 |
| 四五 | 林順泉 金茂芳 嚴根林 | 甲 | 六元 | 北塘 | 江陰月城橋雙橋 |
| 四七 | 周雪琴 周二寶 譚大 貝銀寶 | 甲 | 六元 | 長安橋 | 江陰楊庫 |
| 四九 | 譚大 周阿海 | 甲 | 六元 | 長安橋 | 江陰楊庫 |
| 五一 | 徐和官 計仲恢 | 甲 | 六元 | 芋頭沿河 | 江陰北涸 |
| 五三 | 吳達江 | 甲 | 六元 | 大橋下 | 江陰后塍 |
| 五五 | 公和 | 甲 | 六元 | 桃棗沿河 | 江陰北涸 |
| 五七 | 薛含英 薛崇德 | 甲 | 六元 | 三里橋 | 江陰塘頭喬洲河鎮 |
| 二四 | 樊錦茂 徐根泉 | 甲 | 六元 | 小三里橋 | 江陰三官鎮 |
| 二六 | 吳汝根 | 甲 | 六元 | 三里橋 | 江陰長壽云亭茂市橋 |
| 二八 | 毛榮金 毛榮生 林炳生 | 甲 | 六元 | 大橋下 | 江陰后塍鎮 |
| 三〇 | 方梅福 朱聽寶 | 甲 | 六元 | 三里橋 | 江陰三官鎮 |
| 三二 | 鄭曉峯 鄭正山 | 甲 | 六元 | 芋頭沿河 | 江陰南新橋馬嘶鎮蘇墅橋 |
| 三四 | 孫記 | 甲 | 六元 | 北塘 | 江陰后塍 |
| 三六 | 陸錫文 | 甲 | 六元 | 北塘 | 江陰華墅 |
| 三八 | 陳榮泉 張泉泉 | 甲 | 六元 | 麻餅沿河 | 江陰烏鎮鄉湖岩里 |
| 四〇 | 徐增榮 徐阿四 | 甲 | 六元 | 小三里橋 | 江陰長壽璜塘 |
| 四二 | 林盤金 鄭喜根 | 甲 | 六元 | 芋頭沿河 | 江陰華墅 |
| 四四 | 鄭根喜 楊鳳林 | 甲 | 六元 | 芋頭沿河 | 江陰陸家橋胡埭橋郁家橋華墅 |
| 四六 | 徐巧寶 周文明 | 甲 | 六元 | 三里橋 | 江陰三官鎮金童橋浦鞋橋 |
| 四八 | 周順金 | 甲 | 六元 | 三里橋 | 江陰長壽黃塘周莊 |
| 五〇 | 周雪琴 秦石寶 | 甲 | 六元 | 芋頭沿河 | 江陰北涸 |
| 五二 | 王達珍 | 甲 | 六元 | 大橋下 | 江陰后塍 |
| 五四 | 楊曜奎 | 甲 | 六元 | 灘上 | 江陰湖岩里馬鎮 |
| 五六 | 錢子福 | 甲 | 六元 | 石灰場 | 江陰文林鎮河塘湘橋門村西洋橋 |
| 五八 | 秦林記 | 甲 | 六元 | 芋頭沿河 | 江陰顧山頭墅裏陳野新橋頭周姓碼頭 |

| | | | | | |
|---|---|---|---|---|---|
| 五九 | 吳汝根 | 甲 | 六元 | 三里橋 | 江陰云亭鎮 |
| 六〇 | 馮曜德、倪榮泰 | 甲 | 六元 | 蓮蓉橋 | 江陰西洋橋門村鎮 |
| 六一 | 謝亦林、李明寶 | 甲 | 六元 | 玄壇弄一大碼頭 | 江陰泗港市河碼頭蘇市橋 |
| 六二 | 謝亦林、李順寶 | 甲 | 六元 | 玄壇弄一大碼頭 | 江陰泗港市河碼頭蘇市橋 |
| 六三 | 徐怡沅 | 甲 | 六元 | 三里橋 | 江陰月城橋中新城橋青暘鎮 |
| 六四 | 范金福 | 甲 | 六元 | 三里橋 | 江陰雲亭 |
| 六五 | 馮曜奎、卜五官、樊錦茂 | 甲 | 六元 | 三里橋 | 江陰端明橋 |
| 六六 | 朱錦降 | 甲 | 六元 | 大橋下 | 顧山陳墅新橋 |

## (乙)開往常州計廿二隻

| | | | | | |
|---|---|---|---|---|---|
| | 許聽大 | 甲 | 六元 | 三里橋 | 常州南宅戴溪橋天井橋 |
| 二 | 馮阿錫、徐子和 | 甲 | 六元 | 三里橋 | 常州雪堰橋 |
| 三 | 朱根林、朱金川 | 甲 | 六元 | 蓉湖橋 | 常州文成橋 |
| 四 | 王金林 | 甲 | 六元 | 蓉湖橋 | 常州南宅鎮 |
| 五 | 張錦堂、馮阿大 | 甲 | 六元 | 北塘 | 常州橫山橋 |
| 六 | 徐朝良、毛文榮 | 甲 | 六元 | 三里橋 | 常州馬安墩雙廟鎮 |
| 七 | 毛阿泉、毛阿多、毛榮四、毛榮生 | 甲 | 六元 | 三里橋 | 常州東橫林 |
| 八 | 毛文榮、徐朝良 | 甲 | 六元 | 三里橋 | 常州北新橋馬安墩 |
| 九 | 徐寶林、林茂發 | 甲 | 六元 | 三里橋 | 常州前橫禮嘉橋坂上 |
| 十 | 尤世記、黃徐記 | 甲 | 六元 | 財神弄 | 常州西壇里由弄後街 |
| 一一 | 尤世記、鄭鳴記 | 甲 | 六元 | 天后宮 | 常州西門外袁塢 |
| 一二 | 毛朱記、府吳徐 | 甲 | 六元 | 天后宮 | 常州西門外表塢碼頭 |
| 一三 | 朱吳徐 | 甲 | 六元 | 大橋下 | 常州西瀛里 |
| 一四 | 唐怡記、楊耀隆 | 甲 | 六元 | 三里橋 | 常州焦店新安石堰山鎮 |
| 一五 | 毛凌雲 | 甲 | 六元 | 三里橋 | 常州崔橋橫山橋橫林戚墅堰 |
| 一六 | 毛順寧 | 甲 | 六元 | 三里橋 | 常州雀橋橫山橋橫林戚墅堰 |
| 一七 | 徐煥賢、毛子香 | 甲 | 六元 | 三里橋 | 常州圩橋洛陽橋塘喬馬鞍墩 |
| 一八 | 蔡元記 | 甲 | 六元 | 三里橋 | 常州三河口 |
| 一九 | 張宗蔭、金林春 | 甲 | 六元 | 北塘 | 常州楊喬運村華渡橋 |
| 二〇 | 段增祺 | 甲 | 六元 | 三里橋 | 常州周橋番家橋 |
| 二一 | 陳煥明 | 甲 | 六元 | 三里橋 | 常州周橋 |
| 二二 | 呂文發 | 甲 | 六元 | 三里橋 | 常州焦溪鎮 |

## (丙)開往常熟計二十六隻

| | | | | | |
|---|---|---|---|---|---|
| 一 | 趙福堪、陸瑞玉 | 甲 | 六元 | 長安橋 | 常熟西張市西塘橋鹿苑鎮 |
| 二 | 徐阿坤 | 甲 | 六元 | 小橋頭 | 常熟大東門鴨荳橋 |

| | | | | | |
|---|---|---|---|---|---|
| 三 | 蔡元 永昌 | 甲 | 六元 | 北塘 | 常熟彭家橋 |
| 四 | 季仲樹 | 甲 | 六元 | 長安橋 | 常熟東來鎮日新鎮 |
| 五 | 錢景清 | 甲 | 六元 | 長安橋 | 常熟新莊港日新鎮 |
| 六 | 唐劉大 蔣四寶 黃許郎 | 甲 | 六元 | 長安橋 | 常熟新莊港日新鎮 |
| 七 | 孫紀林 許榮春 許榮春 | 甲 | 六元 | 芋頭沿河 | 常熟徐市港口恬莊鎮 |
| 八 | 徐茂生 徐劉大 馮愛慶 | 甲 | 六元 | 長安橋 | 常熟鹿苑鎮 |
| 九 | 季仲樹 周裕林 | 甲 | 六元 | 芋頭沿河 | 常熟慶安鎮陳船喬新莊 |
| 十 | 金禮和 | 甲 | 六元 | 長安橋 | 常熟塘橋苑慶乡 |
| 一一 | 沈福康 | 甲 | 六元 | 長安橋 | 常熟塘橋鹿苑 |
| 一二 | 袁根元 | 甲 | 六元 | 通滙橋 | 常熟南門外接官亭 |
| 一三 | 蔣才章 | 甲 | 六元 | 芋頭沿河 | 常熟方橋 |
| 一四 | 趙士德 | 甲 | 六元 | 長安橋 | 常熟沙洲市東來新莊港 |
| 一五 | 毛日香 | 甲 | 六元 | 芋頭沿河 | 常熟徐市港口恬莊 |
| 一六 | 趙士才 耿容康 | 甲 | 六元 | 芋頭沿河 | 常熟沙洲市新莊鄉 |
| 一七 | 羅蓮寶 錢阿大 | 甲 | 六元 | 長安堰 | 常熟新莊港鹿苑 |
| 一八 | 袁和尚 | 甲 | 六元 | 通滙橋 | 常熟接官亭 |
| 一九 | 周根寶 | 甲 | 六元 | 大橋下 | 常熟衛家橋練塘張家橋 |
| 二〇 | 周松壽 | 甲 | 六元 | 竹塲巷 | 常熟 |
| 二一 | 許慶茂 | 甲 | 六元 | 芋頭沿河 | 常熟周家碼頭莊徐市 |
| 二二 | 林雙齡 | 甲 | 六元 | 長安橋 | 常熟乘杭橋慶安鎮新莊港沙洲市 |
| 二三 | 蔣才章 蔣四寶 | 甲 | 六元 | 長安橋 | 常熟慶安方橋鎮鹿苑鄉 |
| 二四 | 毛竹舟 | 甲 | 六元 | 北塘 | 常熟梅里鎮大橋西堍彭家橋華九三圖 |
| 二五 | 張子璉 張子秀 | 中 | 四元 | 芋頭沿河 | 常熟王莊鎮 |
| 二六 | 張子炳 張勝根 | 中 | 四元 | 芋頭沿河 | 常熟王莊鎮 |

（丁）開往溧陽計十隻。

| | | | | | |
|---|---|---|---|---|---|
| 一 | 朱憲文 | 甲 | 六元 | 桃棗沿河 | 溧陽南門外河橋 |
| 二 | 朱曜祖 | 甲 | 六元 | 蓮蓉橋 | 溧陽西門 |
| 三 | 朱士亭 朱壬生 | 甲 | 六元 | 桃棗沿河 | 溧陽宜興河橋 |
| 四 | 朱士亭 徐根官 | 甲 | 六元 | 吊橋下 | 溧陽勝隆渡和橋鎮 |
| 五 | 毛桂沅 | 甲 | 六元 | 北門外 | 溧陽西門外碑亭頭 |
| 六 | 毛壽沅 | 甲 | 六元 | 芋頭沿河 | 溧陽西門外碑亭鎮 |
| 七 | 吳漱芳 吳漱芬 | 甲 | 六元 | 芋頭沿河 | 仝上 |
| 八 | 毛德沅 毛桂沅 朱憲文 朱士 | 甲 | 六元 | 芋頭沿河 | 溧陽西門外 |
| 九 | 徐根官 徐耀珍 秦鳴岐 | 甲 | 六元 | 仝上 | 溧陽西門外 |
| 一〇 | 王根泉 | 甲 | 六元 | 北塘 | 溧陽戴埠楊巷 |

（戊）開往宜興計二十三隻

| | | | | | |
|---|---|---|---|---|---|
| 一 | 金榮根 | 甲 | 六元 | 外吊橋 | 宜興丁蜀山湖洑鎮 |
| 二 | 蘇訓大 | 甲 | 六元 | 蓉湖橋 | 宜興潘家橋分水墩周鐵橋永甯巷 |
| 三 | 陳嘉興 陳紹斌 | 甲 | 六元 | 蓉湖橋 | 宜興潘家橋分水墩周鐵橋永甯巷 |
| 四 | 徐阿杏 | 甲 | 六元 | 江尖口 | 宜興張渚 |
| 五 | 尤正發 | 甲 | 六元 | 北塘 | 宜興丁蜀山 |
| 六 | 金學桂 | 甲 | 六元 | 北塘 | 宜興大浦丁蜀山 |
| 七 | 毛順昌 | 甲 | 六元 | 桃棗沿河 | 宜興長橋 |
| 八 | 周良昌 | 甲 | 六元 | 北塘 | 宜興丁蜀山 |
| 九 | 楊曬裕 | 甲 | 六元 | 北塘 | 宜興丁蜀山湖洑鎮 |
| 十 | 周壬生 根生 | 甲 | 六元 | 北塘 | 宜興丁蜀山張渚湖洑鎮 |
| 一一 | 楊生泉 | 甲 | 六元 | 吊橋 | 宜興丁蜀山湖洑鎮 |
| 一二 | 陳仁根 杏 | 甲 | 六元 | 三里橋 | 宜興曹橋潘家橋 |
| 一三 | 陳仁根 | 甲 | 六元 | 三里橋 | 宜興分水墩周鐵橋 |
| 一四 | 蘇馬記 | 甲 | 六元 | 三里橋 | 宜興分水墩周鐵橋 |
| 一五 | 鄭阿牛 | 甲 | 六元 | 桃棗沿河 | 宜興和橋 |
| 一六 | 徐裕記 | 甲 | 六元 | 桃棗沿河 | 宜興長橋和橋 |
| 一七 | 金根香 | 甲 | 六元 | 北塘 | 宜興丁蜀山湖洑鎮 |
| 一八 | 毛二順 毛粲芳 | 甲 | 六元 | 天后宮 | 宜興和橋 |
| 一九 | 朱金根 | 甲 | 六元 | 北塘 | 宜興方橋 |
| 二〇 | 邵洪泉 | 甲 | 六元 | 觀拗橋 | 宜興方橋 |
| 二一 | 黃和泰 | 乙 | 四元 | 三里橋 | 宜興曹橋楊巷分水[illegible] |
| 二二 | 伍阿書 | 丙 | 兩元 | 北塘 | 張渚 |
| 二三 | 唐長生 | 甲 | 六元 | 北門市橋沿河 | 宜興丁蜀山湖洑等鎮 |

（巳）開往丹陽計三隻

| | | | | | |
|---|---|---|---|---|---|
| 一 | 陳根芳 | 甲 | 六元 | 竹場巷 | 丹陽東門迎春橋 |
| 二 | 蕭金發 | 甲 | 六元 | 竹場巷 | 丹陽東門迎春橋 |
| 三 | 陳杏生 | 甲 | 六元 | 竹場巷 | 仝上 |

（庚）開往金壇計二隻

| | | | | | |
|---|---|---|---|---|---|
| 一 | 過根和 陳金祥 | 甲 | 六元 | 長安橋 | 金壇清和橋 |
| 二 | 陳福祥 | 甲 | 六元 | 竹場巷 | 金壇薛埠珠林鎮清和橋 |

## （辛）開往蘇州計十五隻

| | | | | | |
|---|---|---|---|---|---|
| 一 | 謝文銘 | 甲 | 六元 | 遊弄 | 蘇州滸墅關望亭 |
| 二 | 蔣盤根 | 甲 | 六元 | 北塘 | 蘇州滸墅關望亭 |
| 三 | 楊金藏 | 甲 | 六元 | 桃棗沿河 | 蘇州渡僧橋 |
| 四 | 徐錫彥 | 甲 | 六元 | 吊橋下 | 蘇州閶門外通貴橋 |
| 五 | 徐步階 | 甲 | 六元 | 吊橋下 | 蘇州滸野關望亭 |
| 六 | 吳根仁 | 甲 | 六元 | 北塘 | 滸墅關 |
| 七 | 徐步清 | 甲 | 六元 | 吊橋 | 蘇州閶門內倉橋 |
| 八 | 蘇鴻培 | 甲 | 六元 | 桃棗沿河 | 蘇州閶門、渡僧橋 |
| 九 | 吳萬甫 | 甲 | 六元 | 財神弄 | 蘇州盤門外吳門橋南濠 |
| 十 | 蔣根大<br>孫曜泉 | 甲 | 六元 | 桃棗沿河 | 蘇州閶門外渡僧橋 |
| 一一 | 朱雨記 | 甲 | 六元 | 蓮蓉橋 | 蘇州閶門外吊橋下 |
| 一二 | 吳增福 | 甲 | 六元 | 南門外黃泥橋 | 蘇州吳橋下 |
| 一三 | 朱鳳翔 | 甲 | 六元 | 桃棗沿河口 | 蘇州盤門外吳門橋南濠 |
| 一四 | 朱裕甫 | 甲 | 六元 | 吊橋 | 蘇州閶門內外吊橋堍 |
| 一五 | 吳紀祥 | 甲 | 六元 | 南門外黃泥橋 | 蘇州閶門外吊橋下 |

## （壬）開往浙江長興計四隻

| | | | | | |
|---|---|---|---|---|---|
| 一 | 劉卓<br>卜萬沅 | 甲 | 六元 | 北塘 | 浙江長興泗安鎮 |
| 二 | 胡勝泉 | 甲 | 六元 | 北塘 | 浙江長興泗安鎮 |
| 三 | 陸元興 | 甲 | 六元 | 三里橋 | 長興 |
| 四 | 毛萬鍾 | 甲 | 六元 | 北塘沿河碼頭 | 長興泗安橋 |

## （癸）開往本埠各處計一百七十七隻

| | | | | | |
|---|---|---|---|---|---|
| 一 | 顧金寶 | 乙 | 四元 | 蓮蓉橋 | 梅村鎮 |
| 二 | 夏榮泉 | 乙 | 四元 | 北柵口 | 張涇橋 |
| 三 | 許子義 | 乙 | 四元 | 芋頭沿河 | 嚴家橋東湖蕩 |
| 四 | 伍阿鼎<br>秦聽福 | 乙 | 四元 | 蓉湖橋 | 河塘營張舍里藕塘橋胡埭鎮 |
| 五 | 許仁餘<br>許巧林 | 甲 | 六元 | 芋頭沿河 | 祝塘長涇 |
| 六 | 馮榮生 | 乙 | 四元 | 大橋下 | 南望亭大牆門 |
| 七 | 馮榮生 | 乙 | 四元 | 桃棗沿河 | 張涇橋 |
| 八 | 徐金寶 | 乙 | 四元 | 大橋下 | 寨門 |
| 九 | 任紀泉<br>陳和根 | 甲 | 六元 | 三里橋 | 雪堰橋 |
| 一〇 | 丁元裕 | 乙 | 四元 | 桃棗沿河 | 張涇橋 |

| | | | | | |
|---|---|---|---|---|---|
| 一一 | 楊鳳鳴 | 乙 | 四元 | 芊頭沿河 | 蕩口鎮 |
| 一三 | 張阿虔 | 乙 | 四元 | 通滙橋 | 寨門 |
| 一五 | 徐朝良 楊德良 | 乙 | 四元 | 北塘 | 楊墅園 |
| 一七 | 蕭錦泉 根生 | 乙 | 四元 | 北塘 | 楊墅園 |
| 一九 | 姚茂昌 | 乙 | 四元 | 三里橋 | 張舍里 胡埭鎮 |
| 二一 | 黃國元 | 乙 | 四元 | 桃棗沿河 | 安鎮 |
| 二三 | 蔡關昌 | 乙 | 四元 | 北塘 | 楊墅園 高明橋 |
| 二五 | 張小榮 | 乙 | 四元 | 芊頭沿河 | 東湖嚴家橋 羊尖 |
| 二七 | 俞炳生 | 乙 | 四元 | 北塘 | 富安鄉 新瀆橋 |
| 二九 | 李根榮 | 乙 | 四元 | 三里橋 | 萬安市 洛社鎮 |
| 三一 | 蔣椿鏞 | 乙 | 四元 | 芊頭沿河 | 羊尖鎮 |
| 三三 | 唐耀倫 | 乙 | 四元 | 北塘 | 青城市 前洲鎮 |
| 三五 | 楊金林 周泉根 | 乙 | 四元 | 三里橋 | 青城市 前洲鎮 |
| 三七 | 過福培 | 乙 | 四元 | 北柵口 | 八士橋 |
| 三九 | 吳昌歧 | 乙 | 四元 | 北塘 | 青城市 玉祁鎮 |
| 四一 | 唐鴻兆 唐三寶 | 乙 | 四元 | 三里橋 | 青城市 前洲鎮 |
| 四三 | 俞杏生 | 乙 | 四元 | 通滙橋 | 青城市 前洲鎮 |
| 四五 | 錢德隆 | 乙 | 四元 | 路華弄口 | 蕩口 |
| 一二 | 張士俊 張勝根 | 乙 | 四元 | 芊頭沿河 | 黃土塘張蕻 舍河塘橋 |
| 一四 | 沙茂泰 陸國祥 | 乙 | 四元 | 三里橋 | 六區橋 |
| 一六 | 徐納良 王文榮 | 乙 | 四元 | 三里橋 | |
| 一八 | 九惟銳 楊炳辰 杭金倍 | 乙 | 四元 | 三里橋 | 六區橋 |
| 二〇 | 俞根大 | 乙 | 四元 | 三里橋 | 新瀆橋 碰店 |
| 二二 | 楊沅順 | 乙 | 四元 | 三里橋 | 胡埭 張舍里 |
| 二四 | 張全元 | 乙 | 四元 | 芊頭沿河 | 潘市鑫 橋洋尖 |
| 二六 | 沈瑞根 | 乙 | 四元 | 財神弄 | 玉祁 禮舍 |
| 二八 | 王殿榮 王鳳祥 | 乙 | 四元 | 三里橋 | 天上市 堰橋 |
| 三〇 | 沈雲生 | 乙 | 四元 | 三里橋 | 青城市 玉祁鎮 |
| 三二 | 范學泉 范耕和 范鳳全 | 乙 | 四元 | 小三里橋 | 天上市 堰橋鎮 |
| 三四 | 張子翌 璜 | 乙 | 四元 | 芊頭沿河 | 嚴家橋 東湖蕩 |
| 三六 | 李梓爵 | 乙 | 四元 | 三里橋 | 萬安市 洛社鎮 |
| 三八 | 朱鼎雲 | 乙 | 四元 | 北柵口 | 八士橋 |
| 四〇 | 朱長壽 | 乙 | 四元 | 北塘 | 青城市 南雙廟 |
| 四二 | 方福觀 楊狗兒 錢根泉 | 乙 | 四元 | 北塘 | 后宅大灣、甘露板橋 |
| 四四 | 華根林 | 乙 | 四元 | 芊頭沿河 | 北下塘村 |
| 四六 | 楊俊山 | 乙 | 四元 | 芊頭沿河 | 蕩口鎮 大墻上 |

| | | | | | | |
|---|---|---|---|---|---|---|
| 四七 | 顧阿林 | 乙 | 四元 | 大橋下伯瀆港 | 梅村 | |
| 四九 | 朱錦秀 | 乙 | 四元 | 大橋下 | 杏家橋石塊務蕩 | |
| 五一 | 王朱大 | 乙 | 四元 | 長安橋 | 南坊前 | |
| 五三 | 莊陵觀 | 乙 | 四元 | 長安橋 | 南坊前 | |
| 五五 | 鄧建培 | 乙 | 四元 | 小粉橋 | 青城市前洲鎮 | |
| 五七 | 繆南小寶 | 乙 | 四元 | 天妃宮 | 安鎮 | |
| 五九 | 倪安安丁泰 | 乙 | 四元 | 三里橋 | 張舍里 | |
| 六一 | 沈金海 | 乙 | 四元 | 北塘 | 南延市甘露鎮 | |
| 六三 | 邵根祥 | 乙 | 四元 | 大橋下 | 華大房莊 | |
| 六五 | 王阿福 | 乙 | 四元 | 長安橋 | 南方前 | |
| 六七 | 胡榮培 | 乙 | 四元 | 小三里橋 | 天上市村前 | |
| 六九 | 史濟川 | 乙 | 四元 | 長安橋 | 青城市禮社鎮 | |
| 七一 | 吳良卿 | 乙 | 四元 | 長安橋 | 南方泉 | |
| 七三 | 榮渭明 | 丙 | 二元 | 西北門 | 榮張巷 | |
| 七五 | 徐文茂 | 丙 | 二元 | 長安橋 | 徐巷 | |
| 七七 | 吳金福 | 丙 | 二元 | 三里橋 | 藕蕩橋 | |
| 七九 | 范鴻記 | 丙 | 二元 | 通滙橋 | 興塘村 | |
| 八一 | 陸利民 | 丙 | 二元 | 通滙橋 | 陸新鎮士銘橋 | |
| 四八 | 錢金寶川泉 | 乙 | 四元 | 北塘 | 查家橋 | |
| 五〇 | 楊近仁 | 乙 | 四元 | 芊頭沿河 | 甘露鎮 | |
| 五二 | 吳增泉 | 乙 | 四元 | 長安橋 | 南坊前 | |
| 五四 | 劉華根 | 乙 | 四元 | 三里通運橋 | 黄石街石家宕 | |
| 五六 | 秦兆榮顧落寶 | 乙 | 四元 | 三里橋 | 余巷里 | |
| 五八 | 沈壽昌 | 乙 | 四元 | 通運橋長安橋 | 南橋方橋 | |
| 六〇 | 楊松亭 | 乙 | 四元 | 芊頭沿河 | 南延市蕩口楊樹港 | |
| 六二 | 陸大和尚 | 乙 | 四元 | 黃泥埄 | 開化鄉南坊泉 | |
| 六四 | 尤維新 | 乙 | 四元 | 三里橋 | 陸區橋 | |
| 六六 | 陳協興 | 乙 | 四元 | 三里橋 | 前洲鎮 | |
| 六八 | 董二寶 | 乙 | 四元 | 長安橋 | 開化鄉葛僑橋 | |
| 七〇 | 錢協興 | 乙 | 四元 | 麻餅沿河 | 蕩口馬塘橋梅村坊前洪聲裏 | |
| 七二 | 孫公正 | 乙 | 四元 | 北塘 | 萬安市石塘灣 | |
| 七四 | 榮紹宗 | 丙 | 二元 | 西北門 | 榮張巷 | |
| 七六 | 李芳培 | 丙 | 二元 | 長安橋 | 徐巷 | |
| 七八 | 范錫記 | 丙 | 二元 | 通滙橋 | 興塘村 | |
| 八〇 | 沈鶴雲華裕興 | 丙 | 二元 | 大橋下 | 東亭 | |
| 八二 | 鄒敦珍 | 丙 | 二元 | 北塘 | 新安鎮 | |

| | | | | | |
|---|---|---|---|---|---|
| 八三 | 顧李記 | 丙 | 二元 | 三里橋 | 上梅涇 |
| 八四 | 倪福官 | 丙 | 二元 | 大橋下 | 南門坊前 |
| 八五 | 周步雲 | 丙 | 二元 | 通滙橋 | 港下蠡 國蠡橋 |
| 八六 | 惠長林 林泉 | 丙 | 二元 | 三里橋 | 青城市 秦巷 |
| 八七 | 薛公記 | 丙 | 二元 | 北塘 | 廿六南門 十一 |
| 八八 | 奚順根 | 丙 | 二元 | 大橋下 | 江溪橋 |
| 八九 | 沈生蓀 | 丙 | 二元 | 通滙橋 | 興塘 南橋頭 |
| 九〇 | 沈金元 | 丙 | 二元 | 通滙橋 | 興塘頭 |
| 九一 | 高耀倫 | 丙 | 二元 | 三里橋 | 萬安市 閶門橋 |
| 九二 | 殷阿榮 阿和 | 丙 | 二元 | 三盤橋 | 北七方 石幢 |
| 九三 | 賈黃記 | 丙 | 二元 | 三里橋 | 萬安市 張鎮橋 |
| 九四 | 劉細盤 | 丙 | 二元 | 北柵口 | 劉潭橋 |
| 九五 | 黃金和 | 丙 | 二元 | 北柵口 | 劉潭橋 |
| 九六 | 朱寶記 | 丙 | 二元 | 長安橋 通運橋 | 開化板橋 |
| 九七 | 徐鄧二 | 丙 | 二元 | 大橋下 | 天下市 東北塘 |
| 九八 | 陸阿寶 | 丙 | 二元 | 北柵口 | 天上市 旺莊 |
| 九九 | 陸阿榮 | 丙 | 二元 | 西棚下 | 揚名鄉 東大巷 |
| 一〇〇 | 沈泉泉 | 丙 | 二元 | 西棚下 | 店橋頭 |
| 一〇一 | 平根全 杜根生 | 丙 | 二元 | 北柵口 | 天下市 寺莊 |
| 一〇二 | 范根生 | 丙 | 二元 | 天后宮 | 揚名鄉 南橋 |
| 一〇三 | 袁阿梅 | 丙 | 二元 | 西棚下 | 揚名 西園弄 |
| 一〇四 | 王阿泉 于杏根 | 丙 | 二元 | 北柵口 | 下旺村 |
| 一〇五 | 陸耀記 | 丙 | 二元 | 北柵口 | 東房橋 |
| 一〇六 | 繆鳳春 | 丙 | 二元 | 桃棗沿河 北柵口 | 十二圖 長安橋 |
| 一〇七 | 周順金 | 丙 | 二元 | 三里橋 | 蘇家橋 陳 |
| 一〇八 | 何增福 | 丙 | 二元 | 長安橋 | 周新鎮 |
| 一〇九 | 陳萬和 | 丙 | 二元 | 三里橋 | 楊巷莊 西高橋 |
| 一一〇 | 楊阿二 | 丙 | 二元 | 北柵口 | 東北塘 楊家橋 |
| 一一一 | 金錦榮 | 丙 | 二元 | 小三里橋 | 瓦屑壩 |
| 一一二 | 陳根和 陳福元 王聽寶 | 丙 | 二元 | 北柵口 | 天上市 下陳塘 |
| 一一三 | 高七官 | 丙 | 二元 | 小三里橋 | 天上市 北河岸 |
| 一一四 | 尤勝泉 | 丙 | 二元 | 三里橋 | 天上 尤家灘 |
| 一一五 | 唐德修 | 丙 | 二元 | 三里橋 | 萬安市 下塘西(莊) |
| 一一六 | 樂梅生 | 丙 | 二元 | 長安橋 | 石塘橋 |
| 一一七 | 王阿大 | 丙 | 二元 | 北柵口 | 天下塘巷 |
| 一一八 | 徐福壽 | 丙 | 二元 | 北棚口 | 天上市 張村鎮 |

| | | | | | | |
|---|---|---|---|---|---|---|
| 一一九 | 胡根梅 | 丙 | 二元 | 三里橋 | 天上市胡家渡 | |
| 一二一 | 鐵壽根 | 丙 | 二元 | 大橋下 | 東亭鎮 | |
| 一二三 | 伍泰興 龍泉 | 丙 | 二元 | 三里橋 | 龍潭岸 | |
| 一二五 | 諸壬寶 許根大 鄧阿二 | 丙 | 二元 | 大橋下 | 羊亭通津橋 | |
| 一二七 | 虞阿二 | 丙 | 二元 | 三里橋 | 岸底裏 | |
| 一二九 | 繆任和 | 丙 | 二元 | 三里橋 | 天上市繆巷 | |
| 一三一 | 嚴全泰 大紀 | 丙 | 二元 | 小三里橋 | 天上市龍潭岸 | |
| 一三三 | 殷阿春 | 丙 | 二元 | 小三里橋 | 西漳萬安擔 | |
| 一三五 | 朱梅芳 | 丙 | 二元 | 小三里橋 | 藕蕩橋 | |
| 一三七 | 宣春生 | 丙 | 二元 | 長安橋 | 周新鎮 | |
| 一三九 | 蔣阿惠 | 丙 | 二元 | 長安橋 | 揚名鄉高車渡 | |
| 一四一 | 吳鴻初 華胖官 顧寶官 | 丙 | 二元 | 大橋下北橋口 | 天上市新塘裏 | |
| 一四三 | 顧順龍 | 丙 | 二元 | 長安橋 | 許舍裏 | |
| 一四五 | 平林和 | 丙 | 二元 | 北柵口 | 天下市平家渡 | |
| 一四七 | 周甫林 | 丙 | 二元 | 黃泥埒 | 南坊橋板橋 | |
| 一四九 | 張福 | 丙 | 二元 | 北柵口 | 席祁鎮 | |
| 一五一 | 尤杏林 | 丙 | 二元 | 小三里橋 | 西漳三一圖 | |
| 一五三 | 胡阿朝 | 丙 | 二元 | 小三里橋 | 倉橋劉巷 | |
| 一二〇 | 黃金龍 周元林 | 丙 | 二元 | 北柵口 | 天上市古亭廟 | |
| 一二二 | 陸阿奎 | 丙 | 二元 | 大嚼場 | 陸店橋 | |
| 一二四 | 薛阿盤 薛小弟 陸林寶 | 丙 | 二元 | 大橋下竹場巷 | 天上市塘頭橋 | |
| 一二六 | 周和尚 | 丙 | 二元 | 北柵口 | 泰安橋 | |
| 一二八 | 尤金山 | 丙 | 二元 | 三里橋 | 北西漳 | |
| 一三〇 | 陳鳳根 | 丙 | 二元 | 小三里橋 | 天上市龍潭岸 | |
| 一三二 | 劉富壽 | 丙 | 二元 | 小三里橋 | 天上繆巷街 | |
| 一三四 | 顧阿根 | 丙 | 二元 | 西柵下 | 揚名鄉西顧橋 | |
| 一三六 | 王阿狗 | 丙 | 二元 | 北柵口 | 天下市余巷橋 | |
| 一三八 | 黃阿福 | 丙 | 二元 | 三里橋 | 錢橋惠龍橋 | |
| 一四〇 | 王阿九 | 丙 | 二元 | 長安橋 | 楊鉄巷 | |
| 一四二 | 陳巧大 | 丙 | 二元 | 小三里橋 | 天上市孫家弄 | |
| 一四四 | 周元吉 | 丙 | 二元 | 黃泥埒 | 方橋板橋 | |
| 一四六 | 樸阿川 | 丙 | 二元 | 黃泥埒 | 揚名石塘橋 | |
| 一四八 | 袁壽福 | 丙 | 二元 | 黃泥埒 | 揚名卷上 | |
| 一五〇 | 楊金寶 楊定春 陳家度 | 丙 | 二元 | 南門黃泥埒 | 石塘橋 | |
| 一五二 | 嚴全泰 大紀 | 丙 | 二元 | 小三里橋 | 龍潭岸 | |
| 一五四 | 呂阿根 | 丙 | 二元 | 通匯橋 | 后橋鎮 | |

| | | | | | |
|---|---|---|---|---|---|
| 一五五 | 戈金祥 | 丙 | 二元 | 小三里橋 | 瓦屑壩 |
| 一五七 | 周世寶 周金芳 | 丙 | 二元 | 雄上 | 席巾 |
| 一五九 | 陸濮章 | 丙 | 二元 | 通淮橋 | 懷下市 七房橋 |
| 一六一 | 沈阿網 | 丙 | 二元 | 長安橋 | 南坊前 |
| 一六三 | 周順全 | 丙 | 二元 | 三里橋 | 馮巷上 |
| 一六五 | 陳寶生 | 丙 | 二元 | 西四上 | 百木橋 |
| 一六七 | 范生 錢小記 | 丙 | 二元 | 長安橋 | 南廟橋 |
| 一六九 | 邵杏芳 | 丙 | 二元 | 長安橋 | 南橋 |
| 一七一 | 包根福 | 丙 | 二元 | 通惠橋 | 漳塘橋 |
| 一七三 | 葉大根 | 丙 | 二元 | 一四圖 | 戴圻棐巷 |
| 一七五 | 陸金林 | 丙 | 二元 | 南門清名橋 | 華大房莊 |
| 一七七 | 劉洪鎰 | 丙 | 二元 | 北柵口 | 天上市寺頭 |
| 一五六 | 石朝生 | 丙 | 二元 | 三里橋 | 一六圖 墅石橋 |
| 一五八 | 繆元興記 | 丙 | 二元 | 長安橋 | 衕橋下 |
| 一六〇 | 陳扣寶 陳錦鳳 | 丙 | 二元 | 石灰塢 | 陳府庫巷 沈同巷 |
| 一六二 | 吳全康 | 丙 | 二元 | 小三里橋 | 天上市 嚴墅上 |
| 一六四 | 吳春泉 | 丙 | 二元 | 三里橋 | 花苑巷 馮巷上 |
| 一六六 | 陳阿巧 | 丙 | 二元 | 西柵下 | 揚名鄉 小陳巷 |
| 一六八 | 邵阿杜 | 丙 | 二元 | 一七圖 | 古莊 |
| 一七〇 | 高壽梅 | 丙 | 二元 | 惠農橋 | 嚴埭 |
| 一七二 | 鄒正福 | 丙 | 二元 | 一四圖 | 后宅鎮 |
| 一七四 | 陳根泉 | 丙 | 二元 | 南門清名橋 | 華大房莊 |
| 一七六 | 浦蔡梅 | 丙 | 二元 | 芋頭河沿 | 北上鄉盛家橋后橋 |

# 徵工築路五更調（仿倚停調）

一字更兒裏呀，
月兒照窗前，
中國道路傷心口難言，
勸官民快把路來整呀！
國家興，百業振，
交通頂要緊，
二字更兒裏呀，
月兒漸漸升；
現在革命統一已成功！
新建設，大家積極呀！
官導民，民助官，
合作有精神，
三字更兒啊，
月兒掛中央；
民衆慣慣好不暗心傷！

快快的實現徵工制啊！
宣傳品，城鎮鄉，
各路要提倡。
四字更兒裏呀，
月兒斜了西，
各國道路整齊實可羨！
勸民衆，拿他借鏡看呀！
自形慚，人恥笑，
大家快醒些，
五字更兒裏呀，
月兒正淒清；
今日我來勸告民衆們！
要曉得，國產就是民衆產呀！
不論那，農工商，
一齊要決心。

錄道路月刊

# 無錫市區醫院調查表

民國十八年十二月 社會科公益股調製

| 院名 | 地點 | 性質 | 院主 | 院長 | 分科不分科 | 病床張數 | 職員數 | 開辦年月 |
|---|---|---|---|---|---|---|---|---|
| 普仁醫院 | 南市橋 | 美國聖公會慈善事業 | 聖公會 | 李克樂 | 分科 | 六十張 | 三十四人 | 清光緒三十四年二月 |
| 勞工醫院 | 八兒巷 | 保障勞工健全而設 | 工整會 | 陳彤輝 | 分科 | 三十張 | 十七人 | 民國十六年六月 |
| 無錫療養院 | 光復門內 | 注重療養及紫光電療法 | 王海濤許松泉等七人 | 王海濤 | 不分科 | 二十張 | 二十人 | 民國十七年 |
| 大同醫院 | 崇安寺山門口 | 私立合組 | 華景龐 | 華景龐 | 不分科 | 十張 | 五人 | 民國三年 |
| 中西醫院 | 熙春街 | 私立合組 | 汪伯容毛南松 | 汪伯容 | 不分科 | 三十張 | 六人 | 民國十八年十一月 |
| 譚述謨醫院 | 北門外周師街中 | 私立 | 譚述謨 | 譚述謨 | 普通科 | 六張 | 二人 | 民國十四年八月 |
| 民衆醫院 | 社橋頭民衆教育院 | 慈善事業 | 民衆教育院 | 許鳳華 | 不分科 | 調養室一間 | 二人 | 民國十七年十月 |
| 士林醫院 | 前太平巷 | 私立營業 | 徐士林 | 徐士林 | 不分科 | 十二張 | 四人 | 民國十七年三月 |
| 同仁醫院 | 前太平巷 | 私立營業 | 諸超良 | 諸超良 | 分科 | 三十一張 | 三人 | 民國十五年九月 |
| 兄弟醫院 | 漢昌路 | 私立營業 | 朱品三 | 朱蘊三 | 不分科 | 二十五張 | 二人 | 民國十五年六月 |
| 達仁醫院 | 漢昌路 | 私立營業 | 顧憲章 | 顧憲章 | 不分科 | 六張 | 三人 | 民國十七年四月 |

# 無錫市區自流井一覽表

社會科公益股調製

| 名稱 | 地點 | 井深尺數 | 積水箱容量 | 每日出水數量 | 開鑿年月 | 所屬之衛生區 |
|---|---|---|---|---|---|---|
| 第一自流井 | 城中公園路 | 三十二丈三尺 | 一百八十担 | 三百餘担 | 民國十年 | 第一區 |
| 第二自流井 | 城中老縣前 | 四十丈五尺 | 三百餘担 | 百餘担 | 民國十八年 | 第一區 |
| 第三自流井 | 城中書院弄 | 三十丈八尺 | 四百餘担 | 四百餘担 | 民國十八年 | 第一區 |

# 無錫市區菜市場一覽表

社會科公益股調製

| 名稱 | 地點 | 面積 | 營業種類 | 營業時間 | 成立年月 | 所屬之衛生區 |
|---|---|---|---|---|---|---|
| 第一菜市場 | 城中崇安寺 | 一五八一六方尺 | 菜蔬魚肉鷄鴨魚蟹荳腐鹹貨及熟食類 | 日出至上午十二時 | | 第一區 |
| 第二菜市場 | 西門外倉浜裏 | 六二五〇方尺 | 菜蔬魚肉鷄鴨魚蟹荳腐鹹貨類 | 仝右 | | 第四區 |
| 第三菜市場 | 光復門外吉祥橋堍 | 二八〇〇方尺 | 仝右 | 仝右 | 十六年五月 | 第五區 |

| | | | | | | |
|---|---|---|---|---|---|---|
| 第四菜市場 | 北門外大河池 | 四五五六方尺 | 仝　右 | 仝 | 右十七年四月 | 第二區 |
| 第五菜市場 | 東門外熙春街 | 四五〇方尺 | 仝　右 | 仝 | 右十七年四月 | 第五區 |
| 第六菜市場 | 南門外界涇橋 | 四五五〇方尺 | 仝　右 | 仝 | 右十八年九月 | 第三區 |

# 無錫市區垃圾箱數統計表

社會科公益股調製

# 無錫市區私有坑廁統計表

| 區別／資料 | 公安第一分局 | 公安第二分局 | 公安第三分局 | 公安第四分局 | 公安第五分局 | 公安第六分局 | 直轄第一分駐所 | 合計 |
|---|---|---|---|---|---|---|---|---|
| 水泥 | 六〇 | 二六 | 一七 | 一二 | 四〇 | 一三 | 一一 | 一七九 |
| 木質 | | 三 | 一五 | 一九 | | 六 | | 四三 |
| 總計 | 六〇 | 二九 | 三二 | 三一 | 四〇 | 一九 | 一一 | 二二二 |

社會科公益股調製

| 區別<br>名目<br>數字 | 公安第一分局 | 公安第二分局 | 公安第三分局 | 公安第四分局 | 公安第五分局 | 公安第六分局 | 直轄第一分駐所 | 總計 |
| --- | --- | --- | --- | --- | --- | --- | --- | --- |
| 坑廁 | 二八五 | 五二 | 一七五 | 一五〇 | 五四 | 六三 | 一五 | 七九四 |
| 備註 | 路天糞缸尿桶及無業主者均不在内 | | | | | | | |

# 無錫縣立牛痘局概況

社會科公益股調製

| | |
| --- | --- |
| 名稱 | 無錫縣立牛痘局 |
| 地址 | 城内小河上同仁堂<br>城内三下塘冉經橋 |
| 開辦年月 | 十八年三月 |
| 職員人數姓名 | 二人（徐志仁 徐蘭芬） |
| 每年種痘人數 | 約一千餘人 |
| 經常費數 | 七百元（每年由縣政府市政籌備處支付經常費洋六十元種痘費收入約六百餘元） |
| 種痘費 | 來局種者收費小洋四角<br>出門種者收費大洋一元 |
| 備註 | 貧民種痘一概免費 |

# 無錫商業調查表（續）

米業

社會科實業股調製

| 號名 | 號主經理姓名 | 職員人數 | 商品 | 地址 | 備註 |
| --- | --- | --- | --- | --- | --- |
| 隆茂 | 趙子新 | 三十人 | 雜糧 | 無錫北塘 | |
| 廣盛 | 沈懋林 | 五人 | 仝上 | 仝上 | |
| 吳長春 | 吳邦俊 | 十人 | 仝上 | 仝上 | |
| 寶源 | 劉蘭溪 | 二十人 | 仝上 | 仝上 | |
| 豐大裕 | 張之彥 | 二十人 | 仝上 | 仝上 | |
| 信昌源 | 王子明 | 三十人 | 仝上 | 仝上 | |
| 裕茂盛 | 劉煥卿 | 五人 | 仝上 | 仝上 | |
| 生茂謙 | 徐叔衡 | 十人 | 仝上 | 仝上 | |
| 同泰 | 王祖培 | 十五人 | 仝上 | 仝上 | |
| 永大生 | 過仰龍 | 二十五人 | 仝上 | 仝上 | |
| 大興盛 | 許燮章 | 三十人 | 仝上 | 仝上 | |
| 正鑫昌 | 凌樸泉 | 十五人 | 仝上 | 仝上 | |
| 宏昌 | 李耀祖 | 五人 | 雜糧 | 無錫北塘 | |
| 信茂 | 陳仲芳 | 十五人 | 仝上 | 仝上 | |
| 陳合茂 | 陳錫如 | 十人 | 仝上 | 仝上 | |
| 趙正大 | 趙希正 | 五人 | 仝上 | 仝上 | |
| 兆豐 | 湯永良 | 五人 | 仝上 | 仝上 | |
| 立鑫 | 沈遠甫 | 十五人 | 仝上 | 仝上 | |
| 源茂昌 | 敖恩洽 | 五人 | 仝上 | 仝上 | |
| 寶興昌 | 吳少卿 | 十人 | 仝上 | 仝上 | |
| 胡振泰 | 胡鳳笙 | 十人 | 仝上 | 仝上 | |
| 正源昌 | 黃少卿 | 十人 | 仝上 | 仝上 | |
| 隆昌 | 章寶銘 | 五人 | 仝上 | 仝上 | |
| 恆義 | 鄧雲翔 | 二十五人 | 仝上 | 仝上 | |

| | | | | |
|---|---|---|---|---|
| 源裕亨 | 許耀楣 | 五人 | 雜糧 | 無錫北塘 |
| 謙裕 | 葛子謙 | 三人 | 仝上 | 仝上 |
| 寶豐 | 鄒少坪 | 三十人 | 仝上 | 仝上 |
| 恆潤復行 | 許榮卿 | 十五人 | 糧食 | 北塘 |
| 仁大行 | 徐錦堂 | 五人 | 又 | 又 |
| 裕康潤 | 馬子仁 | 二人 | 又 | 又 |
| 恆大昌 | 胡保訓 | 二十人 | 又 | 又 |
| 德成 | 錢頌均 | 十三人 | 又 | 小三里橋 |
| 生大 | 許燮章 | 七人 | 又 | 又 |
| 源生 | 倪鎮千 | 十人 | 糧食 | 三里橋 |
| 寶大 | 潘慕周 | 十五人 | 又 | 又 |
| 德大裕 | 許志和 | 二十人 | 又 | 又 |
| 永豐 | 陶念萱 | 十一人 | 又 | 又 |
| 慎豐昌 | 葉叔宜 | 十七人 | | 又 |
| 源昌 | 謝維翰 | 三十一人 | | 又 |
| 協昌 | 黃啟祥 | 十一人 | | 又 |
| 姓泰昌 | 陳仲華 | 十七人 | 糧食 | 三里橋 |
| 宏昇 | 華子良 | 七人 | 又 | 又 |
| 永隆 | 馮竹舫 | 五人 | 雜糧 | 無錫北塘 |
| 泰昌祥 | 朱少蘭 | 十五人 | 仝上 | 仝上 |
| 義興祥 | 張超萬 | 三人 | 仝上 | 仝上 |
| 恆源生仁記行 | 沈子才 | 十八人 | 糧食 | 又 |
| 裕大生 | 蔡哲民 | 十五人 | 又 | 又 |
| 永慎豐 | 華耀芹 | 二人 | 又 | 又 |
| 長豐昌 | 江菊亭 | | 又 | 又 |
| 恆大發 | 胡惠吉 | 十人 | 又 | 又 |
| 勤餘 | 沈震初 | 七人 | 又 | 三里橋 |
| 隆大後記 | 張吏文 | 三十五人 | 又 | 又 |
| 長裕泰 | 强步山 | 二十五人 | 又 | 又 |
| 久禾 | 吳耀庭 | 三十五人 | 又 | 又 |
| 永源生 | 朱少卿 | 三十二人 | 又 | 又 |
| 永大昌 | 張兆昌 | 六人 | | 又 |
| 永盛 | 馮子延 | 三十一人 | | 又 |
| 鑫記 | 陳鴻泉 | 十七人 | | 又 |
| 福康 | 徐少卿 | 二人 | 又 | 又 |
| 福和祥 | 許文炳 | 二人 | 又 | 又 |

| | | | | | |
|---|---|---|---|---|---|
| 益昌 | 楊翰庭 | 八人 | 又 | 又 | |
| 恆源 | 范鵬雲 | 二人 | 又 | 又 | |
| 長泰 | 陶蔭甫 | 十二人 | 又 | 又 | |
| 元大 | 陶子明 | 十七人 | 又 | 又 | |
| 彙豐 | 高亭甫 | 十一人 | 又 | 又 | |
| 長源 | 股東代表朱瑞耘 | 十人 | 又 | 又 | |
| 瑞豐 | 股東代表孫景蘇 | 八人 | 又 | 又 | |
| 張寶泰 | 張一中 | 念一人 | 仝上 | 又 | 仝上 |
| 祥記 | 單念萱 | 十三人 | 又 | 石灰場 | 仝上 |
| 福新 | 張潤身 | 八人 | 又 | 又 | |
| 周叔元 | 周盛德 | 七人 | 又 | 北新橋 | |
| 長源 | 朱瑞雲 | 五人 | 又 | 又 | |
| 協興恆 | 鮑聚初 | 五人 | 雜糧 | 北新橋 | |
| 王裕生 | 王菊慶 | 三人 | 仝上 | 樹德里 | |
| 大隆 | 黃浩卿 | 五人 | 仝上 | 南上塘 | |
| 裕豐協 | 倪子成 | 五人 | 仝上 | 仝上 | |
| 湧泰昌 | 許燕庭 | 四人 | 仝上 | 仝上 | |
| 聚昌 | 馮云基 | 三人 | 仝上 | 仝上 | |

| | | | | | |
|---|---|---|---|---|---|
| 源餘 | 倪耀山 | 三人 | 又 | 又 | |
| 義泰永 | 夏伯周 | 十七人 | 又 | 黃泥橋 | |
| 恆興盛 | 顧建章 | 十人 | 又 | 又 | |
| 福新盛 | 張潤身 | 十一人 | 又 | 又 | |
| 天豐 | 舒雋齋 | 十一人 | 又 | 又 | |
| 協興恆 | 鮑曙初 | 十人 | 又 | 又 | |
| 同德 | 龔範我 | 念五人 | 又 | 北柵門 | 分行惠農橋 |
| 王源盛 | 王定安 | 十一人 | 又 | 又 | 仝上 |
| 德源 | 江佐虞 | 九人 | 又 | 惠農橋 | |
| 鼎大 | 姚錫仁 | 十人 | 又 | 又 | |
| 恆豐泰 | 朱惠芬 | 七人 | 又 | 又 | |
| 源聚 | 于惠容 | 九人 | 又 | 惠農橋 | |
| 上源興 | 王樹淵 | 三人 | 仝上 | 石灰場 | |
| 邱裕生 | 仲官、叔祜、麟祥 | 五人 | 米麥行 | 南上塘 | |
| 萬昌祥 | 黃煥昧 | 四人 | 仝上 | 仝上 | |
| 新泰昌 | 浦新世 | 五人 | 仝上 | 仝上 | |
| 公茂 | 陳耀廷 | 二人 | 仝上 | 仝上 | |
| 盧添泰祥 | 盧志卿 | 七人 | 又 | 南門外黃泥埒 | |

| | | | | |
|---|---|---|---|---|
| 陳恆益 | 陳士錦 | 五人 | 又 | 又 |
| 元茂豐 | 胡賡堯 | 五人 | 糧食 | 南門外黃泥埄 |
| 永源裕 | 陶耀庭 | 六人 | 又 | 又 |
| 萬盛 | 陶耀文 | 七人 | 又 | 南門外南新路 |
| 昇泰洽 | 王仲茂 | 六人 | 又 | 又 |
| 新順泰 | 過念修 | 四人 | 又 | 南門外周新鎮 |
| 聚昌愼 | 何建侯 | 四人 | 又 | 南門外周新鎮 |
| 殷利昌 | 殷行素 | 六人 | 又 | 南門外伯瀆港 |
| 朱長康 | 朱長康 | 五人 | 糧食 | 南門外伯瀆港 |
| 李正泰 | 李補仁 | 六人 | 糧食 | 又 |
| 振裕 | 龍仁和 | 七人 | 雜糧 | 又 |
| 童萬泰 | 童毓麒 | 七人 | 糧食棉子 | 又 |
| 陳豐泰 | 陳錫洲 | 四人 | 米 | 又 |
| 元大裕 | 周叔良 | 八人 | 糧食棉子 | 又 |
| 朱莘泰 | 朱洪 | 五人 | 米 | 又 |
| 楊復泰 | 楊福溶 | 三人 | 米 | 南門外伯瀆港 |
| 儉益 | 殷學逵 | 五人 | 糧食 | 又 |
| 溫慶泰 | 溫雋賢 | 十人 | 雜糧 | 西塘 |
| 許聚成 | 許景遠 | 六人 | 又 | 又 |
| 瑞昌 | 張才初 | 四人 | 又 | 又 |
| 張裕昌 | 張秀芳 | 六人 | 又 | 又 |
| 同和治 | 張順昌 | 五人 | 又 | 南門外南橋鎮 |
| 新昇泰 | 王仲謀 | 四人 | 又 | 南門外葛埭橋 |
| 源昌仁 | 鮑叔彰 | 四人 | 糧食 | 南門外南橋鎮 |
| 聚昌餘 | 何建侯 | 四人 | 又 | 南門外南橋鎮 |
| 德康 | 陳德蕃 | 五人 | 又 | 南門外伯瀆港 |
| 惠裕昌 | 惠光杰 | 六人 | 米 | 又 |
| 錫泰 | 姚錫皋 | 七人 | 米 | 又 |
| 恆泰 | 陳炳泉 | 六人 | 米 | 又 |
| 大有裕 | 劉大猷 | 六人 | 糧食棉子 | 又 |
| 源裕 | 朱敘龍 | 三人 | 雜糧 | 又 |
| 李正豐 | 李寶善 | 三人 | 糧食 | 又 |
| 儉昌 | 殷尊陞 | 五人 | 雜糧 | 又 |
| 振源昌 | 朱肇基 | 五人 | 雜糧 | 南門外清名橋沿河下塘 |
| 源盛興 | 殷錫卿 | 四人 | 米 | 又 |
| 三泰 | 楊仲滋 | 十人 | 又 | 又 |

| | | | | | |
|---|---|---|---|---|---|
| 鼎昌 | 李仲臣 | 七人 | 又 | 又 | |
| 嘉泰 | 陳紹森 | 九人 | 又 | 又 | |
| 恆興 | 孫仲歧 | 七人 | 又 | 又 | |
| 恆順豐 | 錢念莪 | 六人 | 又 | 又 | |
| 德義盛 | 糜叔嘉 | 八人 | 雜糧 | 西門 | |
| 恆大鴻 | 朱鴻翔 | 三人 | 又 | 又 | |
| 一大 | 楊竹雲 | 六人 | 又 | 又 | |
| 裕盛泰 | 顧雲山 | 四人 | 又 | 又 | |
| 鼎盛 | 錢念莪 | 六人 | 又 | 又 | |
| 恆豐祥 | 徐嘉祥 | 七人 | 又 | 又 | |
| 謝元豐 | 謝仲禱 | 三人 | 又 | 又 | |

## 糧食業

| 號名 | 號主經理姓名 | 職員人數 | 商品 | 地址 | 備註 |
|---|---|---|---|---|---|
| 恆益 | 盧星耀 | 二人 | 糧食 | 大市橋 | |
| 恆盛 | 周念耕 | 四人 | 糧食 | 大市橋 | |
| 恆興盛 | 鮑曙初 | 二人 | 糧食 | 三鳳橋 | |
| 章震豐 | 章漢峧 | 二人 | 糧食 | 對寺巷 | |
| 全昌中 | 周蔭庭 | 二人 | 糧食 | 崇安寺 | |
| 鴻興裕 | 邢禹臯 | 一人 | 糧食 | 觀前街 | |
| 恆大 | 陸秀峯 | 無 | 糧食 | 克讓橋 | |
| 正源昌 | 趙潤之 | 三人 | 糧食 | 東門亭子橋 | |
| 德大 | 顧庭良 | 三人 | 糧食 | 東門小粉橋 | |
| 和豐 | 張和根 | 一人 | 糧食 | 周山浜錫豐路口 | |
| 恆春雲 | 吳雲初 | 二人 | 糧食 | 大市橋 | |
| 鼎豐 | 唐瀚洲 | 四人 | 糧食 | 大市橋 | |
| 楊恆泰 | 楊履冰 | 四人 | 糧食 | 大市橋 | |
| 陸右豐 | 陸翼生 | 二人 | 糧食 | 寺巷 | |
| 周洵昌 | 周紹榮 | 無 | 糧食 | 觀前街 | |
| 生泰 | 湯子明 | 無 | 糧食 | 公園路 | |
| 沈義生 | 沈仲華 | 無 | 糧食 | 華德橋 | |
| 源大 | 徐述祖 | 五人 | 糧食 | 東門亭子橋 | |
| 協成 | 浦洪祥 | 二人 | 糧食 | 廣勤路四支路 | |
| 新餘豐 | 蘇麟祥 | 二人 | 糧食 | 廣勤路周山浜 | |

| | | | | |
|---|---|---|---|---|
| 新泰盛振記 | 蔡鳴臯 | 二人 | 糧食 | 廣勤路周山浜 |
| 永孚 | 趙鏡清 | 一人 | 糧食 | 廣勤路 |
| 通源 | 任渭記 | 三人 | 糧食 | 工運橋 |
| 利昌 | 梁友美 | 無 | 粮食 | 通匯橋 |
| 協泰昌 | 杜錦山 | 無 | 粮食 | 東城門口 |
| 恆泰裕 | 楊履永 | 二人 | 仝上 | 倉橋下 |
| 協興盛 | 楊卓如 | 二人 | 仝上 | 新市橋 |
| 陶東昇豫 | 陶冠時 | 無 | 仝上 | 仝上 |
| 華興茂 | 華蔚初 | 無 | 米 | 仝上 |
| 濟昌 | 蔣伯增 | 又 | 米 | 仝上 |
| 朱公裕 | 朱耀庭 | 無 | 米 | 仝上 |
| 邵恆裕 | | 一人 | 糧食 | 西吊橋 |
| 楊恆泰潤記 | 楊潤山 | 二人 | 仝上 | 大倉弄口 |
| 陸右豐 | 陸共照 | 一人 | 兼米 | 外吊橋 |
| 源泰 | 曹琴山 | 無 | 米 | 西新橋 |
| 恆泰 | 吳湧泉 | 無 | 糧食 | 仝上 |
| 裕茂 | 陳錫章 | 二人 | 仝上 | 顯應橋 |
| 萬豐 | 朱仲初 | 二人 | 米 | 仝上 |
| 鼎泰 | 陸景文 | 二人 | 粮食 | 廣勤路中市 |
| 許惠豐 | 許浩林 | 無 | 米 | 惠農橋 |
| 源康 | 宋楚珍 | 四人 | 糧食 | 工運橋 |
| 源盛 | 許榮卿 | 二人 | 粮食 | 周師弄口 |
| 恆春昇 | 童子仁 | 一人 | 仝上 | 盛巷橋 |
| 恆隆 | 曹榮濤 | 無 | 仝上 | 倉橋下 |
| 三豐 | 許燮張 | 無 | 仝上 | 斜橋下 |
| 盛康 | 童子仁 | 無 | 仝上 | 喜春街 |
| 華慎裕 | 華琮麟 | 又 | 米 | 仝上 |
| 東源 | 諸耀西 | 無 | 米 | 仝上 |
| 昇源永 | 陳永秀 | 二人 | 米 | 仝上 |
| 恆豐 | 高寶萱 | 二人 | 仝上 | 西直街 |
| 吳大昌 | 吳虎承 | 一人 | 仝上 | 棉花巷 |
| 胡振鑫 | 胡文山 | 無 | 粮食 | 棚下 |
| 同興 | 黃書祥 | 無 | 米 | 迎龍橋 |
| 降泰 | 周子明 | 無 | 仝上 | 仝上 |
| 儉源 | 任少庭 | 二人 | 米 | 仝上 |
| 德昌 | 朱聽泉 | 無 | 粮 | 迎龍橋 |

| | | | | |
|---|---|---|---|---|
| 久大 | 唐寄望 | | 糧食 | 北門外小四房弄 |
| 義源 | 汪浩清 | 二 | 又 | 北門外北塘 |
| 聚興 | 陳富泉 | | 米 | 北門小三里橋內 |
| 恆源 | 范欽儀 | | 米 | 三里橋 |
| 夏弈盛 | 夏坤生 | | 米 | 黃埠墩 |
| 華公信 | 陳柏雲 | | 米 | 三里橋 |
| 汪正源 | 楚卿 | 二 | 米 | |
| 達源 | 吳達 | 一 | 糧食 | 北塘 |
| 恆茂 | 周念耕 | 二 | 又 | 又 |
| 振昌源 | 王洪祥 | 一 | 又 | 又 |
| 泰豐 | 李子厚 | | 又 | 長安橋 |
| 王復昌 | 王寶瓚 | | 又 | 黃泥橋 |
| 久豐 | 周蔭庭 | 二 | 又 | 太平巷 |
| 公興 | 楊國翔 | 二 | 又 | 又 |
| 萬茂恆 | 姚子岡 | 一 | 又 | 光復門外東新路 |
| 萬昶生 | 鄧萬記 | 三 | 又 | 又 |
| 元昌 | 何德裕 | | 又 | 光復門外南倉門 |
| 周生泰 | 周仲康 | | 又 | 吊橋下 |
| 鴻盛俊 | 凌漢平 | 一 | 又 | 南黃泥橋 |

| | | | | |
|---|---|---|---|---|
| 中孚 | 汪鼎銘 | | 糧食 | 北門外張成弄底 |
| 恆記 | 尤旭初 | | 又 | 北門小三里橋內 |
| 大昌 | 錢鈺齊 | | 米 | 又 |
| 永義和 | 馮祥 | | 米 | 黃埠墩 |
| 振昌仁 | 陳國華 | | 米 | 又 |
| 陳順泰 | 陳鎮潮 | | 米 | 三里橋 |
| 振興 | 徐子賢 | | 米 | |
| 劉湧興 | 錫臣 | | 又 | 北塘 |
| 萬亨 | 倪晴川 | 一 | 又 | 又 |
| 楊叙盛 | 永清 | | 又 | 又 |
| 源茂裕 | 康少山 | 二 | 又 | 巴斗弄 |
| 俞壽豐 | 俞蘊青 | 三 | 又 | 黃泥橋 |
| 萬豐順 | 施爾厚 | 二 | 又 | 大平巷 |
| 恆昌 | 過玉麟 | 二 | 又 | 中正路口 |
| 豫豐 | 蔣淦卿 | 二 | 又 | 光復門外東新路 |
| 源豐 | 唐贊臣 | 二 | 又 | 光復門外南倉門 |
| 王鑫昌 | 王嚴叟 | | 又 | 光復門口 |
| 顧恆康 | 顧俊良 | | 又 | 吊橋下 |
| 丁和泰 | 丁世熙 | 三 | 又 | 跨塘橋 |

| | | | | |
|---|---|---|---|---|
| 恆春 | 張達三 | 一 | 又 | 跨塘橋 |
| 蘇恆泰 | 蘇松庭 | | 又 | 清明橋 |
| 劉順記 | 劉光基 | | 又 | 清明橋上塘 |
| 馮義茂 | 馮國梁 | 二 | 又 | 伯瀆橋 |
| 大有裕分號 | 劉鴻烈 | 二 | 又 | 清明橋 |
| 永興 | 朱祺寶 | | 又 | 南市橋 |
| 季恆盛 | 根大觀 | | 又 | 又 |
| 寶豐仁 | | | 又 | 虹橋 |
| 徐龍球 | | | 又 | 惠山鎮 |
| 源餘 | | | 又 | 長源鎮 |
| 元豐 | 陳鑑方 | 三 | 又 | 跨塘橋 |
| 宋恆康 | 祖康 | | 又 | 清明橋 |
| 楊復泰 | 楊聽春 | 二 | 又 | 清明橋下塘 |
| 裕眞 | 許佩卿 | | 又 | 清明橋 |
| 豐潤 | | | 又 | 小盥塲 |
| 鎮大 | | | 又 | 南市橋 |
| 湧泰祥 | | | 又 | 又 |
| 亦春 | | | 又 | 惠山鎮 |
| 立興 | | | 又 | 長寧路 |

## 印刷

| 號名 | 號主經理姓名 | 職員人數 | 工人數 | 資本 | 商品 | 地址 | 備註 |
|---|---|---|---|---|---|---|---|
| 錫成公司 | 吳襄卿 | 二十人 | 一百卅人 | 十萬 | 印刷 | 書院弄 | |
| 中華印刷局 | 鳳錫良 | 六人 | 八十三人 | 一萬八千 | 又 | 交際路 | |
| 五大印刷局 | 錢振民 | 五人 | 三十五人 | 一萬 | 又 | 漢昌路 | |
| 大文齋 | 楊伯受 | 三人 | 二十五人 | 九千 | 又 | 寺後門南 | |
| 西園林 | 許柏榮 | 三人 | 二十人 | 五千 | 又 | 北塘 | |
| 繆恆茂 | 繆仁培 | 二人 | 十三人 | 二千 | 又 | 推官牌樓下 | |
| 錫大 | 印必念 | 一人 | 三人 | 一千 | 又 | 寺後門南 | |
| 協成公司 | 孫泰啓 唐鳴鳳 | 三人 | 五十人 | 二萬 | 印刷 | 南盛巷 | |
| 潘錦豐 | 陶文彬 | 五人 | 六十一人 | 一萬二千 | 又 | 江陰巷 | |
| 華東印刷所 | 華玉麟 | 六人 | 三十三人 | 一萬 | 又 | 漢昌路 | |
| 游藝齋 | 華錦昌 | 三人 | 三十三人 | 九千 | 又 | 盛巷橋下 | |
| 振新 | 林守銘 | 二人 | 五人 | 二千 | 又 | 圖書館前 | |
| 志勤 | 張志煜 | 二人 | 五人 | 二千 | 又 | 寺後門北 | |

## 麵粉廠

| 廠名 | 廠長經理姓名 | 職員工人人數 | 資本 | 出品商標 | 機械數 | 原動力 | 開辦年月 | 廠址 | 備註 |
|---|---|---|---|---|---|---|---|---|---|
| 茂新第一麵粉廠 | 榮德生 | 職三十三人 工三百八人 | 一百二十萬元 | 紅綠兵船 | 鋼磨三十六部 | 電汽馬達四座馬力五百匹 | 遜清光緒廿七年 | 西門外太保墩 | |
| 茂新第二麵粉廠 | 榮德生 | 二十七人 二百十五人 | 附屬第一廠 | 仝右 | 鋼磨二十四部 | 電汽馬達一座馬力七百五十匹 | 民國九年 | 惠山浜 | |
| 九豐麵粉有限公司 | 蔡緘三 | 五十八人 二百十八人 | 二十萬兩 | 山鹿 五福 | 鋼磨三十五部 | 引擎馬力四百五十匹 電汽馬達一座馬力三百匹 | 遜清宣統元年 | 蓉湖莊 | |
| 泰隆麵粉公司 | 孫華伯 | 二十四人 八十八人 | 二十萬元 | 鷹球 龍船 | 鋼磨十一部 | 引擎馬力二百八十匹 | 民國三年十二月 | 西村裏 | |

## 絲繭業（附繭行）

| 號名 | 號主經理姓名 | 商品 | 地址 | 單灶數 | 備註 |
|---|---|---|---|---|---|
| 江治盛 | 江導山 | 繭 | 五洞橋 | 十二具 | |
| 華人和 | 華繹之 | 繭 | 南水仙 | 三十六具 | |
| 平和 | 糜子輝 | 繭 | 清名橋 | 十六具 | |
| 顧乾昌 | 源康絲廠 | 繭 | 黃埠墩 | 十具 | |
| 餘昌 | 振藝絲廠 | 繭 | 北長街 | 十六具 | |
| 恆豐 | 吳仁卿 | 繭 | 五洞橋 | 十二具 | |
| 吳公順 | 吳登瀛 | 繭 | 玉祁 | 四十四具 | |
| 永豐昌 | 陳錫泉 | 繭 | 玉祁 | 二十四具 | |
| 通和祥 | 高子敬 | 繭 | 北七房 | 三十具 | |
| 恆泰昌 | 薛堯封 | 繭 | 新橋 | 二十具 | |
| 永泰隆 | 薛求志堂 | 繭 | 日暉橋 | 三十二具 | |
| 同福昌 | 余炳文 | 繭 | 南棉花巷 | 二十八具 | |
| 張裕泰 | 張趾卿 | 繭 | 周山浜 | 二十具 | |
| 顧乾餘 | 協成絲繭棧 | 繭 | 工運橋 | 十具 | |
| 春沅 | 元豐絲廠 | 繭 | 南水仙 | 十六具 | |
| 興昌 | 薛求志堂 | 繭 | 熙春街 | 八具 | |
| 黃裕和 | 振藝絲廠 | 繭 | 五牧 | 三十二具 | |
| 公利 | 陳芳泉 | 繭 | 玉祁 | 十二具 | |
| 增鑫 | 楊經奎 | 繭 | 石幢 | 二十具 | |
| 亦昌 | 薛葆亭 | 繭 | 禮社 | 二十二具 | |

| | | | | |
|---|---|---|---|---|
| 謙復泰 | 薛伯謙 | 繭 | 禮社 | 八具 |
| 嚴廣茂 | 丁祥龍 | 繭 | 五牧 | 二十八具 |
| 永通順 | 薛星甫 | 繭 | 雙廟 | 八具 |
| 乾順 | 孫濟汝 | 繭 | 北新橋 | |
| 恆泰 | 唐以誠 | 繭 | 前洲 | 十四具 |
| 萬和裕記 | 袁黼臣 | 繭 | 北新橋 | 十二具 |
| 豐泰潤 | 薛星甫 | 繭 | 禮社 | 十二具 |
| 永昌祥 | 高子敬 | 繭 | 黃石街 | 十具 |
| 慶源和 | 陳子襄 | 繭 | 新橋 | 十二具 |
| 金禮和 | 周梅坡 | 繭 | 黃新橋 | |
| 榮合興 | 榮緘三 | 繭 | 石新橋 | 三十八具 |
| 鴻順 | 薛求志堂 | 繭 | 嚴埭 | 二十具 |
| 叙昌永 | 平梅生 | 繭 | 寺莊 | |
| 萬鎰 | 黃耀良 | 繭 | 劉潭橋 | |
| 恆昌裕 | 王紹先 | 繭 | 東房橋 | 十二具 |
| 公信成 | 過接三 | 繭 | 西河頭北莊 | 十六具 |
| 怡成昌 | 李振帶 | 繭 | 三房巷 | 十六具 |
| 增源 | 楊孟千 | 繭 | 東房橋 | 二十具 |
| 永和裕 | 薛星甫 | 繭 | 禮社 | |
| 戴源昌 | | 繭 | 戴巷 | 十具 |
| 乾盛泰記 | 孫子襄 | 繭 | 秦巷 | 十六具 |
| 成昌 | 俞時雍 | 繭 | 前洲 | 十八具 |
| 保長 | 劉鍾俊 | 繭 | 前洲西塘 | 十二具 |
| 和成 | 三和油廠 | 繭 | 玉祁 | 十二具 |
| 保昌 | 華贊臣 | 繭 | 前洲 | 十二具 |
| 永益 | 杜雲閣 | 繭 | 石幢 | 二十具 |
| 李芳 | 李錚雄 | 繭 | 玉祁 | 十四具 |
| 過泰順 | 過錫良 | 繭 | 宋巷 | |
| 永泰豐 | 薛求志堂 | 繭 | 西河頭 | 三十二具 |
| 邵怡昌 | 邵芳谷 | 繭 | 茅竹橋 | 二十四具 |
| 惠祥泰 | | 繭 | 八士橋 | |
| 成鎰 | 黃松森 | 繭 | 劉潭橋 | 十六具 |
| 徐永豐 | 徐涵若 | 繭 | 滸塘橋 | 十六具 |
| 聚泰 | 過康伯 | 繭 | 茅竹橋 | |
| 叙誠和 | 過信成 | 繭 | 茅竹橋 | 十二具 |
| 允濟 | 濟通典 | 繭 | 長安橋 | 十六具 |

| | | | | |
|---|---|---|---|---|
| 公益昌 | 許湛之 | 繭 | 太平橋 | 二十具 |
| 廣成 | 孫雲亭 | 繭 | 堰橋 | 二十四具 |
| 永泰祥 | 薛求志堂 | 繭 | 前站頭 | 三十二具 |
| 胡協成 | 胡澍棠 | 繭 | 胡家渡 | 十二具 |
| 陞昌 | 葉頌青 | 繭 | 姑亭廟 | 二十四具 |
| 廣豐 | 孫雲亭 | 繭 | 麻圻 | 二具 |
| 廣大 | 孫雲亭 | 繭 | 北西漳 | 二具 |
| 九豐 | 江涵秋 | 繭 | 張村 | 十六具 |
| 集成 | 胡壹修 | 繭 | 堰橋 | 二十四具 |
| 永泰和 | 薛求志堂 | 繭 | 胡埭 | 三十二具 |
| 孫德盛 | 孫雲亭 | 繭 | 胡埭 | |
| 旣濟 | 虞達源 | 繭 | 富岸上 | 二具 |
| 協興恆 | 虞達源 | 繭 | 西漕 | |
| 永昌 | 袁黼臣 | 繭 | 張華橋 | 二十四具 |
| 張乾昌 | 袁黼臣 | 繭 | 丁村 | |
| 鼎豐 | 張兆生 | 繭 | 盛店橋 | 十六具 |
| 恆昌祥 | 許子芳 | 又 | 察亭橋 | 十六具 |
| 協成 | 章振聲 | 又 | 大鴻橋 | 二具 |
| 裕豐恆 | 吳日永 | 繭 | 古莊 | |
| 公泰隆 | 薛求志堂 | 繭 | 寺頭 | 四十二具 |
| 利生 | 楊祖勳 | 繭 | 旺莊 | 十六具 |
| 永利 | 楊曉先 | 繭 | 寺頭 | 十二具 |
| 盈億 | 劉倜安 | 繭 | 長安橋 | 二十六具 |
| 廣裕 | 孫雲亭 | 繭 | 丁塔里 | 二具 |
| 錫豐 | 陳世貞 | 繭 | 楊巷 | 十六具 |
| 源益 | 高蓀生 | 繭 | 蘇家橋 | 十六具 |
| 其恆 | 許子芳 | 繭 | 大鴻橋 | 二十具 |
| 永泰成 | 薛求志堂 | 繭 | 六區橋 | 三十二具 |
| 賈協和 | 賈子明 | 繭 | 胡埭 | 十六具 |
| 德和永 | 王文怡 | 繭 | 陸區橋 | 二十具 |
| 錢其順 | 錢國華 | 繭 | 黃大岸 | 十具 |
| 榕大 | 匡仲謀 | 繭 | 稍塘橋 | 二十八具 |
| 有成 | 馮雲初 | 繭 | 張舍 | 二十八具 |
| 錦記 | 汪景侯 | 繭 | 新瀆橋 | 二具 |
| 泰源 | 張翔覲 | 又 | 察亭橋 | 十二具 |
| 錢其隆 | 錢國華 | 又 | 新瀆橋 | 十六具 |

| | | | | |
|---|---|---|---|---|
| 協大成 | 陳冠英 | 繭 | 胡埭 | |
| 通裕 | 孫伯芬 | 又 | 潘封 | |
| 濟源 | 孫濟汝 | 又 | 搖頭浜口 | |
| 孫乾成 | 袁黼臣 | 又 | 下皋 | 二十具 |
| 公和 | 呂國輔 | 又 | 高明橋 | 二十具 |
| 利豐 | 袁黼臣 | 又 | 楊墅園 | 十六具 |
| 泰昌 | 張儒卿 | 又 | 新開河 | 十六具 |
| 張茂昌 | 張子剛 | 又 | 洛社 | 十六具 |
| 裕泰 | 華伯安 | 又 | 鵝子岸 | 十二具 |
| 禮昌 | 鄭子卿 | 又 | 錢橋 | 二十二具 |
| 徐公興 | 徐亮初 | 又 | 大徐巷 | 二十四具 |
| 徐興昌 | 徐寶成 | 又 | 錢橋 | 三十二具 |
| 振業 | 蔣鎬卿 | 又 | 河埒口 | 十六具 |
| 綸源 | 唐葵生 | 又 | 藕塘橋 | 十六具 |
| 公泰豐 | 裕昌絲廠 | 又 | 周潭橋 | 十二具 |
| 公泰昌 | 薛求志堂 | 又 | 南方泉 | 三十二具 |
| 周公興 | 倪翔青 | 又 | 錫鐵橋 | |
| 寶成興 | 楊孟千 | 又 | 南方泉 | |

| | | | | |
|---|---|---|---|---|
| 仁昌 | 孫濟汝 | 繭 | 洛社 | 二十八具 |
| 隆昌 | 費遜軒 | 又 | 封莊 | 二十四具 |
| 中興 | 蔡竹君 | 又 | 南西漳 | 十二具 |
| 通義 | 唐葵孫 | 又 | 南西漳 | 十六具 |
| 和豐 | 劉鍾俊 | 又 | 洛社 | 二十八具 |
| 世昌洽 | 錢伯蕃 | 又 | 楊墅園 | 二十具 |
| 洽源 | 黃希賢 | 又 | 張鎮橋 | 二十具 |
| 大昌 | 袁黼臣 | 又 | 大孫巷 | |
| 滙通 | 孫辛農 | 又 | 蠡口橋 | 十六具 |
| 公益 | 吳侍梅 | 又 | 仙蠡墩 | 十六具 |
| 徐裕昌 | 徐亦周 | 又 | 藕塘橋 | 二十四具 |
| 九昌 | 孫定安 | 又 | 會龍橋 | |
| 陸恆益 | 鎮綸絲廠 | 又 | 陸莊 | 二十具 |
| 乾源 名記 | 朱伯祺 | 又 | 藕塘橋 | 十六具 |
| 永泰昌 | 薛求志堂 | 又 | 石塘橋 | 三十二具 |
| 朱春和 | 朱鑑涵 | 又 | 北莊 | 二十具 |
| 隆昌生 | 薛幼安 | 又 | 燒香浜 | 十二具 |
| 開泰 | 滕元伯 | 又 | 東浜 | 十六具 |

| | | | | |
|---|---|---|---|---|
| 倡裕 | 張望嬉 | 繭 | 太平橋 | 二十具 |
| 華勤益 | 華秉鈍 | 又 | 老西莊 | 十四具 |
| 鴻昌 | 陳紹良 | 又 | 北小橋 | 二十四具 |
| 民益 | 孫仲輝 | 又 | 中安橋 | 十六具 |
| 鴻聚 | 徐述祖 | 又 | 新塘橋 | 三十二具 |
| 綸和成 | 薛求志堂 | 又 | 東亭 | 二十四具 |
| 義昌 | 徐述祖 | 繭 | 東亭 | 三十二具 |
| 鴻運 | 蔡紹先 | 又 | 西倉 | |
| 泰綸 | 高叔方 | 又 | 梅村 | 十六具 |
| 公綸 | 沈文貴 | 又 | 九里橋 | 十六具 |
| 平和 | 丁紹虞 | 又 | 東亭 | 四具 |
| 聚源 | 烏克明 | 又 | 梅村 | 八具 |
| 恆益 | 顧蘊生 | 又 | 張涇橋 | 二十四具 |
| 蘇經利記 | | 繭 | 陳家橋 | 二十四具 |
| 顧東新 | | 又 | 戴店 | 二十具 |
| 恆源豐 | 許燕庭 | 又 | 港下 | 二十具 |
| 恆裕 | 楊仁卿 | 又 | 東湖塘 | 二十二具 |
| 仁昌祥 | 裕昌絲廠 | 又 | 陳墅 | 二十八具 |
| 滕麗昌 | 滕可亭 | 繭 | 謝埭橋 | |
| 公泰順 | 華楚蘭 | 又 | 曹墓蕩 | 十六具 |
| 浦公和 | 浦怡生 | 又 | 鄭家巷 | |
| 雙姓 | 華楚蘭 | 又 | 漳塘橋 | 十六具 |
| 公泰和 | 薛求志堂 | 又 | 石埭橋 | 三十二具 |
| 公泰祥 | 薛求志堂 | 又 | 東亭 | 三十二具 |
| 錫昌 | 胡油園 | 又 | 梅村 | 四具 |
| 義源 | 徐華珊珍 | 又 | 倉家橋 | 八具 |
| 公和泰 | 華少純 | 又 | 毛道橋 | 二十具 |
| 裕成 | 陳啓祥 | 又 | 東亭 | 八具 |
| 永孚潤 | 強卓人 | 又 | 又 | 四具 |
| 恆興 | 顧蘊生 | 又 | 張涇橋 | 十六具 |
| 蘇經元記 | | 又 | 三壩橋 | 二十四具 |
| 元仁貞記 | 過杏江 | 又 | 八士橋 | 十六具 |
| 恆昌 | 楊奎伙 | 又 | 黃土塘 | 二十四具 |
| 恆和 | 戴履安 | 又 | 張繆舍 | 二十八具 |
| 過協昌 | 過廷勳 | 又 | 八士橋 | 二十具 |
| 公泰康 | 薛求志堂 | 又 | 蠡湖 | 二十二具 |

| | | | | |
|---|---|---|---|---|
| 恆德隆 | 鄒旱伯 | 繭 | 黿山橋 | 三十四具 |
| 成裕 | 唐昕周 | 又 | 東湖塘 | 二十具 |
| 須同興 | 須季常 | 又 | 上村 | 十六具 |
| 泰昌祥 | 須煜泉 | 又 | 嚴家橋 | 三十具 |
| 范祥和 | 范魯齋 | 又 | 興塘 | 二十八具 |
| 永興 | 陳倉廳 | 又 | 羊尖 | 二十四具 |
| 同利盛 | 周岵瞻 | 又 | 謝家塘 | |
| 贊源 | 張漱石 | 又 | 安鎮 | 二十八具 |
| 悅和 | 安帥石 | 又 | 又 | 二十二具 |
| 周洽昌 | 須焜泉 | 又 | 南橋頭 | |
| 倪履昌 | 倪履記 | 又 | 長大廈 | 十八具 |
| 華福昌 | 華懷珍 | 又 | 蕩口 | 二十四具 |
| 陳義隆 | 陳彤黼 | 又 | 張塘橋 | 三十具 |
| 純和 | 陳德三 | 又 | 東漾橋 | 三十二具 |
| 長泰祥公記 | 施仲篪 | 又 | 茅塘橋 | 二十四具 |
| 程裕昌 | 程仲漣 | 又 | 雙板橋 | 十六具 |
| 陸義昌 | 王若卿 | 又 | 沈瀆 | 二十具 |
| 裕和 | 錢純齋 | 又 | 宅基上 | |
| 餘昶永 | 唐倉廳 | 繭 | 東八士橋 | 十六具 |
| 同和 | 丁佩紳 | 又 | 張涇橋 | 二十四具 |
| 源源 | 俞菊如 | 又 | 二房廊下 | 二十八具 |
| 德仁興 | 唐保謙 | 又 | 嚴家橋 | 二十八具 |
| 洽盛 | 薛求志堂 | 又 | 楊亭 | 二十六具 |
| 華仁昌 | 華宏仁 | 又 | 蠡橋 | |
| 利生 | 朱仲寅 | 又 | 安鎮 | 十二具 |
| 厚生 | 陳彤黼 | 又 | 又 | 二十四具 |
| 洽昌祥 | 裕昌絲廠 | 又 | 南橋頭 | 二十具 |
| 朱源茂 | 朱棋和 | 又 | 鴨城橋 | 二十八具 |
| 華豐和 | 華書[illegible] | 又 | 蕩口 | 二十八具 |
| 華元昌 | 程仲漣 | 又 | 夏蓮橋 | 二十四具 |
| 長泰昌 | 龔長明 | 又 | 茅塘橋 | 二十四具 |
| 禮和 | 陳德三 | 又 | 鳳墩橋 | 二十四具 |
| 王永昌 | 王若卿 | 又 | 雙板橋 | 十二具 |
| 恆康 | 陳友竹 | 又 | 茅塘橋 | 二十四具 |
| 新泰昌 | 鄒遂初 | 又 | 新安 | 八具 |
| 裕昌祥 | 裕昌絲廠 | 又 | 東港 | 二十具 |

| | | | | |
|---|---|---|---|---|
| 華彰 | 裕昌絲廠 | 繭 | 南橋 | 四具 |
| 晪久大 | 祝月洲 | 又 | 塵灣裏 | 二十具 |
| 錢中和 | 馬晋三 | 又 | 中橋弄 | 二十七具 |
| 裕源 | 周芸山 | 又 | 南橋 | 十二具 |
| 丁聚昌 | 丁翰齋 | 又 | 六店橋 | 十六具 |
| 元聚 | 倪子成 | 又 | 坊前 | 二十具 |
| 萬生和 | 江涵秋 | 又 | 白兎橋 | 八具 |
| 晋生 | 鄒子忠 | 又 | 西宅 | 十六具 |
| 福裕 | 華懷珍 | 又 | 方橋 | 十二具 |
| 協利甪 | 湯元祥 | 又 | 小橋頭 | 十二具 |
| 泰昌 | | 又 | 后宅 | 十六具 |
| 廣勤 | 楊保遜堂 | 又 | 長豐橋 | 十二具 |
| 恆記 | 乾甡絲廠 | 又 | 工運橋 | 六具 |
| 仁裕 | | 又 | 浮舟村 | 八具 |
| 新綸 | 新綸絲廠 | 又 | 王祁 | 八具 |
| 協昌 | 龔秋泉 | 又 | 龔家且 | 六具 |
| 合順 | | 又 | 奚村 | 二具 |
| 協成 | 余秋荣 | 又 | 施家宕 | 十二具 |
| 錢敦厚 | 錢旭昇 | 繭 | 善念橋 | 二十四具 |
| 萬同昌 | 王偉雲 | 又 | 北橋 | 十六具 |
| 恆泰源 | 蔣文偉 | 又 | 北橋 | 二十四具 |
| 全平 | 胡浩金 | 又 | 高車梁 | |
| 同餘 | 劉耀文 | 又 | 羊橋頭 | 十二具 |
| 復昌祥 | 朱雲亭 | 又 | 前旺 | 十六具 |
| 益生 | 陳彤黼 | 又 | 大牆門口 | 二十四具 |
| 協大 | 鄒炳虎 | 又 | 北莊 | |
| 裕豐 | 程仲漣 | 又 | 瞻橋 | 十六具 |
| 義茂隆記 | 秦琢如 | 又 | 大牆門口 | 二十四具 |
| 協順 | 尤俊德 | 又 | 小橋頭 | 四具 |
| 永裕 | 永裕絲廠 | 又 | 羊腰灣 | 八具 |
| 公茂 | 蕭增華 | 又 | 玉祁 | 十二具 |
| 永仁 | 韋鶴泉 | 又 | 横港 | 十六具 |
| 慶豐 | 韋成康 | 又 | 龔巷 | 十具 |
| 公泰甪記協 | 余贊平 | 又 | 石板頭 | 十二具 |
| 振豐 | 馮煥章 | 又 | 誌公橋 | 十六具 |
| 公協昌 | 袁黼臣 | 又 | 歐塘裏 | 四具 |

| | | | | |
|---|---|---|---|---|
| 協成 | 孫祥仁 | 繭 | 印橋 | 十六具 |
| 興昌 | 胡鳳儀 | 繭 | 姑亭廟 | 四具 |
| 惠農 | 趙耀章 | 繭 | 北西漳 | 二十四具 |
| 志新 | 蔡竹君 | 繭 | 胡家渡 | 四具 |
| 益成 | 李雲初 | 繭 | 長安橋 | 六具 |
| 協興 | | 繭 | 南村頭 | 八具 |
| 益源 | 楊仲滋 | 繭 | 長安橋 | 四具 |
| 裕興盛 | 李培 | 繭 | 長安橋 | 一具 |
| 豐泰 | | 繭 | 長安橋 | 二具 |
| 合興 | 張季廷 | 繭 | 西河頭 | 六具 |
| 裕興 | 尹寶康 | 繭 | 西漕 | 一具 |
| 錢義興 | 錢國華 | 繭 | 新瀆橋 | 八具 |
| 永源 | 李世生 | 繭 | 刁莊大巷 | 二具 |
| 合記 | 高廷樑 | 繭 | 榮張巷 | 一具 |
| 義泰 | 錢國華 | 繭 | 盛典橋 | 一具 |
| 公和 | 過炳均 | 繭 | 八士橋 | 四具 |
| 民益 | | 繭 | 村東 | 三具 |
| 南昌 | 盛裕絲廠 | 繭 | 南橋 | 十二具 |

| | | | | |
|---|---|---|---|---|
| 新昌 | 李敬德 | 繭 | 陡門橋 | 十六具 |
| 興記 | 高金 | 繭 | 張村 | 二具 |
| 合興 | 惠義興 | 繭 | 張村 | 六具 |
| 振華 | 李仲康 | 繭 | 長安橋 | 六具 |
| 協興昌 | 高叔方 | 繭 | 西村頭 | 四具 |
| 復昌 | 王裕廷 | 繭 | 孫劉王 | 二具 |
| 至仁 | 薛魯勤 | 繭 | 李巷 | 一具 |
| 同興 | | 繭 | 後辛巷 | 八具 |
| 耀記 | 錢耀廷 | 繭 | 長安橋 | 四具 |
| 永昌 | | 繭 | 邵巷 | 一具 |
| 植記 | 馮植培 | 繭 | 六區橋 | 一具 |
| 順興 | 袁茂盛 | 繭 | 六區橋 | 二具 |
| 餘源 | 李世生 | 繭 | 寮亭橋 | |
| 新得鳳記 | 陳鳳麒 | 繭 | 八士橋 | 六具 |
| 裕隆 | 强鑑堂 | 繭 | 張涇橋 | 四具 |
| 南興 | 虞蔭清 | 繭 | 鵞澗西莊 | 四具 |
| 源昌 | 安鹿平 | 繭 | 安鎮 | 八具 |
| 順昌榮記 | 茹榮培 | 繭 | 西橋巷 | 十具 |

| | | | | |
|---|---|---|---|---|
| 大昌台記 | 王鳳佩 | 繭 | 中橋 | 十二具 |
| 興業 | 蔣循貴 | 繭 | 青祁 | 八具 |
| 華盛 | 夏仲康 | 繭 | 夏家邊 | 八具 |
| 合泰 | 沈雲陛 | 繭 | 廿四二圖 | 一具 |
| 泰豐 | 陸士良 | 繭 | 寺頭 | 一具 |
| 合泰 | 沈雲陛 | 繭 | 許巷上 | 一具 |
| 合豐協 | 鮑榮生 | 繭 | 鮑家莊 | 一具 |
| 仁昌公記 | 華佑青 | 繭 | 裕村里 | 一具 |
| 福祥泰 | 薛禎祥 | 繭 | 上梁上 | 一具 |
| 合興源 | 陸子超 | 繭 | 楊公祠 | 一具 |
| 永隆協記 | 王永隆 | 繭 | 堂前 | 一具 |
| 協昌祥 | 朱得元 | 繭 | 楊墅園 | 一具 |
| 德興 | 沈鳴臯 | 繭 | 上水浜 | 一具 |
| 協興 | 朱文連 | 繭 | 前漳 | 一具 |
| 安西 | 薛福培 | 繭 | 安西村 | 一具 |
| 瑞昌盛 | | 繭 | 談巷 | 一具 |
| 公興 | 黃旭初 | 繭 | 吳巷上 | 二具 |
| 永大益 | | 繭 | 顧巷上 | 一具 |
| 華昌 | | 繭 | 夏家邊 | 四具 |
| 德大昌 | | 繭 | 高車梁 | 六具 |
| 仁昌 | 邵正穎 | 繭 | 南坊前 | 一具 |
| 合昌 | | 繭 | 後洪村 | 一具 |
| 聚昌 | | 繭 | 油車明 | 一具 |
| 協昌盛 | | 繭 | 南坊前 | 一具 |
| 茂昌盛 | 邵茂昌 | 繭 | 邵巷上 | 一具 |
| 合昌源 | 陸交生 | 繭 | 南巷上 | 一具 |
| 益民 | 王生榮 | 繭 | 古隆橋 | 一具 |
| 公昌盛 | 楊維高 | 繭 | 站頭上 | 一具 |
| 公協豐 | 鮑鳴球 | 繭 | 杭公祠 | 一具 |
| 協泰 | | 繭 | 周笆斗里 | 一具 |
| 協豐 | 邵德良 | 繭 | 邵巷上 | 一具 |
| 協昌隆 | | 繭 | 菴堂里 | 一具 |
| 協興隆 | | 繭 | 俞巷上 | 一具 |
| 合昌隆 | 楊月甫 | 繭 | 菴堂里 | 一具 |
| 正泰 | 楊宗南 | 繭 | 北橫山 | 一具 |
| 協興泰 | 丁潤康 | 繭 | 錫鐵橋 | 一具 |

| | | | | |
|---|---|---|---|---|
| 益農 | | 繭 | 許舍[illegible] | 二具 |
| 公益順 | | 繭 | 許舍 | 一具 |
| 堯歌 | | 繭 | 堯歌里 | 一具 |
| 宏緒 | 滕甫卿 | 繭 | 甘露 | 十六具 |
| 大豐 | | 繭 | 六步橋 | 十八具 |
| 茂業 | 張雲鵬 | 繭 | 前南潭 | 十二具 |
| 同興 | | 繭 | 月樓巷 | 一具 |
| 興記 | | 繭 | 張巷上 | 一具 |
| 民協 | | 繭 | 楊巷上 | 二具 |
| 宏裕 | | 繭 | 蕩口 | 十八具 |
| 龔協昌 | 龔莘吉 | 繭 | 馬蜂下 | 十二具 |
| 通盛 | 高叔方 | 繭 | 坊前 | 二具 |

附註 凡遇調査表內未註明號主經理者此行害無稽考凡如未註明灶數者此行尙未領換繭帖

## 油行業

| 號名 | 號主經理姓名 | 職員人數 | 商品 | 地址 | 備註 |
|---|---|---|---|---|---|
| 干源來 | 王梅修 | 十人 | 桐荳油 | 桃棗沿河 | 電話一五〇 |
| 源大 | 諸鴻遠 吳意誠 | 八人 | 仝上 | 蘇餅沿河 | 電話二七八 |
| 王源長 | 王耀千 | 八人 | 仝上 | 竹塲巷 | 電話六二六 |
| 源昶新 | 錢鳳臯 俞慕英 | 八人 | 仝上 | 通淮橋 | 電話五二九 |
| 福源隆 | 浦鴻儒 | 七人 | 桐荳油 | 通淮橋 | 電話四五九 |
| 源泰昌 | 陸甫仁 | 八人 | 仝上 | 蘇餅沿河 | 電話五六四 |
| 源興 | 王國範 | 七人 | 棉子油餅 | 南尖 | 電話九二六 |
| 源春隆 | 楊幹卿 顧杏初 | 九人 | 桐荳油 | 桃棗沿河 | 電話七七 |
| 源順 | 夏敬輿 | 八人 | 仝上 | 通淮橋 | 電話五四一 |
| 源祥 | 周兼仁 | 八人 | 仝上 | 竹塲巷 | 電話三三七 |
| 湧泰 | 楊經笙 盛建勳 | 十人 | 桐荳油 并開糟坊 | 長安橋 | 電話一四〇 |
| 源記 | 陳柏生 | 六人 | 桐荳油 | 長安橋 | 電話四七七 |
| 高同昌 | 沈少初 | 十人 | 油餅 | 三里橋 | 電話一四九 |

## 糟坊業

| 號名 | 號主經理姓名 | 職員人數 | 商品 | 地址 | 備註 |
| --- | --- | --- | --- | --- | --- |
| 全昌總號 | 周蔭庭 | 十人 | 酒、醬油、油、醋、等 | 城內西大街 | 電話四〇八 |
| 全昌留號 | 又 | 五人 | 又 | 北門外小[illegible]橋 | 九四二 |
| 全昌西號 | 又 | 五人 | 又 | 西門外棚下 | 三一三 |
| 東泰 | 竇魯圻 | 七人 | 又 | 北門外江陰巷口 | 二二九 |
| 陶東昇豫號 | 陶冠時 | 六人 | 又 | 城內斜橋下 | 八六六 |
| 陶東昇西號 | 陶冠時 | 四人 | 又 | 西門外棚下 | 七五一 |
| 陸右豐東棧 | 陸翼生 | 四人 | 又 | [illegible]園浜 | 二八六 |
| 陸右豐南號 | 陸翼生 | 四人 | 又 | 南門外吊橋 | 三五七 |
| 楊恆泰 | 楊履冰 | 八人 | 又 | 東門內駁岸上 | 六八六 |
| 楊恆泰北號 | 楊履冰 | 五人 | 又 | 北門外惠農橋 | 二一八 |
| 陶鼎鑫 | 陶君石 | 五人 | 又 | 北門外笆斗弄 | 四九一 |
| 馮泰祥 | 尤厚卿 | 六人 | 又 | 西門外棚下 | 一七六 |
| 鴻泰祥北號 | 尤厚卿 | 五人 | 又 | 北門外惠農橋 | 八五八 |
| 萬祥 | 過子範 | 四人 | 又 | 北門外北閘口 | 六五七 |
| 福來和 | 錢少卿 | 四人 | 又 | 西門外五洞橋 | 九三四 |
| 復昌升 | 丁頌威 | 五人 | 又 | 南門外南塘 | 四八七 |
| 吳裕昌 | 胡世卿 | 七人 | 又 | 青果巷 | 七九六 |
| 全昌中號 | 周蔭庭 | 五人 | 酒、醬油、油、醋、等 | 城內崇安寺 | 電話八〇三 |
| 全昌北號 | 又 | 五人 | 又 | 北門外大河池沿 | 九二四 |
| 湧泰 | 楊仲滋 | 八人 | 又 | 北門外長安橋 | 一四〇 |
| 陶東昇留記 | 陶冠時 | 七人 | 又 | 北門外大橋下 | 一一七 |
| 陶東昇南號 | 陶冠時 | 五人 | 又 | 南門外黃泥降 | 六四八 |
| 陸右豐中號 | 陸翼生 | 五人 | 又 | 寺巷內 | 五四二 |
| 陸右豐西棧 | 陸翼生 | 四人 | 又 | 三里橋 | 七五三 |
| 陸右豐北號 | 陸翼生 | 五人 | 又 | 北門外惠農橋 | 二七二 |
| 楊恆泰 | 楊履冰 | 六人 | 又 | 大市橋 | 一九四 |
| 楊恆泰南號 | 楊履冰 | 五人 | 又 | 南門外跨塘橋 | 八七七 |
| 大有裕 | 朱梅亭 | 六人 | 又 | 南門外伯瀆巷 | |
| 馮泰祥南號 | 尤厚卿 | 五人 | 又 | 西門外五洞橋 | 一一八 |
| 源長鴻 | 王安伯 | 四人 | 又 | 北門外北閘口 | 四八 |
| 福來和 | 錢少卿 | 五人 | 又 | 西門外棚下 | 三三四 |
| 源豫 | 陸浩鎮 | 四人 | 又 | 南門外黃泥降 | 三六七 |
| 胡萬生 | 陳佐庭 | 五人 | 又 | 西大街 | |
| 裕昌南號 | 胡世卿 | 四人 | 又 | 南門外伯瀆港 | 四五八 |

| | | | | | |
|---|---|---|---|---|---|
| 萬祥盛 | 過子範 | 四人 | 又 | 北門外三里橋 | 三八一 |
| 大有福 | 劉泉生 | 六人 | 又 | 南門外青石橋 | 六六四 |
| 協泰昌南號 | 糜俊千 | 五人 | 又 | 南門外南長街 | 二一一 |
| 可大 | 楊道三 | 六人 | 又 | 小三里橋 | |
| 陶長豐 | 陶星華 | 七人 | 又 | 吳橋下 | 二三七 |
| 永泰豐 | 王錫成 | 四人 | 又 | 西門外棚下 | 二四六 |
| 丁和泰 | 丁世軒 | 五人 | 又 | 南門外跨塘橋 | 六五六 |
| 恒泰裕 | 楊履冰 | 七人 | 又 | 倉橋下 | 五五二 |
| 昇昌酒行 | 范慕如 | 八人 | 又 | 芋頭沿河 | 五三一 |
| 怡豐義酒行 | 范煥章 | 七人 | 又 | 三里橋 | 七一一 |
| 瑞興伯記酒行 | 陳伯雅 | 八人 | 又 | 外黃泥橋 | 一五一 |
| 吳大昌 | 吳虎臣 | 五人 | 又 | 西門 | |
| 協泰昌了記 | 糜俊千 | 六人 | 又 | 北門外小三里橋 | 四七〇 |
| 協泰昌分號 | 糜俊千 | 四人 | 又 | 北門外大河池沿 | 九二二 |
| 楊錦昌 | 范豐昌 | 五人 | 又 | 小三里橋 | |
| 陸聚茂 | 陸庠生 | 五人 | 又 | 小三里橋 | 四七二 |
| 禹順恒 | 張宏勳 | 四人 | 又 | | |
| 恒泰 | 王炳泰 | 二人 | 又 | 長安橋 | |
| 協泰昌酒行 | 許瀚初 | 八人 | 酒類 | 小三里橋 | 六〇二 |
| 瑞興仲記酒行 | 陳仲英 | 八人 | 又 | 外黃泥橋 | 二六〇 |
| 源豐酒行 | 鄭肅範 | 七人 | 又 | 又 | 三三一 |
| 倪正陽燒酒行 | 倪蓉初 | 八人 | 又 | 通匯橋 | 七七一 |

## 旅棧業

| 號名 | 號主經理姓名 | 職員人數 | 地址 | 備註 |
|---|---|---|---|---|
| 新世界旅社 | 張德卿 | 七人 | 通運路工運橋堍 | 電話五七三 五七四 |
| 鐵路飯店旅社 | 蔣仲良 | 六人 | 火車站通惠路口 | 電話五八三 五八四 |
| 太湖飯店 | 張德卿 | 二人 | 梅園 | 電話三五九 |
| 東湖旅館 | 顧錫琴 | 四人 | 交際路 | 電話三一八 |
| 新旅社 | 鄭鏗如 | 六人 | 通運路 | 電話五四〇 |
| 無錫飯店旅社 | 沈錫鈞 | 七人 | 通運路工運橋堍 | 電話六五〇 六五二 |
| 華盛頓飯店 | 胡曾潜 | 三人 | 廣勤路口 | 電話四五三 |
| 上海旅館 | 張淇龍 | 四人 | 通運路中市 | 電話四一 |
| 梁溪旅館 | 李茂林 | 五人 | 通運路 | 電話五〇四 |
| 惠中旅館 | 程寶如 | 三人 | 又 | 電話三一七 |

| 號名 | 姓名 | 人數 | 地址 | 電話 | 備註 |
|---|---|---|---|---|---|
| 孟淵旅館 | 程邦振 | 三人 | 孟淵弄 | 電話二四三 | |
| 大東旅社 | 張兆鎮 | 五人 | 通運路 | 電話八〇九 | |
| 新蘇臺旅館 | 陳德昌 | 三人 | 漢昌路 | 電話三五三 | |
| 中華旅館 | 石燕昌 | 三人 | 通運路 | 電話四一四 | |
| 華商旅館 | 吳伯岐 | 三人 | 又 | 電話二七七 | |
| 交通旅館 | 顧念椿 | 二人 | 工運橋堍 | | |
| 惠商旅館 | 毛雲珊 | 二人 | 壩頭弄 | 電話六〇六 | |
| 泰康棧 | 顧金官 | 二人 | 壩頭弄 | | |
| 啟泰棧 | 王君惠 | 五人 | 通運路 | 電話二六九 八七〇 | |
| 第一旅社 | 華鶴皋 | 三人 | 漢昌路 | 電話三一九 | |
| 陞昌旅館 | 朱昌壽 | 三人 | 漢昌路 | 電話二二三 | |
| 無錫旅館 | 楊蔭棠 | 三人 | 通運路 | 電話五六一 | |
| 新天保棧 | 章鴻圖 | 二人 | 吉祥橋 | | |
| 吉陞棧 | 胡順林 | 二人 | 外黃泥橋街 | | |
| 公園飯店 | 華秉璁 | 四人 | 公園路 | 電話三〇八 | |

## 五.金業

| 號名 | 號主姓名 | 職員人數 | 商品 | 地址 | 電話 | 備註 |
|---|---|---|---|---|---|---|
| 振華 | 徐槐卿 | 二十四人 | 五金及機器零件 | 通運路 | 三九〇號 | 兼售電料電器 |
| 振祥 | 鄧伯埜 | 十八人 | 仝上 | 光復路 | 一六一號 | 仝上 |
| 信昌祥 | 許仲倩 | 十八人 | 仝上 | 漢昌路 | 八七五號 | 仝上 |
| 永豐祥 | 鄒祖琴 | 八人 | 玻璃五金 | 書院弄口南首 | | |
| 錫山 | 高仰之 | 七人 | 仝上 | 監弄口 | | |
| 同昌 | 季蓀蓮 | 八人 | 仝上 | 通惠路 | | |
| 德和 | 余豫卿 | 十二人 | 仝上 | 書院弄口 | 三三三號 | |
| 協豐 | 朱金生 | 三人 | 仝上 | 寺後門 | | |
| 振元 | 蔣哲卿 | 二十人 | 五金及機器零件 | 光復路 | 四四四號 | 兼售電料電器 |
| 光華 | 王伯如 | 十五人 | 仝上 | 漢昌路 | 九八五號 | 仝上 |
| 興昌 | 李少棠 | 十八人 | 玻璃五金 | 書院弄口北首 | 三七五號 | |
| 祥豐 | 尤洪泉 | 五人 | 仝上 | 監弄口 | | |
| 祥源 | 唐祥泰 | 十人 | 仝上 | 漢昌路 | 八四三號 | |
| 裕茂昌 | 錢耀茂 | 二人 | 仝上 | 書院弄口 | | |
| 新昶 | 黃金濤 | 三人 | 仝上 | 推官牌樓 | | |
| 潤豐 | 尤幹卿 | 一人 | 仝上 | 北長街 | | |

| | | | | | | |
|---|---|---|---|---|---|---|
| 慎昌 | 丁子慎 | 二人 | 仝上 | 北長街 | | |
| 新順興 | 包大生 | 二人 | 仝上 | 南門外棉花巷 | | |
| 裕康 | 朱福明 | 五人 | 仝上 | 大橋街 | | |
| 奚萬興 | 奚萬田 | 三人 | 仝上 | 周山浜 | | |
| 順興 | 包煥章 | 四人 | 仝上 | 笆斗弄 | | |
| 利大永 | 鄒克明 | 六人 | 仝上 | 外黃泥橋 | | |
| 方仁茂 | 方仁才 | 二人 | 仝上 | 南長街 | | |
| 趙隆泰 | 趙壽根 | 二人 | 仝上 | 清名橋 | | |
| 恒吉生記 | 劉煥琪 | 三人 | 仝上 | 北塘 | | |
| 恒泰元記 | 蔣哲卿 | 二人 | 仝上 | 光復路 | | 振元分號 |
| 治升祥 | 宋祥和 | 六人 | 仝上 | 外黃泥橋 | | |
| 益大 | 唐竹慶 | 六人 | 仝上 | 外黃泥橋 | | |

## 電料業

| 號名 | 號主經理姓名 | 職員人數 | 商品 | 地址 | 電話號數 | 備計 |
|---|---|---|---|---|---|---|
| 華明 | 陳菊軒 | 七人 | 電料電器 | 北門大街書院弄南 | 七〇七號 | |
| 永明 | 欽厚培 | 八人 | 同上 | 倉橋下 | 八二四號 | |
| 明麗 | 李啟明 | 十人 | 仝上 | 北門外城脚 | 九二號 | |
| 福利 | 徐福培 | 三人 | 仝上 | 前太平巷 | | |
| 新明 | 俞金標 | 四人 | 仝上 | 寺後門 | | |
| 華新 | 張靜安 | 十二人 | 仝上 | 通運路八八號 | 三〇六號 | |
| 新華 | 施翼青 | 五人 | 仝上 | 書院弄口 | 八二〇號 | |
| 耀新 | 俞炳根 | 三人 | 仝上 | 間通路口 | | |
| 永興 | 欽厚培 | 四人 | 仝上 | 西門 | | |

## 磁器業

| 號名 | 號主經理姓名 | 職員人數 | 商品 | 地址 | 備註 |
|---|---|---|---|---|---|
| 裕源 | 鄧仲廉 | 七人 | 磁器 | 北門內大街 | |
| 鄧裕隆 | 鄧雲發 | 八人 | 又 | 南門外清名橋 | |
| 泰康 | 陶企周 | 五人 | 又 | 倉橋下 | |
| 鄧裕順 | 鄧伯安 | 八人 | 磁器 | 南門外黃泥橋 | |
| 允盛 | 陸國斌 | 六人 | 又 | 北門內大街 | |
| 恒信厚 | 錢菊官 | 五人 | 又 | 北城門口 | |

| | | | | |
|---|---|---|---|---|
| 楊恒興 | 楊德初 | 七人 | 磁器 | 露華弄口 |
| 協泰成 | 黃玉山 | 十人 | 又 | 北塘 |
| 興業 | 顧少坪 | 五人 | 又 | 老戲館 |
| 嚴祥發 | 嚴老大 | 三人 | 又 | 崇安寺 |
| 黃萬源 | 黃瑞寶 | 四人 | 又 | 南門外界涇橋 |
| 鄧裕隆德記 | 鄧德祺 | 五人 | 又 | 南門外清名橋 |
| 源隆 | 顧昌侯 | 七人 | 又 | 北門外大街 |
| 恒泰祥 | 曹餘成 | 七人 | 又 | 北塘 |
| 茂生協 | 梅錦山 | 四人 | 又 | 西門棚下 |
| 萬豐裕 | 顧履闓 | 三人 | 又 | 北門外黃泥橋 |
| 新振錩 | 楊根培 | 四人 | 又 | 南門外清名橋 |
| 義興 | 金仲瑚 | 二人 | 又 | 圖書館路 |

## 書業

| 號名 | 號主經理姓名 | 職員人數 | 資本 | 商品 | 地址 | 備註 |
|---|---|---|---|---|---|---|
| 新新書局 | 蔣錫康 | 十二人 | 五千元 | 書籍文具 | 公園路 | 電話七二七 |
| 樂羣 | 邵辛樂 | 八人 | 八千元 | 又 | 寺巷裏 | 電話七四一 |
| 大同 | 沈仲安 | 九人 | 四千元 | 又 | 寺後門 | 電話六二八 |
| 日升山房 | 王文榮 | 四人 | 二千元 | 又 | 北城門口 | |
| 經綸堂 | 宋少雲 | 五人 | 三千元 | 又 | 北塘大街 | |
| 世界書局 | 周贊臣 | 十人 | 八千元 | 又 | 書院弄 | 電話九〇三 |
| 鴻文齋 | | 三人 | 四百元 | 又 | 盛巷橋下 | |
| 文華 | 陳菊軒 | 十二人 | 八千元 | 書籍文具 | 倉橋下 | |
| 學海堂 | 宋少雲 | 八人 | 六千元 | 又 | 大橋街 | 電話六〇八 |
| 日升山房 | 王文榮 | 六人 | 四千元 | 又 | 書院弄 | |
| 文元 | 史朴生 | 四人 | 一千五百元 | 又 | 北塘大街 | |
| 無錫書店 | 施子逵 | 六人 | 四千元 | 又 | 寺後門 | 電話五九四 |
| 啟新書局 | 黃樂山 | 三人 | 五百元 | 又 | 南門大街 | |

## 交通歌（一）

劍膽

愧我大中華，
人衆物產豐，
所遺缺憾是交通！
建設新道路，
光榮顯亞東，
堪勝美雨與歐風！
實際事編遣，
裁兵化爲工，
總理遺訓要遵從！
高擎自由旗，
高撞自由鐘，
自由幸福永無窮！

## 交通歌（二）

前人

多修新道路，
銳意求交通，
國民革命自成功！
君不見歐美道路如蛛網，
千里往還一日中；
又不見東瀛三島新大陸，
車如流水馬如龍！
平水有大禹，
移山有愚公，
成功都在努力中！

圖表六二：此處原爲《十八年度無錫温度升降表》，見書後。

# 十八年度無錫降雨時數統計表

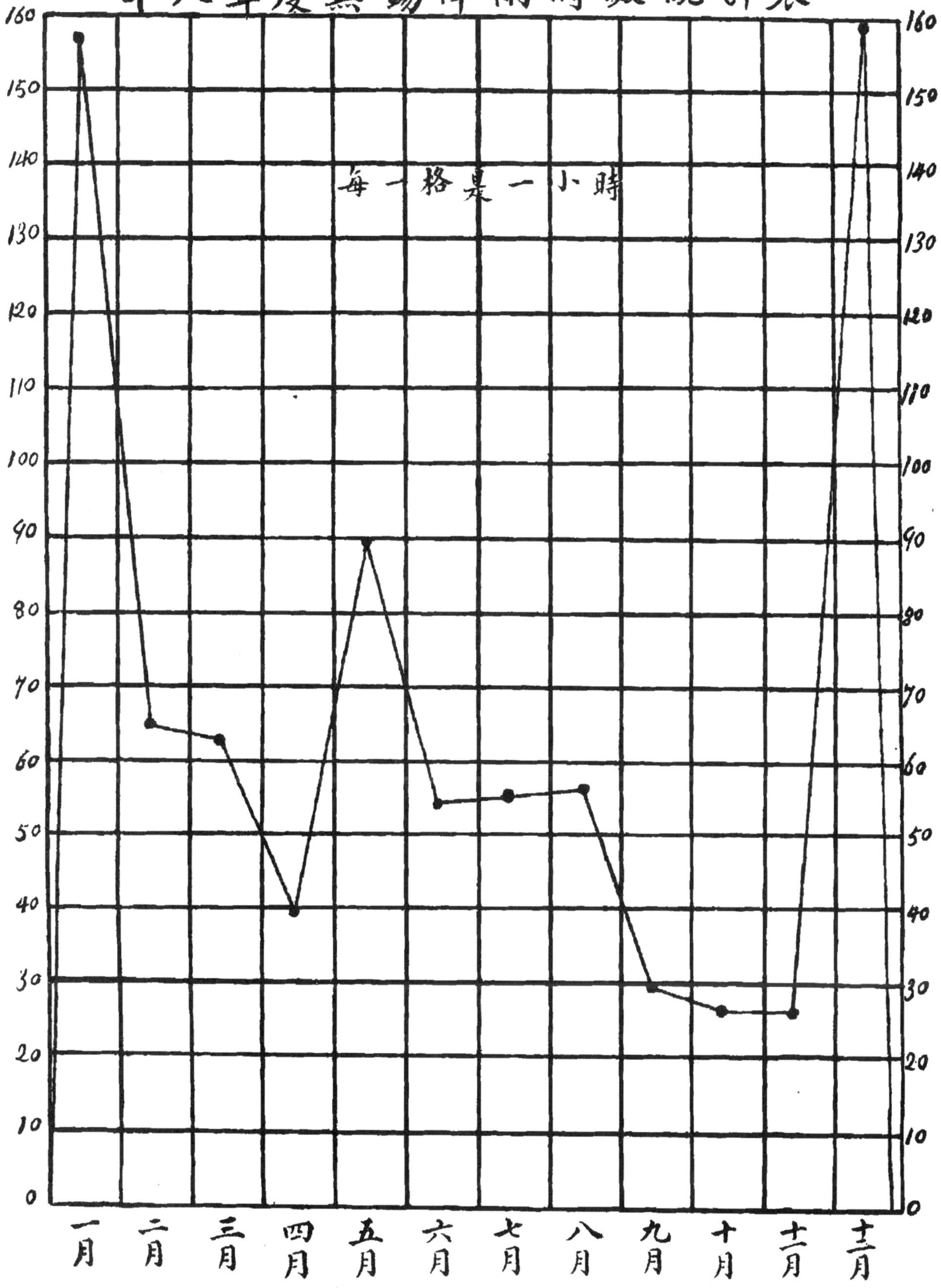


無錫縣社會調查處製

## 十八年度無錫降雨量統計表

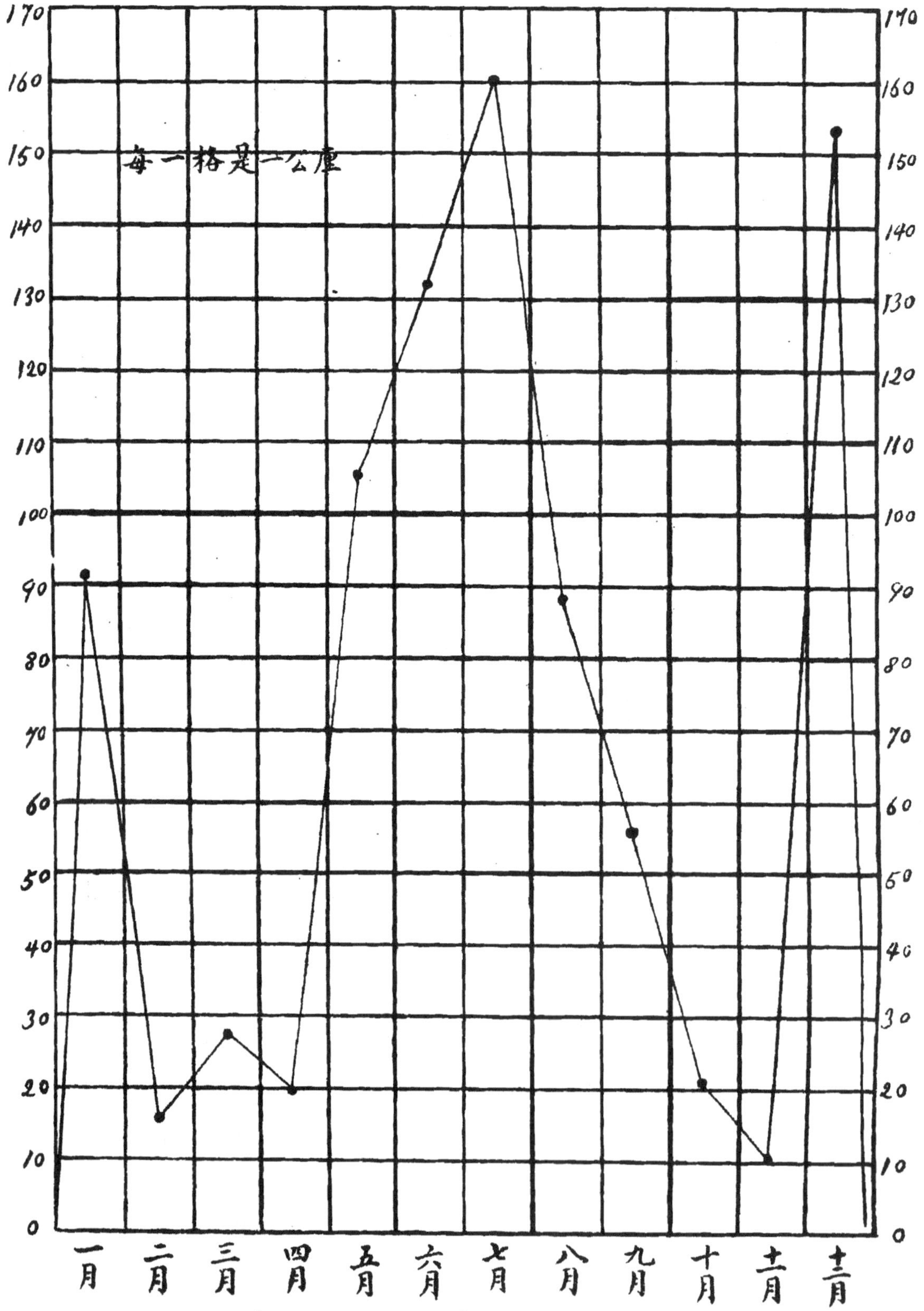


無錫縣社會調查處製

無錫縣政會調查處 **氣候調查表** 中華民國十八年十二月 記載者范昱

| 日 | 降雨量（公厘） | 降雨時候 | 降雨時間 小時 | 分 | 溫度 | 風向 | 備註 |
|---|---|---|---|---|---|---|---|
| 1. | | | | | 63° | | |
| 2. | 7.0 | 7.00 次日9.00 | 14 | 00 | 55° | | 7時微雨夜大雨次日8時至9時落雪 |
| 3. | | | | | 44° | | |
| 4. | | | | | 44° | | |
| 5. | | | | | 46° | | |
| 6. | | 24.00 次日2.00 | 2 | 00 | 53° | | 微雨 |
| 7. | 13.0 | 24.30 次日9.00 | 21 | 30 | 50° | | 上午陰 |
| 8. | 6.0 | 21.45 次日9.00 | 11 | 15 | 49° | | 上午陰下午晴 |
| 9. | 1.5 | 9.00 次日12.30 | 3 | 30 | 49° | | |
| 10. | | | | | 49° | | |
| 11. | | | | | 51° | | |
| 12. | | | | | 56° | | |
| 13. | | 16.13 次日16.18 | 0 | 05 | 63° | | |
| 14. | 11.5 | 9.45 次日9.00 | 23 | 15 | 55° | | 清晨雲霧滿天9時落雨13時35分雨 |
| 15. | 2.9<br>8.0 | 9.00 次日18.00<br>21.15 次日 9.00 | 9<br>11 | 00<br>45 | 50° | | |
| 16. | 7.2 | 12.35 次日9.00 | 20 | 25 | 47° | | |
| 17. | 4.6 | 入18.45<br>日 2.00 次日16.00 | 7 | 00 | 41° | | 18.45飄雪 |
| 18. | 48.7 | 9.00 次日9.00 | 24 | 00 | 40° | | 18時起落雪 |
| 19. | 23.5 | 9.00 次日2.00 | 17 | 00 | 40° | | 17時起落雪 |
| 20. | | | | | 39° | | |
| 21. | | 8.30 次日9.20 | 0 | 50 | 37° | | 落雪 |
| 22. | | | | | 24° | | |
| 23. | | | | | 37° | | |
| 24. | | | | | 37° | | |
| 25. | 4.3 | 13.00 次日9.00 | 20 | 00 | 38° | | |
| 26. | 8.2 | 23.00 次日9.00 | 10 | 00 | 45° | | |
| 27. | 4.7 | 9.00 次日9.00 | 24 | 00 | 45° | | |
| 28. | 1.4 | 18.45 次日2.00 | 7 | 15 | 45° | | |
| 29. | 1.3 | 21.17 次日2.00 | 4 | 43 | 45° | | |
| 30. | | 16.47 次日17.00 | 0 | 13 | 42° | | |
| 31. | | | | | 41° | | |
| 總計 | 753.8 | | 231 | 46 | | | |

記入須知

1. 降雨時候每日自上午九時起算九時前歸入前一日範圍內
2. 溫度以每日正午十二時華氏表所載爲標準
3. 雪與雹記載其融解量
4. 雷電地震等記入備註欄

## 布告

一月十五日

佈告爲本市浮厝棺柩各親屬或關係人
迅即依法遷葬毋稍違延由

無錫市政籌備處佈告第四十號

爲佈告事案查本市城廂內外之曠野田園浮厝棺柩爲數甚夥亟應設法遷葬本處爲預防疫病注重人道起見特行訂定取締辦法無論有主無主限於一月內將暴露棺柩遷葬淨盡業經登報通告並通知本市各圖地保分別查明遵照本處所訂辦法辦理具報各在案合再出示佈告仰各該親屬或關係人迅即依限遷葬毋稍違延切切此佈

計附取締暴露棺柩辦法

取締暴露棺柩辦法

一、本處爲遵照　部令預防疫病注重人道而壯觀瞻起見特制定本辦法

二、凡本市區內之暴露棺柩一律自本辦法公布之日起限期半月由該親屬或關係人自行遷葬

三、如係無主棺柩概由地保分別加以標籤呈報本處由本處僱工代爲遷葬

四、有主棺柩如逾期不葬者概由地保分別加以標籤後三日內再由本處代爲遷葬

五、有主棺柩經本處代葬者其代葬費用須遵照衛生部所頒取締停柩暫行章程第七條之規定得向該親屬或關係人如數徵收之

六、本辦法自公佈之日施行

## 批

一月二十五日

具呈人　王崇德堂

呈一件　爲懇請吊銷杜光祖建築執照由

呈悉查此案已據杜光祖呈繳無錫縣財務局田賦主任及區糧書地保兩件證明該地確係杜姓產權業經本處照章給照建築在案着即知照毋庸多瀆此批

一月十七

具呈人尤滙記

呈一件　爲自闢新路擬鋪石片應否由處派工修理核給補助或發給執照自行鋪修祈示遵由

呈悉查該具呈人既在自己門前讓出公路鋪成街道應准發給免費執照自行駁砌以利交通仰即知照此批

一月二十五日

具呈人　啟泰棧經理王榭海

呈一件　爲修理房屋須暫緩進行由

呈悉查該具呈人請領修理執照既經本處填就即領去以完手續如須暫緩動工可於執照中註明以便日後應用毋再延誤此批

一月二十九日

具呈人　中區三段救火會等

呈一件 爲聚樂園失火後周根大與潘善昌各請領執照請嚴令繪具圖說先行審核爲此呈請備案

呈悉所稱寺巷內失慎肇禍之第二原因本處確應予以取締查本處頒布之取締建築新章規定該項屬於特種建築應先呈繳圖樣審核及格後方准領照建造仰即知照此批

二月三日

具呈人 朱小和

呈一件 爲被災房屋損壞修理請發給修理執照由

呈悉仰即來處向工務科呈報後再行派員查明給照此批

二月六日

具呈人 市民王錫詔

呈一件 爲呈請依法訂立和約由

呈悉仰候通知林煥文聲明理由後再行來處另訂租約可也着即知照此批

二月八日

具呈人 孫春陽等商號

呈一件 爲呈控振華染坊排洩污水不顧公衆衛生請勒令遷移由

呈悉已函致該管公安分局勒令遷移矣仰即知照此批

二月七日

具呈人 姚盤柱

呈一件 爲辦粮私衖誣控公衖停工日久材料損壞附呈圖影懇請履勘給照以便竣工免損産權由

呈暨附件均悉該具呈人既稱停工日久材料損壞應即從速拆卸收讓至規定尺度改用堅實材料建造毋再延誤此批

二月七日

具呈人 車業公會籌備處

呈一件 爲函請重製第七八三號街車磁牌由

牘悉據稱該錫昌車行七八三號磁牌被崗警擊毀請予更換新牌一節仰於一星期後來處更換（因須往上海照式補製）在舊磁牌未經吊銷以前暫准通用以便營業惟以後該車業公會有所呈請須備具正式呈文方得受理仰即知照此批

二月十日



具呈人 王桂馥

呈一件 爲呈請繼續開駛蘇錫航船請准予發給執照由

呈悉據稱該具呈人曾繼續父業在蘇錫兩地行駛航船執有前清光緒十八年蘇州府總捕船政府航船執照並吳縣長洲金匱各縣告示應即繳驗以憑核辦復查本埠至蘇州航船已有十一艘之多該航線內是否有添設航船之必要仰候派員查復後再行核辦着即知照此批

二月十日

具呈人 新華電器公司

呈一件 爲公司改組縮小請退租房屋兩間由

牘悉所請退租房屋兩間仰即遵章按期來處更換契約可也此批

圖表三二

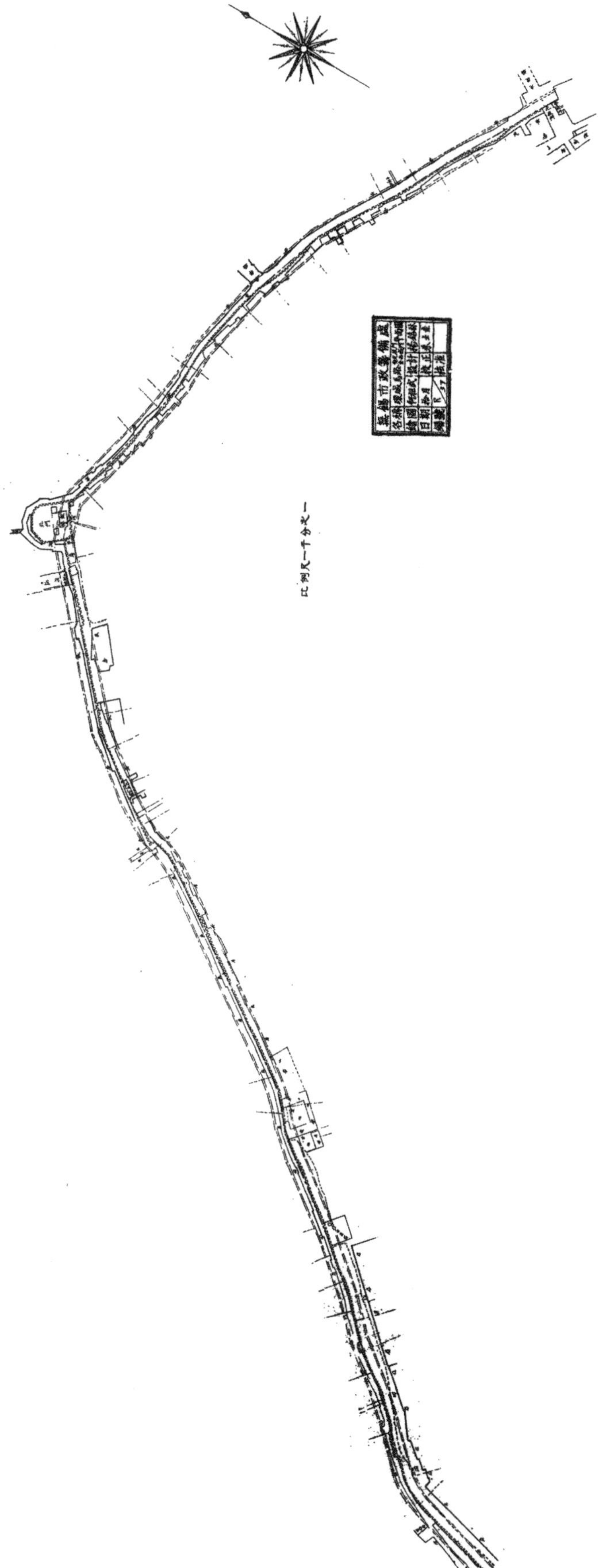

# 圖表三三

| 無錫市政籌備處 | |
|---|---|
| 名稱 | 興寧橋兩馬路線平面圖 |
| 圖說 | 原圖設計 約¹⁄₅₀₀ |
| 日期 | 民國十一年十一月較正較詳 |
| 編號 | R/44 珠港 |

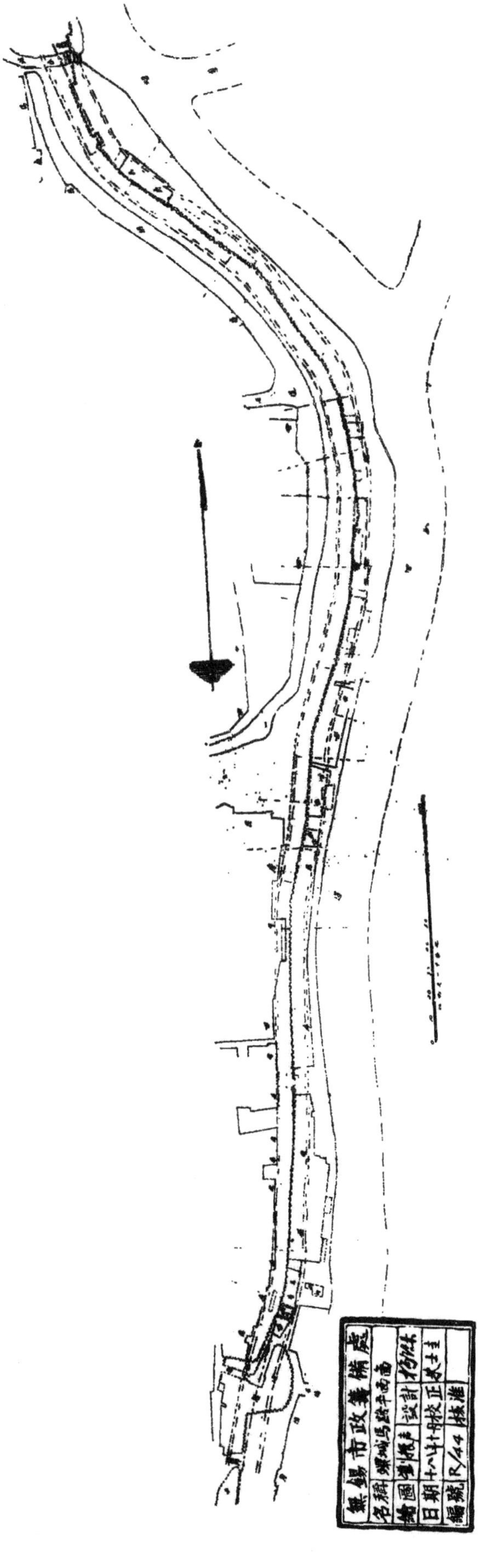

圖表三四

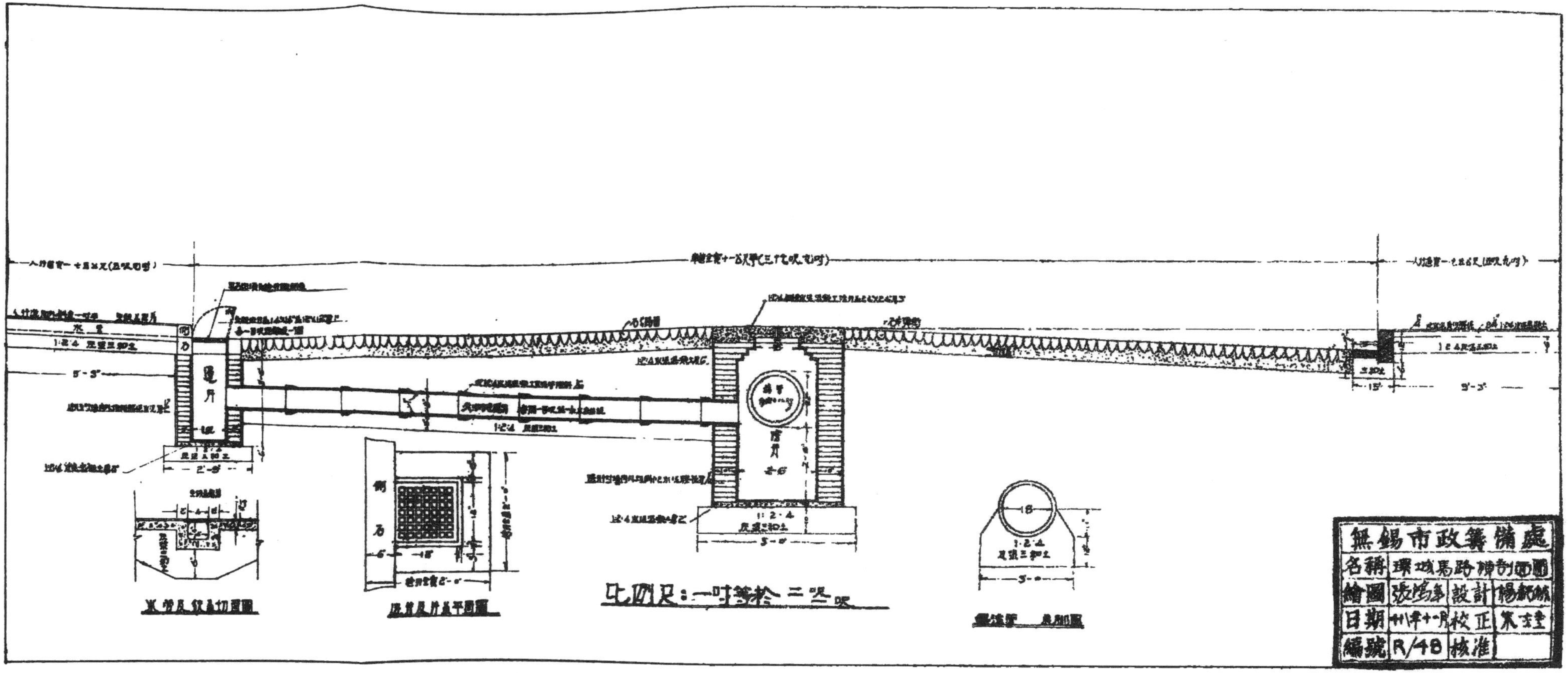

# 圖表三五

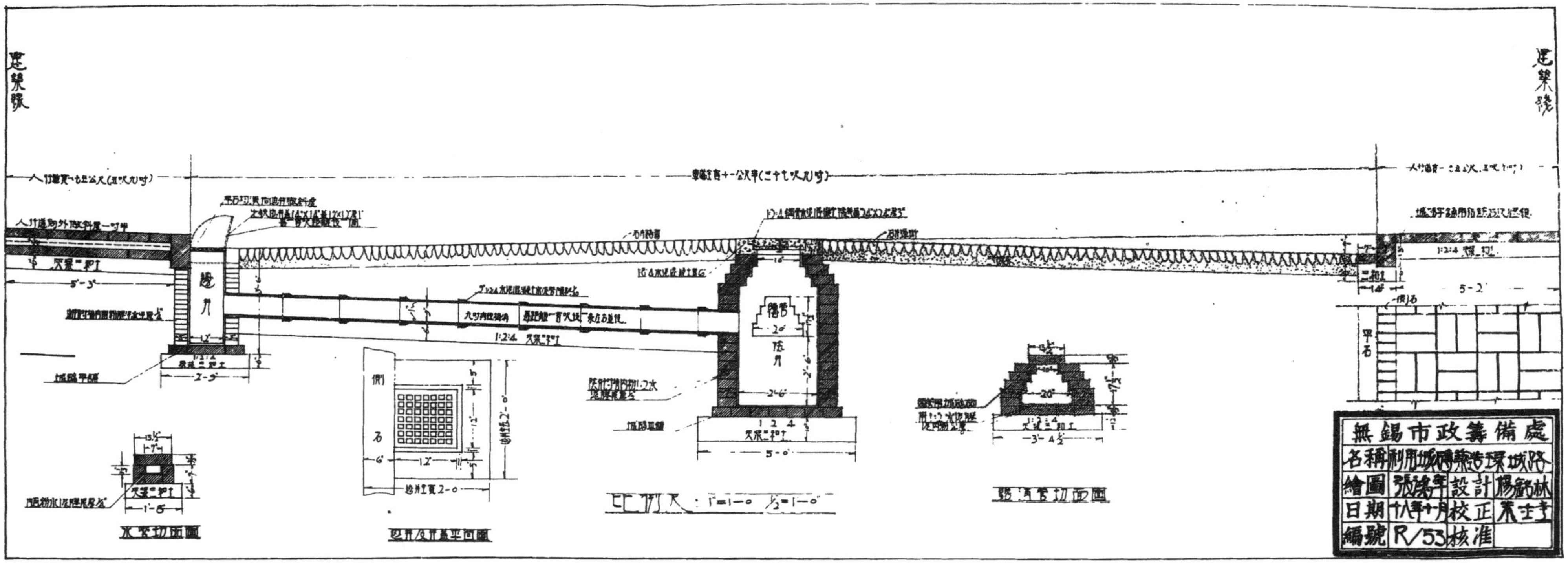
無錫市政籌備處
名稱 利用城磚築造環城路
繪圖 張鴻年 設計 楊銘林
日期 十八年十月 校正
編號 R/53 核准
水管切面圖
比例尺 1″=1′-0″ ½″=1′-0″

圖表三六

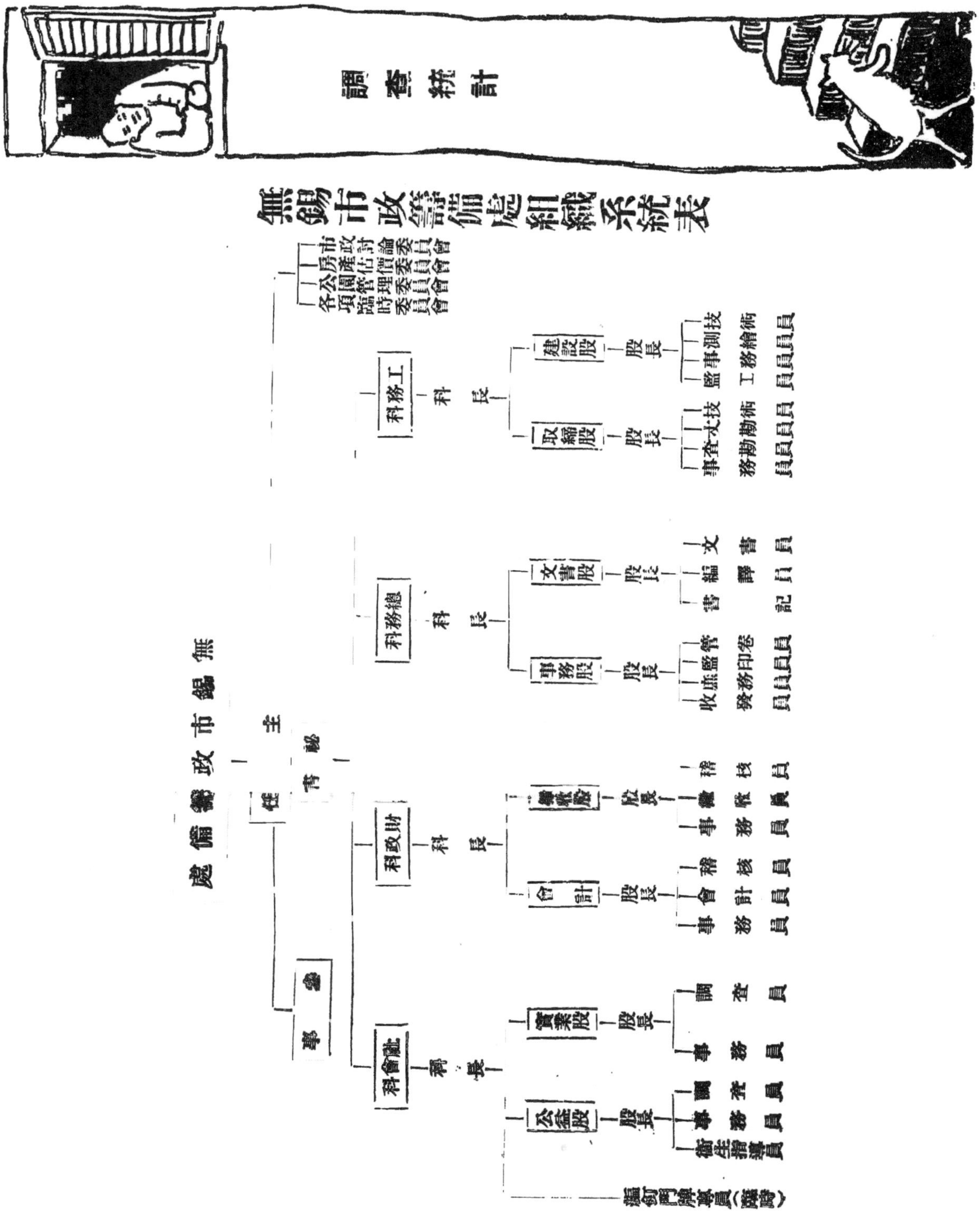
調查統計
無錫市政籌備處組織系統表
無錫市政籌備處
主任
秘書
參事
市政討論委員會
房產估價委員會
公園管理委員會
各項臨時委員會
社會科
財政科
總務科
工務科
科長
股長
公益股
實業股
會計股
事務股
文書股
取締股
建設股

圖表三七

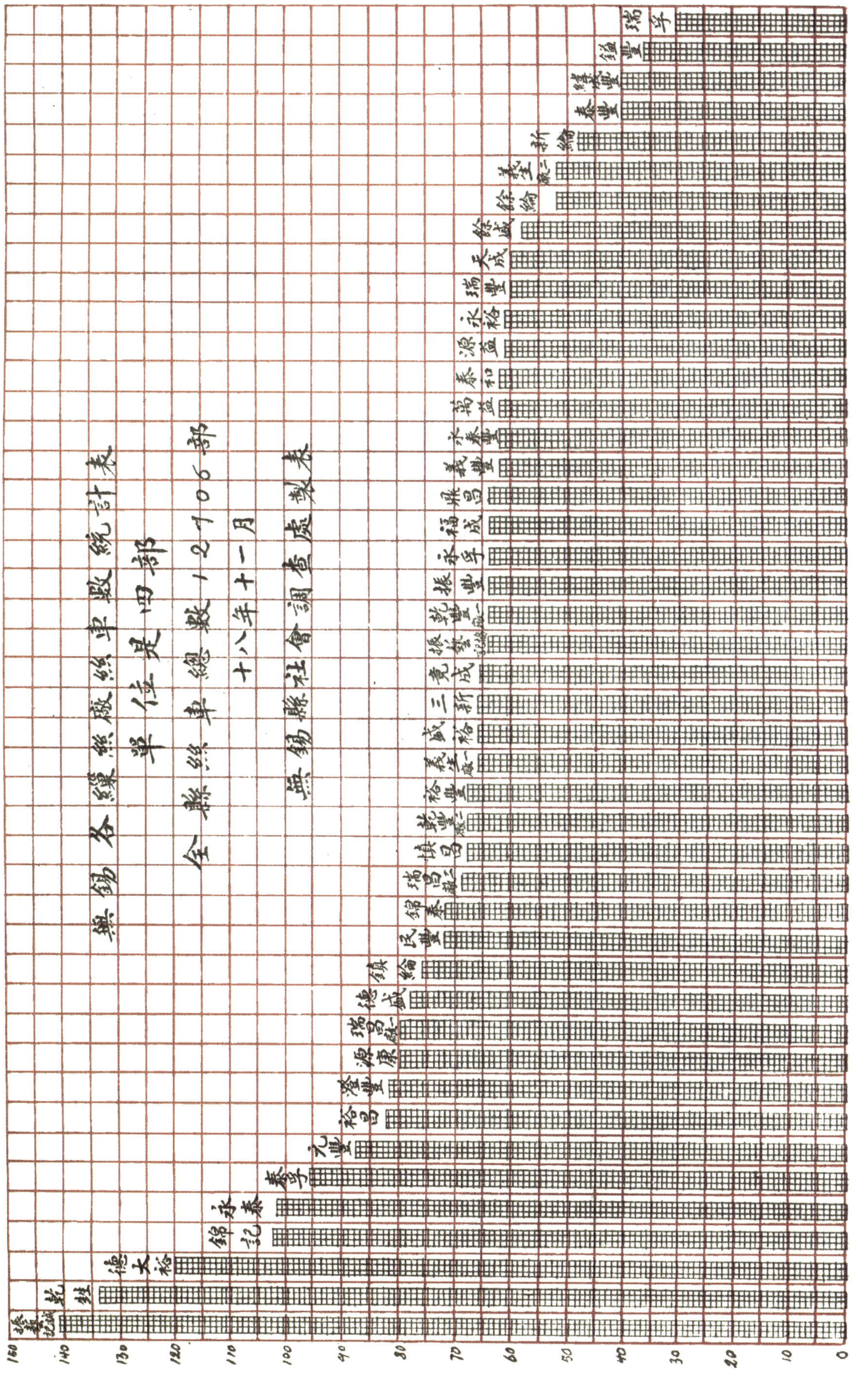
無錫各繅絲廠絲車數統計表
單位是四部
全縣絲車總數12106部
十八年十一月
無錫縣社會調查處製表

圖表三八

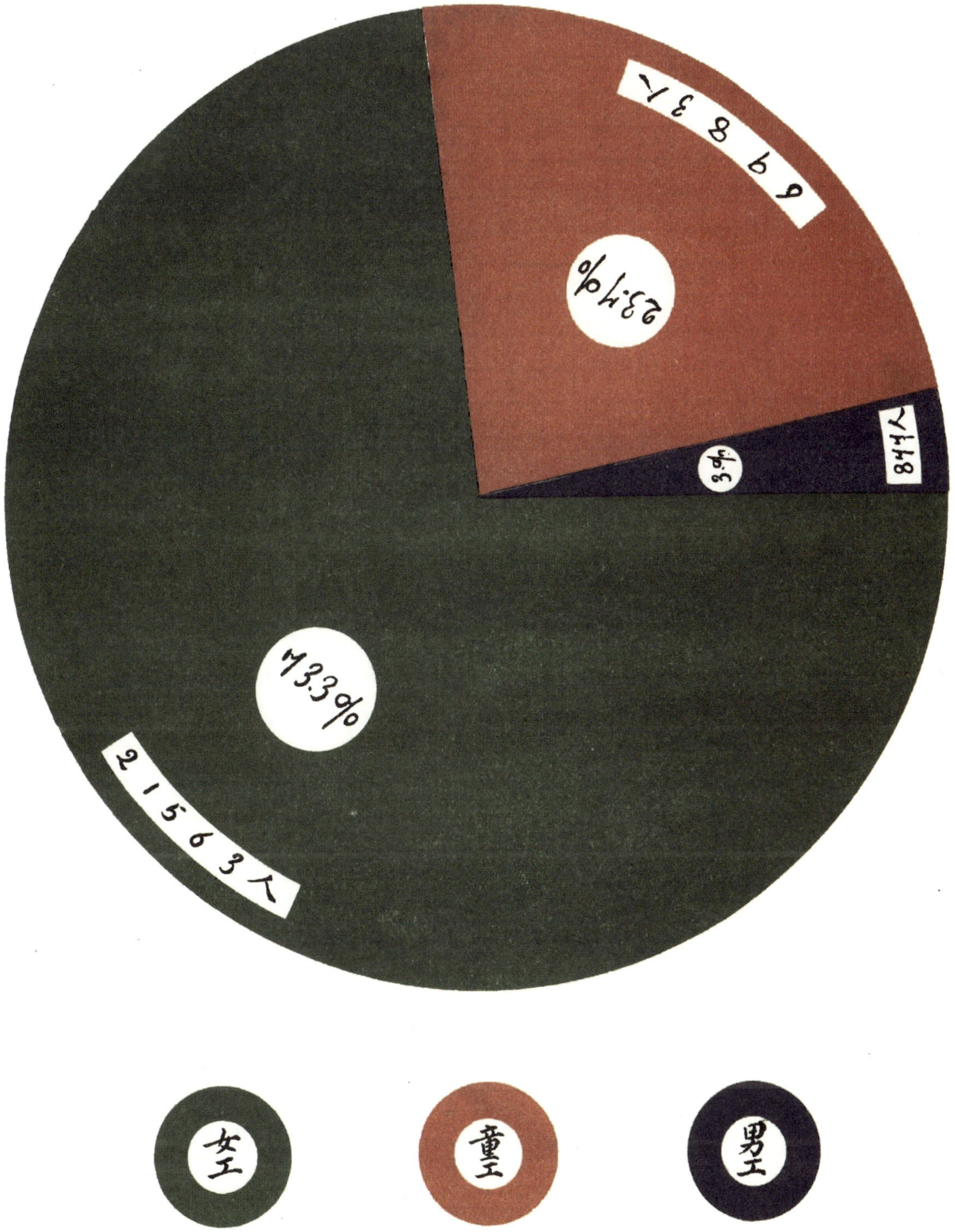


無錫繅絲工人統計表

無錫縣社會調查處製

十八年十一

圖表三九

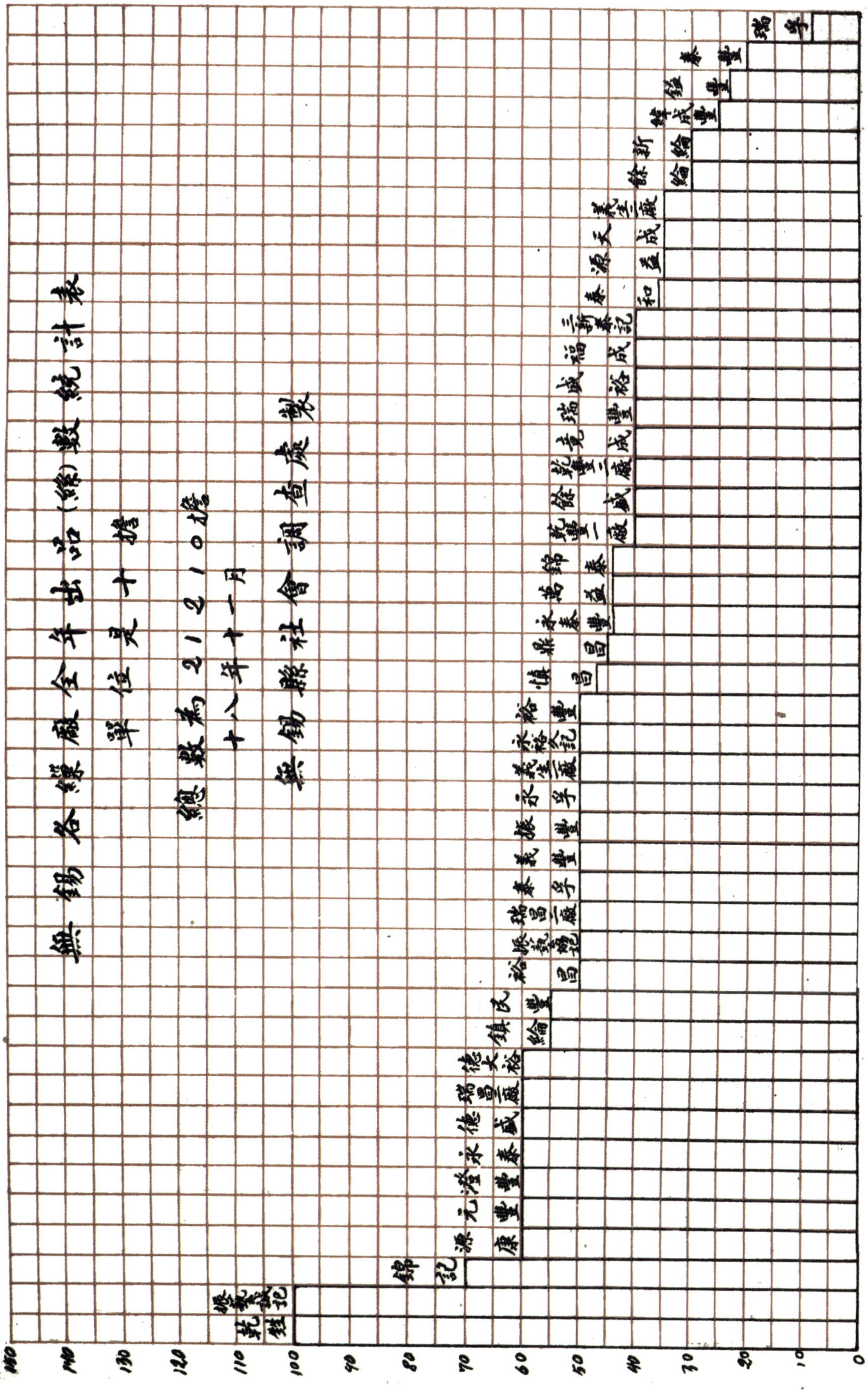
無錫各繅廠全年出品(絲)數統計表
單位是十擔
總數爲2120擔
十八年十一月
無錫縣社會調查處製
0
10
20
30
40
50
60
70
80
90
100
110
120
130
140
150

圖表四十

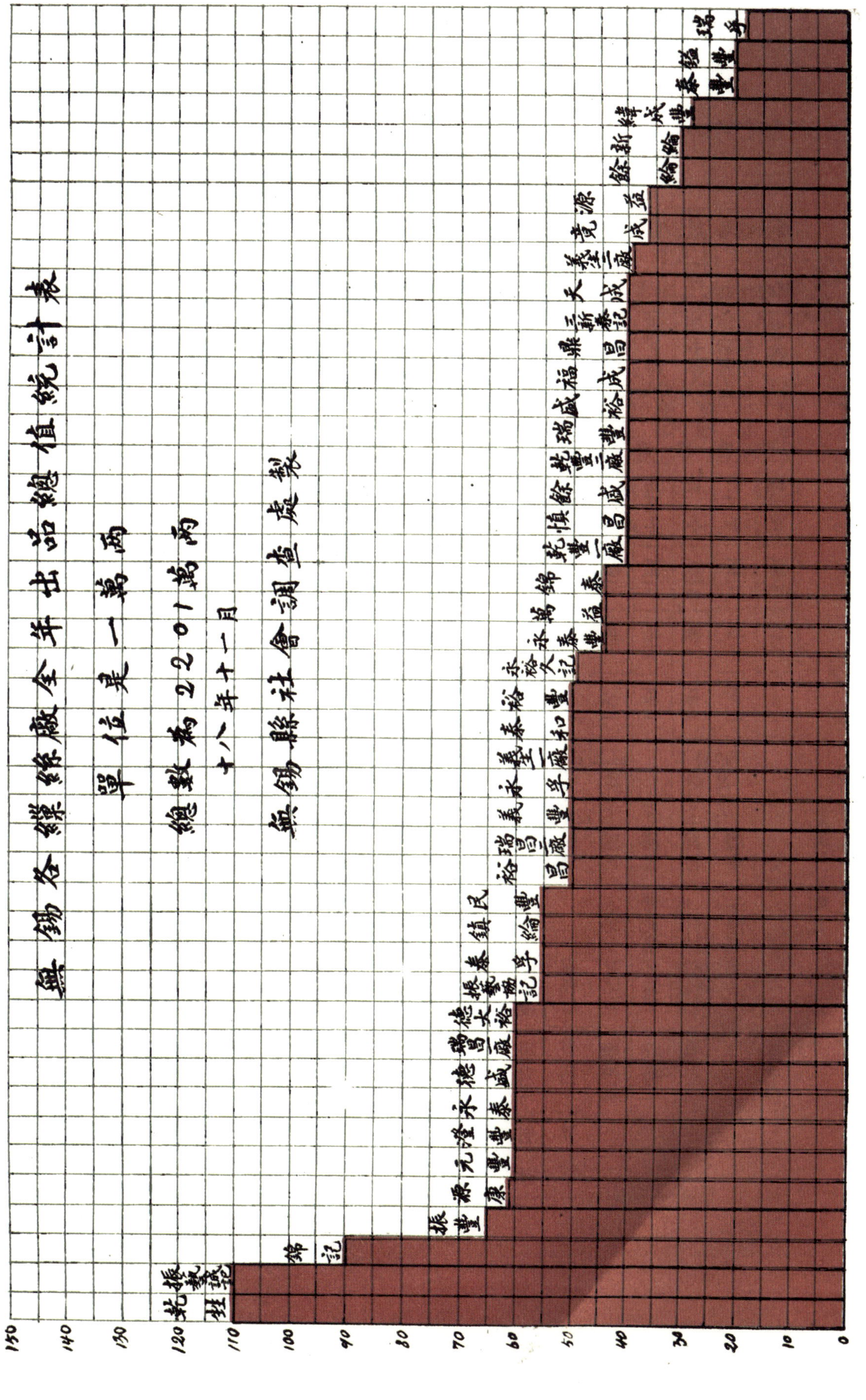
無錫各縲絲廠全年出品總值統計表
單位是一萬兩
總數為2201萬兩
十八年十一月
無錫縣社會調查處製
0
10
20
30
40
50
60
70
80
90
100
110
120
130
140
150

圖表四一

# 無錫牛乳營業統計表

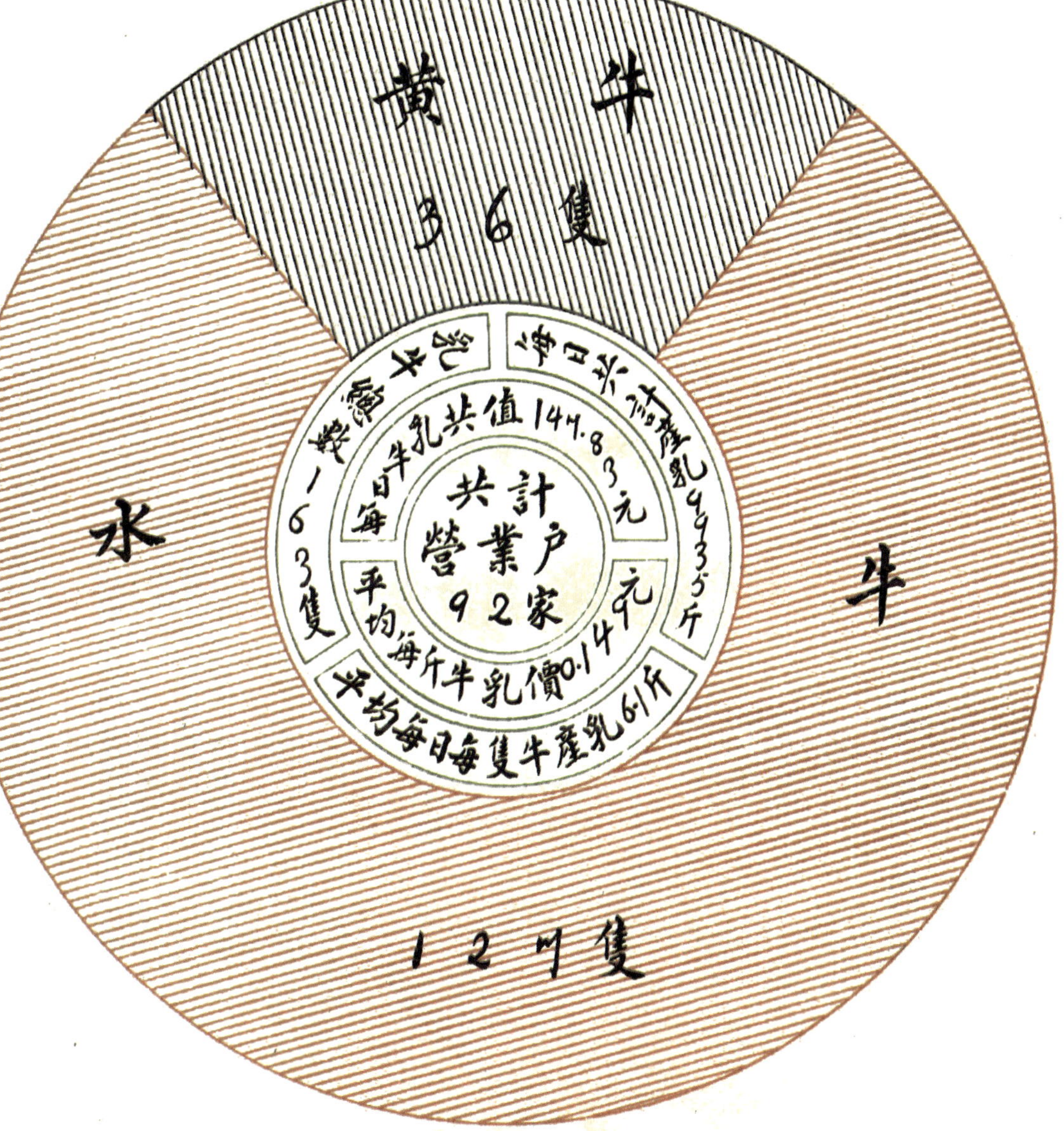


無錫市政籌備處社會科調查

無錫縣社會調查處

統計員許卓人製

十八，十一

圖表四二

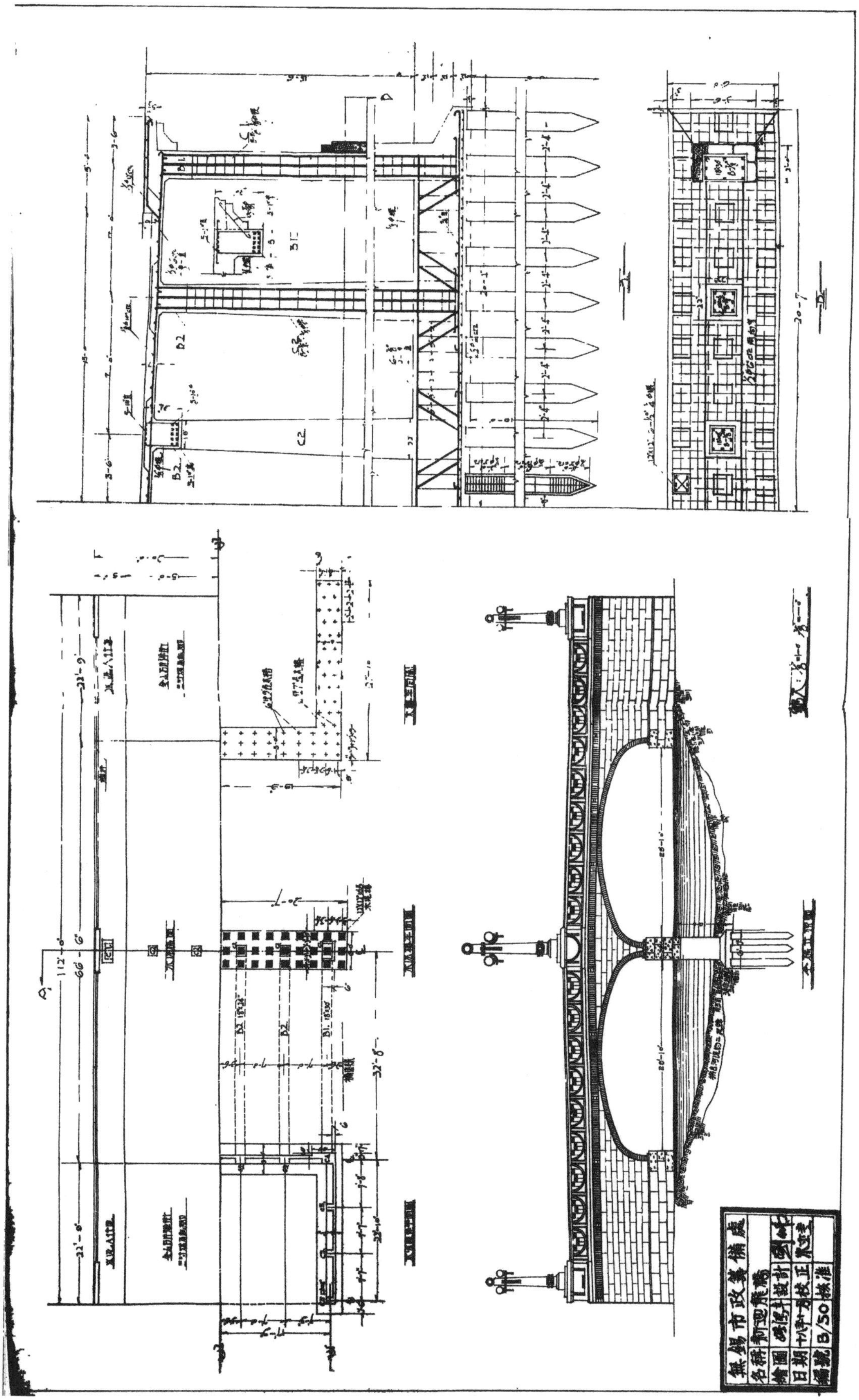

圖表四三

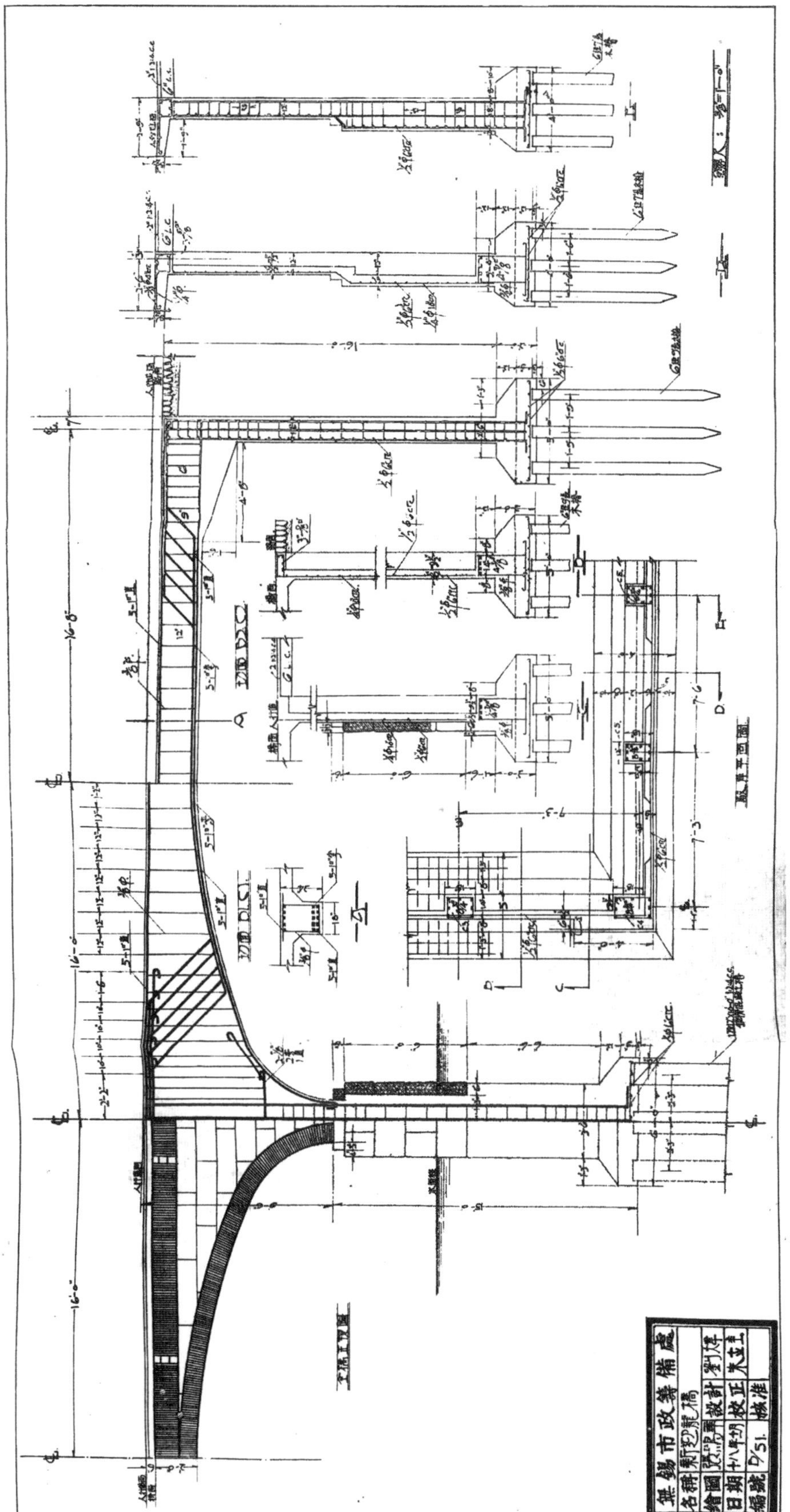

# 圖表四四

| 橋名 | 河闊 | 間距 | 寬度橋面 | 橋墩 | 木樁 | 橋身 | 橋堍 | | 總計 | 備註 |
|---|---|---|---|---|---|---|---|---|---|---|
| | | | | | | | 土壤 | 片石鋪 | | |
| 惠農橋 | 一四七呎 | 共計三橋洞中間四〇呎兩旁各三〇呎 | 車道三四呎兩旁人行道各八呎 | 兩端金山石砌底脚厚七呎結面五呎高十八呎共計一〇八方約需銀二七〇〇元中間兩墩用鋼骨水泥溝造底脚五呎結面三呎約需洋一〇〇〇元 | 兩端用七吋經西木樁中心距一・五呎共約三三〇根每根連打樁工以三・五元計約需洋二三〇元中間用鋼骨水泥樁一呎見方十五呎長共計一九八根每根連打以二〇元計共約需四〇〇〇元 | 用鋼骨水泥構造約需洋八〇〇〇元 | $\frac{2\times90\times50\times45}{2\times100}=$ 202方 每方以七角計約需洋一百五十元 | $\frac{2\times95\times40}{100}=76$方 每方以三元五角計約需洋二百七十元 | 約一七四〇〇元 | |
| 惠工橋 | 五〇呎 | 三〇呎 | 仝上 | 用金山石砌底脚厚五呎結面三呎高十六呎約計六十四方工料需洋一五〇〇元 | 用六吋經西木樁中心距一呎半每端用一百三十二根共約用二百七十根每根連打工約二元五角共需洋六百七十五元 | 構造法同上約需洋三〇〇〇元 | $\frac{2\times100\times50\times5}{2\times100}=$ 250方 每方以七角計約需洋一百八十元 | $\frac{2\times110\times40}{100}=88$方 每方以三元五角計約需洋三百十元 | 約五八四五元 | |
| 惠商橋 | 七一呎 | 四〇呎 | 仝上 | 用金山石砌底脚厚六呎結面四呎高十五呎計七十五方約需洋一九〇〇元 | 用六吋經西木樁中心距一呎半共約二百七十二根每根連打樁工以二元五角計約需洋六百八十元 | 構造法同上約需洋五〇〇〇元 | $\frac{164\times8\times2\times50}{2\times100}=$ 656方 每方以七角計約需洋四百六十元 | $\frac{164\times40\times2}{100}=$ 131方 每方以三元五角計約需洋四百六十元 | 約八一〇〇元 | |
| 惠通橋 | 五〇呎 | 三〇呎 | 仝上 | 用金山石砌底脚厚五呎結面三呎高十六呎約計洋一千五百元 | 仝上用西木樁約需洋六百八十元 | 構造法同上約需洋三〇〇〇元 | $\frac{120\times6\times2\times56}{2\times100}=$ 360方 約需洋二百五十元 | $\frac{120\times40\times2}{100}=$ 96方 約需洋三百四十元 | 約五七七〇元 | |

合計約需洋37,000元

圖表四五

無錫市政籌備處十八年度呈報建築類別表

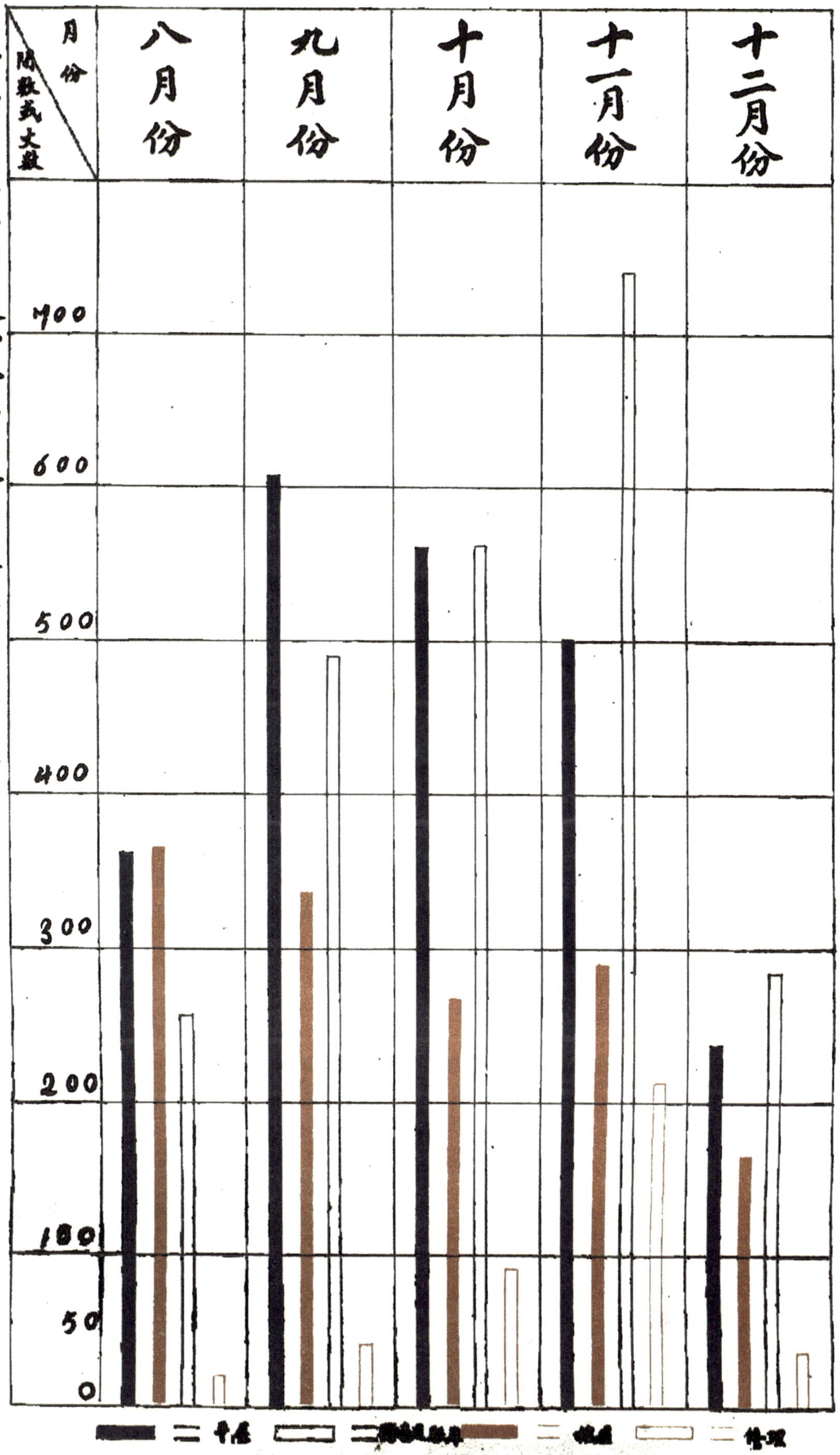

圖表四六

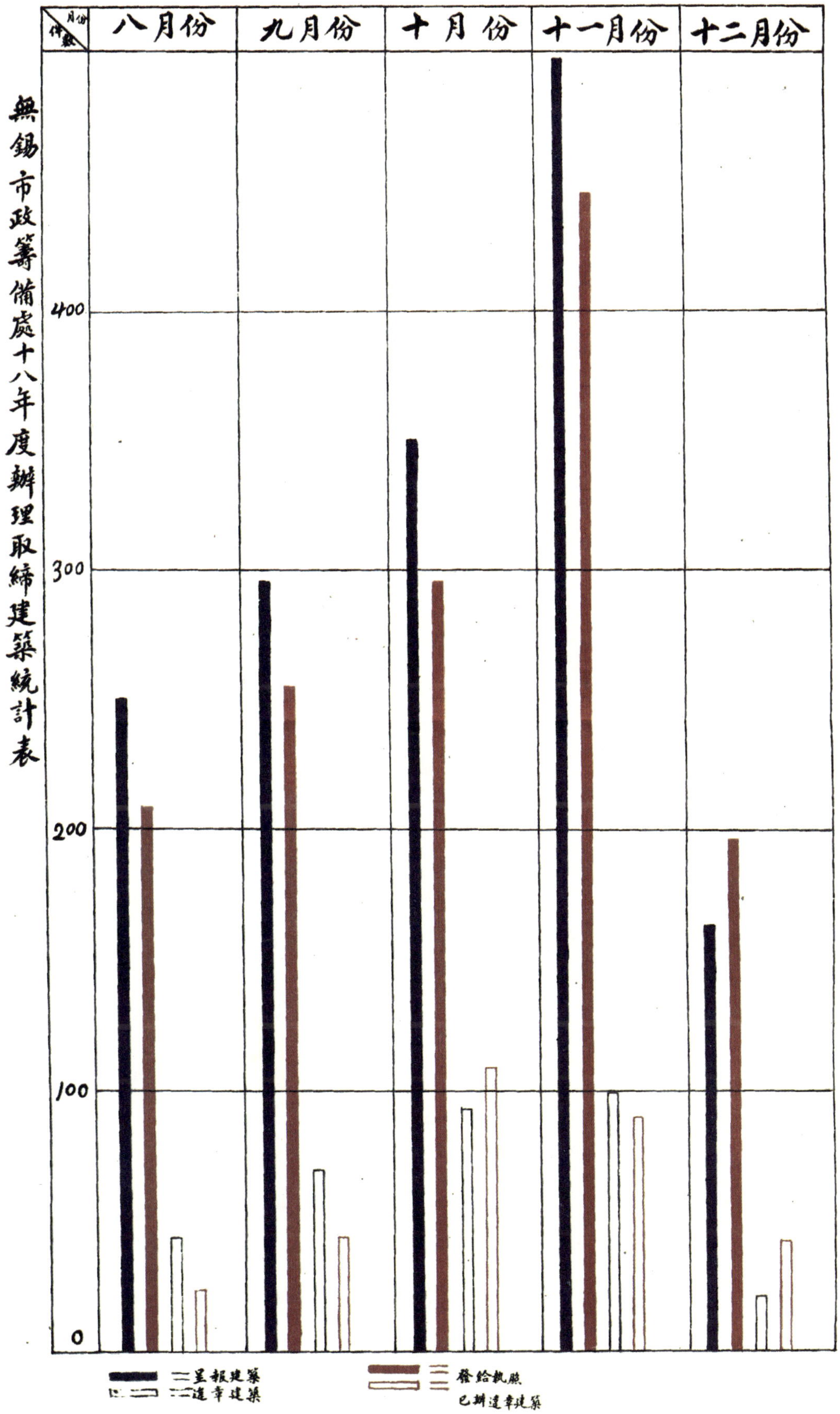
無錫市政籌備處十八年度辦理取締建築統計表
月份
件數
八月份
九月份
十月份
十一月份
十二月份
400
300
200
100
0
呈報建築
違章建築
發給執照
已辦違章建築

圖表四七

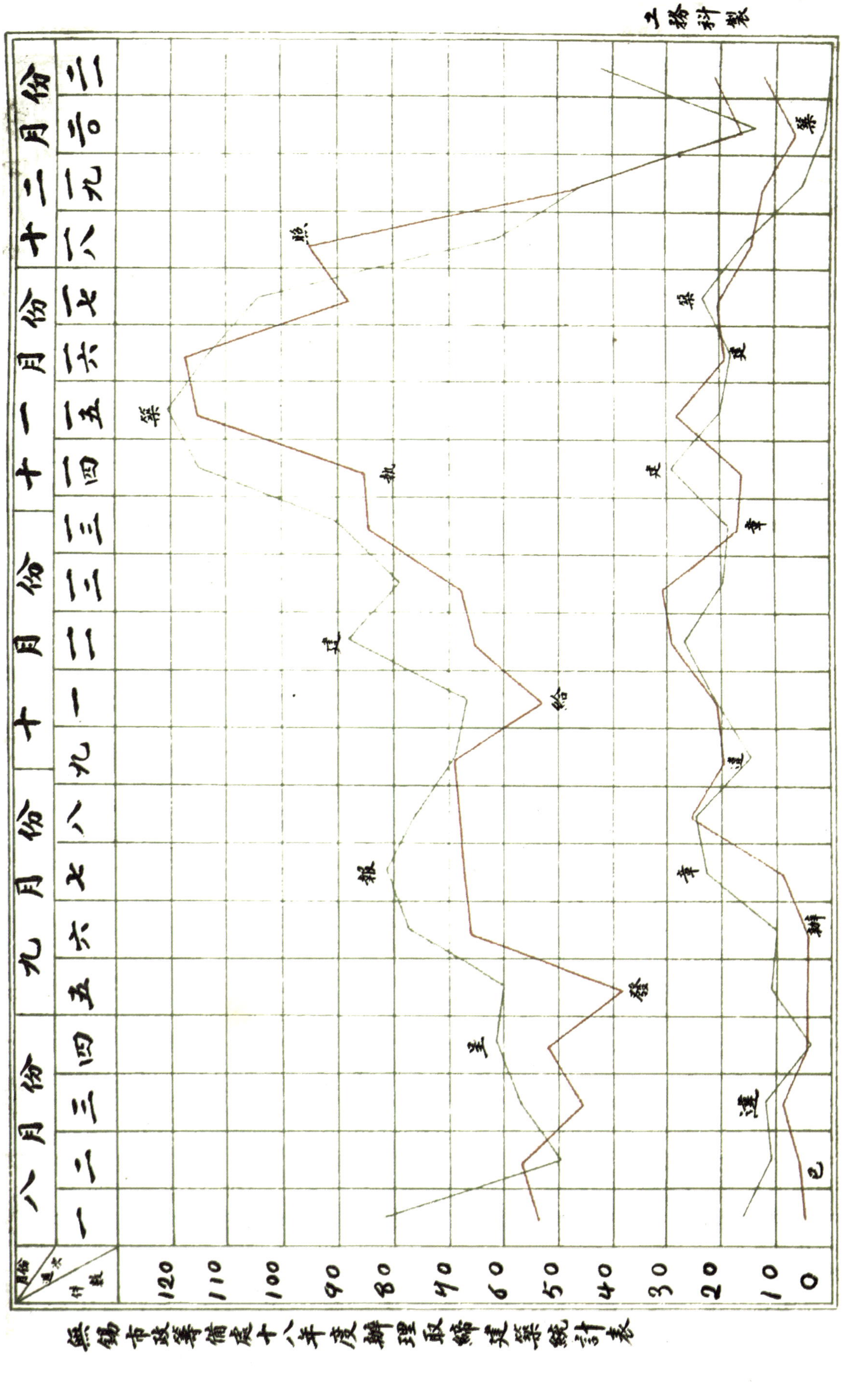
工務科製
無錫市政籌備處十八年度辦理取締建築統計表
八月份
九月份
十月份
十一月份
十二月份
120
110
100
90
80
70
60
50
40
30
20
10
0

圖表四八

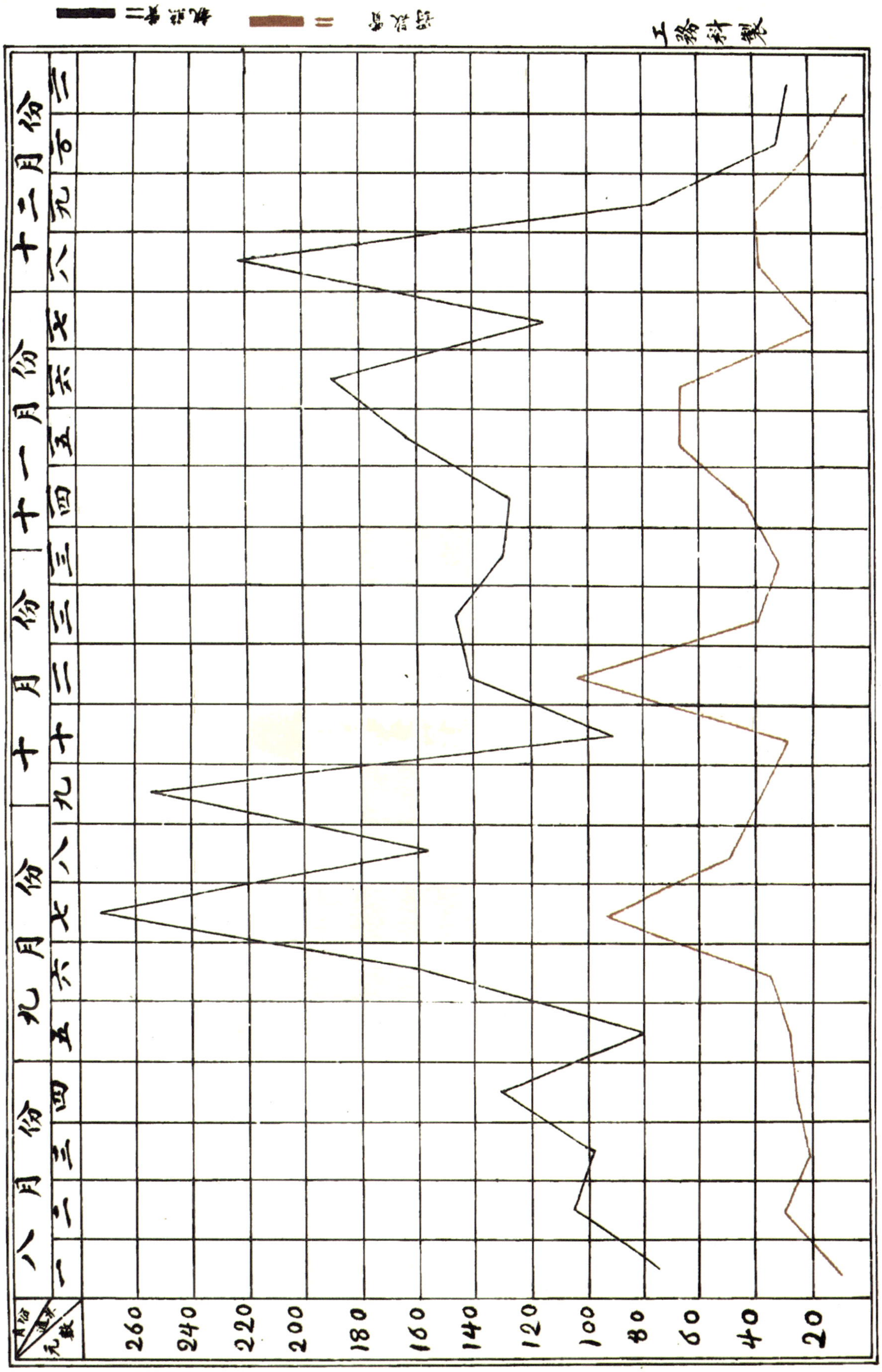


無錫市政籌備處十八年度取締建築執照收費統計表

## 無錫縣機器銅鐵翻砂廠最高工資及工作時間比較表

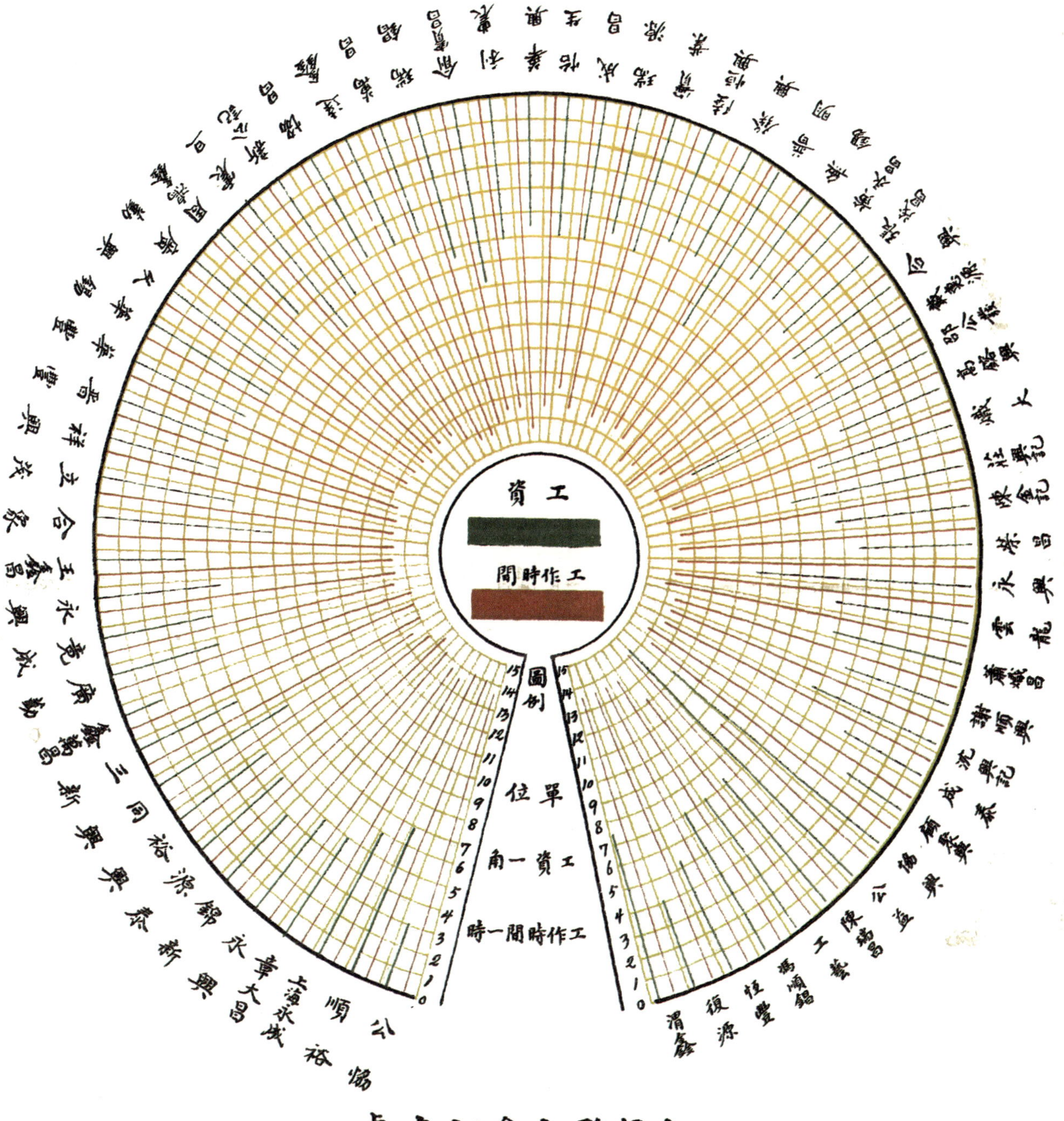


無錫縣社會調查處

統計員許卓人製表

十八年二月製

# 圖表五十

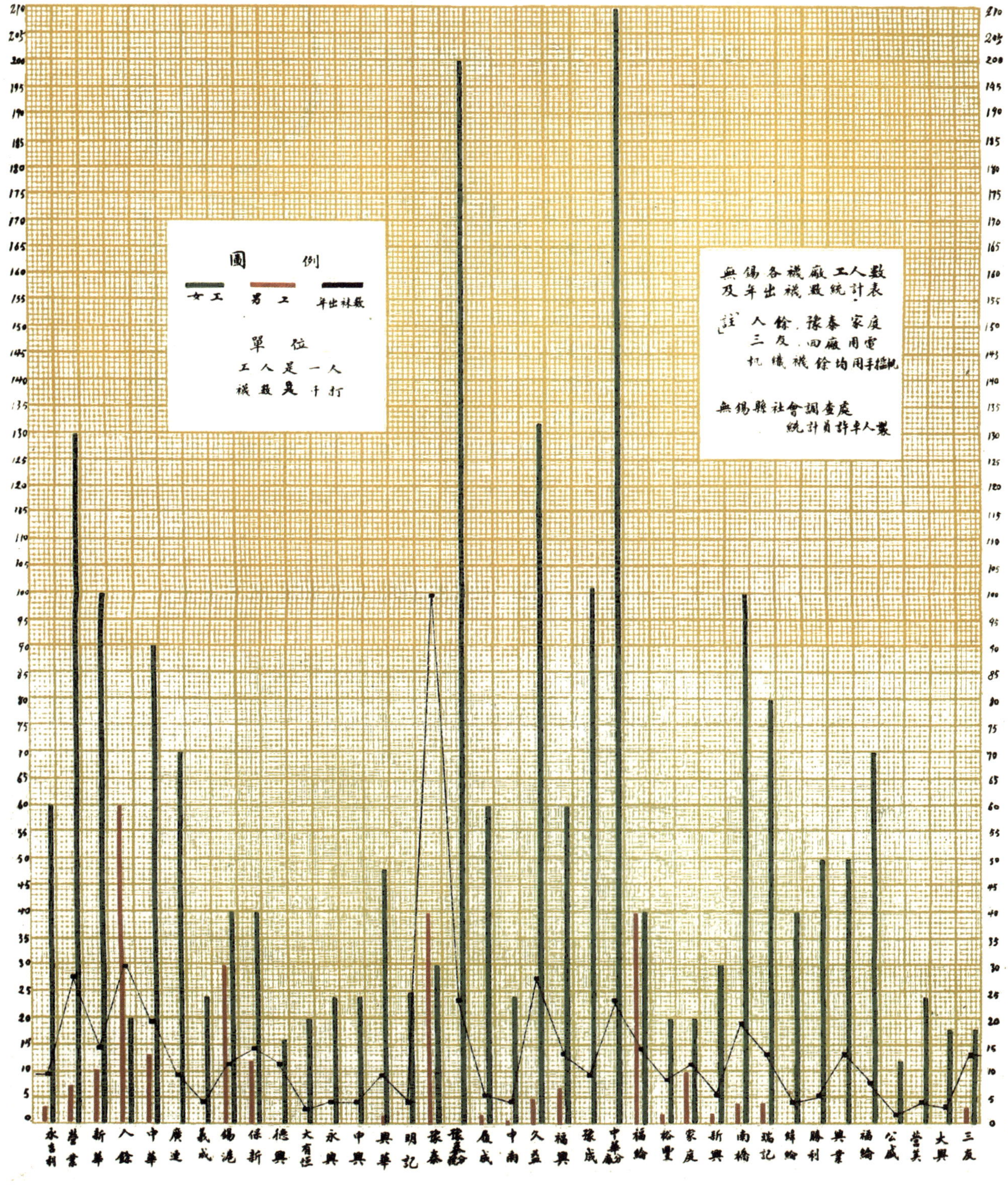
圖例
女工
男工
年出襪數
單位
工人是一人
襪數是千打
無錫各襪廠工人數及年出襪數統計表
註 人餘、豫泰、家庭、三友、四廠用電机織襪餘均用手搖机
無錫縣社會調查處
統計員許卓人製
永吉利
營業
新華
人餘
中華
廣達
義成
錫滬
保新
德興
大有恒
永興
中興
興華
明記
豫泰
豫泰分廠
履成
中南
久益
福興
豫成
中華分廠
福綸
裕豐
家庭
新興
南橋
瑞記
錦綸
勝利
興業
福綸
公威
營美
大興
三友

圖表五一

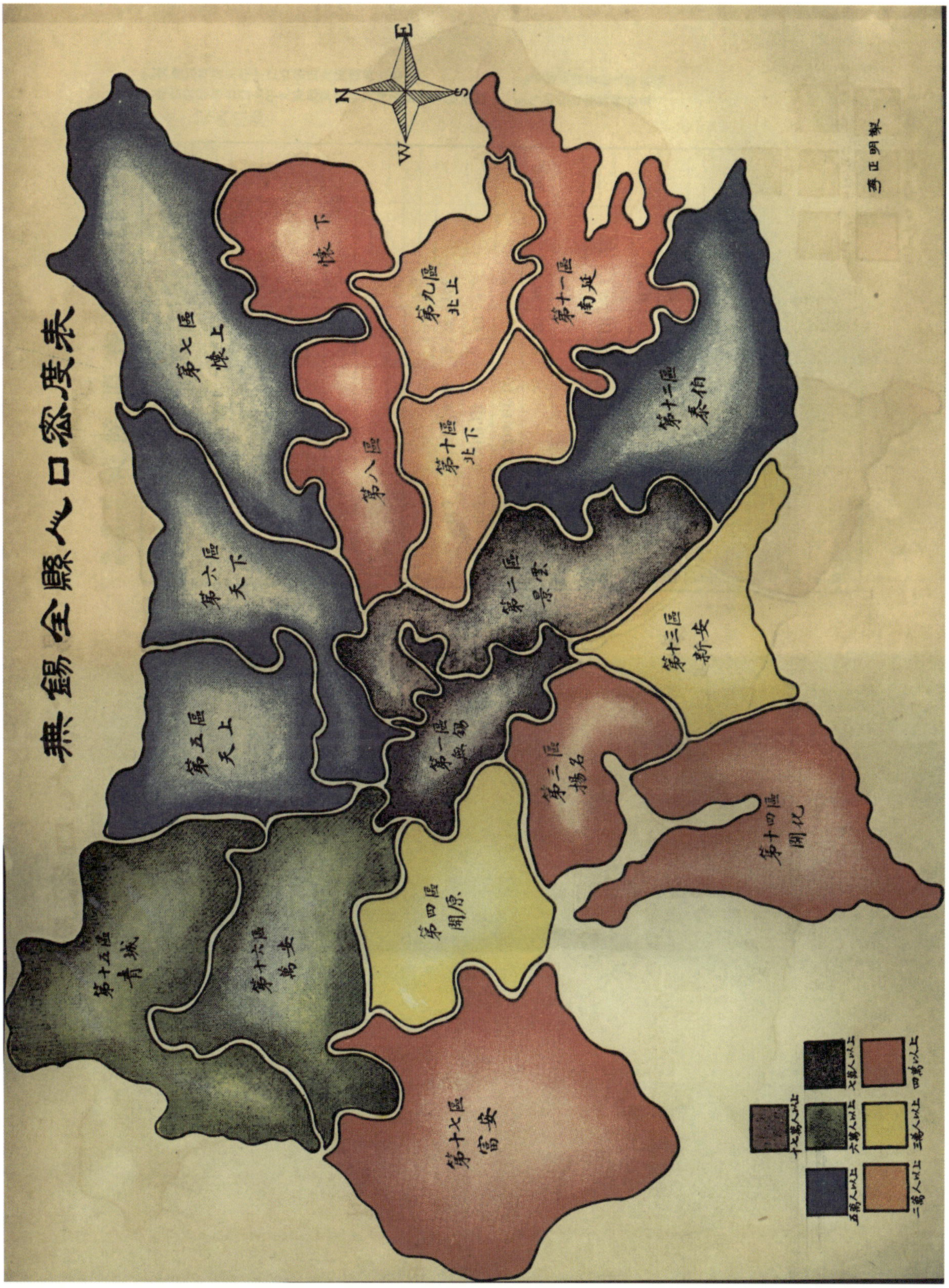
無錫全縣人口密度表
E
N
S
W
第七區 懷上
懷下
第九區 北上
第十一區 南延
第十二區 泰伯
第八區
第十區 北下
第六區 天下
第二區 景雲
第十三區 新安
第五區 天上
第一區 無錫
第三區 揚名
第十四區 開化
第四區 開原
第十五區 青城
第十六區 萬安
第十七區 富安
十萬人以上
七萬人以上
四萬人以上
六萬人以上
三萬人以上
五萬人以上
二萬人以上

# 圖表五二

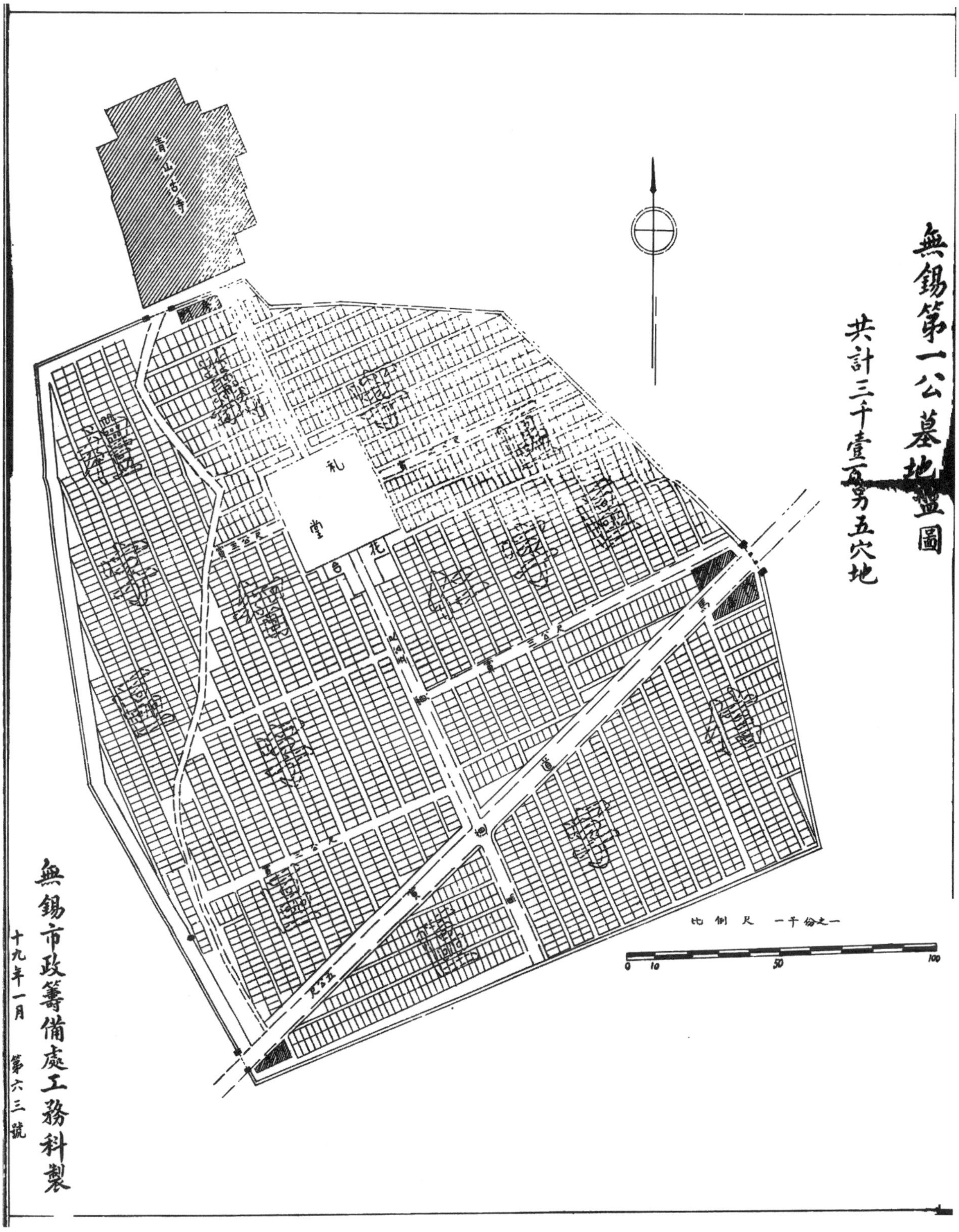
無錫第一公墓地盤圖
共計三千壹百另五穴地
青山古寺
礼堂
比例尺 一千分之一
0 10 50 100
無錫市政籌備處工務科製
十九年一月 第六三號

# 圖表五三

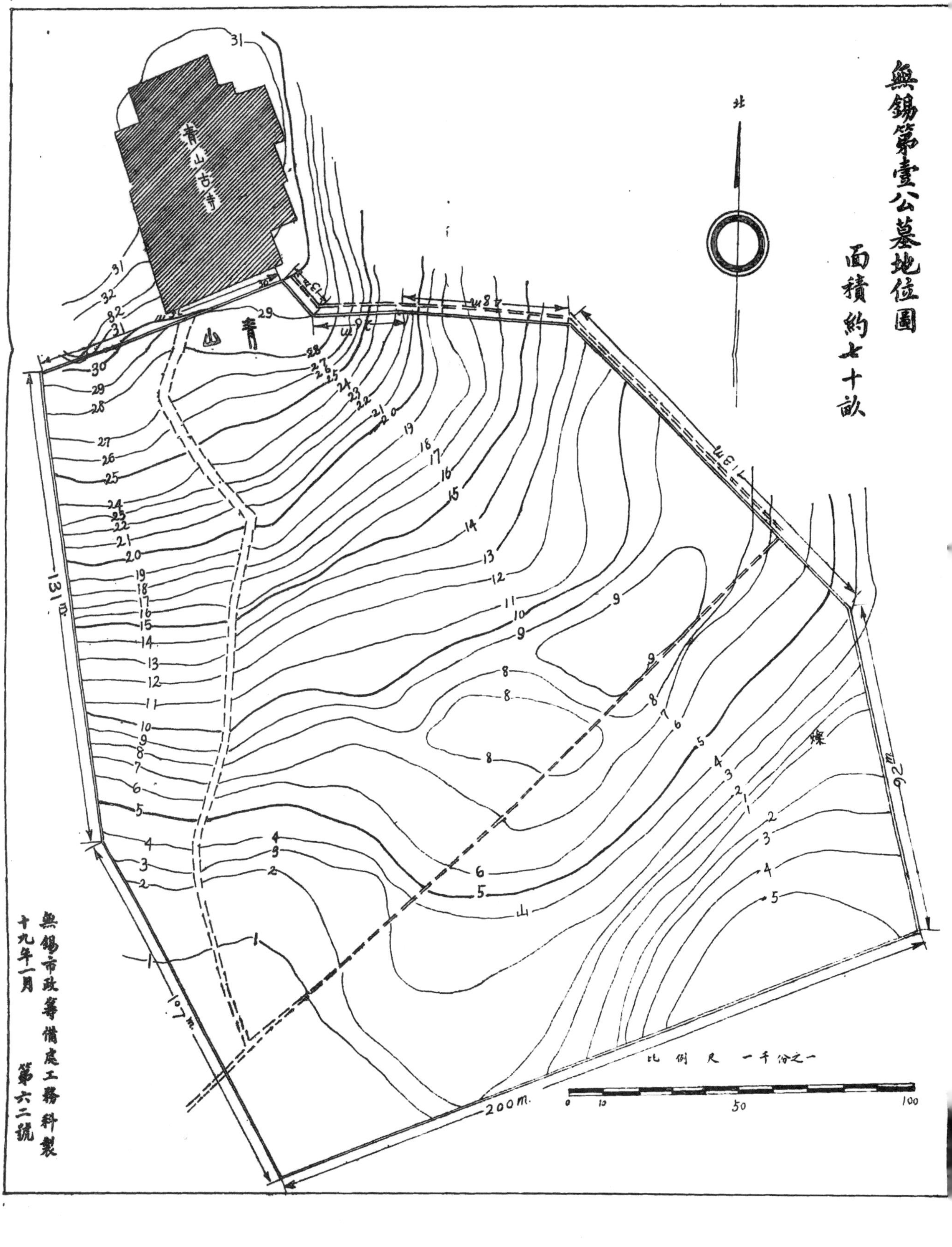
無錫第壹公墓地位圖
面積約七十畝
北
青山古寺
青山
比例尺一千分之一
0 10 50 100
200m.
無錫市政籌備處工務科製
十九年一月
第六二號

# 圖表五四

圖表五五

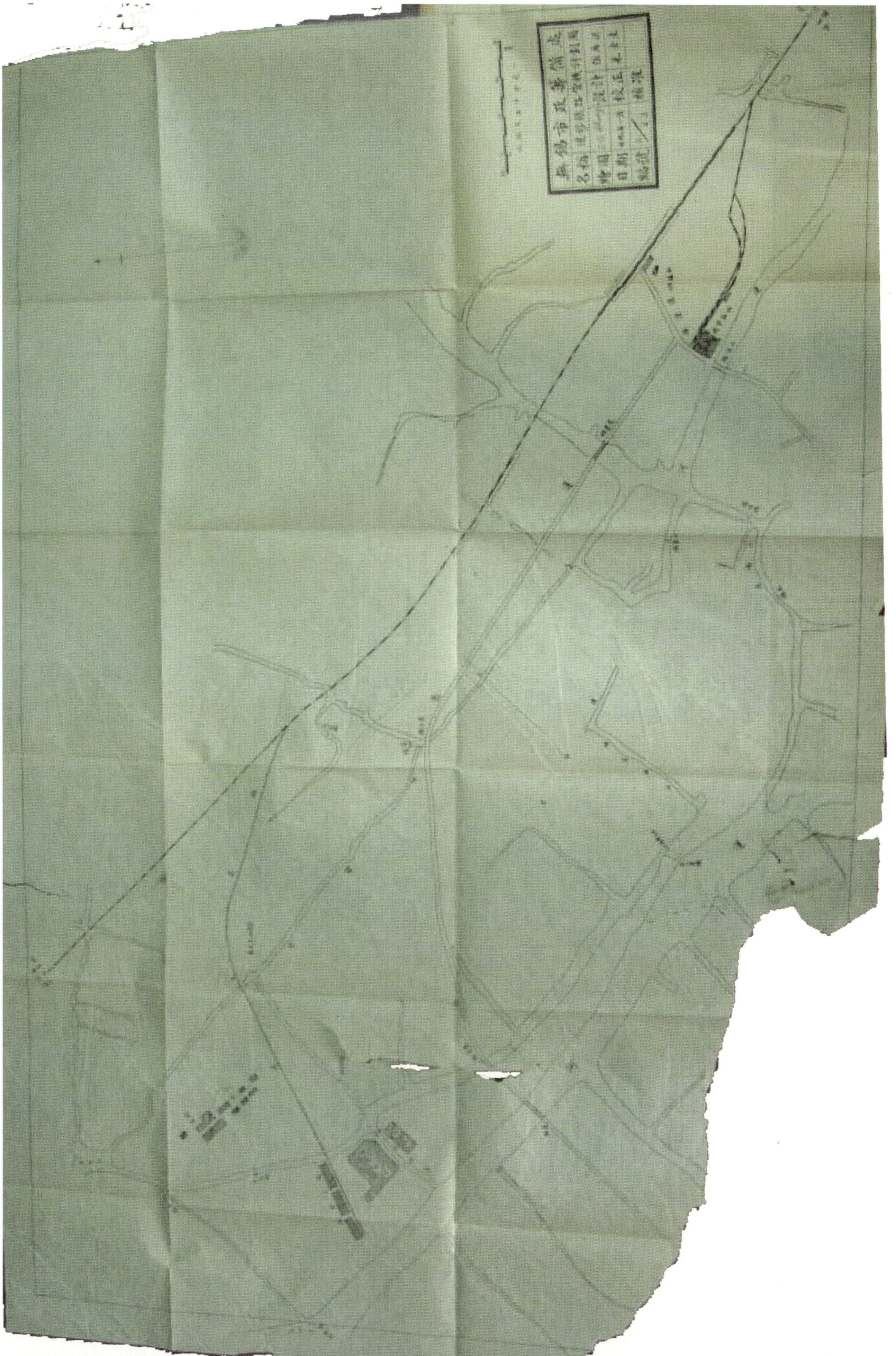

圖表五六

圖表五七

## 無錫市政籌備處十八年度上半期各項收入統計表

十八年十二月財政科調製

| 經臨別 | 項別 | 八月 | 九月 | 十月 | 十一月 | 十二月 | 總計 | 附註 |
|---|---|---|---|---|---|---|---|---|
| 經常收入 | 房租 | 〇二二•三六一一元 | 〇〇一•九九八一元 | 〇〇七•四二二一元 | 〇〇七•六六〇一元 | 〇〇四•二一九元 | 〇二一•六六二六元 | |
| | 地租 | 〇〇五•一二二元 | 〇〇八•三五二元 | 〇〇〇•八九元 | 〇〇二•五四元 | 〇〇〇•二五二元 | 〇〇五•〇七八元 | |
| | 雜租 | 〇七八•[illegible]一五元 | 〇三七•五七二元 | 六二一•一四一元 | 〇五六•五七一元 | 〇五九•三八一元 | 六二三•〇九二一元 | |
| | 交通捐 | 〇〇九•八一一二元 | 〇〇三•五〇〇二元 | 〇〇〇•四九七二元 | 〇〇三•四三六二元 | 〇〇九•三三四二元 | 〇〇四•六八九一一元 | |
| | 舖捐 | 八五三•〇二二五元 | 五三一•七二三五元 | 二九三•六四三五元 | 一八六•八七一五元 | 七〇一•五五六四元 | 三七六•七二七五二元 | |
| | 營業捐 | 〇七一•一一五一元 | 〇二三•三二六元 | 六二〇•二四六元 | 〇九一•七一七元 | 〇九六•四四二元 | 六九三•八三七三元 | |
| | [illegible]捐 | 〇〇〇•八〇三元 | 〇〇〇•四〇二元 | 〇〇〇•七五一元 | 〇〇〇•八五二元 | 〇〇〇•七九一元 | 〇〇〇•四二一一元 | |
| | 牌照捐 | 〇〇三•九四五元 | 〇〇八•一七八元 | 〇〇三•九〇六元 | 〇〇〇•四四六元 | 〇〇二•一六三元 | 〇〇六•五三〇三元 | |
| 臨時收入 | 登記費 | | | | 〇〇五•三四元 | 〇〇〇•五四元 | 〇〇五•八八元 | 各項登記計自十一月份起實行 |
| | 築路費 | | 〇〇〇•〇四七五二元 | | 〇〇〇•〇五三一元 | | 〇〇〇•〇九〇七二元 | 築路費係九，十一，兩個月臨時收入 |
| | 頂首押櫃 | 〇〇〇•八四元 | 〇〇〇•二一八三元 | 〇〇五•五九二元 | 〇〇〇•六四三元 | 〇〇〇•五三一元 | 〇〇五•六三六四元 | |
| | 修理碼頭駁岸補助金 | | 〇〇〇•〇二二元 | | | | 〇〇〇•〇二二元 | 修理工運橋臨時收入 |
| | 驗車費 | | | 〇〇〇•〇三三一元 | | | 〇〇〇•〇三三一元 | 檢驗人力車費係十月份臨時收入 |
| | 公益捐 | | | 〇〇一•二七三元 | | | 〇〇〇•二七三元 | 公益捐係十月份臨時收入 |
| | 門牌費 | | | | 六一六•四八七元 | 五七八•六四七元 | 一九四•一三五一元 | 編訂門牌費自十一月份起臨時收入 |
| 合計 | | 一三•四五六一一元 | 五八一•二三二一四八一元 | 四四一•〇一〇三一元 | 七三八•三四二三一元 | 二二一•七六一〇一元 | 六〇五•二九二九八元 | 本處自八月一日成立各項捐稅收入自八月算起 |

圖表五八

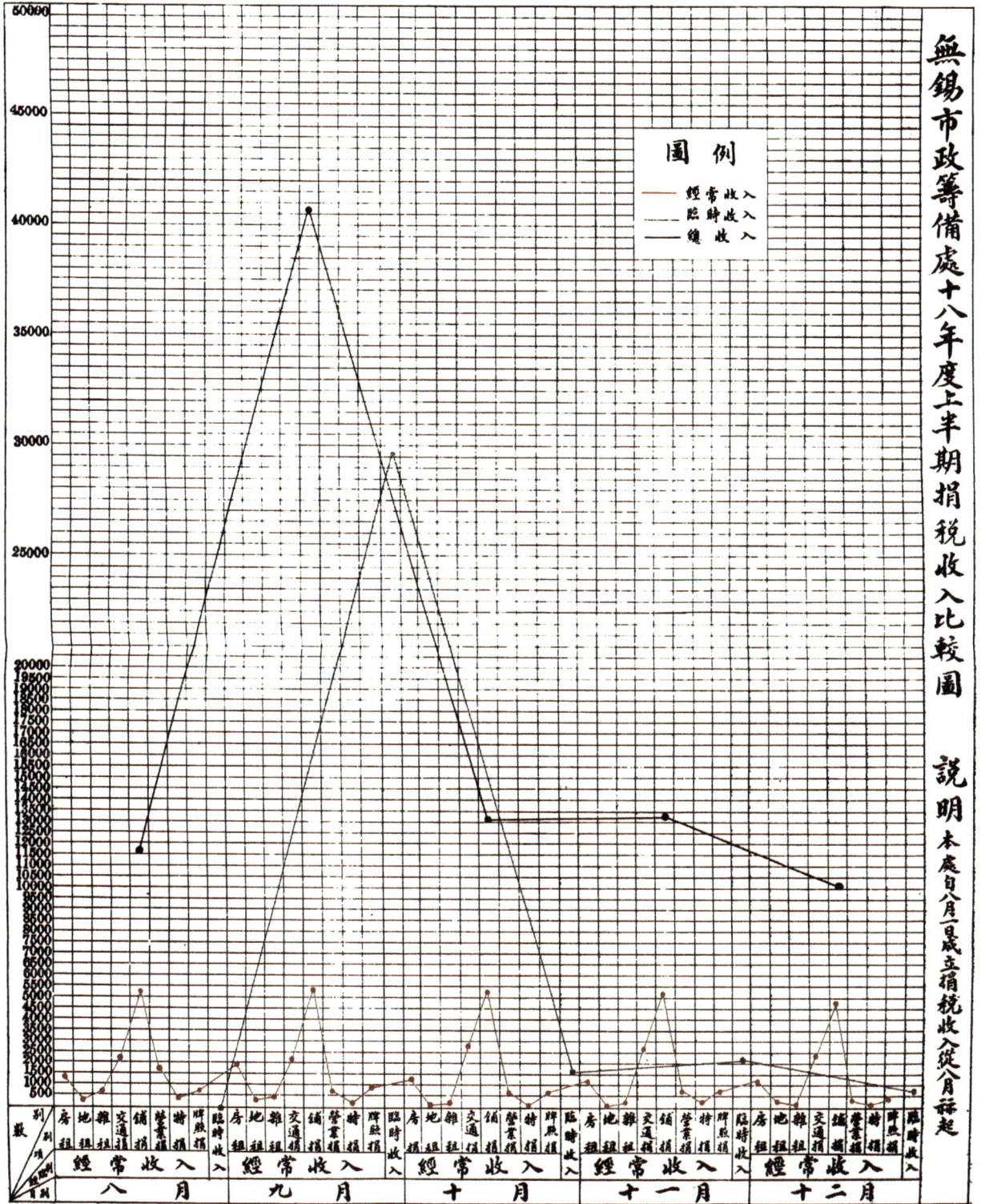

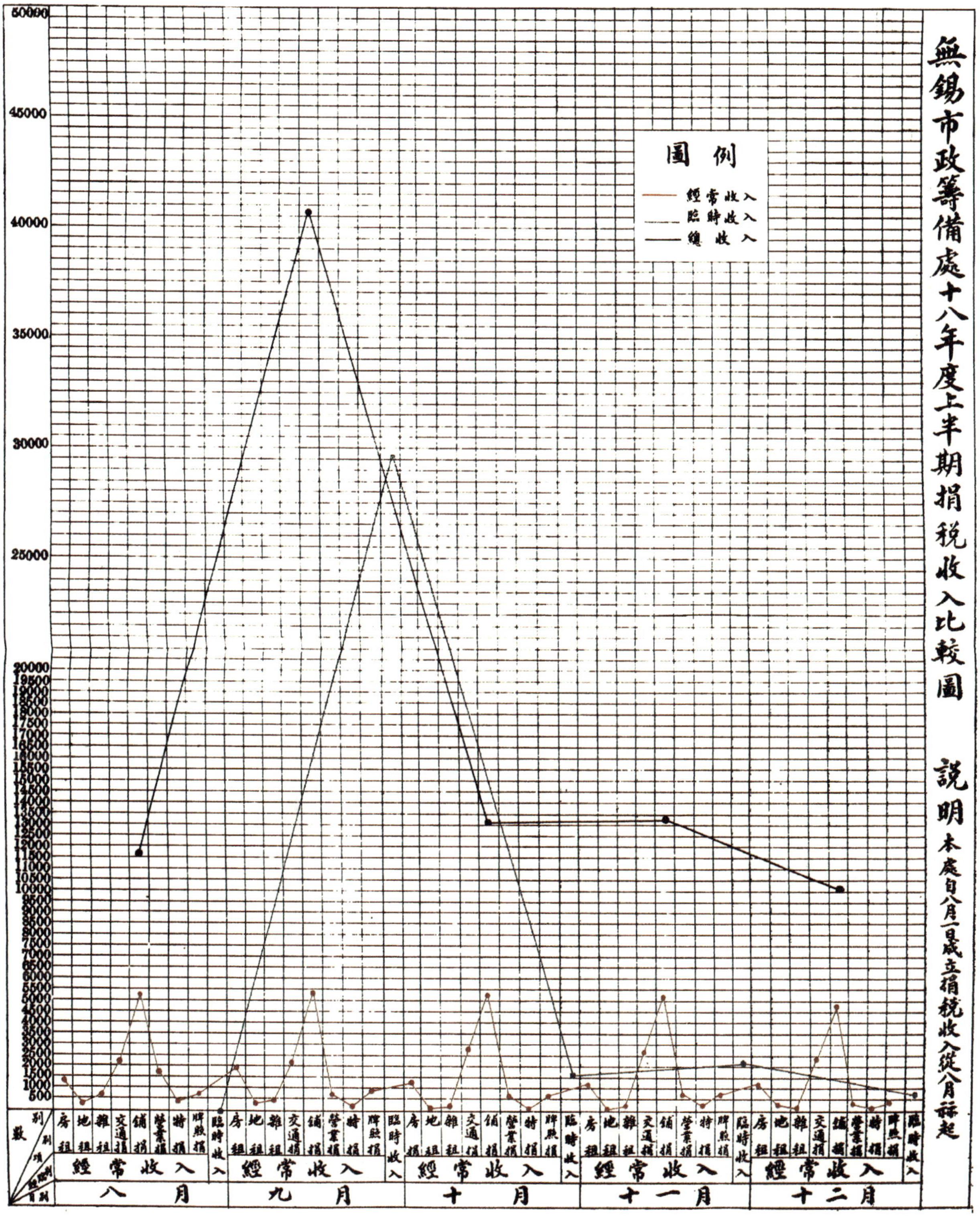
無錫市政籌備處十八年度上半期捐稅收入比較圖
說明
本處自八月一日成立捐稅收入從八月份起
圖例
經常收入
臨時收入
總收入
八月
九月
十月
十一月
十二月
經常收入
臨時收入
房租
地租
雜租
交通捐
舖捐
營業捐
特捐
牌照捐

# 無錫市政籌備處廣告稅收入比較圖

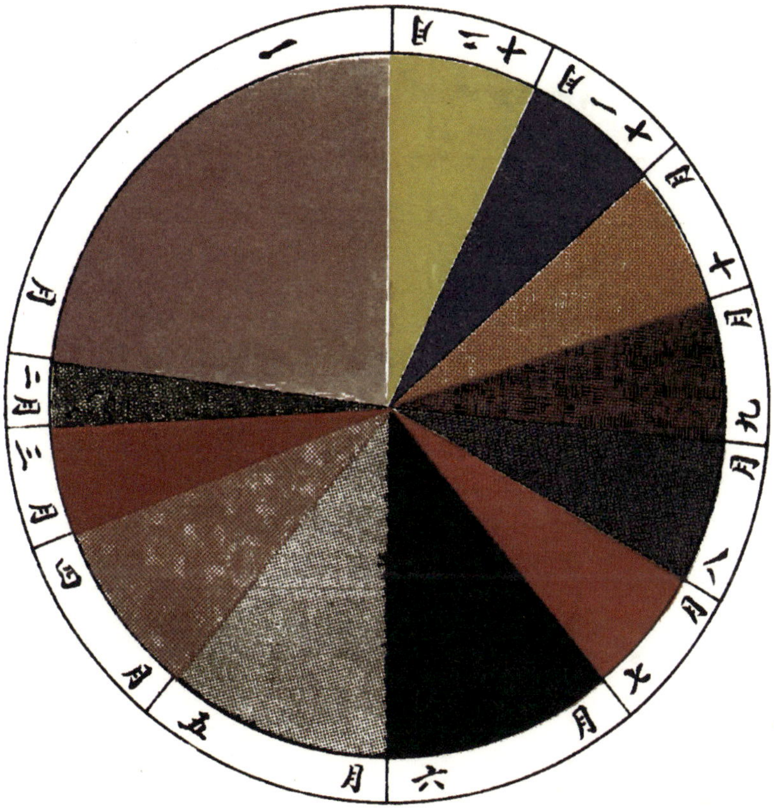


說明
(一)各公司訂立常年廣告合同皆在一月故收入較多
(二)自一月至六月由前行政局自辦 七月至十二月由前市行政招商承包現仍收回自辦

| 月別 | 一月 | 二月 | 三月 | 四月 | 五月 | 六月 | 七月 | 八月 | 九月 | 十月 | 十一月 | 十二月 | 合計 |
|---|---|---|---|---|---|---|---|---|---|---|---|---|---|
| 銀元數 | 333.70 | 43.61 | 67.50 | 117.40 | 165.62 | 152.86 | 90.00 | 95.00 | 95.00 | 95.00 | 90.00 | 95.00 | 1140.69 |
| 百分比 | 23% | 3% | 5% | 8.2% | 11.4% | 11% | 6.2% | 6.5% | 6.5% | 6.5% | 6.2% | 6.5% | 100% |

無錫市政籌備處財政科調製

一六·一二·二〇

圖表六十

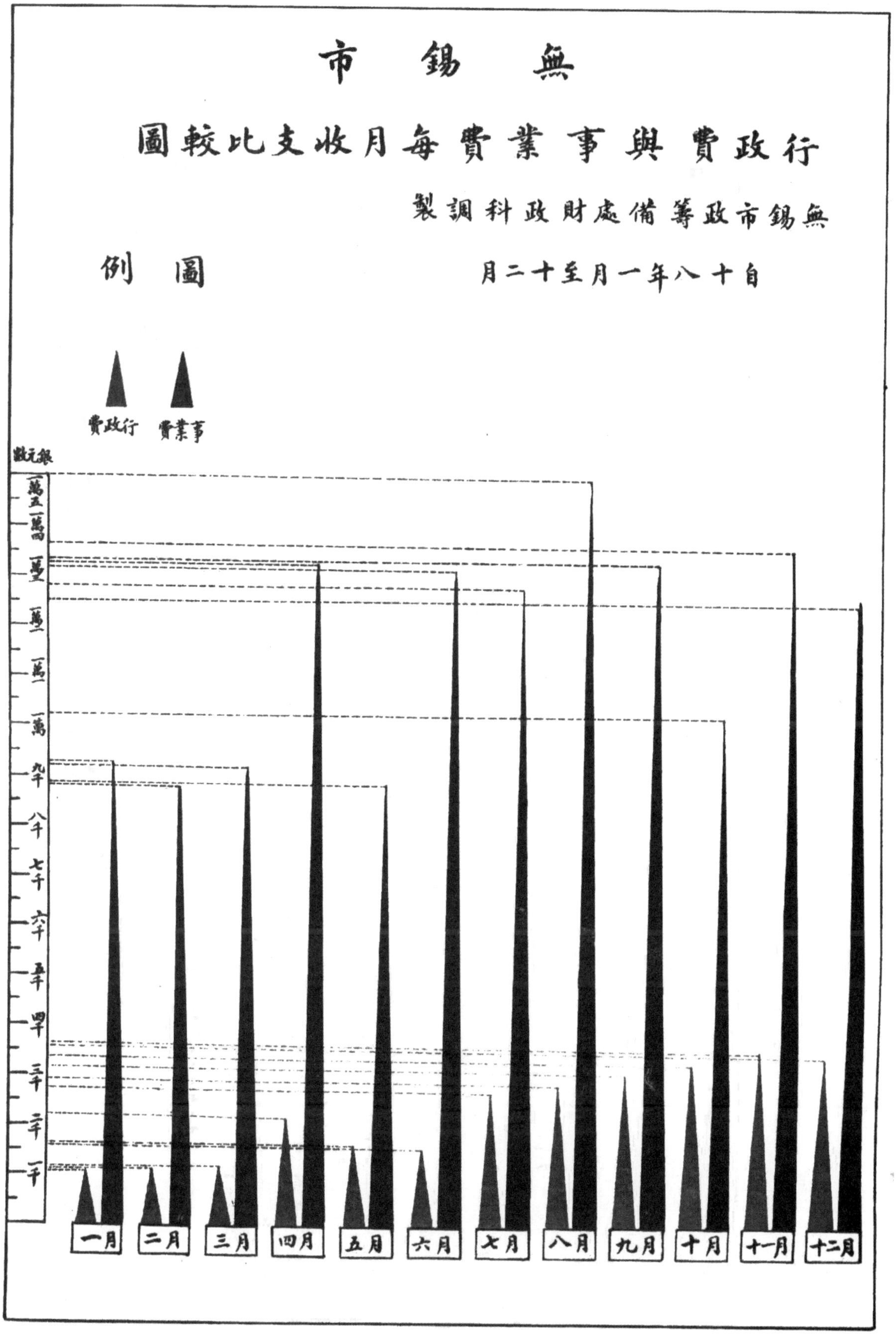
無錫市
行政費與事業費每月收支比較圖
無錫市政籌備處財政科調製
自十八年一月至十二月
圖例
行政費
事業費
銀元數
一萬五千
一萬四千
一萬三千
一萬二千
一萬一千
一萬
九千
八千
七千
六千
五千
四千
三千
二千
一千
一月
二月
三月
四月
五月
六月
七月
八月
九月
十月
十一月
十二月

圖表六一

圖表六二

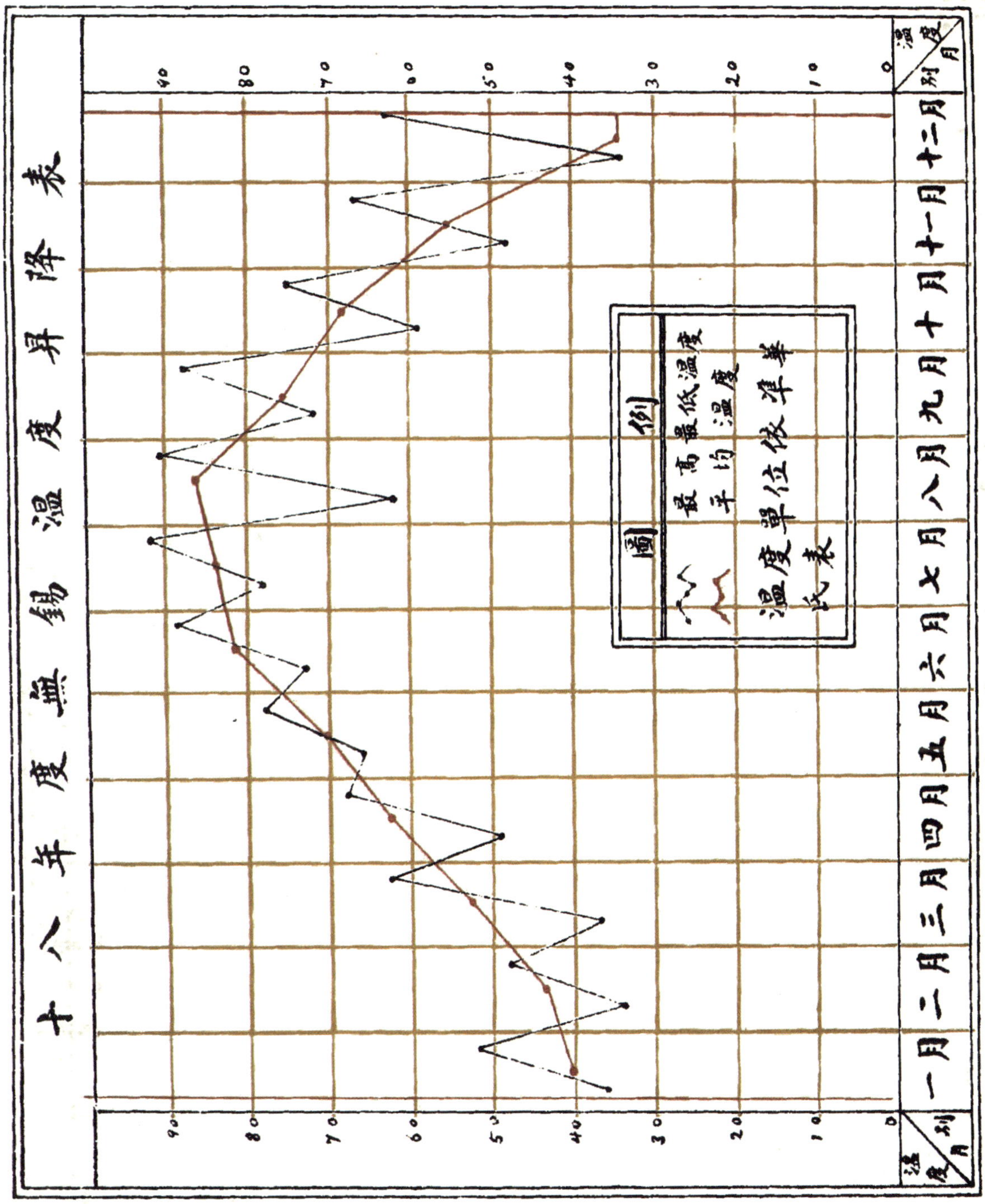
十八年度無錫溫度昇降表
圖例
最高最低溫度
平均溫度
溫度單位依準華氏表
一月 二月 三月 四月 五月 六月 七月 八月 九月 十月 十一月 十二月
無錫縣社會調查處製